Kohlhammer

Strafrecht Besonderer Teil

Studienbuch
in systematisch-induktiver Darstellung

Band 2
Vermögensdelikte

Begründet von

Dr. Volker Krey
o. Professor an der Universität Trier
Richter am Oberlandesgericht Koblenz (1978-1998)

fortgeführt von

Dr. Dr. h.c. Uwe Hellmann
Universitätsprofessor (i.R.) an der Universität Potsdam

und

Dr. Manfred Heinrich
Universitätsprofessor an der Universität Kiel

19., überarbeitete Auflage

Verlag W. Kohlhammer

Zitiervorschlag: Krey/Hellmann/Heinrich, BT 2

Es haben bearbeitet:
Uwe Hellmann, Rn. 1 - 956 (§§ 1 - 18), 1153 - 1161 (Aufbaumuster)
Manfred Heinrich, Rn. 957 - 1152 (§§ 19 - 21)

19. Auflage 2024

Alle Rechte vorbehalten
© W. Kohlhammer GmbH Stuttgart
Gesamtherstellung: W. Kohlhammer GmbH, Stuttgart

Print:
ISBN 978-3-17-044917-6

E-Book-Format:
pdf: ISBN: 978-3-17-044918-3

Dieses Werk einschließlich aller seiner Teile ist urheberrechtlich geschützt. Jede Verwendung außerhalb der engen Grenzen des Urheberrechts ist ohne Zustimmung des Verlages unzulässig und strafbar. Das gilt insbesondere für Vervielfältigungen, Übersetzungen, Mikroverfilmungen und für die Einspeicherung und Verarbeitung in elektronischen Systemen.
Für den Inhalt abgedruckter oder verlinkter Websites ist ausschließlich der jeweilige Betreiber verantwortlich. Die W. Kohlhammer GmbH hat keinen Einfluss auf die verknüpften Seiten und übernimmt hierfür keinerlei Haftung.

Vorwort zur 19. Auflage

Dieses Lehrbuch ist eine »systematisch-induktive«, d.h., zwar **systematisch aufgebaute**, aber weitgehend **vom Fall ausgehende** Darstellung der Eigentums- und Vermögensdelikte des Besonderen Teils des StGB. Eine solche Form der Darstellung, die den Lehrstoff im Wesentlichen anhand von Fällen vermittelt oder jedenfalls durch Beispiele veranschaulicht, bedingt zwar einen nicht unerheblichen Umfang des insgesamt zweibändigen Werkes, erleichtert aber erfahrungsgemäß das Verständnis und das Behalten des erörterten Stoffes.

Das Buch richtet sich zum einen an **Anfänger**, denen es eine gründliche Einführung bieten will, zum anderen aber auch an **Fortgeschrittene und Referendare** – zudem an **Praktiker** –, denen es bei der Wiederholung, Ergänzung und Vertiefung ihres Wissens gute Dienste leisten möge.

Der Gesetzgeber hat zwar, abgesehen von der Neufassung des Geldwäsche-Tatbestands des § 261 StGB im Jahr 2021, in den letzten Jahren eine gewisse Zurückhaltung im Bereich der Eigentums- und Vermögensdelikte gezeigt, es waren aber zahlreiche Entscheidungen und Stellungnahmen der Literatur insbesondere zu Diebstahl, Betrug, Untreue, Raub und Hehlerei zu berücksichtigen.

Einige Tatbestände und Probleme, die landläufig dem Wirtschaftsstrafrecht zugerechnet werden, und deshalb für das »Pflichtfach Strafrecht« eine geringere Prüfungsrelevanz aufweisen, können in dem von Uwe Hellmann in diesem Verlag 2023 in der 6. Auflage veröffentlichten Lehrbuch »Wirtschaftsstrafrecht« vertieft werden. Hierzu finden sich Hinweise an den einschlägigen Stellen.

Die Neuauflage haben wir wie folgt aufgeteilt:

Uwe Hellmann, Rn. 1–956 (§§ 1–18), 1153–1161 (Aufbaumuster);
Manfred Heinrich, Rn. 957–1152 (§§ 19–21).

Dank schulden wir in erster Linie unseren Assistenten Frau Annika Elit und Herrn Niklas Weber (Kiel) für ihre unermüdliche Mitarbeit. Ebenso danken wir aber auch Frau Meryem Kücükkaraca und Frau Katharina Pechan (Kiel), sowie Frau Nadine Kröger (Sekretärin, Kiel),, die uns auf vielfältige Weise unterstützt haben.

Für Anregungen und Kritik aus dem Kreis der Leser sind wir dankbar.

Potsdam/Kiel, im September 2024   Uwe Hellmann und Manfred Heinrich

Inhalt

Abkürzungsverzeichnis .... *Seite* XI

Verzeichnis der abgekürzt zitierten Literatur .... *Seite* XV

Erster Abschnitt: Straftaten gegen das Eigentum   **Rn.**

§ 1   Diebstahl (§§ 242-244a, 247, 248a; 248b; 248c StGB) 1

      I. § 242 StGB 1
           1. Tatobjekt (fremde bewegliche Sache) 1
           2. Tathandlung (Wegnahme) 14
           3. Schutzbereich der Norm (»Wertsummentheorie«) 60
           4. Subjektiver Tatbestand 64
           5. Rechtswidrigkeit der beabsichtigten Zueignung 121

      II. Diebstahl in besonders schweren Fällen (§ 243 StGB) 132
           1. Bedeutung des § 243 StGB 132
           2. Zu § 243 I 2 Nr. 1-7 StGB im Einzelnen 135

      III. Diebstahl mit Waffen; Banden- und Wohnungseinbruchdiebstahl
           (§ 244 StGB); Schwerer Bandendiebstahl (§ 244a StGB) 179
           1. Diebstahl mit Waffen (§ 244 I Nr. 1 StGB) 179
           2. Bandendiebstahl (§ 244 I Nr. 2 StGB) 198
           3. Wohnungseinbruchdiebstahl (§ 244 I Nr. 3, IV StGB) 203
           4. Verhältnis §§ 243/244 StGB 207
           5. Schwerer Bandendiebstahl (§ 244a StGB) 208
           6. Konkurrenzen 211

      IV. Haus- und Familiendiebstahl (§ 247 StGB) 212

      V. Diebstahl geringwertiger Sachen (§ 248a StGB) 215

      VI. Unbefugter Gebrauch eines Fahrzeugs (§ 248b StGB) 220

      VII. Entziehung elektrischer Energie (§ 248c StGB) 226

§ 2   Unterschlagung (§§ 246, 247, 248a StGB) 229

      I. § 246 I StGB 229
           1. Tatobjekt (fremde bewegliche Sache) 230
           2. Sich-Zueignen 239
           3. Drittzueignung 256
           4. Subsidiarität des § 246 I StGB 260

      II. Veruntreuung (§ 246 II StGB) 270

      III. §§ 247, 248a StGB 277

§ 3	Raub und räuberischer Diebstahl (§§ 249-252 StGB)	278
	I. § 249 StGB	278
	1. Gewalt gegen eine Person	279
	2. Drohung mit gegenwärtiger Gefahr für Leib oder Leben	289
	3. Zweck-Mittel-Beziehung zwischen Wegnahme und Raubmittel	290
	II. Schwerer Raub (§ 250 StGB)	310
	1. § 250 I StGB	311
	2. § 250 II StGB	323
	III. Raub mit Todesfolge (§ 251 StGB)	332
	IV. Räuberischer Diebstahl (§ 252 StGB)	342
§ 4	Räuberischer Angriff auf Kraftfahrer (§ 316a StGB)	359
§ 5	Sachbeschädigung (§§ 303-305a StGB)	385
	I. § 303 StGB	385
	II. § 303a StGB (Datenveränderung), 303b StGB (Computersabotage)	407
	III. § 304 StGB (Gemeinschädliche Sachbeschädigung)	422
	IV. § 305 StGB (Zerstörung von Bauwerken)	425
	V. § 305a StGB (Zerstörung wichtiger Arbeitsmittel)	427

Zweiter Abschnitt: Straftaten gegen sonstige Vermögensrechte ... 430

§ 6	Wilderei (§§ 292-295 StGB)	430
	I. Jagdwilderei (§ 292 StGB)	430
	II. Fischwilderei (§ 293 StGB)	454
§ 7	Pfandkehr (§ 289 StGB)	455
§ 8	Vereitelung der Zwangsvollstreckung (§ 288 StGB)	469

Dritter Abschnitt: Delikte gegen das Vermögen als Ganzes ... 477

§ 9	Erpressung (§§ 253, 255 StGB)	477
§ 10	Erpresserischer Menschenraub und Geiselnahme (§§ 239a, 239b StGB)	528
	I. Erpresserischer Menschenraub (§ 239a StGB)	528
	II. Geiselnahme (§ 239b StGB)	538
	III. Verhältnis der §§ 239a, 239b StGB zum erstrebten Nötigungsdelikt	543

Inhalt

§ 11	Betrug (§ 263 StGB)	551
	I. Objektiver Tatbestand	551
	1. Täuschung	552
	2. Irrtum	600
	3. Vermögensverfügung (ungeschriebenes Tatbestandsmerkmal)	616
	4. Vermögensschaden	662
	II. Subjektiver Tatbestand	747
	III. Besonders schwerer Fall des Betruges (§ 263 III StGB) und gewerbsmäßiger Bandenbetrug (§ 263 V StGB)	761
	IV. Haus- und Familienbetrug/Bagatellbetrug	773
	V. Versuch	776
§ 12	Versicherungsmissbrauch (§ 265 StGB)	779
§ 13	Subventions-, Kredit- und Kapitalanlagebetrug (§§ 264, 265b, 264a StGB)	790
	I. Subventionsbetrug (§ 264 StGB)	791
	II. Kreditbetrug (§ 265b StGB)	804
	III. Kapitalanlagebetrug (§ 264a StGB)	813
§ 14	Erschleichen von Leistungen (§ 265a StGB)	816
	I. Beförderungserschleichung	817
	II. Automatenmissbrauch	821
	III. Erschleichen von Telekommunikationsleistungen	823
	IV. Zutrittserschleichung	825
	V. Subjektiver Tatbestand	827
§ 15	Computerbetrug (§ 263a StGB)	830
§ 16	Wettbewerbsdelikte	867
	I. Wettbewerbsbeschränkende Absprachen bei Ausschreibungen (§ 298 StGB)	868
	II. Bestechlichkeit und Bestechung im geschäftlichen Verkehr (§§ 299, 300, 301 StGB)	871
	III. Bestechlichkeit und Bestechung im Gesundheitswesen (§§ 299a, 299b, 300 StGB)	881
§ 17	Wucher (§ 291 StGB)	890

Inhalt

§ 18	Untreue (§ 266 StGB) sowie Missbrauch von Scheck- und Kreditkarten (§ 266b StGB)	902
	I. Untreue (§ 266 StGB)	902
	1. Missbrauchsuntreue (§ 266 I 1. Alt. StGB)	903
	2. Treubruchsuntreue (§ 266 I 2. Alt. StGB)	918
	II. Missbrauch von Scheck- und Kreditkarten (§ 266b StGB)	941
	1. Zweck des § 266b StGB	941
	2. Voraussetzungen des § 266b StGB	947
§ 19	Hehlerei (§§ 259, 260, 260a; 262 StGB)	957
	I. Der Grundtatbestand der Hehlerei (§ 259 StGB)	957
	1. Der Gegenstand der Hehlerei	957
	2. Zur Frage der Vortatbeteiligung	968
	3. Das Vorzeitigkeits-Erfordernis	975
	4. Die Ausführungshandlungen der Hehlerei	990
	5. Ergänzende Hinweise	1027
	II. Gewerbsmäßige Hehlerei, Bandenhehlerei (§ 260 StGB)	1031
	III. Gewerbsmäßige Bandenhehlerei (§ 260a StGB)	1034
§ 20	Geldwäsche (§§ 261, 262 StGB)	1036
	I. Grundlegendes	1040
	II. Objektiver Tatbestand	1044
	1. Der Täterkreis	1045
	2. Der Gegenstand der Geldwäsche	1046
	3. Die Tathandlungen	1054
	4. Die Tatbestandsbeschränkung des § 261 I 2 StGB	1064
	III. Subjektiver Tatbestand	1067
	IV. Geldwäsche und Strafverteidigung (§ 261 I 3, VI 2 StGB)	1071
	V. Straflosigkeit bei sonstigem sozialadäquatem Verhalten?	1082
	VI. Weitere Regelungen in § 261 StGB	1083
§ 21	Unerlaubtes Entfernen vom Unfallort (§ 142 StGB)	1084
	I. Grundlegendes und Aufbau des Tatbestands	1085
	II. Die Strafbarkeit nach Abs. 1	1090
	1. Der Tatbestand des § 142 I Nr. 1 StGB	1090
	2. § 142 StGB als Sonderdelikt des Unfallbeteiligten	1114
	3. Der Tatbestand des § 142 I Nr. 2 StGB	1124
	III. Die Strafbarkeit nach § 142 II StGB	1133
	IV. Die »tätige Reue« gem. § 142 IV StGB	1151

Aufbaumuster 1153

Kombiniertes Gesetzes- und Sachregister 1162

Abkürzungsverzeichnis

a.A.	anderer Ansicht
aaO	am angegebenen Ort
abl.	ablehnend
Abs.	Absatz
abw.	abweichend
a.E.	am Ende
a.F.	alte Fassung
AG	Amtsgericht
ähnl.	ähnlich
allg.M	allgemeine Meinung
Anm.	Anmerkung
AnwK	Leipold/Tsambikakis/Zöller, AnwaltKommentar StGB
ArbR	Arbeitsrecht Aktuell
ArbRB	Der Arbeits-Rechtsberater
AT	Allgemeiner Teil
A/W/H/H	Arzt/Weber/Heinrich/Hilgendorf
BayObLG	Bayerisches Oberstes Landesgericht
BeckOK	Beck'scher Online-Kommentar
Bespr.	Besprechung
BGB	Bürgerliches Gesetzbuch
BGBl. I	Bundesgesetzblatt Teil I
BGH	Bundesgerichtshof
BGH St	Entscheidungen des BGH in Strafsachen
BJagdG	Bundesjagdgesetz
BKA	Bundeskriminalamt
BT	Besonderer Teil
BT-Drucks.	Bundestags-Drucksache
BTX	Bildschirmtextsystem
BVerfG	Bundesverfassungsgericht
BVerfG E	Entscheidungen des Bundesverfassungsgerichts
BVerfGG	Bundesverfassungsgerichtsgesetz
B/W/M/E	Baumann/Weber/Mitsch/Eisele
COVuR	COVID19 und Recht
CR	Computer und Recht
DAR	Deutsches Autorecht
ders.	derselbe
dies.	dieselbe
diff.	differenzierend
DJT	Deutscher Juristentag
D/S/N/S	Dencker/Struensee/Nelles/Stein
ebso.	ebenso
EGStGB	Einführungsgesetz zum Strafgesetzbuch vom 2. 3. 1974 - BGBl I, 469
E 1962	Entwurf eines Strafgesetzbuches 1962
EU	Europäische Union

XI

Abkürzungsverzeichnis

FD-StrafR	Fachdienst Strafrecht	
FamRZ	Zeitschrift für das gesamte Familienrecht	
f., ff.	folgende (Seite), folgende (Seiten)	
FS	Festschrift	
GA	Goltdammer´s Archiv für Strafrecht	
gem.	gemäß	
GG	Grundgesetz	
G/J/W	Graf/Jäger/Wittig	
GRUR	Gewerblicher Rechtsschutz und Urheberrecht	
GS	Großer Senat; Gedächtnisschrift	
GWR	Gesellschafts- und Wirtschaftsrecht	
h.A.	herrschende Ansicht	
HaustürWG	Gesetz über den Widerruf von Haustürgeschäften	
HdS	Handbuch des Strafrechts	
Herv.	Hervorhebung	
HK-GS	Handkommentar Gesamtes Strafrecht	
h.L.	herrschende Lehre	
h.M.	herrschende Meinung	
HWSt	Handbuch Wirtschaftsstrafrecht	
i.d.F.	in der Fassung	
i.Erg.	im Ergebnis	
i.S.v.	im Sinne von	
i.t.S.	im technischen Sinn	
i.V.m.	in Verbindung mit	
JA	Juristische Arbeitsblätter	
jM	juris – Die Monatszeitschrift	
JMBlNW	Justizministerialblatt des Landes Nordrhein-Westfalen	
JR	Juristische Rundschau	
Jura	Juristische Ausbildung	
JuS	Juristische Schulung	
JW	Juristische Wochenschrift	
JZ	Juristenzeitung	
KCanG	Gesetz zum Umgang mit Konsumcannabis (Konsumcannabisgesetz)	
KG	Kammergericht	
krit.	kritisch(er)	
LG	Landgericht	
LK	Leipziger Kommentar zum StGB	
L/K/H	Lackner /Kühl/Heger	
LM	Entscheidungen des BGH im Nachschlagewerk von Lindenmaier, Möhring	
LPK	Lehr- und Praxiskommentar	
MDR	Monatsschrift für Deutsches Recht	
m.E.	meines Erachtens	
MG	Momsen/Grützner	

MietRB	Miet-Rechtsberater
MK	Münchener Kommentar zum StGB
MMR	MultiMedia und Recht
M/R	Matt/Renzikowski
M/S/M	Maurach/Schroeder/Maiwald
M/S/M/H/M	Maurach/Schroeder/Maiwald/Hoyer/Momsen
mwN	mit weiteren Nachweisen
n.F.	neue Fassung
NJ	Neue Justiz
NJOZ	Neue Juristische Online-Zeitschrift
NJW	Neue Juristische Wochenschrift
NK	Nomos Kommentar zum StGB
NStZ	Neue Zeitschrift für Strafrecht
NStZ-RR	Neue Zeitschrift für Strafrecht – Rechtsprechungs-Report Strafrecht
NZG	Neue Zeitschrift für Gesellschaftsrecht
NZI	Neue Zeitschrift für Insolvenz- und Sanierungsrecht
NZV	Neue Zeitschrift für Verkehrsrecht
NZWiSt	Neue Zeitschrift für Wirtschafts-, Steuer- und Unternehmensstrafrecht
OGH	Oberster Gerichtshof für die Britische Zone
OGH St	Entscheidungen des OGH in Strafsachen
OLG	Oberlandesgericht
OrgKG	Gesetz zur Bekämpfung des illegalen Rauschgifthandels u. anderer Erscheinungsformen der Organisierten Kriminalität v. 15.7.1992, BGBl. I, S. 1302
RG	Reichsgericht
RG St	Entscheidungen des RG in Strafsachen
RL	Richtlinie
RMG	Entscheidungen des Reichsmilitärgerichts
S.	Seite
s.a.	siehe auch
sc.l.	scire licet (= zu ergänzen ist)
SK	Systematischer Kommentar zum StGB
Sch/Sch	Schönke/Schröder
S/S/W	Satzger/Schluckebier/Werner
StA	Staatsanwaltschaft
StGB	Strafgesetzbuch
StPO	Strafprozessordnung
str.	strittig
StrRG, 6.	Sechstes Gesetz zur Reform des Strafrechts v. 26.1.1998 – BGBl. I, 164
StV	Strafverteidiger
StVG	Straßenverkehrsgesetz
StVO	Straßenverkehrsordnung
TuT	Roxin, Täterschaft und Tatherrschaft
u.	und
u.a.	unter anderem
u.ä.	und ähnliche

Abkürzungsverzeichnis

VE	Verdeckter Ermittler
VerbrKrG	Verbraucherkreditgesetz
Verf.	Verfasser
VerfGH	Verfassungsgerichtshof
VRS	Verkehrsrechts-Sammlung
VVG	Versicherungsvertragsgesetz
W/B/S	Wessels/Beulke/Satzger
W/H/E	Wessels/Hettinger/Engländer
W/H/S	Wessels/Hillenkamp/Schuhr
wistra	Zeitschrift für Wirtschaft- und Steuerstrafrecht
WuB	Entscheidungsanmerkungen zum Wirtschafts- und Bankrecht
ZAP	Zeitschrift für die anwaltliche Praxis
z.B.	zum Beispiel
ZfBR	Zeitschrift für deutsches und internationales Bau- und Vergaberecht
ZIP	Zeitschrift für Wirtschaftsrecht
ZIS	Zeitschrift für Internationale Strafrechtsdogmatik (www.zis-online.com)
ZJS	Zeitschrift für das Juristische Studium (www.zjs-online.com)
ZPO	Zivilprozessordnung
ZStW	Zeitschrift für die gesamte Strafrechtswissenschaft
ZUM	Zeitschrift für Urheber- und Medienrecht
zust.	zustimmend(er)
zutr.	zutreffend(er)
ZWH	Zeitschrift für Wirtschaftsstrafrecht und Haftung im Unternehmen

Verzeichnis der abgekürzt zitierten Literatur

Achenbach/Ransiek/Rönnau, Handbuch Wirtschaftsstrafrecht, 6. Aufl. 2024 (zitiert: HWSt)

Albrecht, Die Struktur des Raubtatbestandes (§ 249 Abs. 1 StGB), 2011

Arzt/Weber/Heinrich/Hilgendorf, Strafrecht, Besonderer Teil, 4. Aufl. 2021 (zitiert: A/W/H/H)

Baumann/Weber/Mitsch/Eisele, Strafrecht, Allgemeiner Teil, 13. Aufl. 2021 (zitiert: B/W/M/E)

Beck'scher Online-Kommentar StGB, 60. Edition, 2024 (BeckOK-StGB)

Binding, Lehrbuch des gemeinen deutschen Strafrechts, Besonderer Teil (2 Bände), 2. Aufl. 1902-1905

Bock, Strafrecht Besonderer Teil 2, Vermögensdelikte, 2018

Dencker/Struensee/Nelles/Stein, Einführung in das 6. Strafrechtsreformgesetz 1998, 1998 (zitiert: D/S/N/S)

Dölling/Duttge/König/Rössner, Handkommentar Gesamtes Strafrecht, 5. Aufl. 2022 (zitiert: HK-GS)

Eisele, Strafrecht Besonderer Teil II, 6. Aufl. 2021

Eser, Strafrecht 4, 4. Aufl. 1983

Fischer, Kommentar zum Strafgesetzbuch, 71. Aufl. 2024

Gössel, Strafrecht, Besonderer Teil, Band 2, 1996

Gössel/Dölling, Strafrecht, Besonderer Teil, Band 1, 2. Aufl. 2004

Graf/Jäger/Wittig, Wirtschafts- und Steuerstrafrecht, 3. Aufl. 2024 (zitiert: G/J/W)

Handbuch des Strafrechts, Band 4, 2019 (zitiert: HdS 4)

Handbuch des Strafrechts, Band 5, 2020 (zitiert: HdS 5)

Heizer, Kreditwucher, Kreditvermittlungswucher, Additionsklausel, 2019

Hellmann, Wirtschaftsstrafrecht, 6. Aufl. 2023 (zitiert: *Hellmann*, WiStR)

Hellmann, Fälle zum Wirtschaftsstrafrecht, 5. Aufl. 2023

Herzberg, Täterschaft und Teilnahme, 1977

Hohmann/Sander, Strafrecht, Besonderer Teil I, 3. Aufl. 2011

Jäger, Examens-Repetitorium Strafrecht Besonderer Teil, 9. Aufl. 2021

Jakobs, Strafrecht, Allgemeiner Teil, 2. Aufl. 1991 (Studienausgabe 1993)

Jescheck/Weigend, Lehrbuch des Strafrechts, Allgemeiner Teil, 5. Aufl. 1996

Joecks/Jäger, Studienkommentar zum Strafgesetzbuch, 13. Aufl. 2021

Kindhäuser/Böse, Strafrecht, Besonderer Teil II, 12. Aufl. 2023

Kindhäuser/Hilgendorf, Lehr- und Praxiskommentar zum StGB, 9. Aufl. 2022 (zitiert: LPK)

Literatur

Klesczewski, Strafrecht, Besonderer Teil, 2016

Krey, Rechtsprobleme des strafprozessualen Einsatzes Verdeckter Ermittler ..., in: BKA-Forschungsreihe, Sonderband 1993

Krey, Zum Gewaltbegriff im Strafrecht, 1. Teil, in: Bundeskriminalamt – BKA – (Hrsg.), Was ist Gewalt?, Band 1, 1986

Krey, Zum Gewaltbegriff im Strafrecht, 2. Teil, in: Bundeskriminalamt – BKA – (Hrsg.), Was ist Gewalt?, Band 2, 1988

Krey, Studien zum Gesetzesvorbehalt im Strafrecht, 1977

Krey/Esser, Deutsches Strafrecht Allgemeiner Teil, 7. Aufl. 2022

Krey/Hellmann/Heinrich, Strafrecht Besonderer Teil, Band 1, 18. Aufl. 2024

Krey/Heinrich, Deutsches Strafverfahrensrecht, 2. Aufl. 2019

Kühl, Strafrecht, Allgemeiner Teil, 8. Aufl. 2017

Küper/Zopfs, Strafrecht, Besonderer Teil, 11. Aufl. 2022

Küpper/Börner, Strafrecht, Besonderer Teil 1, 4. Aufl. 2017

Lackner/Kühl/Heger, Strafgesetzbuch, 30. Aufl. 2023 (zitiert: L/K/H)

Leipold/Tsambikakis/Zöller, AnwaltKommentar StGB, 3. Aufl. 2020 (zitiert: AnwK)

Leipziger Kommentar, 10. Aufl. 1985 ff. (zitiert: LK^{10})

Leipziger Kommentar, 11. Aufl. 1992 ff. (zitiert: LK^{11})

Leipziger Kommentar, 12. Aufl. 2006 ff. (zitiert: LK^{12})

Leipziger Kommentar, 13. Aufl. 2019 ff. (zitiert: LK^{13})

Marxen, Kompaktkurs Strafrecht, Besonderer Teil, 2004

Matt/Renzikowski, Strafgesetzbuch, 2. Aufl. 2020 (zitiert: M/R)

Maurach, Deutsches Strafrecht, Besonderer Teil, 5. Aufl. 1969

Maurach/Schroeder/Maiwald/Hoyer/Momsen, Strafrecht Besonderer Teil, Teilband 1, 11. Aufl. 2019 (zitiert: M/S/M/H/M)

Maurach/Schroeder/Maiwald, Strafrecht Besonderer Teil, Teilband 2, 10. Aufl. 2013 (zitiert: M/S/M)

Mitsch, Strafrecht, Besonderer Teil 2, Vermögensdelikte, 3. Aufl. 2015

Momsen/Grützner, Wirtschafts- und Steuerstrafrecht, Handbuch für die Unternehmens- und Anwaltspraxis, 2. Aufl. 2020 (zitiert: M/G)

Münchener Kommentar zum BGB, 9. Aufl. 2021 ff. (zitiert: MK-BGB)

Münchener Kommentar zum StGB, 4. Aufl. 2020 ff. (zitiert: MK)

Nomos-Kommentar zum Strafgesetzbuch, 6. Aufl. 2023 (zitiert: NK)

Otto, Grundkurs Strafrecht, Die einzelnen Delikte, 7. Aufl. 2004 (zitiert: BT)

Rengier, Strafrecht, Besonderer Teil I, 26. Aufl. 2024

Rengier, Strafrecht, Besonderer Teil II, 25. Aufl. 2024

Roxin, Täterschaft und Tatherrschaft, 11. Aufl. 2022

Roxin/Greco, Strafrecht, Allgemeiner Teil, Bd. 1, 5. Aufl. 2020

Samson, Strafrecht II, 5. Aufl. 1985

Satzger/Schluckebier/Werner, Strafgesetzbuch, Kommentar, 6. Aufl. 2024 (zitiert: S/S/W)

Schlüchter (Hrsg.), Bochumer Erläuterungen zum 6. Strafrechtsreformgesetz, 1998

Schmidhäuser, Strafrecht, Allgemeiner Teil, Studienbuch, 2. Aufl. 1984

Schmidhäuser, Strafrecht, Besonderer Teil, 2. Aufl. 1983

Schönke/Schröder, Strafgesetzbuch, 30. Aufl. 2019 (zitiert: Sch/Sch)

Sonnen, Strafrecht, Besonderer Teil, 2005

Stratenwerth/Kuhlen, Strafrecht, Allgemeiner Teil I, 6. Aufl. 2011

Systematischer Kommentar zum StGB, 9. Aufl. 2015 ff. (zitiert: SK^9)

Systematischer Kommentar zum StGB, 10. Aufl. 2022 ff. (zitiert: SK)

Wagner, Fälle zum Strafrecht, Besonderer Teil, 4. Aufl. 1998

Welzel, Das deutsche Strafrecht, 11. Aufl. 1969

Wessels/Beulke/Satzger, Strafrecht Allgemeiner Teil, Die Straftat und ihr Aufbau, 53. Aufl. 2023 (zitiert: W/B/S)

Wessels/Hettinger/Engländer, Strafrecht Besonderer Teil, 1. Bd., Straftaten gegen Persönlichkeits- und Gemeinschaftswerte, 47. Aufl. 2023 (zitiert: W/H/E)

Wessels/Hillenkamp/Schuhr, Strafrecht Besonderer Teil, 2. Bd., Straftaten gegen Vermögenswerte, 46. Aufl. 2023 (zitiert: W/H/S)

Wittig, Wirtschaftsstrafrecht, 6. Aufl. 2023

ERSTER ABSCHNITT:

Straftaten gegen das Eigentum

§ 1 Diebstahl (§§ 242-244a, 247, 248a; 248b; 248c StGB)

I. § 242 StGB

1. Tatobjekt (fremde bewegliche Sache)

Fall 1[1]: *– Wertlose Gegenstände als Tatobjekt? –*
Aufgrund eines Unfalls auf der Autobahn brach der mit Käse beladene Kühlcontainer des verunglückten Lkw auseinander, wodurch einige Käsekartons auf die Fahrbahn fielen. Während der Fahrer des Lkw von Rettungssanitätern behandelt wurde, nahm Pieter (P), der wegen des durch den Unfall entstandenen Staus sein Auto verlassen hatte, einen der Kartons, der Käse im Wert von etwa 70 Euro enthielt, an sich und verstaute ihn in seinem Pkw. Nachdem die Unfallstelle freigegeben worden war, setzte P seine Fahrt fort. Die im und außerhalb des Lkw verbliebene Ware wurde am Folgetag begutachtet. Die Eigentümerin der Ware, die X-GmbH, ordnete wegen der Unterbrechung der Kühlkette die Vernichtung des auf die Straße gefallenen Käses an, während die im Lkw verbliebene Ware veräußert werden konnte.
Strafbarkeit des P?

P könnte wegen Diebstahls (§ 242 StGB) strafbar sein. Dann müsste es sich bei dem Käse um eine für ihn *fremde bewegliche Sache* gehandelt haben.
Sache im Sinne des Diebstahlstatbestandes ist gleichbedeutend mit »körperlicher Gegenstand« (§ 90 BGB)[2].
Tiere unterfallen dem Sachbegriff des § 242 StGB (und anderer Straftatbestände, die ihn verwenden, z.B. § 303 StGB). § 90a BGB steht dem nicht entgegen, da die Vorschrift nach systematischer Stellung und ratio legis nicht die Funktion hat, den Strafrechtsschutz des Eigentums an Tieren zu tangieren[3]. Im Übrigen könnte man auf die *Analogieermächtigung in § 90a S. 3 BGB* rekurrieren, und zwar ohne Verstoß gegen das Analogieverbot des Art. 103 II GG, denn nach zutreffender Ansicht gilt es für die Akzessorietät strafrechtlicher Begriffe zum Zivilrecht, z.B. zu dessen Eigentumsbegriff, nicht[4].
Unerheblich ist der Aggregatzustand der Sache, sodass auch Flüssigkeiten, Dämpfe und Gase unter den Sachbegriff der Eigentumsdelikte fallen[5].

---

[1] Angelehnt an *OLG Zweibrücken*, NStZ 2023, 293 f.
[2] Sch/Sch-*Bosch*, § 242 Rn. 9; L/K/H-*Heger*, § 242 Rn. 2; HdS 5-*Kudlich*, § 29 Rn. 14; *Ranft*, JA 1984, 2; BeckOK-StGB-*Wittig*, § 242 Rn. 4.
[3] *Graul*, JuS 2000, 215 ff.; *Küper*, JZ 1993, 435 ff.; MK-*Schmitz*, § 242 Rn. 26. Zum Vorgehen in der Falllösung *Fahl*, JA 2019, 161 f.; *Kretschmer*, JA 2015, 105 f.
[4] Dazu m.w.N.: Sch/Sch-*Hecker*, § 1 Rn. 33; *Krey*, Studien zum Gesetzesvorbehalt, S. 227.
[5] RG St 44, 335 (Heizdampf-Fall); Sch/Sch-*Bosch*, § 242 Rn. 9; HdS 5-*Kudlich*, § 29 Rn. 15.

Elektronen lassen sich zwar dem Begriff der Sache subsumieren[6], die elektrische Energie ist aber keine »Sache«[7]. Elektronische Daten sind – anders als die Träger der Daten – ebenfalls keine Sachen[8].
Forderungen und sonstige Rechte sind mangels Sachqualität keine tauglichen Diebstahlsobjekte.

2 Ob die Sache **beweglich** ist, bestimmt sich nicht nach bürgerlichem Recht, sondern danach, ob sie tatsächlich fortbewegt werden kann. Ausreichend ist, dass die Sache erst zum Zweck der Wegnahme von einer unbeweglichen Sache losgelöst wurde (z.B. Türen und Fenster eines Gebäudes; »Getreide auf dem Halm«).

3 **Fremd** ist nach ganz h.M. eine Sache, die einem anderen als dem Täter gehört, also – wenigstens auch – im Eigentum eines anderen steht[9]. Maßgeblich ist das Zivilrecht, sodass z.B. auch eine nur **zur Sicherung übereignete Sache** für den Sicherungsgeber »fremd« i.S. des § 242 StGB ist[10]. Sachen im **Miteigentum** (§ 1008 BGB) oder **Gesamthandseigentum** (z.B. §§ 718 f. BGB) sind für den Miteigentümer bzw. das Mitglied der Gesamthandsgemeinschaft »fremd«[11].
Auch **wertlose Sachen**, z.B. Privatbriefe, sind nach h.M. taugliche Diebstahlsobjekte[12], da das in § 242 StGB geschützte Rechtsgut Eigentum lediglich eine »*formale Rechtsposition*« bezeichnet[13].

4 **Herrenlose Sachen** (§§ 959-961 BGB) stehen in niemandes Eigentum, sodass sie als Diebstahlsobjekte ausscheiden. Die Umschreibung der fremden Sache als eine solche, die »nicht dem Täter gehört«, ist deshalb fehlerhaft.
Herrenlos sind u.a. Sachen, an denen der Eigentümer *in der Absicht, auf das Eigentum zu verzichten*, den Besitz aufgibt (»Dereliktion«, § 959 StGB). Der Umstand, dass sich der Eigentümer einer Sache entledigen will, genügt allein jedoch nicht, sondern es ist festzustellen, ob mit der Besitzaufgabe zugleich der Eigentumsverzicht zum Ausdruck gebracht wird. Das sog. »**Containern**«, d.h. das »Herausholen von weggeworfenen, aber noch genießbaren Lebensmitteln zum Eigenverbrauch aus

---

[6] Vgl. MK-*Hohmann*, § 248c Rn. 2 (Elektronen selbst seien »Teil der Materie«).
[7] RG St 29, 111; 32, 165; *Schramm*, JuS 2008, 678 (679); siehe dazu auch *Brodowski*, ZJS 2010, 144; zu der Spezialbestimmung des § 248c StGB siehe *Rn. 226 ff*.
[8] *Heghmanns/Kusnik*, CR 2011, 248 (249); *Lober/Weber*, MMR 2005, 653 (655); W/H/S-*Schuhr*, Rn. 79; vgl. auch *Hellmann*, FS-Samson, 2010, S. 661 (674) – zu § 259 StGB.
[9] Z.B. NK-*Kindhäuser/Hoven*, § 242 Rn. 15 ff.; HdS 5-*Kudlich*, § 29 Rn. 20; *Kudlich/Noltensmeier*, JA 2007, 863 (864 f.); MK-*Schmitz*, § 242 Rn. 31 ff.; *Zieschang*, JA 2024, 265 (266).
[10] Krit. gegenüber der strikten Bindung an das bürgerliche Recht aber *Otto*, 40/9 ff.
[11] Vgl. *Fischer*, § 242 Rn. 5b.
[12] *Fischer*, § 242 Rn. 3a; NK-*Kindhäuser/Hoven*, § 242 Rn. 11. M/R-*Schmidt*, § 242 Rn. 5. Krit. z.B. LK[13]-*Vogel/Brodowski*, § 242 Rn. 45, die zur Vermeidung einer unverhältnismäßigen Bestrafung in Fällen, in denen der Eigentümer weder ein materielles noch ein immaterielles Interesse an der weggenommenen Sache hat, eine sorgfältige Prüfung, ob eine Dereliktion, ein Einverständnis in die Wegnahme, eine Einwilligung oder mutmaßliche Einwilligung in die Zueignung vorliegt, und eine Nutzung prozessualer »Ausweichmechanismen« (§§ 153, 153a StPO) fordern.
[13] Sch/Sch-*Bosch*, § 242 Rn. 3. Eine materielle Einschränkung des formalen Eigentumsschutzes sei aber »in jenen Fällen möglich, in denen nach allgemeiner Lebenserfahrung Entscheidungsinteressen des Eigentümers von vornherein keine Rolle spielen« (aaO, Rn. 6), z.B. beim »eigenmächtigen Geldwechseln« – dazu *Fall 15 (Rn. 60 ff.)*.

Abfallcontainern«[14], ist mangels Fremdheit der Lebensmittel nicht als Diebstahl strafbar, wenn der – ehemalige – Eigentümer auf das Eigentum verzichtet. Wirft er die Lebensmittel dagegen in einen zur Abholung durch ein Entsorgungsunternehmen abgesperrt auf dem Firmengelände bereitstehenden Container ein, so macht der Eigentümer für Dritte deutlich, dass er mit einer Mitnahme der Lebensmittel nicht einverstanden ist, sondern das Eigentum nur zugunsten einer anderen Person (dem Entsorgungsunternehmen) aufgibt[15]. In einem solchen Fall liegt keine Dereliktion vor, sodass die Lebensmittel fremde Sachen und damit taugliche Diebstahlsobjekte bleiben. Es mag kriminalpolitisch bedenklich erscheinen, die Mitnahme ohnehin zur Vernichtung bestimmter Lebensmittel durch einen bedürftigen Menschen als Diebstahl einzustufen[16], Abhilfe kann aber nur der Gesetzgeber schaffen[17].

Die Bindung des Fremdheitsbegriffs an die zivilrechtlichen Eigentumsverhältnisse wird – trotz grundsätzlicher Anerkennung – für bestimmte Konstellationen in Zweifel gezogen. Strittig ist z.B., ob **Betäubungsmittel** taugliche Diebstahlsobjekte sind. Zum Teil wird dies mit der Begründung abgelehnt, das Eigentum werde nicht »als abstractum« gegen Wegnahme geschützt, »sondern wegen der mit ihm verbundenen Möglichkeiten nach § 903 BGB«[18]. Der Umstand, dass die rechtsgeschäftliche Übereignung einer Sache wegen Verstoßes gegen ein gesetzliches Verbot (§ 134 BGB) ausscheidet, steht der Eigentumsfähigkeit von Betäubungsmitteln nach zutreffender h.M. jedoch nicht entgegen[19]. Zwar werden der »Dealer« und der Erwerber kein Eigentum erlangen, das Eigentum des Herstellers des Betäubungsmittels bleibt aber bestehen, sodass es für den Dieb fremd ist. Der Käufer des Rauschgiftes verliert das Eigentum an dem »Dealgeld« im Übrigen nicht, weil sich die Nichtigkeit des Verpflichtungsgeschäfts – auf Übereignung des Geldes – gemäß § 134 BGB auf das Verfügungsgeschäft erstreckt[20].

5

Umstritten sind zudem die Konsequenzen des **§ 241a BGB** für die Fremdheit einer Sache, die ein Unternehmer einem Verbraucher unbestellt zusendet. Grundsätzlich

6

---

[14] *Jahn*, JuS 2020, 85 mwN.
[15] *BayObLG*, StV 2020, 249 f. m. Anm. *Bode*, NStZ-RR 2020, 105 f.; *Dießner*, StV 2020, 256 ff.; *Jahn*, JuS 2020, 85 ff.; *Zieschang*, JA 2024, 265 (267). Vgl. auch zur Strafbarkeit privater Schrottsammler *Bode*, JA 2016, 589 f.; ein – kritischer – Überblick über die Rspr. zum »Müllfischen« findet sich bei *Fahl*, JA 2019, 807 ff.
[16] Das *BVerfG*, NJW 2020, 2953 (Rn. 23 ff.) m. Anm. *Hoven* und Bespr. *Böse*, ZJS 2021, 224 ff., *Lenk*, JR 2021, 180 ff. und *Rennecke*, NStZ 2021, 485 f., hat diese Auslegung gebilligt.
[17] Siehe die auf Entkriminalisierung gerichteten – allerdings erfolgslosen – Initiativen der Fraktion »Die Linke«, BT-Drucks. 19/9345, S. 1 f., und der Fraktion »Bündnis 90/Die Grünen«, BT-Drucks. 19/14358, S. 3, 5); krit. dazu *Bui*, ZJS 2023, 205 ff.; *Dießner*, StV 2020, 256 (261); *Lorenz*, jurisPR-StrafR 10/2019 Anm. 1 (unter IV. 2.).
[18] MK-*Schmitz*, § 242 Rn. 17. Für eine teleologische Reduktion der Eigentumsdelikte hat sich der 2. Strafsenat des *BGH* in einem Anfragebeschluss ausgesprochen, wistra 2016, 395 (Rn. 33 ff.); die anderen Strafsenate folgten dieser Sicht nicht (siehe auch *Rn. 670*); diff. *Wolters*, FS-Samson, 2010, S. 495 (500 ff.).
[19] *BGH*, NJW 2006, 72 f. m. zust. Anm. *Hauck*, ZIS 2006, 37; *BGH*, NStZ-RR 2009, 22 f.; NStZ 2015, 571 (572) m. Anm. *Oğlakcıoğlu*; Sch/Sch-*Bosch*, § 242 Rn. 19; NK-*Kindhäuser/Hoven*, § 242 Rn. 20; M/R-*Schmidt*, § 242 Rn. 8; *Schramm*, JuS 2008, 678 (680).
[20] *BGH* St 31, 145 (146 ff.).

hat der Unternehmer nach dieser Regelung keine (Schadensersatz-, Herausgabe- und Nutzungsersatz-) Ansprüche gegen den Verbraucher. Zum Teil wird dem Relevanz für den Fremdheitsbegriff der §§ 242 ff., 303 StGB zugesprochen und zur Untermauerung der These herangezogen, dass »fremd« nicht auf die zivilrechtlichen Eigentumsverhältnisse Bezug nehme, sondern die Sache fremd sei, *»wenn ein anderer ein stärkeres Vermögensrecht, eine umfassendere Vermögensposition an der Sache innehat als der Täter«*[21]. Ein solches stärkeres Vermögensrecht habe der Verbraucher auf Grund des § 241a BGB hinsichtlich der unbestellten Sache mit der Folge, dass die Wegnahme der Sache durch einen Dritten – oder sogar durch den Unternehmer, dessen Eigentum trotz § 241a BGB bestehen bleibt – einen Diebstahl zum Nachteil des Verbrauchers darstelle[22].

Dieser Sicht wird – m.E. zu Recht – entgegengehalten, dass sie zwar für die Fälle unbestellter Sachen eine gewisse Plausibilität beanspruchen kann, die Orientierung der Fremdheit an der stärkeren Vermögensposition statt am Eigentum für andere Konstellationen, insbesondere die Sicherungsübereignung, aber nicht überzeugt. Dem Sicherungseigentum des Sicherungsnehmers würde der erforderliche strafrechtliche Schutz – auch vor Angriffen des Sicherungsgebers, der die stärkere Vermögensposition innehat – weitgehend entzogen; dies widerspräche Sinn und Zweck der Sicherungsabrede[23]. Gravierender noch ist, dass die Loslösung des Fremdheitsbegriffs vom zivilrechtlichen Eigentum zu erheblichen Unklarheiten führen würde, da die wirtschaftliche Betrachtung selten eindeutige Ergebnisse liefern wird.

Die aus § 241a BGB folgenden Rechte des Verbrauchers können im Strafrecht allerdings berücksichtigt werden, indem die Vorschrift als Rechtfertigungsgrund anerkannt wird[24].

7 Der von P in unserem *Fall 1* entwendete Käse stand im Eigentum der X-GmbH, sodass es sich um eine für P fremde bewegliche Sache handelte. Der Umstand, dass die Ware wegen der Unterbrechung der Kühlkette für die X-GmbH ihren wirtschaftlichen Wert verloren hatte, ändert an der Tauglichkeit als Diebstahlsobjekt nichts[25].

Da der Fahrer des Lkw den Gewahrsam an der Ladung seines Fahrzeugs, auch an den Waren, die auf die Straße gefallen waren, während der Behandlung durch die Rettungssanitäter behalten hatte[26], nahm P den Käse weg (zur Wegnahme *Rn. 14 ff.*). Ein den objektiven Tatbestand ausschließendes Einverständnis (dazu *Rn. 33 ff.*) oder mutmaßliches Einverständnis mit der Wegnahme lag nicht vor, zumal erst noch geprüft werden musste, wie mit den Waren verfahren werden sollte.

---

[21] *Otto*, Jura 2004, 389 (390); dagegen *Tachau*, Ist das Zivilrecht strenger als das Strafrecht?, 2005, S. 163 ff.
[22] *Otto,* Jura 2004, 389 (390); ebso. *Lamberz*, JA 2008, 425 (428): »faktisches Eigentum« des Verbrauchers auf Grund § 241a BGB; zu den *zivilrechtlichen* Konsequenzen *Mitsch*, ZIP 2005, 1017 ff.
[23] *Matzky*, NStZ 2002, 458 (461 f.).
[24] *Matzky*, NStZ 2002, 458 (462 f.). Ebso. für eine Lösung auf der Rechtswidrigkeitsebene *Reichling*, JuS 2009, 111 (113 f.). Dagegen *Otto*, FS-Beulke, 2015, S. 507 (514).
[25] *OLG Zweibrücken*, NStZ 2023, 293 (Rn. 11), unter Berufung auf die Entscheidung des *BVerfG* zum »Containern« (dazu oben *Rn. 4, Fn. 16*).
[26] *OLG Zweibrücken*, NStZ 2023, 293 (Rn. 7).

Auch der subjektive Tatbestand ist gegeben: **8**
P hatte bezüglich der Merkmale des objektiven Tatbestandes Vorsatz; dass er glaubte, der Käse sei herrenlos geworden oder der Eigentümer mit der Wegnahme einverstanden, ist nicht anzunehmen.
Die erforderliche Zueignungsabsicht liegt ebenfalls vor. Die beabsichtigte Zueignung war auch rechtswidrig, da der P keinen Anspruch auf den Käse hatte.
Näher zum subjektiven Tatbestand des Diebstahls *Fälle 16 ff.* (*Rn. 64 ff.*).
Ergebnis: P hat den Tatbestand des § 242 StGB erfüllt. Rechtswidrigkeit und Schuld sind gegeben; P ist also wegen Diebstahls strafbar.

Fall 2: – *Menschliche Leiche als fremde Sache?* –
Medizinstudent Süßbruch (S) entwendete aus der Anatomie der Universität eine Leiche, um **9** sie zu Hause zur Vertiefung seines Wissens zu sezieren.
Strafbarkeit des S?

a) § 242 StGB?
Problem: Hat S eine **fremde bewegliche Sache** weggenommen?
(1) Die menschliche Leiche ist nach einer Meinung zwar grundsätzlich keine **Sache** im Rechtssinne[27], sondern »Rückstand der Persönlichkeit«[28]. Nach dieser Ansicht sind aber nicht zur Bestattung bestimmte Leichen, die – infolge Zeitablaufs und Erlöschens des Pietätsempfindens zulässigerweise – in Museen verwahrt werden (Mumien, Moorleichen) oder die – mit Einwilligung des Verfügungsberechtigten[29] – der Anatomie überlassen sind, Sachen i.S. des Bürgerlichen Rechts und des StGB[30].
Nach zutreffender h.M. kommt Leichen dagegen allgemein Sachqualität zu[31], da es zur Achtung des – ohnehin nicht von allen Menschen empfundenen – Pietätsgefühls der Annahme eines außerrechtlichen Begriffs wie des »Rückstands der Persönlichkeit« nicht bedarf, um zu verhindern, dass der – zur Bestattung bestimmte – Leichnam im Zivil- und Strafrecht wie ein Gegenstand behandelt wird. Letztlich ist die Einordnung nämlich wenig bedeutsam, da §§ 242 ff. StGB (ebenso § 303 StGB) eine **fremde** Sache voraussetzen, sodass entscheidend für den Schutz der Leiche durch §§ 242, 246, 303 StGB ist, ob die Leiche in fremdem Eigentum steht.
Die Leiche war nicht zur Bestattung bestimmt, sondern der Anatomie überlassen; sie war daher sowohl nach h.A. als auch nach der Gegenmeinung eine Sache.

(2) Es fragt sich, ob sie einem anderen als dem Täter gehörte und damit **fremd** i.S. **10** des § 242 StGB war. Grundsätzlich stehen Leichen in niemandes Eigentum; sie sind dem Rechtsverkehr entzogen[32]. Für ihren Schutz greifen also grundsätzlich nicht §§ 242, 246, 303 StGB ein, sondern es gilt nur § 168 StGB.

---

[27] *OLG München*, NJW 1976, 1805.
[28] *Gössel*, 4/9; M/S/M/H/M-*Schroeder*, 32/19.
[29] Dazu LK[13]-*Vogel/Brodowski*, § 242 Rn. 14 m.w.N.
[30] M/S/M/H/M-*Schroeder*, 32/19, 22.
[31] Sch/Sch-*Bosch*, § 242 Rn. 10, 21; *Gropp*, JuS 1999, 1041 (1043); NK-*Kindhäuser/Hoven*, § 242 Rn. 12, 26; HdS 5-*Kudlich*, § 29 Rn. 26; *Mitsch*, BT 2, S. 5; LK[13]-*Vogel/Brodowski*, § 242 Rn. 14.
[32] Siehe die Nachweise in *Fn. 31*.

Ausnahmsweise sind aber auch Leichen fremde Sachen, nämlich dann, wenn sie – zulässigerweise – der Bestattung entzogen und Museen (»Ötzi«) oder wissenschaftlichen Instituten überlassen sind[33].
Danach war die Leiche für S eine fremde Sache, da sie einem anderen (der Universität) gehörte. S hat also einen Diebstahl begangen.

b) § 168 StGB

11 Die Vorschrift ist ihrem Wortlaut nach erfüllt. Es kommen aber als Tatobjekte nur solche Leichen bzw. Leichenteile (»Körper oder Teile des Körpers verstorbener Menschen«) in Betracht, die nicht in fremdem Eigentum stehen[34], denn § 168 StGB dient nach h.M. dem »Schutz der Totenruhe« und dem Pietätsempfinden der Allgemeinheit gegenüber den Verstorbenen und ihren Ruhestätten, nicht dem Schutz fremden Eigentums[35].
§ 168 StGB scheidet also aus.

Ergänzende Hinweise zu § 242 StGB

12 *(1)* Für **Leichenteile** gilt bezüglich der Fremdheit dasselbe wie für die Leiche[36].

(2) **Zahngold**, das mit der Asche einer eingeäscherten Leiche der Urne übergeben werden soll, ist herrenlos und somit mangels Fremdheit kein taugliches Diebstahlsobjekt[37]; es kommen jedoch § 168 StGB (Zahngold selbst ist Asche i.S. des § 168 I StGB[38]) – und ggf. § 133 I StGB (wenn das Krematorium in öffentlich-rechtlicher Form betrieben wird) – in Betracht[39].

(3) **Körperteile lebender Menschen** werden mit ihrer Abtrennung grundsätzlich Eigentum der Person, von deren Körper sie abgetrennt wurden[40].

(4) Strittig ist, ob **therapeutische Hilfsmittel** mit der Einfügung in den menschlichen Körper ihre Sachqualität und damit die Eigentumsfähigkeit verlieren[41]. Dieser Streit ist letztlich obsolet. Solange sich die Hilfsmittel im Körper eines lebenden Menschen befinden, stellt sich die Frage nach einem Diebstahl nicht. Wird das Implantat zu Lebzeiten wieder entnommen, erlangt es jedenfalls erneut Sachqualität

---

[33] Sch/Sch-*Bosch*, § 242 Rn. 21; S/S/W-*Kudlich*, § 242 Rn. 9.
[34] Sch/Sch-*Bosch/Schittenhelm*, § 168 Rn. 3; *Otto*, 64/12; SK⁹-*Rogall*, § 168 Rn. 4.
[35] BGH St 50 (80, 89 f.); L/K/H-*Heger*, § 168 Rn. 1; ähnl. *Fischer*, § 168 Rn. 2, der als Schutzgut ein »Allgemeininteresse im Bereich des öffentlichen Friedens« betrachtet.
[36] NK-*Kindhäuser/Hoven*, § 242 Rn. 12, 26; LK¹³-*Vogel/Brodowski*, § 242 Rn. 14.
[37] *OLG Bamberg*, NJW 2008, 1543 (1547) m. Bespr. *Kudlich*, JA 2008, 391 (393); *OLG Hamburg*, NJW 2012, 1601 (1603) m. Anm. *Stoffers*; MK-*Schmitz*, § 242 Rn. 41; offengelassen *OLG Nürnberg*, NJW 2010, 2071 m. Bespr. *Kudlich*, JA 2010, 226 ff.
[38] BGHSt 60, 302 ff. m. zust. Anm. *Kudlich*, JA 2015, 872 (873). A.A. *OLG Nürnberg*, NJW 2010, 2071 (2073 f.).
[39] So *OLG Bamberg*, NJW 2008, 1543 ff. m. Bespr. *Kudlich*, JA 2008, 391 (393); *OLG Hamburg*, NJW 2012, 1601 (1606) m. zust. Anm. *Stoffers*. A.A. *OLG Nürnberg*, NJW 2010, 2071 (2073 f.).
[40] BGH bei Dallinger, MDR 1958, 739; Sch/Sch-*Bosch*, § 242 Rn. 20; NK-*Kindhäuser/Hoven*, § 242 Rn. 25; *Kretschmer*, JA 2015, 105 (107); LK¹³-*Vogel/Brodowski*, § 242 Rn. 12.
[41] So z.B. SK⁹-*Hoyer*, § 242 Rn. 16; M/R-*Schmidt*, § 242 Rn. 4; diff. NK-*Kindhäuser/Hoven*, § 242 Rn. 13: »Substitutiv-Implantate« wie Zahnfüllungen oder Hüftgelenke sollen die Sacheigenschaft mit Einpflanzung verlieren, »Supportiv-Implantate« wie Herzschrittmacher dagegen nicht.

und sein Träger erwirbt gem. § 953 BGB analog das Eigentum; mit dem Eintritt des Todes leben die vor der Verbindung daran bestehenden Eigentumsverhältnisse wieder auf und das Eigentum geht gemäß § 1922 I BGB auf die Erben über[42].

(5) Sachen, die **einem Toten mit ins Grab gegeben** werden, bleiben solange Eigentum des Spenders, bis das Grab aufgelassen (eingeebnet) wird[43].

Ergänzender Hinweis zu § 168 StGB

Ob die ohne Einwilligung (des Spenders oder) der Hinterbliebenen vorgenommene Entnahme von Transplantaten (= *»Teile des Körpers eines verstorbenen Menschen«* i.S. des § 168 StGB) bei einem im Krankenhaus Verstorbenen den Tatbestand dieser Vorschrift erfüllt, ist streitig (verneinend zu Recht die h.M., da es an der »Wegnahme aus dem Gewahrsam des Berechtigten« fehle: Gewahrsam hat die Klinik)[44]. 13

2. Tathandlung (Wegnahme)

Fall 3: *– Diebstahl bei »Erbenbesitz«?*

Prof. Morgenrot (M) erlitt auf einem Spaziergang nach einer unerfreulichen Fakultätsratssitzung eine plötzliche Herzattacke. Eberhardt (E) eilte herbei und nahm dem Toten die Brieftasche aus der Jacke. Die Erben des M erstatteten Strafanzeige. 14

Strafbarkeit des E?

a) § 242 StGB

Das Eigentum an der Brieftasche ging gemäß § 1922 I BGB mit dem Tod des M auf dessen Erben über. Als E die Brieftasche an sich nahm, war sie also für ihn eine *fremde bewegliche Sache*. E müsste die Brieftasche weggenommen haben.

Wegnahme bedeutet Bruch fremden und Begründung neuen (nicht notwendig tätereigenen) Gewahrsams[45].

Der Diebstahl richtet sich deshalb gegen das Eigentum und zugleich gegen den *Gewahrsam,* der nach h.M. neben dem Eigentum *Schutzobjekt* des § 242 StGB ist; geschütztes Rechtsgut beim Diebstahl ist – anders als bei der Unterschlagung – nicht nur das Eigentum, sondern auch der Gewahrsam[46]. Somit sind Eigentümer und Gewahrsamsinhaber Verletzte des Diebstahls, sodass beide in den Fällen der §§ 247, 248a StGB – unabhängig voneinander – Strafantrag stellen können[47] (*Rn. 212*). Da der Streit über das Schutzgut des § 242 StGB allenfalls ausnahmsweise relevant wird, nämlich dann, wenn die Verfolgung eines Diebstahls einen Strafantrag erfor-

---

[42] SK[9]-*Hoyer*, § 242 Rn. 16.
[43] Str.; Nachweise bei LK[11]-*Ruß*, § 242 Rn. 11.
[44] So Sch/Sch-*Bosch/Schittenhelm*, § 168 Rn. 6 m.w.N.; *Geilen,* JZ 1971, 43 f.; diff. *KG,* NStZ 1990, 185 f.: Mitgewahrsam des Ehemannes an der Leiche seiner im Krankenhaus verstorbenen Ehefrau.
[45] Sch/Sch-*Bosch*, § 242 Rn. 22; MK-*Schmitz*, § 242 Rn. 49; W/H/S-*Schuhr,* Rn. 87. Abw. *Kargl,* JuS 1996, 971 (975 f.). Näher zur Wegnahme in der Fallbearbeitung *Kudlich,* JA 2017, 428 ff.
[46] *BGH* St 10, 400 (401); SK[9]-*Hoyer*, § 242 Rn. 1; *Klesczewski*,BT 2, S. 28; *Rengier* I, 2/1; LK[13]-*Vogel/ Brodowski*, vor § 242 Rn. 62 f.. A.A. Sch/Sch-*Bosch*, § 242 Rn. 1/2; NK-*Kindhäuser/Hoven*, vor § 242 Rn. 1, 3; *Mitsch,* BT 2, S. 4; *Rönnau,* JuS 2009, 1088.
[47] MK-*Hohmann*, § 247 Rn. 11; LK[13]-*Vogel/Brodowski*, § 247 Rn. 16; einschr. *BGH* St 10, 400; L/K/H-*Heger*, § 247 Rn. 2. A.A. Sch/Sch-*Bosch*, § 247 Rn. 10 f.; NK-*Kindhäuser/Hoven*, § 247 Rn. 11.

dert und diesen nur der Gewahrsamsinhaber – nicht dagegen der Eigentümer – stellt, sind Ausführungen dazu in der Klausur allein in diesem Fall zu machen.
Tatobjekt des § 242 StGB ist also nur eine fremde bewegliche Sache, die in fremdem Gewahrsam steht; eine gewahrsamslose Sache kann nicht gestohlen werden.

15 »**Gewahrsam**« ist die von einem Herrschaftswillen getragene tatsächliche Sachherrschaft[48]. Ob ein tatsächliches Herrschaftsverhältnis besteht – und der Betroffene einen Beherrschungswillen hatte – ist nach der sozialen Anschauung (»natürliche Auffassung des täglichen Lebens«)[49] zu bestimmen.
Die soziale Anschauung ordnet die tatsächliche Sachherrschaft bestimmten **Gewahrsamssphären** zu. So stehen die Gegenstände, die jemand in der Hand, in seiner Kleidung oder in Taschen, Beuteln usw. bei sich trägt, in seinem Gewahrsam (»Körpersphäre«). Sachen in einer Wohnung, einem Dienst- oder Geschäftsraum oder einem Fahrzeug (Pkw, Lkw, Wohnwagen, Boot usw.) werden grundsätzlich der Sachherrschaft des Inhabers der Räumlichkeit zugeordnet (*Rn. 20 ff.*).

16 Da somit das tatsächliche Herrschaftsverhältnis maßgeblich ist, kann »Gewahrsam« nicht mit dem Besitz i.S. des Zivilrechts gleichgesetzt werden:
Deshalb kann z.B. der Besitzdiener, der nach § 855 BGB kein Besitzer ist, i.S. des Strafrechts (Mit-)Gewahrsam haben[50] (vgl. *Fall 7, Rn. 27 ff.*). Der mittelbare Besitzer (§ 868 BGB) ist dagegen nicht schon wegen seines mittelbaren Besitzes (Mit-)Gewahrsamsinhaber[51].

17 Die Erben waren gemäß § 857 BGB Besitzer der Brieftasche, als E sie an sich nahm. Der Erbenbesitz reicht, wenn er – wie hier – nicht mit einer tatsächlichen Sachherrschaft verbunden ist, für die Annahme fremden Gewahrsams nicht aus[52].
Die Sache war also mangels Herrschaftswillens des verstorbenen M **gewahrsamslos**, sodass ein Bruch fremden Gewahrsams entfällt. E hat die Brieftasche folglich nicht »weggenommen«; er ist daher nicht nach § 242 StGB strafbar.

b) § 246 I StGB?

– Zur Problematik der sog. »Fundunterschlagung« vgl. *Fall 45 (Rn. 244 ff.).* –

Fall 4: *– Schlafende und Bewusstlose als Gewahrsamsinhaber –*

18 Abwandlung von *Fall 3*: M war – was E auch bemerkte – bewusstlos, als E die Brieftasche an sich nahm; M starb später, ohne das Bewusstsein wiedererlangt zu haben.
Strafbarkeit des E aus § 242 StGB?

---

[48] Sch/Sch-*Bosch*, § 242 Rn. 23; HdS 5-*Kudlich*, § 29 Rn. 33; *Mitsch*, BT 2 S. 12; *Zieschang*, JA 2024, 265 (267); auf einen »Herrschaftswillen« verzichtet SK⁹-*Hoyer*, § 242 Rn. 21.

[49] BGH St 16, 271 (273); 22, 180 (182); Sch/Sch-*Bosch*, § 242 Rn. 23, 25, 29, 30; L/K/H-*Heger*, § 242 Rn. 9; M/S/M/H/M-*Hoyer*, 33/12 f., 16, 20; LK¹³-*Vogel/Brodowski*, § 242 Rn. 54. Krit. *Timmermann*, Diebstahl und Betrug im Selbstbedienungsladen, 2014, S. 39 ff., nach der Gewahrsam hat, wer bestimmt, wo sich die Sache befindet S. 50 ff., 160.

[50] RG St 56, 115 (116 f.); Sch/Sch-*Bosch*, § 242 Rn. 31; *Fischer*, § 242 Rn. 11; M/R-*Schmidt*, § 242 Rn. 13; MK-*Schmitz*, § 242 Rn. 49.

[51] RG St 56, 115 (116 f.); *Fischer*, § 242 Rn. 11; M/R-*Schmidt*, § 242 Rn. 13.

[52] RG St 58, 228 (229). Krit. zur derzeitigen strafrechtlichen Einordnung der Entwendung von Gegenständen von Verstorbenen *Glandien*, JR 2019, 60 ff., der die Fiktion eines Erbengewahrsams parallel zu § 857 BGB für sachgerecht hält (aaO, 60, 65).

Bis zum Eintritt seiner Bewusstlosigkeit hatte M Gewahrsam an der Brieftasche; diesen könnte er infolge der Bewusstlosigkeit verloren haben.

Nach der Auffassung des täglichen Lebens verliert der Gewahrsamsinhaber nicht schon dadurch die **tatsächliche Sachherrschaft**, dass er einschläft oder bewusstlos wird. Auch der für den Gewahrsam erforderliche **Herrschaftswille** wird durch Schlaf oder Bewusstlosigkeit nicht ausgeschlossen, da der Gewahrsamsinhaber »nicht ständig auf der Lauer zu liegen« braucht[53]. Demnach geht ein bestehender Gewahrsam grundsätzlich nicht durch Schlaf oder Bewusstlosigkeit verloren[54].

Dies soll nach einer Entscheidung des *BayObLG* jedoch nicht gelten, wenn die Bewusstlosigkeit ohne Unterbrechung in den Tod übergeht, da in einem solchen Fall rückschauend die Behinderung in der Gewahrsamsausübung nicht nur vorübergehend gewesen sei[55]. **19**

Die *h.L.*[56] und der *BGH*[57] widersprechen dem zu Recht. Gegen die Ansicht des *BayObLG* spricht schon, dass für die Beurteilung einer Tat als Diebstahl der *Zeitpunkt der Vollendung* maßgeblich sein muss. Nach dem Urteil des *BayObLG* würde ein vom Täterverhalten völlig unabhängiges *späteres* Geschehen (Tod des Bewusstlosen) eine zunächst (im Tatzeitpunkt) als Diebstahl zu wertende Tat *rückwirkend* zur Unterschlagung machen. Diese Ungewissheit der endgültigen strafrechtlichen Beurteilung des Täters (§§ 242 oder 246 StGB?) trotz Vorliegens der tatbestandsmäßigen Handlung ist aber systemwidrig.

Ergebnis: Als E die Brieftasche an sich nahm, stand sie noch im Gewahrsam des M; E hat sie diesem also *weggenommen*. Er ist daher nach § 242 StGB strafbar.

Fall 5: – »*Generell beherrschter Raum*«; »*genereller Gewahrsamswille*« –

Die Hausgehilfin Erna (E), die im Haus ihrer Arbeitgeber, der Eheleute Reich, wohnte, hatte im Schlafzimmer der Eheleute ein Schmuckstück an sich genommen und in ihrem Zimmer unter der Wäsche versteckt. Sie wollte es später ihrem Freund geben, der es »zu Geld machen sollte«. E kamen jedoch Bedenken und sie legte das Schmuckstück zurück. **20**

Strafbarkeit der E?

Problem: Liegt nur ein *versuchter* Diebstahl vor, der wegen Rücktritts gemäß § 24 I StGB straflos wäre, oder war der Diebstahl schon *vollendet*?

Als Grundsatz gilt, dass Wohnungsinhaber an allen in der Wohnung befindlichen Gegenständen Gewahrsam haben[58], denn nach der Verkehrsauffassung besteht an allen Sachen, die sich in einem »**generell beherrschten Raum**« (**räumlicher Machtbereich**) befinden, in aller Regel die tatsächliche Herrschaft des Rauminhabers[59]. Dieser muss nicht wissen, dass der Gegenstand in seine Wohnung gelangt ist

---

[53] Sch/Sch-*Bosch*, § 242 Rn. 30.
[54] *BGH* St 4, 211; 20, 32 (33 a.E.); NK-*Kindhäuser/Hoven*, § 242 Rn. 36; HdS 5-*Kudlich*, § 29 Rn. 32; MK-*Schmitz*, § 242 Rn. 54; W/H/S-*Schuhr*, Rn. 92; *Zieschang*, JA 2024, 265 (268).
[55] *BayObLG*, JR 1961, 188.
[56] Statt vieler Sch/Sch-*Bosch*, § 242 Rn. 30; A/W/H/H-*Heinrich* 13/52; NK-*Kindhäuser/Hoven*, § 242 Rn. 36.
[57] *BGH*, JR 1986, 294 m. Anm. *Lampe*; siehe auch *BGH*, NStZ 2010, 33; JR 2022, 31 (Rn. 7) m. Anm. *Kaspar*.
[58] *BGH* St 10, 400 (402); 16, 271 (273); LK[13]-*Vogel/Brodowski*, § 242 Rn. 65.
[59] Vgl. Sch/Sch-*Bosch*, § 242 Rn. 26.

oder wo sich die Sache befindet; innerhalb einer Wohnung (bzw. eines Hauses) verlegte Sachen unterfallen deshalb grundsätzlich der Sachherrschaft des Wohnungs- (bzw. Haus-)inhabers[60].

Der Ladeninhaber hat ebenfalls an allen in seinem Ladengeschäft befindlichen Waren zumindest (Mit-)Gewahrsam, wobei es unerheblich ist, ob er den Warenbestand im Einzelnen kennt[61].

21 Innerhalb des eigenen »räumlichen Machtbereichs« ist nach der Verkehrsauffassung zudem ein »genereller Gewahrsamswille« anzunehmen:
Der generelle Gewahrsamswille erstreckt sich z.B. auf alle in den eigenen Briefkasten geworfenen Postsendungen[62]; auf die innerhalb des eigenen räumlichen Machtbereichs verlegten, verlorenen[63] oder von einem Dritten versteckten Sachen[64]; auf den verliehenen Pkw, der vereinbarungsgemäß wieder vor der Wohnung des Eigentümers abgestellt worden ist, sei es auch in dessen Abwesenheit[65].

22 Grundsätzlich stehen also die in einem **generell beherrschten Raum** befindlichen Sachen im Gewahrsam des Rauminhabers.
So verliert z.B. ein Juwelier den Gewahrsam an einem Ring nicht dadurch, dass mit seinem Einverständnis ein Kunde sich den Ring zur Ansicht an den Finger steckt; ebenso wenig geht der Gewahrsam eines Kaufmanns an Textilien unter, die Kunden in seinem Laden anprobieren[66].
Der Begriff des »generell beherrschten Raums« ist nicht zu eng zu verstehen; daher stehen z.B. Waren, die für einen Ladeninhaber **vor** seinem noch geschlossenen Geschäft abgestellt werden, grundsätzlich im Gewahrsam des Ladeninhabers[67]. Der Gewahrsam des Wohnungsinhabers an den in der Wohnung befindlichen Sachen bleibt selbst dann erhalten, wenn er länger abwesend ist (Reise), und zwar regelmäßig auch gegenüber den die Wohnung bewachenden Hausangestellten[68].

23 Ausnahmsweise kann innerhalb »generell beherrschter Räume« der Gewahrsam des Rauminhabers an den in seinem Machtbereich befindlichen Sachen verloren gehen: Das ist z.B. der Fall, wenn in Warenhäusern ein Dieb – kleinere – Sachen in seiner Kleidung oder in mitgebrachten Taschen verschwinden lässt[69] (*Fall 13, Rn. 51 ff.*), oder wenn – wie hier – der Täter die Sache innerhalb des räumlichen Machtbereichs eines anderen *versteckt*, um sie später fortzuschaffen, es sei denn, dass der Täter zu dem Versteck nicht ohne weiteres freien Zugang hat (z.B. die fraglichen Räume nicht betreten darf)[70].

---

[60] M/S/M/H/M-*Hoyer*, 33/21; LK[13]-*Vogel/Brodowski*, § 242 Rn. 65; *Zieschang*, JA 2024, 265 (268).
[61] BGH, NStZ-RR 2015, 142 (LS), Entscheidungsgründe bei BeckRS 2015, 05557 (Rn. 8).
[62] Sch/Sch-*Bosch*, § 242 Rn. 30; *Rengier* I, 2/29; M/R-*Schmidt*, § 242 Rn. 14.
[63] L/K/H-*Heger*, § 242 Rn. 11; HdS 5-*Kudlich*, § 29 Rn. 34; MK-*Schmitz*, § 242 Rn. 76.
[64] *Rönnau*, JuS 2009, 1088 (1089).
[65] BGH, GA 1962, 78; NK-*Kindhäuser/Hoven*, § 242 Rn. 37.
[66] NK-*Kindhäuser/Hoven*, § 242 Rn. 38; LK[12]-*Vogel*, § 242 Rn. 65.
[67] BGH, JZ 1968, 307 m. Anm. *R. Schmitt*; NK-*Kindhäuser/Hoven*, § 242 Rn. 37.
[68] BGH St 10, 400; 16, 271 (273).
[69] Bei umfangreicherer Beute gilt dies nicht, BGH, NStZ-RR 2013, 276 f.
[70] KG, JR 1966, 308; Sch/Sch-*Bosch*, § 242 Rn. 24, 26, 39; NK-*Kindhäuser/Hoven*, § 242 Rn. 40.

Das bloße Zurechtlegen der Diebesbeute für ihren Abtransport stellt dagegen grundsätzlich noch keine vollendete Wegnahme dar[71]. Ob darin ein unmittelbares Ansetzen zum Diebstahlsversuch liegt, hängt von den konkreten Umständen ab[72]. Hat der Täter die Sache (in casu Metallschrott) bereits in seinen Transporter auf dem Betriebsgelände verladen, so setzt er dadurch unmittelbar zum Diebstahl an[73].

Danach hatte die E, als sie das Schmuckstück versteckte, den Gewahrsam der Eheleute Reich nicht etwa nur gelockert, sondern gebrochen und neuen (hier: eigenen) Gewahrsam begründet; das Merkmal **Wegnahme** ist also gegeben. Auch der subjektive Tatbestand des § 242 StGB ist erfüllt; zudem hat E rechtswidrig und schuldhaft gehandelt.

E ist also aus § 242 StGB schuldig. Ihre Tat wird gemäß § 247 StGB (»häusliche Gemeinschaft«) nur auf *Antrag verfolgt*.

Fall 6: — *Gewahrsamsverhältnisse an außerhalb des eigenen räumlichen Machtbereichs verlorenen Sachen* —

Im Treppenhaus eines großen Miethauses verlor der Mieter X seine Brieftasche. Der Kurierdienstbote Karsten (K) fand sie, verließ mit ihr das Haus und behielt sie.

Strafbarkeit des K?

a) § 242 StGB

Die Brieftasche war für K eine *fremde* bewegliche Sache, da sie einem anderen (X) gehörte.

Problem: Hat K die Brieftasche *weggenommen* oder scheidet Wegnahme mangels Bruchs fremden Gewahrsams aus?

(1) Sachen, die der Gewahrsamsinhaber **außerhalb seines eigenen räumlichen Machtbereichs verliert**, stehen grundsätzlich nicht mehr in seinem Gewahrsam[74]. Etwas anderes gilt allenfalls dann, wenn er sich erinnert, wo er die Sache verloren hat, und sie ohne weiteres zurückerlangen kann[75].

Danach hatte X den Gewahrsam an der Brieftasche verloren, als K sie fand.

(2) Bei Sachen, die in einem **fremden Herrschaftsbereich vergessen oder verloren** werden, kann aber der Inhaber des fremden räumlichen Machtbereichs Gewahrsam erlangt haben:

Der Besitzer eines Kinos, Theaters, Restaurants oder Ladens erwirbt Gewahrsam an den vergessenen Sachen der Besucher[76]. Wenn z.B. der Kellner (bzw. Platzanweiser) im Restaurant (bzw. Kino) eine vergessene Sache an sich nimmt und behält, begeht er einen Diebstahl, da er den Gewahrsam des Wirtes (bzw. Kinobesitzers) bricht[77].

---

[71] Sch/Sch-*Bosch*, § 242 Rn. 39.
[72] *OLG Hamm*, BeckRS 2009, 24585 (II. 1). Muss der Täter erst an den Tatort zurückkehren und noch Hindernisse, z.B. einen Zaun, überwinden, so scheidet ein unmittelbares Ansetzen aus; *Walter*, NStZ 2008, 156 f., gegen *LG Potsdam*, NStZ 2007, 336 ff.
[73] BGH, BeckRS 2014, 19718 (Rn. 3).
[74] BGH, GA 1969, 25; *Fischer*, § 242 Rn. 15; NK-*Kindhäuser/Hoven*, § 242 Rn. 40; *Rengier* I, 2/39.
[75] Sch/Sch-*Bosch*, § 242 Rn. 28; *Hellmann/Beckemper*, JuS 2001, 1095; NK-*Kindhäuser/Hoven*, § 242 Rn. 40; *Rengier* I, 2/39; MK-*Schmitz*, § 242 Rn. 76.
[76] Vgl. *OLG Hamm*, NJW 1969, 620; NK-*Kindhäuser/Hoven*, § 242 Rn. 40 HdS 5-*Kudlich*, § 29 Rn. 34.
[77] H.M.; so u.a. Sch/Sch-*Bosch*, § 242 Rn. 28; SK^9-*Hoyer*, § 242 Rn. 36; *Rengier* I, 2/30 f.; abw. A/W/H/H-*Heinrich*, 13/47, 49 f.

Die Deutsche Bahn AG erlangt Gewahrsam an den im Zug vergessenen Gegenständen, und zwar bei Weiterfahrt des Zuges[78].

26 Hier fehlt ein solcher Gewahrsamserwerb durch den Inhaber eines fremden räumlichen Machtbereichs. Nach der Verkehrsanschauung fiel die Brieftasche bei ihrem Verlust im Treppenhaus nicht etwa in den »gemeinsamen« Gewahrsam aller an dem Haus »Nutzungsberechtigten«[79]. Die Annahme eines solchen Gewahrsams aller Mieter an im Hausflur verlorenen Sachen wäre lebensfremd. Die Brieftasche war somit, als K sie fand, nach sozialer Anschauung *gewahrsamslos*[80].
Ergebnis: § 242 StGB scheidet aus.

b) § 246 StGB?
– Zur »Fundunterschlagung« vgl. *Fall 45 (Rn. 244 ff.).* –

Fall 7: – *Probleme des Mitgewahrsams* –

27 Im Geschäft des Kaufmanns Soll (S) durfte außer ihm nur der Verkäufer Haben (H) die Kasse bedienen. Eines Tages entnahm S der Kasse 1.000 Euro und warf H anschließend vor, dieser habe den Betrag unterschlagen. S hatte die Tageseinnahme am Vormittag einem Gläubiger im Voraus gemäß §§ 929 S. 1, 930, 868, 688 BGB zur Sicherheit übereignet.
Strafbarkeit des S nach § 242 StGB?

Die Geldscheine im Betrage von 1.000 Euro waren für S fremde bewegliche Sachen, da sie auf Grund der wirksamen Sicherungsübereignung dem Gläubiger gehörten. Es handelt sich um ein *antizipiertes Besitzkonstitut*, bei dem die Einigung über den Eigentumsübergang und die Vereinbarung des Besitzmittlungsverhältnisses, § 868 BGB, erfolgten, bevor der Veräußerer Eigentümer und Besitzer der Sache war[81].
Problem: Hat S die Scheine weggenommen?

Haben der Täter und ein Dritter **Mitgewahrsam,** so differenziert die *überkommene Auffassung* zwischen gleichrangigem Mitgewahrsam einerseits und mehrstufigem Mitgewahrsam andererseits:

28 *(1)* Bei **gleichrangigem Mitgewahrsam** könne jeder der Mitgewahrsamsinhaber gegen den anderen einen Gewahrsamsbruch begehen[82].
Gleichrangiger Mitgewahrsam komme etwa in Betracht bei Eheleuten an gemeinsam benutztem Inventar der ehelichen Wohnung, Mitgliedern einer OHG an den dieser gehörenden Sachen[83], Vermieter und Student am mitgemieteten Inventar einer »Studentenbude«[84], mehreren Schlüsselinhabern, die das Bankschließfach nur gemeinsam öffnen können[85].

---

[78] Sch/Sch-*Bosch*, § 242 Rn. 28; L/K/H-*Heger*, § 242 Rn. 9; abw. *RG* St 38, 444.
[79] So aber LK[13]-*Vogel/Brodowski*, § 242 Rn. 66.
[80] Vgl. *BGH*, GA 1969, 25 (26).
[81] MK-BGB-*Oechsler*, § 930 Rn. 9 ff.
[82] Sch/Sch-*Bosch*, § 242 Rn. 32; L/K/H-*Heger*, § 242 Rn. 13; M/S/M/H/M-*Hoyer*, 33/23 ff.; HdS 5-*Kudlich*, § 29 Rn. 35; M/R-*Schmidt*, § 242 Rn. 15; LK[13]-*Vogel/Brodowski*, § 242 Rn. 75.
[83] LK[13]-*Vogel/Brodowski*, § 242 Rn. 18, 20 (»Gesamthandseigentum«).
[84] *Fischer*, § 242 Rn. 14; M/S/M/H/M-*Hoyer*, 33/24.
[85] M/R-*Schmidt*, § 242 Rn. 15.

Ein gleichrangiger Mitgewahrsam von S und H scheidet hier aus; vielmehr hatte H *allenfalls* untergeordneten Mitgewahrsam, wie sich aus dem Folgenden ergibt.

(2) Mehrstufiger Mitgewahrsam liege bei einem Verhältnis der Über- und Unterordnung zwischen den Inhabern der Sachgewalt vor. Der Inhaber des untergeordneten Mitgewahrsams könne den übergeordneten Mitgewahrsam brechen und dadurch einen Diebstahl begehen; dagegen schütze § 242 StGB nicht den untergeordneten Mitgewahrsam gegenüber dem Inhaber des übergeordneten Mitgewahrsams[86]. Untergeordneter Mitgewahrsam wird u.a. angenommen bei dem Wächter einer Sammelgarage, der einen Zündschlüssel des abgestellten Wagens erhält, im Verhältnis zum Fahrzeughalter[87], bei *Hausangestellten*, deren Obhut ihre Arbeitgeber während einer Reise die Wohnung überlassen haben[88]. Im Verhältnis Lkw-Fahrer/Geschäftsherr soll bei Fernfahrten regelmäßig Ersterer Alleingewahrsam haben, während er bei kürzeren Transporten, solange eine Einwirkungsmöglichkeit des Geschäftsherrn bestehe, grundsätzlich nur (untergeordneten) Mitgewahrsam habe[89]. Diese Differenzierung ist jedoch angesichts der heutigen Verkehrsverhältnisse lebensfremd, da auch bei Auslieferungsfahrten in einem Ort ein jederzeitiger Zugriff des Auftraggebers in der Regel ausscheiden wird[90]. Der Briefträger hat an den von ihm zuzustellenden Briefen Alleingewahrsam[91].

Zu denselben Ergebnissen gelangt die **zutreffende Gegenmeinung**, welche die Figur des untergeordneten Mitgewahrsams ablehnt, da die Verkehrsanschauung dem übergeordneten Inhaber der Sachgewalt den (Allein-) Gewahrsam zuordnet[92]. Die untergeordnete Person wird bisweilen als »Gewahrsamsdiener«, »Gewahrsamshüter« bzw. »Gewahrsamsgehilfe« bezeichnet. Diese Begriffe dürfen jedoch nicht mit dem zivilrechtlichen Terminus des Besitzdieners (§ 855 BGB) gleichgesetzt werden, denn für die Bestimmung des strafrechtlichen Gewahrsamsbegriffs sind die zivilrechtlichen Besitzregelungen nicht maßgeblich[93].

Kassierer haben Alleingewahrsam an dem in der Kasse befindlichen Geld, wenn sie **eigenverantwortlich** die Kasse verwalten. »Der Geschäftsinhaber oder Vorgesetzte hat zwar ein Weisungsrecht, darf aber nach den Gepflogenheiten selbst keine Beträge aus der Kasse entnehmen, sondern bedarf dazu der Mitwirkung des Kassierers. Dieses Weisungsrecht begründet deshalb noch keinen Mitgewahrsam, insbesondere wenn der Kassierer allein den Kassenschlüssel hat.«[94]

---

[86] *OLG Hamm*, JMBlNW 1965, 10; *Fischer*, § 242 Rn. 14a; LK[13]-*Vogel/Brodowski*, § 242 Rn. 76.
[87] Vgl. *BGH* St 18, 221 (223 f.).
[88] *BGH* St 10, 400 (403).
[89] Siehe dazu *BGH* St 2, 317 (318); GA 1979, 390; L/K/H-*Heger*, § 242 Rn. 13; S/S/W-*Kudlich*, § 242 Rn. 24; *Rengier* I, 2/38; LK[13]-*Vogel/Brodowski*, § 242 Rn. 80.
[90] MK-*Schmitz*, § 242 Rn. 79.
[91] Sch/Sch-*Bosch*, § 242 Rn. 33 (a.E.).
[92] Sch/Sch-*Bosch*, § 242 Rn. 32; L/K/H-*Heger*, § 242 Rn. 13; SK[9]-*Hoyer*, § 242 Rn. 45; MK-*Schmitz*, § 242 Rn. 80; *Zopfs*, ZJS 2009, 506 (509).
[93] MK-*Schmitz*, § 242 Rn. 82.
[94] *BGH* St 8, 273 (275); ebso. *BGH*, NStZ-RR 2001, 268 f.; NStZ-RR 2018, 108 f. m. Anm. *Jäger*, JA 2018, 390 ff.; *Fischer*, § 242 Rn. 14. Vgl. *OLG* Zweibrücken, NStZ-RR 2018, 249 (250): Alleingewahrsam der Altenpflegerin, die als Einzige den Schlüssel für den Medikamenten-Tresor besaß.

Im Übrigen hat der Ladeninhaber Alleingewahrsam an den Waren und dem in der Kasse befindlichen Geld[95]. Das gilt m.E. auch, wenn außer dem Kassierer nur der »Prinzipal«, aber kein anderer Mitarbeiter, die Kasse bedienen darf.

Danach hatte H **keinen** Gewahrsam (bzw. nach der Gegenauffassung allenfalls – durch § 242 StGB nicht geschützten – untergeordneten Mitgewahrsam).

Ergebnis: § 242 StGB scheidet aus. (S hat aber § 246 StGB verwirklicht.)

Fall 8: – *Einverständnis des Gewahrsamsinhabers; »Automatendiebstahl«* –

32   Referendar Schönfeld (S) warf aus seinem Urlaub in Südamerika mitgebrachte ausländische Münzen im Werte von etwa 5 Eurocent in einen Getränkeautomaten und erreichte dadurch die »Herausgabe« eines Bechers mit Kaffee durch den Automaten.

Strafbarkeit des S?

a) § 242 (i.V.m. § 248a) StGB

Der Becher Kaffee war für S eine fremde bewegliche Sache; es fragt sich, ob er ihn weggenommen, d.h. fremden Gewahrsam gebrochen und neuen begründet hat.

S könnte den Gewahrsam des Automatenaufstellers gebrochen haben. **Bruch** fremden Gewahrsams bedeutet die Aufhebung der tatsächlichen Sachherrschaft des bisherigen Gewahrsamsinhabers gegen oder zumindest ohne dessen Willen[96].

33   Folglich schließt das **Einverständnis** des betroffenen Gewahrsamsinhabers mit der »Wegnahme« – mit der Aufhebung *und* der Neubegründung[97] – den Gewahrsamsbruch aus; d.h., ein solches Einverständnis lässt bereits den objektiven Tatbestand des § 242 StGB und nicht erst die Rechtswidrigkeit der Wegnahme entfallen[98].

34   Exkurs: Zur Differenzierung zwischen **tatbestandsausschließendem »Einverständnis«** und **rechtfertigender »Einwilligung«**

Bekanntlich ist die Einwilligung des Betroffenen nach h.L. und Rechtsprechung grundsätzlich nur ein *Rechtfertigungsgrund*. Bei einer Reihe von Straftatbeständen, z.B. §§ 239, 240, 123 (»eindringen«), 242, 249 (»wegnehmen«) StGB, verlangt die Tatbestandshandlung aber ein Handeln gegen (oder zumindest ohne) den Willen des Betroffenen, sodass sein »Einverstandensein« bereits den *Tatbestand* ausschließt; in diesem Fall spricht man von tatbestandsausschließendem »Einverständnis«.

Nach h.M. sind die *Voraussetzungen des »Einverständnisses«* nicht mit denen der »Einwilligung« als Rechtfertigungsgrund identisch: Das Einverständnis brauche – anders als die Einwilligung – dem Täter nicht bekannt gewesen zu sein; es müsse nur zur Tatzeit objektiv vorgelegen haben, auch wenn es nicht erklärt war.

Die Beachtlichkeit der Einwilligung hänge von der Einsichtsfähigkeit des Verletzten ab, während es beim Einverständnis – wegen seines rein tatsächlichen Charakters –

---

[95]   *RG* St 30, 88; 77, 34 (38); *BGH* St 8, 273 (275); *Rengier* I, 2/36; LK[13]-*Vogel/Brodowski*, § 242 Rn. 79 bejahen untergeordneten Mitgewahrsam der Angestellten an den Waren und dem eingehenden Geld.
[96]   Sch/Sch-*Bosch*, § 242 Rn. 35; SK[9]-*Hoyer*, § 242 Rn. 46; NK-*Kindhäuser/Hoven*, § 242 Rn. 41; LK[13]-*Vogel/Brodowski*, § 242 Rn. 107. Einen entgegenstehenden Willen verlangen: *Jescheck/Weigend*, AT, § 34 I 1 b; *Ludwig/Lange*, JuS 2000, 446 (449 f.).
[97]   *Rotsch*, GA 2008, 65, 71 ff.
[98]   *BGH* St 16, 271 (278 a.E.); Sch/Sch-*Bosch*, § 242 Rn. 36; L/K/H-*Heger*, § 242 Rn. 14; *Mitsch*, BT 2, S. 24; M/R-*Schmidt*, § 242 Rn. 17.

nur auf die natürliche Willensfähigkeit ankomme. Auch das durch Täuschung erschlichene Einverständnis sei – anders als eine erschlichene Einwilligung – grundsätzlich wirksam[99].
Die Auffassung, eine wirksame Einwilligung schließe *stets* den Tatbestand aus[100], trifft m.E. nicht zu. – Eingehend dazu Krey/*Esser*, AT, Rn. 655 ff. –
Für das den Tatbestand des § 242 StGB ausschließende Einverständnis ist also der »natürliche Wille«, der auch bei Geisteskranken, Kindern oder Betrunkenen vorhanden sein kann, genügend[101]. 35
Das folgt schon daraus, dass für den Gewahrsam ein Herrschaftswille erforderlich ist (vgl. *Fall 3, Rn. 14 ff.*) und es für diesen auf die »natürliche Willensfähigkeit«, die auch Geisteskranke, Kinder und Betrunkene haben können[102], ankommt; wer einen solchen Herrschaftswillen haben kann, kann ihn auch preisgeben.
Es fragt sich, ob hier ein tatbestandsausschließendes Einverständnis des Automatenaufstellers anzunehmen ist. Das Einverständnis des Gewahrsamsinhabers kann auch **bedingt** erklärt werden; in einem solchen Fall scheidet das Merkmal Wegnahme nur dann aus, wenn der Täter die Bedingung erfüllt[103]. 36
Bei Warenautomaten ist der Gewahrsamsinhaber nur dann mit der Entnahme der Ware einverstanden, wenn das vorgesehene Zahlungsmittel eingeworfen wird; daher begeht Diebstahl, wer einen Warenautomaten mit Falschgeld oder anderen »unrichtigen« Münzen (z.B. ausländischen) bedient[104].
Folglich hat S den Becher Kaffee **weggenommen**. Da er vorsätzlich, mit Zueignungsabsicht, rechtswidrig und schuldhaft handelte, ist er des Diebstahls schuldig. Die Verfolgungsprivilegierung nach § 248a StGB wegen der Geringwertigkeit der Sache ist zu beachten.

b) § 265a StGB
Diese Vorschrift gilt nach zutreffender Meinung nur für die Leistungsautomaten (Münzfernsprecher; Musikbox u.ä.), **nicht** für **Waren**automaten[105]; sie scheidet hier also aus (siehe auch *Rn. 822, 845*). 37

Fall 9 – »*Manipulation« einer Selbstbedienungskasse* –
Jonny (J) entnahm in einem Geschäft dem Zeitschriftenregal ein Hochglanzmagazin zum Preis von 9,50 Euro, scannte an der Selbstbedienungskasse aber den von einer Tageszeitung 38

---

[99] Vgl. zum Vorstehenden u.a.: HdS 5-*Kudlich*, § 29 Rn. 39; *Rengier* I, 2/64; Sch/Sch-*Sternberg-Lieben*, Vorbem. §§ 32 ff. Rn. 32 ff. m.w.N.
[100] So u.a. *Kühne*, JZ 1979, 241; eingehend und m.w.N. *Roxin/Greco*, AT I, § 13/12 ff.
[101] BGH St 23, 1 (3); HdS 5-*Kudlich*, § 29 Rn. 39; *Mitsch*, BT 2, S. 26; *Rengier* I, 2/64; LK[13]-*Vogel/Brodowski*, § 242 Rn. 108; BeckOK-StGB-*Wittig*, § 242 Rn. 21.
[102] LK[13]-*Vogel/Brodowski*, § 242 Rn. 108.
[103] OLG Stuttgart, NJW 1982, 1659; Sch/Sch-*Bosch*, § 242 Rn. 36a m.w.N.; NK-*Kindhäuser/Hoven*, § 242 Rn. 49; *Mitsch*, BT 2, S. 29; *Ranft*, JA 1984, 7; LK[13]-*Vogel/Brodowski*, § 242 Rn. 114.
[104] BGH, MDR 1952, 563; Sch/Sch-*Bosch*, § 242 Rn. 36a; L/K/H-*Heger*, § 265a Rn. 2; NK-*Kindhäuser/Hoven*, § 242 Rn. 49 f.; *Mitsch*, BT 2, S. 29; LK[13]-*Vogel/Brodowski*, § 242 Rn. 115. A.A. A/W/H/H-*Heinrich*, 13/150; SK[9]-*Hoyer*, § 242 Rn. 54 ff.
[105] BGH, MDR 1952, 563; OLG Celle, NJW 1997, 1580; OLG Düsseldorf, NJW 2000, 518; NK-*Hellmann*, § 265a Rn. 19 ff.; Joecks/*Jäger*, § 265a Rn. 6. A.A. Biletzki, NStZ 2000, 424 f.; SK[9]-*Hoyer*, § 265a Rn. 11 ff.; *Mitsch*, BT 2, S. 437; *Otto*, JR 2000, 214 (215).

ausgerissenen Strichcode, den er in seiner Brieftasche mitgebracht hatte, ein und bezahlte den von der Kasse erfassten Betrag in Höhe von 1,20 Euro. Dann verließ er – unbeobachtet von dem Personal – unter Mitnahme des Magazins das Geschäft. Strafantrag ist gestellt.
Hat J einen Diebstahl, einen Betrug oder einen Computerbetrug begangen?

Das *OLG Hamm* hat Diebstahl angenommen. Es fehle an einem wirksamen Einverständnis des Ladeninhabers bzw. seiner Mitarbeiter in den Gewahrsamsübergang, da die Bedingung – das korrekte Einscannen der Ware und Bezahlen der entnommenen Ware – nicht erfüllt sei; das im Kassenbereich eventuell anwesende Personal diene allein der Unterstützung des Kunden bei etwaigen technischen Schwierigkeiten, es gebe deshalb keine Einverständniserklärung ab[106]. Die Gegenmeinung bejaht Betrug (§ 263 StGB), wenn ein Mitarbeiter am Ausgang des Kassenbereichs dem einzelnen Kunden das Verlassen des Geschäfts gestattet, weil darin eine Vermögensverfügung liege, andernfalls sei Computerbetrug (§ 263a StGB) gegeben[107].

39 Eine *Übereignung* der Sache findet durch den manipulierten Zahlungsvorgang jedenfalls nicht statt, da hinsichtlich der mitgenommenen Ware mangels übereinstimmender Willenserklärungen weder ein Kaufvertrag geschlossen wird noch eine sachenrechtliche Einigung erfolgt[108]; die Sache bleibt also in fremdem Eigentum. Zutreffend ist die Annahme des *OLG Hamm*, dass auch ein durch die Selbstbedienungskasse vermitteltes Einverständnis des Ladeninhabers in den *Gewahrsamsübergang* – ähnlich dem Vorgang bei Warenautomaten – nur unter der Bedingung erteilt wird, dass die Kasse korrekt bedient wird[109]. Der Kunde erlangt somit nicht schon durch das Einscannen eines nicht zu der Ware gehörenden Strichcodes und die Bezahlung des »falschen« Preises, sondern erst mit Verlassen des Geschäfts den Gewahrsam. Wird der Vorgang **nicht beobachtet**, so bricht der Täter folglich den Gewahrsam und begeht einen Diebstahl. Ein Computerbetrug scheitert, weil – ungeachtet einer möglichen Tathandlung in Form der unbefugten Verwendung von Daten und des »Zwischenerfolgs« der Beeinflussung des Ergebnisses eines Datenverarbeitungsvorgangs[110] (*Rn. 839*) – **unmittelbar kein Schaden** durch die Manipulation der Kasse eintritt[111]. Fraglich ist, ob – wie das *OLG Hamm* meint – selbst im Falle eines von dem Personal beobachteten Zahlungsvorgangs und der Gestattung der Mitnahme der Ware ein Diebstahl vorliegt. Die These, die lediglich zur Unterstützung bei technischen Schwierigkeiten eingesetzten Mitarbeiter nähmen keine Vermögensverfügung vor[112], überzeugt nicht. Wären sie nicht – konkludent – durch den äußerlich korrekt erscheinenden Zahlungsvorgang getäuscht worden, hätten sie nicht – irrtumsbe-

---

[106] *OLG Hamm*, NStZ 2014, 275 (276) m. zust. Bespr. *Jäger*, JA 2014, 155 (156); *Jahn*, JuS 2014, 179 (180 f.); krit. *Fahl*, NStZ 2014, 244 (246 f.).
[107] *Heinrich*, FS-Beulke, 2015, S. 393 (395 ff.).
[108] *Jahn*, JuS 2021, 1197 (1198); *Schuhr*, ZWH 2014, 111 (112).
[109] Ebso. *OLG Rostock*, wistra 2020, 122 (Rn. 45) m. Anm. *Schmidt*; *Weber*, FD-StrafR 2019, 419527; *LG Kaiserslautern*, BeckRS 2021, 24059 m. Bespr. *Jahn*, JuS 2021, 1197 ff.
[110] *Heinrich*, FS-Beulke, 2015, S. 393 (400 ff.), bejaht beide Voraussetzungen.
[111] *Fahl*, NStZ 2014, 244 (246).
[112] *OLG Hamm*, NStZ 2014, 275 (276); insoweit zust. *Heinrich*, FS-Beulke, 2015, S. 393 (403).

dingt – auf die Geltendmachung des Kaufpreises verzichtet bzw. die Mitnahme der Ware gestattet, sodass in einem solchen Fall Betrug gegeben ist.

Da in casu der Zahlungsvorgang des J nicht von dem Personal wahrgenommen wurde, hat er einen Diebstahl einer geringwertigen Sache (§§ 242, 248a StGB) begangen.

Fall 9a: – *Wegnahme am Geldautomaten –*

Stefanie (S) benötigte Bargeld für das Wochenende und begab sich deshalb zu einem Geldautomaten ihrer Sparkasse. Nachdem sie ihre »EC-Karte« in den Automaten eingeführt und die PIN eingegeben hatte, trat Ronny (R) hinzu, verwickelte S in ein Gespräch und verdeckte dabei das Bedienfeld des Automaten mit einer Zeitung. Aufgrund der Ablenkung bemerkte S nicht, dass R einen Abhebebetrag von 300 Euro eingab und die Geldauswurftaste drückte. R ergriff die ausgeworfenen sechs 50-Euro-Scheine und floh mit dem Geld, bevor die verdutzte S reagieren konnte.

Hat S einen Diebstahl der Geldscheine begangen?

39a

Bei den Geldscheinen handelte es sich um für R fremde, nämlich **im Eigentum der Sparkasse stehende**, bewegliche Sachen. Das mit dem Ausgabevorgang ergangene – durch den Automaten vermittelte – Einigungsangebot der Verantwortlichen der Sparkasse nach § 929 S. 1 BGB ist »nach den vertraglichen Beziehungen zwischen Kontoinhaber und Geldinstitut sowie der Interessenlage« an den Kontoinhaber, nicht aber einen unberechtigten Benutzer des Geldautomaten gerichtet[113]. S nahm das an sie gerichtete Übereignungsangebot nicht an, da sie den Auszahlungsvorgang zunächst nicht bemerkte.

Fraglich ist, ob R durch das Ergreifen der Geldscheine fremden Gewahrsam gebrochen hat. In einem Fall, dem unser Sachverhalt nachgebildet ist, nahm der 4. Strafsenat des *BGH* **Mitgewahrsam des Geldinstituts und des berechtigten Kunden** an. Nach der sozialen Anschauung stehe »Bargeld, das ein Geldautomat am Ende eines ordnungsgemäßen Abhebevorgangs ausgibt, mit der Bereitstellung im Ausgabefach und der hierdurch eröffneten Zugriffsmöglichkeit regelmäßig (auch) im Gewahrsam desjenigen, der diesen Vorgang durch Eingabe der Bankkarte und der PIN-Nummer in Gang gesetzt hat«; der Karteninhaber besitze zudem den erforderlichen Herrschaftswillen »in Gestalt eines antizipierten Beherrschungswillens«[114]. Der 2. Senat des *BGH* hatte dagegen eine Aufgabe des Gewahrsams durch das Geldinstitut mit Ausgabe des Geldes angenommen und – wegen der gewaltsamen Verhinderung der Entnahme durch den Kunden – eine Gewahrsamsbegründung durch den Kunden verneint[115]. Nach Auffassung des 3. Strafsenats des *BGH* besteht ein – gelockerter – Alleingewahrsam des Geldinstituts an den Geldscheinen, solange sie sich in dem Geldausgabefach befinden; durch die Freigabe zur Entnahme gebe das Geldinstitut lediglich eine Wegnahmesicherung auf, es habe aber weiterhin die Möglichkeit, auf das Geld einzuwirken, denn die Scheine werden wieder eingezogen und das

39b

---

[113] *BGH*, NStZ 2018, 604 (605) m. Anm. *Eisele*, JuS 2018, 300 ff.; *Jäger*, JA 2018, 309 ff.; ebso. *BGH*, NStZ 2019, 726 (Rn. 6 ff.), m. Anm. *Krell*; *Jäger*, JA 2020, 66 ff.; *BGH* St 66, 55 (Rn. 4) m. Anm. *Bechtel*, JR 2022, 37 ff.; *Brand*, ZWH 2022, 46 ff.; *Lenk*, NJW 2021, 1547; *Ruppert*, StV 2022, 17 f.; *Schröder*, WuB 2021, 332 f.

[114] *BGH* St 66, 55 (Rn. 10, 11).

[115] *BGH*, NStZ 2018, 604 (605); zust. wohl *Eisele*, JuS 2018, 300 (302).

Ausgabefach geschlossen, wenn das Geld nicht innerhalb einer bestimmten Zeitspanne entnommen wird[116].

39c Keine Zustimmung verdient jedenfalls die These des 2. Senats, das Geldinstitut gebe mit der Ausgabe der Geldscheine den Gewahrsam an ihnen auf. Dem steht entgegen, dass nicht entnommene Geldscheine nach kurzer Zeit wieder eingezogen werden; nach sozialer Anschauung ist das Geld in dieser Phase nicht gewahrsamslos. Für die Diebstahlsstrafbarkeit ist es im Ergebnis nicht maßgeblich, ob ein – gelockerter – Alleingewahrsam des Kreditinstituts oder Mitgewahrsam des Bankkunden an den noch in dem Ausgabefach befindlichen Geldscheinen bejaht wird, da der Täter durch das Ergreifen der Geldscheine den Gewahrsam eines anderen bricht. Näher liegt es m.E., Mitgewahrsam der Bank und des Kunden anzunehmen. Diese Sicht berücksichtigt zum einen die – noch vorhandene – Zugriffsmöglichkeit des Geldinstituts, zum anderen aber auch die – bereits eröffnete – Zugriffsmöglichkeit des Kunden.

R verwirklichte somit den objektiven Tatbestand des § 242 StGB. Da er vorsätzlich, mit Zueignungsabsicht, rechtswidrig und schuldhaft handelte, hat er sich wegen Diebstahls strafbar gemacht.

Fall 10: – *»Überlisten« eines computergesteuerten Geldwechselautomaten* –

40 Lisa (L) führte einen 50-Euro-Schein, an dessen Schmalseite sie drei Tesafilmstreifen geklebt hatte, in einen Geldwechselautomaten ein. Nachdem der Geldschein die Lichtschranke überschritten und dadurch das Umwechseln in Münzen und deren Auswurf ausgelöst hatte, zog L den Geldschein wieder heraus und steckte das ausgeworfene Wechselgeld ein.
Strafbarkeit des L?

Problem: Hat L das ausgeworfene Wechselgeld oder den präparierten Geldschein weggenommen oder liegt gar ein Computerbetrug vor?

a) Diebstahl des Wechselgeldes

Die ganz h.M. nimmt – wie bei der Verwendung falscher Zahlungsmittel in *Fall 8 (Rn. 32 ff.)* – eine Wegnahme der ausgeworfenen Sachen (Geldstücke) an[117]. Eine Übereignung des Wechselgeldes und eine einverständliche Übertragung des Gewahrsams daran scheide aus, weil der Betreiber des Automaten diese an die ordnungsgemäße Bedienung des Gerätes knüpfe, an der es fehle, wenn der Benutzer den präparierten Geldschein nach der Freigabe des Wechselgeldes wieder aus dem Automaten herauszieht.

Die Gegenmeinung[118] bejaht sowohl eine Übereignung des ausgeworfenen Wechselgeldes als auch eine einverständliche Gewahrsamsübertragung, sodass ein Diebstahl des Wechselgeldes scheitere.

Auf den ersten Blick drängt sich die Parallele zu den Fällen der Verwendung falscher Zahlungsmittel auf. Die nähere Betrachtung widerspricht jedoch der Annahme, dass der Betreiber des Automaten sein Einverständnis unter die Bedingung eines in jeder

---

[116] *BGH*, NStZ 2019, 726 (Rn. 13).
[117] *OLG Düsseldorf*, NJW 2000, 158 (159); *Biletzki*, NStZ 2000, 424 f.; L/K/H-*Heger*, § 242 Rn. 14; Joecks/*Jäger*, § 242 Rn. 47; W/H/S-*Schuhr*, Rn. 127.
[118] *Kudlich*, JuS 2001, 20 (23 f.).

Hinsicht ordnungsgemäßen Verhaltens des Entnehmers stellte. Der eigentliche Vorgang des Geldwechselns erfolgte nämlich korrekt: L führte einen echten Geldschein in das Gerät ein, dieses prüfte den Schein und gab das Wechselgeld frei. Die Möglichkeit, dass ein Geldschein nach dem Passieren der Lichtschranke dem Gerät wieder entnommen werden kann, hatte der Betreiber offensichtlich nicht bedacht, sonst hätte er technische Vorrichtungen geschaffen, die dies verhindern. Eine einverständliche Übertragung des Gewahrsams am Wechselgeld läge im Übrigen auch vor, wenn L geplant hätte, nach dem Geldwechselvorgang das Gerät aufzubrechen, um »seinen« Geldschein zurückzuholen.

Ergebnis: Ein Diebstahl des Wechselgeldes liegt somit nicht vor.

b) Diebstahl des präparierten Geldscheines

Der Geldschein wäre ein taugliches Diebstahlsobjekt, wenn der Betreiber des Automaten durch Einigung und Übergabe Eigentum erlangt hätte (§ 929 S. 1 BGB). **41**
Eine wirksame Einigung über den Eigentumsübergang liegt vor. Mit dem Einführen des Geldscheins gab L das Übereignungsangebot ab; der geheime Vorbehalt, den Schein nicht übereignen zu wollen, ist gemäß § 116 S. 1 BGB unbeachtlich[119]. Der Betreiber des Gerätes nahm dieses Angebot dadurch an, dass der Automat – nach Prüfung des Geldscheines – das Wechselgeld freigab. Fraglich ist, ob der Geldschein auch übergeben wurde. Dagegen lässt sich nicht überzeugend anführen, dass L faktisch in der Lage war, den Geldschein aus dem Automaten wieder herauszuziehen[120]. Mit dem Einführen in das Gerät und dem Passieren der Lichtschranke erlangte der Betreiber unmittelbaren Besitz an dem Geldschein.
Da sich der Geldschein in der räumlichen Herrschaftssphäre des Automatenaufstellers befand, brach L dessen Gewahrsam, als er den Schein aus dem Gerät zog.

Ergebnis: L hat sich damit wegen Diebstahls des Geldscheins strafbar gemacht, und zwar in einem besonders schweren Fall gemäß § 243 I 2 Nr. 2 StGB, weil das Automatengehäuse ein verschlossenes Behältnis darstellt[121].

c) § 265a StGB

Das Geldwechselgerät ist einem *Warenautomaten gleichzustellen*, sodass § 265a StGB hier **42**
ausscheidet[122] (vgl. *Rn. 37*).

d) § 263a StGB

Das »Überlisten« des computergesteuerten Geldwechselautomaten erfüllt auch nicht **43**
die Voraussetzungen des Computerbetruges[123]. Das bloße Ingangsetzen des Datenverarbeitungsvorgangs kann nicht als Einwirkung auf dessen Ablauf i.S. des § 263a I 4. Alt. StGB und zugleich als Beeinflussung des Ergebnisses eines Datenverarbeitungsvorgangs betrachtet werden, da § 263a StGB voraussetzt, dass die Tathandlung

---

[119] *Kudlich,* JuS 2001, 20 (23 f.); MK-*Schmitz,* § 242 Rn. 103.
[120] *Kudlich,* JuS 2001, 20 (23 f.). Siehe auch. *OLG Düsseldorf,* NJW 2000, 158 (159); *Otto,* JR 2000, 214 (216).
[121] *Kudlich,* JuS 2001, 20 (23 f.).
[122] *OLG Düsseldorf,* NJW 2000, 158; *Kudlich,* JuS 2001, 20 (21 f.). A.A. *Biletzki,* NStZ 2000, 424 f.
[123] *OLG Düsseldorf,* NJW 2000, 158; StV 1999, 154; *Kudlich,* JuS 2001, 20 (21 f.).

(unbefugte Einwirkung) zu einem davon zu unterscheidenden »Zwischenerfolg« (Beeinflussung) führt. Sind Tathandlung und Zwischenerfolg dagegen – wie hier – deckungsgleich, so scheidet § 263a StGB aus[124]. Gegen die Anwendung des Computerbetruges spricht zudem, dass die Strafbarkeit nicht von der technischen Zufälligkeit abhängen kann, ob der Täter eine mechanische oder computergesteuerte Prüfvorrichtung überwindet[125].

Fall 11: *– Diebesfalle –*

44 Um die im Weihnachtsgeschäft vermehrt aufgetretenen Taschendiebstähle zu bekämpfen, legte die Kriminalbeamtin Martens (M) ihre Geldbörse oben auf ihre gefüllte Einkaufstasche und begab sich so in Gegenwart anderer Polizisten in ein Kaufhaus. Als Elfi (E) die Geldbörse ergriff, wurde sie von den Beamten festgenommen.
Strafbarkeit der E?

a) § 242 StGB

Ein vollendeter Diebstahl scheidet mangels Wegnahme aus[126]: Ob der Vollendung der Wegnahme die Beobachtung der Tat durch eingriffsbereite Polizeibeamte entgegensteht, kann dabei dahinstehen (zum Problem: »Wegnahme trotz Beobachtung der Tat« vgl. *Fall 13, Rn. 51 ff.*), denn jedenfalls entfällt das Merkmal Wegnahme wegen des **Einverständnisses** der Gewahrsamsinhaberin[127].
Ist – wie hier – bei einer sog. **Diebesfalle** der Gewahrsamsträger mit dem Ergreifen der Sache durch den »Dieb« einverstanden, so liegt kein vollendeter Diebstahl vor. Irrelevant ist, dass der Täter das Einverstandensein nicht kannte, da für das tatbestandsausschließende Einverständnis – anders als für die Einwilligung als Rechtfertigungsgrund – Kenntnis des Täters nicht erforderlich ist (*Rn. 34*).

b) Diebstahlsversuch, §§ 242, 22, 23 StGB

45 E ist jedoch des Diebstahlsversuchs schuldig[128], denn sie kannte das Einverständnis der M nicht, glaubte also, die Geldbörse wegzunehmen.

c) Unterschlagung, § 246 StGB

46 Die Auffassung des *OLG Celle*, in Fällen wie dem vorliegenden sei neben dem versuchten Diebstahl zugleich eine vollendete Unterschlagung gegeben, die in dem »Ansichnehmen der Beute« liege[129], trifft nicht zu. Das OLG weicht von der bisherigen höchstrichterlichen Judikatur ab, und zwar zu Unrecht, denn gegen die Annahme des § 246 StGB bestehen durchgreifende Bedenken[130].

---

[124] *Hellmann*, JuS 2001, 353 (355 f.).
[125] *OLG Celle*, NJW 1997, 1518 (1519); *Biletzki*, NStZ 2000, 424 (425).
[126] *BGH* St 4, 199; 16, 271 (278); *OLG Celle*, JR 1987, 253 f. m. Anm. *Hillenkamp*; *OLG Düsseldorf*, NStZ 1992, 237 m. krit. Anm. *Janssen*; W/H/S-*Schuhr*, Rn. 122; *Zopfs*, ZJS 2009, 506 (514).
[127] *BGH* St 16, 271 (278); *OLG Celle*, JR 1987, 253 f.; *OLG Köln*, NJW 1961, 2360; *Hefendehl*, NStZ 1992, 544; HdS 5-*Kudlich*, § 29 Rn. 41; *Mitsch*, BT 2, S. 24, 26.
[128] Vgl. *BGH* St 16, 271 (278); *OLG Celle*, JR 1987, 253 f.; HdS 5-*Kudlich*, § 29 Rn. 41.
[129] *OLG Celle*, JR 1987, 253 f.
[130] Zu Recht hebt *Hillenkamp* (JR 1987, 254 [255 f.]) hervor, das Einverständnis mit der »Wegnahme« schließe es zugleich aus, in ihr eine *tatbestandsmäßige* (und rechtswidrige) *Zueignung* zu sehen.

Hinweis: Eine Strafbarkeit der M und ihrer Kollegen als *Teilnehmer am Diebstahlsversuch der E* entfällt, da als Anstifter oder Gehilfe nur strafbar ist, wer die Vollendung der Haupttat will[131]. (Darüber hinaus scheidet Teilnahme am Diebstahl auch aus, wenn der Anstifter bzw. Gehilfe zwar die Vollendung des Diebstahls, aber nicht dessen *Beendigung* in seinen Vorsatz aufgenommen hat[132].)

– Zur Problematik des »**agent provocateur**« Krey/*Esser*, AT, Rn. 1055 ff. –

Zum Teil[133] wird die Teilnahmestrafbarkeit bejaht, wenn der Teilnehmer das Handlungsobjekt vorsätzlich einer *Gefährdung* durch den Täter aussetzt. An einer solchen fehlt es hier, sodass M und ihre Kollegen auch nach dieser Auffassung straflos wären.

Fall 12: – *Duldung der Wegnahme im Falle vorgetäuschter Beschlagnahme* –

Baldauf (B) gab sich bei Hehl (H) als Kriminalbeamter aus und erklärte ein in dessen Laden zum Verkauf angebotenes wertvolles Schmuckstück für beschlagnahmt, da es sich um Diebesbeute handele. B ergriff das »beschlagnahmte« Schmuckstück und verließ den Laden. H duldete dies, da er Widerspruch für zwecklos und Widerstand für gefährlich hielt.

Strafbarkeit des B? (Vgl. auch *Fall 107, Rn. 638 ff.*)

a) § 242 StGB

Problem: Hat B das Schmuckstück weggenommen?

Da H die Aufhebung seiner Sachherrschaft durch B duldete, fragt es sich, ob ein Gewahrsamsbruch, also ein Gewahrsamswechsel gegen (zumindest ohne) den Willen des H vorliegt oder ob diese Duldung ein tatbestandsausschließendes **Einverständnis** bedeutete.

Läge ein Einverständnis vor, so würde § 242 StGB ausscheiden und es wäre Betrug, § 263 StGB, anzunehmen, denn ein solches Einverständnis mit der »Wegnahme« wäre als *Vermögensverfügung* i.S. des Betrugstatbestandes zu werten (näher zur »Vermögensverfügung« beim Betrug *Fälle 101 ff., Rn. 616 ff.*).

Ein tatbestandsausschließendes Einverständnis liegt nach h.M. bei einer vorgetäuschten Beschlagnahme jedoch nicht vor[134]. Zwar schließt das Einverständnis des Betroffenen mit der Aufhebung seines Gewahrsams das Tatbestandsmerkmal der Wegnahme selbst dann aus, wenn es auf Grund einer Täuschung durch den Täter erteilt wurde[135]. Voraussetzung für die Annahme eines Einverständnisses ist aber stets ein »innerlich freier Willensentschluss«, mag dieser auch durch einen Irrtum beeinflusst sein. An einem solchen freien Willensentschluss fehlt es, wenn – wie hier – eine (vermeintliche) polizeiliche Beschlagnahme geduldet wird, denn der Ge-

---

[131] Sch/Sch-*Heine/Weißer*, § 26 Rn. 17, 21, § 27 Rn. 28; BeckOK-StGB-*Kudlich*, § 26 Rn. 22, § 27 Rn. 18; *Mitsch*, BT 2, S. 37 f.; h.M.
[132] *Janssen*, NStZ 1992, 237 f.; *Krey*, Rechtsprobleme, Rn. 529 ff. m.w.N.
[133] *Jescheck/Weigend*, AT, § 64 III 2 b.
[134] BGHSt 18, 221 (223); NJW 1952, 796; NJW 1953, 73 (74); NJW 2011, 1979; *Fischer*, § 242 Rn. 16; L/K/H-*Heger*, § 242 Rn. 14; MK-*Schmitz*, § 242 Rn. 96; *Zopfs*, ZJS 2009, 506 (513). A.A. NK-*Kindhäuser/Hoven*, § 242 Rn. 54; *Mitsch*, BT 2, S. 30 ff.; LK[13]-*Vogel*/Brodowski, § 242 Rn. 126;
[135] OLG Hamm, NStZ 2024, 364 (Rn. 15); OLG Karlsruhe, NJW 2023, 2894 (Rn. 13) m. – insofern zust. – Anm. *Mitsch* sowie *Strauß*, ZWH 2023, 311.

täuschte wird von der Vorstellung bestimmt, er *müsse* die Wegnahme dulden, weil ein Widerspruch zwecklos sei und ein körperlicher Widerstand zu anderen Unzuträglichkeiten führen würde. Er lässt sich die Sache also nur deshalb widerspruchslos wegnehmen, weil ihm nach seiner Vorstellung keine andere Wahl bleibt[136]. In einem solchen Fall ist für einen »eigenen freien Willensentschluss des Opfers, das sich dem Zwang fügt, kein Raum«[137].

Ergebnis: Das Merkmal Wegnahme ist erfüllt; B hat einen Diebstahl begangen.

49 b) § 263 StGB entfällt, da B die Sache nicht durch eine Vermögensverfügung des Getäuschten, sondern durch Wegnahme erlangt hat. (Vgl. *Fall 107, Rn. 638 ff.*).

Ergänzender Hinweis zu Fall 12

50 Wenn H die »Wegnahme« nicht nur rein passiv geduldet, sondern das Schmuckstück dem B auf dessen Verlangen ausgehändigt hätte, wäre der Fall nach h.M. nicht anders zu beurteilen[138]. Bei der strafrechtlichen Würdigung »kann schlechterdings nicht auf die rein zufälligen Umstände abgestellt werden, ob sich das Opfer bloß passiv verhält oder sich in der einen oder anderen Weise an dem Verschaffungsakt beteiligt«[139]; entscheidend ist, dass das Opfer nach seiner **inneren Willensrichtung**[140] (dazu *Rn. 638*) nicht mit der Aufhebung seines Gewahrsams einverstanden war. Die Gegenmeinung verneint bei einer Übergabe der Sache unter dem Eindruck der – vermeintlichen – Beschlagnahme eine Wegnahme, wenn »die Sache auf Grund eines Gebeakts schon vollständig aus der Herrschaftssphäre entlassen« wird[141].

Fall 13: – *Wegnahme trotz Beobachtung der Tat?* –

51 Markus (M) suchte einen Selbstbedienungsladen auf. Dort legte er einige Waren in den Einkaufswagen. Ein Päckchen Zigaretten steckte er jedoch mit Zueignungsabsicht in seine Jackentasche. Dabei wurde er vom Hausdetektiv beobachtet und an der Kasse gestellt.

Strafbarkeit des M wegen Diebstahls?

Liegt eine vollendete Entwendung vor oder war die Wegnahme nur versucht?

(1) I.d.R. ist die Wegnahme bei **unbeobachteten** Entwendungen in Selbstbedienungsläden und Warenhäusern *vollendet*, wenn der Täter die Beute in seine Kleidung oder mitgebrachte Taschen steckt. Dann ist nämlich der Gewahrsam des Inhabers gebrochen und neuer (tätereigener) begründet; mehr als die *Begründung neuen Gewahrsams* ist aber zur Vollendung der Wegnahme nicht erforderlich[142] (»**Apprehensionstheorie**«).

52 Des Wegschaffens der Beute vom Tatort (»Ablationstheorie«) und insbesondere ihrer endgültigen Bergung (»Illationstheorie«) bedarf es also zur Annahme eines voll-

---

[136] *BGH*, NJW 1952, 796.
[137] *BGH* St 18, 221 (223).
[138] *BGH* St 18, 221 (223); NJW 1953, 73 (74); Sch/Sch-*Bosch*, § 242 Rn. 35. A.A. NK-*Kindhäuser/Hoven*, § 242 Rn. 54 m.w.N.; *Mitsch*, BT 2, S. 30 ff.; LK[13]-*Vogel/Brodowski*, § 242 Rn. 126.
[139] *BGH*, NJW 1953, 73 (74).
[140] *BGH*, NStZ-RR 2018, 248 (249).
[141] *Mitsch*, BT 2, S. 30 f.
[142] W/H/S-*Schuhr*, Rn. 133, 134.

endeten Diebstahls nicht; andererseits ist für die Wegnahme die bloße Berührung (»Kontrektationstheorie«) nicht ausreichend[143].

Bei »**unauffälligen, leicht beweglichen Sachen**« wie Geldscheinen, Geldstücken und Schmuckstücken« kann nach der sozialen Anschauung für die Vollendung der Wegnahme sogar »schon ein Ergreifen und Festhalten der Sache genügen«[144]. Nimmt der Kunde in einem Ladengeschäft eine Ware in die Hand, um sie zu prüfen, so ordnet die soziale Anschauung ihm allerdings noch nicht die Sachherrschaft zu, da erkennbar ist, dass ihm der Herrschaftswille fehlt. Auch auf dem Weg zur Kasse bleibt ein offen in der Hand getragener Gegenstand nach der Verkehrsauffassung noch im Gewahrsam des Ladeninhabers. **53**

Bei **sperrigen oder schwer beweglichen Sachen** (z.B. Fernsehgeräte, DVD-Player oder Computer) liegt Vollendung der Wegnahme erst dann vor, wenn der Täter die Sache aus dem fremden Machtbereich herausgeschafft hat[145].

(2) Streitig ist, ob auch bei der **beobachteten** Entwendung mit dem Einstecken der Beute in die Kleidung oder mitgebrachte Tasche eine vollendete Wegnahme gegeben ist. Die heute h.M. bejaht diese Frage unter Hinweis auf die Verkehrsanschauung, die demjenigen, der einen Gegenstand in der Tasche seiner Kleidung oder einer mitgebrachten Hand- oder Aktentasche trägt, regelmäßig den Gewahrsam an dem fraglichen Gegenstand zuweise: »Eine intensivere Herrschaftsbeziehung zur Sache (sei) kaum denkbar.«[146] Dies gilt nicht etwa nur bei Ladendiebstählen, sondern ganz allgemein, also z.B. auch beim Diebstahl in bewohnten Räumen[147]. **54**

Ob das Personal die »weitere Verfügung« des Täters über die Beute ohne weiteres verhindern könne, sei für dessen Gewahrsam unerheblich[148]. Weder sei Diebstahl eine heimliche Tat noch setze er voraus, dass der Täter endgültigen und gesicherten Gewahrsam erlange.

In derartigen Fällen steht nach der Judikatur der Annahme vollendeten Diebstahls (grundsätzlich) auch nicht der Umstand entgegen, dass die Ware mit einem **elektromagnetischen Sicherungsetikett** versehen ist[149].

Einige Oberlandesgerichte stellen dagegen darauf ab, ob der beobachtete Täter ohne Schwierigkeiten an der Entfernung mit der Beute gehindert werden könne[150]. Gegen **55**

---

[143] MK-*Schmitz*, § 242 Rn. 84.
[144] *BGH* St 23, 254 (255); NStZ 1987, 71; siehe auch NStZ 2008, 624 (625); NStZ 2011, 36 (37); NStZ 2019, 613 (614) m. zust. Anm. *Hecker*, JuS 2019, 723 ff.; HdS 5-*Kudlich*, § 29 Rn. 47.
[145] *BGH*, NStZ 1981, 435; NStZ-RR 2013, 276 f; *OLG Karlsruhe*, NStZ-RR 2005, 140 f.; *Brüning*, ZJS 2015, 310 (313 f.); *Jäger*, JA 2015, 390 (392); offengelassen vom *OLG Hamm*, NStZ-RR 2014, 209 (210). Siehe auch *BGH*, NStZ-RR 2013, 276 f.
[146] *BGH* St 16, 271; ebso. *BGH* St 17, 205; 23, 254; *BayObLG*, NJW 1995, 3000; *OLG Zweibrücken*, NStZ 1995, 448 f.; *Fischer*, § 242 Rn. 17; L/K/H-*Heger*, § 242 Rn. 16; *Kargl*, JuS 1996, 971 ff.; NK-*Kindhäuser/Hoven*, § 242 Rn. 39; LK[13]-*Vogel/Brodowski*, § 242 Rn. 99, 104.
[147] *BGH* St 23, 254 f. m.w.N.; *BGH* St 26, 24 (25 f.); anders noch *BGH*, JR 1963, 466.
[148] *OLG Düsseldorf*, JZ 1990, 100 (mit eingehender und überzeugender Begründung). Vgl. *BGH*, NStZ 2008, 624 (625) m. krit. Anm. *Bachmann* NStZ 2008, 267 f.
[149] *BayObLG*, NJW 1995, 3000; *Kargl*, JuS 1996, 971 ff. m.w.N. – Siehe auch Rn. 166. –
[150] *OLG Düsseldorf*, NJW 1961, 1368; *OLG Hamm*, NStZ-RR 2014, 209 (210), zust. *Hecker*, JuS 2015, 276 (278); krit. dazu *Brüning*, ZJS 2015, 310 (313 f.) und *Jäger*, JA 2015, 390 (392).

die h.M. wird zum Teil eingewendet, das »Tabu«, mit dem sie die körperliche Sphäre des Täters ausstatte, widerspreche »tatsächlicher und sozialer Betrachtung«[151]. Andere verneinen bei beobachteter Tat eine Vollendung der Wegnahme, wenn für den Täter »überhaupt keine Chance besteht«, mit der Beute zu entkommen; diese Ausnahme von dem Grundsatz der Irrelevanz der Beobachtung der Tat gelte jedoch nicht, wenn der Täter die Beute in seiner »**Tabusphäre**« Kleidung, Handtasche etc. untergebracht hat[152].

Zu berücksichtigen sei im Übrigen, ob der die Fortschaffung der Beute Beobachtende die Vollendung des Gewahrsamswechsels will, z.B. um den Täter wegen der Tat zu überführen. Dann könne in der Gestattung der Mitnahme der Sache – ähnlich der Situation bei der Diebesfalle (*Rn. 44 ff.*) – ein tatbestandsausschließendes Einverständnis liegen, sodass nur Strafbarkeit wegen Diebstahlsversuchs in Betracht käme[153].

Stellungnahme

56 Wie dargelegt, ist für die Gewahrsamsverhältnisse die Verkehrsauffassung maßgeblich. Diese weist demjenigen, der Sachen in seiner Kleidung oder mitgeführten Taschen trägt, grundsätzlich Alleingewahrsam zu, und zwar unabhängig von der körperlichen Kraft oder der Schnelligkeit einer zum Eingreifen bereiten Person. Dass es Ausnahmen *von dieser Regel* gibt – nämlich bei Arbeitern, die Werkzeug ihres Arbeitgebers bei sich haben, oder bei der Hausgehilfin, welcher die Geldbörse der Hausfrau zum Einkaufen ausgehändigt wurde – bestätigt diese nur: Die Besonderheit liegt in einem Über-/ Unterordnungsverhältnis, das hier fehlt.

Die Gegenmeinung übersieht, dass dem nicht zur Herausgabe bereiten Dieb die Beute erst *wieder weggenommen* werden muss; da man für die *tatsächliche* Sachherrschaft aber nicht darauf abstellen kann, ob der Täter zur Herausgabe bereit wäre, wenn er sich entdeckt wüsste, ist ganz allgemein Vollendung der Wegnahme mit dem – beobachteten oder unbemerkten – Einstecken in Kleidung oder Taschen anzunehmen.

Ergebnis: M hat einen vollendeten Diebstahl begangen. – § 248a StGB beachten! –

Ergänzender Hinweis

57 Maßgeblich für die Feststellung der Gewahrsamsverhältnisse sind immer die konkreten Umstände des Falles. Deshalb kann – nach der sozialen Anschauung – der Gewahrsam noch dem Ladeninhaber zugerechnet werden, wenn der Täter mit einem von ihm *im Ladeninneren entnommenen*, nicht bezahlten Gegenstand, den er in der Hand hält, auf der **im Freien vor einem Selbstbedienungsgeschäft befindlichen Verkaufsfläche** angehalten wird. Ist es nach der baulichen Gestaltung des Ladengeschäfts möglich, den im Geschäftsinneren befindlichen Kassenbereich zu umgehen, um auf die Freifläche zu gelangen, kann nicht ohne weiteres angenommen werden,

---

[151] Sch/Sch-*Bosch*, § 242 Rn. 40.
[152] NK-*Kindhäuser/Hoven*, § 242 Rn. 39, 60 f. Ähnl. *Bachmann*, NStZ 2008, 267: Kein Gewahrsamswechsel, wenn der Täter nicht ohne erhebliche Behinderung durch das Opfer über die Sache verfügen kann.
[153] *Brüning*, ZJS 2015, 310 (314); *Jäger*, JA 2015, 390 (392).

der Gewahrsam des Geschäftsinhabers an der im Ladeninneren entnommenen Ware sei bereits gebrochen; die Situation unterscheidet sich dann nicht wesentlich von dem bloßen Ansichnehmen einer Sache im Ladengeschäft[154].

Fall 14: – *Diebstahl im Ladengeschäft bei Täuschung der Kassiererin?* –
Heavy-Metal-Fan Hansi (H) will sich die neueste CD seiner Lieblingsgruppe Bimmstein kostenneutral in einem Elektronikmarkt besorgen. Er legt die CD zum Preis von 17,99 Euro in einen Einkaufswagen, deckt einen Verkaufsprospekt darüber und platziert darauf eine DVD. Die Kassiererin entdeckt die CD nicht und lässt H deshalb passieren, nachdem er die DVD bezahlt hat.

Strafbarkeit des H?

Problem: Liegt eine Wegnahme der CD oder eine betrügerische Erlangung vor?

Wer in Selbstbedienungsläden Waren entwendet, begeht grundsätzlich **keinen** Betrug, wenn er mit den Waren durch die Kassensperre geht, ohne sie vorzuzeigen[155]. Bei der Wegnahme und der anschließenden Täuschung an der Ladenkasse (der Täter erklärt konkludent, andere als die an der Kasse vorgezeigten Waren habe er nicht bei sich) handelt es sich »um einen einheitlichen Vorgang, der die Zufügung desselben Vermögensschadens zum Gegenstand hat«[156]. Dieser Vorgang kann nur entweder Diebstahl oder Betrug sein, nicht beides zugleich (vgl. *Rn. 616 f.*), denn § 242 StGB ist ein Delikt der *Fremdschädigung* (durch *Wegnahme*), § 263 StGB ein Fall der unbewussten *Selbstschädigung* (durch eine *vermögensmindernde Verfügung*). Beim Ladendiebstahl wird der Schaden *unmittelbar* durch die Wegnahme herbeigeführt, nicht erst durch eine Vermögensverfügung der getäuschten Kassiererin.

Nichts anderes gilt, wenn der Täter die Sache nicht bereits vor Erreichen der Kasse – z.B. durch Einstecken in seine Kleidung – weggenommen hat, sondern wenn er in einem Selbstbedienungsladen Waren so raffiniert in den Einkaufswagen legt, dass sie für die Kassiererin nicht sichtbar sind, und er daher die Kasse passieren kann, ohne die »versteckten« Waren bezahlt zu haben. Der Täter begeht dann einen **Diebstahl**, aber keinen Betrug[157].

Vor Passieren der Kasse standen die im Einkaufswagen befindlichen Waren, auch die »**versteckten**«, im Gewahrsam des Ladeninhabers. Diesen Gewahrsam hat der Täter *gegen den Willen des Gewahrsamsinhabers* aufgehoben, d.h. gebrochen, und neuen Gewahrsam begründet, und zwar jedenfalls in dem Zeitpunkt, in dem er die Beute nach Passieren der Kasse in seine Kleidung oder eine mitgeführte Tasche steckte, spätestens aber mit Verlassen des Geschäftes.

Wird der Täter dagegen gleich nach Passieren der Kasse gestellt und befindet sich die Beute noch im Einkaufswagen, so ist die Annahme einer vollendeten Wegnahme

---

[154] *BayObLG*, NJW 1997, 3326 m. Bespr. *Martin*, JuS 1998, 890 ff.
[155] *BGH* St 17, 205; 41, 198 (201 ff.); *OLG Zweibrücken*, NStZ 1995, 448 f.; *Hillenkamp*, JuS 1997, 217 (221 f.); *Rengier* I, 13/86; abw. Sch/Sch-*Perron*, § 263 Rn. 63a, 184.
[156] LK[13]-*Vogel/Brodowski*, § 242 Rn. 112; ebso. u.a. *Rengier* I, 13/86 ff.
[157] *BGH* St 41, 198 (201 ff.); *OLG Zweibrücken*, NStZ 1995, 448 f.; *Hillenkamp*, JuS 1997, 217 (221 f.); NK-*Kindhäuser/Hoven*, § 242 Rn. 39; *Mitsch*, BT 2, S. 27; *Poisel/Ruppert*, JA 2019, 353 (355); *Timmermann*, Diebstahl und Betrug im Selbstbedienungsladen, 2014, S. 88 f.; *Vitt*, NStZ 1994, 133 f.; *Zopfs*, NStZ 1996, 190 f. A.A. *OLG Düsseldorf*, NStZ 1993, 286 (287); *Hecker*, JuS 2019, 819 (821).

statt nur versuchten Diebstahls zwar nicht zweifelsfrei. Die Verkehrsauffassung ordnet dem Kunden aber nach Verlassen des Kassenbereichs – anders als im Geschäft selbst – die tatsächliche Sachherrschaft zu, sodass der Diebstahl vollendet ist[158].
Ein tatbestandsausschließendes Einverständnis unter dem Gesichtspunkt der Übertragung des Gewahrsams auf den Täter durch das Kassenpersonal liegt nicht vor. Die Annahme einer solchen bewussten Gewahrsamsübertragung auch an den »versteckten« Waren, d.h. einer Vermögensverfügung i.S. des Betrugstatbestandes (*Rn. 616 ff.*), wäre lebensfremd und zudem dogmatisch verfehlt, denn dem Kassierenden fehlt das – beim Sachbetrug – erforderliche Verfügungsbewusstsein (dazu *Rn. 618*).

3. Schutzbereich der Norm (»Wertsummentheorie«)

Fall 15: – *Eigenmächtiges Geldwechseln* –

60 Frau Pfaff (P) hatte ihrer Untermieterin Dorothea (D) untersagt, ihr Wohnzimmer zu betreten, da sie dort in einer Schrankschublade immer Geld verwahrte. Als D eines Tages Wechselgeld benötigte, ging sie dennoch in das Wohnzimmer der P, entnahm der Schublade zehn 1 Euro-Münzen, die sie in ihre Handtasche steckte, und legte dafür einen 10 Euro-Schein hinein. Dabei wurde sie von P ertappt; diese erstattete Strafanzeige.

Strafbarkeit der D?

a) D ist eines Vergehens nach § 123 I StGB schuldig. Der erforderliche Strafantrag, der in der Strafanzeige zu sehen ist, liegt vor.

b) § 242 StGB?

(1) Die – im Eigentum der P stehenden – Münzen waren für D fremde bewegliche Sachen. Diese hat sie »weggenommen«; dem Gewahrsamsbruch steht nicht entgegen, dass D auf frischer Tat betroffen wurde (vgl. *Fall 13, Rn. 51 ff.*). Vorsatz ist gegeben. D hatte bezüglich der Münzen Zueignungsabsicht (näher zu diesem Merkmal *Fälle 16 ff, Rn. 64 ff.*). Die beabsichtigte Zueignung war rechtswidrig, da D keinen fälligen *Anspruch* auf Leistung der fraglichen Münzen hatte (zur »Rechtswidrigkeit der – beabsichtigten – Zueignung« *Fall 28, Rn. 121 ff.*); dies war ihr bekannt, sodass auch Vorsatz bezüglich *dieser* Rechtswidrigkeit (der Zueignung) vorliegt.
Rechtfertigungsgründe für die Tat der D greifen nicht ein. Der hier allein in Frage kommende Erlaubnissatz der mutmaßlichen Einwilligung scheidet wegen des erklärten Misstrauens der P gegenüber ihrer Untermieterin aus.

61 *(2)* Gegen dieses Ergebnis werden allerdings Bedenken geltend gemacht:
Der Täter habe lediglich eigenmächtig Geld gewechselt. Zwar schütze § 242 StGB das Eigentum als *formale Rechtsposition*, sodass es auf den Wert der gestohlenen Sache nicht ankomme; Diebstahl werde im Allgemeinen deshalb nicht ausgeschlossen, wenn der Täter den Gegenwert der entwendeten Sache am Tatort hinterlässt[159]. Dies bedeute aber nicht notwendig, dass den Tatbestand des § 242 StGB erfülle, wer

---

[158] *OLG Zweibrücken*, NStZ 1995, 448 f.; *Brocker,* JuS 1994, 919 ff.; *Hillenkamp,* JuS 1997, 217 (222 f.); offengelassen (»Tatfrage«) von *BGH* St 41, 198 (204 ff.).
[159] Sch/Sch-*Bosch*, § 242 Rn. 3 ff.; SK⁹-*Hoyer*, § 242 Rn. 96 - 101.

§ 1: Diebstahl

eigenmächtig Münzen bzw. Banknoten durch andere *gleichen Wertes* ersetzt. Ein solches Verhalten falle vielmehr aus dem Gesichtspunkt des *Schutzbereichs der Norm* grundsätzlich nicht mehr unter den Tatbestand des Diebstahls[160].

Stellungnahme

Zwar ist nach der Verkehrsanschauung bei Münzen und Banknoten in aller Regel nicht die Sache als solche (Metallstück; Papier), sondern die »verkörperte« Wertsumme maßgeblich. Deshalb wird der Eigentümer im Falle des bloßen Geldwechselns zumeist damit einverstanden sein, wenn der »Täter« eigenmächtig Münzen oder Banknoten durch andere *gleichen Wertes* ersetzt. Dieser Umstand ist aber – erst – bei der Frage einer mutmaßlichen Einwilligung zu berücksichtigen; den Tatbestand schließt er dagegen nicht aus.

Die Behauptung, der Schutzbereich der Norm sei nicht verletzt, träfe nur zu, wenn keine Fälle denkbar sind, in denen der Eigentümer durch das Geldwechseln schlechter stünde. Solche Konstellationen gibt es jedoch. Zu bedenken ist, dass durch das Zurücklassen des Wechselgeldes das Eigentum daran nicht »automatisch« übergeht, sondern sich die Übereignung nach Maßgabe der §§ 929 ff. BGB vollzieht. Der Täter gibt durch das Zurücklassen des Wechselgeldes zwar ein Einigungsangebot ab, dieses muss der Erwerber aber erst annehmen. Bis dahin bleibt der Täter Eigentümer der Geldscheine bzw. -stücke, sodass er mangels tauglichen Tatobjekts weder einen Diebstahl noch eine Unterschlagung begeht, wenn er es sich anders überlegt und das Wechselgeld später wieder an sich nimmt. Der Tatbestand des § 242 StGB scheidet daher nach zutreffender Sicht beim eigenmächtigen Geldwechseln nicht aus[161].

Entfällt – wie hier – auch eine mutmaßliche Einwilligung wegen des ausdrücklich geäußerten entgegenstehenden Willens des Eigentümers, und weiß der Täter dies, so kann allenfalls ein (vermeidbarer) Verbotsirrtum vorliegen.

Ergebnis: § 242 StGB ist gegeben.

Ergänzender Hinweis

Vereinzelt wird über das Geldwechseln hinaus die Tatbestandsmäßigkeit nach § 242 StGB abgelehnt, wenn der Täter vertretbare Sachen, bei denen der individuelle Gegenstand für den Eigentümer nur als Quantitätsfaktor bedeutsam sei, eigenmächtig auswechselt (Beispiel: Der Täter tauscht eigenmächtig eine Kilopackung Zucker gegen zwei zu je einem Pfund)[162]; dagegen will *Roxin*[163] die dargelegte Einschränkung des Anwendungsbereichs von § 242 StGB auf *Geld* beschränken.

Da sogar beim eigenmächtigen Geldwechseln die Lösung durch die mutmaßliche Einwilligung – und zwar als Rechtfertigungsgrund, nicht jedoch tatbestandsausschließend, denn nur das *wirkliche Einverständnis* lässt den Tatbestand entfallen, nicht aber das nur *mutmaßliche*[164] – zu finden ist, gilt dies erst recht in diesen Fällen.

---

[160] Sch/Sch-*Bosch*, § 242 Rn. 6; *Roxin*, FS-H. Mayer, 1966, S. 469 ff. A.A. *Mitsch*, BT 2, S. 47 ff.
[161] SK[9]-*Hoyer*, § 242 Rn. 99; *Mitsch*, BT 2, S. 47 ff.; MK-*Schmitz*, § 242 Rn. 148, 168.
[162] Sch/Sch-*Schröder*, 17. Aufl. 1974, § 242 Rn. 4a; so auch *Gribbohm*, NJW 1968, 241 f.
[163] *Roxin*, in: FS-H. Mayer, 1966, S. 469 ff.; ebso. u.a. Sch/Sch-*Bosch*, § 242 Rn. 6; h.M.
[164] *Roxin*, FS-Welzel, 1974, S. 449. A.A. *Ludwig/Lange*, JuS 2000, 446 (449 f.): Ein entgegenstehender Wille könne bei fehlender ausdrücklicher oder konkludenter Erklärung »gemutmaßt« werden.

4. Subjektiver Tatbestand

Fall 16: – *Sparbuchfall* –

64 Max (M) nahm seiner Bekannten Verena (V) heimlich das Sparbuch weg, um von deren Konto Geld abzuheben; anschließend wollte er V das Sparbuch unbemerkt zurückgeben. Als die Sache herauskam, stellte V Strafantrag.
Strafbarkeit des M?

(a) M hat den objektiven Tatbestand des § 242 StGB erfüllt.

(b) Der subjektive Tatbestand des Diebstahls setzt den Vorsatz bezüglich der objektiven Tatbestandsmerkmale (dolus eventualis genügt) und darüber hinaus die Zueignungsabsicht voraus. § 242 StGB ist deshalb ein Delikt mit »**überschießender Innentendenz**«[165], denn die Zueignung muss nicht objektiv vorliegen, sondern lediglich den Beweggrund des Täters für die Wegnahme darstellen.

65 Der Täter muss auch die Fremdheit der Sache kennen, d.h. entweder wissen oder jedenfalls für möglich halten, dass die Sache im Eigentum eines anderen steht. Eine zivilrechtlich korrekte Subsumtion des Täters ist dazu zwar nicht erforderlich, er muss die Bedeutung dieses Merkmals aber wenigstens laienhaft (»**Parallelwertung in der Laiensphäre**«) zutreffend in dem Sinne erfassen, dass die Verfügungsmacht einem anderen zusteht[166]. Der Irrtum über die Fremdheit ist somit ein **Tatumstandsirrtum**. – Näher dazu *Rn. 437 ff.* –

Der Vorsatz muss nicht von vornherein auf eine bestimmte – die später weggenommene – Sache konkretisiert sein. Maßgeblich ist die Vorstellung des Täters bei Vornahme der Tathandlung, und zwar bei der letzten Ausführungshandlung[167]. Hat der Täter zu diesem Zeitpunkt noch keinen Vorsatz hinsichtlich der Wegnahme, sondern fasst diesen erst später, kommt nur § 246 StGB in Betracht[168]. Der Diebstahlsvorsatz kann sich im Rahmen einer einheitlichen Tat verengen, erweitern oder sonst wie ändern[169]. Es liegt daher nur *ein* Diebstahl vor, wenn sich der Täter erst während der Tatausführung entschließt, mehrere Sachen zu entwenden[170].

Hat der Täter seinen Vorsatz bei Wegnahme eines Behältnisses auf dessen Inhalt (z.B. Bargeld) konkretisiert, enthält das Behältnis den erwarteten Inhalt aber nicht, so liegt lediglich ein Diebstahlsversuch vor[171] (*Rn. 76*).

M hatte Diebstahlsvorsatz, da er die Verfügungsmacht der V über das Sparbuch erkannte.

66 M müsste mit Zueignungsabsicht gehandelt haben. »Zueignung« heißt nicht etwa Eigentumserwerb[172]. Der Dieb erlangt selbstverständlich kein Eigentum an der ent-

---

[165] *BGH* St 63, 215 (Rn. 17); SK⁹-*Hoyer*, § 242 Rn. 67; HdS 5-*Kudlich*, § 29 Rn. 51; dazu auch *Mitsch*, JA 2017, 407 (409); Zur Zueignungsabsicht in der Falllösung *Kudlich/Oğlakcıoğlu*, JA 2012, 321 ff.
[166] MK-*Schmitz*, § 242 Rn. 120.
[167] *BGH*, NStZ 2004, 386 f.
[168] W/H/S-*Schuhr*, Rn. 209.
[169] *BGH* St 22, 350 (351); NStZ 1982, 380; W/H/S-*Schuhr*, Rn. 143.
[170] *BGH*, NStZ-RR 2009, 279 (Entwenden von Fahrzeugschlüsseln mehrerer Fahrzeuge und anschließendes sukzessives Wegfahren der Fahrzeuge); StV 2020, 228.
[171] *BGH*, NStZ-RR 2021, 212 (213).
[172] *Mitsch*, BT 2, S. 43; *Rönnau*, GA 2000, 410 (411).

wendeten Sache, und selbst ein gutgläubiger Dritter wird nicht Eigentümer, da § 935 I BGB den gutgläubigen Erwerb gestohlener Sachen grundsätzlich ausschließt; lediglich gestohlenes Geld kann nach §§ 932 I, 935 II BGB gutgläubig erworben werden. Das Eigentumsrecht an anderen Gegenständen verliert der Eigentümer also in keinem Fall.

Zueignung bedeutet deshalb nach zutreffender ganz h.M. **Anmaßung einer eigentümerähnlichen Herrschaftsmacht über die Sache** (»se ut dominum gerere«[173]) unter Ausschluss des Berechtigten[174].

Demgemäß wird Zueignung als »*Begründung von Eigenbesitz*« umschrieben[175].

Über das *Zueignungsziel* – se ut dominum gerere – besteht somit im Wesentlichen Klarheit. Worin das **Zueignungsobjekt** besteht, ist dagegen nach wie vor strittig: Nach der **Substanztheorie** soll Gegenstand der Zueignung nur die Sache selbst sein können[176].

Demgegenüber liegt nach der **Sachwerttheorie** die Zueignung in der »Gewinnung der Sache ihrem wirtschaftlichen Wert nach«[177].

Nach der – wohl vorherrschenden – **Vereinigungslehre** ist (Eigen- oder Dritt-) Zueignung – also Anmaßung einer eigentümerähnlichen Herrschaftsmacht – gegeben, wenn der Täter sich oder einem Dritten entweder die Sache selbst oder den in ihr verkörperten Sachwert unter Ausschluss des Berechtigten einverleiben will[178].

Wegen der gewichtigen Bedenken gegen die Vereinigungslehre auf Grund der Einbeziehung des Sachwertgesichtspunktes[179] wird auch von den Vertretern der Vereinigungstheorie allerdings betont, dass Ausgangspunkt für die Bestimmung des Zueignungsobjektes die Sachsubstanz sein müsse, während der Sachwertaspekt nur ergänzende, subsidiäre Bedeutung habe[180].

Zu bedenken ist zudem, dass der Sachwertgesichtspunkt *primär für die Enteignungskomponente relevant* wird, da er gerade die Fälle erfassen soll, in denen der Täter dem Eigentümer die Sachsubstanz nicht entzieht, sondern die Sache selbst an ihn zurückgelangen lässt[181]. Bei der Aneignungskomponente erlangt der dem Eigentü-

---

[173] Zur Se-ut-dominum-gerere-Formel *Gropp*, FS-Maiwald, 2010, 263 (265 ff.).
[174] Sch/Sch-*Bosch*, § 242 Rn. 47; *Fischer*, § 242 Rn. 33; AnwK-*Kretschmer*, § 242 Rn. 45; HdS 5-*Kudlich*, § 29 Rn. 53. A.A. *Börner*, Die Zueignungsdogmatik der §§ 242, 246 StGB, 2004, S. 100: Zueignung sei »siegreiches Hervorgehen aus dem Streben nach selbstbestimmter Sachherrschaft«; siehe auch *dens.*, Jura 2005, 389 ff.; nach *Mikolajczyk*, Der Zueignungsbegriff des Unterschlagungstatbestandes, 2005, setzt die Zueignung eine »hypothetische Eigentümerhandlung« (S. 37 ff.) und eine »nachhaltige Eigentumsbeeinträchtigung« (S. 54 ff.) voraus.
[175] *BGH* St 14, 38 (43); 16, 280 (281 f.); *Mitsch*, BT 2, S. 43; *Ulsenheimer*, Jura 1979, 170.
[176] So die frühe Rspr. des *RG* (z.B. *RG* St 24, 22); vgl. dazu auch M/S/M/H/M-*Hoyer*, 33/43 f.; 54; *Rudolphi*, GA 1965, 33; MK-*Schmitz*, § 242 Rn. 135 f.; *Wolfslast*, NStZ 1994, 542 ff.
[177] *RG* St 40, 10; 49, 405.
[178] *RG* St 61, 228; *BGH* St 16, 190 (192); Sch/Sch-*Bosch*, § 242 Rn. 48 ff.; *Fischer*, § 242 Rn. 35; L/K/H-*Heger*, § 242 Rn. 22 ff.; HdS 5-*Kudlich*, § 29 Rn. 56; *Mitsch*, BT 2, S. 62; W/H/S-*Schuhr*, Rn. 148 ff.; diff. SK^9-*Hoyer*, § 242 Rn. 72 ff.; krit. *Ranft*, JA 1984, 284.
[179] Eingehend MK-*Schmitz*, § 242 Rn. 136 f.
[180] A/W/H/H-*Heinrich*, 13/98 (»Annex zur Substanztheorie«); *Mitsch*, BT 2, S. 62; W/H/S-*Schuhr*, Rn. 148 f.; *Tenckhoff*, JuS 1980, 723 (725); *Ulsenheimer*, Jura 1979, 170 (174 ff.).
[181] *Hellmann*, JuS 2001, 353 (355); Küper/*Zopfs*, Rn. 827 ff.

mer entzogene Sachwert erst in zweiter Linie Bedeutung, weil der von dem Täter erstrebte Vermögensvorteil gerade dem wirtschaftlichen Nachteil des Eigentümers entsprechen muss[182].

– Zu den beiden Bestandteilen des Zueignungsbegriffs *Rn. 73 ff.* –

68 Nach der Substanztheorie scheidet in den »Sparbuchfällen« die Zueignungsabsicht aus, wenn das Sparbuch – wie hier – alsbald zurückgeben werden soll, der Täter also seinem Vermögen nicht dieses selbst, sondern nur den in ihm verkörperten Sachwert einverleiben will[183]. Einige Vertreter der Substanztheorie behaupten zwar, dass bei *Legitimationspapieren* (§ 808 I BGB) wie Sparbüchern eine (Substanz-) Zueignung der Papiere vorliege, wenn sich der Täter bezüglich der Urkunde dadurch als Berechtigter geriere, dass er wie dieser die an den Besitz der Urkunde geknüpften Rechtspositionen ausübe[184]. Diese These überzeugt aber nicht, denn der Täter will sich ja nicht etwa das Sparbuch selbst zueignen, sondern er will es lediglich vorübergehend benutzen, um dessen Sachwert durch Abheben des Geldes zu erlangen[185]. Dem Sparbuch wird nicht einmal dessen spezifische Funktion entzogen, da diese – nur – darin besteht, den aktuellen Stand der Forderung nachzuweisen. Diese Funktion behält es nach dem Abheben des Guthabens[186].

Nach der Sachwerttheorie, die insbesondere auch zur Erfassung von Fällen wie dem vorliegenden entwickelt wurde, sowie nach der Vereinigungslehre handelt der Täter in diesen Konstellationen dagegen mit Zueignungsabsicht[187].

69 *Stellungnahme*

Da die Wegnahme eines Sparbuchs in der Absicht, Geld abzuheben und das Buch anschließend zurückzubringen, nach einer konsequent angewandten Substanztheorie straflos ist, entsteht eine kriminalpolitisch untragbare Strafbarkeitslücke, zumal auch die Realisierung der Absicht, das Geld abzuheben, regelmäßig nicht strafbar ist: § 263 StGB durch Vorlage des Sparbuches scheidet in der Regel aus, da dem Bankmitarbeiter die Berechtigung des Täters gleichgültig sein kann (vgl. § 808 I BGB) und er sich deshalb über die Berechtigung des Inhabers keine Gedanken machen wird[188]. Die Betrugsstrafbarkeit scheitert somit regelmäßig mangels Irrtums des Bankmitarbeiters.

Die Substanztheorie ist also aus kriminalpolitischen Gründen zu eng. Zu folgen ist der herrschenden Kombination von Substanz- und Sachwerttheorie aber vor allem deshalb, weil die Vereinigungslehre am besten der allgemein anerkannten Formel

---

[182] *Hellmann*, JuS 2001, 353 (355).
[183] *Miehe* in: FS Universität Heidelberg, 1986, S. 481 (497 f.); MK-*Schmitz*, § 242 Rn. 144 f.; anders aber *RG* St 10, 369.
[184] *Rudolphi*, GA 1965, 33; ähnl. NK-*Kindhäuser/Hoven* § 242 Rn. 75 ff., 102, die in der unbefugten Einziehung der Forderung eine Anmaßung des Eigentums am Sparbuch sehen.
[185] So LK⁹-*Heimann-Trosien*, § 242 Rn. 39; ebso. *Miehe*, FS-Uni Heidelberg, 1986, S. 481 (497 f.); *Mitsch*, BT 2, S. 64.
[186] MK-*Schmitz*, § 242 Rn. 145.
[187] Sch/Sch-*Bosch*, § 242 Rn. 50; *Fischer*, § 242 Rn. 37; L/K/H-*Heger*, § 242 Rn. 23; *Mitsch*, BT 2, S. 64.
[188] Dazu überzeugend: *Miehe*, FS-Uni Heidelberg, 1986, S. 481 (498 f.); *Vogler/Kadel*, JuS 1976, 247 (248 m.w.N.). M/S/M/H/M-*Hoyer*, 33/51, nimmt dagegen Betrug an.

des »se ut dominum gerere« entspricht; denn eine eigentümerähnliche Herrschaft unter Ausschluss des Berechtigten maßt sich nach der Verkehrsanschauung nicht nur an, wer die Sache selbst, sondern auch, wer den in ihr verkörperten Sachwert seinem eigenen Vermögen – oder dem Vermögen eines Dritten – einverleibt.

Bei der Anwendung der Vereinigungslehre ist aber zu beachten, dass Diebstahl eine **Straftat gegen das Eigentum** ist, nicht aber ein *Bereicherungsdelikt*. Daher ist der Zueignungsabsicht ein **enger Zueignungsbegriff** zugrunde zu legen, eine *Zueignung des Sachwertes* also nur dann anzunehmen, wenn der Täter sich »ihren spezifischen, nach Art und Funktion mit ihr verknüpften Wert zueignen wollte« (**lucrum ex re** = Vorteil aus der Sache selbst)[189]. Der Täter muss die Substanz der Sache also quasi als »leere Hülle« zurückgeben. 70

Abzulehnen ist dagegen ein **weiter Sachwertbegriff**, den die Rechtsprechung[190] des Öfteren verwendet, um von ihr erwünschte Ergebnisse zu erzielen. Als »Sachwert« i.S. des § 242 StGB genügt gerade nicht »jede Verwendungsmöglichkeit der Sache«, z.B. zur Begehung eines Betruges (nicht ausreichend ist z.B. als Sachwert das **lucrum ex negotio cum re** = Vorteil aus einem Geschäft mit der Sache).

Deshalb fehlt es an der Zueignungsabsicht, wenn jemand einen fremden **Personalausweis** mit dem Willen wegnimmt, diesen dem Inhaber vorübergehend zu entziehen, um im Geschäftsverkehr unter dessen Namen aufzutreten und sich zu legitimieren. Will der Täter den Ausweis hingegen auf Dauer entziehen, ist ein Diebstahl zu bejahen, allerdings nicht wegen der Gebrauchsanmaßung des Ausweises, sondern wegen der Einverleibung des Ausweises selbst[191].

Näher zur Begrenzung der Sachwerttheorie *Fälle 16 (Rn. 64 ff.), 17 (Rn. 72 ff.), 19 - 22 (Rn. 85 ff.)*[192].

Ergebnis: M hat mit Zueignungsabsicht gehandelt.

Ergänzende Hinweise

Die vorstehenden Erwägungen sind sinngemäß auf »moderne« Formen der Verfügungsmöglichkeit über Forderungen zu übertragen, nämlich aufladbare Geldkarten (sog. **Sparcards**) und **Prepaid-Karten** für Mobiltelefone. Ihnen ist gemeinsam, dass bei ihrer Benutzung der verbrauchte Betrag von dem Speicherchip bzw. dem Guthabenkonto »abgebucht« wird. Entwendet der Täter eine solche Karte, um sie nach dem Gebrauch wieder zurückzugeben, so liegt – wie in den Sparbuchfällen – Zueignungsabsicht vor, da der Täter sich den in der Karte verkörperten Wert zueignen will[193]. Da die Sache selbst unverändert zurückgelangen soll, schiede nach der Substanztheorie ein Diebstahl aus. Dies erhellt, welch große Strafbarkeitslücken 71

---

[189] *BGH*, JZ 1988, 361 (362); Sch/Sch-*Bosch*, § 242 Rn. 49; *Mitsch*, BT 2, S. 63; *Ulsenheimer*, Jura 1979, 177; LK[13]-*Vogel/Brodowski*, § 242 Rn. 163.
[190] Z.B. *BGH* St 4, 236 (239); 17, 87 (92 f.); wistra 1987, 253; *OLG Celle*, MDR 1967, 684 f.; *OLG Stuttgart*, NJW 1970, 672 f.; NStZ 2011, 44.
[191] Weitergehend *OLG Stuttgart*, NStZ 2011, 44, das auch auf den Nutzwert des Ausweises abstellt. A.A. NK-*Kindhäuser/Hoven* § 242 Rn. 103.
[192] Eingehend zu Reichweite und Grenzen der Sachwerttheorie *Ensenbach*, ZStW 124 (2012), 343 ff.
[193] Eingehend dazu *Schnabel*, NStZ 2005, 18 ff.; siehe auch *Oğlakcıoğlu*, JA 2018, 428 (431). Zur unterschiedlichen Behandlung von EC-/Sparcard und Sparbuch *Schramm*, JuS 2008, 773 (774 f.).

diese Auffassung eröffnen würde. Diese Lücken können durch § 263a StGB zwar in den Fällen der Sparcards und Prepaid-Karten geschlossen werden, weil der Täter die »PIN« verwenden muss[194], nicht aber in Fällen, in denen die Benutzung ohne eine solche Sicherung möglich ist.

Anders liegt es dagegen bei der Entwendung von **Codekarten** und **»SIM-Karten«** für Mobiltelefone zur vorübergehenden Benutzung. Sie eröffnen lediglich die Möglichkeit, auf das Guthaben des Kontoinhabers zuzugreifen bzw. auf dessen Kosten zu telefonieren. Durch Benutzung entzieht der Täter ihnen deshalb keinen Sachwert, der ihnen innewohnt, sondern er benutzt sie lediglich als »Schlüssel«, um sich zu bereichern (siehe dazu *Rn. 835 ff., 862*).

Fall 17: – *Abgrenzung Zueignung/Sachentziehung* –

72 Castor (C) ließ an einem kalten Wintertag den Kanarienvogel des Pollux (P) aus dem Vogelbauer fliegen; das Tier erfror, womit C gerechnet hatte. P stellte einen Strafantrag.
Strafbarkeit des C?

a) § 242 StGB?

Zweifelhaft ist bereits, ob C den objektiven Tatbestand erfüllt hat, denn **Wegnahme** erfordert »Bruch fremden und Begründung neuen (nicht notwendig tätereigenen) Gewahrsams«, und Letzteres ist hier fraglich.

Jedenfalls entfällt § 242 StGB aber mangels Zueignungsabsicht. Der Begriff der Zueignung enthält nämlich zwei Komponenten:

73 *(1)* **Enteignung** des Berechtigten (negative Komponente)
Damit ist die endgültige Verdrängung des Eigentümers aus seiner wirtschaftlichen Position gemeint; dem Eigentümer muss entweder die Sache selbst oder der in ihr verkörperte Sachwert auf Dauer oder endgültig entzogen werden[195].

Hinsichtlich der dauernden Enteignung genügt jede Vorsatzform, also auch **dolus eventualis**[196]. Der Täter handelt folglich mit Enteignungsvorsatz, wenn er es ernsthaft für möglich hält, dass der Eigentümer die Sache nicht zurückerhalten wird, und der Täter dies billigt bzw. sich damit abfindet. – Zur Enteignung *Fall 18 (Rn. 78 ff.)*.

74 *(2)* **Aneignung** durch den Täter (positive Komponente)
Hierunter ist die – sei es auch nur vorübergehende – Einverleibung der Sache selbst oder des in ihr verkörperten Sachwertes in das Vermögen des Täters – oder eines Dritten – zu verstehen[197].

Die Aneignung einer Sache kann bereits in ihrem – ggf. vorübergehenden – **Gebrauch** liegen[198]; zum *Sachwert* einer Sache – verstanden als lucrum ex re, also als

---

[194] *Schnabel*, NStZ 2005, 18 (20), unterstellt die Strafbarkeit wegen Computerbetruges, allerdings ohne die Voraussetzungen des § 263a StGB im Einzelnen zu prüfen; siehe dazu *Rn. 835 ff*.
[195] Sch/Sch-*Bosch*, § 242 Rn. 47; HdS 5-*Kudlich*, § 29 Rn. 57; LK[13]-*Vogel/Brodowski*, § 242 Rn. 143.
[196] *Androulakis*, JuS 1968, 413; *Fischer*, § 242 Rn. 41; L/K/H-*Heger*, § 242 Rn. 25; S/S/W-*Kudlich*, § 242 Rn. 44; *Mitsch*, BT 2, S. 45; MK-*Schmitz*, § 242 Rn. 129; *Witzigmann*, JA 2009, 488 (492). A.A. *Hauck*, Drittzueignung und Beteiligung, 2007, S. 228 ff.
[197] Sch/Sch-*Bosch*, § 242 Rn. 47.
[198] Sch/Sch-*Bosch*, § 242 Rn. 51, 52-54; *Mitsch*, BT 2, S. 56; *Rengier* I, 2/101; LK[13]-*Vogel/Brodowski*, § 242 Rn. 153.

»ihr spezifischer, nach Art und Funktion mit ihr verknüpfter Wert« (vgl. *Rn. 70*) – gehört auch die ihrer Funktion entsprechende Nutzung[199].
Für die Aneignungskomponente des subjektiven Diebstahlstatbestandes ist nach ganz h.M. **Absicht** im technischen Sinne erforderlich[200]. Sie erfordert, dass es dem Täter *auf den Erfolg ankommt*. Dabei ist es unerheblich, ob er den Erfolg als *Endziel* oder nur als *notwendiges Zwischenziel* auf dem Weg zum angestrebten Fernziel ansteuert. Erstrebt der Täter den Erfolgseintritt, so spielt es keine Rolle, ob er ihn sich als *sicher* oder nur als *möglich* vorstellt[201].
Ein Teil der Literatur[202] wendet sich gegen die herrschende »Zerlegung der Zueignung« in die beiden Komponenten »Enteignung« und »Aneignung«, allerdings *zu Unrecht*: Denn die *formale* Deutung der Zueignung als »Anmaßung einer eigentümerähnlichen Herrschaftsmacht über die Sache« (»se ut dominum gerere«) bedarf der *materialen* Konkretisierung, und zwar durch die genannten beiden Zueignungskomponenten[203].

Die Enteignungskomponente ist maßgeblich für die Abgrenzung von Diebstahl (= Wegnahme in der Absicht rechtswidriger Zueignung) und Unterschlagung (Zueignungsdelikt ohne Wegnahme) einerseits und der sog. Gebrauchsanmaßung (»furtum usus«) andererseits, die, von §§ 248b, 290 StGB abgesehen, straflos ist. **75**

Näher zu dieser Abgrenzung *Fall 18 (Rn. 78 ff.)*.

Demgegenüber entscheidet die Aneignungskomponente darüber, ob Diebstahl oder nur Sachentziehung (bzw. Sachzerstörung) gegeben ist[204]. **76**
Zueignungsabsicht erfordert die Absicht, »das Tatobjekt der Substanz oder dem Sachwert nach dem eigenen Vermögen zuzuführen«; dafür genügt die Absicht, »es, wenn auch nur für begrenzte Zeit, seinem Sach-(Substanz-)werte nach für sich auszunutzen«. An dieser Aneignungskomponente fehle es, wenn der Täter eine Sache nur wegnehme, »um sie zu zerstören, zu vernichten, preiszugeben, wegzuwerfen, beiseite zu schaffen oder zu beschädigen«[205].
Dabei macht es keinen Unterschied, ob der Täter die Sache *sogleich an Ort und Stelle* vernichten bzw. beiseite schaffen will, oder ob sein Plan dahin geht, sie mitzunehmen, um sie *anschließend an einem sicheren Platz* zu zerstören oder wegzuwerfen[206].
Ist die Absicht auf eine Zerstörung der Sache gerichtet, kann ausnahmsweise Diebstahl vorliegen, nämlich dann, wenn sich der Täter durch die Zerstörung den wirt-

---

[199] Siehe auch MK-*Schmitz*, § 242 Rn. 155 der – auf der Grundlage der Substanztheorie – als Aneignung »die Nutzung der Sache in wirtschaftlich sinnvoller Weise« versteht.
[200] NK-*Kindhäuser/Hoven*, § 242 Rn. 123; HdS 5-*Kudlich*, § 29 Rn. 62; *Mitsch*, BT 2, S. 55; *Rengier* I, 2/89; MK-*Schmitz*, § 242 Rn. 129 f.; LK[13]-*Vogel/Brodowski*, § 242 Rn. 151. A.A. *Seelmann*, JuS 1985, 454 f.
[201] Siehe Krey/*Esser*, AT, Rn. 378 ff.
[202] A/W/H/H-*Heinrich*, 13/86 ff.
[203] So auch: *Rengier* I, 2/87, 89; *Tenckhoff*, JuS 1980, 723 f.; *Ulsenheimer*, Jura 1979, 171 f.
[204] OLG Köln, NJW 1997, 2611; Sch/Sch-*Bosch*, § 242 Rn. 55; L/K/H-*Heger*, § 242 Rn. 21.
[205] BGH, NJW 1977, 1460.
[206] BGH, GA 1954, 60; NStZ-RR 2021, 77; LK[13]-*Vogel/Brodowki*, § 242 Rn. 156. A.A. *Geerds*, JR 1978, 172 f.

schaftlichen Wert der Sache einverleiben will (z.B. Verzehr fremder Speisen; Konsumierung des erbeuteten Rauschgifts[207]; Verbrennen von Kohle); denn bei einem solchen – geplanten – **Verbrauch** ist auch die Aneignungskomponente erfüllt[208].

Nimmt der Täter eine Handtasche oder Brieftasche weg und kommt es ihm dabei allein auf den Inhalt, namentlich Geld an, während er die Handtasche bzw. Brieftasche alsbald wegwerfen will, so liegt nach der Judikatur nur Diebstahl *an dem Inhalt* vor, *dagegen nicht an der Tasche:* Es fehlt an der Aneignungsabsicht[209].

Nimmt der Täter ein Behältnis weg, in dem er *irrig einen besonders wertvollen Inhalt vermutet*, so liegt versuchter Diebstahl jedenfalls dann vor, wenn es leer ist. Der Täter hat zwar den objektiven Tatbestand des § 242 I StGB durch die Wegnahme des Behältnisses erfüllt, insofern fehlte ihm aber die Zueignungsabsicht; hinsichtlich des Inhalts liegt diese Absicht vor, es fehlt jedoch die Wegnahme[210]. Nach zutreffender Auffassung gilt das auch, wenn das Behältnis einen *Inhalt aufweist, auf den sich der Wegnahmevorsatz und die Zueignungsabsicht des Täters nicht richten* (die Brieftasche enthält z.B. nicht das vermutete Geld, sondern lediglich Personalpapiere oder andere Gegenstände, die sich der Täter nicht zueignen will)[211]. – Siehe dazu auch *Rn. 288.* –

Davon sind allerdings die Fälle abzugrenzen, in denen der Täter die fremde Sache erst *nach erfolgter Verwendung für seine Zwecke ihrem Schicksal überlassen* will. In diesen Fällen sind Aneignungsabsicht und Enteignungsvorsatz gegeben[212]. – Vgl. auch *Rn. 304.* –

Keine Aneignungsabsicht liegt dagegen vor, wenn der Täter die Sache nur entzieht bzw. wegnimmt, um den *Berechtigten zu ärgern*. Ein auf Hass oder Rachegefühlen beruhender Wille zur Schädigung des Opfers begründet noch keine Zueignungsabsicht.[213]

Aneignungs*absicht* scheidet aus, wenn der Täter die Aneignung nur als mögliche Folge seines Verhaltens in Kauf nimmt, z.B. wenn er eine fremde Sache wegnimmt, um im Anschluss festgenommen zu werden, wobei er es für möglich hält, dass er die Sache dennoch für sich behält oder verwertet[214].

Enteignungsvorsatz liegt in casu vor. Eine auch nur vorübergehende **Aneignung** des Vogels hat C dagegen nicht gewollt; mangels Aneignungsabsicht scheidet § 242 StGB also aus.

b) § 303 StGB (Zerstörung)

77 C ist aber nach § 303 StGB (Sachzerstörung, da der Vogel erfroren ist) strafbar; Strafantrag (§ 303c StGB) ist gestellt.

---

[207] *BGH*, BeckRS 2015, 06119 (Rn. 5 f.) m. zust. Bespr. *Kudlich*, JA 2015, 471 ff.
[208] S/S/W-*Kudlich*, § 242 Rn. 48; M/R-*Schmidt*, § 242 Rn. 33; MK-*Schmitz*, § 242 Rn. 152.
[209] *BGH*, StV 2010, 22 m. Anm. *Jahn*, JuS 2010, 362 f.; i.S. der Rspr. z.B.: NK-*Kindhäuser/Hoven*, § 242 Rn. 89; *Michel*, JuS 1992, 513 (514). A.A. LK[11]-*Ruß*, § 242 Rn. 59.
[210] Vgl. *BGH*, NStZ-RR 2013, 309; NStZ-RR 2021, 212 (213).
[211] *BGH*, NStZ 2006, 686 f.; NStZ-RR 2010, 75; ebso. zum Behältnis mit wertlosem Modeschmuck *BGH*, NStZ 2018, 334; NJW 2019, 2868 (Rn. 6 f.). A.A. *Böse*, GA 2010, 249 (256 f.); *Kleszewski*, S. 32.
[212] *LG Düsseldorf*, NStZ 2008, 155 (156) m. Anm. *Sinn*, ZJS 2010, 274 ff.; W/H/S-*Schuhr*, Rn. 158.
[213] *OLG Köln*, NJW 1997, 2611; *LG Potsdam*, BeckRS 2009, 29366 (V.).
[214] *BGH*, NStZ-RR 2019, 248.

Fall 18: – *Abgrenzung Zueignung/bloße Gebrauchsanmaßung* –
Katrin (K) entdeckte einen Pkw, in dessen Zündschloss der Schlüssel steckte. Sie fuhr mit dem Auto davon, wobei sie zunächst vorhatte, ihn zurückzubringen. Während der Fahrt beschloss sie jedoch, das Auto später irgendwo im Wald stehen zu lassen. Sie wurde kurz darauf von der Polizei gestoppt. In der Vernehmung »verplapperte« sie sich, sodass alles herauskam.
Strafbarkeit der K (Strafantrag ist gestellt)?

a) § 242 StGB

Ob K nur nach § 248b StGB strafbar ist oder ob § 242 StGB eingreift, hängt davon ab, ob sie mit *Zueignungsabsicht* gehandelt hat.
Von den beiden Zueignungskomponenten – Aneignungsabsicht und Enteignungsvorsatz (vgl. *Fall 17, Rn. 72 ff.*) – ist Erstere erfüllt, da Aneignung, wie dargelegt, schon der vorübergehende Gebrauch einer Sache ist.

Die Enteignungskomponente des subjektiven Tatbestandes erfordert, dass der Täter die dauernde Verdrängung des Eigentümers aus seiner wirtschaftlichen Position will (bzw. billigend in Kauf nimmt; vgl. *Rn. 73*).

An der *Enteignung* als Abgrenzungskriterium zwischen Diebstahl und bloßer Gebrauchsanmaßung fehlt es nur dann, wenn der Berechtigte die Sache (innerhalb angemessener Zeit) ohne ins Gewicht fallende Wertminderung, z.B. durch Abnutzung, *zurückerlangt*. Ist dies zweifelhaft und findet sich der Täter bei der Wegnahme mit diesem Risiko ab, d.h., handelt er bezüglich der möglichen *Enteignung* des Berechtigten – durch dauernden Verlust oder eine *erhebliche Wertminderung* der Sache[215] – mit dolus eventualis, so liegt kein bloßes furtum usus vor, sondern § 242 StGB[216].

Zu eng *RG* St 44, 335 (Heizdampf-Fall): Die wirtschaftliche Wertminderung einer Sache durch ihre Abnutzung beim Gebrauch sei erst dann Enteignung, wenn sie einem *Verbrauch* der Sache gleichkomme. Dem ist jedoch entgegen zu halten, dass die Abnutzung beim Gebrauch bereits dann die Enteignungskomponente der Zueignung erfüllt, wenn sie zu einer erheblichen Wertminderung führt; das kann aber schon dann der Fall sein, wenn die Abnutzung einem *teilweisen* Verbrauch der Sache gleichkommt.

Bei der Gebrauchsanmaßung fehlt die Enteignungskomponente also, wenn der Täter es für sicher hält (oder darauf vertraut), der Berechtigte werde die Sache – innerhalb angemessener Zeit und ohne erhebliche Wertminderung – **zurückerhalten**.

Diese Grundsätze gelten auch beim unbefugten Gebrauch von Kraftfahrzeugen und Fahrrädern: Handelt der Täter danach mit Zueignungsabsicht, so greift § 242 StGB ein, andernfalls ist er nach § 248b StGB strafbar[217].

Die **Rechtsprechung** will § 242 StGB dagegen bei dem unbefugten Gebrauch fremder Kraftfahrzeuge grundsätzlich nur dann ausscheiden, wenn der Täter das Fahrzeug in eine Lage zurückführen will, »die es dem Berechtigten ohne besondere Mühe ermöglicht, seine ursprüngliche Verfügungsgewalt wiederzuerlangen«. Als Beweis-

---

[215] Vgl. *OLG Hamm*, JMBlNW 1960, 230; Sch/Sch-*Bosch*, § 242 Rn. 47, 53; *Ulsenheimer*, Jura 1979, 169 (172); LK[13]-*Vogel/Brodowski*, § 242 Rn. 155. A.A. NK-*Kindhäuser/Hoven*, § 242 Rn. 95 ff.
[216] Sch/Sch-*Bosch*, § 242 Rn. 51-54; LK[13]-*Vogel/Brodowski*, § 242 Rn. 153; abw. SK[9]-*Hoyer*, § 242 Rn. 86; *Rudolphi*, GA 1965, 50.
[217] Sch/Sch-*Bosch*, § 242 Rn. 51, 54; *Rengier* I, 2/125; LK[13]-*Vogel/Brodowski*, § 242 Rn. 159-161.

anzeichen für den Mangel eines solchen **Rückführungswillens** sei namentlich das »Stehenlassen des Fahrzeuges an einer beliebigen Stelle« anzusehen, »wo es dem beliebigen Zugriff Dritter preisgegeben sei«[218]. Dafür könne schon in »größeren Mittelstädten« das Abstellen des weggenommenen Wagens in einer anderen Straße, möge diese auch dem Platz der Wegnahme nahe liegen, genügen[219].

Diese Rechtsprechung erscheint bedenklich weitgehend; im Übrigen besteht auch angesichts der Strafbestimmung des § 248b StGB kein kriminalpolitisches Bedürfnis für eine solche Ausweitung des Anwendungsbereichs des § 242 StGB[220].

81 K hatte bei der Wegnahme beabsichtigt, den Wagen zurückzubringen, also zu diesem Zeitpunkt ohne Zueignungsabsicht gehandelt. Damit scheidet Diebstahl aus, da die Zueignungsabsicht bereits bei der Wegnahme vorliegen muss[221].

Der mit dem unbefugten Gebrauch eines Kraftfahrzeuges eintretende **Verbrauch des im Tank befindlichen Benzins** ist kein nach § 242 StGB strafbarer Diebstahl, sondern wird von § 248b StGB nach dessen Sinn und Zweck miterfasst[222]. Würde § 242 StGB wegen des »**Benzindiebstahls**« eingreifen, so liefe § 248b StGB wegen dessen Subsidiaritätsklausel weitgehend leer. Die Vorschrift wäre nur auf die Gebrauchsentwendung von Fahrrädern anwendbar, da beim Betrieb eines Kraftfahrzeuges notwendigerweise der im Tank befindliche Kraftstoff verbraucht wird.

b) § 246 StGB

82 Entschließt sich der Täter einer »Gebrauchsentwendung« nach § 248b StGB *während der Fahrt*, den Wagen nach Beendigung des Gebrauchs irgendwo stehen zu lassen, kommt § 246 StGB in Betracht[223]. Gleiches gilt, wenn der Täter erst nach der Wegnahme die Absicht rechtswidriger Zueignung fasst; realisiert er diese Absicht in einem Manifestationsakt, so kann ebenfalls nur § 246 StGB eingreifen[224]. Diebstahl scheidet wegen des Fehlens der Zueignungsabsicht im Zeitpunkt der Tathandlung aus.

Problem: Hat sich K den Wagen »**zugeeignet**«?

Dieses Merkmal erfordert nach – bisher – h.M. subjektiv einen Zueignungswillen und objektiv eine Manifestierung dieses Willens, d.h. seine Betätigung durch »äußere Handlungen«[225]; nach der hier vertretenen Auffassung ist eine Manifestierung des Enteignungsvorsatzes durch Aneignung der Sache erforderlich *(Rn. 243)*.

---

[218] *BGH* St 22, 45; *BGH*, NStZ 1996, 38; zust. u.a. *Fischer*, § 242 Rn. 39; LK[13]-*Vogel/Brodowski*, § 242 Rn. 159. Unklar *BGH*, NStZ 1987, 71 f.; NStZ 1996, 38; NStZ-RR 1999, 103 f.

[219] *BGH*, VRS 19, 441; ebso. u.a. *Fischer*, § 242 Rn. 39.

[220] Krit. auch Sch/Sch-*Bosch*, § 242 Rn. 54; *Schramm*, JuS 2008, 773 (775).

[221] *BGH*, VRS 14, 199; *Fischer*, § 242 Rn 41, 43; *Ranft*, JA 1984, 280.

[222] *BGH* St 14, 386 (388); LK[13]-*Vogel/Brodowski*, § 242 Rn. 161 m.w.N.; diff. *Ranft*, JA 1984, 280 (281 f.). A.A. *Schramm*, JuS 2008, 273 (775) [mitbestrafte Begleittat].

[223] *BGH* St 14, 386 (388); LK[13]-*Vogel/Brodowski*, § 242 Rn. 161.

[224] *BGH* St 16, 190 (192 f.); NStZ 2011, 36 (37) m. zust. Bespr. *Hecker*, JuS 2011, 374 (375 f.).

[225] *BGH* St 34, 309 (312); NStZ-RR 2006, 377 f.; Sch/Sch-*Bosch*, § 246 Rn. 11: »Betätigung des Zueignungswillens in objektiv erkennbarer Weise«; L/K/H-*Heger*, § 246 Rn. 4: Manifestation des Zueignungswillens »durch eine äußere Handlung«; krit. *Fischer*, § 246 Rn. 10 f.

Der 6. Strafsenat des *BGH*[226] forderte dagegen jüngst, »dass der Täter sich die Sache oder den in ihr verkörperten wirtschaftlichen Wert wenigstens vorübergehend in sein Vermögen einverleibt und den Eigentümer auf Dauer von der Nutzung ausschließt«. Ein Teil der Literatur spricht sich ebenfalls für eine objektivierte Modifizierung der Enteignungskomponente aus (*Rn. 240 ff.*). 83

Im Ergebnis scheidet hier eine – **vollendete** – **Unterschlagung** des Pkw nach allen Auffassungen mangels Enteignung aus: 83a
Das gilt bei Anwendung der Auffassung des 6. Strafsenats schon deshalb, weil der Eigentümer noch nicht auf Dauer von der Nutzung ausgeschlossen war. Die h.M. würde den Zueignungswillen bzw. Enteignungsvorsatz zwar in dem Moment annehmen, als K beschloss, den Pkw »irgendwo im Wald« stehen zu lassen, denn sie nahm billigend in Kauf, dass der Berechtigte den Wagen nicht – ohne erhebliche Wertminderung – innerhalb angemessener Zeit zurückerlangen würde. Dieser Zueignungswille bzw. Enteignungsvorsatz muss aber **manifestiert** werden, und zwar entweder durch »äußere Handlungen« oder nach zutreffender Auffassung durch die Aneignung der Sache, d.h., durch die – mindestens vorübergehende – Einverleibung der Sache bzw. des ihr innewohnenden Sachwertes in das Vermögen des Täters. K hatte sich bereits durch die Ingebrauchnahme das Fahrzeug angeeignet, das bloße Weiterfahren brachte deshalb ihren Enteignungsvorsatz noch nicht zum Ausdruck. Für eine Betätigung der – den Zueignungswillen begründenden – Absicht, den Wagen irgendwo stehen zu lassen, ergibt sich aus dem Sachverhalt nichts (siehe *Rn. 246*).

Eine **versuchte Unterschlagung** nach § 246 I, III StGB scheidet ebenfalls aus. Durch ihren »Sinneswandel« während der Fahrt, das Auto nicht zurückzubringen, sondern es »später«, d.h. nach weiterer Benutzung, im Wald stehenzulassen, mag K den Tatentschluss zur Verwirklichung des § 246 I StGB gebildet haben. Durch die bloße Fortsetzung der Fahrt setzte sie jedoch noch nicht unmittelbar zur Tat an. Das wäre erst der Fall gewesen, wenn K das Auto tatsächlich auf einen Waldweg gesteuert hätte, denn darin liegt ein wesentlicher Zwischenschritt zur Unterschlagung. 84

Ergebnis: K ist nur aus § 248b StGB strafbar.

Fall 19: – *Grenzen des Sachwertkriteriums* –

Udo (U) »entführte« den Hund des Jürgen (J), um anschließend als vermeintlich »ehrlicher Finder« eine Belohnung zu kassieren. J zahlte U 50 Euro Finderlohn, als U ihm seinen Liebling zurückbrachte. 85

Strafbarkeit des Udo (U)?

a) § 242 StGB

Der objektive Tatbestand des Diebstahls ist erfüllt.

Problem: Hat U mit Zueignungsabsicht gehandelt?

Nach der *Vereinigungslehre* (vgl. *Rn. 67*) ist Zueignungsabsicht gegeben, wenn der Täter entweder *die Sache selbst* oder den in ihr verkörperten *Sachwert* seinem Vermögen unter dauerndem Ausschluss des Berechtigten einverleiben will.

---

[226] *BGH*, NJW 2024, 1050 (Rn. 5-9); näher dazu *Rn. 241*

Auf den Hund selbst kam es U nicht an, da J diesen zurückerlangen sollte. Doch könnte U sich den »Sachwert« des Tieres zugeeignet haben. Wie dargelegt, ist der Sachwertgesichtspunkt bei Prüfung der Zueignungsabsicht restriktiv zu handhaben, weil § 242 StGB ein Eigentums-, kein Bereicherungsdelikt ist; *Sachwert* ist daher nur der *in der Sache selbst* **unmittelbar** *verkörperte Wert* (»lucrum ex re«), während die Möglichkeit, erst durch ein Geschäft *mittelbar* einen Gewinn aus der Sache zu ziehen (»lucrum ex negotio cum re«), nicht genügt – vgl. *Rn. 70* –.

U wollte sich den *»Sachwert« des Hundes* (lucrum ex re) nicht zueignen, denn der Fundwert einer Sache ist kein spezifischer Sachwert. U plante lediglich, den Hund **zur Begehung eines Betruges zu gebrauchen,** also ein »lucrum ex negotio cum re« zu ziehen. Zueignungsabsicht scheidet zudem aus, weil der Täter in einem solchen Fall nur als Finder, also nicht als *Eigentümer* auftritt, sodass es am »formalen Kriterium der Eigentumsanmaßung« (se ut dominum gerere) fehlt[227].

Danach scheidet § 242 StGB mangels Zueignungsabsicht aus[228].

b) § 263 StGB

86 U hat aber einen Betrug begangen, weil er J darüber täuschte, der ehrliche Finder zu sein und einen Anspruch auf den Finderlohn (§ 971 BGB) zu haben.

Dieser Fall zeigt im Übrigen, dass die Anwendung des weiten Sachwertbegriffs § 242 StGB zu einem Vermögensdelikt machen würde.

Fall 20: – *»Dienstmützenfall«* –

87 Tim (T) hatte bei der Bundeswehr seine Dienstmütze verloren. Da er zu Recht fürchtete, die Mütze bei seiner bevorstehenden Entlassung ersetzen zu müssen, nahm er seinem Kameraden Siggi (S) dessen Mütze weg, um sie bei der Ausmusterung abzugeben.

Strafbarkeit des T aus § 242 StGB?

Problem: Hat T mit Zueignungsabsicht gehandelt?

(1) Die Sache selbst wollte sich T nicht zueignen, da er die Mütze dem Berechtigten (Bundeswehr) bei der Ausmusterung zurückgeben wollte.

(2) Aber auch unter Sachwertgesichtspunkten scheidet Zueignungsabsicht aus[229]:

Die Möglichkeit, eine Sache zur Vermeidung von Regressansprüchen zu verwenden, ist kein in der Sache selbst nach ihrer Art und Funktion verkörperter Wert; T wollte also kein »lucrum ex re« ziehen.

88 Die Zueignungsabsicht fehlt zudem, weil die »Enteignung« (auf Dauer) – vgl. *Fälle 17, 18 (Rn. 72 ff., 78 ff.)* – erfordert, dass dem Eigentümer die Sachsubstanz

---

[227] Sch/Sch-*Bosch*, § 242 Rn. 47; W/H/S-*Schuhr*, Rn. 192; *Tenckhoff*, JuS 1980, 723.

[228] Vgl. Sch/Sch-*Bosch*, § 242 Rn. 50; S/S/W-*Kudlich*, § 242 Rn. 46; *Rengier* I, 2/118; LK[13]-*Vogel/Brodowski*, § 242 Rn. 173.

[229] *BGH* St 19, 387; Sch/Sch-*Bosch*, § 242 Rn. 50; *Mitsch*, BT 2, S. 53 f. A.A. *OLG Frankfurt*, NJW 1962, 1879; *OLG Hamm*, NJW 1964, 1427. Zur Frage, ob § 263 StGB eingreift, vgl. *Eser*, JuS 1964, 483 f. Zueignungsabsicht scheidet mangels Manifestation des Zueignungswillens zudem aus, wenn ein Soldat Ausrüstungsgegenstände, die ihm nicht ordnungsgemäß zur Verfügung gestellt wurden, im Dienst der Bundeswehr nutzt, *BayObLG*, BeckRS 2020, 37990 (Rn. 18 ff.) m. Bespr. *Hecker*, JuS 2021, 561 ff.

oder der in ihr verkörperte Wert ganz oder in erheblichem Umfang entzogen wird[230]. Der Enteignungsvorsatz scheidet somit aus, wenn die Sache »*im Wesentlichen unverändert*« zurückgegeben werden soll[231] – vgl. auch *Fall 18, Rn. 78 ff.* –.
T wollte dem Eigentümer (Bundeswehr) die Sache weder auf Dauer entziehen noch nur als ganz oder zum Teil »ihres Wertes entleerte Hülse« zurückgewähren.
Wie im *Fall 19 (Rn. 85 f.)* spricht gegen die Annahme der Zueignungsabsicht im Übrigen das Fehlen der »**Eigentumsanmaßung**«, weil T nicht vorgibt, Eigentümer der Mütze zu sein. Wer eine fremde Sache *ohne Leugnung des Eigentumsrechts* zurückgibt, geriert sich gerade nicht als deren Eigentümer[232].
(3) Ergebnis: T handelte ohne Zueignungsabsicht, sodass § 242 StGB ausscheidet.

Ergänzender Hinweis
Diebstahl entfällt mangels Zueignungsabsicht auch, wenn jemand dem Hehler das Hehlgut wegnimmt, um es dem Eigentümer zurückzugeben. Das gilt sogar, wenn der Wegnehmende der Täter der Vortat war, also der Dieb, von dem der Hehler das Hehlgut erhalten hatte, und wenn die Entwendung des Hehlguts zwecks Rückgabe an den Eigentümer erfolgt, um diesen von einer Strafanzeige und Schadensersatzklage abzuhalten[233].

Fall 21: – *Veräußerung der weggenommenen Sache an deren Eigentümer* –
Student Oskar (O) befand sich – wie meistens – in Geldverlegenheit. Er begab sich in eine Buchhandlung mit angeschlossenem Antiquariat. In der Buchhandlung nahm er aus einem Regal ein neues Buch, steckte es in seine Tasche und ging damit unauffällig in die Antiquariatsabteilung. Dort verkaufte er das Buch als »fast neuwertig«.
Strafbarkeit des O aus § 242 StGB?

Der objektive Tatbestand des Diebstahls ist erfüllt. Fraglich ist jedoch, ob O mit Zueignungsabsicht handelte.
Die zutreffende h.A. nimmt Zueignungsabsicht an, wenn der Täter – wie hier – dem Eigentümer eine Sache wegnimmt, um sie ihm anschließend zu verkaufen[234].
Beide Komponenten der Zueignungsabsicht – **Aneignungsabsicht** und **Enteignungsvorsatz** – sind nämlich gegeben:
(1) Wer eine **fremde Sache im eigenen Namen verkauft**, eignet sie sich an. Dabei bezieht sich diese Aneignung auf die *Sache selbst*, nicht etwa nur auf den in ihr verkörperten Sachwert; denn der Verkauf manifestiert, dass der Täter die Sache als Bestandteil seines Vermögens behandelt.
Für die Aneignung durch Veräußerung spielt somit keine Rolle, dass der Erwerber kein Dritter, sondern der getäuschte Eigentümer ist.

---

[230] Sch/Sch-*Bosch*, § 242 Rn. 47.
[231] LK[13]-*Vogel/Brodowski*, § 242 Rn. 153.
[232] Vgl. W/H/S-*Schuhr*, Rn. 178; *Ulsenheimer*, Jura 1979, 171.
[233] Dazu *BGH*, JZ 1985, 198.
[234] *RG* St 57, 199; *BayObLG*, MDR 1964, 776; *Fischer*, § 242 Rn. 35a; NK-*Kindhäuser/Hoven*, § 242 Rn. 83. A.A. *Gropp*, JuS 1999, 1041 (1044); *Schröder*, JR 1965, 27; LK[13]-*Vogel/Brodowski*, § 242 Rn. 168.

(2) Auch der Enteignung des Berechtigten auf Dauer steht – wie die h.M. zu Recht annimmt – der Umstand nicht entgegen, dass die Veräußerung an den Eigentümer erfolgte. Die Enteignungskomponente wird nämlich durch die »Rückgewähr« an den Eigentümer dann nicht ausgeschlossen, wenn sie statt unter Anerkennung von dessen Berechtigung unter Vortäuschung eigener Berechtigung durch Veräußerung geschieht: In einem solchen Fall wird nach der Verkehrsanschauung der Berechtigte enteignet, da er seine eigene Sache *nur gegen Entgelt* zurückerwirbt[235].

Ergebnis: O hat einen Diebstahl begangen.

Ergänzende Hinweise zur Betrugsstrafbarkeit

92 Die **Rückveräußerung des Buches** erfüllt zwar die Voraussetzungen des § 263 StGB, da O vortäuscht, Eigentümer – bzw. zum Verkauf berechtigt – zu sein, und der Buchhändler daraufhin eine irrtumsbedingte Vermögensverfügung vornimmt, die zu einem Schaden führt, weil er für die Rückerlangung des Buches zahlt, obwohl er einen Anspruch auf – unentgeltliche – Herausgabe hat. Der Betrug als Verwertungshandlung tritt in diesem Fall jedoch im Wege der Gesetzeskonkurrenz (mitbestrafte Nachtat) hinter den Diebstahl zurück[236], da beide Delikte dasselbe Rechtsgut betreffen. – Zum *»Sicherungsbetrug«* siehe auch *Rn. 739.* –

93 Anders liegt es, wenn der Dieb die gestohlene Sache einem – **gutgläubigen – Dritten verkauft**. Der Betrug – der Schaden des Käufers besteht darin, dass er den Kaufpreis zahlt, ohne die vereinbarte Gegenleistung zu erlangen (gutgläubiger Eigentumserwerb scheitert an § 935 I BGB) – steht mit dem Diebstahl dann in Tatmehrheit, da Rechtsgüter unterschiedlicher Rechtsgutsträger verletzt sind.

Fall 22: – *»Pseudoboten-Fall«* –

94 Paula (P) entwendete bei Kaufmann Soll (S) ein Warenpaket, das schon zur Auslieferung an Xaver (X) bereitgestellt und mit einer quittierten Rechnung über den Kaufpreis versehen war. Paket und quittierte Rechnung überbrachte P sodann dem X, wobei sie sich als Botin des S ausgab. X zahlte daraufhin den Kaufpreis an P, die das Geld für sich verwendete.

Strafbarkeit der P?

a) Diebstahl des Pakets?

Problem: Hat P das Paket mit Zueignungsabsicht weggenommen?

Das *BayObLG* hat diese Frage in einem Fall wie dem vorliegenden bejaht und sich dabei auf die Sachwerttheorie gestützt[237]. Der Täter habe die Sache gegen Entgelt weitergegeben, was für die Zueignung genüge; keine Rolle spiele, dass er in fremdem Namen aufgetreten sei.

Die Gegenmeinung lehnt Zueignungsabsicht ab; zur Begründung wird u.a. angeführt, das Verbringen der Sache zum Käufer habe hier »der Eigentumsordnung nicht widersprochen«[238].

---

[235] Siehe auch *Ranft*, JA 1984, 282 f.; W/H/S-*Schuhr*, Rn. 177 f.
[236] *Rengier* I, 2/132 f.
[237] *BayObLG*, MDR 1964, 776; ebso. u.a. *Mitsch*, BT 2, S. 58 f.; LK[13]-*Vogel/Brodowski*, § 242 Rn. 169.
[238] Sch/Sch-*Bosch*, § 242 Rn. 50; A/W/H/H-*Heinrich*, 13/105; krit. gegenüber der Entscheidung des *BayObLG* auch M/S/M/H/M-*Hoyer*, 33/45 ff.; *Rudolphi*, JR 1985, 252 (253).

Zutreffend erscheint die Ablehnung der Zueignungsabsicht. Nach der Substanztheorie scheidet Zueignungsabsicht der P aus[239]. Aber auch mit der *Sachwerttheorie* lässt sich Zueignungsabsicht hier nicht überzeugend begründen: P hat lediglich den Besitz des Paketes sowie der quittierten Rechnung dazu benutzt, sich den Kaufpreis durch Betrug (*Rn. 97*) zu verschaffen. **Die faktische Möglichkeit, den Besitz des Pakets zu diesem Zweck einzusetzen,** ist aber kein *in dem Paket selbst verkörperter Sachwert*, kein lucrum ex re[240].

95

Danach scheidet Diebstahl bezüglich des Pakets aus.

b) Diebstahl der Quittung?

Ein Teil der Literatur nimmt in dieser Konstellation Zueignungsabsicht hinsichtlich der Quittung mit der Begründung an, wegen der legitimierenden Wirkung der Quittung gemäß § 370 BGB müsse diese im Hinblick auf die Sachwerttheorie den **Legitimationspapieren (z.B. Sparbücher),** § 808 I BGB, gleichgestellt werden[241]. – Zum Sparbuch siehe *Rn. 64 ff.* –

96

Diese These überzeugt jedoch nicht, da P der Quittung nicht ihren Wert entziehen wollte, sondern sie ihr lediglich dazu dienen sollte, den Kaufpreis für die Ware zu erlangen. Die Quittung war ihm somit – wie das Warenpaket selbst – nur das Mittel, sich zu bereichern.

c) § 263 StGB?

P hat aber einen Betrug, und zwar zum Nachteil des S, nicht des X[242], da dieser gemäß § 370 BGB frei wurde, begangen. Indem X den Kaufpreis an P als den Überbringer der Quittung zahlte, verfügte er täuschungsbedingt über das Vermögen des S (»*Dreiecksbetrug*«) – näher dazu unten *Rn. 642 ff.* –, weil X die gegen ihn gerichtete Forderung des S zum Erlöschen brachte. S erlitt dadurch einen Schaden, da er nicht Eigentümer des von X gezahlten Kaufpreises wurde. Es fehlt eine wirksame Einigungserklärung, denn P konnte als Vertreterin ohne Vertretungsmacht[243] auf das an S gerichtete Übereignungsangebot keine wirksame Annahmeerklärung abgeben. X blieb deshalb Eigentümer der Geldscheine bzw. -stücke. P handelte zudem vorsätzlich und mit der Absicht *stoffgleicher* Bereicherung, da der von ihr erstrebte Vorteil (Erlangung des Geldes) auf derselben Verfügung beruhte wie der Schaden des S, nämlich auf der Zahlung des Kaufpreises. – Zur Stoffgleichheit *Rn. 700 f.* –

97

d) § 246 StGB durch Entgegennahme und Verwendung des Geldes

P hat sich das Geld, eine für sie fremde, nämlich im Eigentum des X stehende, bewegliche Sache, zugeeignet; die erforderliche *Manifestation des Zueignungswillens*

98

---

[239] A.A. Rengier I, Rn. 123, der Dritt-Aneignungsabsicht mit der Begründung bejaht, die Zahlung des Kaufpreises hänge von der »Übereignung« an den Käufer als notwendiges Zwischenziel ab.
[240] *Mitsch,* BT 2, S. 56 f.
[241] Rengier I, Rn. 124; *Schröder,* JR 1965, 27; *Wessels,* NJW 1965, 1153 ff.
[242] Dazu näher *BayObLG,* MDR 1964, 776 und *Schröder,* JR 1965, 27.
[243] P tritt zwar als Bote auf, gibt aber keine Erklärung des S, sondern ihre eigene ab. Da keine Vertretungsmacht vorliegt, hat sie als Vertreterin ohne Vertretungsmacht gehandelt mit der Folge, dass die Einigung schwebend unwirksam war, § 177 I BGB; zur Abgrenzung Bote/Vertreter: MK-BGB-*Schubert,* § 164 Rn. 79 ff.

kann schon in der Entgegennahme des Geldes gesehen werden (zweifelhaft), sie liegt jedenfalls spätestens in dessen Verwendung für eigene Zwecke.
Die Unterschlagung steht mit dem Betrug in Tatmehrheit, da beide Handlungen Rechtsgüter verschiedener Rechtsgutsträger verletzen (siehe *Rn. 93*).

99 Die »**Grenzen des Sachwertgedankens**« sind nicht immer leicht zu bestimmen:

(1) Die Wegnahme eines neuen Taschenbuches aus einem Warenhaus, um es zu lesen und danach alsbald zurückzubringen, ist als Diebstahl strafbar. Die *Aneignungsabsicht* des Täters besteht in dem geplanten Gebrauch durch Lektüre; der *Enteignungsvorsatz* liegt ebenfalls vor, weil der Täter die Wertminderung des Buches durch den beabsichtigten Gebrauch erkannt hat, es ist insoweit dolus eventualis des Täters anzunehmen[244].

(2) Bei der Wegnahme eines Verwarnungszettels von der Windschutzscheibe eines parkenden fremden Pkw, um ihn an der Windschutzscheibe des eigenen Pkw zu befestigen, soll Diebstahl ausscheiden, wenn der Täter von vornherein plante, den Zettel bei seiner Rückkehr wieder an dem fremden Wagen zu befestigen[245].
Diese Sicht trifft jedoch nur zu, falls der Täter nicht damit rechnete, bei seiner Rückkehr könnte der fremde Pkw bereits weggefahren worden sein. Hielt der Täter dies für möglich, so liegt dolus eventualis bzgl. der *Enteignungs*komponente der Zueignung und damit Diebstahl vor[246].

Fall 23: *– Zueignung bei Weitergabe der Sache an Dritte? –*

100 Wigald (W) lebte von seiner Ehefrau Friederike (F) getrennt. Da F Geld brauchte, überredete sie die Haushälterin des W, Frau Saubermann (S), ihm Geld wegzunehmen und ihr (F) zu geben. Dies tat S auch, da sie sich über W geärgert hatte.
Strafbarkeit der S und der F?

a) Strafbarkeit der S

Problem: Hat sie den objektiven Diebstahlstatbestand in der Absicht erfüllt, *sich* die Geldstücke bzw. -scheine zuzueignen? Oder hat sie jedenfalls in der Absicht gehandelt, das Geld *einem Dritten* (der F) zuzueignen?

(1) Sich-Zueignen

Der zu § 242 StGB *a.F.* entstandene Streit, ob die Vorschrift wörtlich zu nehmen sei und der subjektive Tatbestand nur vorliege, wenn der Täter mit der Absicht handelt, **sich** die Sache zuzueignen[247], oder ob auch die vom Täter beabsichtigte Zueignung an einen **Dritten** als solche ausreicht[248], ist mit der Neufassung des § 242 StGB

---

[244] *OLG Celle*, NJW 1967, 1921 f. m. Anm. *Deubner* und eingehender Bespr. *Androulakis*, JuS 1968, 409; siehe auch *Zopfs*, ZJS 2009, 649 (650 ff.); weitere Nachweise bei LK[13]-*Vogel/Brodowski*, § 242 Rn. 154 f. *Mitsch* (BT 2, S. 51 f.) differenziert danach, ob sich der *Verlust der Neuwertigkeit des Buches* als Wertminderung im Erscheinungsbild des Buches (»Veränderung der Sachsubstanz«) niedergeschlagen hat. Nach NK-*Kindhäuser/Hoven*, § 242, Rn. 92, 98 liegt Zueignungsabsicht vor, »wenn die vom Täter geplante Dauer der Nutzung die üblichen Grenzen einer Leihe überschreitet«.
[245] *OLG Hamburg*, NJW 1964, 736. Dazu *Baumann*, NJW 1964, 705; *Schünemann*, JA 1974, 37.
[246] LK[13]-*Vogel/Brodowski*, § 242 Rn. 154 m.w.N.
[247] So *BGH* St 41, 187 (GS).
[248] *BGH*, NStZ 1995, 442 (444) [überholt durch *BGH* St 41, 187]; *Wolfslast*, NStZ 1994, 542 (544).

durch das 6. StrRG an sich obsolet geworden, da nun die Absicht, die Sache einem Dritten zuzueignen, der Absicht, sie sich selbst zuzueignen, gleichgestellt ist, und zwar im Sinne einer konstitutiven Ausweitung des Diebstahlstatbestandes; die saubere Differenzierung zwischen Sich-Zueignen und Drittzueignung ist mithin nicht mehr entscheidend für die Frage der Anwendbarkeit des § 242 StGB. Diese Differenzierung ist in der Falllösung aber auch weiterhin sachgerecht und geboten[249].

In den folgenden Fällen handelt der Täter trotz der Absicht, die Sache an einen Dritten weiterzugeben, **um sie *sich* zuzueignen**: 101
Soll die Weitergabe an den Dritten **entgeltlich** erfolgen, so ist die Absicht des Sich-Zueignens unproblematisch gegeben[250], und zwar sowohl gemäß der *Substanztheorie*[251] (siehe *Rn. 91*) als auch unter *Sachwertgesichtspunkten* (Zueignung des in der Sache selbst unmittelbar verkörperten Wertes durch entgeltliche Weitergabe)[252].
Ein solcher Fall entgeltlicher Weitergabe liegt auch vor, wenn der Täter für einen Hehler etwas entwendet, um von diesem einen *Anteil am Verkaufserlös* zu erhalten. Dieser Anteil ist das »Entgelt« für die Weitergabe an den Hehler als Dritten[253].

Differenziert zu betrachten sind dagegen die Fälle der **unentgeltlichen** Weitergabe 102
an Dritte. Nach h.M. soll die Absicht, sich die Sache zuzueignen, dann gegeben sein, wenn die Weitergabe »Ausdruck angemaßter Eigentumsmacht« sei[254].
Das ist der Fall, wenn der Täter als **Schenkender** auftritt, da auch die Schenkung – wie der Verkauf – an sich nur dem Eigentümer zusteht. Nach zutreffender Sicht liegt hierin ein Sich-Zueignen der Sachsubstanz[255], und zwar unabhängig davon, ob der Täter unter dem Aspekt ersparter Aufwendungen oder aus anderen Gründen einen wirtschaftlichen Vorteil für sich, sei es auch nur mittelbar, anstrebt[256]. Diese Beurteilung der Schenkung gilt auch bei Bösgläubigkeit des Beschenkten[257].
Was die unentgeltliche Weitergabe an Dritte im Wege der Schenkung angeht, hat die Neufassung des § 242 StGB also keine strafbegründende Bedeutung. Deshalb kommt ihr allenfalls eine klarstellende Funktion zu: Da umstritten ist, unter welchen Voraussetzungen die Schenkung als Fall des *Sich*-Zueignens behandelt werden kann, dürfte es sachgerecht sein, bei der Lösung von Fällen die Antwort auf jene Streitfrage offen zu lassen und »jedenfalls« *Dritt*zueignungsabsicht anzunehmen.
Die Absicht, die Sache **sich** zuzueignen, und die Absicht der **Dritt**zueignung schließen sich nach zutreffender Auffassung nicht aus, sondern sie können vielmehr beide nebeneinander vorliegen[258]. Das gilt für den Fall der beabsichtigten entgeltlichen

---

[249] Ebso. etwa: *Jäger*, JuS 2000, 651 (652); *Mitsch*, BT 2, S. 57 f.
[250] *BGH* St 4, 236; 17, 88; *Mitsch*, BT 2, S. 58; LK[13]-*Vogel/Brodowski*, § 242 Rn. 168.
[251] So u.a. NK-*Kindhäuser/Hoven*, § 242 Rn. 105.
[252] Z.B. *BGH* St 41, 187 (194) – GS –.
[253] A.A. zu § 242 StGB *a.F. Neumann*, JuS 1993, 747 f.: Diebstahl scheide mangels Sich-Zueignens aus.
[254] So *Welzel*, S. 343.
[255] So u.a. *Jäger*, JuS 2000, 651 (652); *Rengier* I, 2/152.
[256] Ebso. u.a. NK-*Kindhäuser/Hoven*, § 242 Rn. 105 ff.; *Mitsch*, BT 2, S. 59 m. Nachw. der abw. Rspr.
[257] *Maiwald*, Der Zueignungsbegriff im System der Eigentumsdelikte, 1970, S. 237.
[258] *Dencker*/Struensee/Nelles/Stein, S. 20; *Rengier* I, 2/155 f. (Subsidiarität der Drittzueignung gegenüber der Selbstzueignung). A.A. A/W/H/H-*Heinrich*, 13/114, 117; NK-*Kindhäuser/Hoven*, § 242 Rn. 105.

Weitergabe an Dritte (*Rn. 101*) und für den Fall, dass der Täter »großzügig als *Schenker*« auftritt.

103 **Über den Fall der Schenkung hinaus** wurde zu § 242 StGB *a.F.* bei beabsichtigter unentgeltlicher Weitergabe der Diebesbeute an Dritte die Absicht, sich die Sache zuzueignen, zum Teil bejaht, wenn der Täter durch die Weitergabe »einen Nutzen oder Vorteil im weitesten Sinne, wenn auch nur mittelbar«, anstrebte[259]; doch musste dieser Vorteil wirtschaftlicher Art sein[260]. Diese Ausdehnung des Begriffs des Sich-Zueignens bei unentgeltlicher Weitergabe an Dritte über die Konstellation hinaus, dass der Täter gegenüber dem Dritten als Schenkender auftritt, ist verfehlt und **überflüssig**, da § 242 I StGB die Drittzueignung dem Sich-Zueignen gleichstellt[261].

104 Weitere Strafbarkeitslücken hat die Neufassung geschlossen, da nun auch die unentgeltliche Weitergabe der Sache an Dritte ohne den Charakter einer Schenkung zur Erlangung **immaterieller** Vorteile, z.B. wegen der Befriedigung, dem Opfer der Wegnahme »eins auszuwischen«, um sich die Gunst des Dritten als Liebespartner zu erhalten oder aus Geltungssucht, erfasst ist[262].

105 Ergebnis für unseren Fall: Da S weder entgeltlich noch als Schenkende über die Beute verfügt, sondern die Banknoten aus immateriellen Erwägungen der F übergeben hat, nämlich aus Verärgerung über den W, hat sie ohne die Absicht gehandelt, **sich** die Banknoten zuzueignen.

S könnte aber mit **Dritt**zueignungsabsicht gehandelt haben.

106 *(2) Drittzueignung*

Bei der Absicht der Drittzueignung und der des Sich-Zueignens gelten für die **Enteignungs**komponente (*Rn. 73, 75, 78 ff., 91, 99*) keine Unterschiede[263]. In beiden Fällen muss der Täter also die dauernde Verdrängung des Eigentümers aus seiner wirtschaftlichen Position in seinen Vorsatz aufgenommen haben, wobei dolus eventualis genügt (*Rn. 73, 78*).

107 Die **Aneignungs**komponente der *Dritt*zueignungsabsicht verlangt, dass es dem Täter darauf ankommen muss – sei es als Endziel, sei es als notwendiges Zwischenziel auf dem Weg zum angestrebten Endziel –, dem Dritten eine »eigentümerähnliche Herrschaftsmacht über die Sache« zu verschaffen; insoweit ist also **Absicht im technischen Sinn** nötig[264]. Diese Absicht muss dabei auf die Einverleibung *der Sache selbst* oder des in ihr *unmittelbar verkörperten Sachwertes (lucrum ex re)* in das Vermögen des Dritten gerichtet sein, wobei eine vorübergehende Einverleibung, z.B. durch Gebrauch der Sache, genügen kann. – Dazu *Rn. 74, 78* –

Nach dem Willen des Täters müssen allerdings bei dem Dritten die Aneignungsvoraussetzungen gegeben sein[265], sodass es nicht ausreicht, wenn der Täter die Sache

---

[259] *BGH* St 41, 187 (194) – GS –.
[260] So u.a. *BGH* St 40, 8 (18); 41, 187 (197) – GS –.
[261] *Rengier* I, 2/159 ff.
[262] *Hauck*, Drittzueignung und Beteiligung, 2007, S. 233 f.
[263] *Dencker*/Struensee/Nelles/Stein, S. 19.
[264] *Dencker*/Struensee/Nelles/Stein, S. 18 f.; *Mitsch*, BT 2, S. 41 m.w.N.; *Küper*/*Zopfs*, Rn. 832.
[265] L/K/H-*Heger*, § 242 Rn. 26a; SK⁹-*Hoyer*, § 242 Rn. 92; *Mitsch*, BT 2, S. 59; W/H/S-*Schuhr*, Rn. 171.

dem Eigentümer durch die Übergabe an den Dritten lediglich entziehen will (siehe *Fall 24, Rn. 114*) oder wenn der Täter die Sache dem Dritten übergibt, damit dieser sie zerstört (siehe *Fall 25, Rn. 115*).
Zu weitgehend ist jedoch die These, auch die Drittzueignungsabsicht erfordere, dass der Täter plant, selbst die – mit einer wirtschaftlichen Nutzung der Sache verbundene – Aneignungshandlung vorzunehmen und lediglich den Aneignungseffekt bei dem Dritten eintreten zu lassen[266].

Beispiel: A nimmt O dessen Pkw weg, um D einen Wochenendtrip mit dem Wagen zu ermöglichen. **108**
Hier ist die **Aneignungskomponente** der Drittzueignungsabsicht erfüllt. Ob A auch mit Enteignungsvorsatz (*Rn. 106* i.V.m. *Rn. 78 ff.*) gehandelt hat, lässt sich dem Sachverhalt nicht entnehmen. –

Wie die *Fälle 24 - 27* (*Rn. 114 ff.*) zeigen, kann § 242 StGB mangels Aneignungs- **109** absicht entfallen, obwohl der Täter der Wegnahme mit Enteignungsvorsatz und in der Absicht gehandelt hat, die Sache einem Dritten zu übergeben.

Doch zunächst zurück zu unserem *Ausgangsfall* (*Rn. 100*): **110**
S nahm die Banknoten in der Absicht weg, sie F zuzueignen; bei der Wegnahme strebte sie also zielgerichtet die Zueignung der Beute an einen Dritten an. Dass ihr Endziel war, W, über den sie sich geärgert hatte, »eins auszuwischen«, ist unschädlich; insoweit waren Wegnahme und Drittzueignung notwendige Zwischenziele auf dem Weg zum Endziel.
S hat also einen Diebstahl begangen.

b) Strafbarkeit der F

(1) Diebstahl der F in mittelbarer Täterschaft scheidet aus, da S selbst aus § 242 **111** StGB als Täterin strafbar ist. Von den Fallkonstellationen, in denen die h.M. **ausnahmsweise** mittelbare Täterschaft annimmt, obwohl das »Werkzeug« (als »anderer« i.S. des § 25 I Alt. 2 StGB) selbst volldeliktisch handelt – Figur des »Täters hinter dem Täter«[267] –, kommt hier keine in Betracht.

(2) Diebstahl in Mittäterschaft (§ 25 II StGB) entfällt, da S die alleinige Tatherr- **112** schaft besaß, sodass eine »gemeinschaftliche Begehung« fehlt.
Für eine solche gemeinschaftliche Begehung i.S. des § 25 II StGB ist nach der überzeugenden Tatherrschaftslehre ein arbeitsteiliges Zusammenwirken, d.h. *»funktionale Tatherrschaft«* der Mittäter erforderlich[268].
Aber auch nach der *»Kombinationstheorie«* dürfte Mittäterschaft hier abzulehnen sein. Gemäß dieser Theorie müsste F mit Täterwillen (animus auctoris) gehandelt haben; Indizien für diesen Willen sind dabei das *Tatinteresse* und die *Tatherrschaft bzw. der »Wille zur Tatherrschaft«*[269]. An letzterem Indiz fehlt es hier offensichtlich.

(3) F ist stattdessen wegen Anstiftung der S zum Diebstahl nach §§ 242, 26 StGB strafbar, weil sie den Tatentschluss zur Begehung des Diebstahls in S hervorruft.

---

[266] So aber *Rönnau*, GA 2000, 410 (420 f.); *ders.*, JuS 2007, 806 (808); krit. dazu *Schramm*, JuS 2008, 773 (776).
[267] Dazu *BGH* St 40, 218 (232 ff.); 42, 65 (67 ff.); Krey/ *Esser*, AT, Rn. 923 ff.
[268] Näher dazu W/B/S-*Beulke/Satzger*, AT, Rn. 807; Krey/*Esser*, AT, Rn. 969 ff.
[269] So für alle: *BGH* St 37, 289 (291) m. abl. Anm. *Roxin*, JR 1991, 206 ff.; *BGH*, NStZ-RR 2016, 6 (7); NStZ 2018, 144 (145) m. abl. Anm. *Jäger* und krit. Anm. *Hecker*, JuS 2018, 298 (300).

Ergänzender Hinweis zu den Auswirkungen der Gleichstellung der Drittzueignung mit dem Sich-Zueignen für die Annahme von Mittäterschaft

113 Wer ohne Absicht des Sich-Zueignens an einem Diebstahl beteiligt war, konnte nach § 242 StGB *a.F.* mangels Täterqualität kein Mittäter sein, da § 25 II StGB lediglich die »Zurechnung« der objektiven Tatbeiträge des anderen ermöglicht; subjektive Tatbestandsmerkmale müssen dagegen bei jedem Mittäter selbst vorliegen[270].

Beispiel: Der Freund des Einbrechers steht aus rein immateriellen Erwägungen beim Einbruch »Schmiere«.

Nach der Neufassung des § 242 StGB lässt sich Mittäterschaft in solchen Fällen (grundsätzlich) nicht mehr mangels Täterqualität verneinen, da der »altruistische« Beteiligte in der Absicht handelt, die Sache einem Dritten zuzueignen. Demgemäß hat die Neufassung zur Folge, dass in solchen Fällen aus bloßer **Beihilfe** zu § 242 StGB **Mittäterschaft geworden sein kann**. Zur Verhinderung einer unerwünschten, sachwidrigen Ausweitung der Strafbarkeit sollten jedoch strenge Anforderungen an die funktionale Tatherrschaft (*Rn. 112*) gestellt werden.

Fall 24: *– Weitergabe an Dritte zur bloßen Verwahrung –*

114 Anna (A) nahm dem Hundehalter Hain (H) seinen völlig verwahrlosten, kranken Schäferhund weg und brachte ihn in ein Tierheim; dessen Leiter sollte polizeiliche Maßnahmen wegen Tierquälerei gegen H einleiten und den Hund vorübergehend verwahren[271].

A fehlt die Absicht, einem Dritten den Hund zuzueignen, mangels Aneignungskomponente: Weder der Hund selbst noch sein Sachwert sollten dem Vermögen des Tierheimes einverleibt werden[272].

Fall 25: *– Weitergabe zum Zweck der Zerstörung –*

115 A nahm S eine Sache weg, um sie D zu übergeben, der sie unverzüglich zerstören sollte. Auch hier scheidet Drittzueignungsabsicht mangels Aneignungskomponente aus[273].

Fall 26: *– Drittzueignung als bloße (unerwünschte) Nebenfolge –*

116 Der Nachtwächter Sonny (S) ließ einen Einbruch (§§ 242, 243 I 2 Nr. 1 StGB) des Ede (E) ohne einzugreifen geschehen, weil er Angst um seine Gesundheit und sein Leben hatte. Dass E wegen seiner (S) Untätigkeit reiche Beute macht, war S dabei durchaus unangenehm, da er Ärger mit seinem Arbeitgeber befürchtete.

Hat sich S wegen Diebstahls durch Unterlassen gemäß §§ 242, 13 StGB strafbar gemacht?

Die Frage ist zu verneinen, weil S die **Absicht** – im technischen Sinn – fehlte, E die Beute zuzueignen. Es reicht nicht, dass der Täter die Drittzueignung nur als **sichere Nebenfolge** seines Verhaltens ansieht. Das ist jedenfalls dann einleuchtend und auch (weitestgehend) anerkannt, wenn es sich – wie hier – um eine **unerwünschte** Nebenfolge handelt[274]. Zumindest bei einer solchen Nebenfolge kann nicht angenom-

---

[270] Krey/*Esser*, AT, Rn. 968.
[271] Fall nach *Rengier* I, 2/168.
[272] *Rengier* I, 2/168.
[273] Vgl. L/K/H-*Heger*, § 242 Rn. 26a; *Mitsch*, BT 2, S. 59; W/H/S-*Schuhr*, Rn. 171;
[274] So für alle: *BGH* St 16, 1 (5 f.); *Roxin*, AT I, 12/11, 12, 13, 15.

men werden, dem Täter (hier dem S) sei es auf die Drittzueignung (hier: Zueignung der Sache durch E) angekommen[275].

Fall 27: – *Drittzueignung als erwünschte Nebenfolge* –
Wie im *Fall 26* ließ S den Einbruchdiebstahl aus Angst geschehen. Diesmal aber empfand er bei der Vorstellung, dass E wegen seiner (S) Feigheit reiche Beute macht, »klammheimliche Freude«: Da er den Bestohlenen nicht leiden konnte, erfüllte ihn dessen Schädigung mit Schadenfreude.
Ließ S den Diebstahl des E in der Absicht geschehen, die Beute ihm als Dritten zuzueignen?

Die Zueignung der Beute durch E war hier für S eine **erwünschte Nebenfolge** seiner Untätigkeit. Ob Absicht im technischen Sinn wie bei der unerwünschten Nebenfolge (*Fall 26*) auch bei der erwünschten entfällt, ist strittig. Zutreffenderweise sind jedoch beide Konstellationen gleich zu behandeln, sodass in beiden Fällen Absicht zu verneinen ist[276]. – Zur ähnlichen Situation bei der Bereicherungsabsicht *Rn. 753* ff. –

Dass der Gesetzgeber zwischen *Absicht* (dolus directus 1. Grades) einerseits und *sicherem Wissen* (dolus directus 2. Grades) andererseits differenziert, ergibt sich aus Vorschriften wie §§ 226 II, 258 I StGB (»absichtlich oder wissentlich«). Die Abgrenzung zwischen Absicht und sicherem Wissen bildet der **zielgerichtete Erfolgswille**: Es muss dem Täter auf den Erfolg ankommen. Fehlt es an diesem zielgerichteten Erfolgswillen, so scheidet Absicht aus; ob dem Täter die »sichere Nebenfolge« unerwünscht, gleichgültig oder erwünscht ist, ist nicht relevant.

Für die Zueignungsabsicht bedeutet dies, dass der Täter die Tathandlung – die Wegnahme – vornehmen muss, damit er die Sache sich oder einem Dritten zueignen kann. Bloße – selbst als sicher vorhergesehene – Nebenfolgen bilden keinen solchen Beweggrund. Nach den Umständen des Einzelfalles kann es aber auch so sein, dass der Täter zwei Absichten zugleich verfolgt, nämlich **zielgerichtet** den tatbestandsmäßigen Erfolg **und** zugleich die vermeintliche »Nebenfolge« ansteuert[277]. Zudem kann im Einzelfall die »erwünschte Nebenfolge« in Wirklichkeit notwendiges Zwischenziel auf dem Wege zum Endziel des Täters sein.

In casu (*Fall 27*) indes ist die Zueignung der Beute durch E (Drittzueignung aus der Sicht des S) tatsächlich nicht der zielgerichtet angestrebte Erfolg, sondern eine sichere Nebenfolge der Untätigkeit des S; unerheblich ist, dass diese Nebenfolge ihm auch gefällt (Schadenfreude). Folglich hatte er nicht die Absicht, einem Dritten die Beute zuzueignen.

Ergänzender Hinweis

Damit stellt sich auch nach der Ergänzung des § 242 StGB um die Drittzueignungsabsicht die Frage nach der Strafbarkeit des »Dritten«, wenn er – wie in der Abwandlung des berühmten »*Gänsebuchtfalles*« des *RG*[278] – jemanden zur Wegnahme der

---

[275] Insoweit zutr. *BGH* St 16, 1 (6), zur ähnlichen Situation bei der Bereicherungsabsicht.
[276] *Jescheck/Weigend*, AT, § 29 III 1 a; LK[11]-*Tiedemann*, § 263 Rn. 251, 253; für Absicht bei erwünschten Nebenfolgen: *BGH* St 16, 1 (5 f.); offenbar auch Roxin/*Greco*, AT I, 12/11 ff.
[277] *Roxin/Greco*, AT I, 12/10; *von Selle*, JR 1999, 309 (315).
[278] *RG* St 48, 58.

Sache veranlasst und der Wegnehmende zwar weiß, dass die Sache im Eigentum eines anderen steht, er aber weder Eigen- noch Drittzueignungsabsicht aufweist, z.B. weil ihm der Verbleib der Sache gleichgültig ist. Da der Wegnehmende den – subjektiven – Tatbestand des Diebstahls nicht verwirklicht, scheitert die Strafbarkeit des Dritten wegen Anstiftung zum Diebstahl mangels tatbestandsmäßiger Haupttat. Eine täterschaftliche Strafbarkeit des »Hintermannes« wegen Diebstahls lässt sich nur über die Konstruktion der **mittelbaren Täterschaft durch Benutzung eines »absichtslosen dolosen Werkzeugs«** begründen[279]; der Wegnehmende würde zu diesem Diebstahl Beihilfe leisten (siehe *Rn. 113*). Wer dies ablehnt, kann lediglich zur Strafbarkeit des Dritten wegen **Unterschlagung** nach § 246 StGB gelangen, und zwar durch das Ansichnehmen der Sache, denn dadurch verleibt er sie seinem Vermögen ein (vgl. *Rn. 243*). Der Wegnehmende wäre dann wegen Beihilfe zur Unterschlagung strafbar[280].

5. Rechtswidrigkeit der beabsichtigten Zueignung
Fall 28: – *»Moos-raus-Fall«* –

121 Xaver (X) schuldete dem Gastwirt »Ochsensepp« (O) 20 Euro. Als O den X auf der Straße traf und ihn auf die Schuld ansprach, verweigerte X die Zahlung. O ergriff überraschend die Brieftasche des X, entnahm ihr zwei 10 Euro-Scheine, die er behielt, während er die Brieftasche zurückgab. O meinte, dass er seinem notorischen Schuldner das Geld abnehmen durfte.
Strafbarkeit des O?

a) Der objektive Tatbestand des § 242 StGB ist erfüllt.

b) Subjektiver Tatbestand?

Vorsatz bezüglich der Merkmale des objektiven Tatbestandes ist gegeben. O hat auch in Zueignungsabsicht gehandelt. Es fragt sich aber, ob die beabsichtigte Zueignung rechtswidrig war.

122 *(1) Rechtswidrigkeit der Zueignung als Tatbestandsmerkmal*

Die Rechtswidrigkeit der **Zueignung** ist nach h.M. Tatbestandsmerkmal, also nicht mit dem allgemeinen Deliktsmerkmal der Rechtswidrigkeit zu verwechseln[281].
Die Zueignung ist nicht schon immer dann rechtswidrig, wenn die Wegnahme als verbotene Eigenmacht (§ 858 BGB) unerlaubt war, sondern für die Rechtswidrigkeit der Zueignung ist erforderlich, dass sie »in einem vom Recht missbilligten Widerspruch gerade zu dem Eigentumsrecht des Verletzten« steht; führt die Zueignung dagegen nur den von der Rechtsordnung »gewollten Zustand« herbei, so ist sie **nicht** i.S. der §§ 242, 246, 249 StGB rechtswidrig[282].

---

[279] Näher dazu *Hauck*, Drittzueignung und Beteiligung, 2007, S. 233 ff.
[280] Eingehend zu dieser Fallkonstellation *Fahl*, JA 2004, 287 ff., m. umfangr. N.
[281] *BGH*, GA 1962, 144; 1966, 211 (212); 1968, 121; ebso. u.a.: *Gropp*, FS-Weber, 2004, 1127, 131 f.; L/K/H-*Heger*, § 242 Rn. 28; SK[9]-*Hoyer*, § 242 Rn. 96; HdS 5-*Kudlich*, § 29 Rn. 64; LK[13]-*Vogel/Brodowski*, § 242 Rn. 176. Abw. z.B. MK-*Schmitz*, § 242 Rn. 168, der die Rechtswidrigkeit der – beabsichtigten – Zueignung als allgemeines Verbrechensmerkmal betrachtet, das aber nur die Zueignung und nicht die Wegnahme betreffe.
[282] *RG* St 64, 210 (213 f.); *Otto*, 40/78.

123 Das ist der Fall, wenn der Täter einen fälligen (und nicht einredebehafteten) **Anspruch auf Übereignung der weggenommenen Sache** hat[283], und zwar unabhängig davon, ob er in berechtigter Selbsthilfe (§ 229 BGB) handelt[284].

Dies bedeutet: Einerseits kann trotz Widerrechtlichkeit der Wegnahme der *Tatbestand* des § 242 StGB mangels Rechtswidrigkeit der Zueignung entfallen; das ist der Fall, wenn der Täter einen **fälligen Übereignungsanspruch** im Wege verbotener Eigenmacht durchsetzt. Andererseits kann trotz Rechtswidrigkeit der Zueignung die *Tat* wegen Eingreifens eines Erlaubnissatzes (z.B. § 904 BGB) rechtmäßig sein; das ist z.B. der Fall, wenn der Täter einem anderen Medikamente wegnimmt, um einen Schwerverletzten zu retten[285].

Zur Klarstellung: Bei der Frage nach dem **Tatbestandsmerkmal** »*Rechtswidrigkeit der beabsichtigten* **Zueignung**« (sprachlich unkorrekt ist der Terminus »rechtswidrige Zueignungsabsicht«, denn nicht die Absicht muss rechtswidrig sein, sondern die – beabsichtigte – Zueignung) spielen Erlaubnissätze (etwa §§ 904 BGB, 34 StGB) keine Rolle, sondern es geht allein darum, ob der Täter einen Anspruch auf die Sache hat; Erlaubnissätze können nur das allgemeine Verbrechenselement *Rechtswidrigkeit der Tat* **(Wegnahme)** ausschließen[286].

Einen fälligen Anspruch auf Übereignung gerade der beiden weggenommenen Geldscheine hatte O nicht. Nach § 243 BGB hatte X die »ausschließliche Befugnis, seinerseits aus der Gattung die zur Erfüllung seiner Schuld erforderlichen bestimmten Sachen (hier die einzelnen Geldscheine) auszuwählen und zu leisten«[287].

124 Dies soll nach früher h.A. dazu führen, dass hier die Zueignung der Banknoten im Werte von 20 Euro trotz Bestehens eines fälligen Anspruchs in dieser Höhe rechtswidrig war: Der Gläubiger einer Gattungsschuld, der vor Ausübung des Auswahlrechtes des Schuldners aus § 243 BGB diesem »irgendeine Sache aus der Gattung« eigenmächtig wegnehme, führe damit »nicht den von der Eigentumsordnung gewollten endgültigen Zustand herbei«[288].

125 Die Unterscheidung von Gattungs- und Stückschulden wird bei **Geld** in Frage gestellt: Bei Münzen und Banknoten sei regelmäßig nicht die Sache, sondern die verkörperte **Wertsumme** maßgeblich. Daher sei die Durchsetzung einer Geldforderung durch verbotene Eigenmacht (§ 858 BGB) hinsichtlich der Rechtswidrigkeit der Zueignung der eigenmächtigen Durchsetzung einer Forderung auf Übereignung einer bestimmten Sache (Stück-Forderung) gleichzustellen[289].

126 Der Wertsummengedanke, der oben (*Fall 15, Rn. 60 ff.*) als Mittel zur Begrenzung des objektiven Tatbestandes abgelehnt wurde, vermag jedoch auch den Ausschluss

---

[283] *RG* St 64, 210 (213 f.); *BGH*, GA 1962, 144; 1966, 211 (212); 1968, 121; *OLG Hamm*, NJW 1969, 619; Sch/Sch-*Bosch*, § 242 Rn. 59.
[284] LK[13]-*Vogel/Brodowski*, § 242 Rn. 37, 192.
[285] Beispiel in Anlehnung an M/S/M/H/M-*Hoyer*, 33/55.
[286] M/S/M/H/M-*Hoyer*, 33/54 f. A.A. *Mitsch*, BT 2, S. 66 f.; MK-*Schmitz*, § 242 Rn. 166.
[287] *BGH* St 17, 87 (88 f.).
[288] So u.a. *BGH* St 17, 87 (88 f.); GA 1968, 121; *Fischer*, § 242 Rn. 50. A.A. *Maiwald*, Der Zueignungsbegriff im System der Eigentumsdelikte, 1970, S. 159 ff.
[289] SK[9]-*Hoyer*, § 242 Rn. 105; MK-*Schmitz*, § 242 Rn. 176; LK[13]-*Vogel/Brodowski*, § 242 Rn. 41 f.

der Zueignungsabsicht nicht überzeugend zu begründen. § 242 StGB als Eigentumsdelikt setzt eben – anders als z.B. §§ 263, 253 StGB – *nicht Bereicherungsabsicht, sondern Zueignungsabsicht* voraus, und das m.E. aus gutem Grund. Das *Eigentumsrecht* verdient auch dann den Schutz der Rechtsordnung, wenn gegen das Opfer ein – fälliger und einredefreier – Anspruch des Täters besteht. Die bloße eigenmächtige Wegnahme geschuldeten Geldes mag noch hinnehmbar erscheinen. Die Ablehnung der Zueignungsabsicht in diesen Fällen würde jedoch ebenfalls zur Straflosigkeit wegen Raubes führen, wenn der Täter seinen Zahlungsanspruch mit Personengewalt durchsetzt. Dadurch würde der Rechtsfrieden in nicht zu tolerierender Weise gefährdet. Der Gläubiger ist zur Durchsetzung seiner Geldforderung deshalb auf den (Zivil-) Rechtsweg zu verweisen. Hinzu kommt, dass die Wegnahme des Geldes eine verbotene Eigenmacht (§ 858 I BGB) darstellt und nicht den zivilrechtlichen Regeln für eine wirksame Eigentumsübertragung (§ 929 S. 1 BGB) entspricht[290].

Nach der m.E. vorzugswürdigen h.M. war die beabsichtigte Zueignung hier somit rechtswidrig, da O keinen Anspruch auf Übereignung gerade der weggenommenen Scheine hatte.

127 Handelt der Täter mit **Drittzueignungsabsicht**, entfällt die Rechtswidrigkeit der beabsichtigten Zueignung jedenfalls dann, wenn der **Dritte** einen fälligen (und einredefreien) Anspruch auf Übereignung der Sache hat[291]. Darüber hinaus scheidet die Rechtswidrigkeit der – beabsichtigten – Zueignung aus, wenn dem **Täter** ein solcher Übereignungsanspruch zusteht: Von der bürgerlich-rechtlichen Interessenlage aus gesehen macht es keinen Unterschied, ob der Täter seinen Übereignungsanspruch eigenmächtig durch Sich-Zueignen durchsetzen oder ob er das Sich-Zueignen in der Absicht überspringen will, »sogleich dem Dritten die Sache zuzueignen«[292]. In beiden Fällen widerspricht der beabsichtigte Zueignungserfolg nicht dem »von der Eigentumsordnung gewollten Zustand«.

128 *(2) Vorsatz bezüglich der Rechtswidrigkeit der Zueignung*

Trotz der in § 242 StGB verwandten Formulierung »Absicht, sich dieselbe rechtswidrig zuzueignen«, ist bezüglich der **Rechtswidrigkeit** der Zueignung Vorsatz – auch dolus eventualis – ausreichend[293].

Damit lässt sich der *subjektive Tatbestand* des § 242 StGB wie folgt präzisieren: Der Täter muss hinsichtlich des Tatobjekts (fremde bewegliche Sache) und der Tathandlung (Wegnahme) vorsätzlich handeln; zudem muss er die Absicht haben, sich oder einem Dritten die Sache zuzueignen, wobei für die Aneignungskomponente Absicht im technischen Sinne erforderlich ist, dagegen für die Enteignungskomponente dolus eventualis genügt; schließlich muss Vorsatz bezüglich der Rechtswidrigkeit der beabsichtigten Zueignung vorliegen.

An diesem (letzteren) Vorsatz fehlt es, wenn der Täter irrig annimmt, einen fälligen **Anspruch** auf Übereignung der weggenommenen Sache zu haben[294]. Bei beabsich-

---

[290] *Gropp*, FS-Weber, 2004, 127 (128 f.).
[291] *Dencker*/Struensee/Nelles/Stein, S. 20 f.
[292] *Dencker*/Struensee/Nelles/Stein, S. 20 f.
[293] Sch/Sch-*Bosch*, § 242 Rn. 65; HdS 5-*Kudlich*, § 29 Rn. 64; LK[13]-*Vogel/Brodowski*, § 242 Rn. 130.
[294] BGH, GA 1962, 144; 1968, 121; *BGH*, NStZ 1988, 216; StV 2004, 207; *OLG Hamm*, NJW 1969, 619; Sch/Sch-*Bosch*, § 242 Rn. 65; *Fischer*, § 242 Rn. 31; LK[13]-*Vogel/Brodowski*, § 242 Rn. 131.

tigter **Drittzueignung** entfällt der Vorsatz bzgl. der Rechtswidrigkeit der Zueignung, wenn der Täter glaubt, der **Dritte** – oder **er** (vgl. *Rn. 127*) – besitze einen solchen Anspruch.
Dieser Irrtum schließt den subjektiven Tatbestand des § 242 StGB unabhängig davon aus, ob der Täter über die Sach- oder die (zivilrechtliche) Rechtslage irrte[295].

Zur Vertiefung
Bekanntlich erfordert der Vorsatz bei normativen Tatbestandsmerkmalen, zu denen auch die *»Fremdheit der Sache«* und die *»Rechtswidrigkeit der beabsichtigten Zueignung«* in § 242 StGB zählen, zweierlei: Erstens muss der Täter Kenntnis der das Tatbestandsmerkmal erfüllenden Tatsachen besitzen; und zweitens muss er den rechtlich-sozialen Bedeutungsgehalt des Tatumstandes nach Laienart richtig erfasst haben (sog. *»Parallelwertung in der Laiensphäre«*)[296].
Glaubt der Täter einer Entwendung infolge bürgerlich-rechtlicher Fehlvorstellungen irrig, die weggenommene Sache »gehöre ihm«, sie »stehe in seinem Eigentum«, so fehlt ihm der in §§ 242, 15 StGB geforderte Fremdheits-Vorsatz[297]; entsprechend mangelt es dem Wegnehmenden am Vorsatz bzgl. der Rechtswidrigkeit der beabsichtigten Zueignung, wenn er auf Grund bürgerlich-rechtlicher Fehlvorstellungen irrig annimmt, er habe einen fälligen Anspruch auf Übereignung der weggenommenen Sache: Derartige Fehlvorstellungen lassen den Vorsatz wegen **Fehlens der erforderlichen »Parallelwertung in der Laiensphäre«** entfallen[298].

129

(3) Bedeutung der Vorstellung des O, sein Verhalten sei erlaubt?
Beruhte diese Vorstellung darauf, dass er meinte, er habe einen fälligen Anspruch auf Übereignung gerade der weggenommenen Banknoten, so läge ein Tatumstandsirrtum (§ 16 I StGB) hinsichtlich der Rechtswidrigkeit der Zueignung vor.
Nahm er dagegen keinen solchen Anspruch an, sondern hielt er sein Vorgehen unter Selbsthilfegesichtspunkten *irrig* für erlaubt – irrig jedenfalls, weil § 229 BGB, wie sich aus § 230 BGB ergibt, kein Befriedigungs-, sondern lediglich ein Sicherungsrecht gewährt[299] –, so läge lediglich ein Irrtum über den Umfang eines Rechtfertigungsgrundes, d.h. ein (vermeidbarer) Verbotsirrtum vor.

130

Die Rechtsprechung pflegt allerdings in Fällen wie dem vorliegenden dem rechtsunkundigen Täter »eine Brücke zu einem Tatbestandsirrtum zu bauen«[300]: Sie meint nämlich, bei der eigenmächtigen Durchsetzung von Geldforderungen sei regelmäßig davon auszugehen, der Täter habe geglaubt, »jeweils die gerade im Besitz des Schuldners befindlichen Geldmittel als die ihm unmittelbar geschuldeten beanspruchen zu dürfen«[301].

131

---

[295] *Fischer*, § 242 Rn. 31; L/K/H-*Heger*, § 242 Rn. 28. Siehe ergänzend *Rn. 759*.
[296] Dazu u.a. W/B/S-*Beulke/Satzger*, AT, Rn. 363 m.w.N.
[297] H.M., vgl. für alle: *BGH* St 3, 248 (255); W/B/S-*Beulke/Satzger*, AT, Rn. 363.
[298] So etwa *BGH* St 3, 248 (255) und W/B/S-*Beulke/Satzger*, AT, Rn. 363; eingehend dazu *Gropp*, FS-Weber, 2004, 127 (133 ff.).
[299] *BGH* St 17, 87 (89 f.); *BayObLG*, JZ 1991, 681 (682).
[300] *Eser*, Strafrecht 4, Fall 4 A 56.
[301] *BGH*, GA 1968, 121; *BGH*, NStZ 1988, 216; *OLG Hamm*, NJW 1969, 619.

Erster Abschnitt: Straftaten gegen das Eigentum

Ein solcher Irrtum des Täters aber wäre – wie ausgeführt – als Tatumstandsirrtum zu behandeln.

Diese Rechtsprechung führt also dazu, dass – wenn auch mittels einer sehr anfechtbaren Tatsachen*vermutung* – im Rahmen des *subjektiven* Tatbestandes dem Anliegen des Wertsummengedankens (*Rn. 61, 125*) Rechnung getragen wird.

Danach wäre O gemäß § 16 I StGB (Tatumstandsirrtum) straflos.

II. Diebstahl in besonders schweren Fällen (§ 243 StGB)
1. Bedeutung des § 243 StGB

132 Anders als § 244 StGB (»Diebstahl mit Waffen«; »Bandendiebstahl«; »Wohnungseinbruchdiebstahl«) und § 244a StGB (»Schwerer Bandendiebstahl«) ist § 243 StGB **kein eigener Straftatbestand**, sondern lediglich eine *Strafzumessungsregel* für »besonders schwere Fälle«[302].

Dabei kommt den in § 243 I 2 Nrn. 1-7 StGB angeführten Fällen die Bedeutung von Regelbeispielen zu[303]. Das bedeutet zweierlei:

133 *a)* Liegen die Voraussetzungen eines solchen Regelbeispiels vor, so ist ein besonders schwerer Fall anzunehmen, es sei denn, »besondere Umstände, die in der Tat oder der Persönlichkeit des Täters liegen, mindern das Unrecht oder die Schuld so wesentlich«, dass ein (besonders) schwerer Fall entfällt[304]. Die Annäherung an die Geringfügigkeitsgrenze des § 243 II StGB kann etwa dafür sprechen, von der Indizwirkung des Regelbeispiels abzusehen[305].

Wegen dieser sog. »Indizwirkung des Regelbeispiels« wird vielfach betont, die Regelbeispiele seien *tatbestandlichen* Qualifikationen der Sache nach *weitgehend angenähert*[306].

134 *b)* Sind umgekehrt die Voraussetzungen keines der Regelbeispiele erfüllt, so scheidet die Annahme eines besonders schweren Falles aus, es sei denn, »Unrecht und Schuld (sind) gegenüber dem Durchschnittsfall des Diebstahls so wesentlich erhöht«, dass die Annahme eines besonders schweren Falles geboten erscheint – wobei die Regelbeispiele als *Bewertungsmaßstab* dienen[307].

Bei der Frage, wann trotz Nichtvorliegens eines Regelbeispiels ein besonders schwerer Fall anzunehmen ist, entfalten die Regelbeispiele also – da sie Bewertungsmaßstab sind – eine Art *»Analogiewirkung«*:

Die *Ähnlichkeit* des fraglichen Falles mit einem der Regelbeispiele verbunden mit der *Gleichwertigkeit mit diesen nach dem Gewicht von Unrecht und Schuld* führt

---

[302] *BGH*, NJW 1970, 1196 f.; *Fischer*, § 243 Rn. 2; HdS 5-*Kudlich*, § 29 Rn. 93; *Mitsch*, BT 2, S. 80 f.; M/R-*Schmidt*, § 243 Rn. 1; MK-*Schmitz*, § 243 Rn. 2; *Zopfs*, Jura 2007, 421. A.A. *Eisele*, JA 2006, 311 f.; *Jakobs*, AT, 6/99; NK-*Kindhäuser/Hoven*, § 243 Rn. 3.

[303] Dazu S/S/W-*Kudlich*, § 243 Rn. 1; BeckOK-StGB-*Wittig*, § 243 Rn. 1 ff.

[304] *BGH*, NStZ-RR 2003, 297; Sch/Sch-*Bosch*, § 243 Rn. 1, 42; L/K/H-*Heger*, § 46 Rn. 13; LK[13]-*Vogel/Brodowski*, § 243 Rn. 8.

[305] *BGH*, ZWH 2022, 191 (Rn. 7) m. Anm. *Mangalia*.

[306] Sch/Sch-*Bosch*, § 243 Rn. 1, 2/3 m.w.N.; *Mitsch*, BT 2, S. 82.

[307] Sch/Sch-*Bosch*, § 243 Rn. 1, 42a; L/K/H-*Heger*, § 46 Rn. 14; *Krey*, Studien zum Gesetzesvorbehalt, S. 35; HdS 5-*Kudlich*, § 29 Rn. 93; LK[13]-*Vogel/Brodowski*, § 243 Rn. 8.

grundsätzlich zur Annahme des § 243 StGB[308]. Aber auch bei Fehlen dieser *Ähnlichkeit* kann ausnahmsweise ein besonders schwerer Fall vorliegen, nämlich dann, wenn jedenfalls jene *Gleichwertigkeit* gegeben ist[309]; diese ist also letztlich *der* maßgebliche Bewertungsmaßstab.

– Trotz dieser »Analogiewirkung« ist die Regelbeispielstechnik des § 243 StGB mit dem Analogieverbot, Art. 103 II GG, vereinbar[310]. –

2. Zu § 243 I 2 Nr. 1-7 StGB im Einzelnen
Fall 29: – *§ 243 I 2 Nr. 1 StGB (»Einbrechen«, »Einsteigen«)* –

Eduardo (E) entdeckte bei einem Oldtimer, dass dessen vorderes Ausstellfenster nicht ordnungsgemäß verriegelt war. Er drückte das Fenster auf, um die Tür öffnen zu können. Da diese aber klemmte, kurbelte er das Fenster herunter, schob seinen Oberkörper durch die Öffnung und ergriff einen auf dem Vordersitz liegenden Aktenkoffer, der ihm wegen seines wertvollen Aussehens gefiel. Anschließend entfernte er sich rasch mit seiner Beute.

135

Strafbarkeit des E?

E hat einen tatbestandsmäßigen Diebstahl rechtswidrig und schuldhaft begangen. Es fragt sich, ob ein besonders schwerer Fall nach § 243 StGB vorliegt. Als Regelbeispiel kommt nur § 243 I 2 Nr. 1 StGB in Betracht.

a) Einbruch in einen umschlossenen Raum gemäß § 243 I 2 Nr. 1 Alt 1 StGB?
»Umschlossener Raum« ist der Oberbegriff zu den in § 243 I 2 Nr. 1 StGB angeführten Räumen. Er ist ein »Raumgebilde, das (mindestens auch) dazu bestimmt ist, von Menschen betreten zu werden, und das mit (mindestens teilweise künstlichen) Vorrichtungen umgeben ist, die das Eindringen von Unbefugten abwehren sollen«[311]; mit dem Boden braucht es nicht verbunden zu sein[312].
Danach sind außer den im Gesetz ausdrücklich genannten Beispielen umschlossene Räume u.a.: Obstgärten, umzäunte Grundstücke[313], Eisenbahnwagen, Schiffe, Teile eines Bergwerkes unter Tage. Auch Personenkraftwagen (und zwar **der Insassenraum**, dagegen nicht der Kofferraum) sind umschlossene Räume[314].
Verschlossen braucht der umschlossene Raum nicht zu sein: Das Bestehen offener, unbewachter Eingänge ist unschädlich, *falls die bestehende Umfriedung erkennbar andere vom Betreten abhalten soll*[315].

---

[308] *Fischer*, § 243 Rn. 2 i.V.m. § 46 Rn. 93; L/K/H-*Heger*, § 46 Rn. 14.
[309] Sch/Sch-*Bosch*, § 243 Rn. 42a. Das kann z.B. bei einem besonders hohen Wert der entwendeten Sache der Fall sein, *BGH* St 29, 319 (323); Krenberger, ZAP 2024, 387 (388 f.).
[310] BVerfG E 45, 363 (371) [zu § 94 II 1 und 2 Nr. 2 StGB]; *Krey*, Studien zum Gesetzesvorbehalt, S. 237 m.w.N. A.A. *Arzt*, JuS 1972, 515 f.; *Zieschang*, Jura 1999, 561 (563 f.); krit. auch MK-*Schmitz*, § 243 Rn. 3 f.
[311] BGH St 1, 158 (164) – GS –; Sch/Sch-*Bosch*, § 243 Rn. 8; *Rengier* I, 3/10.
[312] Sch/Sch-*Bosch*, § 243 Rn. 8; *Mitsch*, BT 2, S. 95.
[313] Siehe *BGH*, NStZ 1983, 168: Die Umzäunung muss nach dem Willen des Berechtigten dazu dienen, andere am Betreten des abgegrenzten Raumes zu hindern, und tatsächlich ein Hindernis bilden, welches das Eindringen Unbefugter nicht unerheblich erschwert.
[314] BGH St 2, 214 (215); 4, 16; *Rengier*, I, 3/10; MK-*Schmitz*, § 243 Rn. 15.
[315] *Fischer*, § 243 Rn. 4; LK[13]-*Vogel/Brodowski*, § 243 Rn. 14.

136 Der Begriff »umschlossener Raum« erfasst an sich auch **Wohnungen.** In § 243 I 2 Nr. 1 StGB *n.F.* ist aber der Begriff »Wohnung« gestrichen worden. Zugleich hat der Gesetzgeber § 244 StGB (qualifizierter Diebstahlstatbestand) um zwei Alternativen des Wohnungseinbruchdiebstahls ergänzt (Abs. 1 Nr. 3, Abs. 4). Da § 244 I Nr. 3, Abs. 4 StGB *n.F.* als lex specialis §§ 242, 243 I 2 Nr. 1 StGB vorgeht, bedarf es beim Wohnungseinbruchdiebstahl nicht mehr der Prüfung des § 243 I 2 Nr. 1 StGB[316], zumal § 243 StGB nur eine Strafzumessungsregel für § 242 StGB darstellt. Das bedeutet freilich nicht, dass die Wohnung dem Begriff des umschlossenen Raumes i.S. des § 243 I 2 Nr. 1 StGB nicht mehr unterfallen würde[317]. Der Rückgriff auf die Strafzumessungsvorschrift kann z.B. erforderlich sein, wenn der Täter nicht erkennt, dass er in eine Wohnung einbricht, weil er den Raum für einen Geschäftsraum hält und deshalb § 244 I Nr. 3 StGB mangels Vorsatzes scheitert[318].

137 »**Einbrechen**« ist das »gewaltsame Öffnen von Umschließungen, die dem Eintritt in den geschützten Raum entgegenstehen«; eine Substanzverletzung ist nicht erforderlich, aber die Aufwendung nicht ganz unerheblicher körperlicher Kraft[319].
Eine solche nicht ganz unerhebliche Kraftentfaltung soll schon beim Aufdrücken eines nicht verriegelten Ausstellfensters beim Pkw vorliegen können[320].
Dagegen bestehen vom Wortsinn und Normzweck her jedoch Bedenken; von »Einbrechen« kann man beim Aufdrücken eines unverriegelten (!) Ausstellfensters allenfalls dann sprechen, wenn dieses ausnahmsweise klemmt und daher das Öffnen »eine gewisse Anstrengung« verlangt[321].
Ein Einbruchdiebstahl liegt hier also – wie ich meine – nicht vor.

Einbrechen scheidet ebenfalls aus, wenn der Täter einen beweglichen Zaun ohne wesentlichen Kraftaufwand hochheben und beiseite drücken kann[322].

Ergänzende Hinweise zum Merkmal »Einbrechen«

138 *(1)* Ein Betreten des gewaltsam geöffneten Raumes ist nicht erforderlich; es genügt ein Hineingreifen von außen durch eine (»aufgebrochene«) Öffnung in den Innenraum[323].

(2) Einbruch kann auch im Inneren eines Gebäudes begangen werden (Beispiel: Der Täter betritt ein Verwaltungsgebäude und öffnet gewaltsam eine Bürotür).

---

[316] *Fahl*, NJW 2001, 1699 (1700); L/K/H-*Heger*, § 244 Rn. 13; ebso. *Jäger*, JuS 2000, 651 (657): Die Heranziehung des § 243 I 2 Nr. 1 neben § 244 I Nr. 3 StGB verletze § 46 III StGB.
[317] So aber *Gropp*, JuS 1999, 1041 (1049).
[318] *Mitsch*, ZStW 111, 65 (72); *Zopfs*, Jura 2007, 421 (423 f.).
[319] *BGH*, NJW 1956, 389; Sch/Sch-*Bosch*, § 243 Rn. 11; M/R-*Schmidt*, § 243 Rn. 6; MK-*Schmitz*, § 243 Rn. 20; LK[13]-*Vogel/Brodowski*, § 243 Rn. 20.
[320] *BGH*, NJW 1956, 389; so auch *Fischer*, § 243 Rn. 5. Abl. aber L/K/H-*Heger*, § 243 Rn. 10; SK[9]-*Hoyer*, § 243 Rn. 16; *Rengier* I, 3/13.
[321] Ähnl. MK-*Schmitz*, § 243 Rn. 20; LK[13]-*Vogel/Brodowski*, § 243 Rn. 20 a. E.; Bedenken wohl auch bei *Gropp*, JuS 1999, 1041 (1049).
[322] *BGH*, NStZ 2000, 143 f.; ebso. *OLG Karlsruhe*, NStZ-RR 2005, 140 (142): Hochheben des Befestigungszapfens eines Tores ohne besonderen Kraftaufwand; *OLG Hamm*, NStZ-RR 2009, 204 (205): Anheben einer Tür.
[323] *OLG Düsseldorf*, JZ 1984, 684; L/K/H-*Heger*, § 243 Rn. 10; MK-*Schmitz*, § 243 Rn. 21; BeckOK-StGB-*Wittig*, § 243 Rn. 9; *Zopfs*, Jura 2007, 421 (424).

(3) Es genügt jedoch nicht, dass der Täter – z.B. zur Erleichterung der Flucht – einen umschlossenen Raum *von innen* gewaltsam öffnet[324].

(4) Einen Einbruchdiebstahl kann auch begehen, wer den fraglichen Raum zwar betreten darf, aber z.B. wegen Unpassierbarkeit des normalen Zugangs oder zur Abwendung des Verdachts von seiner Person in ein von ihm selbst bewohntes Zimmer einbricht (oder einsteigt), um von dort aus zum Zwecke des Stehlens in benachbarte fremde Räume zu gelangen[325].

b) Ist E i.S. des § 243 I 2 Nr. 1Alt. 2 StGB eingestiegen?

»Einsteigen« erfordert, dass der Täter in den geschützten Raum »auf einem dafür regelmäßig nicht bestimmten Wege unter Entfaltung einer gewissen Geschicklichkeit oder Kraft«[326], also unter Überwindung von Hindernissen, die den Zugang erschweren, ohne Einbrechen, aber *»auf außergewöhnliche Weise«* gelangt[327]. Einsteigen scheidet deshalb aus, wenn der Täter auf einem »regulären« Weg in den Raum gelangt, z.B. durch eine offene Terrassentür, selbst wenn diese zunächst mit Hilfe des Hineingreifens durch einen gekippten Türflügel geöffnet werden muss[328].

Der Täter muss im Inneren des Raumes »einen Stützpunkt gewonnen haben«, sodass das bloße Hineinbeugen des Oberkörpers nicht ausreicht[329].

Folglich ist E nicht in den Pkw eingestiegen.

Eine »steigende Bewegung« ist im Übrigen nicht nötig; auch das »Sichhinablassen«, Hineinkriechen, Zwängen durch eine enge Lücke u.ä. reicht aus[330].

c) Ergebnis

Da E in den Oldtimer weder eingebrochen noch eingestiegen ist, liegt kein Regelbeispiel nach § 243 StGB vor, sodass E wegen »einfachen Diebstahls« gemäß § 242 I StGB strafbar ist.

Ergänzende Hinweise zu § 243 I 2 Nr. 1 StGB – **Konkurrenzfragen** –

(1) Ein Teil der Literatur vertritt die Meinung, dass §§ 242, 243 I 2 Nr. 1 StGB den Hausfriedensbruch, § 123 StGB, *konsumieren*; beim *Einbruch* werde auch § 303 StGB im Wege der Gesetzeskonkurrenz (Konsumtion) verdrängt[331].

Nach Auffassung des *BGH* stehen der vollendete schwere Bandendiebstahl (§§ 244a I, 244 I Nr. 3, 243 I 2 Nr. 1 Var. 1 StGB), der vollendete Wohnungseinbruchdiebstahl (§ 244 I Nr. 3 Var. 1 StGB) und der Diebstahl in einem besonders schweren Fall (§§ 242 I, 243 I 2 Nr. 1 Var. 1 StGB) zu einer zugleich begangenen **Sachbeschädigung (§ 303 I StGB)** »stets im Verhältnis der Tateinheit (§ 52 I StGB)«, und zwar unabhängig davon, welches Verhältnis der verursachte Sachschaden zu dem Wert der Diebesbeute hat[332].

---

[324] L/K/H-*Heger*, § 243 Rn. 10.
[325] *BGH* St 22, 127 (128).
[326] Sch/Sch-*Bosch*, § 243 Rn. 12; *Mitsch*, BT 2, S. 96; M/R-*Schmidt*, § 243 Rn. 7.
[327] *BGH*, StV 2011, 17 (18) m. Anm. *Bachmann/Goeck*; LK[13]-*Vogel/Brodowski*, § 243 Rn. 22.
[328] *BGH* St 61, 166 (Rn. 12 ff.); NStZ-RR 2010, 374 (375); *OLG Köln*, NStZ-RR 2002, 247 (248).
[329] *BGH*, NJW 1958, 1887; *OLG Hamm*, NJW 1960, 1359; MK-*Schmitz*, § 243 Rn. 24.
[330] SK[9]-*Hoyer*, § 243 Rn. 18; *Mitsch*, BT 2, S. 96; LK[13]-*Vogel/Brodowski*, § 243 Rn. 22.
[331] So u.a. Sch/Sch-*Bosch*, § 243 Rn. 59; W/H/S-*Schuhr*, Rn. 254.
[332] *BGH* St 63, 253 (Rn. 16) m.w.N. Zur Entwicklung der Rspr. *Rengier* I, 3/61 ff.

Die Gründe des *BGH* gegen die Annahme von Gesetzeskonkurrenz[333] überzeugen: Schon der Umstand, dass es sich bei § 243 StGB nicht um einen qualifizierten *Tatbestand* handelt, sondern lediglich um eine *Strafzumessungsregel*, lässt die Annahme von Gesetzeskonkurrenz in der Spielart der Konsumtion trotz der sachlichen »Annäherung der Regelbeispiele an Tatbestandsmerkmale« zweifelhaft erscheinen. Die Regelbeispiele besitzen nämlich lediglich eine Indizwirkung für einen höheren Unrechts- und Schuldgehalt, sodass der Richter aus in der Person des Täters liegenden Gründen einen besonders schweren Fall auch ablehnen kann.

Zumindest gegen die Verdrängung der Sachbeschädigung spricht jedenfalls, dass die Verwirklichung des Regelbeispiels nach § 243 I 2 Nr. 1 StGB keineswegs regelmäßig und typischerweise mit einer Sachbeschädigung verbunden ist. Das ist allenfalls bei einem Einbruch der Fall. Die weiteren Alternativen, nämlich das »Einsteigen«, das »Eindringen mit einem falschen Schlüssel oder einem anderen nicht zur ordnungsgemäßen Öffnung bestimmten Werkzeug« sowie das »Verborgenhalten in dem Raum«, gehen üblicherweise gerade nicht mit einer Sachbeschädigung einher. Hinzu kommt, dass der Diebstahl und die Sachbeschädigung das Eigentum verschiedener Rechtsgutsträger verletzen können.

Auch für das Konkurrenzverhältnis des Einbruchdiebstahls zum Hausfriedensbruch sollte Tateinheit – statt Konsumtion des § 123 StGB – angenommen werden[334]. Zwar wird in aller Regel ein Hausfriedensbruch mit dem Einbruchdiebstahl einhergehen, völlige »Deckungsgleichheit« besteht aber nicht, da das »Verborgenhalten in dem Raum« nur dann § 123 StGB erfüllt, wenn eine Aufforderung des Berechtigten zum Entfernen ergangen ist.

141 *(2)* Das Regelbeispiel des § 243 I 2 Nr. 1 StGB verbindet die Einzelakte der Wegnahmehandlungen im selben umschlossenen Raum zu einer **natürlichen Handlungseinheit**, wenn der Täter mit dem gewaltsamen Eindringen in einen umschlossenen Raum zugleich mit dem Versuch des Diebstahls beginnt[335].

Beim Aufbrechen mehrerer umschlossener Räume (z.B. Kellerverschläge) liegt – wie beim Aufbrechen einer Vielzahl von Behältnissen[336] – eine natürliche Handlungseinheit vor, vorausgesetzt die Tathandlungen finden in einem engen räumlich-zeitlichen Zusammenhang statt, werden von einem einheitlichen, zuvor gefassten Vorsatz getragen und erfahren keine Zäsur[337].

Fall 30: – *Besonders schwerer Fall und Diebstahlsversuch –*

142 Petra (P) beschloss, in die Geschäftsräume des Reich (R) einzusteigen, um ein bestimmtes wertvolles Gemälde, das den Konferenzsaal des Gebäudes schmückte, zu stehlen. R hatte das Gemälde jedoch verliehen, sodass P unverrichteter Dinge das Haus wieder verließ.
Strafbarkeit der P? – Strafantrag ist gestellt –

---

[333] *BGH* St 63, 253 (Rn. 17 ff.), mit im Wesentlichen zust. Bespr: *Grosse-Wilde*, HRRS 2019, 160 ff.; *Jäger*, JA 2019, 386 ff.; *Mitsch*, NJW 2019, 1091; abl. Anm. *Fahl*, JR 2019, 157 (158 i.V.m. 114 ff.).
[334] *BGH*, NStZ 2001, 642 (644); BeckRS 2014, 3301; *M/R-Schmidt*, § 243 Rn. 23.
[335] *BGH*, NStZ-RR 2011, 111 (hier: Diebstähle in einer Tiefgarage).
[336] *OLG Frankfurt*, NStZ-RR 2004, 74 f. (Diebstahl aus dem Gepäck von Flugreisenden durch einen Flughafenbeschäftigten).
[337] *AG Kassel*, NStZ-RR 2014, 246.

a) § 123 StGB

P ist eines Vergehens nach § 123 StGB schuldig.

b) Besonders schwerer Fall eines versuchten Diebstahls (§§ 242, 22 f., 243 I 2 Nr. 1 StGB)?

(1) Als P in das Gebäude einstieg, um das Bild zu entwenden, machte sie sich eines versuchten Diebstahls schuldig.

Hinweis: Nach einer verbreiteten Ansicht soll es für den *Versuchsbeginn* bei § 242 StGB (»unmittelbares Ansetzen« i.S. des § 22 StGB) genügen, dass der Täter mit der Verwirklichung eines *Regelbeispiels* nach § 243 I 2 StGB begonnen hat, auch wenn darin noch kein unmittelbares Ansetzen zur *Wegnahme* selbst liegt[338]. Dem ist mit der h.M. zu widersprechen. Dieser Ansicht steht schon der Charakter des § 243 StGB als bloße Strafzumessungsregel entgegen[339]. Voraussetzung für die Annahme eines versuchten Diebstahls ist daher stets, dass der Täter zur Verwirklichung des Tatbestandsmerkmals »Wegnahme« i.S. des § 22 StGB »unmittelbar ansetzt«. Allerdings ist einzuräumen, dass in dem *Anfang der Ausführung eines Regelbeispiels nach § 243 I 2 Nr. 1 StGB* zumeist bereits ein *unmittelbares Ansetzen zur Wegnahme selbst* liegen wird[340]. **143**

(2) Bei der Begehung des Diebstahlsversuchs ist P in ein Gebäude eingestiegen, d.h., P hat als *Täterin eines* **versuchten** *Diebstahls* ein Regelbeispiel des § 243 I 2 StGB – nämlich Nr. 1 – verwirklicht. Daher erscheint es sachgerecht, ihre Strafe nicht nach §§ 242, 23 II, sondern nach §§ 242, 243, 23 II StGB zu bemessen[341]. **144**

Solche Fälle, in denen beim Diebstahlsversuch die Voraussetzungen eines Regelbeispiels nach § 243 I 2 Nr. 1-7 StGB verwirklicht werden, sind korrekt als – nach §§ 242, 243, 23 II StGB strafbarer – »besonders schwerer Fall eines **versuchten** Diebstahls« zu bezeichnen[342].

Strittig ist, ob der erhöhte Strafrahmen des § 243 I 1 StGB auch auf **versuchte besonders schwere Fälle** anwendbar ist, also auf Konstellationen, in denen ein – vollendeter oder versuchter – Diebstahl vorliegt, die Vorstellung des Täters aber auf die Verwirklichung eines Regelbeispiels gerichtet war. – Dazu *Fall 36 (Rn. 161 ff.* **145**

c) Konkurrenzen

Nach einer Literaturauffassung soll Konsumtion des § 123 StGB auch dann gegeben sein, wenn – wie hier – beim *Versuch* des Diebstahls wegen Erfüllung des § 243 I 2 **146**

---

[338] So für § 243 I 2 *Nr. 1* StGB u.a. *OLG Hamm*, MDR 1976, 155, m. krit. Bespr. *Hillenkamp*, MDR 1977, 243.

[339] *Arzt*, JuS 1972, 517 f.; SK⁹-*Hoyer*, § 243 Rn. 55; HdS 5-*Kudlich*, § 29 Rn. 98 f.; *Mitsch*, BT 2, S. 90; *Stree*, FS-Peters, 1974, S. 181; *Wessels*, FS-Maurach, 1972, S. 305 f.

[340] Vgl. *BGH* St 65, 15 (Rn. 6 ff.) m. Anm. *Fahl*, JR 2021, 73 ff.; *BGH*, NStZ 2021, 537 (Rn. 7 f.) m. Anm. *Fahl*, NStZ-RR 2021, 341 f.; siehe aber auch *BGH*, NStZ 2019, 716 m. Anm. *Kudlich*, NStZ 2020, 34 f.; zu der – unübersichtlichen – Rechtsprechung *Li*, ZIS 2021, 430 ff.

[341] So u.a. *BGH*, NStZ 1985, 217 (218); *OLG Köln*, MDR 1973, 779; Sch/Sch-*Bosch*, § 243 Rn. 44; L/K/H-*Heger*, § 46 Rn. 15; SK⁹-*Hoyer*, § 243 Rn. 54; *Kleszcewski*, S. 37; diff. *Mitsch*, BT 2, S. 87.

[342] Sch/Sch-*Bosch*, § 243 Rn. 44; *Gribbohm*, NJW 1975, 2213; L/K/H-*Heger*, § 46 Rn. 15. A.A. *Otto*, 41/35.

Erster Abschnitt: Straftaten gegen das Eigentum

Nr. 1 StGB ein besonders schwerer Fall angenommen wird[343]. Dagegen sprechen jedoch die oben – *Rn. 140* – geäußerten Bedenken.
Ergebnis: P ist aus §§ 242, 243, 23 II StGB in Tateinheit mit § 123 StGB strafbar.

Fall 31: – *§ 243 II StGB; geringwertige Sache* –

147 Paul (P), der vom Durst übermannt wurde, stieg in das Restaurant des Reich ein, um dort eine Flasche Wein zum Preis von 29 Euro zu entwenden, was ihm auch gelang.
Strafbarkeit des P? – Strafantrag ist gestellt –

a) P ist eines Vergehens nach § 123 StGB schuldig.

b) §§ 242, 243 I 2 Nr. 1 StGB?
P hat zudem einen Diebstahl, § 242 StGB, begangen. Er hat zwar das Regelbeispiel des Einsteigens in ein Gebäude, § 243 I 2 Nr. 1 StGB, erfüllt. Gleichwohl ist gemäß § 243 II StGB ein besonders schwerer Fall ausgeschlossen, da sich die Tat auf eine geringwertige Sache bezog. *Objektiv* war das Tatobjekt geringwertig und *subjektiv* ging es dem Täter bei der Erfüllung des Regelbeispiels auch nur um eine geringwertige Sache. – Zum Begriff der »Geringwertigkeit« vgl. *Rn. 216.* –
P ist daher nur aus § 242 StGB strafbar. Für seine Verfolgung ist § 248a StGB zu beachten.

c) Konkurrenzen
§ 123 und § 242 StGB stehen in Idealkonkurrenz[344].

Fall 32: – *§ 243 II StGB bei Wechsel des Entwendungsobjektes* –

148 Abwandlung von *Fall 30 (Rn. 142)*: Petra verließ das Gebäude zwar ohne das Gemälde, jedoch unter Mitnahme einer Flasche Wein im Wert von 10 Euro, mit der sie sich dann tröstet.
Strafbarkeit der P? – Strafantrag ist gestellt. –

a) P ist aus § 123 StGB schuldig.

b) §§ 242, 243 I 2 Nr. 1 StGB?
(1) P hat durch die Mitnahme der Weinflasche einen vollendeten Diebstahl begangen und ist zu dessen Ausführung in ein Gebäude eingestiegen; sie hat also das Regelbeispiel des § 243 I 2 Nr. 1 StGB erfüllt.
Dem steht der **Wechsel des Diebstahlsobjektes** (P wollte das Gemälde stehlen, entwendete aber nur die Weinflasche) nicht entgegen, denn P ist zur Begehung eines Diebstahls eingestiegen und hat auch tatsächlich einen Diebstahl begangen. Ihre Tat lässt sich ***nicht** auseinanderdividieren* in einen versuchten Diebstahl am Gemälde und einen vollendeten Diebstahl an dem Wein, sondern nur als *ein* Vergehen des Diebstahls unter Erfüllung des Regelbeispiels des § 243 I 2 Nr. 1 StGB bewerten[345].

149 *(2)* Fraglich ist allerdings, ob wegen des Wechsels des Diebstahlsobjektes § 243 II StGB eingreift: P plante zwar, eine wertvolle Sache zu stehlen, tatsächlich hat sie aber nur eine *geringwertige* weggenommen.

---

[343] Sch/Sch-*Bosch*, § 243 Rn. 59.
[344] Sch/Sch-*Bosch*, § 243 Rn. 59.
[345] So u.a. *BGH* St 26, 104 (105); *Mitsch*, BT 2, S. 109 f.; h.M. abw. SK⁹-*Hoyer*, § 243 Rn. 51 ff.

Die ganz h.M. lehnt in Fällen wie dem vorliegenden die Anwendung des § 243 II StGB ab und kommt zur Strafbarkeit aus §§ 242, 243 I StGB[346].
Dem ist aus den folgenden Gründen zuzustimmen:

(a) Hätte P *gar nichts* entwendet, so läge Diebstahlsversuch in einem besonders schweren Fall (§§ 242, 22/243 StGB) vor – vgl. *Fall 30 (Rn. 142 ff.).* Der Umstand, dass P die Flasche gestohlen hat, führt nicht zu einer Verwandlung des versuchten Diebstahls *in einem besonders schweren Fall* (§ 243 StGB) in einen *einfachen* vollendeten Diebstahl (§ 242 StGB)[347]. Da die Annahme eines Diebstahlversuchs in einem besonders schweren Fall (Gemälde) in Tateinheit mit einem einfachen vollendeten Diebstahl (Wein) dem Wesen des § 243 StGB und dem tatsächlichen Geschehen (der Täter wollte stehlen und hat dann auch gestohlen) nicht gerecht wird, bietet sich als Lösung die Annahme eines Diebstahls in einem besonders schweren Fall an.

(b) Diese Lösung ist möglich, wenn § 243 II StGB so interpretiert wird, dass diese Regelung nur dann eingreift, wenn die Beute *objektiv* geringwertig ist **und** der *Vorsatz* des Täters bei der Erfüllung des Regelbeispiels auch lediglich auf die Erlangung einer geringwertigen Sache gerichtet war[348]. **150**

Daraus folgt, dass § 243 II StGB trotz Entwendung einer nur geringwertigen Sache nicht anwendbar ist, wenn der Täter bei Verwirklichung des Regelbeispiels mehr als nur eine geringwertige Beute machen wollte[349]. **151**
Dieses Verständnis des § 243 II StGB dürfte noch mit dessen Wortsinn vereinbar sein. Und es entspricht am besten der Natur des § 243 StGB als Strafzumessungsregel. Denn für diese sind neben dem Erfolgsunwert der Tat auch *Handlungsunwert* und *Schuld* zu berücksichtigen[350], sodass es sachgerecht erscheint, bei § 243 II StGB die objektive Geringwertigkeit **und** den darauf gerichteten Willen bei der Erfüllung des Regelbeispiels zu fordern.

(3) Ergebnis: P ist aus §§ 242, 243, 123, 52 StGB strafbar (*vgl. Rn. 140, 146*).

(4) § 248a StGB? **152**

Diese Vorschrift greift nur beim *einfachen* Diebstahl (§ 242 StGB) ein, *nicht* beim Diebstahl in einem besonders schweren Fall (§ 243 StGB) und bei § 244 StGB[351].

Ergänzende Hinweise zu Fall 32

(1) Wenn auch in Fällen wie dem vorliegenden § 243 II StGB unanwendbar ist, so mag doch bei *extremer Geringwertigkeit* des tatsächlich entwendeten Objektes (P entwendet statt der Weinflasche 50 Eurocent) die Indizwirkung des Regelbeispiels entfallen und daher § 243 StGB ausscheiden. **153**

---

[346] *BGH* St 26, 104 (105); BeckRS 2016, 5563 (Rn. 6), m. Bespr. *Eisele*, JuS 2016, 564 ff.; *Fischer*, § 243 Rn. 26a; L/K/H-*Heger*, § 243 Rn. 4. Abw. *Braunsteffer*, NJW 1975, 1570 (1571): § 242 StGB; SK[9]-*Hoyer*, § 243 Rn. 53: »versuchter Diebstahl in einem besonders schweren Fall«.
[347] *Gribbohm*, NJW 1975, 2213.
[348] Sch/Sch-*Bosch*, § 243 Rn. 52; *Fischer*, § 243 Rn. 26 L/K/H-*Heger*, § 243 Rn. 4; *Mitsch*, BT 2, S. 109 f.; *Otto*, 41/44, 45; LK[13]-*Vogel/Brodowski*, § 243 Rn. 62.
[349] *BGH* St 26, 104 (105); Sch/Sch-*Bosch*, § 243 Rn. 53; L/K/H-*Heger*, § 243 Rn. 5.
[350] Sch/Sch-*Bosch*, § 243 Rn. 52.
[351] *BGH* St 26, 104 (105); *Fischer*, § 248a Rn. 2; *Gribbohm*, NJW 1975, 2213.

(2) Will ein Einbrecher eine wertvolle Sache stehlen, tritt er dann aber nach Erfüllung des Regelbeispiels des § 243 I 2 Nr. 1 StGB *freiwillig von dem Versuch der Wegnahme einer solchen Sache zurück* und entwendet nur eine geringwertige, so greift § 243 II StGB ein[352].

Begründung: Hier sind Handlungsunwert und Schuld der *Intention, eine wertvolle Sache zu stehlen,* durch den freiwilligen Rücktritt kompensiert.

Fall 33: *– Wegnahme einer wertvollen statt einer geringwertigen Sache –*

154 Wie *Fall 31:* Nachdem P in das Restaurant des R zur Wegnahme einer Flasche Wein eingestiegen war, kam ihm beim Anblick eines wertvollen Gemäldes der Gedanke, dieses zu stehlen, was er auch tat. R stellt Strafantrag.

Strafbarkeit des P?

a) P ist eines Vergehens nach § 123 StGB schuldig.

b) §§ 242, 243 I 2 Nr. 1 StGB (Gemälde)?

P hat einen Diebstahl, § 242 StGB, begangen. Liegt aber auch ein besonders schwerer Fall vor (§ 243 I 2 Nr. 1 StGB – »Einsteigen« –) oder steht dem entgegen, dass der Täter *bei der Erfüllung des Regelbeispiels* den Vorsatz hatte, nur eine *geringwertige* Sache (Weinflasche) wegzunehmen?

Die h.M. nimmt in Fällen wie dem vorliegenden an, § 243 II StGB sei unanwendbar und der Täter aus §§ 242, 243 StGB strafbar[353]. Dem ist zu folgen[354]. Wie ausgeführt (*Fall 32, Rn. 148 ff.*) greift § 243 II StGB nur ein, wenn die Beute objektiv geringwertig ist und der Vorsatz des Täters bei Erfüllung des Regelbeispiels nur auf Erlangung solcher Beute gerichtet war. An dem ersten Erfordernis fehlt es hier.

P ist daher nach §§ 242, 243, 123, 52 StGB strafbar.

Fall 34: *– § 243 I 2 Nr. 1 StGB (Eindringen mit einem »falschen Schlüssel«) –*

155 Nach Beendigung seines Mietverhältnisses über Büroräume mit Guido (G) als Vermieter behält Sandra (S) bei ihrem Auszug ohne Wissen des G einen Schlüssel. Mit diesem öffnet sie Monate später in Abwesenheit der neuen Mieter deren Büro und entwendet eine wertvolle CD-Rom mit Computer-Software.

Strafbarkeit der S? – Strafantrag ist gestellt –

a) S hat einen Hausfriedensbruch, § 123 StGB, begangen.

b) §§ 242, 243 I 2 Nr. 1 StGB?

Problem: Ist S »mit einem falschen Schlüssel« in die Büroräume eingedrungen?

»Eindringen« bezeichnet jedes Betreten eines umschlossenen Raums ohne oder gegen den Willen des Berechtigten[355], wobei es genügt, dass der Täter wenigstens zum

---

[352] Sch/Sch-*Bosch,* § 243 Rn. 55; L/K/H-*Heger,* § 243 Rn. 6; SK[9]-*Hoyer,* § 243 Rn. 53; *Mitsch,* BT 2, S. 109 f.; dahingestellt in *BGH* St 26, 104 (105); abw. *Seermann,* JuS 1985, 456 f.

[353] BGH St 9, 253 (254 f.), zu § 243 StGB *a.F.;* Sch/Sch-*Bosch,* § 243 Rn. 55; *Fischer,* § 243 Rn. 26; L/K/H-*Heger,* § 243 Rn. 6; LK[13]-*Vogel/Brodowski,* § 243 Rn. 62.

[354] Anders aber: SK[9]-*Hoyer,* § 243 Rn. 53; NK-*Kindhäuser/Hoven,* § 243 Rn. 59; MK-*Schmitz,* § 243 Rn. 80.

[355] MK-*Schmitz,* § 243 Rn. 25; BeckOK-StGB-*Wittig,* § 243 Rn. 11.

Teil körperlich in die Räumlichkeit gelangt[356]. Ein Hineingreifen oder Hineinbeugen in den Raum reicht somit – wie beim Einsteigen (*Rn. 139*) – nicht[357].

»**Schlüssel**« i.S. des § 243 I 2 Nr. 1 Alt. 3 StGB ist jeder körperliche Gegenstand zum Auf- und Verschließen eines Schlosses; erfasst sind nicht nur »klassische« Schlüssel aus Metall oder Kunststoff, sondern auch Codekarten, Schlüsselchips und Fernbedienungen[358].

»**Falsch**« ist ein Schlüssel, wenn er zum Tatzeitpunkt vom Berechtigten nicht (»Nachschlüssel«) oder nicht mehr zum Öffnen des Verschlusses bestimmt ist[359]. Diese Bestimmung kann durch **Entwidmung** entfallen. Erforderlich ist, dass der Berechtigte seinen Willen, dass der Schlüssel fortan nicht mehr zum Öffnen bestimmt sein soll, ausdrücklich oder durch ein erkennbar auf eine Entwidmung gerichtetes Verhalten konkludent zum Ausdruck bringt; ein solcher Entwidmungswille wird vorliegen, wenn der Berechtigte bemerkt hat, dass er den Schlüssel verloren hat oder er ihm gestohlen wurde (*Rn. 158*), nicht dagegen, wenn er die Existenz des Schlüssels lediglich vergessen hat[360].

Ob ein vom Mieter nach Beendigung des Mietverhältnisses ohne Wissen des Vermieters nicht zurückgegebener Schlüssel vom Vermieter entwidmet wird, ist strittig, aber zu bejahen: Durch die Entlassung des Mieters aus dem Mietverhältnis und die Übernahme der Räume bringt der Vermieter zum Ausdruck, dass Schlüssel, die ohne sein Wissen noch im Besitz des Mieters verblieben sein sollten, nicht mehr zur ordnungsmäßigen Eröffnung der Räume bestimmt sind[361].

S ist demnach »mit einem falschen Schlüssel« in das Büro eingedrungen. Folglich liegt ein besonders schwerer Fall des Diebstahls vor.

c) Ergebnis: §§ 242, 243 I 2 Nr. 1, 123, 52 StGB

Ergänzende Hinweise

»**Andere nicht zur ordnungsgemäßen Öffnung bestimmte Werkzeuge**« i.S. des § 243 I 2 Nr. 1 Alt. 3 StGB sind »solche, mit denen der Schließmechanismus ähnlich wie mit einem Schlüssel ordnungswidrig in Bewegung gesetzt wird«[362], also z.B. Dietriche, Schraubenzieher, Magnete, Zangen, Drähte und Haken[363]. Erfasst sind auch Instrumente zur Verstärkung des Funksignals des Fahrzeugschlüssels bei Keyless-go-Systemen zur Öffnung des Fahrzeugs[364], nicht dagegen Störsender, die eine Verriegelung verhindern, doch wird wegen der Vergleichbarkeit des Unrechtsge-

---

[356] NK-*Kindhäuser/Hoven*, § 243 Rn. 25.
[357] *BGH* St 10, 132 (133); W/H/S-*Schuhr*, Rn. 235; LK[13]-*Vogel/Brodowski*, § 243 Rn. 23.
[358] M/R-*Schmidt*, § 242 Rn. 8; MK-*Schmitz*, § 243 Rn. 27; LK[13]-*Vogel/Brodowski*, § 243 Rn. 25.
[359] *BGH* St 65, 194 (Rn. 15) m. Anm. *Kulhanek*, NStZ 2021, 169 f.; NStZ 2022, 408 f.; *Fischer*, § 243 Rn. 8.
[360] *BGH* St 65, 194 (Rn. 17 ff.).
[361] *BGH* St 13, 15 (16), zu § 243 I Nr. 3 StGB *a.F.*; ebso. *BGH* St 65, 194 (Rn. 16); Sch/Sch-*Bosch*, § 243 Rn. 14. A.A. *KG*, StV 2004, 544 f. (zu § 244 I Nr. 3 StGB): Entwidmung nur, wenn der Berechtigte das Zurückhalten bemerkt.
[362] *BGH*, NStZ 2018, 212 m. Anm. *Hoven*.
[363] BeckOK-StGB-*Wittig*, § 243 Rn. 12.
[364] *BGH*, HRRS 2022 Nr. 515; *Hoven*, NStZ 2018, 212; BeckOK-StGB-*Wittig*, § 243 Rn. 12.

halts mit den Fällen des Öffnens eines verschlossenen Fahrzeugs mit Hilfe eines Senders die Annahme eines »atypischen« besonders schweren Falles i.S. des § 243 I 2 Nr. 1 StGB nahe liegen[365].

Fall 35: *– Unkenntnis der Verwirklichung des Regelbeispiels –*

158 Christine (C) entwendete Rainer (R) den Schlüssel zu dessen Arztpraxis. Sie begab sich unverzüglich zu der Praxis, um dort etwas zu stehlen. Als C mit dem Schlüssel die Praxisräume öffnete, hatte R – womit C nicht gerechnet hatte – den Verlust des Schlüssels bereits bemerkt und bei der Polizei angezeigt. In der Arztpraxis fand C einige Geldscheine, die sie mitnahm. Strafbarkeit der C wegen Diebstahls in einem besonders schweren Fall durch die Entwendung des Geldes?

a) C hat sich durch die Mitnahme des Geldes nach § 242 StGB strafbar gemacht.

b) Liegt ein besonders schwerer Fall (§ 243 StGB) vor?

(1) P könnte mit einem »falschen Schlüssel« eingedrungen sein.

Ein gestohlener Schlüssel ist zwar nicht ohne weiteres »falsch« i.S. des § 243 I 2 Nr. 1 StGB, sondern dies wird er erst mit Entwidmung durch den Berechtigten (*Rn. 155*). Nach h.M.[366] rechtfertigt aber bereits die Entdeckung des Diebstahls durch den Berechtigten i.d.R. die Feststellung, er habe ihm die Bestimmung zur ordnungsgemäßen Eröffnung entzogen.

C wäre danach mit einem falschen Schlüssel in die Praxis eingedrungen, zumal eine nach außen erkennbare Kundgabe des Entwidmungswillens des R wegen der Anzeige vorliegt.

159 *(2)* C ist also i.S. des § 243 I 2 Nr. 1 StGB mit einem falschen Schlüssel in die Praxisräume eingedrungen. Wäre die Annahme, R habe die Entwendung des Schlüssels noch nicht entdeckt, zutreffend gewesen, so hätte es sich bei dem Schlüssel nicht um einen »falschen« gehandelt, d.h., objektiv lag ein Regelbeispiel (§ 243 I 2 Nr. 1 StGB) vor, nach der Vorstellung der Täterin (also subjektiv) dagegen nicht.

160 § 243 StGB erfordert, dass der Täter die Merkmale der Regelbeispiele kennt, also quasi **vorsätzlich** handelt[367].

Zwar gilt § 16 StGB nicht *unmittelbar*, da diese Merkmale *keine Tatbestandsmerkmale* im technischen Sinne sind. Eine **analoge** Anwendung des § 16 StGB auf die Voraussetzungen der Regelbeispiele ist nach Sinn und Zweck des § 243 StGB dennoch schon im Hinblick auf die bereits erwähnte »Annäherung der Regelbeispiele an Tatbestandsmerkmale« geboten, vor allem aber, weil die einen besonders schweren Fall konstituierenden Merkmale den Unrechtsgehalt der Tat erhöhen und einen schwereren Schuldvorwurf gegen den Täter begründen. Dies setzt aber voraus, dass er die fraglichen Merkmale kennt[368].

Ergebnis: Ein besonders schwerer Fall nach § 243 I 2 Nr. 1 StGB scheidet in analoger Anwendung des § 16 StGB aus.

---

[365] *BGH*, NStZ 2018, 212.
[366] *BGH* St 21, 189 (190); ebso.: SK⁹- *Hoyer*, § 243 Rn. 20; LK¹³-*Vogel/ Brodowski*, § 243 Rn. 25.
[367] Sch/Sch-*Bosch*, § 243 Rn. 43; *Fischer*, § 243 Rn. 27; HdS 5-*Kudlich*, § 29 Rn. 94; MK-*Schmitz*, § 243 Rn. 72.
[368] *Warda*, Jura 1979, 286 f.; *Wessels*, FS-Maurach, 1972, S. 300; ähnl. *Rengier* I, 3/8.

Fall 36: – *Irrtümliche Annahme des Vorliegens eines Regelbeispiels* –
Als C die Arztpraxis mit dem entwendeten Schlüssel öffnete, hatte R das Fehlen des Schlüssels noch nicht bemerkt. C hatte jedoch damit gerechnet, dass R den Diebstahl des Schlüssels inzwischen entdeckt und möglicherweise schon bei der Polizei angezeigt hatte.
Strafbarkeit der C nach §§ 242, 243 StGB?

(1) Nach ihrer Vorstellung (dolus eventualis) hätte sie einen Diebstahl in einem besonders schweren Fall (Regelbeispiel: § 243 I 2 Nr. 1 StGB, »falscher Schlüssel«) verwirklicht. Objektiv war der Schlüssel jedoch mangels Entwidmung durch P nicht »falsch«. Damit liegt kein Regelbeispiel nach § 243 StGB vor.

(2) Nach Auffassung des *BGH*[369] und eines Teils der Literatur[370] ist der erhöhte Strafrahmen des § 243 I 1 StGB bei einem – versuchten oder vollendeten – Diebstahl auch anwendbar, wenn das Regelbeispiel nur versucht wird. So liege das Regelbeispiel des § 243 I 2 Nr. 1 StGB bei einem **versuchten** Diebstahl bereits vor, wenn der Täter mit der Ausführung des Erschwerungsgrundes begonnen habe, ohne dass *der begonnene Einbruch vollendet wurde*.

Die Gegenmeinung[371] nimmt einen besonders schweren Fall nur an, wenn das Regelbeispiel tatsächlich verwirklicht worden ist.

Die Annahme eines »versuchten« besonders schweren Falles missachtet zum Nachteil des Täters Wortlaut und Sinn des § 243 StGB und verstößt damit gegen das **Analogieverbot** des Art. 103 II GG: Die Indizwirkung der Regelbeispiele (z.B. »Einbrechen«) für die Annahme eines besonders schweren Falles erfordert nach Text und ratio des § 243 StGB, dass das Regelbeispiel vollendet und nicht nur versucht ist. Da § 243 StGB kein Straftatbestand, sondern eine Strafzumessungsvorschrift darstellt, ist § 22 StGB, nach dem der Täter eine Straftat versucht, wenn er nach seiner Vorstellung von der Tat zur »Verwirklichung des *Tatbestandes*« unmittelbar ansetzt, nicht anwendbar. Zwar kann der Anfang der Ausführung des Regelbeispiels bereits als unmittelbares Ansetzen zur Wegnahme einzustufen sein (*Rn. 143*), z.B. wenn der Täter erwartet, unmittelbar nach dem Einbrechen in die Räumlichkeit die Sache an sich nehmen zu können, daraus folgt aber nicht, dass mit dem Überschreiten der Grenze zum Versuch des Grunddelikts auch das Regelbeispiel verwirklicht ist[372]. Zutreffend erscheint deshalb, bei einem versuchten und vollendeten Diebstahl ein Regelbeispiel nur zu bejahen, wenn es objektiv verwirklicht wurde und der Täter bezüglich der Merkmale vorsätzlich gehandelt hat (*Rn. 160*). Allenfalls **ausnahmsweise** kann die im »Versuch des Regelbeispiels« zum Ausdruck kommende *Intention* nach den Umständen des Einzelfalles einen **unbenannten** besonders schweren Fall (siehe hierzu *Rn. 134, 175*) begründen[373].

---

[369] *BGH* St 33, 370 (374); ebso. *BayObLG*, NStZ 1997, 442 m. abl. Anm. *Wolters*, JR 1999, 37 ff. Vgl. zur Harmonisierung der Rspr. bei versuchten Regelbeispielen *Franzke*, NStZ 2018, 566 ff.
[370] SK⁹-*Hoyer*, § 243 Rn. 54; NK-*Kindhäuser/Hoven*, § 243 Rn. 46 ff.
[371] *OLG Stuttgart*, NStZ 1981, 222; *OLG Düsseldorf*, JZ 1984, 1000; *Gössel*, 8/67 ff.; *Mitsch*, BT 2, S. 88 f.; *Otto*, 41/35; MK-*Schmitz*, § 243 Rn. 85 ff.; *Schramm*, JuS 2008, 773 (777); W/H/S-*Schuhr*, Rn. 222 ff.; LK¹³-*Vogel/Brodowski*, § 243 Rn. 72 f.; *Zopfs*, Jura 2007, 421 (423).
[372] W/H/S-*Schuhr*, Rn. 224.
[373] LK¹³-*Vogel/Brodowski*, § 243 Rn. 73 sehen darin »die konstruktiv sauberste Lösung«.

Erster Abschnitt: Straftaten gegen das Eigentum

Ergänzende Hinweise zum Katalog der Regelbeispiele

164 Zu Nr. 1: »**Sich in dem Raum verborgen hält**«, wer sich in dem Raum versteckt, sodass er von anderen nicht gesehen wird; ob der Täter erlaubt oder unerlaubt in den Raum gelangt ist, ist ohne Belang, zum Tatzeitpunkt muss sein Aufenthalt in dem Raum jedoch unerlaubt sein[374]. Dieses Regelbeispiel erfüllt insbesondere, wer sich zur Begehung eines Diebstahls in einem Warenhaus nach Geschäftsschluss einschließen lässt[375]. Nicht erforderlich ist, dass der Täter sich in dem Raum verborgen hält, in dem er den Diebstahl ausführen will[376].

165 Zu Nr. 2: Diebstahl einer Sache, »**die durch ein verschlossenes Behältnis oder eine andere Schutzvorrichtung gegen Wegnahme besonders gesichert ist**«, liegt vor, wenn die besondere Sicherung die Wegnahme nicht unerheblich erschwert; dabei kommt es nicht auf eine Kraftentfaltung an[377].

»**Behältnis**« ist ein »umschlossener Raum, der zur Verwahrung und Sicherung von Sachen dient und nicht dazu bestimmt ist, von Menschen betreten zu werden«[378], z.B. Pkw-Kofferraum, Tresor, Kassetten, Koffer, Briefkästen, Registrierkassen[379].

Die »**Schutzvorrichtung**« schützt eine Sache gegen Wegnahme, ohne sie zu umhüllen; erfasst sind z.B. Lenkradschlösser und elektronische Wegfahrsperren an Motorrädern und Pkw, Fahrradschlösser, Alarmanlagen in Gebäuden oder Fahrzeugen, wenn sie Wegnahme erschweren[380]. Wände u.ä. sind keine Schutzvorrichtungen i.S. des § 243 I 2 Nr. 2 StGB[381].

166 Das **Entfernen elektromagnetischer Sicherungsetiketten** erfüllt nicht die Voraussetzungen des § 243 I 2 Nr. 2 StGB, da es sich nicht um Schutzvorrichtungen gegen *Wegnahme* handelt, sondern die Etiketten (i.d.R.) nur der Erschwerung der *Beendigung* des bereits vollendeten Diebstahls durch Beutesicherung dienen, indem sie dem Berechtigten die Wiedererlangung der weggenommenen Sache erleichtern[382]. Wegen der erhöhten kriminellen Energie, die ein Täter durch die Ausschaltung der elektronischen Sicherung zeige, kommt allerdings – bei Vornahme einer Gesamtwürdigung – ein unbenannter schwerer Fall in Betracht[383].

Den Sicherungsetiketten sind sog. **Sicherungsspinnen** (Elektrodrähte, die um die Verpackung einer Ware gezogen sind) gleichgestellt, wenn jene erst beim Verlassen des Kaufhauses wirksam werden und daher lediglich die Wiederbeschaffung des be-

---

[374] *Fischer*, § 243 Rn. 10; NK-*Kindhäuser/Hoven*, § 243 Rn. 18; W/H/S-*Schuhr*, Rn. 240.
[375] *Mitsch*, BT 2, S. 97; *Zopfs*, Jura 2007, 421 (424 f.).
[376] Sch/Sch-*Bosch*, § 243 Rn. 18; LK[13]-*Vogel/Brodowski*, § 243 Rn. 27.
[377] OLG Hamm, NStZ-RR 2009, 204 (205); *Fischer*, § 243 Rn. 16.
[378] BGH St 1, 158 (163) – GS –; *Zopfs*, Jura 2007, 421 (425).
[379] Weitere Beispiele bei BeckOK-StGB-*Wittig*, § 243 Rn. 16.1 mwN.
[380] BGH, NStZ 2019, 212 (Rn. 11) m. Anm. *Jäger*, JA 2019, 228 ff.; *Juhn*, JuS 2018, 1013 ff.; *Heghmanns*, ZJS 2018, 68 ff.; *Nestler*, JURA (JK) 2018, 1185; MK-*Schmitz*, § 243 Rn. 34.
[381] BayObLG, JZ 1973, 324; LK[13]-*Vogel/Brodowski*, § 243 Rn. 29.
[382] OLG Stuttgart, NStZ 1985, 76; OLG Dresden, NStZ-RR 2015, 211 (212) m. insoweit zust. Anm. *Hecker*, JuS 2015, 847 (849); L/K/H-*Heger*, § 243 Rn. 16; *Rengier* I, 3/30; LK[13]-*VogelBrodowski*, § 243 Rn. 29; *Zopfs*, Jura 2007, 421 (425). Siehe auch *Rn. 54*.
[383] OLG Stuttgart, NStZ 1985, 76; OLG Dresden, NStZ-RR 2015, 211 (212.

reits an den Täter verlorenen Gewahrsams dienen[384]. Sollte allerdings bereits beim Durchtrennen der Drähte Alarm ausgelöst und dadurch die Wegnahme der Ware erschwert werden, sind Sicherungsspinnen – ähnlich wie Einbruchsmelder an Gebäuden oder Autoalarmanlagen – Schutzvorrichtungen i.S. des § 243 I 2 Nr. 2 StGB[385].

Die mit einem **Zählwerk** verbundene Abfüllanlage eines Tanklastwagens ist keine besondere Schutzvorrichtung gegen Wegnahme, weil das Zählwerk nicht die Entnahme als solche, sondern nur die unkontrollierte Entnahme verhindern soll[386]. **167**

Strittig ist, ob § 243 I 2 Nr. 2 StGB erfüllt ist, wenn das *verschlossene Behältnis*, z.B. die leicht zu transportierende Geldkassette, *nicht am Tatort aufgebrochen* wird – dann liegt das Regelbeispiel sicher vor[387] –, sondern erst später geöffnet werden soll und der Täter das Behältnis samt Inhalt entwendet. Das Problem besteht darin, dass zwar das in der Kassette befindliche Geld gegen Wegnahme besonders gesichert ist, nicht dagegen die Geldkassette als solche. Die vom Täter für die Wegnahme des Behältnisses samt Inhalt aufgewendete »kriminelle Energie« ist dann nicht größer als bei einer Wegnahme von ungesichertem Geld. Nach einer Auffassung soll § 243 I 2 Nr. 2 StGB dennoch anwendbar sein[388]. Dem wird jedoch zutreffend entgegengehalten, dass der Täter bei Entwendung eines solchen Behältnisses keine Sicherung überwindet[389]. Anders liegt es dagegen, wenn das Behältnis aufgrund seines erheblichen Gewichts, z.B. ein schwerer Tresor, bereits eine Sicherung gegen Wegnahme darstellt[390]. **168**

Öffnet der Täter das Behältnis mit dem richtigen Schlüssel, ist zu unterscheiden: Verwendet er den (z.B. in den Räumen des Berechtigten aufbewahrten, aufgefundenen) Schlüssel unbefugt, so ist § 243 I 2 Nr. 2 StGB gegeben[391]. Grund der Strafschärfung ist ein erhöhtes Maß an Rücksichtslosigkeit des Täters gegenüber fremdem Eigentum, das sich zeigt, wenn sich der Täter über eine besondere Gewahrsamssicherung und das daraus erkennbare Behaltensinteresse des Eigentümers an gerade dieser Sache hinwegsetzt[392]. Das Regelbeispiel liegt hingegen nicht vor, wenn der Täter befugtermaßen im Besitz des Schlüssels ist[393]; hier ist der Grund der Strafschärfung nicht erfüllt, weil der besondere Schutz durch die Schutzvorrichtung ihm gegenüber aufgehoben ist[394]. **169**

---

[384] *BGH*, NStZ 2019, 212 (Rn. 11 f.).
[385] *BGH*, NStZ 2019, 212 (Rn. 12).
[386] *OLG Zweibrücken*, NStZ 1986, 411.
[387] *Mitsch*, BT 2, S. 99.
[388] *BGH* St 24, 248 f.; *Fischer*, § 243 Rn. 17; *Rengier* I, 3/29; W/H/S-*Schuhr*, Rn. 245.
[389] Sch/Sch-*Bosch*, § 243 Rn. 25; NK-*Kindhäuser/Hoven*, § 243 Rn. 25; S/S/W-*Kudlich*, § 243 Rn. 20; *Mitsch*, BT 2, S. 99; LK[13]-*Vogel/Brodowski*, § 243 Rn. 33
[390] MK-*Schmitz*, § 243 Rn. 37.
[391] *BGH*, NJW 2010, 3175 f., zust. *Bachmann/Goeck*, StV 2011,19 und *Kudlich*, JA 2011, 153; *OLG Karlsruhe*, NStZ-RR 2010, 48; *KG*, NJW 2012, 1093 (1094), zust. *Jahn*, JuS 2012, 468 (470); *Fischer*, § 243 Rn. 17; LK[13]-*Vogel/Brodowski*, § 243 Rn. 32.
[392] *OLG Karlsruhe*, NStZ-RR 2010, 48.
[393] *BGH*, NJW 2010, 3175 f.; *OLG Hamm*, JR 1982, 119; *OLG Zweibrücken*, NStZ-RR 2018, 249 (250).
[394] *OLG Hamm*, NJW 1982, 777; Bespr. *Murmann*, NJW 1995, 935.

170 **Zu Nr. 3:** »**Gewerbsmäßig**« handelt, »wer sich durch die wiederholte Begehung von Diebstählen eine nicht nur vorübergehende Einnahmequelle von einigem Umfang verschaffen will«[395]; das nicht eigennützige Handeln allein für Dritte genügt daher nicht[396]. Die bloße mehrfache Begehung belegt die für die Gewerbsmäßigkeit erforderliche Wiederholungsabsicht nicht ohne weiteres.[397] Liegt die Absicht bereits bei der ersten Tat vor, handelt der Täter gewerbsmäßig[398]. Die Gewerbsmäßigkeit ist also ein **subjektives Merkmal**! **§ 28 II StGB analog** ist zu beachten[399].

171 **Zu Nr. 4:** Der **Diebstahl aus Religionsstätten** ist als besonders schwerer Fall ausgestaltet, weil die geschützten Kultobjekte häufig für die Glaubensgemeinschaft unersetzlich und wegen der Zugänglichkeit der Räumlichkeiten für die Allgemeinheit besonders gefährdet sind[400]. Geschützt ist jedoch nur eine Sache, »*die dem Gottesdienst gewidmet ist oder der religiösen Verehrung dient*«, also z.B. nicht ein Opferstock oder kunsthandwerkliches Inventar ohne religiöse Zweckbestimmung[401].

172 **Zu Nr. 5:** Einem besonderen Schutzbedürfnis trägt auch der **Diebstahl aus allgemein zugänglichen Sammlungen** Rechnung. Öffentlich ausgestellt sind auch Exponate an öffentlichen Orten (z.B. öffentliches Gebäude, Park, aber auch Privatgrundstück), die allgemein zugänglich sind[402].

173 **Zu Nr. 6** (»Schmarotzerdiebstahl«[403]): »**Hilflosigkeit**« liegt vor, wenn sich jemand nicht aus eigener Kraft gegen die dem Eigentum durch die Wegnahme einer Sache drohende Gefahr schützen kann[404]. Das ist insbesondere der Fall bei Krankheit, Ohnmacht, Lähmung, Taub- oder Blindheit[405] und Trunkenheit[406]. Schlaf fällt nicht ohne weiteres unter den Begriff der Hilflosigkeit, anders liegt es, wenn der Schlaf mit einer krankhaften Störung zusammenhängt[407].
Ein **Ausnutzen eines** »**Unglücksfalls**« liegt auch vor, wenn der Täter nicht das Unfallopfer, sondern eine zur Hilfe herbeigeeilte Person bestiehlt[408].

---

[395] *BGH*, NStZ 2015, 396 (397); StV 2019, 104; *OLG Hamm*, NStZ-RR 2004, 335; *Fischer*, § 243 Rn. 18. Vertiefend zur Gewerbsmäßigkeit *Brodowski*, wistra 2018, 97 ff.
[396] *BGH*, StraFo 2014, 215; W/H/S-*Schuhr*, Rn. 248.
[397] *BGH*, StV 2019, 104.
[398] *BGH*, NStZ-RR 2017, 340 (341); Sch/Sch-*Bosch*, § 243 Rn. 31; SK⁹-*Hoyer*, § 243 Rn. 32. A.A. NK-*Kindhäuser/Hoven*, § 243 Rn. 27; AnwK-*Kretschmer*, § 243 Rn. 18; i.E. ebso. MK-*Schmitz*, § 243 Rn. 41.
[399] *OLG Bamberg*, wistra 2016, 244 (direkte Anwendung des § 28 II StGB); S/S/W-*Kudlich*, § 243 Rn. 22; MK-*Schmitz*, § 243 Rn. 82.
[400] MK-*Schmitz*, § 243 Rn. 42, der dennoch Zweifel hegt, »ob in einer weitgehend säkularisierten Welt mit iÜ vielfältigsten Religionsvorstellungen die Verletzung einer bestimmten religiösen Sicht zum Maßstab einer allgemeingültigen Strafschärfung gemacht werden kann«.
[401] *Fischer*, § 243 Rn. 19.
[402] M/R-*Schmidt*, § 243 Rn. 15; MR-*Schmitz*, § 243 Rn. 49.
[403] Sch/Sch-*Bosch*, § 243 Rn. 38.
[404] *BGH*, NStZ-RR 2023, 390 (391).
[405] *BayObLG*, JZ 1973, 384.
[406] NK-*Kindhäuser/Hoven*, § 243 Rn. 36.
[407] *BGH*, NStZ 1990, 388.
[408] *OLG Hamm*, NStZ 2008, 218; S/S/W-*Kudlich*, § 243 Rn. 31; LK¹³-*Vogel/Brodowski*, § 243 Rn. 48.

Zu Nr. 7: Für dieses Regelbeispiel gilt § 243 II StGB nicht, denn Grund für die 174
Strafschärfung gemäß § 243 I 2 Nr. 7 StGB ist die von den Tatobjekten **Schusswaffen und Sprengstoff** ausgehende erhöhte Gefahr, nicht deren Wert.

Trotz *Nichtvorliegens eines Regelbeispiels* kann – wie dargelegt (*Rn. 134*) – ein besonders 175
schwerer Fall anzunehmen sein; u.a. werden folgende Beispiele genannt:
Diebstahl einer besonders wertvollen Sache[409]; Entwendung von Betriebsmitteln, die
eine erhebliche »Störung der Fortführung des Betriebes« zur Folge hat[410]; Missbrauch seiner Amtsträgereigenschaft durch den Täter[411].

Ergänzende Hinweise zu § 243 II StGB

(1) Nach Ansicht des *BGH* soll die Vorschrift nur Anwendung finden können, wenn 176
das Tatobjekt einen »Verkehrswert« hat, dagegen nicht, wenn es keinen »messbaren
objektiven Substanzwert« besitzt[412].

(2) Die Anwendung des § 243 II StGB scheidet nicht aus, wenn ein hohes Affektionsinteresse 177
des Opfers an der Sache, die nur einen geringen Verkehrswert hat, besteht[413]. Der Verkehrswert bemisst sich nach dem Preis, der für die Sache nach objektiv-generellen Maßstäben bezahlt werden muss[414].

(3) Uneinigkeit besteht hinsichtlich der Anwendbarkeit des § 243 II StGB auf unbenannte 178
besonders schwere Fälle des Diebstahls. Aus dem Text dieser Bagatellklausel
(»in den Fällen des Abs. 1 S. 2 Nr. 1-6«) wird vereinzelt hergeleitet, sie gelte nicht
für unbenannte besonders schwere Fälle (*Rn. 134*)[415].
Diese Ansicht erscheint jedoch sachwidrig: Wie z.B. bei einem Diebstahl unter Ausnutzen der Hilflosigkeit des Opfers (§ 243 I 2 Nr. 6 StGB) schließt auch bei einem
Diebstahl unter Missbrauch der Amtsstellung des Täters (unbenannter besonders
schwerer Fall, *Rn. 175*) die Bagatellklausel des § 243 II StGB bei Vorliegen ihrer
Voraussetzungen (*Rn. 147 ff., 176*) die Annahme eines besonders schweren Falles
aus; im ersten Fall in unmittelbarer Anwendung dieser Vorschrift, im letzteren Fall
wegen Gleichheit der Interessenlage in Analogie zu ihr. § 243 II StGB ist redaktionell misslungen; die Bedeutung der Formulierung »in den Fällen des Abs. 1 S. 2
Nr. 1 - 6« beschränkt sich auf den Ausschluss der Nr. 7[416].

---

[409] *BGH* St 29, 319 (322); *Fischer*, § 243 Rn. 23.
[410] Nachweise: *BGH*, JZ 1981, 32 f.
[411] *BGH* St 29, 319 (322 f.); *Fischer*, § 243 Rn. 23.
[412] *BGH*, NJW 1977, 1460 f. (für die Entwendung von Gerichtsakten).
[413] NK-*Kindhäuser/Hoven*, § 243 Rn. 53; LK[13]-*Vogel/Brodowski*, § 243 Rn. 58.
[414] SK[9]-*Hoyer*, § 243 Rn. 43.
[415] *Sander/Hohmann*, NStZ 1998, 276; zweifelnd *Fischer*, § 243 Rn. 24. Diff. LK[13]-*Vogel/Brodowski*,
§ 243 Rn. 56: »Liegt von vornherein nur ein unbenannter besonders schwerer Fall vor […], muss die
Geringwertigkeit zwar in die erforderliche Gesamtabwägung eingestellt werden, schließt jedoch
nicht zwingend die Annahme eines besonders schweren Falles aus«. Zum Streit *Jesse*, JuS 2011, 313
(314 ff.).
[416] Sch/Sch-*Bosch*, § 243 Rn. 48; L/K/H-*Heger*, § 243 Rn. 4; *Kudlich/Noltensmeier/Schuhr*, JA 2010,
342 (343 f.); *Küper*, NJW 1994, 349 (351 f.); W/H/S-*Schuhr*, Rn. 243, 249

III. Diebstahl mit Waffen; Banden- und Wohnungseinbruchdiebstahl (§ 244 StGB); Schwerer Bandendiebstahl (§ 244a StGB)

1. Diebstahl mit Waffen (§ 244 I Nr. 1 StGB)

Fall 37: – *Begriff der Waffe* –

179 Kevin (K) führte bei einem Diebstahl eine mit Gaspatronen geladene Gaspistole bei sich. Strafbarkeit des K?

Es fragt sich, ob der qualifizierte Tatbestand des § 244 StGB eingreift.
– Anders als § 243 ist § 244 StGB *keine bloße Strafzumessungsregel*, sondern ein **eigener »qualifizierter« Tatbestand**. –

a) § 244 I Nr. 1a StGB?

180 § 244 I Nr. 1 StGB *a.F.* hatte das *bloße Beisichführen einer Waffe ohne Verwendungsabsicht* nur genügen lassen, wenn es sich um eine »Schusswaffe« handelte. § 244 StGB *n.F.* erfasst dagegen alle Waffen im technischen Sinn und »andere gefährliche Werkzeuge«.
Diese Ausdehnung wird zum Teil als »unangemessen« bezeichnet, da sonstige Waffen und insbesondere andere gefährliche Werkzeuge typischerweise erheblich weniger gefährlich seien als einsatzbereite Schusswaffen[417]. Gegen die Gleichstellung aller Waffen und gefährlichen Werkzeuge ist m.E. allerdings grundsätzlich nichts einzuwenden, da zahlreiche Gegenstände (z.B. »Würgehölzer«, »Elektroschocker« usw.) verfügbar sind, die an potentieller Gefährlichkeit den Schusswaffen kaum nachstehen. Die Einbeziehung **»anderer gefährlicher Werkzeuge«** in § 244 I Nr. 1a StGB *n.F.* ist aber kriminalpolitisch und rechtsstaatlich höchst bedenklich. Angesichts des Verzichts auf jede Gebrauchsabsicht in § 244 I Nr. 1a StGB (im Gegensatz zu Nr. 1b) entstehen nämlich Abgrenzungsprobleme bei der Auslegung und Anwendung dieses Merkmals:

181 Fraglich ist, ob dieser Begriff den *Gürtel* in der Hose des Diebes, mit dem er das Opfer strangulieren könnte, den *spitzen Bleistift* oder *Kugelschreiber* des diebischen Beamten, da er dem Opfer hiermit die Augen ausstechen könnte, oder die Werkzeuge des *Handwerkers*, da er mit Schraubendreher, Kneifzange, Hammer etc. Menschen erheblich verletzen kann (dazu *Rn. 186, 188 - 191*), erfasst[418].
Die Verfasser des Entwurfs des 6. StrRG haben diese Problematik offenbar nicht gesehen[419]. Sie waren der Meinung, der Begriff des gefährlichen Werkzeugs sei hinreichend geklärt, da er auch in § 224 I Nr. 2 StGB (§ 223a I StGB *a.F.*) Verwendung findet[420]. Sie haben dabei aber übersehen, dass die dort anerkannte Definition – Eignung zur Herbeiführung erheblicher Verletzungen auf Grund der objektiven Be-

---

[417] *Mitsch*, BT 2, S. 115.
[418] Scharfe Kritik an § 244 I Nr. 1a StGB *n.F.* daher u.a. bei: *Hörnle*, Jura 1998, 172; *Mitsch*, BT 2, S. 116 f.
[419] *Mitsch*, BT 2, S. 116.
[420] Vgl. BT-Drucks. 13/9064, S. 18 (Bericht des Rechtsausschusses).

schaffenheit **und der Art der Verwendung**[421] – nicht auf § 244 I Nr. 1a StGB übertragen werden kann, weil die Vorschrift den Einsatz des gefährlichen Werkzeugs gerade nicht voraussetzt und nicht einmal ein Einsatzwille erforderlich ist[422]. Die dadurch verursachten Unklarheiten haben innerhalb weniger Jahre zu einer fast unüberschaubaren Kasuistik geführt. Das durch das 6. StrRG angestrebte Ziel, die Rechtsanwendung zu erleichtern, wurde also verfehlt. Zu Recht bezeichnet der *BGH*[423] die Fassung des § 244 I Nr. 1a StGB als „missglückt" und sieht ausdrücklich davon ab, den Begriff des gefährlichen Werkzeugs allgemeingültig zu definieren[424].

182 § 244 I Nr. 1a StGB *n.F.* beruht auf der erhöhten Gefährlichkeit, die von einem so »bewaffneten« Täter ausgeht. Da diese Vorschrift anders als Nr. 1b keinerlei Gebrauchsabsicht fordert, reicht nach Wortlaut und Willen des Gesetzgebers die **abstrakte** Gefährlichkeit[425]. Bei Waffen im technischen Sinn, d.h. Gegenständen, deren bestimmungsgemäßer Zweck in der Verwendung als Angriffs- oder Verteidigungsmittel besteht, liegt diese Gefährlichkeit generell vor. § 244 I Nr. 1a StGB bedarf jedoch der verfassungskonformen teleologischen Reduktion zugunsten des Täters, wenn er ein sonstiges gefährliches Werkzeug bei sich führt (näher *Rn. 186 ff.*).

183 *(1)* § 244 I Nr. 1a StGB erfasst mit dem Merkmal »Waffe« jedenfalls **Schusswaffen**[426], also solche Waffen, die mechanisch wirkende Geschosse aus einem Lauf abfeuern können, d.h., die geeignet sind, »Projektilverletzungen« herbeizuführen. Dabei muss die Schusswaffe einsatzfähig sein, d.h., sie muss geladen sein, oder der Täter muss sie rasch laden können[427].
Ob **Gaspistolen** »Schusswaffen« sind, war für § 244 I Nr. 1 StGB *a.F.* strittig, aber mangels Eignung, Projektilverletzungen herbeizuführen, zu verneinen[428]. Die Frage kann für § 244 I Nr. 1a StGB *n.F.* dahinstehen[429], denn Gaspistolen sind Waffen im technischen Sinn – entweder »Schusswaffen«[430] oder *sonstige* Waffen[431].

184 *(2)* Waffen i.S. der Vorschrift sind neben den Schusswaffen alle *sonstigen* Waffen im technischen Sinn, d.h. Waffen, die dem Waffengesetz unterfallen[432], z.B. Handgranaten; – geladene – Gaspistolen; Luftgewehre und -pistolen[433], Hieb- und Stoßwaffen wie »Totschläger«, Schlagringe, Springmesser[434] und »Butterfly-Messer«[435].

---

[421] Siehe nur Krey/*Hellmann*/Heinrich, BT 1, Rn. 275.
[422] BGH St 52, 257 (Rn. 16); NStZ 1999, 301 (302); Sch/Sch-*Bosch*, § 244 Rn. 5; L/K/H-*Heger*, § 244 Rn. 3; *Hörnle*, Jura 1998, 172; *Küper*, JZ 1999, 187 (189 f.); *Otto*, 41/52.
[423] BGH St 52, 257 (Rn. 24).
[424] Krit. zu diesem Verzicht *Jahn*, JuS 2008, 835 f.
[425] *Rengier* I, 4/4, 10.
[426] H.L., z. B. NK-*Kindhäuser*/Hoven, § 244 Rn. 4; AnwK-*Kretschmer*, § 244 StGB Rn. 3.
[427] BGH, NStZ-RR 2007, 375; *Rengier* I, 4/10 ff.
[428] Näher dazu *Küper*/Zopfs, Rn. 764 m.w.N.
[429] *Rengier* I, 4/9.
[430] BGH St 45, 92 (93); NStZ 1999, 301 (302); *Otto*, 41/51; *Ransiek*, JA 2018, 666 (667).
[431] BGH, NStZ 2001, 532 f.
[432] *Mitsch*, BT 2, S. 115; *Rengier* I, 4/16.
[433] BGH bei Dallinger, MDR 1974, 547; W/H/S-*Schuhr*, Rn. 275 f.; *Otto*, 41/51.
[434] Vgl. u.a.: *Otto*, 41/51; *Rengier* I, 4/16.
[435] *Kindhäuser*/Wallau, StV 2001, 352 (353). OLG Hamm, StV 2001, 352 (gefährliches Werkzeug).

Geladene Schreckschusswaffen sollen nach Auffassung des Großen Senats des *BGH* – entgegen der früheren Rechtsprechung[436] – dem Waffenbegriff unterfallen, weil das geltende Waffenrecht sie in gewissem Umfang den Schusswaffen gleichstellt und sie in Gefährlichkeit sowie Funktionsweise den als Waffen anerkannten Gaspistolen so sehr ähneln, dass eine unterschiedliche Qualifizierung nicht gerechtfertigt sei[437]. Diese – zu § 250 StGB ergangene und vermeintliche Ungereimtheiten zwischen § 250 I Nr. 1a, II Nr. 1 StGB, der Waffen und andere gefährliche Werkzeuge gleichstellt, und § 250 II Nr. 2 StGB, der nur das Beisichführen einer Waffe nennt, vermeidende – Auffassung wird in der Literatur jedoch zu Recht kritisiert. Die besondere Gefährlichkeit einer Schreckschusswaffe – darin unterscheidet sie sich von anderen Waffen im technischen Sinn – besteht allein bei einem bestimmten Einsatz, nämlich wenn sie aus nächster Nähe abgefeuert wird[438]. Für § 244 I Nr. 1a StGB ist dieser Streit im Ergebnis jedoch nicht relevant, da eine geladene Schreckschusswaffe ein »anderes gefährliches Werkzeug« darstellt.

K hat jedenfalls durch das Mitführen der geladenen Gaspistole den Tatbestand des § 244 I Nr. 1a StGB (»Beisichführen einer Waffe«) erfüllt. Damit entfällt zugleich die Notwendigkeit einer Prüfung des § 244 I Nr. 1b StGB, denn Nr. 1b ist neben Nr. 1a nicht anwendbar[439].

185 Führt der Dieb eine Waffe im technischen Sinn bei sich, so schließt es die Anwendung des § 244 I Nr. 1a StGB nicht aus, dass der Täter die Waffe im konkreten Fall in einer »untypischen« Weise benutzt, also nicht als Angriffs- oder Verteidigungsmittel, sondern etwa als Einbruchswerkzeug – z.B. Benutzung eines »Butterfly-Messers« zum Aufbrechen eines Pkw[440] – verwendet.

(3) »Andere gefährliche Werkzeuge« i.S. des § 244 I Nr. 1a StGB

Fall 38: – *Arbeitsmittel als gefährliches Werkzeug?* –

186 Klempnermeister Dieter (D) befand sich zu Fuß auf dem Weg zu der Wohnung eines Kunden in der Fußgängerzone. D führte seinen Werkzeugkoffer bei sich, in dem sich Hammer, Zangen und andere Werkzeuge befanden. An einem Obststand entwendete er einen Apfel.

Hat D einen Diebstahl mit einem anderen gefährlichen Werkzeug gemäß § 244 I Nr. 1a StGB begangen?

(a) § 224 I Nr. 2 StGB als untaugliches Auslegungskriterium?

Wie dargelegt (*Rn. 181*), ist der Hinweis in den Gesetzesmaterialien zu § 244 I Nr. 1a StGB, der Begriff des gefährlichen Werkzeugs sei dem Tatbestand der gefährlichen Körperverletzung (§ 224 I Nr. 2 StGB *n.F.*) entnommen, zur Auslegung ungeeignet, weil es – anders als bei Nr. 1b – nach dem Wortsinn des Gesetzes und dem Willen des Gesetzgebers nicht auf eine wirkliche oder geplante Benutzung des Werkzeugs ankommt. Dennoch hatte die *Rechtspre-*

---

[436] *BGH*, StV 1998, 486 f.; StV 2001, 274 f.
[437] *BGH* St 48, 197 (200 ff.) m. Bespr. *Baier*, JA 2004, 12; *Fischer*, NStZ 2003, 569 ff. und *Martin*, JuS 2003, 824; *BGH*, NStZ 2010, 390. Ebso. z.B. *Lanzrath/Fieberg*, Jura 2009, 348.
[438] W/H/S-*Schuhr*, Rn. 276; zust. L/K/H-*Heger*, § 244 Rn. 3c.
[439] *Geppert*, Jura 1999, 599 (602): Nr. 1b sei Auffangtatbestand; L/K/H-*Heger* § 244 Rn. 12; *Mitsch*, BT 2, S. 125 (Nr. 1a sei lex specialis).
[440] *Kindhäuser/Wallau*, StV 2001, 352 (353).

chung in zahlreichen Entscheidungen diese Definition verwendet[441]. Diese Stellungnahmen lösen das Problem jedoch nicht, weil sie entweder § 250 I Nr. 1a bzw. § 250 II Nr. 1 StGB betreffen, also Fälle, in denen der Täter das Werkzeug tatsächlich als Gewalt- oder Drohmittel angewendet hat, was bei § 244 I Nr. 1a StGB gerade nicht der Fall ist, oder eine Waffe im technischen Sinn fälschlicherweise als gefährliches Werkzeug behandeln.

Nunmehr hat der *BGH* von dieser Auslegung Abstand genommen[442].

In der Literatur ist weitgehend anerkannt, dass der Begriff des gefährlichen Werkzeugs i.S. des § 244 I Nr. 1a nicht primär nach § 224 I Nr. 2 StGB zu bestimmen ist.

(b) Notwendigkeit einer teleologischen Reduktion des § 244 I Nr. 1a StGB (»anderes gefährliches Werkzeug«)

Die Notwendigkeit einer Beschränkung des Begriffs des »anderen gefährlichen Werkzeugs« lässt sich nicht ernsthaft bestreiten. Das folgt schon aus gesetzessystematischen Gründen. § 243 I 2 Nr. 1 StGB in der Alternative des Einbrechens würde weitgehend leerlaufen, da ein Einbruch ohne entsprechende Werkzeuge (Brecheisen, Schraubendreher usw.) kaum vorstellbar ist. Der Einbruchdiebstahl soll aber eben »nur« als besonders schwerer Fall des Diebstahls strafbar sein, nicht dagegen als qualifizierter Diebstahl nach § 244 I Nr. 1a StGB.

187

Einigkeit besteht zumindest darüber, dass nicht jede denkbare gefährliche Verwendung eines Gegenstandes die Strafbarkeit nach § 244 I Nr. 1a StGB zu begründen vermag, denn sonst wäre der Tatbestand uferlos. Deshalb scheiden z.B. Kugelschreiber oder spitze Bleistifte als gefährliche Werkzeuge aus, obwohl man dem Bestohlenen damit die Augen ausstechen könnte; gleiches gilt – trotz ihrer abstrakten Eignung als Strangulationsmittel – für Hosengürtel oder Schnürsenkel[443]. Das Mitführen solcher Gegenstände kann die Strafbarkeit nach § 244 I Nr. 1b StGB begründen, wenn der Täter die Absicht hat, sie als Mittel zur Gewaltanwendung oder Drohung einzusetzen.

Ob das Mitführen beruflicher Arbeitsmittel diese Qualifikation erfüllt, ist dagegen strittig. Die h.L. lehnt § 244 I Nr. 1a StGB zu Recht ab[444].

188

Anderenfalls könnte kein noch so friedfertiger *Handwerker* mit Werkzeugkiste oder *Gärtner* mit Spaten (bzw. anderen Gartengeräten) einen Diebstahl begehen, ohne des Diebstahls mit einem gefährlichen Werkzeug schuldig zu sein.

Es bedeutet im Übrigen keinen Widerspruch, dass für Täter, die – wie Polizeibeamte – aus beruflichen Gründen **Waffen im technischen Sinn** (**Schusswaffen**, Schlagstöcke) bei sich führen, § 244 I Nr. 1a StGB anwendbar ist (*Rn. 215, 218*), denn bei Werkzeug von Handwerkern oder Sportgeräten von Sportlern (Tennisschläger) würde ihr Einsatz zur Verletzung oder Tötung eine **Zweckentfremdung** bedeuten, während *Waffen im technischen Sinn* zum Einsatz gegen Menschen **bestimmt** sind[445].

---

[441] Z.B. *BGH* St 45, 92 ff.; NJW 1998, 3130; NStZ-RR 2000, 43; *BayObLG*, StV 2001, 17 (18); *OLG Hamburg*, StV 2001, 352; *OLG Hamm*, StV 2001, 352. A.A. *BGH*, NStZ 1999, 301 (302).
[442] *BGH* St 52, 257 (Rn. 18).
[443] *Otto*, 41/51.
[444] *Hörnle*, Jura 1998, 172; *Otto*, 41/56; i. E. ebso. – mangels Verwendungsabsicht –: *Rengier* I, 4/ 38 ff.
[445] Ebso. *Otto*, 41/56; offenbar auch *Hörnle*, Jura 1998, 172.

189 Die dogmatische Begründung dieses sachgerechten Ergebnisses ist uneinheitlich.

(aa) Einige Autoren stellen auf das Kriterium der **Verwendungsabsicht** ab: Bei Waffen im technischen Sinn sei der Verzicht auf eine Gebrauchsabsicht in § 244 I Nr. 1a StGB zwar plausibel. Dieser Verzicht sei aber bei »anderen gefährlichen Werkzeugen« nicht sinnvoll durchführbar; bei ihnen sei der Wille des Täters erforderlich, das Werkzeug »im Bedarfsfall« so gegen Menschen einzusetzen, dass im Falle des Einsatzes § 224 I Nr. 2 StGB erfüllt wäre[446].

Diese Meinung widerspricht jedoch der nach Wortlaut und Willen des Gesetzgebers klar entgegenstehenden Regelung des § 244 I Nr. 1a StGB (Gegensatz zu Nr. 1b) und dürfte daher eine unzulässige Rechtsfindung contra legem darstellen[447].

190 *(bb)* Die Rechtsprechung verlangte überwiegend zwar keine Verwendungsabsicht, aber das allgemeine, noch auf keinen bestimmten Zweck gerichtete Bewusstsein des Täters, den gefährlichen Gegenstand gebrauchsbereit bei sich zu haben[448].

Diese These leuchtet zwar auf den ersten Blick durchaus ein, suggeriert sie doch, dass die Gefährlichkeit aus den Gesamtumständen, nämlich aus der – objektiven – Beschaffenheit und dem – subjektiven – Bewusstsein der Gefährlichkeit gefolgert würde. Bei näherer Betrachtung bewirkt sie keine nennenswerte Einschränkung des § 244 I Nr. 1a StGB: Der Handwerker, der einen Hammer bei dem Diebstahl mitführt, kennt die allgemeine Gefährlichkeit seines Werkzeugs. Das allgemeine Gefährlichkeitsbewusstsein würde also nur fehlen, wenn er nicht daran denkt, dass er das Werkzeug dabeihat; dann scheidet aber bereits der Tatvorsatz aus.

191 *(cc)* Die Reduktion kann deshalb nur durch eine Bestimmung der objektiven Gefährlichkeit erfolgen. Trotz der terminologischen Unterschiede liegen die dazu vertretenen Auffassungen in der Sache nicht sehr weit auseinander.

Der *BGH* neigte früher dazu, »neben der objektiven Beschaffenheit des Gegenstandes eine generelle, von der konkreten Tat losgelöste Bestimmung des Gegenstandes zur gefährlichen Verwendung seitens des Täters« zu verlangen[449]. Davon ist das Gericht aber mittlerweile ausdrücklich abgerückt[450] und greift allein auf objektive Kriterien zurück[451]. In der Literatur wird zum Teil ebenfalls auf die Gefährlichkeit bei der typischen bestimmungsgemäßen Anwendung abgestellt[452]. Andere beziehen die

---

[446] *Graul*, Jura 2000, 204 (205); *Küper*, JZ 1999, 187 (193 f.); *Rengier* I, 4/38 ff.; *Zopfs*, JR 1999, 1062 (1063). Einschränkend *OLG Stuttgart*, NJW 2010, 2756 (2758): über ein subjektives Gefährlichkeitskriterium hinaus sei erforderlich, dass der so als »gefährlich« bestimmte »Einsatz gegen das Tatopfer droht«, krit. dazu Bespr. *Kraatz*, JR 2010, 142 ff. und *Sättele*, NJW 2009, 2578 f.; dagegen auch *OLG Köln*, NStZ 2012, 327 m. Anm. *Kraatz*.

[447] Ebso. *Kindhäuser/Wallau*, StV 2001, 352 (353). A.A. L/K/H-*Heger*, § 244 Rn. 3b (»subjektive Ergänzung des Gesetzes liegt am äußersten Rand einer noch zulässigen Auslegung«).

[448] *BGH*, StV 2003, 26 (27); StV 2005, 606; *OLG Naumburg*, StV 2016, 652; *OLG Schleswig*, NStZ 2004, 212 (214), m. Bespr. *Hardtung*, StV 2004, 399 ff.; weitergehend *OLG Braunschweig*, NJW 2002, 1735 (1736 f.) und *OLG Frankfurt*, StV 2002, 145 (146), die eine generelle – von der konkreten Tat losgelöste – Bestimmung des Gegenstandes zur Bedrohung oder Verletzung fordern.

[449] *BGH*, NStZ 1999, 301 (302).

[450] *BGH* St 52, 257 (Rn. 26).

[451] *BGH* St 52, 257 (Rn. 32); NStZ 2012, 571 f.; NStZ-RR 2021, 107 f.; 211 (212).

[452] *Mitsch*, JuS 1999, 640 (643); ZStW 111, 65 (79). Ähnl. *Schroth*, NJW 1998, 2861 (2864): besondere Gefährlichkeit nach allgemeiner Anschauung; *Zieschang*, JuS 1999, 51 f. (allgemeine Eignung zur Zufügung erheblicher Verletzungen).

konkrete Situation mit ein und verlangen, dass das Mitführen des Gegenstandes bei dem konkreten Diebstahl wegen des waffenähnlichen bzw. »waffenersetzenden« Charakters nur auf Grund der Zwecksetzung verständlich erscheint, als Mittel zu einer qualifizierten Nötigung eingesetzt zu werden[453].
Am besten geeignet zur notwendigen Beschränkung des Begriffs »anderes gefährliches Werkzeug« erscheint das Kriterium der **»Zweckentfremdung« des Werkzeugs**[454]:
Gegenstände wie *Handwerkszeug*, Spaten u.a. Gartengeräte, die der Täter in Ausübung seines Berufs oder als Heimwerker bzw. Hobbygärtner bei sich führt, sind nicht zum Einsatz gegen Menschen bestimmt; ihr Gebrauch zur Tötung, Verletzung oder Bedrohung von Menschen würde eine Zweckentfremdung bedeuten. Das gilt ebenso für typische Einbruchswerkzeuge, z.B. für den zum Aufbrechen des Pkw mitgeführten Schraubendreher. Solche Gegenstände fallen also trotz ihrer objektiven Eignung, im Falle derartiger Zweckentfremdung erhebliche Körperverletzungen zu verursachen, aus dem Anwendungsbereich des § 244 I Nr. 1a StGB heraus.
Anders liegt es dagegen z.B., wenn der Täter einen Kampfhund bei dem Diebstahl dabeihat; sein Einsatz zur Verletzung von Menschen bedeutet keine Zweckentfremdung und bei einer solchen Verwendung besteht die Eignung, erhebliche Körperverletzungen zu verursachen. Auch nicht jedes Sportgerät fällt notwendig aus dem Anwendungsbereich des § 244 I Nr. 1a StGB heraus. Führt der Dieb z.B. einen Baseballschläger[455] auf dem Weg zu einer ausländerfeindlichen Demonstration bei sich, so wäre der Einsatz des Schlägers gegen Menschen weder aus der Sicht eines Dritten noch aus Sicht des Diebes eine Zweckentfremdung.
Gleiches gilt für Taschenmesser[456] mit einer längeren Klinge. Da diese – unabhängig von der bestehenden Notwendigkeit, das Messer auszuklappen – »zum Schneiden und Stechen bestimmt und nach ihrer Beschaffenheit hierzu geeignet sind« und solche Messer »wie jedes andere gegen Personen gebraucht werden und im Falle seines Einsatzes dem Opfer erhebliche, unter Umständen sogar tödliche Verletzungen zufügen« können[457], liegt keine Zweckentfremdung vor.
Diese **teleologische Restriktion**[458] des § 244 I Nr. 1a StGB eröffnet angesichts des § 244 I Nr. 1b StGB, der auch bei ungefährlichen Gegenständen zur Anwendung kommt, wenn der Täter sie als Mittel zur Gewaltanwendung oder Drohung bei sich führt, im Übrigen keine sachwidrigen Strafbarkeitslücken.
D ist somit nur wegen »einfachen« Diebstahls strafbar. – § 248a StGB ist zu beachten. –

---

[453] *Fischer*, § 244 Rn. 23 f.; *Kindhäuser/Wallau*, StV 2001, 352 (353 f.); ähnl. *Bussmann*, StV 1999, 621; *Maatsch*, GA 2001, 75 (82 f.); *Schlothauer/Sättle*, StV 1998, 505 (508).
[454] *Hörnle*, Jura 1998, 169 (172). Dem zuneigend *Schlüchter*, S. 71; ähnl. *Otto*, 41/56.
[455] Vgl. auch *BGH*, StV 2008, 470 (Baseballschläger als gefährliches Werkzeug).
[456] Näher zum Taschenmesser als gefährliches Werkzeug i.S.d. § 244 I Nr. 1a StGB, *Rengier*, FS-Schöch, 2010, S. 549 ff.
[457] BGH St 52, 257 (Rn. 35), zust. *Deiters*, ZJS 2008, 424 (426); *Mitsch*, NJW 2008, 2865; *Peglau*, JR 2009, 162 ff.; krit. *Foth*, NStZ 2009, 93 f.; *Kasiske*, HRRS 2008, 378 (381 f.); ebso. für ein »Schweizer Offiziersmesser« mit einer Klingenlänge von 6 cm *OLG Köln*, NStZ 2012, 327 m. Anm. *Kraatz*.
[458] So *Hörnle*, Jura 1998, 169 (172) und *Schlüchter*, S. 71. – Zum Begriff der teleologischen Reduktion Krey/Hellmann/*Heinrich*, BT 1, Rn. 538, 889. –

Fall 39: – »*Scheinwaffe*« –

192 Karina (K) begab sich zum Diebstahl in ein Kaufhaus. Sie steckte »vorsichtshalber« eine *ungeladene* Pistole ein in der Absicht, gegebenenfalls den Widerstand eines anderen durch Drohung mit Gewalt zu verhindern oder zu überwinden. Munition hatte K nicht bei sich.
Greift § 244 StGB ein?

a) § 244 I Nr. 1a StGB?

(1) Die Pistole war **nicht einsatzfähig**, da sie nicht geladen war und K sie nicht rasch hätte laden können. Eine Schusswaffe fällt aber nur unter den Begriff der »Waffe« i.S. des § 244 I Nr. 1a StGB, wenn sie einsatzfähig ist (*Rn. 183*).

(2) Eine solche Schusswaffe ist auch kein »gefährliches Werkzeug« i.S. dieser Vorschrift. Bei einem *Einsatz als Schlaginstrument* wäre sie zwar geeignet, erhebliche Verletzungen herbeizuführen, eine solche Verwendung würde aber eine *Zweckentfremdung* darstellen, sodass die in *Rn. 190* befürwortete Beschränkung auch hier gilt.

b) § 244 I Nr. 1b StGB?

193 K hat bei dem Diebstahl die Pistole als »Werkzeug« bzw. »Mittel« bei sich geführt, »um den Widerstand einer anderen Person durch *Drohung mit Gewalt*[459] zu verhindern oder zu überwinden«. Damit liegt § 244 I Nr. 1b StGB vor.
Dem steht nicht entgegen, dass K nur »bluffen« wollte, da ihr »Werkzeug« oder »Mittel« objektiv ungeeignet war, das Opfer zu gefährden. Für § 244 I Nr. 1b StGB reicht die vorgespiegelte Scheingefahr durch Drohung mit einer **Scheinwaffe** aus:

(1) Für § 244 I Nr. 2 StGB *a.F.* war strittig, ob die Vorschrift auch sog. »Scheinwaffen« erfasste[460]. Nach dem Willen des Gesetzgebers unterfallen sie jedoch § 244 I Nr. 1b StGB *n.F.*[461]. Diese Entscheidung sollte akzeptiert werden, zumal Wortlaut und systematischer Zusammenhang diese Auslegung des § 244 I Nr. 1b StGB *n.F.* zwar nicht zwingend fordern, aber doch zulassen[462].

(2) Da § 244 I Nr. 1a StGB das Beisichführen gefährlicher Werkzeuge voraussetzt, können »sonstige Werkzeuge oder Mittel« i.S. von Nr. 1b nur »ungefährliche« sein. Das sind sicher zum einen Gegenstände, die zwar ein objektives Gefährdungspotential besitzen, dies aber nur bei einer Zweckentfremdung entfalten und deshalb nicht § 244 I Nr. 1a StGB erfüllen[463] (vgl. *Rn. 191*). Zum anderen können aber auch Scheinwaffen diesem Merkmal subsumiert werden, da sie als Mittel zur Drohung mit (Personen-) Gewalt benutzt werden können.
Für das Merkmal der Drohung in §§ 240, 249, 252, 253, 255 StGB ist nämlich nicht erforderlich, dass der Täter sie realisieren kann. Da § 244 I Nr. 1a und 1b StGB im »Vorfeld« des Raubes und des räuberischen Diebstahls wirken, indem sie unter

---

[459] Zu der Frage, ob die Bedrohung mit einer Waffe (Personen-) Gewalt darstellt, Rn. 282, und Krey/*Hellmann*/Heinrich, BT 1, Rn. 409.
[460] Siehe die 11. Aufl., Rn. 135, 136 m.w.N. pro und contra.
[461] BT-Drucks. 13/9064, S. 18; L/K/H-*Heger*, § 244 Rn. 4.
[462] Für eine Einbeziehung der Scheinwaffe deshalb u.a.: *BGH*, JZ 1998, 740; L/K/H-*Heger*, § 244 Rn. 4; *Hörnle*, Jura 1998, 172 (173 a.E.); *Mitsch*, BT 2, S. 126 f.; *Rengier* I, 4/64 ff.
[463] Für eine Beschränkung des § 244 I Nr. 1b StGB auf diese Werkzeuge *Kindhäuser/Wallau*, StV 2001, 18 (19); *dies.*, StV 2001, 352 (353).

Strafe stellen, dass sich der Täter mit Raubmitteln ausstattet, erscheint es sachgerecht, Scheinwaffen wegen ihres Drohungspotentials in den Anwendungsbereich des § 244 I Nr. 1b StGB einzubeziehen.
Durch die Ausweitung des § 244 I StGB auf den Wohnungseinbruchdiebstahl lässt sich zudem nicht mehr sagen, die Diebstahlsqualifikationen beruhten durchgehend auf dem Aspekt erhöhter objektiver Gefährlichkeit der Tat.

(3) Allerdings hatte der *BGH* zu § 250 I Nr. 2 (und § 244 I Nr. 2) StGB *a.F.* seine **194** prinzipielle Einbeziehung von Scheinwaffen dadurch eingeschränkt, dass er Gegenstände ausschied, die nach ihrem äußeren Erscheinungsbild offensichtlich ungefährlich und einer Waffe (oder einem gefährlichen Werkzeug) evident nicht ähnlich sind.
– Fall des *Plastikrohres*, mit dem der Täter seine Jacke ausbeult, um vorzuspiegeln, er habe eine Schusswaffe bei sich, des *Lippenpflegestiftes* (Labello), den der Täter dem Opfer zur Vorspiegelung einer Waffe in den Rücken drückt, und des *Metallgegenstandes*, den der Täter dem Opfer von hinten an den Hals hält (dazu *Rn. 316*). –
Diese Einschränkungen sollen nach dem Willen des Gesetzgebers des 6. StrRG für §§ 244 I Nr. 1b, 250 I Nr. 1b StGB *n.F.* maßgeblich bleiben[464].
Zu solchen schon nach ihrem äußeren Erscheinungsbild evident ungefährlichen Gegenständen gehört die ungeladene Pistole der K nicht, sodass § 244 I Nr. 1b StGB vorliegt.

Ergänzende Hinweise zu § 244 I Nr. 1a, 1b StGB

(1) § 244 I Nr. 1b StGB meint mit dem Merkmal Gewalt die Anwendung von – sei **195** es auch geringfügiger – Körperkraft mit einer physischen Zwangswirkung beim Opfer; hierfür reichen auch Fesseln und Knebeln des Opfers[465]. Gewalt gegen Sachen wird als solche nicht erfasst[466].

(2) Zum Erfordernis des Beisichführens **196**
(a) In räumlicher Hinsicht ist zwar nicht nötig, dass der Täter (oder ein anderer Beteiligter) die Waffe bzw. das gefährliche Werkzeug (§ 244 I Nr. 1a StGB) oder das Werkzeug bzw. Mittel (§ 244 I Nr. 1b StGB) »in der Hand hält oder wenigstens am Körper trägt«. Er muss den betreffenden – beweglichen[467] – Gegenstand aber so zur Verfügung haben, und zwar in räumlicher Nähe, dass er sich seiner »jederzeit, also ohne nennenswerten Zeitaufwand und ohne besondere Schwierigkeiten bedienen kann«[468]. Daran fehlt es z.B., wenn die Waffe sich im Pkw des Diebes befindet, der etwa 200 m entfernt vom Tatort geparkt ist[469].
Der Täter führt die Waffe (bzw. das gefährliche Werkzeug) allerdings nicht schon bei sich, wenn er *bloß zufällig in deren Nähe kommt,* z.B. indem er ein Auto aufbricht, in dessen Handschuhfach sich eine geladene Gaspistole befindet. Die *gebo-*

---

[464] *Hörnle*, Jura 1998, 172 (173); *Rengier* I, 4/68 ff.; *Sander/Hohmann*, NStZ 1998, 277; scharfe Kritik an jener Rspr. bei *Dencker*/Struensee/Nelles/Stein, S. 13.
[465] BT-Drucks. 13/9064, S. 18; *Rengier* I, 4/72.
[466] *Mitsch*, BT 2, S. 128 f.
[467] Fest installierte Tatmittel, z.B. eine Selbstschussanlage, unterfallen dem Merkmal somit nicht, siehe BGH St 52, 89 (Rn. 8 ff.) – zum *Mitsichführen in § 30a II Nr. 2 BtMG* – m. Bespr. *Heintschel-Heinegg*, JA 2008, 308 ff. und *Magnus*, JR 2008, 410 ff.
[468] *BayObLG*, StV 2001, 17 (18); *OLG Hamm*, StV 2001, 352.
[469] BGH St 31, 105, zust. AnwK-*Kretschmer*, § 244 Rn. 20.

tene Einschränkung lässt sich dadurch erreichen, dass ein Beisichführen nur dann angenommen wird, wenn der Täter »Garant bezüglich des Gegenstandes« ist[470]. Das kann auch der Fall sein, wenn der Täter die Waffe bzw. das gefährliche Werkzeug erst am Tatort – möglicherweise als Beute – an sich bringt[471]; er muss sich aber nun der Waffe bzw. des gefährlichen Werkzeugs bedienen können.

197 *(b)* In **zeitlicher** Hinsicht gilt, dass der Täter die Waffe, das gefährliche Werkzeug, das sonstige Werkzeug oder Mittel »bei der Begehung des Diebstahls« bei sich führen muss. Das Begehungsstadium beginnt erst mit dem Überschreiten der Grenze zum strafbaren Versuch, sodass ein Beisichführen – nur – im Vorbereitungsstadium nicht genügt[472]. Umstritten ist, ob der Anwendungsbereich des § 244 I Nr. 1a, b StGB mit der – formellen – Vollendung (Wegnahme) endet[473] oder ein Ergreifen des Gegenstandes erst danach bis zur – materiellen – Beendigung (Beutesicherung) – namentlich während der Flucht mit der Beute [474] – dem Tatbestand unterfällt.

Stellungnahme
Für die **Einbeziehung des Beendigungsstadiums** streiten m.E. die besseren Argumente. Mit dem Wortlaut ist sie jedenfalls vereinbar, da § 244 I Nr. 1a, b StGB nicht voraussetzt, dass der Täter die Waffe usw. bei der Wegnahme bei sich führt – dann wäre nur das Stadium bis zur Vollendung des Diebstahls erfasst –, sondern bei der Begehung des Diebstahls. Der Begriff »Begehung« muss nicht zwingend auf die Phase bis zur Vollendung beschränkt werden. Für die Einbeziehung der »Bewaffnung« nach der Vollendung bis zur Beendigung des Diebstahls spricht, dass es in diesem Stadium nicht selten zu einer gewaltsamen Auseinandersetzung zwischen dem Täter und einem Dritten, der ihm die Beute wieder abnehmen will, kommt. Da der Diebstahl mit Waffen aber gerade unter Strafe stellt, dass sich der Täter mit qualifizierten Nötigungsmitteln ausstattet, die zur Ausübung von (Personen-) Gewalt bzw. zur Drohung geeignet sind, macht es keinen Unterschied, ob der Einsatz des Gegenstandes – bis zur Vollendung der Wegnahme – als Raub oder – bis zur Beendigung des Diebstahls – als räuberischer Diebstahl strafbar wäre, zumal § 252 StGB die Anwendung eines qualifizierten Nötigungsmittels zur Beutesicherung dem Raub gleich stellt.

---

[470] *Kindhäuser/Wallau*, StV 2001, 352 (354): Das sei vor allem der Fall, wenn sich die Innehabung der Verfügungsgewalt über die Waffe als ein »Moment der Tatgestaltung erklären lässt«.
[471] *BGH* St 13, 259 (260); NStZ 2015, 85 (86) m. Anm. *Floeth* und m. Bespr. *Kudlich*, JA 2014, 228 (230); S/S/W-*Kudlich*, § 244 Rn. 19; *Rengier* I, 4/51. A.A. NK-*Kindhäuser/Hoven*, § 244 Rn. 18; *Kindhäuser/Wallau*, StV 2001, 352 (354); *Lanzrath/Fieberg*, Jura 2009, 348 (351 f.).
[472] Heute wohl einhellige Meinung: *BGH* St 31, 105 (107), m.N. der früheren Rspr., die bestimmte Vorbereitungshandlungen (z.B. Fahrt zum Tatort) einbezog; Sch/Sch-*Bosch*, § 244 Rn. 7; L/K/H-*Heger*, § 244 Rn. 2.
[473] L/K/H-*Heger*, § 244 Rn. 2; *Mitsch*, BT 2, S. 120; W/H/S-*Schuhr*, Rn. 278; *Zaczyk*, JR 1998, 256.
[474] *BGH* St 20, 194 (196 f.); Sch/Sch-*Bosch*, § 244 Rn. 7, § 250 Rn. 8; *Fischer*, § 244 Rn. 29; *Haft*, JuS 1988, 367 f.

2. Bandendiebstahl (§ 244 I Nr. 2 StGB)

Fall 40: – *Begriff der Bande; Mitwirkung eines anderen Bandenmitgliedes* –
Anna (A), Berthold (B) und Cäsar (C) hatten sich zusammengeschlossen, um »Nobelkarossen« zu entwenden und gewinnbringend zu verwerten. A war die Chefin; sie suchte die Diebstahlsobjekte aus und plante die Taten, während B und C die Fahrzeuge beschafften und ins Ausland brachten. Eines Nachts fuhr B mit Dieter (D), den A als »Spezialisten« für BMW-Pkw angeheuert hatte, zu einem auf einem öffentlichen Parkplatz abgestellten BMW. D öffnete das Fahrzeug und setzte die Wegfahrsperre außer Betrieb. B stand Schmiere und ging D zur Hand. D fuhr den BMW dann zu der Garage, die A angemietet hatte. B folgte ihm in seinem Auto, um sicher zu gehen, dass D nicht mit dem Fahrzeug verschwand.
Strafbarkeit von A, B und D?

198

a) Strafbarkeit des D
D hat einen Diebstahl in einem besonders schweren Fall nach §§ 242, 243 I 2 Nr. 2 StGB begangen. Da er kein Bandenmitglied ist, scheidet § 244 I Nr. 2 StGB aus (siehe dazu *Rn. 201*). Ob er den Pkw beschädigt hat, lässt sich nicht klären.

b) Strafbarkeit des B wegen Bandendiebstahls, § 244 I Nr. 2 StGB?
Problem: Hat B den Pkw als Mitglied einer Bande unter Mitwirkung eines anderen Bandenmitgliedes gestohlen?

(1) Der **Begriff der Bande** setzt voraus, dass sich mehrere Personen »mit dem Willen verbunden haben, künftig für eine gewisse Dauer mehrere selbstständige, im Einzelnen noch ungewisse Straftaten des im Gesetz genannten Deliktstyps zu begehen«. Erforderlich ist zwar eine – ggf. auch konkludente[475], z.B. aus dem konkret feststellbaren, wiederholten deliktischen Zusammenwirken mehrerer Personen herleitbare[476] – »Bandenabrede«[477], aber kein »gefestigter Bandenwille« oder ein »Tätigwerden in einem übergeordneten Bandeninteresse«[478]. Nach zutreffender h.M.[479] ist die Bandenabrede eine »offene Abrede«, d.h., sie muss auf die Begehung einer unbestimmten Vielzahl im Einzelnen noch ungewisser Diebstaten gerichtet sein. Stehen die Taten von vornherein weitgehend fest, fehlt es an der spezifischen Gefährlichkeit der Bande, immer wieder neue Taten zu generieren.
Bis zur Entscheidung des Großen Senats des *BGH*[480] war strittig, ob bereits zwei Personen eine Bande bilden können[481] oder ob dazu mindestens drei Personen erforderlich sind[482]. Die fast einhellige Meinung in der Literatur[483] befürwortet inzwischen die Auffassung des Großen Senats, zum Teil aber mit der Einschränkung, es

199

---

[475] *BGH,* wistra 2012, 433 (404) m. Bespr. *Hecker,* JuS 2013, 177 (178); *BGH,* StV 2013, 508 (509); NStZ-RR 2013, 208 (209); NStZ-RR 2019, 311.
[476] *BGH,* NStZ-RR 2022, 114 (115).
[477] *BGH* St 50, 160 (161 ff.); wistra 2010, 347 (Rn. 3).
[478] *BGH* St 46, 321 (325) – GS – m.w.N.; *BGH,* NStZ 2006, 574. A.A. z.B. L/K/H-*Heger,* § 244 Rn. 6.;
[479] *BGH,* NStZ-RR 2019, 310 (311 m.w.N.); *Rengier* I, 4/89; krit. MK-*Schmitz,* § 244 Rn. 46.
[480] *BGH* St 46, 321 (325).
[481] *BGH* St 23, 239; befürwortend: Sch/Sch-*Bosch,* § 244 Rn. 24.
[482] *Dreher,* NJW 1970, 1802.
[483] *Dessecker,* NStZ 2009, 184 (186); *Fischer,* § 244 Rn. 34 f.; L/K/H-*Heger,* § 244 Rn. 6; SK⁹-*Hoyer,* § 244 Rn. 32; *Joerden,* JuS 2002, 329 ff.; *Mitsch,* BT 2, S. 129.

sei »objektiv für eine Bande eine *gewisse auf einige Dauer angelegte Organisationsstruktur* zu verlangen, in die mindestens drei Mitglieder eingebunden sind«[484]. Dem wird jedoch zu Recht entgegengehalten, dass die Voraussetzungen der »Bande« nicht mit denen »des Organisationsdelikts der kriminellen Vereinigung« i.S. des § 129 StGB übereinstimmen[485].

Für eine Mindestzahl von drei Personen sprechen mehrere Gründe: Erst in einer größeren Gruppe vollzieht sich die Willensbildung als gruppendynamischer Prozess, der gerade die Bande kennzeichnet. Deren besondere Gefährlichkeit ist zudem erst bei mehr als zwei Mitgliedern gegeben, weil nur dann die Durchführung der »Bandenabrede« von dem Ausscheiden oder Hinzutreten einzelner Mitglieder unabhängig ist[486]. Hinzu kommt, dass eine eindeutige Abgrenzung von Fällen der bloßen wiederholten mittäterschaftlichen Begehung gleichartiger Delikte möglich ist[487].

Bandenmitglied kann im Übrigen auch sein, wem nach der »Bandenabrede« nur Aufgaben zufallen, die eine Gehilfentätigkeit darstellen[488], denn die Bandenabrede berührt die allgemeinen Regeln über die Tatbeteiligung nicht[489].

200 (2) Bei der *Ausführung* des Diebstahls müssen **mindestens zwei Bandenmitglieder** *»mitwirken«*. Über die Auslegung dieses Merkmals besteht ebenfalls Streit. Die bisher h.M. forderte ein »zeitliches und räumliches Zusammenwirken« als Täter am Tatort. Streitig war zudem, ob ein *drittes* oder weiteres Bandenmitglied, das sich nicht in dieser Weise an der Tatausführung beteiligt, sondern räumlich abwesend ist, (Mit-)Täter des § 244 I Nr. 2 sein kann[490].

Der Große Senat des *BGH* hat auch hier eine überzeugende Neuorientierung herbeigeführt[491]: Der Grund für die straferhöhende Wirkung des Mitwirkungserfordernisses bestehe nicht in der »an den Wegnahmeort gebundenen Aktionsgefahr durch wenigstens zwei Bandenmitglieder«, da dem »Einschüchterungseffekt sowie der gesteigerten Durchsetzungsmacht mehrerer Täter gegenüber dem Opfer« nur sekundäre Bedeutung zukomme, weil die Täter-Opfer-Konfrontation dem Tatbestand des Diebstahls nicht von vornherein immanent sei. Der Große Senat wendet sich damit gegen eine andere Erklärung des straferhöhenden Mitwirkungserfordernisses, nämlich die besondere Gefährlichkeit für einen Entdecker der Tat, der sich mehreren Angreifern gegenübersehe und deshalb in seinen Verteidigungsmöglichkeiten eingeschränkt sei[492]. Wäre diese »Aktionsgefahr« mit dem Mitwirkungserfordernis ge-

---

[484] LK[13]-*Vogel/Brodowski*, § 244 Rn. 59.
[485] *BGH* St 46, 321 (327); NK-*Kindhäuser/Hoven*, § 244 Rn. 37; BeckOK-StGB-*Wittig*, § 244 Rn. 16.
[486] *Ellbogen*, wistra 2002, 8 (10); *Erb*, NStZ 1999, 187; *Otto*, StV 2000, 313; *Schmitz*, NStZ 2000, 477.
[487] Diese praktische Erwägung war für den *Großen Senat des BGH* St 46, 321 (325) maßgeblich.
[488] *BGH* St 47, 214 (216 ff.) m. Anm. *Gaede*, StV 2003, 78 ff.; *BGH*, NStZ 2007, 33 f. m. zust. Bespr. *Kudlich*, JA 2006, 746 f. Abl. MK-*Schmitz*, § 244 Rn. 44.
[489] *BGH*, NStZ 2011, 637.
[490] Gegen mittäterschaftliche Beteiligung eines nicht am Tatort anwesenden Bandenmitgliedes: *BGH* St 33, 50 (52); für Strafbarkeit als Täter des § 244 I Nr. 2 StGB etwa: Sch/Sch-*Bosch*, § 244 Rn. 27; *Mitsch*, BT 2, S. 129; *Rengier* I, 4/96. Weitere Nachweise pro und contra bei *Küper/Zopfs*, Rn. 76.
[491] *BGH* St 46, 321 (332 ff.).
[492] *Engländer*, GA 2000, 578 (582); *Zopfs*, GA 1995, 320 (327); dagegen z.B. *Ellbogen*, wistra 2002, 8 (12); *Sya*, NJW 2001, 343 (344).

meint, so hätte es aber nähergelegen, sie mit der Formulierung zu beschreiben, die das Gesetz dafür in § 224 I Nr. 4 StGB (»mit einem anderen Beteiligten gemeinschaftlich«) benutzt. Das Mitwirkungserfordernis trage vielmehr der aus dem Zusammenwirken mehrerer Bandenmitglieder resultierenden gesteigerten Ausführungsgefahr Rechnung, die nicht nur im Falle der Anwesenheit am Tatort gegeben sei.

Die weiteren Folgerungen des Großen Senats sind von seinem zutreffenden Ausgangspunkt konsequent:
– Es genügt, dass *ein Bandenmitglied als Täter an dem Diebstahl mitwirkt*; seine Anwesenheit am Tatort ist somit nicht erforderlich[493].
– Das weitere Bandenmitglied muss *in irgendeiner Weise, z.B. auch Gehilfe, an dem Diebstahl beteiligt* sein.
– Die Wegnahmehandlung selbst kann auch von einem *Nichtbandenmitglied* vorgenommen werden.

Erforderlich ist aber, dass das Bandenmitglied bei der Begehung des Diebstahls mitwirkt. Ein Bandenmitglied, das an der konkreten Tat *erst nach deren Beendigung beteiligt ist*, macht sich somit nicht wegen Bandendiebstahls, sondern – gegebenenfalls – wegen Hehlerei oder Begünstigung strafbar[494].

(3) Die **Bandenmitgliedschaft** selbst ist ein besonderes persönliches Merkmal i.S. des § 28 II StGB[495], sodass nur ein Bandenmitglied wegen täterschaftlicher Begehung des § 244 I Nr. 2 StGB oder wegen Teilnahme am Bandendiebstahl (§§ 244, 26 oder §§ 244, 27 StGB) bestraft werden kann. Ein Nichtbandenmitglied ist dagegen – abhängig von der Art seiner Mitwirkung – nur als Täter oder Teilnehmer eines Diebstahls, ggf. in einem besonders schweren Fall, strafbar. Das **Mitwirkungserfordernis** ist dagegen tatbezogen, da es die Gefährlichkeit der Tat kennzeichnet[496]. Ein Bandenmitglied, das – ohne bei der Ausführung der Tat selbst mitgewirkt zu haben – an dem Bandendiebstahl als Anstifter oder Gehilfe beteiligt ist, macht sich wegen §§ 244, 26 bzw. §§ 244, 27 StGB strafbar.

201

B hat somit einen Bandendiebstahl begangen, da er als Mittäter des Diebstahls unter Mitwirkung der A, die jedenfalls als Teilnehmerin an dem Diebstahl beteiligt (zu ihrer Strafbarkeit *Rn. 202*) war, handelte. Irrelevant ist, dass A nicht am Tatort anwesend war und D als Nichtbandenmitglied die Wegnahmehandlung vornahm.

c) Strafbarkeit der A

Ob A an dem Bandendiebstahl als (Mit-) Täterin oder als Teilnehmerin mitwirkte, hängt davon ab, welche Anforderungen an die täterschaftliche Begehung gestellt werden. Bei Anwendung einer *strengen Tatherrschaftslehre* schiede Mittäterschaft aus, da A an der Tatausführung selbst nicht beteiligt war, sondern diese B und D überließ. A wäre dann wegen Anstiftung zum Bandendiebstahl strafbar, da sie das

202

---

[493] So auch schon *BGH* St 46, 120 (138).
[494] *BGH*, StV 2003, 76 (77); NStZ 2011, 637 (638) – bzgl. § 257 StGB.
[495] *BGH*, StV 2012, 670; NStZ 2014, 635 f.; *Fischer*, § 244 Rn. 44; L/K/H-*Heger*, § 244 Rn. 7; LK[13]-*Vogel/Brodowski*, § 244 Rn. 72. A.A. Sch/Sch-*Bosch*, § 244 Rn. 28/29; *Mitsch*, BT 2, S. 131 f.
[496] *BGH* St 46, 120 (129); *Fischer*, § 244 Rn. 44; S/S/W-*Kudlich*, § 244 Rn. 39

konkrete Tatobjekt aussuchte und den Tatentschluss von B und D zur Begehung dieses Diebstahls hervorrief. Auf der Grundlage eines weiten Tatherrschaftsbegriffs und der subjektiven Theorie wäre A dagegen aus §§ 244, 25 II StGB zu bestrafen.

3. Wohnungseinbruchdiebstahl (§ 244 I Nr. 3, IV StGB)

203 In § 244 I Nr. 3, IV StGB finden sich zwei Fälle des Wohnungseinbruchdiebstahls. Das 6. StrRG stufte durch die Einfügung des **§ 244 I Nr. 3 StGB** den Wohnungseinbruchdiebstahl, der zuvor »nur« das Regelbeispiel des § 243 I 2 Nr. 1 StGB erfüllte, zu einem **qualifizierten** Diebstahlstatbestand hoch. In der Entwurfsbegründung dazu heißt es:

»Es handelt sich um eine Straftat, die tief in die Intimsphäre der Opfer eindringt und zu ernsten psychischen Störungen – z.B. langwierigen Angstzuständen – führen kann. Nicht selten sind Wohnungseinbrüche mit Gewalttätigkeit gegen Menschen und Verwüstung der Einrichtungsgegenstände verbunden.«[497]

Deshalb bedarf der **Begriff der Wohnung i.S. des § 244 I Nr. 3 StGB** einer restriktiven Auslegung[498]. Nicht maßgeblich ist der Wohnungsbegriff des § 123 StGB[499], der auch Nebenräume wie Treppe, Hausflur oder Keller umfasst[500]. Dringt der Täter in diese Räumlichkeiten ein, so verletzt er – jedenfalls i.d.R. – die Intimsphäre des Opfers nicht und die beschriebenen psychischen Störungen sind ebenfalls nicht zu befürchten. Einen Wohnungseinbruchdiebstahl begeht daher nur, wer zur Wegnahme in den »inneren Kern« der Wohnung eindringt, d.h. in eine Räumlichkeit, die der Gewährleistung der Privat- oder Intimsphäre dient[501], wobei die Wegnahme selbst auch aus einem angrenzenden Geschäftsraum erfolgen kann[502]. Der Einbruch z.B. in vom Wohnbereich getrennte Kellerräume eines Mehrfamilienhauses[503] oder in den Empfangsbereich eines Seniorenheims[504] ist dagegen »nur« als Diebstahl in einem besonders schweren Fall nach § 243 I 2 Nr. 1 StGB strafbar.

Die Reichweite des Wohnungsbegriffs des § 244 I Nr. 3 StGB ist im Einzelnen strittig. Der *BGH* subsumiert darunter – ausgehend von seiner allgemeinen Definition der Wohnung als »abgeschlossene und überdachte Räume, die Menschen zumindest vorübergehend als Unterkunft dienen« – auch Hotelzimmer[505] sowie Wohnmobile und Wohnwagen[506].

---

[497] BT-Drucks. 13/8587, S. 43.
[498] *AG Saalfeld*, StV 2004, 384 f.; StV 2005, 613; AnwK-*Kretschmer*, § 244 Rn. 44; *Schall*, FS-Schreiber, 2003, S. 423 (426 ff.); offengelassen von *BGH*, NStZ 2005, 631. Näher zum Streit um den Wohnungsbegriff *Krüger/Ströhlein*, JA 2018, 401 (403 f.).
[499] *BGH*, NStZ 2008, 514 (515); MK-*Schmitz*, § 244 Rn. 60; BeckOK-StGB-*Wittig*, § 244 Rn. 22.
[500] Siehe Krey/Hellmann/*Heinrich*, BT 1, Rn. 558.
[501] *OLG Schleswig* NStZ 2000, 479 f.; *Hellmich*, NStZ 2001, 511 ff.; AnwK-*Kretschmer*, § 244 Rn. 44; *Schall*, FS-Schreiber, 2003, S. 423 (426 ff.); W/H/S-*Schuhr*, Rn. 312.
[502] *BGH*, NStZ 2001, 533 f.; zust. *Bachmann*, NStZ 2009, 667 (668). Die bisherige Rechtsprechung für gemischt genutzte Gebäude zusammenfassend *BGH*, NStZ 2013, 120 f.
[503] *BGH*, StV 2016, 639 m.w.N., mit krit. Bespr. *Jäger*, JA 2016, 872 f.
[504] Dazu *BGH*, NStZ 2005, 631.
[505] *BGH*, BeckRS 2001, 30178367; zust. Sch/Sch-*Bosch*, § 244 Rn. 30; LK[13]-*Vogel/Brodowski*, § 244 Rn. 76. A.A. M/R-*Schmidt*, § 244 Rn. 14; BeckOK-StGB-*Wittig*, § 244 Rn. 60.
[506] *BGH*, NJW 2017, 1186 (1187) m. abl. Anm. *Mitsch*.

203a Nach Auffassung des *BGH*[507] verliert eine Räumlichkeit ihren Charakter als Wohnung i.S. des § 244 I Nr. 3 StGB nicht, wenn der (einzige) Bewohner verstirbt, die »Widmung« als Wohnung aber nicht aufgehoben wurde; es handele sich lediglich nicht mehr um eine dauerhaft genutzte Privatwohnung i.S. des § 244 IV StGB. Zu überzeugen vermag diese Sicht nicht, da die Gründe für die Hochstufung des Wohnungseinbruchsdiebstahls von einem Regelbeispiel nach § 243 I 2 Nr. 1 StGB zu einem qualifizierten Diebstahl – Verletzung der Intimsphäre und ggf. Hervorrufen ernsthafter psychischer Folgen (*Rn. 203*) – bei einem Einbruch in eine nicht bewohnte Wohnung nicht vorliegen[508].

204 2017 wurde durch Einfügung des – als **Verbrechenstatbestand** ausgestalteten – § 244 IV StGB der Strafrahmen für den Wohnungseinbruchdiebstahl, der eine »**dauerhaft genutzte Privatwohnung**« betrifft, weiter verschärft[509], weil private Lebensbereiche besonders schutzbedürftig seien[510]. Eine überzeugende Begründung für die Anhebung der Mindeststrafe von sechs Monaten für den »einfachen« Wohnungseinbruchdiebstahl nach § 244 I Nr. 3 StGB auf ein Jahr Freiheitsstrafe für den »schweren« Wohnungseinbruchdiebstahl bei gleicher Obergrenze von zehn Jahren liegt darin nicht. Die Heraufstufung zu einem Verbrechen bezweckt wohl »allein die Schaffung einer Grundlage für prozessuale Ermittlungsmaßnahmen der TK-Überwachung (100g StPO) und eine (populäre) Anhebung des Strafniveaus«[511]. »Dauerhaft genutzte Privatwohnungen« sind insbesondere Wohnungen in Mehrfamilienhäusern und Einfamilienhäuser[512]. Nach zutreffender Auffassung ist eine solche Nutzung gegeben, wenn »die Wohnung von ihrem Nutzer regelmäßig über einen längeren Zeitraum aufgesucht und als Wohnung genutzt wird«[513] bzw. (bei Neuanmietung oder Neuerwerb) genutzt werden soll[514].

205 § 244 IV StGB ist ein **Verbrechen (§** 12 I StGB), sodass der Versuch strafbar und § 30 StGB anwendbar ist. Der minder schwere Fall nach § 244 III StGB findet – anders als bei § 244 I Nrn. 1 bis 3 StGB – auf § 244 IV StGB keine Anwendung[515].

206 Eine **Geringwertigkeitsklausel** – entsprechend § 243 II StGB – existiert bei § 244 StGB nicht.

4. Verhältnis §§ 243/244 StGB

207 § 244 verdrängt grundsätzlich §§ 242, 243 StGB (Gesetzeskonkurrenz). Dringt der Täter zunächst in einen Geschäftsraum ein, danach in die davon abgetrennte Woh-

---

[507] *BGH*, NStZ 2020, 484 (Rn. 14 ff.) m. abl. Anm. *Epik*; *BGH*, NStZ 2023, 291 (Rn. 8) m. Anm. *Kudlich/Göken* und Bespr. *Eisele*, JuS 2023, 604 f.; zust. *Fischer*, § 244 Rn. 46a.
[508] Ebso. *Epik*, NStZ 2020, 485 ff.; MK-*Schmitz*, § 244 Rn. 66; W/H/S-*Schuhr*, Rn. 312; LK¹³-*Vogel/Brodowski*, § 244 Rn. 77.
[509] Krit. dazu *Fischer*, § 244 Rn. 52 ff.; M/R-*Schmidt*, § 244 Rn. 14a.
[510] BR-Drucks. 380/17, S. 3; BT-Drucks. 18/12359, S. 7; 18/12995, S. 3.
[511] So zutr. *Fischer*, § 244 Rn. 52.
[512] BR-Drucks. 380/17, S. 4.
[513] MK-*Schmitz*, § 244 Rn. 67; ebso *Hirsch/Dölling*, JuS 2019, 977 (999).
[514] MK-*Schmitz*, § 244 Rn. 67.
[515] *BGH*, NStZ 2019, 674 (Rn. 5). Krit. dazu *Fischer*, § 244 Rn. 63.

nung und nimmt er in beiden Räumlichkeiten Sachen weg, stehen der Diebstahl in einem besonders schweren Fall (§ 243 I 2 Nr. 1 StGB) und der Wohnungseinbruchdiebstahl wegen der Teilidentität der Ausführungshandlungen nach Auffassung des *BGH* in Tateinheit[516].

Tateinheit ist zwischen versuchtem schwerem Diebstahl und vollendetem Diebstahl in einem besonders schweren Fall möglich, wenn der Täter nur irrig glaubt, in eine Wohnung einzubrechen[517] oder eine Waffe bei sich zu führen[518].

Aus Klarstellungsgründen ist ebenfalls Tateinheit zwischen versuchtem schweren Wohnungseinbruchdiebstahl (§§ 244 IV, 12 I, 22, 23 I StGB) und vollendetem Einbruchdiebstahl an einem Fahrzeug (§§ 242, 243 I 2 Nr. 2 StGB) anzunehmen[519].

5. Schwerer Bandendiebstahl (§ 244a StGB)

208 Vom Vergehenstatbestand des Bandendiebstahls (§ 244 I Nr. 2 StGB) unterscheidet sich der **Verbrechenstatbestand** (§ 12 I StGB) des schweren Bandendiebstahls (§ 244a StGB) durch eine qualifizierte Begehungsweise. Der Täter muss nämlich – zusätzlich zur Verwirklichung des Bandendiebstahls gemäß § 244 I Nr. 2 StGB – entweder eines der in § 243 I S. 2 StGB genannten *Regelbeispiele* erfüllen oder den Diebstahl gemäß § 244 I Nr. 1 *(Diebstahl mit Waffen)* bzw. Nr. 3 *(Wohnungseinbruchdiebstahl)* StGB begehen.

§ 244a StGB greift bei Diebesbanden aller Art ein, d.h. ohne Rücksicht auf deren personelle Zusammensetzung und Verankerung in bestimmten Kriminalitätsfeldern. So kann es sich um eine Jugendbande[520], eine im örtlich begrenzten Bereich tätige oder auf bestimmte Objekte spezialisierte Bande handeln.[521]

209 Da es sich bei § 244a StGB um ein Verbrechen handelt, gilt die Vorverlagerung der Strafbarkeit nach § 30 StGB. Das ist für die Fälle bedenklich, in denen die Bandenbildung mit der Verabredung gem. § 30 Abs. 2 BGB zusammenfällt, also noch keine Bandentat begangen wurde (sog. unausgeführte Bande)[522].

210 Die *Bagatellklausel* in § 244a IV StGB *a.F.* hat das 6. StrRG zu Recht gestrichen. §§ 244, 244a StGB sind daher – wie §§ 249 - 252 StGB – anwendbar, wenn sich die Tat auf eine geringwertige Sache bezieht (siehe *Rn. 217, 219, 343*).

---

[516] *BGH*, NJW 2018, 2909 (LS).
[517] *Mitsch*, ZStW 111, 65 (71).
[518] L/K/H-*Heger*, § 244 Rn. 13.
[519] *BGH*, NStZ 2019, 674 (Rn. 4 ff.). Der vom *BGH* nicht mitgeteilte Sachverhalt findet sich in dem angefochtenen Urteil des *LG Koblenz*, BeckRS 2018, 59148 (Rn. 10 ff.): Die Täter hatten zunächst vergeblich versucht, in die dauerhaft genutzte Privatwohnung des Eigentümers eines Pkw einzubrechen, um die Originalschlüssel zu entwenden und das Fahrzeug mit deren Hilfe zu entwenden. Daraufhin entwendeten sie das Fahrzeug anderweitig unter Zuhilfenahme mechanischer und/oder elektronischer Hilfsmittel.
[520] Krit. dazu und einen minder schweren Fall in Betracht ziehend *Möller*, StraFo 2009, 92 ff.; W/H/S-*Schuhr*, Rn. 308; LK[13]-*Vogel/Brodowski*, § 244a Rn. 2, 11.
[521] *BGH*, NStZ 2008, 625 f.
[522] AnwK-*Kretschmer*, § 244a Rn. 1; vgl. etwa BGH, NStZ 2018, 616 (Rn. 9 ff.) m. Anm. *Jäger*, JA 2018, 874 ff. Eingehend dazu *Flemming/Reinbacher*, NStZ 2013, 136 ff.

6. Konkurrenzen

a) Zum Verhältnis des § 244 zu §§ 242, 243 StGB siehe *Rn. 207*. Liegen die eigenständigen Qualifikationstatbestände des § 244 I StGB zusammen vor, ist aus Klarstellungsgründen Tateinheit anzunehmen[523].

b) § 244a verdrängt grundsätzlich als lex specialis § 244 I bis III StGB. Der schwere Wohnungseinbruchdiebstahl, § 244 IV StGB, steht dagegen mit § 244a StGB (bandenmäßige Begehung eines einfachen Wohnungseinbruchdiebstahls nach § 244 I Nr. 3 StGB) in Tateinheit[524], da im Urteil zum Ausdruck kommen muss, dass der Täter in eine dauerhaft genutzte Wohnung eingebrochen ist.

c) § 249 und § 252 gehen §§ 242, 243, 244 StGB vor, sodass in Klausuren (m. E. auch in Hausarbeiten) bei Vorliegen von Raub bzw. räuberischem Diebstahl letztere Vorschriften nicht geprüft zu werden brauchen.

d) Hinter §§ 249, 250 bzw. §§ 252, 250 soll § 244a StGB zurücktreten, wenn der schwere Raub bzw. schwere räuberische Diebstahl vollendet wurde[525]. Im Falle des Versuchs der §§ 249, 252, 250 StGB stehe der vollendete § 244a StGB dazu in Tateinheit[526]. M.E. ist generell Idealkonkurrenz anzunehmen, und zwar erstens wegen der Verbrechensnatur des § 244a I StGB und zweitens, weil diesem Tatbestand auch materiell nach seinem Unrechtsgehalt selbstständige Bedeutung neben § 249 bzw. § 252 StGB zukommt.

IV. Haus- und Familiendiebstahl (§ 247 StGB)

Fall 41: – *Antragsberechtigte* –

Das Ehepaar Robert (R) und Beate (B) Schmidt lebte getrennt. Als R für zwei Wochen verreist war und nur seine bei ihm wohnende Hausgehilfin Franziska (F) sein Haus hütete, besuchte B die F und nahm bei dieser Gelegenheit unbemerkt ein ihrem Ehemann gehöriges Briefmarkenalbum mit, um es zu behalten.

Strafbarkeit der B?

B ist eines Vergehens nach § 242 StGB schuldig; es fragt sich, ob zu ihren Gunsten das *Antragsprivileg* des § 247 StGB eingreift.
§ 247 StGB erfasst alle Formen des Diebstahls (§§ 242-244a StGB) und der Unterschlagung (§ 246 StGB)[527]. Es handelt sich um ein **absolutes Antragsdelikt**, d.h., bei Vorliegen der Voraussetzungen des § 247 StGB wird die Tat – ausnahmslos – nur verfolgt, wenn ein Strafantrag gestellt wurde[528].
§ 242 StGB schützt Eigentum *und* Gewahrsam (*Rn. 14*). Sind Eigentümer und Gewahrsamsinhaber zwei verschiedene Personen, so ist daher für die Anwendbarkeit

---

[523] *OLG Hamburg*, NStZ 2017, 584 ff. (bzgl. § 244 I Nr. 1, 3).
[524] BT-Drucks. 18/12995, S. 4; *BGH*, NStZ-RR 2020, 80; NStZ-RR 2022, 108. A.A. MK-*Schmitz*, § 244a Rn. 14, nach dem § 244 IV § 244a StGB verdrängt.
[525] NK-*Kindhäuser/Hoven*, § 244a Rn. 7; BeckOK-StGB-*Wittig*, § 244a Rn. 4.
[526] Sch/Sch-*Bosch*, § 244a Rn. 11; LK[13]-*Vogel/Brodowski*, § 244a Rn. 13.
[527] *BGH*, NStZ-RR 2017, 211 m.w.N.; *Fischer*, § 247 Rn. 1a; M/R-*Schmidt*, § 247 Rn. 1.
[528] MK-*Hohmann*, § 247 Rn. 16; *Ruppert*, JA 2018, 107 (108 f.), mit näheren Ausführungen zum Strafantrag in der Klausur.

des § 247 StGB grundsätzlich erforderlich, dass der Dieb *zu beiden* in dem nach dieser Vorschrift für das Antragsprivileg vorausgesetzten persönlichen Verhältnis steht. § 247 StGB scheidet also aus, wenn der Täter *Ehegatte nur des Eigentümers, nicht aber des Gewahrsamsinhabers* (oder umgekehrt) *ist* [529].

213 Ist der betroffene Eigentümer der Sache der Ehegatte (oder ein sonstiger Angehöriger) des Täters, stand die Sache aber im *Mitgewahrsam* eines **Dritten**, so gilt:
Bei *gleichrangigem* Mitgewahrsam entfällt § 247 StGB.

Bei *mehrstufigem* Mitgewahrsam (zu der Zweifelhaftigkeit dieser Konstruktion siehe *Rn 29*) steht der Anwendung dieser Vorschrift nicht entgegen, dass neben dem Ehegatten (oder Angehörigen) ein Dritter *untergeordneten Mitgewahrsam hat*[530].

F war lediglich Gewahrsamsdienerin oder besaß allenfalls untergeordneten Mitgewahrsam an der gestohlenen Sache (vgl. *Fall 5, Rn. 20 ff.*). Eigentum und Alleingewahrsam oder jedenfalls übergeordneter Mitgewahrsam lagen dagegen bei R. Daher greift § 247 StGB ein.

Ergänzende Hinweise zu § 247 StGB

214 *(1)* Die irrige Annahme, der Bestohlene sei Angehöriger, und umgekehrt die Unkenntnis der Angehörigeneigenschaft des durch den Diebstahl Verletzten sind für § 247 StGB irrelevant; notwendig und genügend für das Antragsprivileg ist, dass seine Voraussetzungen *objektiv* vorliegen[531]. Das Antragserfordernis gemäß dieser Vorschrift beruht nicht auf dem Gesichtspunkt geringeren Unrechts oder geringerer Schuld, sondern dient der Erhaltung der Familie bzw. (sonstigen) häuslichen Gemeinschaft[532].

(2) Das Antragsrecht nach § 247 StGB erlischt mit dem Tod des Verletzten. § 77 II StGB, nach dem der Übergang eines Antragsrechts beim Tod des Verletzten erfolgt, findet keine Anwendung, denn das Gesetz (hier: § 247 StGB) bestimmt nicht – wie in § 77 II 1 StGB ausdrücklich vorgeschrieben – einen derartigen Übergang. Die **Erben** des Verletzten sind daher nicht berechtigt, einen Strafantrag nach § 247 StGB zu stellen[533].

V. Diebstahl geringwertiger Sachen (§ 248a StGB)

Fall 42: *– Unanwendbarkeit bei Diebstahlsqualifikation –*

215 Der Kriminalbeamte Eckermann (E), der – wie stets – seine Dienstpistole trug, wurde zum Tatort eines Einbruchs gerufen. Dort steckte er unbemerkt eine Schachtel Zigaretten ein. Strafbarkeit des E?

---

[529] *RG* St 50, 46; 73, 151 (153); L/K/H-*Heger*, § 247 Rn. 2; SK-*Hoyer*, § 247 Rn. 6; W/H/S-*Schuhr*, Rn. 349; LK¹³-*Vogel/Brodowski*, § 247 Rn. 6. A.A.: Sch/Sch-*Bosch*, § 247 Rn. 10. Zu eng *BGH* St 10, 400 (401 f.); *Fischer*, § 247 Rn. 3 und M/R-*Schmidt*, § 247 Rn. 4, die meinen, der Gewahrsam eines Dritten lasse § 247 StGB nur entfallen, wenn dieser ein »durch den Gewahrsam vermitteltes dingliches Recht an der gestohlenen Sache« habe.

[530] *BGH* St 10, 400 (401); LK¹³-*Vogel/Brodowski*, § 247 Rn. 6.

[531] Sch/Sch-*Bosch*, § 247 Rn. 13.

[532] *Otto*, 43/1.

[533] *BGH*, NStZ-RR 2017, 211 f. m. Anm. *Jahn*, JuS 2017, 472 ff.; *Rathgeber*, FD-StrafR 2017, 388015.

(a) E hat die Voraussetzungen des *§ 242 StGB* verwirklicht. Wäre nur der Tatbestand des § 242 StGB erfüllt, so müsste hier § 248a StGB angewendet werden, da die Beute des E i.S. dieser Vorschrift *»geringwertig«* war:
§ 248a StGB ist **kein selbstständiger Tatbestand**[534], sondern die Vorschrift schränkt für Diebstahl (§ 242 StGB) und Unterschlagung (§ 246 StGB) geringwertiger Sachen die Verfolgbarkeit ein.
Solche *Bagatelldiebstähle* (bzw. -unterschlagungen) werden »in den Fällen der §§ 242 und 246 StGB nur auf Antrag verfolgt, es sei denn, dass die Strafverfolgungsbehörde (gemeint ist die Staatsanwaltschaft) wegen des besonderen öffentlichen Interesses an der Strafverfolgung ein Einschreiten von Amts wegen für geboten hält«. Zur Strafverfolgung bei derartigen Bagatelldelikten beachte §§ 153, 153a StPO.

Maßgeblich ist der *Verkehrswert* der Sache[535]. Bei weggeworfenen Lebensmitteln ist nicht der »Ladenpreis« verkaufsfähiger Waren relevant, sodass bei dem »Containern« (*Rn. 4*) i.d.R. Geringwertigkeit gegeben sein wird[536]. Nicht »geringwertig« i. S. des § 248a – sowie des § 243 II – StGB sind nach zutreffender h.M. jedoch Sachen, die »keinen messbaren objektiven Substanzwert«, mithin keinen Verkehrswert haben. Daher greifen beim Diebstahl etwa von Strafakten, Codekarten, unausgefüllten Scheckformularen oder Führerscheinen weder § 248a noch § 243 II StGB ein[537]. Bei Sachen, deren Handel zwar verboten ist, die aber nach zutreffender Auffassung taugliche Tatobjekte des Diebstahls sind (siehe *Rn. 5*), ist auf ihren Schwarzmarktwert abzustellen[538].
Strittig ist, ab welchem Betrag eine Sache als *geringwertig* anzusehen ist. Zutreffend erscheint heute ein Wert der Sache, der 50 Euro nicht übersteigt[539].

(b) § 244 I Nr. 1 StGB
E hat einen Diebstahl mit Waffen nach § 244 I Nr. 1a StGB (Schusswaffe als Waffe im technischen Sinn) begangen. Für diese Tat gelten weder § 243 II StGB noch § 248a StGB. Wie sich aus dem klaren Wortlaut dieser Vorschriften ergibt, erfassen sie nur den einfachen Diebstahl (§ 242 StGB)[540].

216

217

---

[534] *BVerfG* E 50, 205; *OLG Hamm*, NJW 1979, 117 (118); L/K/H-*Heger*, § 248a Rn. 1. A.A. *Naucke*, NStZ 1988, 220 f., der § 248a StGB entgegen des Normtextes und der ratio des § 248a StGB als *»eigenständigen Straftatbestand«* betrachtet.

[535] *BGH*, NStZ 1981, 62 f.; wistra 2017, 437; *OLG Hamm*, BeckRS 2011, 07785 (II. 2. b); Sch/Sch-*Bosch*, § 248a Rn. 7; L/K/H-*Heger*, § 248a Rn. 3.

[536] *Bui*, ZJS 2023, 205 (210). Zur Geringwertigkeit von Corona-Impfdosen *Nunner*, medstra 2022, 289 (296).

[537] *BGH*, NJW 1977, 1460 f.; *BayObLG*, NJW 1979, 2218 f. m. Anm. *Paeffgen*, JR 1980, 300; *OLG Hamm*, BeckRS 2011, 07785 (II. 2. b) m. Anm. *Jahn*, JuS 2011, 755 (756 f.); *Fischer*, § 248a Rn. 4. A.A. *Jungwirth*, MDR 1987, 538.

[538] *Kudlich/Noltensmeier/Schuhr*, JA 2010, 342 (343); MK-*Schmitz*, § 243 Rn. 67; LK[13]-*Vogel/ Brodowski*, § 243 Rn. 58.

[539] *OLG Hamm*, NJW 2003, 3145; wistra 2004, 34; *OLG Frankfurt a.M.*, NStZ-RR 2008, 311 m. Bespr. *Jahn*, JuS 2008, 1024; NStZ-RR 2017, 12; HdS 5-*Kudlich*, § 29 Rn. 101; *Mitsch*, BT 2, S. 104. A.A. (25 Euro): Sch/Sch-*Bosch*, § 248a Rn. 10; (30 Euro): KG, StV 2016, 652 (654 f.); *OLG Oldenburg*, NStZ-RR 2005, 111; *Fischer*, § 248a Rn. 3a.

[540] *OLG Köln*, NJW 1978, 652 f.; Sch/Sch-*Bosch*, § 248a Rn. 4; *Otto*, 41/46 m.w.N.

218 Dass der Täter die Waffe **als Dienstwaffe** bei sich trug, steht der Anwendbarkeit des § 244 Abs. 1 Nr. 1a StGB (Waffe) nicht entgegen. Auch der Polizeibeamte, Soldat o.ä., der bei dem Diebstahl kraft seines Amtes oder Berufs eine Schusswaffe bei sich führt, erfüllt den Tatbestand jener Vorschrift[541]:
Die Qualifikation des § 244 Abs. 1 Nr. 1a StGB, soweit es um »**Waffen**« (*Rn. 173 f.*) geht, beruht nämlich auf der erhöhten *objektiven Gefährlichkeit* der Tat, denn Waffen sind dazu *bestimmt*, zur Tötung, Verletzung oder Bedrohung von Menschen eingesetzt zu werden (*Rn. 182 ff.*). Für diese Gefährlichkeit aber »begründet es keinen Unterschied, ob der Täter die Waffe zufällig bei sich führt oder ob er kraft seines Amtes oder Berufs zum Tragen der Schusswaffe dienstlich verpflichtet erscheint; hat ein Polizeibeamter ... erst einmal die hohe Hemmschwelle überwunden, die ihn von der Begehung eines Diebstahls abhalten müsste, dann ist nicht ersichtlich, was ihn *mehr als einen anderen Täter* hindern sollte, sich durch plötzlich auftretende Probleme zum Einsatz der Schusswaffe verleiten zu lassen«[542]. Den »diebischen« Polizisten wegen der *dienstlich vorgeschriebenen* Bewaffnung mit *sonstigen bewaffneten Dieben* gleichzustellen, ist nicht widersprüchlich[543], sondern es ist durchaus sachgerecht und konsequent, wenn die Rechtsordnung einerseits die Bewaffnung anordnet, andererseits aber wegen deren Gefährlichkeit den Diebstahl des so bewaffneten Amtsträgers eine strengere Bestrafung vorsieht. – Siehe bereits *Rn. 188, 191* –

Ergänzende Hinweise zu § 248a StGB

219 *(1)* Zu § 243 II StGB vgl. *Fälle 31 - 33; Rn. 147, 148 ff., 154.*

(2) Bei § 243 gilt § 248a StGB nicht (dazu *Rn. 152*).

(3) Bezieht sich die Wegnahme bei §§ 249 oder 252 StGB auf eine »geringwertige Sache«, so sind diese Vorschriften gleichwohl anwendbar (vgl. *Fall 61, Rn. 343 ff.*).

VI. Unbefugter Gebrauch eines Fahrzeugs (§ 248b StGB)

– Vgl. oben *Fall 18 (Rn. 78 ff.)*. –

Fall 43: – *Zum Merkmal »in Gebrauch nehmen«* –

220 Michael (M) hatte seine Ehefrau Franziska (F) verlassen und war zu seiner Freundin Gundula (G) in deren Wohnung gezogen. Am 23. Februar mietete er einen Volvo, um mit G einen Kurzurlaub an der See zu verbringen; als Rückgabetermin war mit der Autovermietungsgesellschaft der 2. März vereinbart. Am 27. Februar gerieten M und G in einen heftigen Streit. Sie fuhren zurück, G ließ M aber nicht in ihre Wohnung. Da M nicht mehr bei G übernachten konnte, behielt er den Pkw, um darin zu schlafen, benutzte das Auto aber nicht zum Fahren. Am 9. April wurde M wieder von F aufgenommen. Am 10. April brachte M daraufhin den Volvo zur Autovermietung zurück. Die Firma stellte Strafantrag.
Strafbarkeit des M?

---

[541] *BVerfG*, NStZ 1995, 76; *BGH* St 30, 44 (45 f.); *OLG Hamm*, NStZ 2007, 473 f.; *Fischer*, § 244 Rn. 12; *L/K/H-Heger*, § 244 Rn. 3a; *Mitsch*, BT 2, S. 122; LK[13]-*Vogel/Brodowski*, § 244 Rn. 29. Abw. u.a.: *Schünemann*, JA 1980, 349 (355); diff.: *Haft*, JuS 1988, 364 (368 f.); *Lenckner*, JR 1982, 427.

[542] *BGH* St 30, 44 (45); *Sonnen*, JA 1978, 468.

[543] So aber *Hruschka*, NJW 1978, 1338, zu einem bewaffneten Wachsoldaten.

a) § 242 StGB entfällt schon mangels »Wegnahme« des Fahrzeugs; zudem fehlt es an der Zueignungsabsicht, da M die Autovermietung nicht auf Dauer enteignen wollte.
b) § 246 StGB scheidet mangels Zueignung aus: Es fehlt die Enteignungskomponente.
c) § 248b StGB?

221

Es fragt sich, ob M den Pkw »gegen den Willen des Berechtigten *in Gebrauch nahm«*.
»In Gebrauch nehmen« meint, das Kraftfahrzeug (§ 248b IV StGB) – erfasst sind auch E-Scooter und E-Bikes[544] – »*als Fortbewegungsmittel zu benutzen«*[545].
Streitig ist, ob § 248b StGB nur die unbefugt **begonnene** Ingebrauchnahme erfasst oder auch den unbefugten Weitergebrauch nach befugt begonnener Fahrt, z.B. die Benutzung des Mietautos nach Ablauf der vereinbarten Mietdauer, des Taxis für eine Privatfahrt oder die vertragswidrige Privatnutzung eines Dienstwagens[546]. Die h.A. nimmt Letzteres an[547]; dagegen meinen andere, die unbefugte Fortsetzung eines befugt begonnenen Gebrauchs sei nicht nach § 248b StGB strafbar[548].
Die h.A. beruft sich darauf, Sinn und Zweck des § 248b StGB sei es, jedweder »Schwarzfahrt« entgegenzuwirken; eine solche liege aber auch bei dem unbefugten Weitergebrauch des Kfz vor. Der Wortlaut stehe der Einbeziehung des unbefugten Weitergebrauchs in den Anwendungsbereich des § 248b StGB nicht entgegen; denn »Ingangsetzen und Inganghalten (fielen) in gleicher Weise unter den Begriff der Ingebrauchnahme«[549].

Dem ist jedoch entgegenzuhalten, dass die h.M. den Normtext bedenklich strapaziert und dem Charakter des Strafrechts als **ultima ratio** im System staatlicher Sozialkontrolle widerspricht. Aus der Subsidiarität des Strafrechts folgt, dass es nicht der Zweck des Strafrechts – hier des § 248b StGB – ist, **bloße Vertragsverletzungen** unter Kriminalstrafe zu stellen[550].

222

In unserem Fall ist zudem zu berücksichtigen, dass M das Auto nach dem vereinbarten Rückgabetermin zunächst als »Schlafgelegenheit« und nur einmal als Fortbewegungsmittel benutzte, nämlich am 10. April, um es zur Autovermietung zurückzubringen. Die Nutzung zum Übernachten stellt keine »Ingebrauchnahme« im Sinne des § 248b StGB dar, da – wie dargelegt – nur die Verwendung als Fortbewegungsmittel erfasst ist. Selbst wenn M den Motor angelassen hätte, um die Heizung einzuschalten, würde dies nicht genügen[551]. Deshalb könnte M den Tatbestand nur am 10.

223

---

[544] *LG Dresden*, BeckRS 2020, 7598 (Rn. 5); BeckOK-StGB-*Wittig*, § 248b Rn. 2.
[545] *BGH* St 59, 260 (Rn. 5); *Bock*, JA 2016, 342 (343); Sch/Sch-*Bosch*, § 248b Rn. 4; *Otto*, 48/3.
[546] Dazu *Anton-Dyck/Böhm*, ArbRB 2024, 87 (89).
[547] *BGH* St 11, 47 (50 f.); 59, 260 (Rn. 5); *OLG Schleswig*, NStZ 1990, 340 f. m. abl. Anm. *Schmidhäuser*; *Fischer*, § 248b Rn. 4; *Floeth*, NZV 2015, 96; NK-*Kindhäuser/Hoven*, § 248b Rn. 6 f.; *Mitsch*, NZV 2021, 447 (450); LK[13]-*Vogel/Brodowski*, § 248b Rn. 7.
[548] *BayObLG*, NJW 1953, 193; *OLG Hamm* (Zivilsenat), NJW 1966, 2357 (2360); *AG München*, NStZ 1986, 458, m. zust. Anm. *Schmidhäuser*; Sch/Sch-*Bosch*, § 248b Rn. 4a; SK[9]-*Hoyer*, § 248b Rn. 13 f.; *Theile/Stürmer*, ZJS 2015, 123 (124 f.).
[549] *BGH* St 11, 47 (50 f.).
[550] *BayObLG*, NJW 1953, 193; *OLG Hamm* (Zivilsenat), NJW 1966, 2357 (2360); *Schmidhäuser*, NStZ 1990, 341.
[551] *BGH* St 59, 260 (Rn. 5); Sch/Sch-*Bosch*, § 248b Rn. 4.

April durch die Fahrt zur Autovermietung verwirklicht haben. Der *BGH* verneint – im Ergebnis zu Recht – die Strafbarkeit nach § 248b StGB, die Begründung ist aber unklar, denn sie erweckt den Eindruck, das Gericht nehme ein mutmaßliches Einverständnis des Berechtigten an[552]. Verstehen lässt sich die Begründung der Entscheidung jedoch auch in anderem Sinn, nämlich dass der Wille des Berechtigten bei Fehlen einer ausdrücklichen Erklärung – auch – aus den konkreten Umständen geschlossen werden kann[553]. Es läge dann kein mutmaßliches, sondern ein »generalisiertes Einverständnis« vor, das eine Ingebrauchnahme gegen den Willen des Berechtigten ausschließt[554]. In casu könnte dagegen allerdings sprechen, dass die Autovermietung Strafantrag stellte. Da dieser den gesamten Zeitraum der verspäteten Rückgabe umfasste, lässt sich daraus nicht ohne weiteres schließen, dass die Rückführung des Fahrzeugs nicht von einem generalisierten Einverständnis gedeckt war[555].

M hat sich somit nicht nach § 248b StGB strafbar gemacht.

224 *Ergänzender Hinweis* zu Fällen, in denen jemand nach befugt begonnener Ingebrauchnahme zu unbefugtem Gebrauch des Fahrzeugs übergeht:
Dauert dieser Gebrauch so lange oder ist er so intensiv, dass er einer teilweisen Enteignung des Berechtigten unter dem Gesichtspunkt einer nicht unerheblichen Wertminderung gleichkommt (dazu *Fall 18, Rn. 78 f.*), so greift § 246 StGB ein. Dies zeigt, dass die hier vertretene Interpretation des § 248b StGB nicht zu bedenklichen Strafbarkeitslücken führt.

225 § 248b StGB ist ein **absolutes Antragsdelikt** (Abs. 3).

VII. Entziehung elektrischer Energie (§ 248c StGB)

226 § 248c I StGB ist ein **diebstahlsähnliches** Delikt, das geschaffen wurde, weil elektrische Energie keine Sache i.S. des § 242 StGB ist (vgl. *Rn. 1*) und das – wie der Strafrahmen zeigt – so schwer wiegt wie der Diebstahl. Gem. § 248c III StGB gelten §§ 247, 248a StGB entsprechend.

226a Der Täter entzieht einer elektrischen Anlage oder Einrichtung »fremde elektrische Energie mittels eines nicht zur ordnungsgemäßen Entnahme von Energie bestimmten Leiters« jedenfalls dann, wenn er den Zähler durch eine besondere Leitung umgeht oder eine fremde Leitung durch einen besonderen Draht »anzapft«[556]. Die bloße unbefugte Benutzung eines bereits ordnungsgemäß angeschlossenen Gerätes erfüllt die Voraussetzungen des § 248c I StGB dagegen nicht, weil der Leiter dann zur ordnungsgemäßen Entnahme von Energie bestimmt ist[557].

---

[552] BGH St 59, 260 (Rn. 8): Es liege die Vermutung nahe, »dass die Ingebrauchnahme des Fahrzeugs insoweit im Einverständnis des Berechtigten erfolgte«; die Rückführung des Fahrzeugs sei »von dessen mutmaßlichem Interesse gedeckt«.
[553] So deutet *Kudlich*, JA 2014, 873 (875) die Begründung.
[554] *Kudlich*, JA 2014, 873 (875).
[555] BGH St 59, 260 (Rn. 9); *Jahn*, JuS 2015, 82 (84).
[556] Näher NK-*Kindhäuser/Hoven*, § 248c Rn. 6; LK^{13}-*Vogel/Brodowski*, § 247c Rn. 9.
[557] MK-*Hohmann*, § 248c Rn. 15; *Mitsch*, BT 2, S. 249 f. A.A. SK^9-*Hoyer*, § 248c Rn. 7.

226b Strittig ist, ob der **abrede- oder vertragswidrige Anschluss eines elektrischen Gerätes an eine vorhandene Stromquelle**, z.B. das vom Arbeitgeber untersagte Aufladen eines Smartphones am Arbeitsplatz, den Tatbestand erfüllt. Zum Teil wird die Anwendbarkeit des § 248c I StGB mit der Begründung abgelehnt, es werde kein zur ordnungsgemäßen Entnahme nicht bestimmter Leiter benutzt, wenn die Steckdose bzw. der Anschluss vom Berechtigten allgemein zur Entziehung elektrischer Energie bestimmt worden ist[558]. Dem ist jedoch entgegenzuhalten, dass sich die Bestimmung des Leiters zur ordnungsgemäßen Energieentnahme nach dem Willen des Berechtigten richtet und der unbefugte Anschluss eines Leiters, z.B. eines Ladekabels, deshalb die Voraussetzungen des § 248c I StGB erfüllt[559].

227 Die Privilegierung gem. § 248c IV StGB, die vorliegt, wenn der Täter ohne Zueignungsabsicht, aber mit Schädigungsabsicht handelt, ist ein der **Sachbeschädigung ähnlicher Tatbestand**[560]. Diese Alternative des § 248c StGB ist ein **absolutes Antragsdelikt** (§ 248c IV 2 StGB).

228 Der Versuch des § 248c IV StGB ist – anders als der des § 248c I StGB – nicht strafbar (vgl. § 248 II StGB).

---

[558] *Brodowski*, ZJS 2020, 144 (145 f.); S/S/W-*Kudlich*, § 248c Rn. 8; LK[13]-*Vogel/Brodowski*, § 248c Rn. 11.
[559] *Bock*, JA 2016, 502 (503 f.); SK[9]-*Hoyer*, § 248c Rn. 7; NK-*Kindhäuser/Hoven*, § 248c Rn. 6; *Laber*, ArbRB 2023, 54 (57); *Mitsch*, BT 2, S. 249 f.
[560] *Bock*, JA 2016, 502 (504); *Otto*, 45/4.

§ 2 Unterschlagung (§§ 246, 247, 248a StGB)

I. § 246 I StGB

229 Die Änderungen des § 246 StGB durch das 6. StrRG im Jahr 1998 – Gleichstellung der **Drittzueignung** mit der Selbstzueignung und Ersetzung der Formulierung »Sache, die er in Besitz oder Gewahrsam hat« (§ 246 StGB *a.F.*) durch das Wort »**Sache**« – machte nach dem Wortlaut und dem Willen des Gesetzgebers[1] § 246 I StGB *n.F.* zu einem »Auffangtatbestand für alle Formen rechtswidriger Zueignung fremder beweglicher Sachen«, die nicht einen mit schwererer Strafe bedrohten Tatbestand – z.B. §§ 242, 253, 259, 263, 266 StGB – erfüllen[2] (siehe auch *Rn. 263 f.*).

– Zu den dogmatischen Konsequenzen dieser Änderungen und der Kritik an der geltenden Fassung des § 246 StGB siehe die 17. Auflage dieses Lehrbuchs, *Rn. 215 f.* –

1. Tatobjekt (fremde bewegliche Sache)

230 Schutzgut der Unterschlagung ist allein das **Eigentum**; die Eigentumsverhältnisse sind – wie beim Diebstahl – nach bürgerlichem Recht zu bestimmen (*Rn. 3 ff.*).

Fall 44: – *Selbsttanken zum »Nulltarif«* –

231 Bernie (B) füllte an einer kleinen Selbstbedienungstankstelle 40 Liter Super in seinen Pkw. Anschließend wollte er bezahlen. Als er bemerkte, dass der Tankwart gerade durch Wartungsarbeiten an einem anderen Kfz abgelenkt war und ihn (B) nicht gesehen hatte, beschloss er, diese »gute Gelegenheit« auszunutzen: Er fuhr ohne zu bezahlen weg.
Strafbarkeit des B?

a) Betrug, § 263 StGB?

Betrug bzw. Betrugsversuch entfallen mangels **Täuschung** bzw. Täuschungsvorsatzes, wenn der Täter den Entschluss, nicht zu bezahlen, erst nach dem Tanken fasst[3].

232 Dagegen liegt Betrug durch konkludente Täuschung vor, wenn der Kunde einer SB-Tankstelle schon während des Tankvorganges vorhat, das Benzin nicht zu bezahlen, sofern er beim Tanken vom Tankstelleninhaber oder dessen Personal bemerkt worden ist[4]: Der Kunde bringt durch das Selbsttanken »jedenfalls in der Regel durch schlüssiges Verhalten zum Ausdruck, dass er das Benzin nach dessen Erhalt bezahlen werde«[5]. Durch diese konkludente Täuschung und die auf ihr beruhende Irrtumserregung kommt es zu einer *Vermögensverfügung* des Tankstelleninhabers oder sei-

---

[1] BT-Drucks. 13/8587, S. 43.
[2] Sch/Sch-*Bosch*, § 246 Rn. 1; *Hecker*, JuS 2010, 740 (742); SK[9]-*Hoyer*, § 246 Rn. 5; HdS 5-*Kudlich*, § 29 Rn. 74; *Mitsch*, BT 2, S. 152. Andere betrachten § 246 StGB als »Grunddelikt aller Zueignungsdelikte«, MK-*Hohmann*, § 246 Rn. 7, als »Zentraltatbestand aller Sachverschiebungsdelikte«, *Degener*, JZ 2001, 388 (392), oder schlicht als »Grundtatbestand«, NK-*Kindhäuser/Hoven*, § 246 Rn. 1.
[3] *Deutscher*, NStZ 1983, 507 f.; *Herzberg*, NJW 1984, 896.
[4] BGH, NJW 1983, 2827; NStZ-RR 2010, 74; NStZ 2012, 324 m. Bespr. *Hecker*, JuS 2012, 1138 ff., *Heintschel-Heinegg*, JA 2012, 305 ff. und *Sinn*, ZJS 2012, 831 ff.; *OLG Düsseldorf*, NStZ 1982, 249; NStZ 1985, 270; *Borchert/Hellmann*, NJW 1983, 2799; *Deutscher*, NStZ 1983, 507 f.; *Herzberg*, NJW 1984, 896 ff. Krit. und für eine Unterschlagungslösung *Ast*, NStZ 2013, 305 ff.
[5] BGH, NJW 1983, 2827.

ner Mitarbeiter, die darin besteht, dass dem Kunden das Einfüllen des Benzins »gestattet« wird[6]. Die Verfügung führt zu einem Vermögensschaden (Verlust des Besitzes am Benzin).

Wird der unredliche Kunde, der von vornherein nicht bezahlen will, beim SB-Tanken weder vom Tankstelleninhaber noch von dessen Personal bemerkt, so liegt regelmäßig ein *versuchter Betrug* vor[7]. Legt es der Täter jedoch darauf an, unbemerkt zu bleiben, und vertraut er auch darauf, so scheidet Betrugsversuch aus, da es am Täuschungsvorsatz fehlt[8].

b) Automatenmissbrauch, § 265a I 1. Alt. StGB?

Eine Strafbarkeit wegen Automatenmissbrauchs kommt nicht in Betracht, weil § 265a StGB nach zutreffender Auffassung nur für Leistungsautomaten gilt (dazu *Rn. 37, 821, 845*). Die Tankanlage erbringt eine Sachleistung, ist also ein von der Vorschrift nicht erfasster Warenautomat[9]. **233**

Aber auch nach der Gegenmeinung, die § 265a StGB auf Warenautomaten anwendet, hätte sich B in casu mangels Vorsatzes nicht wegen Automatenmissbrauchs strafbar gemacht, weil er zum Zeitpunkt des Tankens noch zahlungswillig war.

c) Diebstahl, § 242 StGB?

Diebstahl des Benzins scheidet nach zutreffender Ansicht mangels Wegnahme aus[10]. Es liegt ein **tatbestandsausschließendes Einverständnis** (dazu *Rn. 33 ff.*) vor, da der Tankstellenbesitzer als Gewahrsamsinhaber mit der Gewahrsamsverschiebung durch Einfüllen in den Tank einverstanden ist[11], und zwar (grundsätzlich) unabhängig davon, ob er den jeweiligen Tankvorgang bemerkt oder nicht[12]: Begeht der SB-Tankstellen-Kunde keine Wegnahme, »wenn er beim Tanken durch die Scheiben des Kassenraumes beobachtet wird, so kann nicht das Gegenteil anzunehmen sein, wenn der Besitzer etwa gerade die Toilette aufgesucht hat«[13]. **234**

Darüber hinaus ist ein solches Einverständnis grundsätzlich unabhängig davon anzunehmen, ob der Kunde redlich ist oder beim SB-Tanken plant, hinterher nicht zu bezahlen[14]: **235**

---

[6] *BGH*, NJW 1983, 2827; NStZ 2012, 324; BeckRS 2022, 48112 (Rn. 6) m. Bespr. *Eisele*, JuS 2023, 979 ff.
[7] *BGH*, NJW 1983, 2827; NStZ 2012, 324 m. Bespr. *Hecker*, JuS 2012, 1138 ff.; *Heintschel-Heinegg*, JA 2012, 305 ff.; Anm. *Sinn*, ZJS 2012, 831 ff.; *OLG Köln*, NJW 2002, 1059 f.; *Borchert/Hellmann*, NJW 1983, 2799; *Deutscher*, NStZ 1983, 507 f.
[8] *Borchert/Hellmann*, NJW 1983, 2799 f.; *Gauf*, NStZ 1983, 505 ff.
[9] *Heintschel-Heinegg*, JA 2012, 305 (306).
[10] *BGH*, NJW 1983, 2827; *OLG Düsseldorf*, NStZ 1982, 249; NStZ 1985, 270; *A/W/H/H-Heinrich*, 13/54, 15/15; *Borchert/Hellmann*, NJW 1983, 2799 (2799 f.); *Deutscher*, NStZ 1983, 507 f.; *Herzberg*, JR 1982, 344 f.; abw. *Gauf*, NStZ 1983, 505 (506); *Mitsch*, BT 2, S. 155 f.
[11] *Herzberg*, JR 1982, 344 f.
[12] *Borchert/Hellmann*, NJW 1983, 2799 f.; *Herzberg*, JA 1980, 385 (385 ff., 391 f.).
[13] *Herzberg*, JA 1980, 385 (385 ff., 391 f.).
[14] *OLG Düsseldorf*, NStZ 1982, 249; NStZ 1985, 270; Sch/Sch-*Bosch*, § 242 Rn. 36a; *Herzberg*, JR 1982, 344. A.A. *Mitsch*, BT 2, S. 155 f.

»Dem steht auch nicht die Lehre vom ›bedingten Einverständnis‹[15] entgegen. Sie darf sich ... nur auf Fälle beziehen, in denen der Gewahrsamsinhaber als Beobachter der Tat den Umstand erkennen würde, der seinem Einverständnis die Grundlage nimmt ... So liegt es hier gerade nicht. Der Täter gebärdet sich als redlicher Kunde und ist auf Heimlichkeit nicht angewiesen. Bemerkt ihn der Inhaber, so wünscht er sich geradezu, dass eine möglichst große Menge aus seinem Gewahrsam in den des Täters übergehe. Dass er das irrtumsbedingt will, macht § 263 StGB anwendbar, nicht aber den Gewahrsamswechsel zur Wegnahme«[16].

d) Unterschlagung, § 246 I StGB?

236 Ob in Fällen wie dem vorliegenden Unterschlagung anzunehmen ist oder eine Strafbarkeitslücke besteht, ist strittig:

(1) Eine Meinung verneint § 246 StGB, da beim SB-Tanken der Kunde mit dem Einfüllen des Benzins in den Tank Eigentum am getankten Kraftstoff erlangt habe, und zwar gemäß § 929 S. 1 BGB: Soweit der Verkäufer das SB-Tanken dulde, bedeute dies die *Übergabe* des Benzins; zugleich sei in demselben Vorgang die unbedingte dingliche *Einigung* über den Eigentumsübergang zu sehen. Die Annahme, dass diese Einigung unter der aufschiebenden Bedingung vollständiger Bezahlung stehe und ein Eigentumswechsel aus diesem Grunde automatisch erst an der Kasse eintrete, sei verfehlt[17].

– Zu einem anderen Ergebnis müssen die Vertreter dieser Meinung allerdings gelangen, wenn der Tankstellenbesitzer bzw. die Mineralölfirma diese aufschiebende Bedingung ausdrücklich erklärt. An manchen Zapfsäulen findet sich nämlich der Vorbehalt: »Die Ware bleibt bis zur vollständigen Bezahlung Eigentum der X-AG.« –

237 *(2)* Die Gegenauffassung gelangt – auch wenn ein Eigentumsvorbehalt nicht ausdrücklich erklärt wurde – mit unterschiedlichen zivilrechtlichen Begründungen zu dem Ergebnis, dass der Kunde nicht schon mit dem Einfüllen des Benzins in den Tank Alleineigentum am Tankinhalt erwerbe, sondern gemäß § 948 BGB anteiliges Miteigentum von Verkäufer und Kunde bestehe. Mit dem Einfüllen des Kraftstoffs in den Tank gehe nämlich das Eigentum am getankten Benzin noch **nicht** nach § 929 S. 1 BGB auf den Kunden über. Zum Teil wird dieser Schluss auf die Erwägung gestützt, beim SB-Tanken »sei in der Regel – insbesondere, wenn der Verkäufer den Käufer nicht kennt – mangels anderweitiger Vereinbarung ein Eigentumsvorbehalt des Verkäufers an dem getankten Kraftstoff bis zur alsbaldigen Bezahlung ... als stillschweigend vereinbart anzusehen«[18].

238 Fehlt ein solcher ausdrücklicher Hinweis, so ist die Annahme eines – stillschweigend vereinbarten – Eigentumsvorbehalts verfehlt. Der Kunde wird durch das Einfüllen des Benzins dennoch nicht Alleineigentümer des gesamten Tankinhalts, weil nach

---

[15] Dazu oben, *Fall 8, Rn. 36.*
[16] *Herzberg*, JR 1982, 344.
[17] OLG *Düsseldorf*, NStZ 1982, 249; NStZ 1985, 270; *Herzberg*, JA 1980, 385 (389 ff.); JR 1982, 344 f.; NStZ 1983, 251 f.; NJW 1984, 896 ff.; *Mitsch*, BT 2, S. 155 f.
[18] OLG *Hamm*, NStZ 1983, 266 f.; der *BGH* (NJW 1983, 2827) hat offengelassen, ob »bereits mit dem Einfüllen das Eigentum an dem Benzin erlangt wird«.

zutreffender Auffassung die für den Eigentumsübergang nach §§ 929 ff. BGB erforderliche **dingliche Einigung erst im Kassenraum beim Bezahlen erfolgt**, wie dies auch bei anderen »*Bargeschäften des täglichen Lebens*« der Fall ist[19].

B war also, als er ohne zu bezahlen wegfuhr, noch nicht Alleineigentümer des im Tank befindlichen Benzins, sodass es für ihn eine *fremde* – bewegliche – Sache und damit ein *taugliches Unterschlagungsobjekt* war, denn auch bei *Miteigentum* (z.B. § 948 BGB) ist die Sache für den Miteigentümer »fremd«.

Durch das Wegfahren eignete sich B das Benzin an und manifestierte damit seinen Zueignungswillen (dazu *Rn. 243*). Die erforderliche Zueignung liegt somit vor. Eine Unterschlagung ist mit der Zueignung vollendet[20].

Da er vorsätzlich, rechtswidrig und schuldhaft handelte, hat er sich wegen Unterschlagung strafbar gemacht.

2. Sich-Zueignen

Im Gegensatz zu § 242 StGB, der sich mit der Zueignungsabsicht als subjektives Tatbestandsmerkmal begnügt, verlangt § 246 I StGB, dass der Täter die Sache sich (oder einem Dritten; dazu *Rn. 256 ff.*) – objektiv – zueignet. Dennoch soll nach wohl noch h.M. »Zueignung« i.S. des § 246 I StGB auch nach der Neufassung »*Manifestation des Zueignungswillens*«[21] bzw. »*Betätigung des Zueignungswillens in objektiv erkennbarer Weise*«[22] bedeuten. **239**

In der Literatur wurden im Bestreben, der Neufassung klarere Konturen zu verleihen, Vorschläge entwickelt, die sich von dem überkommen Verständnis des Zueignungsbegriffs bei der Unterschlagung lösen. Zum Teil wird Zueignung als »*siegreiches Hervorgehen aus dem Streben nach selbstbestimmter Sachherrschaft*«[23] oder als »*hypothetische Eigentümerhandlung*«, die zu einer »*nachhaltigen Eigentumsbeeinträchtigung*« führt[24] verstanden. Diese Auffassungen führen aber zu Restriktionen – nicht nur des Unterschlagungs-, sondern auch des Diebstahlstatbestandes –, die den Motiven des Gesetzgebers für die Neuregelung des § 246 StGB widersprechen. **240**

Der Wortlaut scheint dafür zu sprechen, eine **objektive Zueignung** zu verlangen, also – in Anlehnung an den Begriff der Zueignungsabsicht bei § 242 StGB (*Rn. 66 ff.*) – die mindestens vorübergehende Aneignung (»*Einverleiben in das eigene Vermögen oder das eines Dritten*«) und die dauerhafte Enteignung (»*Verdrängung des bisherigen Eigentümers aus seiner Eigentümerstellung*«). Nach Auffassung des 6. Strafsenats des *BGH* streiten der Wortlaut des § 246 I StGB, die Gesetzgebungsgeschichte, der systematische Zusammenhang und der Gesetzeszweck für **241**

---

[19] *Borchert/Hellmann*, NJW 1983, 2799 ff.; Sch/Sch-*Bosch*, § 246 Rn. 7; *Deutscher*, JA 1983, 125 ff., ders., NStZ 1983, 505 (507 f.); LK[13]-*Vogel/Brodowski*, § 246 Rn. 11 mit Verweis auf § 242 Rn. 27.

[20] BGH St 14, 38 (43) – GS –; NK-*Kindhäuser/Hoven*, § 246 Rn. 43. Zur Frage, ob es bei § 246 StGB eine Beendigungsphase gibt, *Lotz/Rechke*, JR 2013, 59 ff.

[21] BGH St 14, 38 (41) – GS –; NStZ 2023, 612 (Rn. 11); BeckRS 2024, 10417 (Rn. 11); *Fischer*, § 246 Rn. 6 ff.; L/K/H-*Heger*, § 246 Rn. 4; HdS 5-*Kudlich*, § 29 Rn. 79; W/H/S-*Schuhr*, Rn. 322 ff.; *Sonnen*, BT, S. 119 f.

[22] Sch/Sch-*Bosch*, § 246 Rn. 11; A/W/H/H-*Heinrich*, 15/32.

[23] *Börner*, Die Zueignungsdogmatik der §§ 242, 246 StGB, 2004, S. 100; ders., Jura 2005, 389 ff.

[24] *Mikolajczyk*, Der Zueignungsbegriff des Unterschlagungstatbestandes, 2005, S. 37 ff., S. 54 ff.

diese Sicht; die bloße Manifestation des Zueignungswillens genüge nicht, könne aber ein gewichtiges Beweisanzeichen für den subjektiven Tatbestand sein[25]. Ob dieser Beschluss zu einer Änderung der BGH-Rechtsprechung führen wird, bleibt abzuwarten; der 4. Strafsenat hat sich in einer späteren Entscheidung auf die ständige Rechtsprechung, dass eine Zueignung i.S. des § 246 I StGB vorliege, »wenn sich der Zueignungswille im Rahmen einer Würdigung aller Tatumstände in einer nach außen erkennbaren Handlung manifestiert«, bezogen[26].

241a Zu bedenken ist, dass eine dauerhafte Enteignung nur bei einem Übergang des Eigentums auf einen anderen, insbesondere wenn der Täter als mittelbarer Besitzer (§ 868 BGB) einem gutgläubigen Dritten das Eigentum an der fremden beweglichen Sache verschafft (§§ 932, 935 BGB), bei einem Verbrauch der Sache oder bei einer anderen faktischen Beseitigung der Eigentümerbefugnisse, wodurch diesem eine von ihm gewünschte Nutzungsmöglichkeit nicht mehr zur Verfügung steht, vorläge[27]. Da in den Fällen des Verbrauchs der Sache und der faktischen Verdrängung des Eigentümers ein sehr langer Zeitraum zwischen dem unmittelbaren Ansetzen und der Vollendung liegen kann, der Versuch der Unterschlagung in der Praxis somit der Regelfall wäre, ist die Forderung nach einer »echten« dauerhaften Enteignung nicht akzeptabel[28].

242 Deshalb wird zum Teil eine **Modifizierung der Enteignungskomponente** vorgeschlagen, indem zwar eine »objektiv endgültige Enteignung« verlangt wird, die aber schon dann gegeben sei, »wenn der Eigentümer nicht imstande ist, die ihm zustehende Macht über die Sache unmittelbar und ohne weiteres auszuüben, sondern hierfür erst Hindernisse überwinden muss«[29]. Nach anderer Auffassung genügt schon das Vorliegen der »konkreten Gefahr einer Enteignung«, d.h. die nicht fernliegende Möglichkeit der dauernden Enteignung[30].

243 Auch diese Sicht begegnet Bedenken (siehe *Rn. 244*), sodass es vorzugswürdig erscheint, die notwendige **Präzisierung der Manifestationsformel bei der Aneignungskomponente** vorzunehmen: Der Täter muss seinen Zueignungswillen, d.h. seinen *Enteignungs*vorsatz – hier kann nichts anderes gelten als bei der Zueignungsabsicht i.S. des § 242 StGB (*Rn. 76*) –, **durch die Aneignung der Sache manifestieren**[31]. Die bloße verbale Kundgabe des Enteignungswillens reicht deshalb nicht[32], sondern der Täter muss die Sache selbst oder den in ihr verkörperten Sachwert seinem Vermögen oder dem Vermögen eines Dritten wenigstens vorübergehend *tatsächlich einverleiben*. Verschafft der Täter einem gutgläubigen Dritten sogar das Eigentum an der fremden beweglichen Sache, so liegen sowohl die Aneignungs- als

---

[25] *BGH*, NJW 2024, 1050 (Rn. 5-9) m. Anm. *Hoven*, sowie *Hahn*, NStZ 2024, 289 f., *Heindorf/Schmittmann*, NZI 2024, 283 f. *Jäger*, JA 2024, 515 ff. und *Jahn*, JuS 2024, 568 ff.
[26] *BGH*, BeckRS 2024, 10417 (Rn. 11).
[27] MK-*Hohmann*, § 246 Rn. 37.
[28] *Mitsch*, BT 2, S. 171.
[29] *Mylonopoulos*, FS-Roxin, 2001, S. 917 (921).
[30] MK-*Hohmann*, § 246 Rn. 39; ähnlich *Mitsch*, BT 2, S. 171: »Gefahr des endgültigen Sachverlustes«.
[31] So wohl auch *Mitsch*, BT 2, S. 172 f. A.A. *Degener*, JZ 2001, 388 (398).
[32] Ebso. *Mitsch*, BT 2, S. 174 f.; *ders.*, ZStW 111 (1999), 65 (90); *Sinn*, NStZ 2002, 64 (66 ff.).

auch die Enteignungskomponente objektiv vor. Ansonsten setzt die Aneignung mindestens voraus, dass der Täter den Gewahrsam innehat oder sich diesen verschafft. Die Innehabung oder Verschaffung der tatsächlichen Sachherrschaft allein belegt allerdings nicht ohne weiteres, dass der Täter sich die Sache dadurch tatsächlich *objektiv angeeignet*, die Sache also zumindest vorübergehend seinem Vermögen einverleibt hat. So manifestieren die Weiternutzung einer Sache, die sich der Täter – ohne Zueignungsabsicht – bereits angeeignet hatte (siehe *Rn. 83a*), oder die Nichtrückgabe der Sache (*Rn. 247*) den Enteignungsvorsatz nicht.

Die Rechtswidrigkeit der Zueignung ist im Übrigen zu verstehen wie bei § 242 StGB (dazu *Rn. 121 ff.*; siehe auch *Rn. 253*).

Fall 45: *– »Fundunterschlagung« –*
Eugen (E) fand in einem Park eine Brieftasche. Da er sie behalten wollte, hob er sie auf und steckte sie ein. E wurde jedoch von dem Polizeibeamten Peters (P) beobachtet, der eine Straftat vermutete, weil sich E ängstlich nach allen Seiten umschaute. Als P den E ansprach, erleichterte dieser sein Gewissen und gab spontan alles zu.
Strafbarkeit des E aus § 246 I StGB?

244

Die Brieftasche war für E eine »fremde bewegliche Sache« (zu diesem Tatbestandsmerkmal vgl. oben, *Fall 1*). Fraglich ist, ob E sich die Brieftasche *zugeeignet* hat.
Er hatte jedenfalls den Willen, den Eigentümer endgültig aus dessen wirtschaftlicher Eigentümerstellung zu verdrängen, sodass er **Enteignungswillen** besaß.
Dieser Fall zeigt im Übrigen, dass die Forderung nach einer »endgültigen Enteignung« bzw. »der konkreten Gefahr einer Enteignung« (*Rn. 242*) nicht überzeugt. Unklar ist nämlich, ob diese Voraussetzungen auch dann vorliegen, wenn der Täter von vornherein plant, die Sache an den Eigentümer herauszugeben, falls dieser den Verlust entdeckt. Die jederzeitige Bereitschaft zur Rückgabe könnte sogar den Unterschlagungsvorsatz entfallen lassen. Offen bleibt zudem, wann die Unterschlagung in einem solchen Fall vollendet ist.
Fraglich ist, ob E durch das Einstecken der Brieftasche seinen Enteignungswillen manifestierte. Das wäre der Fall, wenn er sie seinem Vermögen einverleibte. Dagegen scheint zu sprechen, dass die äußeren Umstände an sich »wertneutral« sind, da E die Brieftasche an sich genommen haben könnte, um sie im Fundbüro abzugeben. Hier steht aber fest, dass E die Sache *einsteckte, um sie für sich zu verwenden*. Er verleibte sie deshalb seinem Vermögen ein, **eignete sie sich also an**. Unerheblich ist, dass die Aneignung nicht *allein* dem äußeren Geschehen zu entnehmen ist, sondern den Gesamtumständen, zu denen auch der Grund für das Einstecken der Brieftasche gehört. Die Beobachtung des Geschehens durch den Polizeibeamten ändert an der Aneignung nichts, da E durch das Einstecken der Brieftasche vorübergehend eine tatsächliche Herrschaftsbeziehung über die Sache begründete.
Zu bedenken ist allerdings, dass der **Nachweis der Aneignung** erforderlich ist, die bloße Ansichnahme einer Fundsache ohne Kenntnis des Grundes also nicht genügt, da der Finder die Sache seinem Vermögen nicht einverleibt, wenn er die Sache an den Eigentümer zurückgelangen lassen will. Dann eignet der Täter sich den Gegenstand erst durch eine spätere Verwertungshandlung an, z.B. indem er das in der Geldbörse enthaltene Geld für eigene Zwecke ausgibt.

Fall 46: – *Übereignung an einen gutgläubigen Dritten* –

245 Achim (A) hatte Beate (B) einen Evi (E) gehörenden »iPod« geliehen. Später veräußerte A das Gerät gemäß §§ 929 S. 2, 932 I S. 2, II BGB an die gutgläubige B. Strafbarkeit des A?

a) § 263 StGB entfällt mangels Schadens, da B Eigentümerin des »iPod« geworden ist (gutgläubiger Erwerb). – Vgl. *Fall 120, Rn. 724 ff.* –

b) § 246 StGB liegt dagegen vor[33]:
Bei dem Gerät handelt es sich um eine fremde, nämlich im Eigentum des E stehende, bewegliche Sache. Die Aneignungskomponente der Zueignung liegt vor, weil derjenige, der eine *Sache im eigenen Namen verkauft*, manifestiert, dass er die Sache als Bestandteil seines Vermögens behandelt (*Rn. 91*). Da B gutgläubig Eigentum an dem »iPod« erlangte, wurde E dauerhaft aus seinem Eigentums*recht* verdrängt, sodass die Enteignung sogar objektiv gegeben ist.

Anders zu beurteilen ist es, wenn der Täter eine *Sache, die sich noch beim Eigentümer befindet*, an einen gutgläubigen Dritten verkauft. Es fehlt dann nämlich die Enteignungskomponente[34]: Da ein gutgläubiger Eigentumserwerb nach Maßgabe der §§ 932 ff. BGB ausscheidet (vgl. § 932 I 2 BGB), wird der Eigentümer nicht objektiv dauernd enteignet. Da der Täter weiß, dass er nicht in der Lage ist, den Eigentümer bereits durch den Abschluss des Kaufvertrages aus seiner Position zu verdrängen, fehlt ihm der Enteignungsvorsatz. Durch den Verkauf kann sich der Täter jedoch eventuell wegen Betruges strafbar machen, z.B. wenn er sich den Kaufpreis in dem Wissen zahlen lässt, dass er die vertraglich vereinbarte Gegenleistung (Übereignung der Sache) nicht erbringen kann.

246 Unterschlagung scheidet aber i.d.R. bei dem bloßen **Unterlassen der** zivilrechtlich geschuldeten **Rückgabe** nach Ablauf der vertraglich vereinbarten Nutzungsdauer[35], der **Verweigerung der Rückgabe**[36] oder der lediglich **verbalen Anmaßung einer Eigentümerstellung**[37] aus:

Fall 47:[38] – *Unterschlagung durch bloße Nichtrückgabe einer Sache?* –

247 Felicitas (F) nahm von ihrem Nachbarn Bernd (B) eine gebrauchte Jeans zusammen mit einem neuen Reißverschluss entgegen, um den Reißverschluss einzunähen. Sie gab die Jeans – trotz mehrfacher Aufforderungen des B – jedoch nicht zurück, weil es ihr sehr unangenehm war, einzugestehen, den Auftrag wegen Unfähigkeit nicht erledigen zu können. F behauptete deshalb gegenüber B, die Hose nicht finden zu können; erst als es gegen sie zu einer Anklage kam, gab sie B die nicht »reparierte« Jeans zurück.
Strafbarkeit der F aus § 246 StGB?

---

[33] Ebso. *Mitsch*, BT 2, S. 172 f.; *Sinn*, NStZ 2002, 64 (67).
[34] MK-*Hohmann*, § 246 Rn. 40; *Mitsch*, BT 2, S. 173 f.; *Sinn*, NStZ 2002, 64 (67). A.A. *Rengier*, in: FS-Lenckner, 1998, S. 801 (811), der eine Aneignung verneint.
[35] *LG Potsdam*, NStZ-RR 2008, 143 f.; vgl. *BGH*, NStZ-RR 2011, 276 (277) – Unterlassung der Rückgabe von Unterlagen –; *OLG Brandenburg*, NStZ 2010, 220 f.; *Mitsch*, NZV 2015, 423 (424 f.).
[36] *BGH*, NStZ 2019, 473.
[37] *Mitsch*, BT 2, S. 173 f.; *Schenkewitz*, NStZ 2003, 17 (20); *Sinn*, NStZ 2002, 64 (67).
[38] Nach *OLG Brandenburg*, NStZ 2010, 220 f.

Jeans und Reißverschluss sind fremde bewegliche Sachen.
Es fehlt aber die Zueignung: Zum einen hatte F keinen – zu manifestierenden – Zueignungswillen, denn sie wollte sich die Hose nicht aneignen[39]. Zum anderen reichen das bloße Unterlassen der Rückgabe bzw. die Preisgabe, Beschädigung oder Zerstörung der Sache nicht aus, um die Aneignung und den Enteignungsvorsatz zu manifestieren[40]. Da die Nichtrückgabe der Sache auch auf bloßer Nachlässigkeit oder anderen Gründen beruhen kann, ist in der bloßen Nichtrückgabe keine eindeutige Zueignungshandlung zu sehen. Der Täter müsste sich vielmehr in eine Herrschaftsbeziehung zum Zueignungsobjekt bringen, die erkennen lässt, dass er die Sache oder den in ihr verkörperten Sachwert dem eigenen Vermögen oder dem Vermögen eines Dritten einverleiben will[41].
Eine Betätigung des Zueignungswillens liegt hingegen vor, wenn der Täter den Besitz gegenüber dem Berechtigten leugnet[42].
F hat also keine Unterschlagung begangen.

Fall 48:[43] – *Unterschlagung durch Diebstahlsangebot?* –
Achim (A) fragte Beate (B): »Möchtest Du das Auto von Evi (E) haben? Für 1000 Euro stehle ich es für Dich.« B antwortete: »Einverstanden.«
Strafbarkeit von A und B gemäß § 246 I StGB?

a) Das Auto ist zwar ein taugliches Unterschlagungsobjekt. A hat es sich aber nicht zugeeignet:
Das Angebot, eine fremde bewegliche Sache zu stehlen, bringt die Bereitschaft des Täters zum Ausdruck, dem Eigentümer die Sache auf Dauer zu entziehen; darin ließe sich der Enteignungsvorsatz sehen. Eine Aneignung, also die Einverleibung der Sache in das eigene Vermögen oder das des Dritten, liegt darin jedoch nicht, da der Täter dadurch noch keinerlei Herrschaftsbeziehung über die Sache herstellt.

b) Auch eine Unterschlagung durch B scheidet aus, da sie sich durch die bloße Annahme des Diebstahlsangebotes die Sache ebenfalls noch nicht aneignet, sondern lediglich bekundet, dass sie sich das Auto aneignen will, falls A es stehlen und ihr dadurch die (Sach-) Herrschaft verschaffen sollte.

c) A und B haben eine *straflose Diebstahlsverabredung* begangen; § 30 II StGB greift wegen des *Vergehens*charakters des § 242 StGB nicht ein.

Fall 49: – *Unterschlagung durch Herausgabeklage?* –
Udo (U) hatte erfahren, dass Eckhard (E) einen wertvollen Oldtimer (Bugatti) besaß. Da E das Fahrzeug nicht verkaufen wollte, verlegte sich der leidenschaftliche Sammler U auf kriminelle Methoden: Er verklagte den E auf Herausgabe an sich als »Eigentümer«, wobei er

---

[39] Vgl. W/H/S-*Schuhr*, Rn. 324.
[40] OLG Zweibrücken, NStZ-RR 2018, 249 (250). Anders liegt es, wenn der anfängliche Zueignungsvorsatz zur Überzeugung des Tatgerichts nachweisbar ist, LK[13]-*Vogel/Brodowski*, § 246 Rn. 43.
[41] OLG Brandenburg, NStZ 2010, 220 (221); zust. *Hecker*, JuS 2010, 740 (742); vgl. auch *BGH*, wistra 2010, 483; *LG Potsdam*, StV 2007, 361 (362).
[42] BGH, wistra 2006, 227 (228); StV 2013, 632; *LG Potsdam*, NStZ-RR 2008, 143 (144).
[43] Nach D/S/N/S-*Dencker*, S. 23.

Zeugen benannte, die sich ihm gegenüber bereit erklärt hatten, uneidlich zu seinen (U) Gunsten falsch auszusagen. Im Zivilprozess trat U dann aber freiwillig von seinem Betrugsversuch, §§ 263, 22, 23 StGB (dazu *Fall 111, Rn. 654 ff.*), zurück, und zwar durch Klagerücknahme. Strafbarkeit des U aus § 246 I StGB?

Der Oldtimer des E war für U eine fremde bewegliche Sache.

Auf den ersten Blick scheint U sich den Oldtimer zugeeignet zu haben, behauptete er doch in der wider besseres Wissen erhobenen Herausgabeklage, Eigentümer des Fahrzeugs zu sein. Bei näherer Betrachtung scheidet eine Aneignung der Sache dennoch aus, denn durch die Klageerhebung erlangte er noch keine Herrschaftsposition über die Sache, sondern er wollte eine solche erst durch das Gericht, u.U. erst durch den Gerichtsvollzieher im Vollstreckungsverfahren erlangen.

250 Die allgemeinen Grundsätze der Zueignung gelten auch, wenn der Täter eine fremde Sache als **Mittel zur Sicherung** gegen ihn gerichteter Forderungen einsetzt:

Fall 50: *– § 246 I StGB bei Verpfändung fremder Sachen? –*

Franz (F) war in vorübergehenden Geldschwierigkeiten. Er nahm daher bei Josef (J) ein Darlehen auf, wobei die Rückzahlung in einer Woche erfolgen sollte. Als Sicherheit verpfändete F dem J ein wertvolles altes Buch, das ihm (F) der Xaver (X) geliehen hatte. F vertraute darauf, dass er in wenigen Tagen das Pfand würde wieder einlösen können, da er eine Überweisung vom Landesamt für Besoldung zu erwarten hatte.

Strafbarkeit des F, wenn J ihn für den Eigentümer des Buches gehalten hat?

a) § 246 StGB?

Die *Verpfändung* einer fremden Sache ist – unabhängig von der Wirksamkeit der Verpfändung[44] – dann »Zueignung«, wenn der Täter »vorsätzlich unter Umständen gehandelt hat, die eine rechtzeitige Wiedereinlösung des Pfandes ausschließen« – oder wenn der Täter ernstlich damit rechnet und sich damit abfindet (dolus eventualis), eine rechtzeitige Wiedereinlösung werde ihm nicht gelingen[45]. Es fehlt dagegen der Vorsatz, den Berechtigten auf Dauer zu *enteignen*, wenn der Täter auf eine rechtzeitige Wiedereinlösung der verpfändeten Sache vertraut.

Unterschlagung ist daher hier zu verneinen, da die rechtzeitige Einlösung des Pfandes zu erwarten war; es liegt eine bloße – straflose – Gebrauchsanmaßung vor[46].

b) Betrug (§ 263 StGB) zum Nachteil des J?

251 J hat den F für den Eigentümer des Buches gehalten; Anhaltspunkte dafür, dass dieser Irrtum auf grober Fahrlässigkeit beruhte, bietet der Sachverhalt nicht; J war also *gutgläubig* (§ 932 II BGB). Er hat folglich gemäß §§ 1207, 932 BGB ein Pfandrecht an der Sache erworben. Daher scheidet ein *Vermögensschaden* des J und mithin § 263 StGB aus. – Näher dazu *Fall 120, Rn. 724 ff.* –

---

[44] Sch/Sch-*Bosch*, § 246 Rn. 17: Der Täter muss die Verpfändung lediglich für wirksam halten.

[45] *RG* St 66, 155 f.; *BGH* St 12, 299 (302); JR 2022, 602 (Rn. 6) m. Anm. *Bode*; Sch/Sch-*Bosch*, § 246 Rn. 17; *Mitsch*, BT 2, S. 170; LK[13]-*Vogel/Brodowski*, § 246 Rn. 40. A.A. NK-*Kindhäuser/Hoven*, § 246 Rn. 31: »Durch den Willen zur späteren (wirtschaftlichen) Schadensverhinderung wird die in der Verpfändung liegende Eigentumsanmaßung nicht ausgeschlossen.«

[46] Vgl. Sch/Sch-*Bosch*, § 246 Rn. 17; MK-*Hohmann*, § 246 Rn. 25.

Fall 51: – *§ 246 StGB bei Sicherungsübereignung fremder Sachen?* –
Abwandlung von *Fall 50*: F hatte das Buch dem J nicht verpfändet, sondern – unter Übergabe – zur Sicherheit übereignet.   **252**
Strafbarkeit des F aus § 246 StGB?

a) Die *Sicherungsübereignung* fremder Sachen ist auch dann Zueignung i.S. des § 246 StGB, wenn der Täter den Willen zur rechtzeitigen Einlösung hat[47]. Anders als bei der Verpfändung bringt der Täter nämlich hier das *Eigentum* des Berechtigten zum Erlöschen, enteignet diesen somit; da er als Eigentümer der Sache auftritt, eignet er sich die Sache zudem an (vgl. *Rn. 245*).

An der *Rechtswidrigkeit der Zueignung* fehlt es zwar, wenn der Sicherungsnehmer   **253**
in die Verfügung über das Sicherungseigentum eingewilligt hat (§ 183 S. 1 BGB) und der Täter die ihm vom Sicherungsnehmer gesetzten Grenzen nicht überschreitet[48]. In casu war F aber nicht zur Veräußerung berechtigt, sodass er sich das Buch rechtswidrig zueignete.
Er handelte vorsätzlich, da er mit der Wirksamkeit der Sicherungsübereignung rechnete.

b) Darüber hinaus ist **Veruntreuung** gemäß § 246 II StGB *n.F.* (qualifizierter Fall   **254**
der Unterschlagung; § 28 Abs. 2 StGB gilt[49]; näher *Rn. 270 ff.*) gegeben, da das Buch dem F von X i.S. des § 246 StGB »anvertraut« war:
»Anvertraut« sind solche Sachen, die der Täter mit der Verpflichtung erlangt hat, sie zurückzugeben oder nur zu bestimmten Zwecken zu verwenden[50]. Dabei wird das Merkmal des Anvertrautseins grundsätzlich nicht dadurch ausgeschlossen, dass dem Anvertrauen eine nach §§ 134 bzw. 138 BGB nichtige Vereinbarung zugrunde liegt[51]. Der *qualifizierende Tatbestand der Veruntreuung* (§ 246 II StGB) setzt also kein von der Rechtsordnung gebilligtes Vertrauensverhältnis voraus[52]. Ein »Anvertrautsein« soll jedoch entfallen, wenn die Übergabe der Sache an den Täter durch einen Dritten erfolgt war *und den Interessen des Eigentümers widersprach*. Eine Veruntreuung scheidet deshalb z.B. aus, wenn der Täter des § 246 StGB eine Sache, die ihm der Dieb in Verwahrung gegeben hatte, unterschlägt[53].

---

[47] *BGH* St 1, 262 (264); Sch/Sch-*Bosch*, § 246 Rn. 17; MK-*Hohmann*, § 246 Rn. 22; *Otto*, 42/9. Abw. SK⁹-*Hoyer*, § 246 Rn. 13; *Rudolphi*, GA 1965, 38 f.
[48] *BGH*, NStZ 2005, 566 ff.; *OLG Düsseldorf*, NJW 1984, 810 (811); Sch/Sch-*Bosch*, § 246 Rn. 22; LK¹³-*Vogel/Brodowski*, § 246 Rn. 57.
[49] *Fischer*, § 246 Rn. 19; NK-*Kindhäuser/Hoven*, § 246 Rn. 42; S/S/W-*Kudlich*, § 246 28; W/H/S-*Schuhr*, Rn. 336.
[50] *BGH* St 9, 90 (91); wistra 2013, 387 (389); Sch/Sch-*Bosch*, § 246 Rn. 29; *Rengier* I, 5/60; für eine »Anpassung« des Begriffs des »Anvertrautseins« an die neue Tatbestandsfassung *Friedl*, wistra 1999, 206 (207 f.): »Zugestehen der Verfügungsgewalt über die Sache«. Anders *Kleszczewski*, S. 27: fremdnütziges Besitzmittlungsverhältnis zwischen Täter und Opfer.
[51] *BGH*, NJW 1954, 889; *Fischer*, § 246 Rn. 17; L/K/H-*Heger*, § 246 Rn. 13; *Mitsch*, BT 2, S. 186 f.; M/S/M/H/M-*Momsen*, 34/46; LK¹³-*Vogel/Brodowski*, § 246 Rn. 64. A.A. Sch/Sch-*Bosch*, § 246 Rn. 30; SK⁹-*Hoyer*, § 246 Rn. 45.
[52] *BGH* St 9, 90 (91); L/K/H-*Heger*, § 246 Rn. 13.
[53] *Mitsch*, BT 2, S. 186 f.; LK¹¹-*Ruß*, in: § 246 Rn. 26 m.w.N. A.A. *Otto*, 42/28, 29.

Ergänzender Hinweis zu den Fällen 50, 51

255 Bei Veräußerung einer unter *Eigentumsvorbehalt* (§ 449 BGB) erworbenen Sache ist wie folgt zu unterscheiden: Überträgt der Täter nur sein *Anwartschaftsrecht*, so verfügt er als Berechtigter[54] und begeht keine Unterschlagung[55]. Geriert er sich dagegen als Eigentümer und veräußert die Sache selbst, so begeht er eine Veruntreuung nach § 246 StGB, wenn er damit rechnet, dass der Eigentumsübergang wirksam ist[56].

3. Drittzueignung

Fall 52: – *Drittzueignung oder Beteiligung an der Zueignung des Dritten?* –

256 Anke (A) lieh Bettina (B) ein Buch, das Ewald (E) gehörte, was B auch wusste. Als sie A das Buch zurückgeben wollte, erklärte diese ihr wahrheitswidrig, sie könne es behalten, da E das Buch nicht mehr haben wolle. B war hoch erfreut und schenkte es ihrer Freundin.
Strafbarkeit der A wegen Unterschlagung?

Die Gleichstellung der Drittzueignung mit dem Sich-Zueignen hat einige Strafbarkeitslücken geschlossen:
Straflos war nach der alten Rechtslage z.B. das »Postplündern« durch Bedienstete des Ministeriums für Staatssicherheit der ehemaligen DDR: Im Rahmen einer in der DDR flächendeckend und systematisch praktizierten Postkontrolle wurden Postsendungen dem Postverkehr entzogen und Geld sowie Wertgegenstände dem Staatshaushalt der DDR zugeführt. Hierzu hatte der *Große Senat des BGH* zutreffend entschieden, mangels **Sich**-Zueignens könnten die fraglichen Stasi-Bediensteten nicht aus § 246 StGB *a.F.* bestraft werden[57]. Nach geltender Rechtslage liegt darin eine Unterschlagung (Dritt-Zueignung).

257 Für die Drittzueignung müssen konsequenterweise die oben (*Rn. 106 ff.*) zur Drittzueignungsabsicht i.S. des § 242 StGB dargelegten Grundsätze entsprechend gelten. Die Tathandlung muss dem Dritten eine Stellung zu der Sache verschaffen, die auch im Falle der Selbstzueignung notwendig wäre[58]. Die Enteignungskomponente weist auch hier keine Besonderheiten auf, sodass es genügt, wenn der Täter den Vorsatz hat, die Sache dem Eigentümer dauerhaft zu entziehen (*Rn. 243*). Diesen Enteignungsvorsatz hatte A, da sie damit rechnete, dass E dauerhaft seine Eigentümerposition verlieren würde.
Die Aneignung, d.h. die erforderliche *Herrschaftsbeziehung zu dem Zueignungsobjekt*, muss bei der Drittzueignung in der Person des Dritten vorliegen[59]. Da A hier nicht als Schenker auftrat – dann läge ein Sich-Zueignen vor (vgl. *Rn. 102*) –, sondern die Aneignung der Sache durch die gutgläubige B herbeiführte, liegt auch die Aneignungskomponente vor.

---

[54] MK-BGB-*Oechsler*, § 929 BGB Rn. 48.
[55] Vgl. Sch/Sch-*Bosch*, § 246 Rn. 17; LK[13]-*Vogel/Brodowski*, § 246 Rn. 39.
[56] LK[13]-*Vogel/Brodowski*, § 246 Rn. 39.
[57] *BGH* St 41, 187 (189 ff.). Siehe auch *Dencker*/Struensee/Nelles/Stein, S. 20; *Hörnle*, Jura 1998, 169 (170).
[58] *BGH*, StV 2007, 30 f.; *Fischer*, § 246 Rn. 11a.
[59] *Mitsch*, BT 2, S. 168 f.; *Rengier* I, 5/30.

Gegen diese Sicht werden allerdings *Bedenken* geltend gemacht: Da die Unterschlagung erstens keine »egoistische« Tat (Sich-Zueignen, § 246 StGB *a.F.*) mehr zu sein brauche und zweitens auf eine Herrschaftsbeziehung zwischen Täter und Sache verzichtet werde, sei fraglich, worin das Strafbedürfnis und die Strafwürdigkeit liegen sollten und ob man noch von einem eigenen Deliktstypus sprechen könne. Darüber hinaus führe diese Konzeption zu unnötigen zusätzlichen Abgrenzungsproblemen zwischen Täterschaft und Teilnahme, da nicht zu entscheiden sei, wann der Beteiligte ohne eigene Herrschaftsbeziehung zu der Sache (Gewahrsam oder mittelbarer Besitz vor oder während der Zueignung) **Täter** einer Unterschlagung durch Drittzueignung und wann **Teilnehmer** an fremdem Sich-Zueignen durch den Dritten mit jener Herrschaftsbeziehung sei[60].

258

Diese Einwände überzeugen jedoch letztlich nicht. Der Strafgrund der Unterschlagung im Falle der Drittzueignung unterscheidet sich nicht von dem des Sich-Zueignens, da es aus der Sicht des Eigentümers gleichgültig ist, wer die tatsächliche Herrschaftsbeziehung zu der Sache erlangt. Nicht zu verkennen ist zwar, dass die Ausdehnung des § 246 I StGB *n.F.* auf die Drittzueignung als Tathandlung Fälle, die nach der alten Fassung Beihilfe zu einer von dem Dritten begangenen Unterschlagung gewesen wären, nun als täterschaftliche Unterschlagung erfasst. Diese Folge hat aber auch die Erstreckung des Diebstahls auf die Drittzueignungsabsicht (vgl. *Rn. 113*). Wie dort lässt sich eine sachwidrige Ausdehnung der Unterschlagungsstrafbarkeit durch die Anwendung *strenger Anforderungen an die funktionale Tatherrschaft* verhindern (*Rn. 112*).

Fall 53: – *Drittzueignung ohne Mitwirkung des Dritten?* –

Felix (F) stellte eine CD, die ihm Alex (A) geliehen hatte, heimlich in der Wohnung seiner Freundin Katja (K) in deren umfangreiche CD-Sammlung. F erwartete, dass K der Meinung sein würde, sie habe sich die CD früher selbst gekauft.

259

Strafbarkeit des F wegen Unterschlagung?

Ein Sich-Zueignen durch F scheidet aus, da er keine eigene Herrschaftsbeziehung zu der CD herstellte. Strittig ist, ob die Drittzueignung einen **Mitwirkungsakt des Dritten** bei der Überführung der Sache in sein Vermögen erfordert.
Zum Teil wird eine vollendete Unterschlagung nur dann angenommen, wenn der Dritte den Zueignungsakt selbst vollzieht[61] oder doch zumindest mit der Überführung der Sache in sein Vermögen einverstanden ist[62].
Die zutreffende Gegenmeinung lässt es genügen, dass der Täter die Sache in das Vermögen des Dritten überführt, selbst wenn dieser davon keine Kenntnis hat[63]. Denn die Unterschlagung durch Drittzueignung setzt lediglich voraus, dass der Täter – mit Enteignungsvorsatz – die Sache dem Vermögen des Dritten tatsächlich einverleibt (*Rn. 243*). Das kann aber auch dann der Fall sein, wenn der Dritte gar nicht weiß, dass sich die Sache nun in seinem Vermögen befindet.

---

[60] *Jäger*, JuS 2000, 1167 (1169); *Kudlich*, JuS 2001, 767 (769).
[61] NK-*Kindhäuser/Hoven*, § 246 Rn. 36.
[62] *Mitsch*, ZStW 111 (1999), 65 (86 Fn. 54).
[63] MK-*Hohmann*, § 246 Rn. 47; *Rengier* I, 5/40; *Schenkewitz*, NStZ 2003, 17 (18).

Anders ist es dagegen zu beurteilen, wenn der Täter dem Dritten die Sache gegen dessen Willen aufdrängen will. Eine Drittzueignung scheidet dann aus, weil der entgegenstehende Wille des Dritten einen Übergang der Sache in dessen Vermögen verhindert[64].

In unserem Fall ist F jedoch einer Unterschlagung schuldig.

Fall 53a: – *»Impfdrängler«, Rechtswidrigkeit der (Dritt-)Zueignung* –

259a Nach dem Ausbruch einer zuvor unbekannten Viruserkrankung wurde ein Impfstoff entwickelt, der vor den schweren Gefahren für Leib und Leben der Erkrankten schützte. Da noch nicht genügend Impfstoff für alle Impfwilligen vorhanden war, kaufte das Gesundheitsministerium die verfügbaren Vakzine auf, verteilte sie an bestimmte Arztpraxen und legte zugleich in einer »Impfpriorisierungsverordnung« fest, welchen besonders gefährdeten Personenkreisen der Impfstoff zunächst nur verabreicht werden durfte. Maximilian (M), der nicht zu den in der VO bezeichneten Personenkreisen gehörte, aber Angst vor einer lebensbedrohlichen Erkrankung hatte, wandte sich an seinen Hausarzt Dr. Sommer (S) mit der Bitte, ihm (M) den Impfstoff zu verabreichen. S ließ sich »erweichen« und spritzte M eine Dosis aus dem ihm zur Verfügung gestellten Vakzin.

Strafbarkeit von S und M wegen Unterschlagung)

a) Strafbarkeit des S nach § 246 I, II StGB

Bei dem von S verimpften Vakzin handelte es sich um eine für ihn fremde bewegliche Sache, da es ihm von der Bundesrepublik Deutschland lediglich zur Verfügung gestellt, also nicht an ihn übereignet wurde[65].

259b Durch die Injektion eignete S dem M den Impfstoff zu; es lag somit eine Drittzueignung vor[66]. Die Zueignung wäre *rechtswidrig*, wenn M keinen Anspruch auf den Impfstoff hatte (vgl. *Rn. 122 ff.*). Nach der »Impfpriorisierungsverordnung« gehörte M nicht zu dem Personenkreis, dem der Impfstoff – zu diesem Zeitpunkt – verabreicht werden durfte. Wenn die VO wirksam sowie hinreichend bestimmt war und S gegen darin enthaltene eindeutige Vorgaben hinsichtlich der Verwendung des Impfstoffs verstieß, läge die Rechtswidrigkeit der Drittzueignung vor[67].

Da S den Impfstoff nur zu den in der VO bestimmten Zwecken verwenden durfte, war ihm das Vakzin i.S. des § 246 II StGB »anvertraut«.

S handelte vorsätzlich, rechtswidrig und schuldhaft, sodass er sich wegen veruntreuender Unterschlagung strafbar gemacht hat.

---

[64] *Schenkewitz*, NStZ 2003, 17 (18 f.).
[65] Vgl. *OLG Naumburg*, medstra 2023, 322 (Rn. 11); *LG Nürnberg-Fürth*, medstra 2023, 61 (Rn. 2) m. Anm. *Grzesiek*, medstra 2023, 121 f.; *Nunner*, medstra 2022, 289 (293); offensichtlich ebso. *LG Halle*, medstra 2023, 329 (Rn. 62 ff.) m. Anm. *Lorenz*. A.A *Krüger*, GesR 2023, 273 (278): »Dabei sprechen § 929 Satz 1 BGB sowie – sozusagen in Tateinheit – § 133, 157 BGB prima facie dafür, dass das Eigentum an den Vakzinen vom Bund auf pharmazeutische Großhändler, von Großhändlern auf Betreiber von Impfzentren bzw. auf Apotheker und von Apothekern auf (Impf-)Ärzte übergegangen ist.«
[66] So zutreffend *Nunner*, medstra 2022, 289 (294) unter Bezugnahme auf das Aufessen fremder Lebensmittel (dazu *Rn. 76*).
[67] Vgl. *OLG Naumburg*, medstra 2023, 322 (Rn. 29 ff., 34).

b) Strafbarkeit des M nach §§ 246 I, 25 II StGB

Indem M seinen Körper für die Impfung »zur Verfügung stellte« und dadurch die Unterschlagung erst ermöglichte, hatte er die funktionelle Tatherrschaft über das Geschehen. Da S und M einen gemeinsamen Tatentschluss gebildet hatten, liegt mittäterschaftliche Begehung vor. Bei M ist eine Selbstzueignung anzunehmen. Das besondere persönliche Merkmal des Anvertrautseins ist ihm gemäß § 28 II StGB nicht zur Last zu legen (siehe Rn. 254), sodass er wegen mittäterschaftlich begangener »einfacher« Unterschlagung strafbar ist.

4. Subsidiarität des § 246 I StGB

§ 246 I StGB enthält eine *ausdrückliche Subsidiaritätsklausel*. Die Konsequenzen dieser Regelung sind allerdings strittig[68]:

Fall 54: – *Konsequenzen der Subsidiaritätsklausel des § 246 I StGB* –

Archibald (A) war Beamter der Stadt X. Zu seinen Aufgaben gehörte es u.a., Kaufleuten Beanstandungen des chemischen Untersuchungsamtes mitzuteilen und ihnen die Rechnungen über die Untersuchungskosten nebst Zahlkarte mit der Aufforderung zu überreichen, die Beträge dem Untersuchungsamt zu überweisen. Obwohl A zur Einziehung der Forderungen des Amtes nicht befugt war, spiegelte er dem Kaufmann Zumwald (Z) eine solche Inkassovollmacht in der Absicht vor, das Geld selbst zu verbrauchen, was er anschließend auch tat. Strafbarkeit des A?

a) Betrug zum Nachteil des Z

Durch die *Vorspiegelung der Inkassovollmacht* hat A bei Z einen Irrtum erregt und ihn dadurch zur Vornahme einer Vermögensverfügung (Bezahlung des Rechnungsbetrages) veranlasst. Da Z durch die Zahlung an A von seiner Schuld gegenüber der öffentlichen Hand nicht freigeworden ist – für eine »Anscheinsvollmacht«[69] ergeben sich aus dem Sachverhalt keine Anhaltspunkte –, hat ihm A einen *Vermögensschaden* zugefügt. Er hat auch vorsätzlich und in der »Absicht, sich einen rechtswidrigen Vermögensvorteil zu verschaffen«, gehandelt. A ist daher aus § 263 StGB schuldig[70].

b) § 246 I StGB durch Annahme des Geldes

Die Annahme des Geldes verbunden mit der Vortäuschung einer Inkassovollmacht stellt an sich eine Zueignungshandlung dar[71], denn dadurch verschaffte sich A eine Herrschaftsbeziehung über das Geld, verleibte es also seinem Vermögen ein; er handelte dabei mit dem Vorsatz, den Z, der mangels Übereignung an die Stadt X Eigentümer geblieben war, auf Dauer zu enteignen.

Ob diese Zueignung den Tatbestand des § 246 StGB erfüllt, ist jedoch strittig: Zu § 246 StGB *a.F.* hatte der *Große Senat des BGH* – zutreffend – festgestellt, dass Unterschlagung schon *tatbestandsmäßig* ausschied, wenn die Zueignung als »Dieb-

---

[68] Zum Streitstand *Krüger/Ströhlein*, JA 2018, 401 (405 f.).
[69] Vgl. MK-BGB-*Schubert*, § 172 BGB Rn. 17 ff.
[70] Siehe *BGH* St 14, 38 – GS –.
[71] So zur alten Fassung des § 246 StGB *BGH* St 14, 38 (41): Der Zueignungswille ist »ohne weiteres aus dem Vortäuschen der Einziehungsbefugnis erkennbar«, denn es genügt »jede Willensäußerung, die im Rahmen einer Würdigung *aller* Tatumstände eine Zueignungsabsicht offenbart und betätigt«.

stahl, Raub, Betrug, Erpressung oder Untreue« – bzw. Hehlerei – mit Strafe bedroht war[72]. Gegenüber diesen Vermögensdelikten war § 246 StGB somit **tatbestandlich** ein *subsidiäres* Zueignungsdelikt:
Der h.L. zu § 246 StGB *a.F.*, die ein Zurücktreten der Unterschlagung im Wege der Gesetzeskonkurrenz befürwortete[73], hielt der *BGH* überzeugend entgegen, es könne nicht der Sinn des Unterschlagungstatbestandes sein, neben allen mit Zueignungsabsicht begangenen Vermögensdelikten (Sachbetrug; Sacherpressung; Untreue, wenn sie in der Zueignung fremder Sachen liegt; Hehlerei) *zusätzlich* einzugreifen[74].

263 Die h.L.[75] und nun auch der *BGH*[76] betrachten die Neufassung des § 246 I StGB jedoch als Absage an den dargelegten Standpunkt des Großen Senats des *BGH*: Die Subsidiaritätsklausel sei als bloße Konkurrenzregel zu verstehen und lasse den Tatbestand der Unterschlagung unberührt.

263a Die Annahme tatbestandlicher Subsidiarität ist jedoch durchaus mit der Subsidiaritätsklausel in § 246 I StGB *n.F.* vereinbar.
Der Wortlaut der in § 246 I StGB normierten Subsidiaritätsklausel mag ihre Deutung als Konkurrenzlösung nahelegen, er schließt aber eine engere Interpretation im Sinne *tatbestandlicher* Subsidiarität nicht aus. Für diese Deutung sprechen nicht nur die Sachgründe in der Entscheidung des *Großen Senats des BGH*, sondern auch die Darlegungen in der Entwurfsbegründung zu der Subsidiaritätsklausel des § 246 I StGB *n.F.*, die sich auffallend mit der Konzeption des *BGH* decken. Die Unterschlagung sei nicht als »Grundtatbestand aller Zueignungsdelikte« zu verstehen, »zu dem Diebstahl, Raub und ähnliche Straftaten im Verhältnis der Spezialität« stünden, sondern als ein Auffang*tatbestand*, der alle Formen rechtswidriger Zueignung fremder beweglicher Sachen umfasse, die nicht einen mit schwererer Strafe bedrohten eigenständigen Straftatbestand – vor allem Diebstahl und Raub, aber auch Betrug, Erpressung, Untreue oder Hehlerei – verwirklichen; das sei durch die Subsidiaritätsklausel in Abs. 1 sichergestellt[77]. Diese Ausführungen besagen im Kern, dass diese Delikte, auch wenn sie in der Form der Zueignung einer fremden beweglichen Sache begangen werden, nicht zugleich eine tatbestandliche Unterschlagung sind[78].
Ergebnis: Die in der *Täuschung des Z und anschließenden Annahme des Geldes* liegende Zueignung erfüllt – nach zutreffender Auffassung – somit schon nicht den Tatbestand des § 246 StGB, da dieses Verhalten als (Sach-)Betrug strafbar ist.

---

[72] *BGH* St 14, 38 (46 f.); ebso. *OLG Köln*, NJW 1963, 1992 (1993 a.E.).
[73] Z.B. *Baumann*, NJW 1961, 1141 (1143); *Bockelmann*, JZ 1960, 621 (622 f.), die *Gesetzeskonkurrenz* annahmen; krit. auch u.a. *Schünemann*, JuS 1968, 115.
[74] *BGH* St 14, 38 (46 f.).
[75] *Cantzler,* JA 2001, 567 (572); *Graul*, JuS 1999, 567; *Jäger*, JuS 2000, 1167 (1171); *Mitsch*, BT 2, S. 153, 178 f., 189 ff.; W/H/S-*Schuhr*, Rn. 339; BeckOK-StGB-*Wittig*, § 246 Rn. 8; *Küper/Zopfs*, Rn. 860 ff.
[76] *BGH*, HRRS 2019 Nr. 951 (Rn. 46): Nach der Neuregelung durch das 6. StrRG bestehe »kein Ausschlussverhältnis mehr zwischen vollendetem Diebstahl und vollendeter Unterschlagung«. Ebso. *BGH*, NStZ-RR 2021, 212 (213); 2022, 14 (17); *BayObLG*, NJW 2022, 3522 (Rn. 12) m. Anm. *Brand*; *OLG Karlsruhe*, NJW 2023, 2894 (Rn. 12) m. Anm. *Mitsch*.
[77] BT-Drucks. 13/8587, S. 43 f.
[78] Ebso. wohl *Hörnle*, Jura 1998, 171.

§ 2: Unterschlagung

Hinweis zur Falllösung
Im Ergebnis scheitert auch nach der h.M. eine Strafbarkeit wegen Unterschlagung, allerdings erst auf der Konkurrenzebene. Da dieser Befund offensichtlich ist, sollte in einer Klausur der Streit nicht breit dargestellt werden; es genügt die Feststellung, dass der Täter nach beiden Ansätzen nicht aus § 246 StGB bestraft wird. **264**

c) § 246 I StGB durch die Verwertung *der Beute (Ausgeben des Geldes)*
Begrifflich bestehen keine Bedenken, **wiederholte Manifestationen des Zueignungswillens** als mehrere Zueignungshandlungen zu werten. Gleichwohl liegt in der Verwendung des Geldes durch A keine Zueignung, die den Tatbestand des § 246 StGB erfüllt. Nach ihrem Sinn und Zweck scheidet Unterschlagung nämlich – wie die *Rechtsprechung* zu Recht annimmt – schon **tatbestandlich** aus, wenn sich der Täter die fremde Sache »bereits durch eine strafbare Handlung zugeeignet hat (Diebstahl, Raub, Erpressung, Besitzbetrug – sowie Hehlerei –)«[79]. Denn der Unterschlagungstatbestand hat nicht die Funktion, nach einer z.B. als Betrug oder Diebstahl strafbaren Zueignung noch alle weiteren Herrschaftsbetätigungen zu erfassen. So liegt es auch bei einer Drittzueignung nach erfolgtem Sich-Zueignen. **265**

Das gilt allerdings nur, wenn die anschließende Unterschlagung *zum Nachteil des gleichen Rechtsgutsträgers* erfolgt[80], also nicht, wenn der Täter durch die erste Unterschlagung seine Scheineigentümerposition aufgegeben hatte und eine weitere Unterschlagung zum Nachteil eines anderen Rechtsgutsträgers begeht[81].

Die h.L. bejaht dagegen bei wiederholten Zueignungshandlungen den Tatbestand des § 246 I StGB und behandelt diese, sofern sie sich an eine strafbare Zueignung anschließen, als *mitbestrafte Nachtat(en)*[82]. **265a**
Dass diese Ansicht zu unbilligen Ergebnissen führt, hat der *BGH*[83] zu Recht betont: Z.B. wäre die Verwertungshandlung des Täters zwar als mitbestrafte Nachtat straflos, ihre Förderung (§ 27 StGB) aber *strafbare* Beihilfe zu § 246 StGB.
Ergebnis: Der Verbrauch des Geldes erfüllte nicht den Unterschlagungstatbestand.

Diese Feststellung wird von der Subsidiaritätsklausel des § 246 I StGB *n.F.* im Übrigen nicht tangiert, gleichgültig, wie sie zu verstehen ist. Sie gilt nämlich nur für die oben (*Rn. 262 f.*) erörterten »*Gleichzeitigkeitsfälle*«, dagegen nicht für die Problematik *wiederholter* Manifestation der Zueignung[84]. **266**

---

[79] *BGH* St 14, 38 (43 ff.) – GS –; 16, 280 (282); L/K/H-*Heger*, § 246 Rn. 7; *Jäger*, JuS 2000, 1167 (1170); HdS 5-*Kudlich*, § 29 Rn. 84; *Rengier* I, 5/51, 52; LK[13]-*Vogel/Brodowski*, § 246 Rn. 50.
[80] *BGH*, NStZ 2023, 612 (Rn. 9).
[81] *BGH*, NStZ 2022, 611 (612) m. Anm. *Mitsch*: Der Täter hatte zunächst eine Unterschlagung eines Fahrzeugs zum Nachteil des Sicherungseigentümers durch eine erneute Sicherungsübereignung an einen Darlehensgeber und danach eine weitere Unterschlagung durch den Verkauf des Autos an einen Dritten begangen.
[82] *Mitsch*, BT 2, S. 178 f.; M/S/M/H/M-*Momsen*, Bd. 1, 34/ 22 f.; W/H/S-*Schuhr*, Rn. 344 f.; diff. *Kudlich*, JuS 2001, 767 (769): Aufeinanderfolge von Selbst- und Drittzueignung; *Murmann*, NStZ 1999, 14 (17): »Indizwirkung der Subsidiaritätsklausel«.
[83] BGH St 14, 38 (45 f.) – GS –; zust. u.a. *Kunz*, JuS 1997, 242 (245).
[84] So u.a. *Jäger*, JuS 2000, 1167 (1170); *Kudlich*, JuS 2001, 767 (769, Fn. 20); *Murmann*, NStZ 1999, 14 (16); *Rengier* I, 5/58; Küper/*Zopfs*, Rn. 860.

Auch hier ist zu beachten, dass eine **Darstellung und Entscheidung des Meinungsstreits in der Klausur überflüssig** ist, da im Ergebnis die Unterschlagungsstrafbarkeit ausscheidet, entweder, weil schon der Tatbestand nicht erfüllt ist, oder jedenfalls, weil § 246 StGB als mitbestrafte Nachtat im Wege der Konsumtion verdrängt wird.

Ergänzender Hinweis zu Fall 54

267 Wer durch Betrug den *Fremdbesitz* an einer Sache erlangt hat, kann sich durch eine spätere Zueignung der Sache (z.B. durch Veräußerung) nach § 246 StGB (in Realkonkurrenz zum Betrug) strafbar machen[85]. Dies steht nicht im Widerspruch zu *BGH* St 14, 38, da die Erlangung des *Fremdbesitzes* noch keine Zueignung war (es fehlt die Enteignungskomponente).

Fall 55: – *Reichweite der Subsidiaritätsklausel* –

268 Roy (R) hatte Will (W) erstochen. Als W tot vor ihm lag, kam R der Gedanke, ihm einen wertvollen Ring vom Finger zu ziehen. Er steckte das Schmuckstück ein, um es zu behalten. Strafbarkeit des R?

R hat einen Totschlag (§ 212 StGB) und eine Unterschlagung begangen.

Fraglich ist, ob die Subsidiaritätsklausel des § 246 I StGB auch bei einem Zusammentreffen der Unterschlagung mit einem Delikt, das **nicht** auf die Zueignung der Sache gerichtet ist – hier Totschlag – eingreift.

Der *BGH*[86] behauptet unter Berufung auf eine in der Literatur vertretene Auffassung[87], die Subsidiaritätsklausel sei **wörtlich** zu verstehen; § 246 I StGB trete nicht nur hinter Zueignungsdelikte, sondern hinter *alle* Straftatbestände mit höherer Strafdrohung, die mit der Unterschlagung in einer prozessualen Tat zusammentreffen, zurück. Da in unserem Fall Totschlag und Unterschlagung an sich in Tateinheit (§ 52 StGB) stünden und eine »Tat« i.S. des § 246 I StGB bilden würden[88], würde nach dieser Auffassung eine Verurteilung wegen Unterschlagung an der Subsidiaritätsklausel scheitern.

269 Diese Sicht wird in der Literatur jedoch überwiegend – im Ergebnis zu Recht – abgelehnt[89]. Versteht man die Subsidiaritätsklausel in dem hier vertretenen Sinn (*Rn. 262 f.*) als Regelung, die bereits die Tatbestandsmäßigkeit des § 246 I StGB bei Vorliegen *eines anderen Zueignungsdelikts* beseitigt, so versteht es sich von selbst, dass die Strafbarkeit wegen Totschlags die Anwendung des § 246 I StGB unberührt lässt. Die Vertreter der genannten Literaturauffassung betrachten die Subsidiaritätsklausel dagegen als Konkurrenzvorschrift und müssen deshalb zur Begründung ihres

---

[85] *BGH* St 16, 280 (282).
[86] *BGH* St 47, 243 ff. m. abl. Anm. *Otto*, NStZ 2003, 87 f., *BGH*, NStZ-RR 2017, 312; 2018, 118 (119).
[87] L/K/H-*Heger*, § 246 Rn. 14; *Sander/Hohmann*, NStZ 1998, 273 (276); *Wagner*, in: FS-Grünwald, 1999, S. 797 (803).
[88] *BGH* St 47, 243.
[89] *Duttge/Sotelsek*, NJW 2002, 3756 ff.; *Fischer*, § 246 Rn. 23a; *Freund/Putz*, NStZ 2003, 242 (243 ff.); *Heßler*, Subsidiaritätsklauseln im Strafgesetzbuch, 2005, S. 189 ff. ; *Küpper*, JZ 2002, 1115 f.; *Mitsch*, BT 2, S. 193 ff.; M/R-*Schmidt*, § 246 Rn. 13; W//H/S-*Schuhr*, Rn. 340.

Ergebnisses den Begriff der »Tat« in einem anderen Sinn interpretieren[90], geraten dadurch allerdings in Konflikt mit dem Wortlaut des § 246 I StGB.

– Dieser Fall belegt somit auch die Zweifelhaftigkeit der Konkurrenzlösung. –
Ergebnis: R ist eines Totschlags **und** einer Unterschlagung schuldig, die eine natürliche Handlungseinheit[91] bilden und deshalb in Tateinheit (§ 52 StGB) stehen.

II. Veruntreuung (§ 246 II StGB)

Fall 56: – *Verhältnis veruntreuende Unterschlagung – Untreue (§ 266 StGB)* –

Der Beamte Treu (T) war als Kassenführer damit beauftragt, Gebühren anzunehmen und weiterzuleiten. Die angenommenen Beträge hatte er in eine *Liste* einzutragen, die zu den Beträgen gehörigen Zahlscheine mit dem Geld jeweils bis zur nächsten Abrechnung durch die zuständige Postdienststelle zu verwahren. Als T eines Tages einen von ihm zu meldenden und zu ersetzenden Kassenfehlbetrag in Höhe von 1000 Euro feststellte, unterließ er die vorgeschriebene Meldung, um nicht unschuldig in den Verdacht der Unterschlagung zu geraten, und beschloss, den Fehlbetrag aus eigenen Mitteln zu ersetzen. Da er sich dazu aber bis zur nächsten Abrechnung nicht in der Lage sah, verschleierte er den Fehlbetrag, indem er amtlich empfangene Gelder in Höhe von insgesamt 1000 Euro zwar in die Kasse legte, die Beträge aber nicht in die Liste eintrug und die zu den fraglichen Beträgen gehörigen Zahlscheine zurückhielt. Nach der Abrechnung, bei der wegen seines Vorgehens Liste, Zahlscheine und Kasseninhalt übereinstimmten, zahlte er aus inzwischen gesparten eigenen Mitteln 1000 Euro ein, legte die zurückgehaltenen Zahlscheine an die dafür bestimmte Stelle und trug die den Zahlscheinen entsprechenden Beträge von insgesamt 1000 Euro in die Liste ein, sodass nach der Ersetzung des Fehlbetrags aus eigenen Mitteln Kasseninhalt, Liste und Zahlscheine wieder übereinstimmten. Durch einen anonymen Hinweis kam dennoch alles heraus.

Hat sich T strafbar gemacht?

a) Als der *BGH* im Jahre 1956 einen vergleichbaren Fall zu entscheiden hatte, existierte noch der Tatbestand der »Amtsunterschlagung« (§ 350 StGB *a.F.*). Die seinerzeit h.M. nahm an, der Täter sei aus §§ 246, 350 StGB (*a.F.*) strafbar[92].

b) Es fragt sich, ob die Tat heute als **veruntreuende Unterschlagung** nach § 246 II StGB strafbar wäre.

Eine Auffassung sieht in der Nichtverbuchung des eingenommenen Geldes eine Veruntreuung, weil der Täter durch sein Verhalten wie ein Eigentümer über die Sache verfügt und damit »das Recht des Eigentümers« geleugnet habe; der Täter habe das Geld »wie ein Eigentümer dazu benutzt, um den von ihm sonst aus eigenen Mitteln zu erstattenden Fehlbetrag zu beseitigen«[93]. Um diesen Zweck zu erreichen, habe er durch Verheimlichung des Einganges des Geldes zunächst die »Verfügungsbefugnis des Eigentümers« beseitigt und damit das Geld »in sein eigenes Vermögen« gebracht; »gleichzeitig« habe er »das ›Eigentum‹ an diesen Geldscheinen (-stücken) wieder auf seinen Dienstherrn zurückübertragen, indem er sie der Kasse zuführte«.

---

[90] Z.B. *Küpper*, JZ 2002, 1115, der vorschlägt, den Tatbegriff »restriktiv zu interpretieren«, und darunter das »tatbestandsmäßige Verhalten« versteht.
[91] Siehe dazu L/K/H-*Heger*, Vor § 52 Rn. 4 ff. m.w.N.
[92] *BGH* St 9, 348 ff.; ebso. *BGH* St 24, 115 (118 ff.); *Dreher*, 34. Aufl. 1974, § 350 Fn. 1 B.
[93] *BGH* St 24, 115 (120); *Tenckhoff*, JuS 1984, 775 (778).

Die Annahme einer Zueignung sei auch mit der Entscheidung des *BGH* im »Dienstmützen-Fall« (*Fall 20, Rn. 87 ff.*) vereinbar, denn dort habe sich der Täter nur als rechtmäßiger Fremdbesitzer geriert, hier maße er sich *Eigenbesitz* an.

Da das Geld dem T »anvertraut« war (siehe *Rn. 254*), wäre er nach h.A. einer veruntreuenden Unterschlagung (§ 246 II StGB) schuldig.

272 Die Kritiker der h.A. meinen dagegen, in einem solchen Fall fehle eine Zueignung ebenso wie im »Dienstmützen-Fall«[94]. In beiden Fällen werde der Berechtigte nicht *enteignet*, sondern ihm nur das Bestehen eines Ersatzanspruchs verheimlicht. Die Annahme, der Täter habe sich hier *Eigenbesitz* an dem nichtverbuchten Geld angemaßt, tue den tatsächlichen Gegebenheiten Gewalt an: Das Geld sei seinen Weg in die Kasse gegangen; manipuliert habe der Täter allein mit den Belegen[95].

273 Diese Kritik ist zutreffend, denn es fehlte in der Tat jedenfalls an der *Enteignungskomponente* der Zueignung. T wollte nämlich der Behörde weder die nichtverbuchten Gelder selbst noch den in ihnen verkörperten Sachwert ganz oder im wesentlichen Umfang *endgültig* entziehen: Hier scheint mir die These, der Täter habe zunächst »die Verfügungsgewalt des Eigentümers beseitigt«, »gleichzeitig das ›Eigentum‹ an den Geldscheinen (-stücken) aber wieder auf seinen Dienstherrn zurückübertragen«, dem tatsächlichen Geschehen in der Tat »Gewalt anzutun«; im Übrigen lässt sich mit dieser etwas überraschenden These des *BGH* noch nicht der für die Zueignung erforderliche Vorsatz bezüglich der *Endgültigkeit der Enteignung* begründen. T hatte das Geld wie stets sofort in die Kasse gelegt und sich lediglich durch Verheimlichung des Fehlbetrages unter Manipulationen mit Liste und Zahlscheinen die Möglichkeit verschafft, **den Fehlbetrag unbemerkt sobald wie möglich zu ersetzen**. Dass der *Schutzbereich* des § 246 StGB ein solches Verhalten erfasst, obwohl es sich bei § 246 StGB um ein Delikt gegen das *Eigentum* handelt, erscheint mir fraglich.

274 c) Das Verhalten des T erfüllt stattdessen den Treubruchstatbestand der **Untreue** (§ 266 I 2. Alt. StGB).

Kraft seiner Dienstpflicht, eigenverantwortlich und selbstständig die Kasse zu führen, hatte T die »Pflicht, fremde Vermögensinteressen wahrzunehmen« *(Vermögensbetreuungspflicht)*, da es sich um eine *wesentliche*, nicht nur beiläufige Dienstpflicht, also Hauptpflicht, *von einigem Gewicht* handelte (vgl. *Rn. 925*). Der geforderte »Nachteil« (= Vermögensschaden i.S. des § 263 StGB) lag darin, dass T den Fehlbetrag verschleierte und zunächst nicht in der Lage war, den Betrag zu ersetzen. Dass sein Verhalten nicht zu einem *endgültigen Verlust* in Höhe des Fehlbetrags führte, da T den Betrag später ersetzte, ändert an dem Vorliegen des »Nachteils« nichts; der spätere Schadensausgleich (reparatio damni) kann das bereits erfüllte Merkmal »Schaden« nicht rückwirkend entfallen lassen.

275 Wäre in der Verschleierung des Kassenfehlbetrags eine veruntreuende Unterschlagung zu sehen (*Rn. 271*), müsste konsequenterweise veruntreuende Unterschlagung

---

[94] *Deubner*, NJW 1971, 1469; Sch/Sch-*Bosch*, § 246 Rn. 12; *Gribbohm*, JuS 1963, 106; ders., NJW 1966, 191; NK-*Kindhäuser/Hoven*, § 246 Rn. 32; *Mitsch*, BT 2, S. 175 f.; *Otto*, 42/10.
[95] *Deubner*, NJW 1971, 1469.

und Untreue angenommen werden. Eine Bestrafung aus beiden Tatbeständen soll jedoch ausscheiden, weil »sich beide Delikte auf dieselbe Sache beziehen und sich in ein und derselben Ausführungshandlung verwirklichen«; deshalb liege Gesetzeskonkurrenz mit Vorrang des § 266 StGB vor[96].

Dieses Ergebnis lässt sich allerdings nicht auf die Subsidiaritätsklausel des § 246 I StGB stützen. Sie gilt zwar nach h.M. »trotz der systematisch unsauberen Einfügung in Abs. 1«[97] auch für die veruntreuende Unterschlagung[98]. Der Strafrahmen des § 266 I StGB entspricht aber dem des § 246 II StGB, sodass die Subsidiaritätsklausel nicht eingreifen würde[99]. Das Zurücktreten der veruntreuenden Unterschlagung könnte deshalb nur auf allgemeine Konkurrenzerwägungen gestützt werden. Nach der hier vertretenen Tatbestandslösung (*Rn. 262 f.*) würde veruntreuende Unterschlagung – ungeachtet des Umstands, dass die Enteignungskomponente der Zueignung ohnehin fehlt (*Rn. 273*) – hingegen ausscheiden, weil die Untreue nicht zugleich Unterschlagung sein kann.

Ergebnis: § 246 StGB liegt nicht vor; T ist nach § 266 I 2. Alt. StGB schuldig.

276

III. §§ 247, 248a StGB

Bei »Haus- und Familienunterschlagung« (§ 247 StGB) und bei »Unterschlagung geringwertiger Sachen« (§ 248a StGB) ist die *Verfolgbarkeit* des Täters nach Maßgabe dieser Vorschriften eingeschränkt; dabei gelten diese Verfolgungsprivilegierungen auch im Falle des *§ 246 II StGB*.

277

---

[96] *BGH*, NStZ 2012, 628 m. Anm. *Hohmann*, NStZ 2013, 161 f.
[97] MK-*Hohmann*, § 246 Rn. 64.
[98] *BGH*, NStZ 2012, 628 m. zust. Anm. *Hohmann*, NStZ 2013, 161 (162) und abl. Anm. *Heghmanns*, ZJS 2013, 124 ff.; *Fischer*, § 246 Rn. 23; NK-*Kindhäuser/Hoven*, § 246 Rn. 45; AnwK-*Kretschmer*, § 246 Rn. 20; M/R-*Schmidt*, § 246 Rn. 13.
[99] In *BGH*, NStZ 2012, 628, nahm das Gericht wegen gewerbsmäßiger Begehung eine Untreue in einem besonders schweren Fall nach § 266 II i.V.m. § 263 III 2 Nr. 1 StGB an, sodass die Subsidiaritätsklausel wegen des höheren Strafrahmens eingreifen würde; ebso. BeckOK-StGB-*Wittig*, § 246 Rn. 17.

§ 3 Raub und räuberischer Diebstahl (§§ 249-252 StGB)

I. § 249 StGB

Fall 57: – *»Handtaschenraub«* –

278 Paul (P) benötigte Geld. Er näherte sich auf der Straße von hinten einer Passantin, entriss ihr überraschend die Handtasche, die sie an den Henkeln in ihrer linken Hand trug, und enteilte mit der Tasche.
Strafbarkeit des P aus § 249 StGB?

Raub ist ein *aus Diebstahl und Nötigung zusammengesetztes* **eigenständiges Delikt**[1], also kein qualifizierter Diebstahl. § 249 StGB verdrängt § 240 StGB sowie § 242 StGB, und zwar auch in den Formen der §§ 243, 244 StGB, im Wege der Gesetzeskonkurrenz[2].
Voraussetzung für § 249 StGB ist also ein tatbestandsmäßiger *Diebstahl*; dieser ist hier erfüllt. Problematisch ist dagegen, ob die Wegnahme mit *Raubmitteln* (»Gewalt gegen eine Person; Drohung mit gegenwärtiger Gefahr für Leib oder Leben«) erfolgte, wobei nur Gewalt gegen eine Person in Frage kommt.

1. Gewalt gegen eine Person

279 Gewalt gegen eine Person (§ 249 StGB) ist der – durch Anwendung von, sei es auch nur ganz geringfügiger Körperkraft verursachte – **körperlich wirkende Zwang zur Überwindung eines geleisteten oder erwarteten Widerstandes**. Entscheidend ist also nicht das Ausmaß der aufgewendeten Kraft durch den Täter, sondern die Auswirkung auf das Opfer[3]. Da nur körperlich wirkender Zwang erfasst ist, kann eine juristische Person nicht Adressat der Gewaltanwendung sein, wohl aber »Opfer« des Raubes, wenn sie Eigentümerin der weggenommenen Sache ist; die Gewalt muss sich nicht gegen das Organ, z.B. den Geschäftsführer einer GmbH richten[4], sondern sie kann auch eine andere Person, die den Gewahrsam an der Sache ausübt oder zugunsten des Eigentümers auftritt, treffen (siehe auch *Rn. 283*).
Wirkt der Täter unmittelbar auf eine Sache ein, kann darin ein taugliches Raubmittel liegen, wenn dadurch mittelbar Zwang auf den Körper – im Sinne einer Einwirkung auf Leib, Leben oder Bewegungsfreiheit – der Person ausgeübt wird[5], etwa durch Einschließen in einem Zimmer[6] oder Zerstören des Rollstuhls des querschnittsgelähmten Opfers[7].

280 Der Widerstand muss nicht tatsächlich geleistet werden. Gewalt i.S. des § 249 StGB liegt auch dann vor, wenn ein erwarteter Widerstand von vornherein unmöglich ge-

---

[1] Sch/Sch-*Bosch*, § 249 Rn. 1; L/K/H-*Heger*, § 249 Rn. 1; M/R-*Maier*, § 249 Rn. 2; MK-*Sander*, § 249 Rn. 1; HdS 5-*Wittig*, § 30 Rn. 36.
[2] *BGH*, NStZ-RR 2005, 202 f.
[3] *BGH*, NStZ 2020, 219 (Rn. 9); S/S/W-*Kudlich*, § 249 Rn. 5; MK-*Sander*, § 249 Rn. 13.
[4] So aber offensichtlich MK-*Sander*, § 249 Rn. 18; BeckOK-StGB-*Wittig*, § 249 Rn. 6.
[5] NK-*Kindhäuser/Hoven*, § 249 Rn. 4; *Mitsch*, BT 2, S. 499 f.; HdS 5-*Wittig*, § 30 Rn. 52.
[6] *BGH* St 20, 194 (195); MK-*Sander*, § 249 Rn. 18.
[7] *Mitsch*, BT 2, S. 499.

macht werden soll[8], z.B. indem der Täter das Opfer niederschlägt, bevor es ihn wahrnimmt.

Um **vis absoluta** handelt es sich, wenn die Gewaltanwendung Widerstand gegen die Wegnahme unmöglich macht, z.B. durch Fesseln, Festhalten, Betäuben, Bewusstlosschlagen oder Tötung des Opfers[9]. Die Anwendung körperlichen Zwanges wirkt als **vis compulsiva** (die zwar nicht unwiderstehliche, aber sonst nötigende, »bedrängende Gewalt«), wenn der Täter durch physische Hindernisse die Freiheit der Willensbildung bzw. Willensbetätigung eines anderen nicht unerheblich beeinträchtigt, z.B. indem er das Opfer durch Schläge »mürbe macht«, um es zur Preisgabe einer Information zu zwingen. 281

– Zur »Gewalt durch Unterlassen« *Rn. 295.* –

Das *Vorhalten einer Waffe* soll nach Auffassung des *BGH* wegen der dadurch ausgelösten körperlichen Zwangswirkungen als *Personengewalt* anzusehen sein[10]. Damit befindet sich das Gericht zwar im Einklang mit der Definition der Personengewalt, da eine solche Bedrohung i.d.R. spürbare körperliche Reaktionen (Adrenalinausstoß usw.) hervorruft. Das für den Raub relevante Nötigungsmittel ist dennoch nicht die Personengewalt, sondern die in dem Vorhalten der Waffe zugleich liegende *Drohung* mit Personengewalt, nämlich die Waffe anzuwenden, falls sich das Opfer dem Täter widersetzt[11], denn *dadurch* soll das Opfer zu dem vom Täter gewünschten Verhalten motiviert werden. 282

Die Gewalt braucht sich nicht gegen den Gewahrsamsinhaber zu richten, sondern sie kann auch gegen *Dritte* eingesetzt werden (»Dreiecksnötigung«), sofern diese zum Schutz des Gewahrsams bereit sind[12] oder jedenfalls der Täter sie dafür hält[13]. – Zur »Dreickserpressung« *Rn. 510.* – 283

Fehlt das *finale Element* des Gewaltbegriffs (Nötigungsintention: »zur Überwindung eines geleisteten oder erwarteten Widerstandes«), so entfällt nötigende Gewalt[14].

Der Begriff der Personengewalt i.S. des § 249 StGB (und der §§ 252, 255 StGB) ist somit enger als der »einfache« Gewaltbegriff, der z.B. §§ 240, 253 StGB zugrunde liegt. Die bloße »Gewalt gegen Sachen«, also ohne mittelbare körperliche Zwangswirkungen (*Rn. 279*), genügt als Raubmittel nämlich ebenso wenig wie der bloß psychisch vermittelte Zwang[15]. 284

---

[8] *BGH* St 4, 210 (212); S/S/W-*Kudlich*, § 249 Rn. 7; HdS 5-*Wittig*, § 30 Rn. 54.
[9] Sch/Sch-*Bosch*, § 249 Rn. 4.
[10] *BGH* St 23, 126 (127 f.). A.A. MK-*Sander*, § 249 Rn. 13.
[11] *Geilen*, JZ 1970, 521.
[12] M/R-*Maier*, § 249 Rn. 10; HdS 5-*Wittig*, § 30 Rn. 56.
[13] *Eser*, NJW 1965, 377 (378); *Krey*, Zum Gewaltbegriff, 1. Teil, Rn. 207 ff., 299; LK[12]-*Vogel*, § 249 Rn. 22: Die vorbeugende Ausschaltung von Personen, die (tatsächlich oder in der Vorstellung des Täters) als »Intervenienten« in Betracht kommen, genüge.
[14] *Krey*, Zum Gewaltbegriff, 1. Teil, Rn. 148 ff., 293.
[15] *BGH*, NStZ 2020, 219 (Rn. 9 ff.): Die von einem langsamen »Ausbremsen« eines anderen Pkw auf dessen Fahrer ausgehende Wirkung beschränke sich auf psychisch vermittelten Zwang, sodass die überraschende Wegnahme einer Sache nach Aufreißen der Tür des zum Stehen gebrachten Fahrzeugs nicht als Raub strafbar sei; zust. *Kudlich*, JA 2020, 150 ff.; krit. *El-Ghazi*, NStZ 2020, 220 f.

285 Es sind nach zutreffender Auffassung zudem höhere Anforderungen an die **Erheblichkeit** der Zwangswirkung zu stellen als bei dem Gewaltbegriff der Nötigung[16]: Diesem »Erheblichkeitskorrektiv« für die Gewalt kommt bei §§ 240, 253 StGB lediglich eine negative Bedeutung zu, und zwar in dem Sinne, dass »ganz unerhebliche Beeinträchtigungen« ausscheiden. Bei der Personengewalt i.S. der §§ 249, 252, 255 StGB muss dagegen positiv eine »erhebliche« Zwangswirkung festgestellt werden, wofür mehr an Gewicht erforderlich ist als beim bloßen Ausschluss ganz unerheblicher Bagatellen. Es ist deshalb zumindest zweifelhaft, wenn der *BGH* bereits die Herbeiführung einer – unwillkürlichen – physischen Reaktion des Opfers durch eine überraschende Einwirkung auf dessen Körper als Personengewalt i.S. des § 249 StGB betrachtet, selbst wenn die Reaktion »erwartungsgemäß nur kurz andauerte und dementsprechend nur ebenso kurz vom Angekl. genutzt werden konnte«[17].

286 Ob P in unserem *Fall 57 (Rn. 278)* Personengewalt angewendet hat ist strittig:
Die Rechtsprechung nimmt Raub bisweilen schon dann an, wenn der »Dieb« seinem Opfer überraschend die Handtasche entreißt[18], zumindest wenn die dafür aufgewendete körperliche Kraft nicht völlig unerheblich ist[19], oder sie ihm aus der Hand schlägt[20].
Die h.L.[21] lehnt dagegen in solchen Fällen »Gewalt gegen die Person« und damit Raub ab.
Zum Teil wird Raub sogar verneint, wenn das Opfer die Tasche umklammert, sodass der Täter erhebliche Kraft aufwenden muss, um den Widerstand zu überwinden, und dadurch ein Henkel der Tasche reißt, sodass das Opfer die Tasche nicht länger festhalten kann; es handele sich nicht um »Wegnahme durch Gewalt«, sondern »Gewalt durch Wegnahme«[22].

287 *Stellungnahme*
Die für die »*Überwindung des bloßen Haltens*« erforderliche Einwirkung auf das Opfer reicht jedenfalls nach Sinn und Zweck des § 249 StGB aus mehreren Gründen zur Annahme von Personengewalt nicht aus:
Es fehlt i.d.R. schon die erforderliche Erheblichkeit der körperlichen Zwangswirkung, wenn durch das plötzliche Entreißen der Tasche lediglich die von dem Opfer zum Tragen notwendige – geringe – Kraft überwunden wird. Hinzu kommt, dass der Täter das Überraschungsmoment ausnutzen will[23], er also gar keinen Widerstand

---

[16] *Krey*, Zum Gewaltbegriff, 2. Teil, Rn. 120-126; *Mitsch*, BT 2, S. 496; MK-*Sander*, § 249 Rn. 15.
[17] *BGH*, NStZ 2003, 89: Spritzen einer Flüssigkeit in das Gesicht des Opfers, damit es für eine kurze Zeitdauer die Augen schließt und der Täter Geldscheine wegnehmen kann.
[18] *OLG Saarbrücken*, NJW 1969, 621 f.; ebso. *OLG Hamm*, MDR 1975, 772, in einem Fall, in dem der Angeklagte dem Opfer eine Kette vom Hals gerissen hatte; S/S/W-*Kudlich*, § 249 Rn. 7; LK[13]-*Vogel/Burchard*, § 249 Rn. 15, 27 f.
[19] *BGH*, BeckRS 2015, 2826 (Rn. 3).
[20] *BGH* St 18, 329.
[21] Sch/Sch-*Bosch*, § 249 Rn. 4a; *Fischer*, § 249 Rn. 4c; M/S/M/H/M-*Hoyer*, 35/16; *Rengier* I, 7/12 f.; MK-*Sander*, § 249 Rn. 16. Dem anscheinend zuneigend *BGH*, GA 1968, 337; NStZ 1986, 218; StV 1990, 262.
[22] *Mitsch*, BT 2, S. 500 f.
[23] *BGH* bei *Dallinger*, MDR 1975, 22; MK-*Sander*, § 249 Rn. 16.

erwartet, den er notfalls überwinden müsste. Die Wegnahme durch bloßes Entreißen der Sache ist nicht durch ein gewaltsames Vorgehen geprägt, sondern durch »List, Schnelligkeit und Geschicklichkeit«[24].

Raub liegt dagegen vor, wenn das Opfer die Absicht des Täters erkennt und die Tasche so festhält, dass der Täter sie »*mit Wucht*« entreißen muss[25]. Dann handelt es sich *nicht* um eine überraschende Wegnahme durch schnelles und geschicktes Handeln und auch die Zwangswirkungen auf das Opfer sind gravierend. Dass die körperliche Zwangswirkung durch das Wegnahmeobjekt vermittelt wird, steht der Annahme einer »Wegnahme mit Gewalt« nicht entgegen. Der zweiaktige Charakter des Raubes ist in diesem Fall gegeben, denn die Wegnahme (Gewahrsamsbruch) kann der Täter erst vornehmen, nachdem er den Widerstand mit Gewalt beseitigt hat.

Da P hier lediglich das Überraschungsmoment ausnutzte, scheidet § 249 StGB aus.

Hinweis

Ist die Wegnahmehandlung – wie es beim »Handtaschenraub« i.d.R. der Fall sein wird – darauf gerichtet, dass sich der Täter nicht die Tasche selbst, sondern **deren Inhalt (Geld, Wertsachen, Ausweispapiere usw.) zueignen will**, enthält das Behältnis die vermuteten Wertsachen dagegen nicht, so liegt nur versuchter Diebstahl bzw. bei Anwendung von Personengewalt versuchter Raub vor[26]. Der Täter hat zwar eine Sache (Tasche) weggenommen; diese wollte er sich aber nicht zueignen (vgl. *Rn. 76*). Die Wertgegenstände, auf die sein Wegnahmevorsatz und seine Zueignungsabsicht gerichtet waren, hat er – entgegen seiner Vorstellung – nicht weggenommen. Es handelt sich somit um einen – strafbaren – **untauglichen Diebstahl- bzw. Raubversuch.**

288

2. Drohung mit gegenwärtiger Gefahr für Leib oder Leben

Gewaltanwendung ist gegenwärtige Übelszufügung, Drohung mit gegenwärtiger Gefahr für Leib oder Leben dagegen das *Inaussichtstellen der Anwendung von Personengewalt* für den Fall, dass sich das Opfer dem Täter widersetzt. Die Drohung kann sich auch gegen einen Dritten richten (vgl. *Rn. 283*).

Gegenwärtig ist die Gefahr, »wenn der Genötigte die Drohung dahin verstehen soll, dass ein Schadenseintritt sicher oder jedenfalls höchstwahrscheinlich ist, falls nicht alsbald Abwehrmaßnahmen ergriffen werden«[27] (siehe auch *Rn. 505*).

Nicht erforderlich ist, dass mit einer wirklichen Gefahr für Leib oder Leben gedroht wird: Ob der Täter die Drohung realisieren kann und will, ist unerheblich[28]. Es genügt, dass der Adressat die Drohung ernst nehmen soll und auch tatsächlich ernst nimmt[29].

289

---

[24] *BGH*, StV 1990, 262; MK-*Sander*, § 249 Rn. 16.
[25] *BGH*, GA 1968, 337; NJW 2002, 2043 m. Bespr. *Hellmann*, JuS 2003, 17 ff.; *Rengier* I, 7/13; MK-*Sander*, § 249 Rn. 16.
[26] *BGH*, NStZ 2004, 333; 2006, 686 (687); NStZ-RR 2010, 75.A.A. *LG Düsseldorf*, NStZ 2008, 155 (156) m. Anm. *Sinn*, ZJS 2010, 274 ff.
[27] *BGH*, NStZ 1996, 494.
[28] *BGH*, NStZ-RR 2015, 213 (zu § 255 StGB); Sch/Sch-*Bosch*, § 249 Rn. 5.
[29] LK[13]-*Vogel/Burchard*, § 249 Rn. 33 f. m.w.N; str.

3. Zweck-Mittel-Beziehung zwischen Wegnahme und Raubmittel

Fall 58: *– Anwendung des Raubmittels zum Zweck der Wegnahme –*

290 Mike (M) traf auf der Straße zufällig auf Peter (P), dessen Gesicht ihm nicht gefiel. M versetzte P deshalb unvermittelt einen wuchtigen Faustschlag in das Gesicht. P ergriff daraufhin die Flucht, wurde aber von M verfolgt und eingeholt. M hatte bei der Verfolgung beschlossen, dem verängstigten P dessen Geld abzunehmen. In drohender Haltung baute er sich vor dem ihm körperlich unterlegenen P auf, zog ihm die Brieftasche aus der Tasche und entfernte sich mit der Beute. P verzichtete aus Angst vor weiteren Fausthieben auf Gegenwehr.

Hat M einen Raub begangen?

a) Objektiver Tatbestand

aa) Raubmittel und Wegnahme einer fremden beweglichen Sache

Der Faustschlag scheidet als Raubmittel aus, weil die Voraussetzungen der »Gewalt gegen eine Person« i.S. des § 249 I StGB hier nicht erfüllt sind; M schlug nicht zu, um einen von P geleisteten oder erwarteten Widerstand zu überwinden. M drohte P aber »mit gegenwärtiger Gefahr für Leib oder Leben«. Die Drohung kann ausdrücklich oder durch konkludentes Verhalten erfolgen[30]. M brachte durch seine Körperhaltung zum Ausdruck, dass er bereit wäre, erneut auf P einzuschlagen. Nach den Gesamtumständen – M hatte P zuvor bereits einen Faustschlag versetzt – entstand dadurch für P der Eindruck, dass M ihm erneut eine erhebliche Körperverletzung zufügen werde, falls sich P ihm widersetzen sollte.

M brach den Gewahrsam des P an der in dessen Eigentum stehenden, also fremden beweglichen Sache (Brieftasche des P samt Inhalt), nahm sie also weg.

bb) Verknüpfung von Raubmittel und Wegnahme

291 Die Wegnahme muss »mit« Gewalt gegen eine Person oder »unter« Anwendung von Drohungen mit gegenwärtiger Gefahr für Leib oder Leben erfolgen. Strittig ist, welchen Zusammenhang zwischen den beiden Raubakten das Gesetz damit beschreibt. Nach h.M. muss eine **finale Verknüpfung** der Nötigung und der Wegnahme gegeben sein[31], die vorliege, wenn der Täter das Raubmittel anwendet, weil er es zur Förderung der Wegnahme für geeignet hält. In der Literatur wird dagegen zum Teil **Kausalität** zwischen dem Einsatz des Raubmittels und der Wegnahme[32], ein raubspezifischer Zusammenhang[33] oder zumindest eine objektiv-funktionale Verknüpfung der Raubakte[34] gefordert.

---

[30] *BGH*, JZ 1984, 587: »In bereits angewendeter Gewalt kann die konkludente *Drohung* des Täters liegen, er werde körperlich wirkenden Zwang fortsetzen oder erneut zufügen«; ebso. *BGH*, BeckRS 2015, 06005 (Rn. 39); NStZ 2022, 42 (Rn. 6); 2024, 290 (Rn. 6).

[31] *BGH* St 48, 365 (366); 61, 141 (Rn. 15 ff.) m. Anm. *Eisele*, JuS 2016, 754 ff., *Habetha*, NJW 2016, 2131, *Kudlich*, JA 2016, 632 ff. und *Maier*, NStZ 2016, 474 ff.; *BGH*, NStZ 2015, 156 (157) m. Bespr. *Hecker*, JuS 2014, 656 ff.; *BGH*, StV 2020, 234 ff. m. Bespr. *Jahn*, JuS 2018, 1246 ff.; *BGH*, StV 2020, 236; NStZ 2024, 290 (Rn. 6); Sch/Sch-*Bosch*, § 249 Rn. 6 ff.; MK-*Sander*, § 249 Rn. 24 ff.; LK[13]-*Vogel/Burchard*, § 249 Rn. 82 f.

[32] SK[9]-*Sinn*, § 249 Rn. 28 f.

[33] *Albrecht*, S. 125 ff.

[34] *Hörnle*, FS-Puppe, 2011, S. 1143 (1153 ff., 1161).

§ 3: Raub und räuberischer Diebstahl

Der *BGH* begnügt sich allerdings nicht mit dem Finalzusammenhang, sondern fordert über die finale Verknüpfung von Nötigungshandlung und Wegnahme hinaus einen örtlichen und zeitlichen Zusammenhang[35]. Dieses »neben den Finalzusammenhang tretende eigenständige Merkmal« dürfe allerdings nicht isoliert betrachtet werden, sondern es müsse mit dem Finalzusammenhang das typische Tatbild eines Raubes ergeben«; eine »solche raubspezifische Einheit« von qualifizierter Nötigung und Wegnahme liegt nach Auffassung des 1. Strafsenats »regelmäßig dann vor, wenn es zu einer – in der Vorstellung des Täters nachvollzogenen – **nötigungsbedingten Einschränkung der Dispositionsfreiheit des Gewahrsamsinhabers über das Tatobjekt** gekommen ist«[36]. Für den 2. und 5. Strafsenat ist für die raubspezifische Einheit von qualifizierter Nötigung und Wegnahme maßgeblich, »ob es zu einer – vom Täter erkannten – **nötigungsbedingten Schwächung des Gewahrsamsinhabers in seiner Verteidigungsfähigkeit oder -bereitschaft** gekommen« ist[37]. Der örtliche und zeitliche Zusammenhang setze im Übrigen nicht voraus, dass die Wegnahme im unmittelbaren zeitlichen Anschluss an die Nötigung[38] und am Ort der Nötigung stattfindet[39], sondern es seien die Umstände des Einzelfalls entscheidend[40].

292

Die konkreten Konsequenzen dieser komplexen Erwägungen des *BGH* – und deren Anwendung in einer Falllösung – sind unklar:

293

(1) Ein das Tatbild des Raubes prägendes Element ist jedenfalls der Finalzusammenhang, d.h. der Einsatz der Gewalt oder der Drohung durch den Täter als *Mittel zur Ermöglichung der Wegnahme*. Ob der Täter mit der Gewaltanwendung bzw. Drohung noch ein weiteres Ziel verfolgt, ist im Übrigen unerheblich[41].
Daraus folgt zum einen, dass die Anwendung des Raubmittels bis zur **Vollendung der Wegnahme** erfolgen muss; bezweckt der Einsatz der Gewalt oder Drohung dagegen nur, den Gewahrsam an der *bereits weggenommenen* Sache zu erhalten, so scheidet Raub aus; es kommt dann räuberischer Diebstahl (§ 252 StGB) in Betracht (vgl. *Fall 61, Rn. 342 ff.*). Zum anderen scheidet Raub aus, wenn der Täter erst **nach Beendigung der zu einem anderen Zweck angewendeten Gewalt** den Entschluss zur Wegnahme fasst[42]. Das gilt auch, wenn der Täter die Verängstigung des Opfers wegen einer vorangegangenen Gewaltanwendung oder Drohung auf Grund eines erst jetzt gefassten Entschlusses zur Wegnahme ausnutzt[43].

---

[35] *BGH* St 61, 141 (Rn. 26 ff.); 197 (Rn. 10); NStZ 2006, 28; 2016, 472 (473); 2020, 355 (Rn. 10). Ebso. z.B. *Mitsch*, BT 2, S. 495; MK-*Sander*, § 249 Rn. 34. A.A. *Albrecht*, S. 102 ff.: Die Einschränkung sei weder durch den Wortlaut geboten noch mit dem Telos des Raubtatbestandes vereinbar.
[36] *BGH* St 61, 141 (Rn. 27), unter Bezugnahme auf *Albrecht*, S. 134, 141.
[37] *BGH* St 61, 197 (Rn. 10) m. krit. Anm. *Berster*, JZ 2016, 1017 ff.; *BGH*, NStZ 2020, 355 (Rn. 10).
[38] So aber Sch/Sch-*Bosch*, § 249 Rn. 10; SK⁹-*Sinn*, § 249 Rn. 30.
[39] *BGH* St 61, 141 (Rn. 29); NStZ 2020, 355 (Rn. 10).
[40] *BGH* St 61, 141 (Rn. 29); 197 (Rn. 10); NStZ 2020, 355 (Rn. 10).
[41] *BGH*, NStZ 1993, 79.
[42] *BGH* St 61, 141 (Rn. 15) *BGH*, NStZ 2015, 585 m. Anm. *Piel* und Bespr. *Kudlich*, JA 2015, 791 ff.; *BGH*, StV 2020, 234 f. m. Bespr. *Jahn*, JuS 2018, 1246 ff.; *BGH*, StV 2020, 236.
[43] *BGH* St 32, 88 (92); 61, 141 (Rn. 16); BeckRS 2008, 07766 m. Bespr. *Jahn*, JuS 2008, 741 ff.; *BGH*, NStZ 2009, 325 f.; BeckRS 2018, 9623 (Rn. 10 f.); StV 2020, 234 ff. m. Bespr. *Jahn*, JuS 2018, 1246 ff.; *BGH*, StV 2020, 236; NStZ 2024, 290 (Rn. 6); Sch/Sch-*Bosch*, § 249 Rn. 6a.

Beispiel[44]: T hatte die Kassiererin K einer Spielhalle auf der Toilette mit Schlägen und Todesdrohungen zur Duldung sexueller Handlungen genötigt. Nach Abschluss der sexuellen Übergriffe fasste er den Entschluss, das Geld der Spielhalle zu erbeuten. T war sich bewusst, dass K *weiterhin unter dem Eindruck der zuvor ausgeübten Gewalt und geäußerten Todesdrohungen* (fortwirkende Gewalt und Drohung) stand und deshalb die Wegnahme des Geldes dulden würde. T nahm K den Kassenschlüssel ab und entwendete 130 €.

294 Der Finalzusammenhang ist dagegen gegeben, wenn der Täter die Gewalt – ohne Entwendungsentschluss – zunächst zu einem anderen Zweck einsetzt, er aber nach Fassung eines solchen Entschlusses die *Gewaltanwendung fortsetzt*[45].

Beispiel: Der Täter umklammerte das Opfer, um es sexuell zu nötigen. Während er es *weiterhin festhielt* (fortdauernde Gewaltanwendung), nahm er dem Opfer auf Grund eines neuen Tatentschlusses das Geld weg; unerheblich ist, ob das Opfer dies bemerkt.

295 Strittig ist, ob Raub anwendbar ist, wenn der Täter das Opfer zu einem anderen Zweck gefesselt oder in einem Raum eingeschlossen hat und die Sache anschließend auf Grund eines neuen Entschlusses wegnimmt.

In dieser Konstellation wird zum Teil eine »fortdauernde Gewaltanwendung« durch **pflichtwidriges Unterlassen** angenommen[46]. Der *BGH* meinte dies offenlassen zu können, denn: »Durch das Aufrechterhalten des rechtswidrigen Zustands, den der Täter zurechenbar bewirkt hat, setzt sich – anders als etwa beim Niederschlagen des Opfers – die Gewalthandlung fort, sie ist erst beendet mit dem Aufschließen oder dem Lösen der Fesselung.«[47]

Die Gegenmeinung[48] lehnt Raub in diesen Fällen jedoch zu Recht ab. Die *Nichtbeseitigung der Gewaltwirkung* ist keine Gewaltanwendung, die § 249 StGB gerade voraussetzt. Erst durch die – aktive – Gewaltanwendung zum Zweck der Wegnahme erhält der Raub in psychischer Hinsicht, aber auch nach seinem Unrechtsgehalt sein besonderes Gepräge.

296 Der Finalzusammenhang bezeichnet zwar die subjektive Zielrichtung des Einsatzes des Raubmittels. Da es sich um eine Voraussetzung der Verknüpfung der objektiven Merkmale des qualifizierten Nötigungsmittels und der Wegnahme handelt, ist die Prüfung aber nicht – wie zum Teil[49] vorgeschlagen wird – im subjektiven, sondern im objektiven Tatbestand vorzunehmen[50].

297 *(2)* Der vom *BGH* geforderte örtliche und zeitliche Zusammenhang der Anwendung des qualifizierten Nötigungsmittels und der Wegnahme erweist sich ebenfalls als

---

[44] Nach *BGH*, NStZ-RR 2017, 143 f.
[45] *BGH* St 20, 32; Sch/Sch-*Bosch*, § 249 Rn. 6a; *Jäger*, Rn. 415; *Rengier* I, 7/25; LK[13]-*Vogel/Burchard*, § 249 Rn. 49.
[46] Sch/Sch-*Bosch*, § 249 Rn. 6b; *Gössel*, 13/13; NK-*Kindhäuser/Hoven*, Vor §§ 249 ff. Rn. 28; *Mitsch*, BT 2, S. 503 ff.; MK-*Sander*, § 249 Rn. 32; *Schünemann*, JA 1980, 352 f.; LK[13]-*Vogel/Burchard*, § 249 Rn. 51.; *Walter*, NStZ 2005, 240 (241 ff.); weitere Nachweise bei *Krack*, JuS 1996, 493 f. (Fn. 6).
[47] *BGH* St 48, 365 (370).
[48] *BGH* St 32, 88 (92); *Bock*, BT 2, S. 596 f.; *Eisele*, BT II, Rn. 327; *Fischer*, § 249 Rn. 12b f.; *Rengier* I, 7/31 f.; SK[9]-*Sinn*, § 249 Rn. 32; der Sache nach offenbar auch *BGH*, NStZ 1993, 79.
[49] *Heghmanns*, ZJS 2016, 519 (524); *Jäger*, Rn. 414.
[50] *BGH* St 61, 141 (Rn. 14 ff.); *Rengier* I, 7/7, 30a; W/H/S-*Schuhr*, Rn. 381.

notwendig zur Kennzeichnung des typischen Raubgeschehens[51]. Zutreffend erscheint es, diesen Zusammenhang zu bejahen, wenn der Einsatz des Raubmittels mit der Wegnahme ein **zu einer natürlichen Handlungseinheit verbundenes Geschehen** bildet[52]. Das wäre z.B. der Fall, wenn der Täter das Opfer in eine Gartenlaube lockt, es dort fesselt, von dort zu dem Ort, an dem sich das Geld des Opfers befindet, fährt und die Beute dort entwendet[53]. Anders liegt es, wenn der Täter den Gewahrsamsinhaber während einer gemeinsamen Bergwanderung in einer Hütte im Wald gefesselt zurücklässt und – wie geplant – erst Tage später nach der Rückkehr aus dem Urlaub Wertgegenstände aus der Wohnung des Opfers entwendet.

Der notwendige zeitliche und örtliche Zusammenhang von Nötigung und Wegnahme fehlt, wenn der Täter heute mit Gewalt einen Schlüssel wegnimmt, um diesen morgen zur Begehung eines Diebstahls zu benutzen[54]. Doch kommt dann Raub bezüglich des *Schlüssels* in Betracht[55].

– Zur Strafbarkeit wegen räuberischer Erpressung siehe *Rn. 496.* –

(3) Der *BGH* hält formal an dem örtlich-zeitlichen Konnex von Nötigung und Wegnahme fest und scheint diese Voraussetzung durch die »nötigungsbedingte Einschränkung der Dispositionsfreiheit« bzw. die »nötigungsbedingte Schwächung des Gewahrsamsinhabers in seiner Verteidigungsfähigkeit oder -bereitschaft« (*Rn. 292*) ausfüllen zu wollen. Diese Begriffe eignen sich zur Beschreibung des örtlichen und zeitlichen Zusammenhangs von Nötigung und Wegnahme jedoch nicht, sondern der *BGH* fordert in der Sache, dass die Gewaltanwendung oder die Drohung einen – vom Vorsatz umfassten – »Zwischenerfolg« in Form einer Einschränkung bzw. Schwächung der Fähigkeiten des Genötigten, sich dem Täter zu widersetzen, herbeigeführt hat[56]. Der *BGH* verlangt damit einen objektiv vorliegenden, realen Förderungszusammenhang (Verstärkerkausalität)[57]. Diese Sicht unterscheidet sich vom Standpunkt der Vertreter der Kausalitätstheorie in der Literatur lediglich in der Formulierung, denn sie bejahen den »objektiven Kausalzusammenhang« nicht nur, wenn der Einsatz des Raubmittels für die Wegnahme (objektiv) erforderlich ist, sondern auch, wenn die Wegnahme durch die Anwendung des qualifizierten Nötigungsmittels objektiv gefördert oder erleichtert wird[58]. **298**

Da keine »echte« Kausalität in dem Sinne, dass die Anwendung des Raubmittels eine notwendige Bedingung für die Wegnahme darstellt, notwendig ist, scheidet ein vollendeter Raub nicht aus, wenn das Opfer die Gewaltanwendung nicht bemerkt. **299**

---

[51] *Mitsch*, BT 2, S. 512 f.
[52] Zutr. W/H/S-*Schuhr*, Rn. 368; vgl. auch LK[13]-*Vogel/Burchard*, § 249 Rn. 75.
[53] Vgl. *BGH*, NStZ 2006, 38.
[54] *Eser*, Strafrecht 4 Fall 8 A 34; LK[11]-*Herdegen*, § 249 Rn. 15; M/S/M/H/M-*Hoyer*, 35/21; i.E. ebso. LK[13]-*VogelBurchard*, § 249 Rn. 75.
[55] Dazu *BGH*, MDR 1960, 689; M/S/M/H/M-*Hoyer*, 35/21.
[56] Vgl. *Magnus*, NStZ 2018, 67 (70 f.), »typische Folge einer Nötigungshandlung«.
[57] *Berster*, JZ 2016, 1017 (1018).
[58] *Heghmanns*, ZJS 2016, 519 (523 f.); *Hörnle*, FS-Puppe, 2011, S. 1143 (1153 ff.); SK[9]-*Sinn*, § 249 Rn. 29.

Beispiel[59]: T wollte aus der Villa des Opfers O ein Gemälde stehlen. T schloss deshalb den schlafenden O sicherheitshalber in dessen Schlafzimmer ein, bevor er (T) das Bild in der Villa suchte, fand und mitnahm. O schlief die ganze Nacht tief und fest, sodass er die Entwendung erst am nächsten Morgen bemerkte.

Der nach der h.M. erforderliche Finalzusammenhang zwischen Raubmittel und Wegnahme, der örtlich-zeitliche Konnex sowie die nötigungsbedingte (objektive) Schwächung des Gewahrsamsinhabers in seiner Verteidigungsfähigkeit liegen vor, sodass der objektive Tatbestand erfüllt ist. Das ist aber auch nach der Kausalitätstheorie der Fall, weil das Einschließen des schlafenden Opfers dessen Abwehrchancen – nach einem möglichen Erwachen – verschlechtert und die Wegnahme deshalb objektiv erleichtert[60].

300 In unserem *Fall 58* sind die gegenüber P ausgeübte Drohung mit gegenwärtiger Leibesgefahr und die Wegnahme nach allen Auffassungen »raubtypisch« verknüpft. T setzte die Drohung zur Förderung der Entwendung der Brieftasche ein (Finalzusammenhang), führte dadurch eine nötigungsbedingte Schwächung des P in seiner Verteidigungsbereitschaft herbei und Nötigung und Wegnahme standen in einem engen räumlichen und zeitlichen Zusammenhang. Auch der in der Literatur zum Teil geforderte »objektive Kausalzusammenhang« liegt vor, weil die Drohung die Wegnahme objektiv erleichterte.

c) Subjektiver Tatbestand

301 Der subjektive Tatbestand des § 249 Abs. 1 StGB erfordert Vorsatz und Zueignungsabsicht.

aa) Vorsatz

302 Der Vorsatz muss die Anwendung des qualifizierten Nötigungsmittels, die Wegnahme, den räumlichen und zeitlichen Zusammenhang von Raubmittel und Wegnahme sowie die nötigungsbedingte Schwächung des Gewahrsamsinhabers in seiner Verteidigungsfähigkeit oder -bereitschaft umfassen. Der Finalzusammenhang könnte ebenfalls im subjektiven Tatbestand geprüft werden. Vorzugswürdig erscheint jedoch die Erörterung im objektiven Tatbestand (*Rn. 296*).

M handelte vorsätzlich hinsichtlich der Drohung, der Wegnahme der Brieftasche bzw. deren Inhalts und der Voraussetzungen der Verknüpfung von Raubmittel und Wegnahme.

bb) Zueignungsabsicht

303 Die Zueignungsabsicht ist beim Raub zu beurteilen wie beim Diebstahl (*Rn. 64 ff.*). Jeder Mittäter muss Selbst- oder Drittzueignungsabsicht aufweisen.

Sie muss **im Zeitpunkt der Wegnahme** vorliegen, sodass Raub ausscheidet, wenn der Täter dem Opfer die Sache wegnimmt, um sie als Druckmittel zu benutzen, und er sich erst danach entschließt, die weggenommene Sache zu behalten[61].

Ein auf Hass und Rache beruhender Schädigungswille oder der Wille, den Eigentümer durch bloßen Sachentzug zu ärgern, begründet keine Zueignungsabsicht[62].

---

[59] Angelehnt an *Rengier* I, 7/23.
[60] *Hörnle*, FS-Puppe, 2011, S. 1143 (1155). *Rengier* I, 7/23, verneint dagegen die »objektive Kausalität«.
[61] *BGH*, NStZ-RR 2007, 15; siehe auch *BGH*, NStZ 2018, 712 f.
[62] *BGH*, NStZ 2011, 699 m. Bespr. *Jahn*, JuS 2011, 846 (848).

Strittig ist, ob die gewaltsame Wegnahme eines Mobiltelefons mit Zueignungsabsicht erfolgt, wenn es dem Täter – nur – darum geht, den Telefonspeicher auszulesen sowie die gespeicherten Bilddateien zu kopieren und es ihm gleichgültig ist, ob das Opfer das Telefon zurückerhält. Der *BGH* verneint die Zueignungsabsicht mit der Begründung, der Täter habe sich weder den Substanz- noch den Sachwert des Mobiltelefons aneignen, sondern das Gerät lediglich vorübergehend gebrauchen wollen[63]. Dem wird entgegengehalten, dass die – beabsichtigte vorübergehende – Nutzung des Telefons zur Verschaffung der darauf befindlichen Daten die Aneignungskomponente erfüllt[64].
Diese Sicht trifft zu: Will der Täter zwar an sich nur die auf einem Datenträger gespeicherten Daten erlangen, muss er sich aber zu diesem Zweck des Datenträgers bedienen, so liegt die Absicht – vorübergehender – Aneignung der Substanz des Datenträgers vor. Die Aneignungskomponente fehlt dagegen, wenn der Täter die Daten auf einen anderen Speicher kopieren will, ohne dazu die Funktionen des Datenträgers zu benutzen, z.B. indem er die Daten mittels eines Kabels direkt überträgt[65]. Der BGH-Beschluss teilt zwar nicht mit, auf welche Weise die Bilddateien in dem entschiedenen Fall übertragen werden sollten, da es aber naheliegt, dass dies unter Benutzung der Funktionen des Mobiltelefons (Bluetooth, MMS) erfolgen sollte, läge Zueignungsabsicht vor, da nicht nur die Absicht vorübergehender Aneignung, sondern auch Eventualvorsatz hinsichtlich der endgültigen Enteignung gegeben wäre. Raub liegt – entgegen der Auffassung des *BGH*[66] – deshalb auch vor, wenn der Täter das Mobiltelefon mit Gewalt oder Drohung wegnimmt, um dort gespeicherte Bilder zu löschen (Absicht vorübergehender Aneignung), und es dabei zumindest für möglich hält, dass das Telefon nicht an den Eigentümer zurückgelangt (Vorsatz bzgl. dauerhafter Enteignung).

304

Die Strafbarkeit wegen **mittäterschaftlich** begangenen Raubes setzt voraus, dass jeder Beteiligte hinsichtlich der tatsächlich weggenommenen Sachen Vorsatz und (Eigen- oder Dritt-)Zueignungsabsicht hat; wird die Gewalt oder Drohung aufgrund eines gemeinsamen (Raub-)Tatplanes angewendet, nimmt dann aber ein Beteiligter – von dem anderen unbemerkt – Gegenstände ausschließlich im eigenen Interesse an sich, so fehlen dem »hintergangenen« Beteiligten der Wegnahmevorsatz und die Zueignungsabsicht, sodass er lediglich wegen versuchten Raubes strafbar ist[67].

305

Für die **Rechtswidrigkeit der – beabsichtigten – Zueignung** gelten die Darlegungen zum Diebstahl (*Rn. 121 ff.*).
Der Vorsatz *rechtswidriger* Zueignung fehlt, wenn der Täter irrig das Bestehen eines fälligen Anspruchs auf die weggenommene Sache annimmt, z.B. »wenn sich der Nötigende lediglich nach den Anschauungen der einschlägigen kriminellen Kreise

306

---

[63] *BGH*, NStZ 2012, 627 m. zust. Bespr. *Hecker*, JuS 2013, 468 (469) und abl. Bespr. *Jäger*, JA 2012, 709 f.
[64] *Jäger*, JA 2012, 709 f.; *Putzke*, ZJS 2013, 311 (314); *Reinbacher*, ZStW 126 (2014), 642 (663 ff.).
[65] *Reinbacher*, ZStW 126 (2014), 642 (667).
[66] *BGH*, NStZ-RR 2015, 371 f.; StV 2016, 642 (643); NStZ 2019, 344 (Rn. 7 ff.) m. Anm. *Kudlich* und *Eisele*, JuS 2019, 402 ff.
[67] *BGH*, NStZ-RR 2019, 249 f. Siehe auch *BGH*, NStZ-RR 2024, 146 f.

als berechtigter Inhaber eines Zahlungsanspruchs gegen das Opfer fühlt«[68] (vgl. zur Rechtswidrigkeit der angestrebten Bereicherung bei § 253 StGB *Rn. 521*).

In unserem Fall 58 hatte M die Absicht, sich den Inhalt der Brieftasche, auf den er keinen Anspruch hatte, seinem Vermögen zumindest vorübergehend einzuverleiben, und den Vorsatz ihn P dauerhaft zu entziehen, sodass M Zueignungsabsicht besaß.

d) Rechtswidrigkeit und Schuld

Da M rechtswidrig und schuldhaft handelte, ist er des Raubes schuldig.

Ergänzende Hinweise zu § 249 StGB

307 *(1)* Wegnahme mit Gewalt ist auch gegenüber Schlafenden und Betrunkenen möglich (Beispiel: Ein Schlafender wird vor der Wegnahme seiner Sachen »vorsorglich« betäubt)[69]. Es genügt für § 249 StGB sogar, dass ein Bewusstloser zur Ausplünderung an einen dafür bestimmten Ort getragen wird[70]. Nicht ausreichend ist dagegen das Umdrehen eines Bewusstlosen, um ihn bestehlen zu können[71].

308 *(2)* Bei dem **Einsatz tödlich wirkender Personengewalt** sind zwei Konstellationen zu unterscheiden:

Stirbt das Opfer erst nach der Wegnahme der Sache, so liegen die Voraussetzungen des § 249 Abs. 1 StGB unproblematisch vor; der Täter setzt die Personengewalt zur Überwindung eines erwarteten Widerstands ein und der erforderliche Zusammenhang mit der Wegnahme ist gegeben.

Fraglich ist die Raubstrafbarkeit, wenn der Gewalteinsatz zum sofortigen Tod des Opfers führt, es also verstirbt, bevor der Täter die Sache an sich nimmt. Wäre das Ergreifen der Sache maßgeblich, so würde – vollendeter – Raub ausscheiden, weil mit dem Tod des bisherigen Inhabers dessen Gewahrsam endete[72]. Dennoch liegt eine mit der Gewaltanwendung verknüpfte Wegnahme vor, da die tatsächliche Sachherrschaft des Opfers – gegen dessen Willen – bereits durch den Eintritt des Todes aufgehoben wird[73]; jedenfalls wenn das Opfer die Sache bei sich trägt, erlangt der Täter zugleich die Tatherrschaft, denn das »körperliche Ergreifen« der Sache nach dem Tod des Opfers ist eine Handlung »ohne eigenen rechtlichen Gehalt«[74]. Der Annahme eines vollendeten Raubes steht nicht entgegen, dass der Täter die Sache erst nach dem Tod des Opfers ergreift, z.B. indem sich der Täter in die Wohnung des im Wald Getöteten begibt und die Beute dort an sich nimmt.

---

[68] *BGH*, NStZ 2008, 626 m. Bespr. *Bosch*, JA 2009, 70; *BGH*, NStZ-RR 2022, 47 (48) m. Bespr. *Eisele*, JuS 2022, 686 ff.; W/H/S-*Schuhr*, Rn. 370.

[69] Sch/Sch-*Bosch*, § 249 Rn. 4; M/R-*Maier*, § 249 Rn. 11; LK[13]-*Vogel/Burchard*, § 249 Rn. 17 f.

[70] BGH St 4, 210 (212); 25, 237 (238); MK-*Sander*, § 249 Rn. 14; BeckOK-StGB-*Wittig*, § 249 Rn. 5. Abl.: *Geilen*, Jura 1979, 109; NK-*Kindhäuser/Hoven*, § 249 Rn. 15.

[71] Sch/Sch-*Bosch*, § 249 Rn. 4; LK[13]-*Vogel/Burchard*, § 249 Rn. 18.

[72] So *RG* St 56, 23 (24). Das *RG* verneinte sogar versuchten Raub, wenn der Täter den Todeseintritt vor Ansichnehmen der Sache eingeplant hatte, *RG* St 59, 273 (275).

[73] *RG* St 60, 51 (52); 63, 101 (105); *BGH* St 9, 135 (136). Zur Entwicklung der Rechtsprechung eingehend *Albrecht*, S. 129 f.

[74] *RG* St 60, 51 (52).

(3) Auch in anderen Konstellationen kann schon das abgenötigte Verhalten unmittelbar zu einem Gewahrsamsbruch führen. Der *BGH* meinte – versuchten – Raub in einem Fall bejahen zu können, in dem die Täter das Opfer zur Preisgabe eines angeblichen Geldverstecks, das sich »unter den Wurzeln einer Eiche« befinden sollte, zwangen, um das vermutete Geld in unmittelbarem Anschluss an sich zu bringen; das Gericht stellte dabei auf das – geplante – Ergreifen der Geldscheine als Wegnahme ab[75]. Der *BGH* übersah jedoch, dass der Gewahrsam an dem Geld bereits mit Offenbarung des Verstecks auf die Täter übergegangen wäre, da sich das Geld auf einem »neutralen« Gelände befand und das gefesselte Opfer deshalb schon durch die Preisgabe des Verstecks bei sozialer Anschauung die tatsächliche Sachherrschaft über das Geld verloren hätte[76]. Konsequenterweise hätte der *BGH* – wie die Vorinstanz – eine versuchte räuberische Erpressung annehmen müssen, da nach dem äußeren Erscheinungsbild eine »Weggabe« der Sache vorgelegen hätte[77] (zur Abgrenzung von Raub und räuberischer Erpressung siehe *Rn. 482 - 491*).

309

(4) Zur Abgrenzung von § 249 und § 252 StGB vgl. *Fall 61 (Rn. 343)*; zur Abgrenzung § 249 und § 255 StGB vgl. *Fall 82 (Rn. 478 ff.)*.

II. Schwerer Raub (§ 250 StGB)

§ 250 StGB ist im Verhältnis zu § 249 StGB ein *qualifizierter Tatbestand*. § 250 Abs. 1 Nr. 1a, 1b, Nr. 2 entsprechen § 244 I Nr. 1a, 1b, Nr. 2 StGB. – Siehe dazu *Rn. 179 - 201*. –

310

Dagegen haben § 250 I Nr. 1c und § 250 II in § 244 StGB keine Parallele. § 250 II Nr. 2 (Bandenraub mit Waffen) erinnert zwar an § 244a I StGB (Altern. bewaffneter Bandendiebstahl), ist aber wesentlich enger gefasst als letztere Vorschrift.

1. § 250 I StGB

(1) Raub mit Waffen

Fall 59: – *Beisichführen einer »Scheinwaffe« mit Einsatzwillen* –

Bommy (B) führte bei der Begehung eines Raubes einen ungeladenen Revolver bei sich, um gegebenenfalls den Widerstand eines anderen durch Drohung mit Gewalt zu verhindern oder zu überwinden; Munition hatte B nicht dabei.

311

Hat B einen schweren Raub begangen?

(a) § 250 I Nr. 1a StGB

Eine ungeladene Schusswaffe ist jedenfalls dann, wenn der Täter Munition nicht griffbereit bei sich hat, keine Waffe im technischen Sinn, also keine **Waffe** i.S. dieser Vorschrift[78], im Übrigen auch kein **gefährliches Werkzeug**[79].

---

[75] *BGH*, NStZ 2006, 38.
[76] *Hoyer*, ZIS 2006, 140.
[77] *Hoyer*, ZIS 2006, 140 (141).
[78] *BGH*, NJW 1998, 3130; NJW 1998, 3131; NStZ-RR 2007, 375; S/S/W-*Kudlich*, § 250 Rn. 4. – Siehe bereits *Rn. 183, 192* (zu § 244 I StGB). –
[79] *BGH*, NJW 1998, 3130; NJW 1998, 3131; StV 2004, 207.

Zum Merkmal *»anderes* gefährliches *Werkzeug«* i.S. dieser Norm siehe oben *Rn. 180 - 182, 186 - 191, 192.* Die Gründe für die Notwendigkeit einer *teleologischen Reduktion* dieses Merkmals bei § 244 I Nr. 1a StGB gelten bei § 250 I Nr. 1a StGB – wenn auch abgeschwächt – entsprechend[80].
Zum »Beisichführen« i.S. des § 250 I Nr. 1a, 1b StGB siehe *Rn. 196 - 197,* zudem – in zeitlicher Hinsicht – *Rn. 352*
Es ist nicht erforderlich, dass das Opfer Kenntnis von der Existenz des gefährlichen Werkzeugs hat; deshalb kann § 250 I Nr. 1a StGB erfüllt sein, wenn das Opfer das Messer in der Hand des Täters nicht als ein solches erkennt[81].
Der ungeladene Revolver des B unterfällt § 250 I Nr. 1a StGB also nicht.

(b) § 250 I Nr. 1b StGB

312 Diese Vorschrift erfasst nach Rechtsprechung und h.L. auch die sog. **»Scheinwaffen«**[82]. Dass B bei seiner für den Fall von Widerstand geplanten Drohung mit Gewalt nur »bluffen« wollte, da sein Werkzeug oder Mittel *objektiv* ungeeignet war, das Opfer zu gefährden, ist nach h.M. also unerheblich.
Zu § 250 I Nr. 2 StGB *a.F.* war strittig, ob auch die sog. »Scheinwaffen« den Tatbestand erfüllen konnten. Für § 250 I Nr. 1b StGB *n.F.* soll diese alte Streitfrage um die Einbeziehung von »Scheinwaffen« auch nach der h.M. in der Literatur erledigt sein: Die Neufassung ergebe nach Wortlaut und Willen des Gesetzgebers, dass Scheinwaffen »Werkzeuge oder Mittel zur Drohung mit Gewalt« i.S. des § 250 I Nr. 1b StGB sein könnten[83].

313 Gegen diese Ansicht spricht zwar, dass – abgesehen von Abs. 1 Nr. 1b – **alle** Begehungsmodalitäten des § 250 I und II StGB *n.F.* auf die erhöhte **objektive** Gefährlichkeit der Tat abstellen, sodass es einen fragwürdigen Systembruch darzustellen scheint, bei § 250 I Nr. 1b StGB auf diese objektive Gefährlichkeit zu verzichten. Zudem schützt schon § 249 StGB als Grundtatbestand das Opfer vor Einschüchterung durch Drohung mit gegenwärtiger Gefahr für Leib oder Leben. Zwischen dieser »normalen Bedrohung« i.S. des § 249 StGB und der durch eine Scheinwaffe »bestärkten«, aber objektiv eben »leeren« Drohung besteht kein Unterschied, der die Einbeziehung der Scheinwaffe in § 250 I Nr. 1b StGB und damit die Gleichstellung mit den objektiv gefährlichen Modalitäten des § 250 I Nr. 1a, 1c, 2 StGB als sachgerecht erscheinen lassen könnte[84].

314 Die h.M., die Scheinwaffen in den Geltungsbereich des § 250 I Nr. 1b StGB einbezieht (*Rn. 312*), entspricht aber dem *Willen des Gesetzgebers;* dieser klingt auch bei einem Vergleich des § 250 I Nr. 1a mit Nr. 1b StGB im *Gesetzestext* an (»anderes

---

[80] *Küper,* JZ 1999, 187 (193 f.); *Otto,* 41/56; *Rengier* I, 4/7, 8/3; *Schlüchter,* S. 71.
[81] *BGH,* NStZ-RR 2015, 13 (bzgl. schwerer räuberischer Erpressung); siehe ebso. *BGH,* NStZ 2012, 389 m. insoweit zust. Bespr. *Jäger,* JA 2012, 307 (309).
[82] *BGH,* JZ 1998, 740; NJW 1998, 3130; NStZ 2011, 278 m. Bespr. *Hecker,* JuS 2011, 757 ff.; *Dencker/Struensee/Nelles/Stein,* S. 11, 13; *Hörnle,* Jura 1998, 169 (173); *Mitsch,* BT 2, S. 520 ff. (resignierend); *Rengier* I, 8/5; MK-*Sander,* § 250 Rn. 42; offengelassen von *Otto,* 46/30 mit 41.
[83] *Hörnle,* Jura 1998, 169 (172 f.); *Küper,* JZ 1999, 187 (193 f.); *Otto,* 41/56; *Rengier* I, 8/5 f.; zum Willen des »Gesetzgebers« (= der Entwurfsverfasser): BT-Drs. 13/9064, 18.
[84] *Braunsteffer,* NJW 1975, 623 f. zu § 250 I Nr. 2 StGB *a.F.*

gefährliches Werkzeug« / »**sonst** ein Mittel oder Werkzeug«). Deshalb ist die h.A. wohl gesetzestreuer als der Gegenstandpunkt, der allerdings sachgerecht ist.

Die Frage der Einbeziehung von Scheinwaffen ist aus diesen Gründen bei § 250 I Nr. 1b StGB schwerer zu beantworten als bei § 244 I Nr. 1b StGB. Bei letzter Vorschrift konnte diese Frage noch ohne Bedenken bejaht werden. **315**

Die Einbeziehung der Scheinwaffe erscheint dort sachgerecht, da sie als Mittel eines Raubes oder eines räuberischen Diebstahls verwendet werden kann und § 244 StGB auch nicht durchgängig besonders gefährliche Begehungsweisen unter erhöhte Strafe stellt (*Rn. 193*).

Für § 250 I Nr. 1b StGB kann der herrschenden Einbeziehung von Scheinwaffen dagegen **nur mit erheblichen** Bedenken gefolgt werden[85].

(c) Allerdings hatte der *BGH* zu § 250 I Nr. 2 StGB *a.F.* seine prinzipielle Einbeziehung von Scheinwaffen dadurch eingeschränkt, dass er Gegenstände ausschied, die nach ihrem äußeren Erscheinungsbild evident ungefährlich und keiner Waffe (oder keinem gefährlichen Werkzeug) ähnlich sind (siehe auch *Rn. 194*): **316**

Das Gericht lehnte die Anwendbarkeit des § 250 I Nr. 2 StGB *a.F.* auf die *Vorspiegelung* des Beisichführens einer Schusswaffe zuerst in einem Fall ab, in dem der Täter ein kurzes, gebogenes Plastikrohr so unter der Jacke gehalten hatte, dass diese ausbeulte. Der *BGH* führt dazu aus[86]: Das **objektive Erscheinungsbild** des Gegenstandes, mit dem eine Waffe vorgetäuscht werde, sei nicht bedeutungslos. »Waffe« bzw. »sonstiges Werkzeug oder Mittel« sei nur ein Gegenstand, der »unter den konkreten Umständen seiner geplanten Anwendung aus der Sicht des Täters ohne weiteres geeignet sei, bei dem Opfer den Eindruck hervorzurufen, der Gegenstand könne ... gefährlich sein«. Das Plastikrohr aber habe einer Waffe nicht ähnlich gesehen. Diese Sicht hat der *BGH* auf vergleichbare Fälle übertragen[87], in denen der Täter dem Opfer einen Lippenpflegestift (»Labello«) zur Vorspiegelung einer Waffe in den Rücken[88], einen Kugelschreiber zur Vortäuschung einer Giftspritze an den Hals gedrückt[89] oder einen Metallgegenstand von hinten an den Hals gehalten hatte, um beim Opfer den Eindruck einer Schusswaffe zu erwecken[90]. Solche Gegenstände seien ebenfalls keine tauglichen Tatmittel i.S. des § 250 I Nr. 2 StGB *a.F.*

Diese Einschränkungen sollen nach dem Willen des Gesetzgebers des 6. StRG und nach der h.M. hierzu für § 250 I Nr. 1b StGB *n.F.* maßgeblich bleiben[91].

---

[85] *Dencker*/Struensee/Nelles/Stein, S. 11, 13 und *Mitsch*, BT 2, S. 520 ff. halten die Einbeziehung von Scheinwaffen ebenfalls für sachwidrig, folgen aber aus Gesetzestreue dem Willen des Gesetzgebers; *Hörnle*, Jura 1998, 169 (173 f.) betrachtet die h.M. nicht als zwingend, sondern den Gegenstandpunkt als vertretbar. A.A. *Lesch,* JA 1999, 30 (37 f.).
[86] *BGH* St 38, 116 ff. m. Anm. *Grasnick*, JZ 1993, 268 und *Mitsch*, NStZ 1992, 434.
[87] Anders aber offensichtlich *BGH*, StV 2004, 655 m. krit. Anm. *Schlothauer*.
[88] *BGH*, NStZ 1997, 184 f.
[89] *BGH*, StV 2004, 201 f. m. Anm. *Deiters.*
[90] *BGH*, NStZ 2007, 332 ff. m. Bespr. *Jahn*, JuS 2007, 583 f.
[91] BT-Drucks. 13/9064, S. 18, 45; *Hörnle*, Jura 1998, 169 (173); *Otto*, 46/30 mit 41/59; *Rengier* I, 8/8 mit 4/68 ff.; *Schlüchter*, S. 79; krit. *Dencker*/Struensee/Nelles/Stein, S. 11, 13 u. wohl auch *Mitsch*, BT 2, S. 520 ff.

317 Lässt sich dem Gegenstand die Ungefährlichkeit nicht ohne Weiteres ansehen, kann § 250 I Nr. 1b StGB gegeben sein. Es ist deshalb konsequent, dass der *BGH* eine Sporttasche[92] und einen Koffertrolley[93], die mit harmlosen Gegenständen gefüllt waren, die der Täter aber als Bombe bezeichnet hatte, als Scheinwaffen behandelt, denn ein Behältnis kann durchaus einen Sprengsatz enthalten.

In casu (*Rn. 311*) handelte es sich bei der Scheinwaffe des Täters *nicht* um eine derartige evident ungefährliche, keinem gefährlichen Gegenstand ähnliche Sache.

(d) Ergebnis: Folgt man Rechtsprechung und h.L. zur »Scheinwaffenproblematik«, so ist B aus § 250 I Nr. 1b StGB strafbar.

Ergänzende Hinweise zum Raub mit Waffen (§ 250 I Nr. 1 StGB)

318 *(1)* Das Beisichführen eines Gegenstandes, der zwar **in gefährlicher Weise verwendet werden kann**, nach dem konkreten Tatplan aber **zum Vorspiegeln einer (Schuss-) Waffe eingesetzt werden soll** (Vorhalten eines unter der Jacke verdeckten Schraubenziehers, um den Eindruck einer Pistole zu erwecken), soll nach Auffassung des *BGH* als schwerer Raub nach § 250 I Nr. 1a StGB strafbar sein[94]. Diese Sicht ist jedoch kaum mit den Entscheidungen zu vereinbaren, in denen eine ungeladene Schusswaffe, die nicht als Schlagwerkzeug, sondern als Drohmittel verwendet wurde, nicht als Waffe oder gefährliches Werkzeug eingestuft wurde[95] (*Rn. 311*). Konsequenterweise müsste auch § 250 I Nr. 1b StGB ausscheiden, da der Bedrohte das Vorhalten des Schraubenziehers noch nicht einmal wahrgenommen hatte.

Von der »Schraubenzieher-Entscheidung« rückte der *BGH* durch die Anwendung des § 250 I Nr. 1b StGB in einem Fall, in dem der Täter einen Schlüssel so in der Hand hielt, dass für die Bedrohte der Eindruck entstehen konnte und sollte, es handele sich um ein Messer[96], zu Recht ab. Die Begründung, ein Schlüssel sei ohne Weiteres geeignet, »bei einer Verwendung als Schlag- oder Stoßwerkzeug gegen empfindliche Körperstellen durchaus ernsthafte Verletzungen zu verursachen«, dient dem Gericht nicht dazu, den Schlüssel als gefährliches Werkzeug einzustufen, sondern zur »Abgrenzung« von Konstellationen, in denen wegen der objektiven Ungefährlichkeit des Gegenstandes eine Scheinwaffe i.S. des § 250 I Nr. 1b StGB ausscheidet (*Rn. 316*). Die These, der Anwendung des § 250 I Nr. 1b StGB stehe nicht entgegen, dass die Drohwirkung »auch« auf dem täuschenden Verhalten des Angeklagten beruhte, ist jedoch unklar, da dies bei einer Scheinwaffe immer der Fall ist.

319 *(2)* Strittig ist, ob es eine Art freiwilligen **Teilrücktritt** von der Qualifikation des § 250 I Nr. 1 StGB gibt, *der diese entfallen lässt.*

Beispiel: Der Räuber führt zunächst eine Schusswaffe bei sich, die er nach Versuchsbeginn, aber vor Vollendung der Wegnahme freiwillig wegwirft, und nimmt die Wegnahme dann unbewaffnet vor.

---

[92] *BGH*, NStZ 2011, 278 m. Bespr. *Hecker*, JuS 2011, 757 ff.
[93] *BGH*, NStZ 2016, 215 (216) m. krit. Bespr. *Jäger*, JA 2016, 71 ff.
[94] *BGH*, StV 2004, 655. Ebso. für das Vorhalten einer Luftpumpe, die auch als Schlagwerkzeug benutzt werden könnte, als vermeintliche »Langwaffe« *BGH*, NStZ-RR 2023, 204 (205) m. Anm. *Mitsch*, JR 2023, 633 ff. und Bespr. *Jahn*, JuS 2023, 694 ff.
[95] *Schlothauer*, StV 2004, 655 f.
[96] *BGH*, NStZ 2017, 581 f. m. krit. Anm. *Kudlich*; offen ließ der *BGH*, ob § 250 II Nr. 1 StGB vorliegt.

Der Täter muss die Waffe nicht während des gesamten tatbestandsmäßigen Geschehens bei sich führen, sie muss ihm lediglich »zu irgendeinem Zeitpunkt **während des Tatherganges** zur Verfügung stehen«. Das Beisichführen »nur auf der Fahrt zum Tatort oder bei der Flucht nach dem fehlgeschlagenen Versuch« genügt nicht[97]. Der *BGH* nahm deshalb einen schweren Raub an[98]. Zutreffend erscheint in einem solchen Fall dagegen die Annahme eines Teilrücktritts, sodass der Täter nur wegen »einfachen« Raubes gemäß § 249 StGB strafbar ist[99].

(3) Zum Bandenraub gemäß § 250 I Nr. 2 StGB: 320
– Hier gelten *Rn. 199 - 202* entsprechend. –

Es genügt, dass der Raub durch Mitglieder einer Bande begangen wird, die sich zur fortgesetzten Begehung von *Diebstahl* verbunden haben; einer erweiterten Bandenabrede auf die zukünftig wiederholte Begehung von *Raub*taten bedarf es nicht[100].

(4) § 250 I Nr. 1c (»Gefahr einer schweren Gesundheitsschädigung«):
Die schwere Gesundheitsschädigung verlangt keine »schwere Körperverletzung«   321
i.S. des § 226 StGB, sondern geht über die dort aufgezählten Fälle hinaus[101]; der Verletzungserfolg muss aber den in § 226 StGB genannten Folgen an Schwere und Nachhaltigkeit gleichkommen[102]. Erforderlich ist eine *konkrete* Gefahr.
Bei der Feststellung der Gefahr einer schweren Gesundheitsschädigung fordert der *BGH* in zweifacher Hinsicht die **Berücksichtigung der individuellen Gegebenheiten des Opfers**: Sie sollen zum einen bei der Ermittlung der Gefährlichkeit der Raubhandlung für das konkrete Tatopfer (in dem entschiedenen Fall handelte es sich um eine 80-jährige Frau) und zum anderen bei der Bestimmung der Schwere der – drohenden – Gesundheitsschädigung von Belang sein[103]. Zustimmung verdient diese Sicht darin, dass die konkrete Gefahr nicht nur von den äußeren Umständen der Gewaltanwendung (z.B. Wucht des Schlages, Körperteil, auf den der Angriff abzielt usw.), sondern auch von der »individuellen besonderen Schadensdisposition« des Opfers abhängt. Dies darf jedoch nicht dazu führen, dass über die Gesundheitsgefahren, die dem konkreten Opfer drohten, bloß spekuliert wird. Es muss vielmehr feststehen, dass eine Gesundheitsschädigung von dem Gewicht einer schweren Körperverletzung tatsächlich drohte, deren Ausbleiben also letztlich vom Zufall abhing[104].

---

[97] *BGH* St 31, 105 = JZ 1983, 216 m. Anm. *Hruschka*.
[98] *BGH*, NStZ 1984, 216 f. m. krit. Anm. *Zaczyk*; dem *BGH* zustimmend *Otto*, 46/32.
[99] Sch/Sch-*Eser/Bosch*, § 24 Rn. 113; *Rengier* I, 8/38 mit 4/77 - 80; *Streng*, JZ 1984, 652 ff.; offengelassen von *Küper*, JZ 1997, 229 (233 f.).
[100] *BGH*, NStZ-RR 2015, 213; AnwK-*Habetha*, § 250 Rn. 30; L/K/H-*Heger*, § 250 Rn. 2.
[101] BT-Drucks. 12/8587, S. 28: Verfallen in eine ernste langwierige Krankheit oder erhebliche Beeinträchtigung der Arbeitskraft; siehe auch Krey/*Hellmann*/Heinrich, BT 1, Rn. 158; *Schroth*, NJW 1998, 2861 (2865); SK^9-*Sinn*, § 250 Rn. 35.
[102] Sch/Sch-*Bosch*, § 250 Rn. 21; *Hellmann*, JuS 2003, 17 (18); MK-*Sander*, § 250 Rn. 48; W/H/S-*Schuhr*, Rn. 393; *Wolters*, JuS 1998, 582 (584).
[103] *BGH*, NJW 2002, 2043 ff. m. Anm. *Degener*, StV 2003, 332 ff. und Bespr. *Hellmann*, JuS 2003, 17 ff.
[104] Eingehend dazu *Hellmann*, JuS 2003, 17 ff.

In aller Regel wird die Gefährdung auf der angewendeten **Gewalt** beruhen, doch kommt als Ursache auch die *Drohung* in Betracht. Ausnahmsweise kann sogar die *Wegnahme* die Gefahr einer schweren Gesundheitsschädigung bewirken[105].
– **Beispiel:** Einem Kranken wird ein lebenswichtiges Medikament geraubt. –
Dem Raub vorgelagerte gesundheitsgefährdende Handlungen erfüllen den Tatbestand nicht, wenn der Täter den Wegnahmeentschluss erst nach der Verletzungshandlung fasst[106].

322 § 250 I Nr. 1c StGB erfordert **Vorsatz** (§ 15 StGB); der Tatbestand ist *kein* erfolgsqualifiziertes Delikt i.S. des § 18 StGB[107], sondern ein konkretes Gefährdungsdelikt.

2. § 250 II StGB

323 § 250 II StGB ist der Sache nach ein »*besonders schwerer Raub*« und geht deshalb – wie § 250 I als lex specialis § 249 StGB verdrängt – § 250 I StGB im Wege der Gesetzeskonkurrenz vor[108].

(1) § 250 II Nr. 1 StGB

Fall 60: *– Verwendung einer »Scheinwaffe« –*

324 A beging einen Raub, bei dem er das Opfer mit den Worten: »Geld oder Leben« mit einer ungeladenen Schusswaffe bedrohte.
Greift § 250 II Nr. 1 StGB ein?
– Zu § 250 I Nr. 1b StGB vgl. *Rn. 312 - 317.* –

Die Frage ist zu verneinen. Verwenden erfordert den zweckgerichteten Gebrauch des Tatmittels[109], das bloße Mitsichführen ist deshalb – selbst wenn es offen erfolgt[110] – dem Begriff nicht zu subsumieren[111]. Das Merkmal »verwenden« erfasst zwar auch den Einsatz der Waffe oder des gefährlichen Werkzeugs zur Drohung[112]. Die Bedrohung muss allerdings vom Bedrohten wahrgenommen werden[113], wobei nicht nur die *visuelle*, sondern auch die *akustische* oder *taktile* Wahrnehmung des Drohmittels genügt[114]. Ist das nicht der Fall, kommt ein versuchtes Verwenden gemäß §§ 250 II Nr. 1, 22, 23 StGB in Betracht; zugleich ist § 250 I Nr. 1a StGB ge-

---

[105] Wie hier u.a. Sch/Sch-*Bosch*, § 250 Rn. 23; MK-*Sander*, § 250 Rn. 52. A.A. z.B. NK-*Kindhäuser/Hoven*, § 250 Rn. 10; *Mitsch*, BT 2, S. 526; W/H/S-*Schuhr*, Rn. 393.
[106] *BGH*, StV 2006, 418.
[107] Sch/Sch-*Bosch*, § 250 Rn. 24; L/K/H-*Heger*, § 250 Rn. 3; S/S/W-*Kudlich*, § 250 Rn. 12, 15; M/R-*Maier*, § 250 Rn. 25; *Mitsch*, BT 2, S. 529; *Rengier* I, 8/11.
[108] L/K/H-*Heger*, § 250 Rn. 7.
[109] *BGH*, StV 2008, 470; StV 2010, 628; BeckRS 2015, 06005 (Rn. 45); NStZ 2017, 26; NStZ 2018, 278 (279); S/S/W-*Kudlich*, § 250 Rn. 23; MK-*Sander*, § 250 Rn. 58; HdS 5-*Wittig*, § 30 Rn. 132.
[110] *BGH*, NStZ 2013, 37; BeckRS 2015, 06005 (Rn. 46).
[111] *BGH*, StV 2008, 470; StV 2010, 628 (629).
[112] *BGH*, NStZ 2018, 278 (279); *Ingelfinger*, JuS 1998, 532; *Mitsch*, BT 2, S. 532; *Otto*, 46/33.
[113] *BGH*, StV 2004, 655 m. Anm. *Schlothauer*; *BGH*, NStZ-RR 2007, 375; StV 2010, 628 f. m. Bespr. *Hecker*, JuS 2011, 565 (567); *BGH*, NStZ 2011, 211 (212); NStZ-RR 2015, 13; BeckRS 2015, 06005 (Rn. 45, 47); NStZ 2017, 26; NStZ 2018, 278 (279). Zu diesem Fall siehe auch *Rn. 318.*
[114] *BGH*, NStZ 2018, 278 (279) m. zust. Anm. *Eidam* (Drücken eines Brecheisens in den Rücken des Opfers); *BGH*, NStZ 2021, 229 (Rn. 8 ff.) m. Anm. *Rieck* (verbale Mitteilung, ein Messer zu haben).

geben[115] (*Rn. 311*), der nach Ansicht des *BGH* in Fällen, in denen sich die Tat nur gegen dasselbe Opfer richtet, den versuchten besonders schweren Raub verdrängt[116].

Die nicht einsatzfähige Schusswaffe ist aber keine *Waffe* im technischen Sinn (*Rn. 311*), zudem auch kein *gefährliches Werkzeug*: **325**
Ein gefährliches Werkzeug i.S. des § 250 II Nr. 1 StGB ist nur ein solches Tatmittel, das nach seiner Beschaffenheit *und der Art seiner Verwendung* im konkreten Einzelfall geeignet ist, erhebliche Verletzungen zuzufügen[117].
Ein **an sich ungefährlicher Gegenstand** kann deshalb durch die konkrete Verwendung zu einem gefährlichen Werkzeug werden, z.B. indem der Täter ein – zuvor als Armband getragenes – Kunststoffband dem Opfer um den Hals legt, um es zu fixieren und an der Gegenwehr zu hindern[118].

Bei der Verwendung von »**KO-Tropfen**« zur Betäubung des Opfers kommt es auf die benutzte Substanz und die Dosierung an. Sind sie »unter den gegebenen Umständen« nicht zur Herbeiführung erheblicher Körperverletzungsfolgen geeignet, so scheidet § 250 II Nr. 1 StGB aus und es liegt »sonst ein Mittel« i.S.d. § 250 I Nr. 1b StGB vor[119]. I.d.R. werden die üblicherweise verwendeten Substanzen jedoch wegen ihrer erheblichen Gesundheitsrisiken die Voraussetzungen des gefährlichen Werkzeugs erfüllen[120]. **326**

– KO-Tropfen stellen zudem ein Gift i.S. des § 224 I Nr. 1 StGB dar (dazu Krey/*Hellmann*/Heinrich, BT 1, Rn. 265). –

Die **geladene Schreckschusswaffe**, bei welcher der Explosionsdruck nach vorne austritt, soll nach Auffassung des Großen Senats des *BGH* eine Waffe i.S. des § 250 II Nr. 1 StGB sein[121]. – Siehe dazu *Rn. 184*. – **327**

Die ungeladene Pistole des A war dagegen kein gefährliches Werkzeug, da er sie nicht zu ihrem bestimmungsgemäßen Zweck als Schusswaffe einsetzen konnte und sie nicht in einer anderen gefährlichen Weise, z.B. als Schlaginstrument, benutzte. – Siehe *Rn. 350, 352*. –

(2) § 250 II Nr. 2 StGB

Dieses Qualifikationsmerkmal erfasst den *Bandenraub (§ 250 I Nr. 2 StGB)* mit *Waffen*, wobei Waffen im technischen Sinn gemeint sind[122]. **328**

---

[115] *BGH*, NStZ 2005, 41 f. m. zust. Bespr. *Kudlich*, JuS 2005, 188 (189).
[116] *BGH*, NStZ 2012, 389 m. insoweit abl. Bespr. *Jäger*, JA 2012, 307 (309), der Idealkonkurrenz annimmt, um den Unrechtsgehalt der Tat im Urteilstenor vollständig zu erfassen.
[117] *BGH*, NJW 1998, 3130; 2000, 1050 m. Bespr. *Heinrich/Kudlich*, NJW 2000, 3475 f.; *BGH*, BeckRS 2015, 06119 (Rn. 9) m. Bespr. *Kudlich*, JA 2015, 471 (473).
[118] *BGH*, NStZ 2011, 211 (212).
[119] *BGH*, StV 2009, 408 f.; NStZ-RR 2018, 141.
[120] *Bosch*, JA 2009, 737 (738 f.).
[121] *BGH* St 48, 197 (200 ff.); konsequent *BGH*, NJW 2006, 73 (74); NStZ 2010, 390; StV 2015, 769; StV 2019, 106. Die Senate hatten zuvor differenzierend entschieden: Siehe *BGH*, StV 2001, 274 f. (das Richten eines geladenen Schreckschussrevolvers aus zwei Metern auf Kopf und Gesicht des Opfers sei nicht ohne weiteres schwerer Raub nach § 250 II Nr. 1 StGB) und *BGH*, NStZ-RR 2002, 9 (im Falle des »Aufsetzens« einer geladenen Schreckschusswaffe liege § 250 II Nr. 1 StGB vor).
[122] *BGH*, StV 2015, 770; *Dencker*/Struensee/Nelles/Stein, S. 12, 13; Sch/Sch-*Bosch*, § 250 Rn. 31; L/K/H-*Heger*, § 250 Rn. 4; *Mitsch*, ZStW 111 (1999), 65 (105); *Otto*, 46/34 mit 41/51.

(3) § 250 II Nr. 3a StGB

329 »Körperlich schwer misshandelt« der Räuber oder Raubbeteiligte eine andere Person, wenn er ihr entweder gravierende Schmerzen oder erhebliche Gesundheitsschäden zufügt; eine »schwere Körperverletzung« (§ 226 StGB) ist nicht nötig[123].
Beispiele: (1) Eine alte Dame wird vom Räuber erst zusammengeschlagen, dann mehrfach brutal getreten und schließlich »ausgeraubt«. (2) Der Täter streckt das kräftige Opfer mittels eines Schlages mit dem Baseballschläger auf den Kopf zu Boden; der Schlag hat eine schwere Gehirnerschütterung zur Folge.
Die schwere Misshandlung muss »bei der Tat« erfolgen, wofür ein bloßer räumlich-zeitlicher Zusammenhang mit dem Raub nicht genügt[124], sondern der Täter muss die Misshandlung als Mittel zur Wegnahme[125] – nach Auffassung des *BGH* kann er sie auch zur Beutesicherung (dazu *Rn. 330*) – einsetzen.
Dem Täter des § 249 StGB kann die Misshandlung durch *einen anderen Raubbeteiligten* nach § 250 II Nr. 3a StGB nur zur Last gelegt werden, wenn er diese Qualifikation in seinen Vorsatz aufgenommen hat.
Das Vorsatzerfordernis für die Modalität »oder ein anderer Beteiligter am Raub« gilt auch bei den Qualifikationen gemäß § 250 I Nr. 1 und II Nr. 1, 2 und 3b StGB[126].

(4) § 250 II Nr. 3b StGB

330 Erforderlich sind eine *konkrete* Todesgefahr und *Vorsatz* des Täters[127]. In gleicher Weise wie bei § 250 I Nr. 1c StGB (*Rn. 321*) wird auch hier nicht nur die Gefahrverursachung durch das Raubmittel *(Gewalt, Drohung)* erfasst, sondern auch die Fallkonstellation, in der die *Wegnahme* die Todesgefahr herbeiführt.
§ 250 II Nr. 3b StGB greift nicht ein, wenn der Gefährdete – etwa wegen eines error in persona des Täters – ein anderer Raubbeteiligter ist; das gilt in gleicher Weise für § 250 I Nr. 1 c und II Nr. 3a StGB[128]. Diese Qualifikationen dienen nicht dem Schutz der am Raub Beteiligten, sondern dem des Raubopfers und unbeteiligter Dritter.

Ergänzender Hinweis zur Verwirklichung von Qualifikationsmerkmalen nach Vollendung des Raubes[129]

331 Nach Auffassung des *BGH* können Qualifikationsmerkmale noch nach Vollendung des Raubes bis zu dessen Beendigung verwirklicht werden (zu § 251 StGB siehe *Rn. 333*). Erforderlich sei jedoch, dass die Verwendung einer Waffe oder eines gefährlichen Werkzeugs (§ 250 II Nr. 1 StGB)[130], die schwere Misshandlung des Op-

---

[123] *BGH*, NStZ 1998, 461 f.; NStZ-RR 2007, 175 f.; NStZ-RR 2017, 79.
[124] *BGH* St 53, 234 (236 f.); NStZ-RR 2015, 277 f. A.A. Sch/Sch-*Bosch*, § 250 Rn. 33.
[125] MK-*Sander*, § 250 Rn. 65.
[126] Vgl. M/R-*Maier*, § 250 Rn. 49; MK-*Sander*, § 250 Rn. 68 f.
[127] *BGH*, NStZ 2005, 156 f.: Die konkrete Todesgefahr ist kein Erfolg i.S. des § 18 StGB, sodass eine nur fahrlässige Verursachung nicht ausreicht.
[128] *Geilen*, JA 1979, 446; *Mitsch*, BT 2, S. 528 f. m.w.N.; *Otto*, 46/44.
[129] Zur sukzessiven Qualifikation bei §§ 249, 255 StGB *Küpper/Grabow*, FS-Achenbach, S. 265 ff.
[130] *BGH* St 52, 376 (Rn. 4) m. Anm. *Deiters*, ZJS 2008, 672 ff. und *Mitsch*, JR 2009, 298 ff.; *BGH*, StV 2014, 282 (283). A.A. wohl *BGH*, NStZ 2018, 103: »zur Sicherung der Beute aus dem vorhergehenden Raub begangene besonders schwere räuberische Diebstahl [verdränge] den Tatbestand des § 249 StGB«.

fers (§ 250 II Nr. 3a StGB)¹³¹ oder die Herbeiführung einer konkreten Lebensgefahr (§ 250 II Nr. 3b StGB)¹³² in »**Beutesicherungsabsicht**« erfolge.
Die Annahme einer solchen »sukzessiven Raubqualifikation« wird in der Literatur jedoch zum Teil mit der Begründung abgelehnt, »bei der Tat« beschreibe den Zeitraum zwischen Versuchsbeginn und formeller Vollendung¹³³. Die Konzeption des *BGH*, noch nach Vollendung der Wegnahme könne der Täter die qualifizierenden Tatbestandsmerkmale der §§ 250, 251 StGB bis zur Beendigung des Raubes verwirklichen, missachte den Gesetzestext dieser Vorschriften und verletze damit das Analogieverbot des Art. 103 II GG¹³⁴.

Stellungnahme
Die Beschränkung des § 250 StGB als *Qualifikationen des § 249 StGB* auf die Fälle, in denen die Qualifikationsmerkmale *bis zur Vollendung des Raubs* verwirklicht werden, trifft zu. Im Ergebnis – Anwendung des § 250 StGB – verdienen die genannten Entscheidungen des *BGH (Fn. 130 - 132)* zwar Zustimmung, obwohl weder § 249 StGB noch § 250 StGB das Merkmal der Beutesicherungsabsicht aufweist. Die Anwendung von Personengewalt oder Drohungen mit Personengewalt zur Beutesicherung nach Vollendung des Raubes unterfällt aber § 252 StGB, wenn dessen weitere Tatbestandsmerkmale erfüllt sind. Raub ist eine geeignete Vortat des räuberischen Diebstahls (*Rn. 350*) und das Merkmal des »Betreffens auf frischer Tat« bezeichnet lediglich den »engen räumlichen und zeitlichen Zusammenhang« zwischen der Diebstahlsvortat und der anschließenden Gewaltanwendung in Besitzerhaltungsabsicht¹³⁵. Das »Betreffen« i.S. des § 252 StGB kann deshalb auch schon vor Vollendung der Vortat geschehen¹³⁶ und das Opfer kann bereits mit dem Täter »zusammen gewesen« sein¹³⁷, sodass es mit dem Wortlaut des § 252 StGB vereinbar ist, dem Tatbestand die Konstellationen zu subsumieren, in denen der Täter zuvor mittels qualifizierter Nötigung (Personengewalt oder Drohung mit Personengewalt) die Sache an sich gebracht hat und dieser dann gegen das Raubopfer Gewalt anwendet, um sich im Besitz der Sache zu erhalten.
Die Anwendung von Personengewalt – bzw. die Drohung mit Personengewalt – nach Vollendung des Diebstahls oder des Raubes unterfällt somit **generell** dem Tatbestand des räuberischen Diebstahls, wenn der enge räumlich-zeitliche Zusammenhang mit der Vortat und die Besitzerhaltungsabsicht vorliegen (siehe auch *Rn. 350*). Die Qualifikationsmerkmale des § 250 StGB greifen ein, falls der Täter sie bei der Begehung des räuberischen Diebstahls verwirklicht.

---

[131] *BGH* St 53, 234 (Rn. 8 f.) m. Anm. *Dehne-Niemann*, ZIS 2009, 377 ff.; ebso. M/R-*Maier*, § 250 Rn. 42.
[132] *BGH* St 55, 79 (Rn. 8 f.).
[133] S/S/W-*Kudlich*, § 250 Rn. 27; W/H/S-*Schuhr*, Rn. 399.
[134] So u.a. *Sternberg-Lieben*, JuS 1996, 136 (138 f.).
[135] Eingehend dazu *Küper*, FS-Krey, 2010, S. 313 (319 ff., 331 ff.).
[136] *Fischer*, § 252 Rn. 6.
[137] *Küper*, FS-Krey, 2010, S. 313 (334).

III. Raub mit Todesfolge (§ 251 StGB)

332 § 251 StGB setzt voraus, dass der Täter »durch den Raub (§§ 249, 250 StGB) wenigstens leichtfertig den Tod eines anderen Menschen« verursacht.
»**Durch den Raub**« bedeutet, dass der Tod Folge der tatbestandsmäßigen Handlung(en) sein muss, also entweder – was der Regelfall sein wird – der *Gewalt* oder der *Drohung* (Herzschlag des Opfers!)[138] oder der *Wegnahme*[139], z.B. »wenn das seiner Kleidung beraubte Opfer in einsamer Gegend zurückgelassen erfriert«[140] oder wenn das Opfer stirbt, weil ihm ein lebenswichtiges Medikament geraubt wurde.

333 Nach der Rechtsprechung soll auch die Todesverursachung durch eine Gewaltanwendung, die der Täter *über die Wegnahme hinaus in der Beendigungsphase fortsetzt*, z.B. Vornahme weiterer Schläge oder Freischießen des Fluchtweges, § 251 StGB unterfallen, da sich hierin eine besondere Gefährlichkeit verwirkliche, welche die Annahme eines Zusammenhangs zwischen Raub und Todesfolge rechtfertige[141]. Diese Sicht verdient jedoch keine Zustimmung[142]: Zwar ist es m.E. mit dem Wortlaut noch vereinbar, als »durch den Raub« verursacht nicht nur eine Todesfolge, die durch die eigentliche Raubhandlung, d.h. die Anwendung eines Raubmittels zum Zweck der Wegnahme herbeigeführt wurde, anzusehen, sondern auch eine solche, die auf einer Gewaltanwendung in der Beendigungsphase beruht. Systematische Erwägungen sprechen aber gegen diese Auslegung, denn § 252 StGB stellt die Anwendung qualifizierter Nötigungsmittel, die zur Beutesicherung eingesetzt werden, unter Strafe; verursacht der Täter durch die zur Beutesicherung eingesetzte Gewalt den Tod eines anderen, so ist auch § 251 StGB anwendbar, aber als Qualifikation des § 252, nicht des § 249 StGB[143] (siehe auch *Rn. 331* und *Rn. 352*). Strafbarkeitslücken, die entstehen, wenn der Täter die den Tod verursachende Gewalt nicht zur Beutesicherung, sondern z.B. zur Verhinderung der Flucht des Opfers einsetzt, sind Folge der Gesetzesfassung und deshalb hinzunehmen[144].

334 Mit der Formulierung »**wenigstens leichtfertig**« ist erstens eine Einschränkung gegenüber § 18 StGB verbunden (1) und zweitens eine gesetzgeberische Klärung der Frage der Einbeziehung des Tötungsvorsatzes erfolgt (2):

---

[138] *BGH*, NJW 2001, 2187; *Mitsch*, BT 2, S. 538 mit 526. Siehe auch *BGH*, NStZ 2015, 696 ff.: Asthmatod des Opfers wegen Verhinderung der Benutzung eines Inhalationsgerätes (*Rn. 334*).

[139] L/K/H-*Heger*, § 251 Rn. 1; M/R-*Maier*, § 251 Rn. 4; MK-*Sander*, § 251 Rn. 6. A.A. Sch/Sch-*Bosch*, § 251 Rn. 4; *Mitsch*, BT 2, S. 538 mit 526; *Rengier* I, 9/10; LK^{13}-*Vogel/Burchard*, § 251 Rn. 10; wohl auch HdS 5-*Wittig*, § 30 Rn. 157.

[140] A.A. Sch/Sch-*Bosch*, § 251 Rn. 4.

[141] Z.B. *BGH* St 38, 295 (297 ff.); NJW 2001, 2187; NStZ 2016, 211 (214); NStZ 2017, 638 f. m. krit. Anm. *Kudlich, Eisele*, JuS 2017, 1030 (1031) und *Jäger*, JA 2018, 152 (153 f.); StV 2020, 238 (239) m. krit. Anm. *Jäger*, JA 2019, 950 (952); ebso. Sch/Sch-*Bosch*, § 251 Rn. 4; *Schroth*, NStZ 1999, 554 f.

[142] Deshalb zu Recht abl. *Fischer*, § 251 Rn. 5; *Joecks/Jäger*, § 251 Rn. 5; NK-*Kindhäuser/Hoven*, § 251 Rn. 4; S/S/W-*Kudlich*, § 251 Rn. 6; *Kühl*, in: FS-Roxin, 2001, S. 665 (685); *Rengier* I, 9/22; ders., NStZ 1992, 590 f.; W/H/S-*Schuhr*, Rn. 405; SK^9-*Sinn*, § 251 Rn. 8; LK^{13}-*Vogel/Burchard*, § 251 Rn. 13.

[143] *Rengier* I, 9/24 f.

[144] L/K/H-*Heger*, § 251 Rn. 1; *Kühl*, in: BGH-Festgabe, 2000, S. 237 (265); W/H/S-*Schuhr*, Rn. 405.

(1) Es genügt nicht *jede* Fahrlässigkeit, denn »Leichtfertigkeit« erfordert einen *erhöhten Grad* von Fahrlässigkeit (d.h. **»grobe Fahrlässigkeit«**), wobei unbewusste Fahrlässigkeit für die Annahme der Leichtfertigkeit genügen kann[145].
Leichtfertigkeit als *Tatbestandsmerkmal* verlangt demgemäß eine grobe Verletzung der objektiv gebotenen Sorgfalt und einen erhöhten Grad an objektiver Vorhersehbarkeit des Erfolges (die Gefahr des Erfolgseintritts muss sich gewissermaßen aufgedrängt haben).
Die Leichtfertigkeit kann dabei noch nicht aus der Raubbegehung als solcher gefolgert werden[146], sondern der Täter muss *gerade im Hinblick auf den konkreten Erfolg* grob fahrlässig gehandelt haben.

Beispiele für § 251 StGB
Der Räuber schlägt – ohne Tötungsvorsatz – mit einer schweren Eisenstange auf den Kopf seines Opfers, um es zu betäuben; der Schlag ist aber tödlich.
Der Täter lässt sein offensichtlich schwerverletztes Opfer, das zu verbluten droht, sorglos liegen, sodass es seinen Verletzungen erliegt.
Der Täter löst durch die Bedrohung mit einer Pistole bei dem hochbetagten Opfer einen Asthmaanfall aus und unterbindet trotz der erkennbaren Atemnot des Opfers für rund 15 Minuten die Benutzung des Inhalationsgeräts; das Opfer verstirbt an einem Herzkreislaufstillstand[147].
Anders liegt es, wenn das Opfer bei einem bewaffneten Raubüberfall infolge der Aufregung eine tödliche Herzattacke erleidet. Dann ist zwar § 222 StGB (»einfache« Fahrlässigkeit) gegeben, mangels Leichtfertigkeit (»grober Fahrlässigkeit«) aber nicht § 251 StGB[148].

Nach zutreffender Auffassung gehört die objektive Leichtfertigkeit – wie die objektive Fahrlässigkeit zum Tatbestand der Fahrlässigkeitsdelikte zählt – zum Tatbestand solcher Delikte, die wie § 251 StGB »Leichtfertigkeit« verlangen[149].
Im Rahmen der Schuld muss individuelle (subjektive) Leichtfertigkeit nach dem Maßstab der individuellen Fähigkeiten und Kenntnisse des Täters hinzukommen.[150]

(2) Zwischen Vorsatz und Fahrlässigkeit besteht kein Plus-Minus-Verhältnis, sondern Vorsatz ist im Verhältnis zur Fahrlässigkeit ein **Aliud**. Fahrlässigkeit ist kein »leichter Vorsatz« und Vorsatz ist keine »schwere Fahrlässigkeit«. Die Leichtfertigkeit als grobe Fahrlässigkeit ist im Verhältnis zum Vorsatz ebenfalls ein Aliud[151]. Da § 251 StGB **»wenigstens«** *Leichtfertigkeit* verlangt, genügt zwar grobe Fahrlässigkeit, die Vorschrift ist aber auch bei Tötungsvorsatz gegeben[152].

Eine Auswirkung der Anwendbarkeit des § 251 StGB bei Vorliegen von Tötungsvorsatz besteht darin, dass § 251 StGB tatbestandlich zugleich mit Mord und Totschlag vorliegen kann; dann ist Tateinheit (§ 52 StGB) anzunehmen[153].

---

[145] *BGH*, StV 2016, 644 f. m. Anm. *Hauck*.
[146] Sch/Sch-*Bosch*, § 251 Rn. 6; *Geilen*, Jura 1979, 557; L/K/H-*Heger*, § 251 Rn. 2.
[147] *BGH*, StV 2016, 644 f. m. krit. Anm. *Hauck*.
[148] *OLG Nürnberg*, NStZ 1986, 556.
[149] Siehe dazu Krey/*Esser*, AT, Rn. 1343 ff.
[150] Krey/*Esser*, AT, Rn. 1345 ff.
[151] Krey/*Esser*, AT, Rn. 1338; vgl. auch Krey/*Hellmann*/Heinrich, BT 1, Rn. 170.
[152] NK-*Kindhäuser*/Hoven, § 252 Rn. 8; *Mitsch*, BT 2, S. 539; BeckOK-StGB-*Wittig*, § 251 Rn. 6.
[153] BT-Drs. 13/858, 79; *BGH*, NStZ-RR 2003, 44 f.; *Bock*, BT 2, S. 619; *Rengier* I, 9/31.

338 Zudem kann ein **Versuch** des Raubes mit Todesfolge in zwei Konstellationen vorliegen:

(1) Beim Versuch des Grunddeliktes (§§ 249, 22, 23 StGB) verursacht der Täter leichtfertig den Tod des Opfers, sog. »erfolgsqualifizierter Versuch«[154]. Versuchter Raub mit Todesfolge und Körperverletzung mit Todesfolge gemäß § 227 StGB stehen dann in Tateinheit[155].

Bei dem Versuch des § 251 StGB in dieser Modalität ist fraglich, ob ein freiwilliger **Rücktritt** vom Raubversuch durch Verzicht auf die Wegnahme noch möglich ist, nachdem der Todeserfolg schon eingetreten war. Der *BGH* bejaht diese Frage, und zwar zu Recht: Dafür spricht schon der Wortlaut des § 24 I 1 StGB (»Aufgabe der weiteren Ausführung der Tat«, hier: des Raubes, der Vollendung der Wegnahme verlangt)[156]. Im Übrigen lässt sich für den Standpunkt des *BGH* auch die **strafschärfende** (nicht strafbegründende) Natur der erfolgsqualifizierten Delikte anführen: Mit dem freiwilligen Rücktritt vom Raubversuch *(Grunddelikt)* entfällt ipso iure auch die Grundlage für eine Strafbarkeit aus §§ 251, 22, 23 StGB *(Erfolgsqualifikation)*.

339 *(2)* Möglich ist zudem der Versuch dieses erfolgsqualifizierten Deliktes in der Erscheinungsform, dass der Täter bei der Begehung des Raubes den Tod des Opfers zwar nicht verursacht, diesen aber will oder billigend in Kauf nimmt.

340 **Mittäterschaftlicher Raub mit Todesfolge** liegt auch vor, wenn zwar nur einer von mehreren die Tötungshandlung vorgenommen hat, aber den anderen ebenfalls Leichtfertigkeit zur Last fällt und die erfolgsursächliche Handlung keinen Exzess darstellt[157].

341 **Sukzessive Mittäterschaft beim Raub mit Todesfolge** – keinen Mittäterexzess – nahm der *BGH* in einem Fall an, in dem einer der Täter, ohne dass dies vorher abgesprochen worden war, dem Opfer mit einem Messer tödliche Verletzungen zugefügt hatte, weil der andere Täter »in Kenntnis und Billigung des bisher Geschehenen« weiterhin an dem Raub mitwirkte[158]. Diese Entscheidung ist angesichts der konkreten Umstände des Falles wohl noch vertretbar, weil der Mittäter – nachdem er seine Bestürzung überwunden hatte – mithalf, das Opfer vom Tatort wegzuschaffen und zu verstecken. Die bloße einseitige Kenntnisnahme und Billigung durch die übrigen Beteiligten genügt dagegen grundsätzlich nicht, sondern das nachträglich erzielte Einverständnis über die Ausweitung des Tatplanes muss gegenseitig sein[159].

---

[154] *Bock*, BT 2, S. 620; Krey/*Esser*, AT, Rn. 1375.
[155] BGH St 46, 24 (28) m. Anm. *Kindhäuser*, NStZ 2001, 31 f.; *Bock*, BT 2, S. 619; Sch/Sch-*Bosch*, § 251 Rn. 9; *Kudlich*, StV 2000, 669; *Stein*, JR 2001, 72 f.
[156] BGH St 42, 158 ff. m. Bespr. *Jäger*, NStZ 1998, 161; *Küper*, JZ 1997, 229; *Otto*, Jura 1997, 464 (476); ebso. die h.L., vgl. für alle: *Klesczewski*, S. 59; *Mitsch*, BT 2, S. 542 m.w.N.; MK-*Sander*, § 251 Rn. 15.
[157] BGH, NStZ 2010, 81 f. m. Bespr. *Bosch*, JA 2010, 229 ff.; *Klesczewski*, S. 60.
[158] BGH, NStZ 2008, 280 (281) m. Bespr. *Walter*, NStZ 2008, 548 ff.
[159] W/H/S-*Schuhr* Rn. 406.

IV. Räuberischer Diebstahl (§ 252 StGB)

§ 252 StGB droht für den **Einsatz von Raubmitteln im Anschluss an einen Diebstahl** zur Beutesicherung die gleiche Strafe an wie für den Raub (siehe auch *Rn. 349*). Im Gegensatz zu § 249 StGB setzt der räuberische Diebstahl allerdings keinen Erfolg voraus, denn die Beutesicherung muss nicht eintreten; § 252 StGB ist also ein bloßes Tätigkeitsdelikt, ein »erfolgskupiertes Gefährdungsdelikt«[160].

342

Fall 61: *– Abgrenzung des räuberischen Diebstahls vom Raub –*

343

Balduin (B) hatte auf dem Wochenmarkt in diebischer Absicht einige Orangen in seine Aktentasche gesteckt; er wurde aber entdeckt und verfolgt. Als er gestellt wurde, schlug er auf seine Verfolger ein.

Strafbarkeit des B?

a) Raub

(1) Die Geringwertigkeit der Sache schließt § 249 StGB nicht aus[161]; für eine analoge Anwendung des § 243 II StGB fehlt es an einer Regelungslücke. Auch § 248a StGB ist bei § 249 StGB nicht anwendbar[162].

(2) Raub erfordert aber – wie bereits erwähnt (*Fall 57, Rn. 278 ff.*) –, dass die Anwendung der »Gewalt gegen eine Person« (hier: das Einschlagen auf die Verfolger) zum Zweck der Wegnahme, d.h. während der Wegnahme oder vor deren Beginn erfolgt; die **nach Vollendung der Wegnahme eingesetzte Gewalt oder Drohung** erfüllt den Tatbestand des § 249 StGB nicht, doch kommt § 252 StGB in Betracht. Der räuberische Diebstahl setzt nämlich voraus, dass der »Diebstahl« bereits vollendet ist. Damit bezeichnet die *Vollendung der Wegnahme* – nicht etwa erst deren tatsächliche Beendigung – die *Grenze zwischen § 249 und § 252 StGB*[163]. Ausnahmsweise kann ein – untauglicher – Diebstahlsversuch eine geeignete Vortat des § 252 StGB sein, nämlich wenn er zur Erlangung von Sachgewahrsam geführt hat[164] (Wegnahme einer Sache des Täters, die dieser irrtümlich für fremd hält). Auf die **Beendigung** der Wegnahme kann nicht abstellt werden, weil § 252 StGB verlangt, dass der Täter »*bei einem Diebstahl auf frischer Tat betroffen*« sein muss. Solange dies der Fall ist, wird in aller Regel noch kein beendeter Diebstahl vorliegen. Wenn die Zäsur zwischen § 249 StGB und § 252 StGB nicht die Vollendung der Wegnahme, sondern deren Beendigung wäre, würde § 252 StGB (im Wesentlichen) leerlaufen. Die Beendigung des Diebstahls bezeichnet nämlich den letzten möglichen Zeitpunkt, bis zu dem ein räuberischer Diebstahl begangen werden kann[165], da die Tat nach der Beutesicherung nicht mehr »frisch« sein wird.

344

---

[160] *Küper*, JZ 2001, 730 ff.
[161] OLG Köln, NJW 1978, 652 f.; *Blei*, JA 1975, 726; *Geilen*, Jura 1979, 53 f.; *L/K/H-Heger*, § 249 Rn. 1; *Zipf*, in: FS-Dreher, 1977, S. 401. A.A. *Burkhardt*, NJW 1975, 1687.
[162] BGH bei *Dallinger*, MDR 1975, 543; *Sch/Sch-Bosch*, § 248a Rn. 4; *Fischer*, § 249 Rn. 2.
[163] BGH St 16, 271; 26, 95 (96); 28, 224 (226); NStZ 1987, 453 f.; *Küper*, JZ 2001, 730 (731); LK13-*Vogel/Burchard*, § 252 Rn. 18. Abw. (*Beendigung*) *Dreher*, MDR 1976, 529.
[164] *Küper*, Jura 2001, 23; *ders.*, JZ 2001, 730 (731).
[165] BGH, NStZ 1987, 453; *Fischer*, § 252 Rn. 4; NK-*Kindhäuser/Hoven*, § 252 Rn. 12.

Da die Wegnahme im vorliegenden Fall durch das Einstecken der Orangen in die Tasche bereits vollendet war (vgl. *Fall 13, Rn. 51 ff.*), die Gewaltanwendung also erst anschließend erfolgte, scheidet § 249 StGB aus.

b) Räuberischer Diebstahl

345 *(1)* »Diebstahl« i.S. dieses Tatbestandes ist auch die Entwendung einer geringwertigen Sache i.S. des § 248a StGB[166]. Denn beim räuberischen Diebstahl handelt es sich nach seiner systematischen Stellung im Gesetz und seiner Funktion als Ergänzung des § 249 StGB um ein »raubähnliches Sonderdelikt«[167].

346 *(2)* B war auch »bei dem Diebstahl **auf frischer Tat** betroffen«.
Dieses Merkmal ist jedenfalls gegeben, wenn der Dieb noch am Tatort oder in dessen unmittelbarer Nähe alsbald nach Tatausführung wahrgenommen wird[168], wobei die Wahrnehmung außer durch Sehen auch durch Hören erfolgen kann[169]. Einer subjektiven Verdachtsbildung seitens des Wahrnehmenden bedarf es nicht[170].
Erfasst ist die Anwendung des qualifizierten Nötigungsmittels zur Beutesicherung im Rahmen der »Nacheile«, d.h. während der sich an das Betreffen auf frischer Tat anschließenden Verfolgung; ein »enger zeitlicher und räumlicher Zusammenhang« ist dann nicht erforderlich, solange die Verfolgung ohne Zäsur durchgeführt wird[171].
§ 252 StGB scheidet dagegen aus, wenn der *Diebstahl* zwar sofort bemerkt, der *Täter* aber erst bei der anschließenden Suche entdeckt wird, ohne dass noch ein »enger zeitlicher und räumlicher Zusammenhang« zwischen seiner Entdeckung und der vorangegangenen Wegnahme (»Diebstahl«) besteht[172].
Mangels engen räumlichen und zeitlichen Zusammenhangs der Nötigungshandlung mit dem Diebstahl ist der Täter nicht »auf frischer Tat betroffen«, »wenn der Bestohlene, dem die Brieftasche aus seiner Kleidung entwendet wird, nach dem Diebstahl bis zur Nötigungshandlung des Täters mit diesem (während einer längeren Autofahrt) zusammenbleibt, ohne den Diebstahl bemerkt zu haben«[173].
Das Betroffensein auf frischer Tat scheidet – mangels zeitlichen Zusammenhangs zwischen dem Diebstahl und dem Einsatz des Raubmittels zur Beutesicherung – aus, wenn der Täter seine Beute zwischenlagert und später, nach der Entdeckung durch einen Dritten, unter Einsatz des Raubmittels den Besitz verteidigt[174].

---

[166] Sch/Sch-*Bosch*, § 252 Rn. 3; L/K/H-*Heger*, § 252 Rn. 2; a.A. SK-*Sinn*, § 252 Rn. 2.
[167] *Fischer*, § 252 Rn. 1; *Küper*, JZ 2001, 730; MK-*Sander*, § 252 Rn. 1; SK^9-*Sinn*, § 252 Rn. 2; zur »Gleichgewichtung« von Raub und räuberischem Diebstahl, NK-*Kindhäuser/Hoven*, § 252 Rn. 4 f.; LK^{13}-*Vogel/Burchard*, § 252 Rn. 4 ff.; *Weigend*, GA 2007, 274 (276).
[168] BGH, NStZ 2015, 219 (220); NStZ 2023, 550 (Rn. 7) m. Anm. *Habetha*; Sch/Sch-*Bosch*, § 252 Rn. 4; NK-*Kindhäuser/Hoven*, § 252 Rn. 15. Diebstahlsvollendung und Betreffen können zeitlich zusammenfallen; *Küper*, Jura 2001, 21 (25).
[169] *Fischer*, § 252 Rn. 6; LK^{13}-*Vogel/Burchard*, § 252 Rn. 34; BeckOK-StGB-*Wittig*, § 252 Rn. 9.
[170] W/H/S-*Schuhr*, Rn. 420; *Schwarzer*, ZJS 2008, 265 (267 ff. A.A. *Schnarr*, JR 1979, 314 ff.
[171] BGH, NStZ 2015, 700 (701) m. Anm. *Becker*; BGH, NStZ 2023, 550 (Rn. 7); *Fischer*, § 252 Rn. 7; NK-*Kindhäuser/Hoven*, § 252 Rn. 18.
[172] *Fischer*, § 252 Rn. 7; LK^{11}-*Herdegen*, § 252 Rn. 14. Enger MK-*Sander*, § 252 Rn. 12, der ein Betroffensein in unmittelbarer Nähe des Tatortes fordert.
[173] BGHSt 28, 224 ff.; HdS 5-*Wittig*, § 31 Rn. 51.
[174] BGH, StV 2013, 445 m. Bespr. *Kudlich*, JA 2013, 310 ff.

Der *BGH* hat den Anwendungsbereich des § 252 StGB durch die These ausgedehnt: **347**
»Auf frischer Tat betroffen wird auch der Dieb, der durch schnelles Zuschlagen dem Bemerktwerden zuvorkommt«[175]. Für diese Ansicht spricht jedenfalls die ratio legis des § 252 StGB, der die *Verteidigung der Diebesbeute mit Raubmitteln* erfasst. Ob der mögliche Wortsinn des Merkmals »auf frischer Tat betroffen« diese Sicht deckt, ist zwar strittig[176], die Deutung des Betreffens als »Hinzukommen des Opfers« dürfte aber noch mit dem Wortlaut vereinbar sein.

Wie oben (*Rn. 331, 346*) bereits dargelegt, hat das Merkmal »Betreffen auf frischer Tat« – nur – die Funktion, den engen raumzeitlichen Zusammenhang zwischen dem Diebstahl als Vortat des § 252 StGB und der Anwendung des qualifizierten Nötigungsmittels zu bezeichnen[177], sodass eine weitergehende Eingrenzung dieses Terminus nach dem – vermeintlichen – Wortlaut nicht geboten ist.

(3) Subjektiver Tatbestand **348**

B hat vorsätzlich gehandelt.
Es fragt sich, ob er das »Raubmittel« Gewalt gegen eine Person anwandte, **»um sich im Besitz der gestohlenen Sache zu erhalten«**.
Die Besitzerhaltung braucht nicht das alleinige Ziel zu sein, sodass räuberischer Diebstahl vorliegt, wenn die Gewaltanwendung zwar dazu dient, sich der Strafverfolgung zu entziehen, der Täter aber gleichzeitig das Diebesgut verteidigen will[178].
Die Besitzerhaltungsabsicht scheidet dagegen aus, wenn er sich *nur* der Ergreifung entziehen oder gegen einen *späteren Verlust* der Beute Vorsorge treffen will[179].
Aus dem bloßen Umstand, dass der auf frischer Tat betroffene Täter gegen den Entdecker oder Verfolger ein Nötigungsmittel anwendet, kann nach zutreffender Ansicht ein Handeln in Beutesicherungsabsicht daher selbst dann nicht ohne weiteres geschlossen werden, wenn der Täter die entwendete Sache nicht fortwirft[180].
Da die Absicht des B, seinen Beutebesitz zu erhalten, hier nicht festgestellt werden kann, scheidet § 252 StGB aus. Er ist aber wegen Diebstahls (§§ 242, 248a StGB), ggf. in Tateinheit mit Körperverletzung und – evtl. versuchter – Nötigung strafbar.

Fall 62: – *Qualifizierungsgründe bei räuberischem Diebstahl* –

Beate (B) hatte in dem Geschäft des Juweliers Goldmeier (G) eine wertvolle Perlenkette an **349**
sich genommen. B führte bei dem Diebstahl eine Schusswaffe bei sich, mit der sie bei ihrer

---

[175] *BGH* St 26, 95; zust.: *Fischer*, § 252 Rn. 6; L/K/H-*Heger*, § 252 Rn. 4; M/S/M/H/M-*Hoyer*, 35/41; *Klesczewski*, S. 58; *Mitsch*, BT 2, S. 561 f.; MK-*Sander*, § 252 Rn. 10; W/H/S-*Schuhr*, Rn. 420; *Schwarzer*, ZJS 2008, 265 (267 f., 270); SK⁹-*Sinn*, § 252 Rn. 10 f.
[176] Dagegen *Haas*, in: FS-Maiwald, 2003, S. 145 (147 ff.); LK¹³-*Vogel/Burchard*, § 252 Rn. 33.
[177] *Küper*, FS-Krey, 2010, S. 313 (319 ff.).
[178] *BGH*, NStZ-RR 2005, 340 (341); NStZ 2015, 157; 2023, 489 (Rn. 8); *OLG Brandenburg*, NStZ-RR 2008, 201 (202 f.); *OLG Koblenz*, StV 2008, 474 (475); *KG Berlin*, StV 2016, 652 (653).
[179] *BGH* St 9, 162; NStZ 1984, 454 f.; JZ 1987, 52; *OLG Koblenz*, StV 2008, 474 (475); *KG*, StV 2016, 652 (653); Sch/Sch-*Bosch*, § 252 Rn. 7; siehe auch *Küper*, JZ 2001, 730 (734): Besitzsicherungsabsicht ist »verlängerte« oder »modifizierte« Zueignungsabsicht; ähnl. *Mitsch*, BT 2, S. 576 f.: »zur Perpetuierungsabsicht modifizierte Zueignungsabsicht«. Für die Einbeziehung einer bevorstehenden, aber nicht schon gegenwärtigen oder unmittelbar drohenden Gefahr der Gewahrsamsentziehung L/K/H-*Heger*, § 252 Rn. 5; SK⁹-*Sinn*, § 252 Rn. 20.
[180] *KG*, StV 2004, 67; *OLG Köln*, StV 2004, 490 f. A.A. jedoch *OLG Köln*, NStZ-RR 2005, 448 f.

Flucht Warnschüsse auf G abgab, um zu verhindern, dass er sie festhalten und ihr die Beute abnehmen würde. Durch einen der Schüsse verursachte B leichtfertig den Tod des G. Strafbarkeit der B?

B hat den Tatbestand des § 252 StGB erfüllt, da sie jedenfalls *auch* in der Absicht handelte, ihren Beutebesitz zu sichern.

§§ 250, 251 i.V.m. *§ 252 StGB?*

Die Formulierung: »Bestrafung **gleich einem Räuber**« verweist außer auf § 249 auch auf §§ 250, 251 StGB[181].

Danach hat B den Tatbestand des schweren räuberischen Diebstahls (§§ 252, 250 II Nr. 1 StGB) sowie des räuberischen Diebstahls mit Todesfolge (§§ 252, 251 StGB) erfüllt.

Konkurrenzen: Der vorausgegangene Diebstahl (auch §§ 243, 244 StGB) tritt hinter § 252 StGB zurück (Spezialität)[182]. § 250 StGB wird durch § 251 StGB konsumiert[183]. § 251 StGB verdrängt zudem § 222 StGB[184].

Ergebnis: B ist nach §§ 252, 251 StGB strafbar.

Fall 63: – *Raub als »Diebstahl« i.S. des § 252 StGB* –

350 Will (W) hatte in dem Verkaufsraum einer SB-Tankstelle die Kassiererin Kathy (K) mit einer Spielzeugpistole bedroht und der Kasse 685 Euro entnommen. Als er – maskiert und mit der Pistole in der Hand – das Gebäude verließ, lief er dem Polizisten Petermann (P) in die Arme; um die Beute und seine Freiheit nicht zu verlieren, schlug er P mit der Pistole zu Boden. Strafbarkeit des W?

a) §§ 249, 250 I Nr. 1b StGB (Verhalten in dem Verkaufsraum)

W hatte einen vollendeten Raub begangen, als er dem Polizisten in die Hände lief.

§ 250 I Nr. 1b StGB liegt nach h.A. vor (siehe *Rn. 312 ff.*).

§ 250 II Nr. 1 StGB wegen der Begehung des Raubes (in dem Verkaufsraum) scheidet dagegen mangels objektiver Gefährlichkeit der Spielzeugpistole aus, da W sie nur zur Drohung mit Schusswaffengebrauch (»Scheinwaffe«) und nicht als Hiebwaffe einsetzte (vgl. *Rn. 324*).

b) §§ 252, 250 II Nr. 1 StGB (Geschehen nach Verlassen des Gebäudes)

351 (1) Als »Diebstahl« i.S. des § 252 StGB kommt nach h.M. auch **Raub** in Betracht[185]. Begriffliche Bedenken bestehen hiergegen nicht, da in § 249 StGB der Tatbestand des § 242 StGB enthalten ist (Raub ist lex specialis gegenüber Diebstahl); wenn schon der Dieb, der seine Beute mit Raubmitteln verteidigt und dabei qualifizierende Merkmale nach § 252 i.V.m. §§ 250, 251 StGB erfüllt, nach diesen Vorschriften strafbar ist, kann der Räuber, der das Gleiche tut, nicht bessergestellt werden.

---

[181] Sch/Sch-*Bosch*, § 252 Rn. 12; HdS 5-*Wittig*, § 31 Rn. 79.
[182] M/R-*Maier*, § 252 Rn. 31; MK-*Sander*, § 252 Rn. 19.
[183] BGH St 21, 183 (184 f.); SK[9]-*Sinn*, § 251 Rn. 23; LK[13]-*Vogel/Burchard*, § 251 Rn. 30; diff.: Sch/Sch-*Bosch*, § 251 Rn. 9 f.; *Fischer*, § 251 Rn. 12.
[184] *Fischer*, § 251 Rn. 12; L/K/H-*Heger*, § 251 Rn. 4.
[185] BGH St 21, 377 (379 f.); NJW 2002, 2043 (2044); Sch/Sch-*Bosch*, § 252 Rn. 3; *Fischer*, § 252 Rn. 3; A/W/H/H-*Heinrich*, 17/20; NK-*Kindhäuser/Hoven*, § 252 Rn. 6; *Mitsch*, BT 2, S. 551 f.; SK[9]-*Sinn*, § 252 Rn. 4; LK[13]-*Vogel/Burchard*, § 252 Rn. 16. A.A. RG, GA Bd. 48, 355.

Da die Wegnahme der 685 Euro vollendet war und W auch bei dem Raub (als »Diebstahl« i.S. des § 252 StGB) »auf frischer Tat betroffen« wurde, hat er sich des räuberischen Diebstahls schuldig gemacht.

(2) Als W die Spielzeugpistole als Hiebwaffe einsetzte, verwendete er sie als gefährliches Werkzeug, i.S. des § 250 II Nr. 1 StGB, denn als Hiebwaffe eingesetzt war die Pistole hier – wie das Niederschlagen des P zeigt – ein objektiv gefährliches Tatmittel. **352**

Fraglich ist, ob dieser Umstand den Raub oder den räuberischen Diebstahl qualifiziert. Wie oben (*Rn. 331*) dargelegt, ist die sukzessive Verwirklichung eines qualifizierten Raubes abzulehnen und ein schwerer räuberischer Diebstahl anzunehmen, wenn das Qualifikationsmerkmal erst nach der Wegnahme zur Beutesicherung verwirklicht wird.

W ist daher des besonders schweren räuberischen Diebstahls gemäß §§ 252, 250 II Nr. 1 StGB schuldig.

c) § 224 I Nr. 2 StGB

Als Hiebwaffe benutzt war die Pistole ein »gefährliches Werkzeug«.

d) Konkurrenzen

(1) §§ 249, 250 I Nr. 1b, 252, 250 II Nr. 1 StGB **353**

Grundsätzlich besteht zwischen § 249 StGB und § 252 StGB Gesetzeseinheit mit Vorrang des Raubes[186]. Beide Tatbestände können ausnahmsweise tateinheitlich (§ 52 StGB) begangen werden, wenn der Täter durch Anwendung der Nötigungsmittel sowohl bereits erlangten Besitz verteidigen als auch weitere Sachen wegnehmen will[187].

Der einfache Raub (§ 249 StGB) als »Diebstahl« i.S. des § 252 StGB tritt hinter den *schweren* räuberischen Diebstahl (§§ 252, 250 StGB) im Wege der Gesetzeskonkurrenz zurück[188].

In casu ist der Raub (= »Diebstahl« i.S. des § 252 StGB) zwar ebenfalls aus § 250 StGB qualifiziert; dies aber »nur« gemäß § 250 I Nr. 1b StGB, während § 252 StGB nach dem schwereren, vorrangigen § 250 II Nr. 1 StGB qualifiziert ist. Deshalb verdrängen §§ 252, 250 II Nr. 1 StGB hier §§ 249, 250 I Nr. 1b StGB, weil die Nötigungshandlung in der Beendigungsphase schwerer wiegt[189].

(2) § 240 StGB wegen der Drohung gegenüber K **354**

Die Bestrafung allein aus §§ 252, 250 II Nr. 1 StGB berücksichtigt jedoch nicht, dass W sowohl gegen K als auch gegen P ein Nötigungsmittel angewendet hat. Zwar greifen die beiden Nötigungen das Eigentum an, sie beeinträchtigen aber zudem die Willensentschließungs- und Willensbetätigungsfreiheit mehrerer Personen. Dies muss zum Ausdruck kommen. Deshalb steht bei einem Zurücktreten von § 249 StGB

---

[186] *BGH*, HRRS 2016 Nr. 22; NStZ 2018, 103; MR-*Maier*, § 252 Rn. 32; MK-*Sander*, § 252 Rn. 20; HdS 5-*Wittig*, § 31 Rn. 87 (§ 252 StGB ist »mitbestrafte Nachtat«).
[187] NK-*Kindhäuser/Hoven*, § 252 Rn. 29.
[188] *BGH* St 21, 377 (380 a.E.); GA 1969, 347 f.; L/K/H-*Heger*, § 252 Rn. 8; SK⁹-*Sinn*, § 252 Rn. 26; LK¹³-*Vogel/Burchard*, § 252 Rn. 80; HdS 5-*Wittig*, § 31 Rn. 88.
[189] Vgl. *BGH*, NStZ 2018, 103.

– oder § 252 StGB – die Nötigung, die in dem verdrängten Tatbestand enthalten ist, zu dem vorrangigen Delikt in Tateinheit, wenn verschiedene Personen genötigt werden[190].
Die Nötigung der K und der schwere räuberische Diebstahl stehen deshalb in Tateinheit (§ 52 StGB).
(3) Die gefährliche Körperverletzung zum Nachteil des P (§ 224 I Nr. 2 StGB) tritt – ebenfalls in Tateinheit – hinzu.
(4) W ist somit strafbar gemäß §§ 252, 250 II Nr. 1, 240 I, 224 I Nr. 2, 52 StGB.

355 *Zur Vertiefung*

Wie oben (*Rn. 344*) dargelegt, bezeichnet die Beendigung des Diebstahls bzw. Raubes die Grenze des Anwendungsbereichs des § 252 StGB. **Beendet** sind Diebstahl und Raub *zum einen*, wenn der Täter sicheren Gewahrsam erlangt hat, und *zum anderen*, wenn er vor Erlangung sicheren Gewahrsams den Gewahrsam an der Beute wieder verloren hat, sei es durch Eingreifen anderer, sei es durch Preisgabe jenes Gewahrsams etwa zur Erleichterung der Flucht oder aus Enttäuschung über den geringen Wert der Beute[191]. Dennoch bejahte der *BGH* in einem Fall, in dem der Raub vollendet sowie – nach Meinung des Senats – zudem beendet war, wegen der anschließenden Gewaltanwendung zur Beutesicherung unter Einsatz einer Waffe § 249 StGB und §§ 252, 250 StGB[192]. Die h.L.[193] lehnt diese Sicht mit Recht ab: Fraglich ist, weshalb der Täter bei dem Raub (= »Diebstahl« i.S. des § 252 StGB) *auf frischer Tat betroffen* wurde, obwohl der Raub bereits tatsächlich *beendet* gewesen sei; die erstere Feststellung dürfte die letztere ausschließen, denn die materielle Beendigung tritt erst mit der Beutesicherung ein. Dann dürfte die Tat – jedenfalls i.d.R. – nicht mehr frisch sein, weil der erforderliche enge räumlich-zeitliche Zusammenhang (*Rn. 331, 346*) nicht mehr besteht. In dem konkreten Fall war die Vortat wohl nicht beendet, da sich der Täter noch in der Wohnung des Opfers befand, er die Beute also noch nicht endgültig gesichert hatte.
Zutreffend ist deshalb eine spätere Entscheidung des *BGH*: Der Täter wird i.S. des § 252 StGB »bei einem Diebstahl betroffen«, wenn der Diebstahl »zwar vollendet, **aber noch nicht beendet ist**«[194].

Fall 64: – *Diebesgehilfe als Täter des § 252 StGB?* –

356 Johnnie (J) beging einen Diebstahl. Sein Freund Walker (W), der an der Beute kein Interesse hatte, stand dabei aus Gefälligkeit »Schmiere«. J und W wurden aber von Jack Daniels (D) beobachtet und verfolgt. Da W erheblich schneller laufen konnte als J, ließ er sich von diesem

---

[190] Sch/Sch-*Bosch*, § 252 Rn. 13; *Geppert*, Jura 1990, 554 (559); *Hellmann*, JuS 2003, 17 (20); NK-*Kindhäuser/Hoven*, § 252 Rn. 29; SK⁹-*Sinn*, § 252 Rn. 26. Der *BGH*, NJW 2002, 2043 (2044), scheint dem zuzustimmen. A.A. *Dreher*, MDR 1976, 529 (532), der Raub und räuberischen Diebstahl annimmt.
[191] In letzterem Fall fehlt es zwar an der Beendigung, nicht aber an der *Vollendung* der Wegnahme, *BGH*, NStZ 1996, 599.
[192] *BGH* St 21, 377 (379 f.).
[193] AnwK-*Habetha*, § 252 Rn. 19; *Mitsch*, BT 2, S. 526; W/H/S-*Schuhr*, Rn. 430; SK⁹-*Sinn*, § 250 Rn. 20, 37.
[194] *BGH*, NStZ 1987, 453.

die Beute übergeben, um sie für ihn zu retten. Als D den W einholte, schlug W ihn zu Boden, um J die Beute zu erhalten.

Strafbarkeit des W aus § 252 StGB?

J hat einen Diebstahl begangen. Bei W soll im Folgenden davon ausgegangen werden, dass er mangels Mitbeherrschung der Wegnahmehandlung als **Gehilfe** beteiligt war.

Ob der Diebesgehilfe *Täter* des § 252 StGB sein kann, ist strittig:

Nach h.M. kommt als *Täter* des § 252 StGB auch der **Diebesgehilfe** in Frage; Voraussetzung sei allerdings, dass sich der Gehilfe im Beutebesitz befindet[195]. Nach der in der Literatur dominierenden Auffassung kann dagegen nur der (Mit-)**Täter** des Diebstahls Täter des räuberischen Diebstahls sein[196].

Mit dem möglichen Wortsinn dieser Norm ist die h.M. vereinbar. § 252 StGB verlangt nicht ausdrücklich, dass der Diebstahl von dem Gewalt Anwendenden oder Drohenden selbst begangen wurde, sondern lediglich, dass der Täter »bei einem Diebstahl auf frischer Tat betroffen wird«, was auch beim Diebesgehilfen möglich ist. Ob die h.A. dem Charakter des § 252 als eines *§ 249 StGB ergänzenden, raubähnlichen Verbrechens* gerecht wird, ist jedoch zweifelhaft. Dieser Charakter dürfte dafür sprechen, bei § 252 StGB – wie bei § 249 StGB – zu verlangen, dass der Täter Diebstahl und Nötigung **täterschaftlich** verwirklicht. Daran hat im Übrigen die Ergänzung des § 242 StGB um die Drittzueignungsabsicht nichts geändert[197]. **357**

Ergänzende Hinweis

(1) Der Mittäter des Diebstahls kann auch ohne Beutebesitz § 252 StGB erfüllen[198]. **358**

(2) Nach einer in der Literatur vertretenen Auffassung[199] soll ein später hinzukommender Beteiligter Täter des § 252 StGB sein können, wenn er »im Wege sukzessiver Mittäterschaft auch in den Diebstahl in vollem Umfang eintreten« könne. Sollte damit ein Hinzutreten nach der Vollendung des Diebstahls gemeint sein, so wäre diese Sicht jedoch mit dem Analogieverbot (Art. 103 II GG) unvereinbar.

---

[195] *BGH* St 6, 248; NStZ 2015, 276 m. Bespr. *Dehne-Niemann*, NStZ 2015, 251 ff.; M/S/M/H/M-*Hoyer*, 35/40; *Otto*, 46/64, 65; MK-*Sander*, § 252 Rn. 17; SK[9]-*Sinn*, § 252 Rn. 22.

[196] Sch/Sch-*Bosch*, § 252 Rn. 10; L/K/H-*Heger*, § 252 Rn. 6; *Mitsch*, BT 2, S. 578; W/H/S-*Schuhr*, Rn. 426; LK[13]-*Vogel/Burchard*, § 252 Rn. 77.

[197] A.A. MK-*Sander*, § 252 Rn. 17, der Gehilfe müsse die Drittzueignungsabsicht »weiterverfolgen«.

[198] *BGH*, NStZ 2015, 276 m. Bespr. *Dehne-Niemann*, NStZ 2015, 251 ff.; *OLG Stuttgart*, NJW 1966, 1931; NK-*Kindhäuser/Hoven*, § 252 Rn. 25; S/S/W-*Kudlich*, § 252 Rn. 19; W/H/S-*Schuhr*, Rn. 426.

[199] Sch/Sch-*Bosch*, § 252 Rn. 10; ebso. u.a. LK[13]-*Vogel/Burchard*, § 252 Rn. 76.

§ 4 Räuberischer Angriff auf Kraftfahrer (§ 316a StGB)

359 Die Einordung des § 316a StGB in den 28. Abschnitt (gemeingefährliche Straftaten) und die hohe Strafdrohung (Mindeststrafe fünf Jahre Freiheitsstrafe) werden damit begründet, dass es sich nicht um einen lediglich Eigentum und Vermögen schützenden, die §§ 249, 252, 255 StGB ergänzenden Tatbestand handele, sondern wegen der »potentiell (auch für Unbeteiligte) besonders gefährlichen Vorgehensweise«[1] die Sicherheit des Straßenverkehrs als gleichrangiges Schutzgut anzusehen sei[2]. Diese Sicht ist allerdings zu präzisieren: § 316a StGB erfasst nicht nur »Bedrohungslagen«, die – auch – andere Verkehrsteilnehmer gefährden[3]. Die Gefährdung des Straßenverkehrs ist deshalb kein Tatbestandsmerkmal.

Das Eckpunktepapier des Bundesministeriums der Justiz zur Modernisierung des Strafgesetzbuchs vom November 2023 schlägt § 316a StGB als ein – verzichtbares – »Produkt nationalsozialistischer Strafrechtswissenschaft« zur Streichung vor[4].

360 Die Rechtsnatur des § 316a I StGB *n.F.* ist unklar[5]. Weitgehende Einigkeit besteht darüber, dass der durch das 6. StrRG neu gefasste Tatbestand – anders als die Vorgängerregelung (siehe *Rn. 384*) – nicht als *Unternehmensdelikt i.S. des § 11 I Nr. 6 StGB* ausgestaltet ist[6]. Einen (Verletzungs- oder konkreten Gefährdungs-)Erfolg setzt § 316a I StGB zwar nicht voraus, sodass es sich um ein Tätigkeitsdelikt handelt[7], der Tatbestand beschreibt aber ein konkret gefährliches Verhalten[8].

Fall 65[9]: – *Führer eines Kfz; Ausnutzen der Verhältnisse des Straßenverkehrs* –

361 Rainer (R) rief um Mitternacht ein Taxi, dass von Tabea (T) gesteuert wurde. Er dirigierte T zu dem Wendehammer des zu dieser Nachtzeit von anderen Verkehrsteilnehmern kaum frequentierten E-Wegs. Nachdem T auf Geheiß des R das Taxi angehalten hatte, stieg R aus, trat an die Fahrertür, öffnete diese und forderte von T unter Vorhalt eines Messers die Herausgabe des Bargeldes. T hatte den Motor nicht abgestellt und das Automatikgetriebe im Modus D (Drive) gelassen, sodass sie das Anrollen des Fahrzeugs durch Betätigen der Bremse verhindern musste. Als R bei dem Versuch, T das Portemonnaie zu entreißen, mit dem Ellenbogen gegen das Lenkrad drückte, rutschte der Fuß der T vom Bremspedal. Das Taxi rollte über die Straße und kam vor einer Mauer zum Stehen. R, der während des Rollens über T gebeugt war, entwand ihr die Geldbörse und ergriff unter Mitnahme des Portemonnaies die Flucht. Bei dem

---

[1] MK-*Sander*, § 316a Rn. 1.
[2] BGH St 49, 8 (11); 52, 44 (46); *Dehne-Niemann*, NStZ 2008, 319 (320 f.); L/K/H-*Heger*, § 316a Rn. 1; MK-*Sander*, § 316a Rn. 2; HdS 5-*Wittig*, § 31 Rn. 100. A.A. *Günther*, JZ 1987, 369 (380 f.): »in erster Linie ein Straßenverkehrsdelikt«; *Steinberg*, NZV 2007, 545 (551): nur Schutz der »Rechtsgüter der §§ 249, 252, 255 StGB«.
[3] Sch/Sch-*Hecker*, § 316a Rn. 1.
[4] https://www.bmj.de/SharedDocs/Downloads/DE/Gesetzgebung/Eckpunkte/1123_Eckpunkte_Modernisierung_Strafrecht.pdf?_blob=publicationFile&v=3, S. 5; zust. *Zieschang*, ZRP 2024, 115 ff.
[5] Eingehend dazu NK-*Zieschang*, § 316a Rn. 5 ff.
[6] BGH, StV 2001, 405; S/S/W-*Ernemann/Höltkemeier/Lafleur*, § 316a Rn. 2, 6; *Mitsch*, ZStW 111, 1999, 65 (109 f.); *ders.*, JA 1999, 662 (664); NK-*Zieschang*, § 316a Rn. 5.
[7] LK[13]-*Sowada*, § 316a Rn. 4; HdS 5-*Wittig*, § 31 Rn. 98.
[8] NK-*Zieschang*, § 316a Rn. 6, der den Tatbestand deshalb als konkretes Gefährdungsdelikt bezeichnet; um ein solches handelt es sich aber nur im untechnischen Sinne.
[9] Angelehnt an *BGH*, NStZ 2018, 469 ff.

Gerangel erlitt Z eine Prellmarke am Rücken und eine Beule am Kopf sowie eine ca. 4 cm lange Schnittwunde am rechten Unterarm.

Strafbarkeit des R?

a) § 316a StGB

(1) Objektiver Tatbestand

Als **Tathandlung** nennt das Gesetz das »Verüben eines Angriffs auf Leib, Leben und Entschlussfreiheit ...«.

Angriff ist jede unmittelbar auf eine Verletzung eines der im Tatbestand genannten Schutzgüter (Leib, Leben und Entschlussfreiheit) gerichtete Handlung[10]. 362

Ein Angriff auf die Entschlussfreiheit des Opfers liegt nicht schon bei Anwendung von List oder Täuschung vor, sondern erforderlich ist der **Einsatz von Nötigungsmitteln**[11]. Nicht um List, sondern um einen Angriff auf die Entschlussfreiheit handele es sich bei einer vorgetäuschten Polizeikontrolle, da der Kraftfahrzeugführer verpflichtet ist, dem Haltezeichen eines Polizeibeamten Folge zu leisten, sich also objektiv in einer Nötigungssituation befindet[12]. Das soll nach Auffassung des *BGH* auch gelten, wenn der Täter einen Unfall verursacht und die vom Opfer empfundene Zwangswirkung nicht unmittelbar von dem eingesetzten Nötigungsmittel (Gewalt durch das Auffahren auf das Fahrzeug des Opfers) ausgeht, sondern auf der hierdurch (vermeintlich) entstandenen Rechtspflicht, die Feststellungen zu ermöglichen, beruht, sich das Opfer also nicht dem Willen des Täters, sondern einer gesetzlichen Verpflichtung unterworfen sieht[13]. 363

Indem R die T mit dem Messer bedrohte und sie durch Anwendung körperlicher Gewalt verletzte, griff er ihre Willensentschließungsfreiheit und ihre körperliche Unversehrtheit an.

§ 316a I StGB erfasst als Tatopfer nur denjenigen, der **im Zeitpunkt des Verübens des Angriffs »Führer« oder »Mitfahrer« eines Kraftfahrzeugs,** d.h. eines durch Motorkraft angetriebenen, zum Transport von Personen oder Gütern geeigneten Beförderungsmittels[14], ist[15]. Es kommt also nicht auf den Zeitpunkt der Ausführung der geplanten räuberischen Tat an. 364

»Führer« i.S. dieses Tatbestandes ist, »wer das Kfz in Bewegung zu setzen beginnt, es in Bewegung hält oder allgemein mit dem Betrieb des Fahrzeugs und/oder mit der Bewältigung von Verkehrsvorgängen beschäftigt ist«, nicht dagegen derjenige, der »sich außerhalb des Fahrzeugs befindet«[16]. Ein *verkehrsbedingter Halt*, z.B. an einer

---

[10] *BGH*, NJW 2004, 786 (787); Sch/Sch-*Hecker*, § 316a Rn. 3; MK-*Sander*, § 316a Rn. 8.
[11] *BGH* St 49, 8 (12 f.); ähnlich MK-*Sander*, § 316a Rn. 11 (nötigender Charakter nach den Gesamtumständen). Zur Angriffsqualität von Täuschung und List LK[13]-*Sowada*, § 316a Rn. 10 ff. m.w.N.
[12] *BGH*, NStZ-RR 2014, 342 m. Bespr. *Jäger*, JA 2015, 235 ff.; *Jahn*, JuS 2014, 1135 ff.; *BGH*, NJW 2015, 2131 (Rn. 14 ff.) m. Anm. *Zopfs*.
[13] *BGH*, NStZ 2023, 111 (Rn. 10 f.) m. krit. Bespr. *Jäger*, JA 2023, 339 ff. und *Müller*, jM 2023, 213 ff.
[14] HdS 5-*Wittig*, § 31 Rn. 115; NK-*Zieschang*, § 316a Rn. 25.
[15] *BGH* St 49, 8 (11 ff.) m. zust. Bespr. *Krüger*, NZV 2004, 161 ff. und *Sander*, NStZ 2004, 501 ff.; *BGH* St 50, 169 (170 f.) m. Bespr. *Kudlich*, JuS 2005, 1134 ff.; *BGH*, NStZ 2018, 469 (470) m. krit. Bespr. *Berghäuser*; *Hecker*, JuS 2013, 366 ff.; MK-*Sander*, § 316a Rn. 15.
[16] *BGH* St 49, 8 (14); S/S/W-*Ernemann/Höltkemeier/Lafleur* § 316a Rn. 11 f.; *Kraemer*, Jura 2011, 193 f. Eingehend zum Begriff »Kraftfahrzeugführer« *Jesse*, JR 2008, 448 ff.

roten Ampel oder in einem Stau, ändert an der Fahrzeugführereigenschaft nichts, selbst wenn der Fahrer den Motor abstellt oder dies bauartbedingt erfolgt[17]. Bei einem *nicht verkehrsbedingten Halt* endet die Fahrzeugführereigenschaft grundsätzlich, für die Annahme des Fortbestehens können jedoch weitere verkehrsspezifische Umstände, aus denen sich ergibt, dass der Betroffene leichter das Opfer des räuberischen Angriffs wurde und der Täter dies für seine Tat ausnutzte, sprechen[18]. Praktisch relevant wird dies häufig, wenn – wie in unserem Fall – der Täter einen Taxifahrer erst angreift, nachdem dieser das Taxi am Ankunftsort anhält, um den Fahrpreis zu kassieren. Der *BGH* hat dazu mit teilweiser Billigung der Literatur[19] eine sehr detaillierte Kasuistik entwickelt: Stellt der Taxifahrer den Motor ab, dann ende die Fahrzeugführereigenschaft[20], lässt er ihn laufen, dann bleibe der Taxifahrer Führer eines Fahrzeugs[21]. Verfügt das Taxi über ein Automatikgetriebe, so komme es auf die gewählte Fahrstufe an; stellt der Taxifahrer auf Parken (P), so scheide § 316a StGB aus, bei der Stellung Dauerbetrieb (D) bleibe der Taxifahrer Fahrzeugführer, weil er die Bremse betätigen müsse, um ein Weiterrollen zu verhindern[22].

365 Die restriktive Auslegung i.S. der Rechtsprechung entspricht der spezifischen Zielrichtung des Tatbestandes, der »neben individuellen Rechtsgütern zumindest gleichrangig den Schutz der Sicherheit des Kraftverkehrs auf den Straßen bezweckt«[23] (*Rn. 359*). Auch die hohe Mindeststrafe (Freiheitsstrafe nicht unter fünf Jahren) erfordert eine Beschränkung des § 316a I StGB auf gravierende Fälle. Die vom *BGH* propagierte sehr formale Bestimmung der Fahrzeugführer- und Mitfahrereigenschaft nach dem »Kriterium des laufenden Motors« mag strafwürdige Fälle ausgrenzen[24], immerhin erhält der Tatbestand dadurch aber klare Konturen, sodass diese Sicht Zustimmung verdient.

In unserem *Fall 65* war T noch Kraftfahrzeugführerin, weil sie die Bremse des Taxis betätigen musste, um ein Rollen des Fahrzeugs zu verhindern.

366 Das »**Ausnutzen der besonderen Verhältnisse des Straßenverkehrs**« erfordert, dass der Täter sich eine Gefahrenlage zunutze macht, die dem fließenden Straßenverkehr eigentümlich ist[25]; die Tat muss »in naher Beziehung zur Benutzung des Fahrzeugs als Verkehrsmittel« stehen[26].

---

[17] MK-*Sander*, § 316a Rn. 20 m.w.N.
[18] *BGH* St 50, 169 (172 ff.); NStZ-RR 2006, 185 f.; NStZ 2013, 43 m. Bespr. *Geppert*, DAR 2014, 128 (133) und *Hecker*, JuS 2013, 366 ff.; *BGH*, NStZ 2018, 469 (470).
[19] *Fischer*, § 316a Rn. 4a; MK-*Sander*, § 316a Rn. 21 f.; NK-*Zieschang*, § 316a Rn. 29.
[20] *BGH* St 49, 8 (15).
[21] *BGH* St 50, 169 (173 f.); NStZ-RR 2006, 185.
[22] *BGH*, NStZ 2018, 469 (470).
[23] *BGH* St 49, 8 (11).
[24] Vgl. Sch/Sch-*Hecker*, § 316a Rn. 8.
[25] *Rengier* I, 12/26.
[26] *BGH* St 19, 191 f.; 22, 114 (116); StV 2001, 405; S/S/W-*Ernemann/Höltkemeier/Lafleur* § 316a Rn. 13 ff.; *Fischer*, § 316a Rn. 9; Sch/Sch-*Hecker*, § 316a Rn. 12; L/K/H-*Heger*, § 316a Rn. 3. Enger LK[12]-*Sowada*, § 316a Rn. 25 ff.

Eine solche nahe Beziehung hatte die Rechtsprechung²⁷ ursprünglich noch bejaht, **367**
wenn das Opfer vom Täter im Pkw an eine einsame Stelle gebracht und dort auf
Grund eines vor (oder während) der Fahrt gefassten Entschlusses entweder im Wagen oder nach Verlassen des Wagens in räumlicher Nähe zu diesem überfallen
wurde. § 316a StGB sollte z.B. vorliegen, wenn der Täter einen Taxifahrer *mit List*
(oder mit Drohung oder Gewalt) an einsamer Stelle zum Anhalten bewegte, um ihn
dort auszurauben²⁸. Bei der Benutzung des Fahrzeugs nur als *Beförderungsmittel* zu
einem Haltepunkt, von dem aus »planmäßig erst *nach längerem Fußmarsch* die
Stelle des Überfalls erreicht wird«, fehle es dagegen an der nahen Beziehung der Tat
zum Fahrzeug als Verkehrsmittel, sodass § 316a StGB entfalle²⁹. Dies gelte auch,
wenn das Fahrzeug nach Vollendung des Raubes zur Flucht benutzt werden soll³⁰.

Die Literatur, der sich der *BGH* anschloss, lehnte diese Sicht zu Recht ab. Die »**Ver- 368
einzelung**« des Fahrers oder Mitfahrers an einem Ort, an dem fremde Hilfe nicht zu
erreichen ist, begründet für sich allein kein Ausnutzen der besonderen Verhältnisse
des Straßenverkehrs³¹. Personen, die sich *außerhalb des Fahrzeugs* befinden, sind
aus dem Schutzbereich des § 316a StGB auszunehmen³².

An der »nahen Beziehung« fehlt es zudem, wenn das Opfer in einer Garage oder **369**
Gaststätte überfallen wird³³ oder wenn der Täter den Entschluss zum Überfall erst
beim Halten fasst und realisiert³⁴. § 316a StGB scheidet deshalb aus, wenn sich ein
Taxi-Fahrgast nach dem Anhalten entschließt, gewaltsam das Taxi wegzunehmen;
die besonderen Verhältnisse des Straßenverkehrs werden »nicht schon deshalb i.S.
des § 316a StGB ausgenutzt, weil ein Kfz Gegenstand des Raubes sei«³⁵.

R nutzte in unserem Fall die besonderen Verhältnisse des Straßenverkehrs aus, weil T weiter- **370**
hin mit dem Betrieb des Kraftfahrzeugs und der Bewältigung von Verkehrsvorgängen beschäftigt war, sodass sie gerade deswegen leichter Opfer des räuberischen Angriffs war³⁶.

(2) Subjektiver Tatbestand **371**

Der subjektive Tatbestand erfordert Vorsatz bezüglich des Angriffs auf einen Fahrzeugführer bzw. Mitfahrer sowie das Bewusstsein, die Abwehrmöglichkeiten des
Tatopfers einschränkenden besonderen Verhältnisse des Straßenverkehrs auszunutzen³⁷. Hinzukommen muss als »überschießende Innentendenz«³⁸ die Absicht, einen

---

[27] Der *BGH* (St 22, 114 [116]; 33, 378 [381]; StV 2001, 405) fordert einen »unmittelbaren räumlichen und zeitlichen Zusammenhang« zu Anhalteort und -zeit.
[28] Vgl. *BGH*, NJW 1972, 913 (914); siehe auch *BGH*, NStZ 1989, 119; NStZ 1994, 340 f.
[29] *BGH* St 22, 114 (116); 33, 378 (381); NStZ 1989, 119; *Fischer*, § 316a Rn. 9; L/K/H-*Heger*, § 316a Rn. 3; M/S/M-*Hoyer*, 35/52.
[30] *BGH* St 22, 114 (117); NJW 1969, 1679; anders noch *BGH* St 18, 170 (173).
[31] *BGH* St 49, 8 (16); siehe dazu *Krüger*, NZV 2004, 161 (166 f.); diff. Sch/Sch-*Hecker*, § 316a Rn. 14.
[32] *Günther*, JZ 1987, 378 (380 f.); *Rengier* I, 12/22; LK¹³-*Sowada*, § 316a Rn. 41.
[33] LK¹⁰-*Schäfer*, § 316a Rn. 22.
[34] *BGH* St 19, 191 f.
[35] *BGH*, NJW 1972, 913 (914).
[36] Vgl. *BGH*, NStZ 2018, 469 (470).
[37] Vgl. *BGH*, NStZ 2016, 607 (608 f.); NStZ 2018, 469 (470); BeckOK-StGB-*Hollering*, § 316a Rn. 22.
[38] W/H/S-*Schuhr*, Rn. 444.

Raub, einen räuberischen Diebstahl oder eine räuberische Erpressung zu begehen. Es genügt nicht, dass der Täter plant, die durch den Angriff geschaffene Situation zu einem bloßen Diebstahl auszunutzen[39].

Vorsatz und Ausnutzungsbewusstsein hatte R. Er handelte zudem »zur Begehung eines Raubes«: Zwischen dem Angriff und dem geplanten Verbrechen nach §§ 249, 252 oder 255 StGB braucht keine Tatmehrheit zu bestehen; vielmehr gilt § 316a StGB auch dann, wenn der Angriff bereits Ausführungshandlung dieser Verbrechen ist[40].

(3) Rechtswidrigkeit und Schuld liegen vor, sodass R des räuberischen Angriffs auf Kraftfahrer schuldig ist.

372 *b)* R hat zudem einen schweren Raub gemäß §§ 249, 250 I Nr. 1 und eine gefährliche Körperverletzung gemäß § 224 I Nr. 2 StGB verwirklicht. § 316a StGB und § 224 StGB stehen in Tateinheit (§ 52 StGB). Auch zwischen § 316a StGB und §§ 249, 250 StGB liegt Tateinheit, nicht Gesetzeskonkurrenz vor[41].

Begründung: § 316a StGB setzt nicht voraus, dass das beabsichtigte Verbrechen nach §§ 249, 252 oder 255 StGB vollendet wird, *Spezialität* scheidet also aus. *Konsumtion* der Raubdelikte entfällt ebenfalls, weil diese Delikte bei Begehung des § 316a StGB nicht *in aller Regel* erfüllt sein werden, da § 316a StGB bereits mit Vorliegen eines Angriffs vollendet ist.

– Dagegen konsumiert § 316a I StGB den nur *versuchten* Raub (bzw. §§ 252, 22 f. und §§ 255, 22 f. StGB)[42]. Doch steht der Versuch des *schweren* Raubes (§§ 250, 22 f. StGB) in Idealkonkurrenz zu § 316a StGB[43]. –

Fall 66: – *Angriff zur Begehung eines Raubes* –

373 Rafael (R) und Maximilian (M) verfolgten in einer Großstadt nachts mit ihren Kraftfahrzeugen den Xaver (X), um ihn zu verprügeln. X versuchte vergebens, mit seinem alten Daimler-Benz-Diesel den beiden Verfolgern zu entkommen. Als X an einer Ampel halten musste, fuhr R neben ihn, M hielt hinter dem Fahrzeug des X. Die Verfolger sprangen aus ihren Wagen, öffneten die Fahrzeugtür des dem X gehörenden Pkw und schlugen auf X ein. Dabei sah M die wertvolle Armbanduhr des X und riss sie, ohne dass R dies »im Eifer des Gefechts« bemerkte, dem X vom Handgelenk, wobei er weiter auf ihn einschlug. Anschließend eilten R und M zurück zu ihren Wagen und entfernten sich.
Strafbarkeit von R und M?

a) Strafbarkeit des M

(1) § 224 I Nr. 4 StGB

Eine »gemeinschaftlich begangene« Körperverletzung liegt vor.

---

[39] Vgl. *BGH*, StraFo 2023, 193 (Rn. 7 f.): Geplante Entwendung von Bargeld aus der Führerkabine des durch eine Blockade zum Anhalten gezwungenen Lkw ohne Anwendung von Gewalt gegen den Lkw-Fahrer.
[40] Sch/Sch-*Hecker*, § 316a Rn. 16; M/S/M-*Hoyer*, 35/55.
[41] BGH St 25, 373 f.; NStZ 1999, 350 (351); AnwK-*Esser*, § 316a Rn. 33; *Fischer*, § 316a Rn. 20; *Mitsch*, BT 2, S. 656. A.A. *Otto*, 46/75.
[42] BGH St 25, 373; NK-*Zieschang*, § 316a Rn. 57. A.A. AnwK-*Esser*, § 316a Rn. 33 (Tateinheit).
[43] BGH bei *Holtz*, MDR 1977, 807 (808); M/R-*Renzikowski*, § 316a Rn. 24; NK-*Zieschang*, § 316a Rn. 57.

§ 4: Räuberischer Angriff auf Kraftfahrer

(2) § 316a I StGB

(a) Der objektive Tatbestand des § 316a I StGB ist erfüllt, weil X trotz des verkehrsbedingten Haltes Fahrzeugführer blieb und R und M die besonderen Verhältnisse des Straßenverkehrs für ihren Angriff ausnutzten, denn X war auf Grund der notwendigen Konzentration auf die Verkehrslage und die Bedienung des Fahrzeugs in seiner Gegenwehr beeinträchtigt (*Rn. 364*).

(b) Auch der subjektive Tatbestand liegt vor. Die Tathandlung (Angriff auf den Leib des X unter Ausnutzung der besonderen Verhältnisse des Straßenverkehrs) erfolgte vorsätzlich und **»zur Begehung eines Raubes«**. Dass M den Entschluss zum Raub der Uhr erst nach Beginn dieses Angriffs fasste, steht dem nicht entgegen. Es genügt, dass der Täter *vor* Vollendung der Angriffshandlung, d.h., während diese noch andauert, sich – wie hier – von der Raubabsicht leiten lässt[44].

374

(3) M hat zudem einen Raub, § 249 StGB, begangen.

(4) §§ 316a, § 224, 249 StGB stehen in Tateinheit (*Rn. 372*).

b) Strafbarkeit des R

(1) R ist ebenfalls nach § 224 I Nr. 4 StGB strafbar.

375

(2) Beihilfe zu § 316a StGB scheidet dagegen mangels Gehilfenvorsatzes aus.

Eine nach Beendigung des Angriffs i.S. des § 316a StGB eventuell geleistete Hilfe bei der Beutesicherung kann allenfalls als Beihilfe zum Raub, nicht dagegen als Beihilfe zum räuberischen Angriff auf Kraftfahrer strafbar sein[45].

(3) R ist auch nicht wegen Beihilfe zum Raub strafbar, weil er die Entwendung der Uhr durch M nicht bemerkte und deshalb insoweit ebenfalls keinen Vorsatz bzgl. der Haupttat besaß.

Fall 67: – *Fortdauern des Angriffs auf die Entschlussfreiheit* –

Hendrick (H) zwang Enrico (E), der mit seinem VW vor einer Bank vorgefahren war, um eine Geldbombe mit 10.000 Euro Inhalt in den Nachttresor zu werfen, unter Vorhalten einer Pistole, das Fahrzeug wieder zu besteigen, loszufahren und ihn (H) mitzunehmen. Das Angebot des E, ihm die Geldbombe sofort an Ort und Stelle herauszugeben, lehnte H ab. Auf einer Brücke forderte er ihn auf, auszusteigen. Mit der Geldbombe im Wagen fuhr H davon.

376

Strafbarkeit des H aus § 316a I und § 250 StGB?

(1) § 316a I StGB

(a) Als H den E *vor der Bank* überfiel, war E kein Fahrzeugführer, da er sein Auto verlassen hatte, und der Angriff auf dessen Entschlussfreiheit erfolgte nicht »unter Ausnutzung der besonderen Verhältnisse des Straßenverkehrs« (siehe *Rn. 368*).

(b) Gleichwohl hat der *BGH* zu Recht § 316a I StGB angenommen[46]: Der Anwendung des § 316a StGB steht nicht entgegen, dass der Angriff auf das Opfer **vor Fahrtantritt begonnen** wird, wenn er während der erzwungenen Fahrt fortdauert. Vor Antritt der Fahrt ist das Opfer zwar noch nicht Führer eines Fahrzeugs und das Verüben eines Angriffs ist mit der Drohung bereits vollendet. Es genügt aber, dass die Führereigenschaft bis zur Beendigung des Angriffs hinzukommt.

377

---

[44] Vgl. *BGH* St 25, 315 (316, 317 a.E.); S/S/W-*Ernemann/Höltkemeier/Lafleur* § 316a (Rn. 18); LK[13]-*Sowada*, § 316a Rn. 46;
[45] *BGH*, NStZ 2007, 35 (36).
[46] *BGH* bei *Holtz*, MDR 1977, 638 f.

Unter Ausnutzung der besonderen Verhältnisse des Straßenverkehrs erfolgt die Tat jedoch nur, wenn der Täter noch keine uneingeschränkte Kontrolle über das Opfer erlangt hat, sondern die erzwungene Fahrt lediglich die Gegenwehr- und Fluchtmöglichkeiten des Opfers beschränkt[47].

Ein **(fortdauernder) Angriff** auf die Entschlussfreiheit des E habe bis zu dem Zeitpunkt vorgelegen, als H das Opfer aussteigen ließ und davonfuhr. Dieser Angriff auf den Führer des *fahrenden* Wagens sei auch **unter Ausnutzung der besonderen Verhältnisse des Straßenverkehrs** erfolgt[48].

Dabei habe H auch »zur Begehung eines Raubes« gehandelt, denn dieser sei erst *vollendet* worden, als H den E aussteigen ließ.

Dieses Ergebnis entspricht im Übrigen der heutigen Sicht des *BGH*, da H keine uneingeschränkte Kontrolle über E ausübte, sondern E lediglich in seinen Gegenwehr- und Fluchtmöglichkeiten beschränkt war[49].

(2) §§ 249, 250 II Nr. 1 StGB

378 H hat zudem bezüglich des Geldes *und* des Kfz einen besonders *schweren Raub* (§ 250 II Nr. 1 StGB) begangen. Zueignungsabsicht ist auch hinsichtlich des Fahrzeugs gegeben. Die Aneignungskomponente liegt im Gebrauch des Fahrzeugs und die Enteignungskomponente ist gegeben, wenn der Täter ohne »Rückführungswillen« handelt (dazu *Fall 17, Rn. 72 ff.*), was bei lebensnaher Sachverhaltsinterpretation anzunehmen ist.

(3) § 316a I und § 250 StGB stehen in Idealkonkurrenz.

Fall 68: – *§ 316a I StGB: Vollendung/Rücktritt vom Versuch* –

379 Harald (H) hatte ein Hindernis auf eine Straße geschoben, um den nächsten Kraftfahrer zum Halten zu nötigen und ihn dann auszurauben. Als Gernot (G) mit seinem Pkw vor dem Hindernis anhalten musste, entsann sich H der Strafdrohung des § 316a StGB und ließ G unbehelligt weiterfahren.

Strafbarkeit des H aus § 316a StGB?

§ 316a I StGB ist erfüllt. Der Angriff kann sich auch unmittelbar gegen das Kraftfahrzeug richten, weil die Fahrzeuginsassen ebenfalls betroffen sind[50].

Indem H den G zum Anhalten nötigte, nahm er einen Angriff auf die Entschlussfreiheit des Führers eines Kfz vor. Der **Angriff war** nicht nur versucht, sondern **bereits vollendet**[51], sodass ein *Rücktritt* des H, was § 316a StGB angeht, ausscheidet.

380 Der vorliegende Fall zeigt, dass auch § 316a I StGB *n.F.* noch eine bedenkliche **Vorverlagerung des Strafrechtsschutzes** bedeutet. Die Strafdrohung dieser Vorschrift ist in casu unverhältnismäßig und selbst bei der gebotenen Anwendung des § 316a II StGB überhöht[52].

---

[47] *BGH* St 52, 44 (45 ff.) m. Bespr. *Bosch,* JA 2008, 313 ff., *Dehne-Niemann,* NStZ 2008, 319 ff., *Krüger,* NZV 2008, 234 ff. und *Sowada,* HRRS 2008, 136 ff.; krit. M/R-*Renzikowski,* § 316a Rn. 13.
[48] Dazu u.a. *BGH* St 6, 82; JR 1997, 162 m. Anm. *Roßmüller; Günther,* JZ 1987, 369 (380 f.).
[49] *BGH* St 52, 44 (45 ff.).
[50] M/R-*Renzikowski,* § 316a Rn. 9.
[51] Vgl. S/S/W-*Ernemann/Höltkemeier/Lafleur* § 316a Rn. 19; AnwK-*Esser,* § 316a Rn. 28; *Jesse,* JZ 2008, 1083; *Rengier* I, 12/9, 42.
[52] A.A. *Jesse,* JZ 2008, 1083 (1089 f.); *Rengier* I, 12/42.

§ 4: Räuberischer Angriff auf Kraftfahrer

Der *strafbefreiende Rücktritt vom versuchten Raub* des H ändert an der Strafbarkeit aus § 316a I StGB nichts und selbst bei Anwendung eines minder schweren Falls nach § 316a II StGB beträgt der Strafrahmen noch ein Jahr bis zu zehn Jahren (!) Freiheitsstrafe. **381**

Ergänzende Hinweise

(1) Die Ausnutzung der besonderen Verhältnisse des Straßenverkehrs resultiert bei einem **Angriff auf den Mitfahrer** daraus, dass die Fluchtmöglichkeiten aus einem fahrenden Fahrzeug eingeschränkt sind, weil er sich dem Angriff, z.B. durch Öffnen der Tür oder Ziehen der Handbremse, nicht entziehen kann, ohne sich selbst oder andere Verkehrsteilnehmer zu gefährden[53]. **382**

(2) Das 6. StrRG ersetzte die unbenannte Strafschärfungsklausel des § 316a I 2 StGB *a.F.* durch eine Erfolgsqualifikation in § 316a III StGB[54], nach der die **wenigstens leichtfertige Verursachung des Todes** durch die Tat mit lebenslanger Freiheitsstrafe oder Freiheitsstrafe nicht unter zehn Jahren bedroht ist. **383**

(3) Die Rechtsprechung hatte zu § 316a StGB *a.F.*, der als Unternehmensdelikt ausgestaltet war (»Wer ... einen Angriff ... unternimmt, ...«), d.h. nach § 11 I Nr. 6 StGB Versuch und Vollendung umfasste, den Angriffsversuch i.S. des §§ 316a I StGB außerordentlich weit vorverlagert. Bewege der Täter das Opfer zu einer gemeinsamen Fahrt, auf der er unter Ausnutzung der besonderen Verhältnisse des Straßenverkehrs mit den in § 316a I StGB bezeichneten Mitteln eine der dort bezeichneten Taten begehen will, und demgemäß mit Angriffsvorsatz im Kfz Platz nehme, so sei »schon **mit Beginn der Fahrt**« ein Angriffsversuch gegeben[55]. Der *BGH* gab diese schon zu § 316a StGB *a.F.* von der Literatur[56] zu Recht angegriffene Rechtsprechung auf[57]. Ein Angriffs**versuch** gemäß §§ 316a I, 22, 23 StGB liegt somit nach den allgemeinen Grundsätzen erst vor, wenn das Verhalten des Täters nach seinem Tatplan ohne wesentliche Zwischenschritte in den Angriff übergehen soll[58], also z.B. beim Ausholen zum Schlag oder beim Griff zur Waffe. **384**

---

[53] *BGH*, NStZ 2004, 626; NStZ 2013, 43; MK-*Sander*, § 316a Rn. 31; HdS 5-*Wittig*, § 31 Rn. 127.
[54] *Mitsch*, BT 2, S. 662.
[55] *BGH* St 33, 378 (381) m. Anm. *Geppert*, NStZ 1986, 552 ff.; *BGH*, NStZ 1989, 476 f.
[56] So u.a. *Geppert*, NStZ 1986, 552 (553 f.); *Günther*, JZ 1987, 16 (23 ff.).
[57] *BGH*, NJW 2004, 786.
[58] L/K/H-*Heger*, § 316a Rn. 4; BeckOK-StGB-*Hollering*, § 316a Rn. 30; M/R-*Renzikowski*, § 316a Rn. 20; MK-*Sander*, § 316a Rn. 31.

§ 5 Sachbeschädigung (§§ 303 - 305a StGB)

I. § 303 StGB

385 Das Gesetz vom Juli 2005 hat §§ 303, 304 StGB jeweils um einen neuen Abs. 2 ergänzt, nach dem bestraft wird, »wer unbefugt das *Erscheinungsbild* einer fremden Sache [bzw. einer in Absatz 1 bezeichneten Sache oder eines dort bezeichneten Gegenstandes, § 304 II StGB *n.F.*] *nicht nur unerheblich und nicht nur vorübergehend verändert*«. Es soll sich dabei nach dem Willen der Entwurfsverfasser um eine weitere Tathandlung der Sachbeschädigung – bzw. gemeinschädlichen Sachbeschädigung – handeln und die Sache gegen Veränderungen schützen, die dem Gestaltungswillen des Eigentümers oder sonst Berechtigten zuwiderlaufen; die Fälle, die schon bisher als »beschädigen« oder »zerstören« strafbar waren, sollen weiterhin nach § 303 I StGB beurteilt werden[1]. Bei einer Veränderung des Erscheinungsbildes einer Sache, insbesondere also auch beim Anbringen von »Graffiti«, ist somit zunächst zu prüfen, ob § 303 I StGB vorliegt.

– Zur Falllösung *Rn. 405* –

Fall 69: – »*Graffiti*« *als Sachbeschädigung?* –

386 Der als »Silly« in der Szene bekannte Steven (S) besprühte die Straßenfront des Gebäudes der rechtswissenschaftlichen Fakultät mit seinen »Tags«. Die Farbe ließ sich nicht entfernen, sodass die Fassade neu gestrichen werden musste.

Strafbarkeit des S?

1) § 303 I StGB?

S könnte das Gebäude (= fremde Sache) i.S. des § 303 I StGB *beschädigt* haben. Da der Tatbestand – im Gegensatz zu anderen Eigentumsdelikten, z.B. §§ 242, 246 StGB – nicht die Beweglichkeit der Sache voraussetzt, schützt er auch Immobilien. Im Übrigen gelten die zu § 242 StGB dargelegten Grundsätze hinsichtlich der Sachqualität und der Fremdheit[2] (*Rn. 1, 3 ff.*).

a) Sinn und Zweck des Eigentumsschutzes nach § 303 I StGB ist es nach zutreffender Meinung, die wirtschaftliche **Brauchbarkeit** der Sache vor Minderung (Sachbeschädigung) oder Vernichtung (Sachzerstörung) zu bewahren[3].

387 Während diese Auffassung zu Recht auf die »Funktionseinbuße« abstellt, geht eine abweichende Meinung noch darüber hinaus: Sachbeschädigung sei »jede Veränderung des Zustands einer Sache«, es sei denn, dass »an der Aufrechterhaltung des bisherigen Zustands ein vernünftiges Interesse des Sachherrn schlechthin nicht bestehen kann« (»Zustandsveränderungstheorie«)[4]. Danach wäre sogar eine Verbesserung der Sache, z.B. die fachgerechte Reparatur eines bei einem Unfall beschädigten

---

[1] BT-Drs. 15/5313, 3. Zu § 303 und § 304 StGB *n.F. Schuhr*, JA 2009, 169 ff.
[2] Vgl. z.B. *Denga*, JA 2018, 833 (835); *Ladiges*, JuS 2018, 657 f.
[3] Z.B. L/K/H-*Heger*, § 303 Rn. 1: Schutz des Eigentums gegen »Tauglichkeitsminderung und Substanzeinbußen«. SK-*Hoyer*, § 303 Rn. 9: »Enteignung um bestimmte der Sache immanente Gebrauchsmöglichkeiten.«
[4] M/S/M/H/M-*Schroeder*, 36/7 ff., 11, 12; *Schroeder*, JZ 1978, 72 f.; ähnl.: *OLG Oldenburg*, JZ 1978, 70 f. Ebso. u.a.: *OLG Düsseldorf*, MDR 1979, 74; A/W/H/H-*Heinrich*, 12/22 ff.; *Otto*, 47/9.

Autos durch den Unfallverursacher eine strafbare Sachbeschädigung, wenn der Eigentümer auf der Durchführung der Reparatur in »seiner« Werkstatt besteht. Eine Beeinträchtigung des Eigentumsrechts mag darin liegen, da der Eigentümer nach seinem Gutdünken mit der eigenen Sache verfahren kann, mit dem Wortlaut des § 303 I StGB ist es jedoch unvereinbar, dem Begriff »beschädigen« die Zustandsverbesserung zu subsumieren.

b) Nach zutreffender h.M. beschädigt eine Sache somit, wer auf sie so einwirkt, dass **388** ihre bestimmungsgemäße Brauchbarkeit – oder ihr wirtschaftlicher Wert – nicht nur geringfügig beeinträchtigt wird[5].
Ein Beschädigen i.S. des § 303 I StGB setzt also dreierlei voraus: (1) eine **Einwirkung** auf die Sache; (2) eine **Beeinträchtigung der bestimmungsgemäßen Brauchbarkeit bzw. des Wertes**; (3) die Beeinträchtigung darf **nicht nur unerheblich** sein (»Bagatellklausel«).
Strittig ist, welche Bedeutung einer **Verletzung der Sachsubstanz** zukommt, und zwar zum einen, ob die bloße Substanzverletzung bereits den Tatbestand erfüllt, und zum anderen, ob das Vorliegen einer nicht unerheblichen Substanzverletzung eine notwendige Bedingung für die Annahme des § 303 I StGB ist.
Beide Fragen sind m.E. zu verneinen:

Nach einer Auffassung sollen Eingriffe in die Sachsubstanz, d.h. – nachteilige – Ver- **389** änderungen der stofflichen Zusammensetzung, *per se eine Beschädigung darstellen*[6]. Zutreffend ist daran, dass Substanzverletzungen in aller Regel die bestimmungsgemäße Brauchbarkeit oder den Wert der Sache mindern werden; dann ist es unerheblich, ob der Beschädigungserfolg mit der Substanzverletzung oder der Funktions- bzw. Wertminderung begründet wird. Sollte die Substanzveränderung jedoch ausnahmsweise keine nachteiligen Folgen für den Eigentümer haben, erscheint es nicht sachgerecht, den Täter wegen Sachbeschädigung zu bestrafen. Die Substanzverletzung muss deshalb nach zutreffender Meinung zu einer Minderung der Brauchbarkeit bzw. des Wertes führen[7], sodass letztlich die nachteiligen Folgen für den Eigentümer für den Begriff der Beschädigung maßgeblich sind.

Fraglich ist, ob das **Übersprühen oder Übermalen verbotener Kennzeichen**, z.B. **390** eines Hakenkreuzes, als Sachbeschädigung bzw. Veränderung des Erscheinungsbildes nach § 303 I, II StGB strafbar ist. Dies wird zum Teil mit der Begründung verneint, dass eine solche Handlung den »rechtlich gewünschten Zustand« der Sache herstelle bzw. deren »rechtlich unzulässige Gestaltung« beseitige und deshalb im Wege der teleologischen Reduktion aus dem Anwendungsbereich der Tatbestände auszuscheiden sei[8]. Dieser Sicht ist entgegenzuhalten, dass das Ziel, Kennzeichen

---

[5] *BGH* St 13, 207 f.; NStZ 1982, 508 f.; *Fischer*, § 303 Rn. 6; Sch/Sch-*Hecker*, § 303 Rn. 8 f.; L/K/H-*Heger*, § 303 Rn. 3; *Klesczewski*, S. 12.

[6] Z.B. *BGH* St 29, 129 (132 f.); Sch/Sch-*Hecker*, § 303 Rn. 8 f.; NK-*Kargl*, § 303 Rn. 20; *Otto*, 47/6; *Rengier* I, 24/8; W/H/S-*Schuhr*, Rn. 23, 30, 33 f.

[7] *BGH*, NStZ 1982, 508 (509); A/W/H/H-*Heinrich*, 12/16, 19; *Mitsch*, BT 2, S. 212. Ebso. wohl L/K/H-*Heger*, § 303 Rn. 4 (Substanzverletzung »im Allgemeinen« ausreichend).

[8] *Gerhold*, StV 2020, 213 (214 f.), der allerdings eine Rechtfertigung für den Fall, dass die Tatbestandsmäßigkeit angenommen würde, ablehnt.

verfassungswidriger Organisationen (vgl. § 86a StGB) zu beseitigen, Zustimmung verdient, der einzelne Bürger aber nicht dazu berechtigt ist, sondern es sich um eine Aufgabe des Staates handelt.

391 Eine Substanz*verletzung* ist nach zutreffender Auffassung nicht erforderlich[9], sondern es genügt eine *Einwirkung* auf die Sache. Dieses Merkmal ist notwendig, um die Sachbeschädigung von sonstigen Funktionsbeeinträchtigungen abzugrenzen.

Beispiel: A parkt seinen Lieferwagen »in zweiter Reihe« so neben dem Fahrzeug des X, dass dieser es am Wochenende nicht benutzen kann[10]. X kann sein Auto zwar nicht benutzen – insofern liegt eine Funktionsbeeinträchtigung vor –, es fehlt aber eine Einwirkung auf die Sache.

Eine körperliche *»Einwirkung auf die Sache«* kann auch in der bloßen »Veränderung ihrer stofflichen Zusammensetzung« liegen.

Beispiele: Zerlegen einer Uhr in ihre Teile; Entfernen eines Maschinenteils[11].

Da für den Sachbeschädigungsbegriff eine Substanz**verletzung** nicht nötig ist, sollen u.a. als Sachbeschädigung auch in Betracht kommen:
Das Ablassen von Luft aus der Bereifung eines Kfz[12] bzw. aus Reifen eines Fahrrades[13], das Nervösmachen eines Pferdes[14] (*aber Bagatellgrenze beachten*).

392 c) Ob und unter welchen Voraussetzungen die Veränderung des äußeren Erscheinungsbildes einer Sache durch Beschmieren mit Farbe, Bemalen mit Parolen u.ä. eine Sachbeschädigung darstellt, ist in *Rechtsprechung und Lehre* allerdings heftig umstritten:

Das *OLG Celle* gelangte im Anschluss an *BGH* St 29, 129 ff. (vgl. *Rn. 400*) zu einer sehr restriktiven Auslegung des § 303 I StGB: Nur bei »Kunstwerken« begründe bereits jede »dem Gestaltungswillen des Eigentümers zuwiderlaufende Veränderung der äußeren Erscheinung und Form einer Sache« den Tatbestand des § 303 I StGB. Bei sonstigen Sachen liege § 303 I StGB dagegen nur vor, wenn die *Substanz der Sache verletzt* oder deren *technische Brauchbarkeit beeinträchtigt* werde. Eine »Substanzverletzung« sei allerdings bereits anzunehmen, wenn sich die Farbe nur unter Anwendung solcher chemischer oder mechanischer Mittel entfernen lasse, die in die *Substanz* der Sache, zu der auch ihr eigener Anstrich gehöre, eingreifen[15].

393 Eine extensivere Interpretation des § 303 I StGB befürworten die Vertreter der »Zustandsveränderungstheorie«[16]. Sie halten jede (nicht ganz unerhebliche) *Veränderung des Zustandes einer Sache*, z.B. durch Beschmieren mit Farbe, für Sachbeschä-

---

[9] *BGH* St 44, 34 (38); Sch/Sch-*Hecker*, § 303 Rn. 11; L/K/H-*Heger*, § 303 Rn. 4; A/W/H/H-*Heinrich*, 12/20 ff.; W/H/S-*Schuhr*, Rn. 23; MK-*Wieck-Noodt*, § 303 Rn. 24. A.A. *OLG Dresden*, NJW 2004, 2843 f.; *Kargl*, JZ 1997, 283 (289 ff.); wohl auch *Mitsch*, BT 2, S. 212 (»Eingriff in die Sachsubstanz«).

[10] Siehe auch *Mitsch*, BT 2, S. 215 f.

[11] *BayObLG*, JZ 1987, 1037 f.

[12] Dazu näher *BGH* St 13, 207 f.; *Fischer*, § 303 Rn. 7a; *Klesczewski*, S. 11 f.

[13] *BayObLG*, JZ 1987, 1037 f.; krit. *Behm*, NStZ 1988, 275 f.; *Rengier* I, 24/12 f. m.w.N.

[14] *RG* St 37, 411. Weitere Beispiele bei Sch/Sch-*Hecker*, § 303 Rn. 11.

[15] *OLG Celle*, NStZ 1981, 223 f.; ebso. z.B. *OLG Hamburg*, NStZ-RR 1999, 209 ff.; *KG*, NJW 1999, 1200.

[16] Siehe die Nachweise in *Fn. 4*.

digung, sofern sie »vernünftigen Interessen des Eigentümers an der Aufrechterhaltung des bisherigen Zustandes« zuwiderlaufe und nicht mühelos zu beseitigen sei. Dabei spiele keine Rolle, ob die Sache vorher ansehnlich war. – Zu den Argumenten gegen diese Sicht siehe *Rn. 387.* –

Es bedarf der Berufung auf die Veränderung des Zustands der Sache jedoch gar nicht, um die Verunstaltung des äußeren Erscheinungsbildes einer Sache in den Anwendungsbereich des § 303 I StGB einzubeziehen, da auch die Beeinträchtigung der ästhetischen Funktion die Voraussetzungen der Sachbeschädigung erfüllt. Das leuchtet unmittelbar ein, wenn das »Design« des Gegenstandes wichtiger ist als dessen technische Verwendbarkeit. Aber auch wenn die äußere Gestaltung (»Industriedesign«) nur einen Nebenzweck erfüllt, der hinter die technischen Aufgaben zurücktritt, hat sie i.d.R. doch mindestens die Nebenfunktion, dass der Gegenstand gefällig aussieht; eine Unterscheidung von Haupt- und Nebenfunktion erscheint aber nicht sinnvoll[17], zumal eine klare Grenze ohnehin nicht gezogen werden könnte. Der Ausschluss von Beeinträchtigungen der ästhetischen Funktion eines Gegenstandes aus dem Anwendungsbereich des § 303 I StGB wird zudem der *sozialen* Bewertung derartiger Taten nicht gerecht und würde den Eigentumsschutz in bedenklicher Weise verkürzen. Im Übrigen widerspricht die hier vertretene Ansicht nicht dem *Analogieverbot* (Art. 103 II GG)[18], da der mögliche Wortsinn des Begriffs »Sachbeschädigung« Fälle wie den vorliegenden erfasst.

Deshalb hätte es bei zutreffender Auslegung des Merkmals »beschädigen« der Erweiterung des § 303 StGB um die Alternative des Veränderns des Erscheinungsbildes einer Sache nicht bedurft. Da die Rechtsprechung jedoch eine Verletzung der Sachsubstanz bzw. der technischen Brauchbarkeit fordert, ist die Einfügung dieser Tathandlung in §§ 303, 304 StGB – grundsätzlich – zu begrüßen, da sie Strafbarkeitslücken in der Praxis schließt.

394

Die Beeinträchtigung des äußeren Erscheinungsbildes von Sachen durch Beschmieren mit Farbe, Bemalen mit Parolen, Besudeln mit Dreck u.ä. ist allerdings dann nicht als Sachbeschädigung nach § 303 I StGB strafbar, wenn es sich

(1) um eine Sache handelt, *deren Ansehnlichkeit* nach der Verkehrsauffassung unter Berücksichtigung verständlicher Belange des Berechtigten *nicht schutzwürdig ist*, die äußere Gestaltung der Sache also nicht einmal einen ästhetischen Nebenzweck erfüllt[19] oder

(2) die Tat die Bagatellgrenze (*Rn. 388*) nicht überschreitet, weil entweder die Veränderung des Erscheinungsbildes als gänzlich *unerheblich* erscheint[20] oder die fragliche Beeinträchtigung des äußeren Erscheinungsbildes *mühelos zu beseitigen* ist, d.h. ohne *erheblichen* Aufwand an Zeit oder Kosten[21].

395

---

[17] *Scheffler*, NStZ 2001, 290 (291 f.).
[18] Ebso. *Behm,* Sachbeschädigung und Verunstaltung, 1984, S. 76-79. A.A. *BGH* St 29, 129 (133).
[19] Die Schutzwürdigkeit ist entgegen *BGH* St 29, 129 (132 ff.); zust. *OLG Celle*, NStZ 1981, 223 (224), nicht auf Statuen, Gemälde, Baudenkmäler o.ä. beschränkt, sondern sie entfällt nur ausnahmsweise, namentlich dann, wenn der Berechtigte die Sache verkommen lässt (verfallene Mauern; abbruchreife Häuser u.ä.).
[20] Dazu eingehend *Behm,* Sachbeschädigung und Verunstaltung, 1984, S. 78 f., 185 ff., 198 ff., 202 ff.
[21] Näher Sch/Sch-*Hecker*, § 303 Rn. 9; NK-*Kargl*, § 303 Rn. 31; *Scheffler*, NStZ 2001, 290 (292).

396 Ist die Verunstaltung unerheblich oder lässt sie sich mühelos beseitigen, z.B. durch bloßes Abwischen, so scheidet § 303 I StGB folglich aus[22]. Die Unerheblichkeitsschwelle darf allerdings nicht zu niedrig angesetzt werden. Sachbeschädigung scheitert daher nicht schon dann, wenn die Beseitigung der Beeinträchtigung durch Reinigung überhaupt möglich ist:
Deshalb stellen auch die Verunstaltung der von einem anderen getragenen Kleidung oder eines Fahrzeugs durch den Täter mittels Farbe, Blut, Dreck o.ä.[23] oder das Überschütten eines Polizeibeamten mit Bier, sodass dessen Uniform besudelt wird[24], eine Sachbeschädigung dar: Die Reinigung ist in diesen Fällen entweder mit einem nicht unerheblichen Zeitaufwand oder mit nicht geringen Kosten verbunden.

397 d) **Sachzerstörung** ist bei einer Einwirkung anzunehmen, durch die der Täter die Brauchbarkeit der Sache aufhebt. Im Übrigen bedeutet eine *Substanzvernichtung*, z.B. Beseitigung der Substanz durch Verbrennen, stets Sachzerstörung[25], denn die Substanzvernichtung hebt notwendigerweise die Brauchbarkeit der Sache auf und entzieht ihr den Wert.

Für unseren *Ausgangsfall (Rn. 386)* folgt daraus:

398 Eine Substanzverletzung i.S. einer Veränderung der stofflichen Zusammensetzung ist gegeben, da der Sprühlack sich mit dem Anstrich der Fassade untrennbar verbunden hat. Nach der oben (*Rn. 389*) dargestellten Auffassung, die eine Substanzverletzung generell als Sachbeschädigung betrachtet, läge somit § 303 I StGB vor. Es fehlt auch nicht an einer nicht nur geringfügigen Einschränkung der bestimmungsgemäßen **Brauchbarkeit** der Sache. Zwar blieb die bemalte Wand weiterhin »technisch« funktionsfähig. Unter Berücksichtigung der Verkehrsanschauung kann die Brauchbarkeit einer Sache aber nicht nur dadurch beschädigt werden, dass sie in *technischer* Hinsicht herabgesetzt wird, sondern auch durch eine Beeinträchtigung der *ästhetischen* Funktion, nämlich wenn die Sache nach ihrer Bestimmung nicht unansehnlich oder verunstaltet wirken soll[26].

S hat auf das Gebäude durch das Besprühen der Fassade mit Lackfarbe eingewirkt und dadurch deren – ästhetische – Funktion beeinträchtigt; die Beeinträchtigung war auch nicht unerheblich. Da er vorsätzlich, rechtswidrig und schuldhaft handelte, ist somit nach allen Auffassungen der Sachbeschädigung nach § 303 I StGB schuldig.

2) § 303 II StGB?

399 Die Tatalternative »Veränderung des Erscheinungsbildes einer Sache« ist nach ihrem Wortlaut zwar ebenfalls erfüllt. Sie ist aber teleologisch auf Fälle zu reduzieren,

---

[22] A.A. *RG* St 43, 203 ff.: Sachbeschädigung bei Beschmieren einer Marmorbüste mit Farbe, auch wenn sich »sofortiges Reinigen durch bloßes Abwaschen mit Wasser und Seife ohne besonderen Aufwand an Kosten und Mühe bewerkstelligen ließe«.
[23] *OLG Hamburg*, JZ 1982, 810 f.: Sachbeschädigung »durch Beschmutzung der Kleidung des Ministers oder der Begleitpersonen mit Blut«.
[24] *OLG Frankfurt*, NJW 1987, 399 ff.; *Rengier* I, 24/22; dazu eingehend *Stree*, JuS 1988, 187 ff.
[25] HdS 5-*Höffler*, § 38 Rn. 53; *Kindhäuser/Böse*, BT II, 20/12; *Fischer*, § 303 Rn. 14; *Rengier* I, 24/7.
[26] *OLG Hamburg*, NJW 1975, 1981 (Bekleben eines Brückenpfeilers mit Plakaten); *OLG Karlsruhe*, JR 1976, 2336 (Plakatieren auf Wandfläche aus Sichtbeton); *Scheffler*, NStZ 2001, 290 ff. Zur einschränkenden Ansicht siehe die Nachw. in *Fn. 19*.

die nicht dem Anwendungsbereich des § 303 I StGB unterfallen (vgl. *Rn. 385*), sodass S nur aus § 303 I StGB strafbar ist. Die h.M. gelangt zu diesem Ergebnis auf dem Konkurrenzweg, indem sie § 303 II als *subsidiär* betrachtet[27].

Fall 70: – *Sachbeschädigung durch Ankleben von Plakaten* –
Andy (A) klebte auf die Außenwand der Universitätsmensa ein Plakat, das mit bewegten Worten die »Diktatur des Proletariats« fordert. Hausmeister Heinrichs (H) benötigte fast eine Stunde, um das Plakat in kleinen Fetzen wieder abzulösen.
Strafbarkeit des A? Strafantrag ist gestellt.

400

1) § 303 I StGB?
Ob und inwieweit das **wilde Plakatieren** eine Sachbeschädigung i.s. des § 303 I StGB darstellt, ist strittig.
Überwiegend wird Sachbeschädigung angenommen, wenn die Entfernung des Plakates nicht mühelos, d.h. ohne »einen nicht ganz geringfügigen Aufwand an Zeit, Arbeit oder Kosten« möglich ist[28].
Der *BGH* hatte in seinem *»Verteilerkasten-Urteil«* dagegen einen strengeren Maßstab angelegt und eine Sachbeschädigung durch Aufkleben eines Plakates auf einen Verteilerkasten der Deutschen Bundespost, ohne dass damit die Substanz des Kastens verletzt oder seine Brauchbarkeit beeinträchtigt wurde, abgelehnt. Ob der Verteilerkasten »nach ästhetischen Gesichtspunkten gestaltet worden sei und nach seiner Zweckbestimmung eigene Ansehnlichkeit habe«, sei unerheblich. Eine »dem Gestaltungswillen des Eigentümers zuwiderlaufende *Veränderung der äußeren Erscheinung und Form* einer Sache« sei noch keine Sachbeschädigung; etwas anderes gelte nur bei »Statuen, Gemälden, Baudenkmälern« o.ä. Der Tatbestand des § 303 I StGB sei aber beim Plakatieren wegen der *Substanzverletzung* bereits dann erfüllt, wenn die beklebte Sache bei der Beseitigung des Plakates »zwangsläufig« in ihrer Substanz einschließlich ihres Anstrichs beschädigt würde[29].

Das zutreffende Ergebnis lässt sich auch hier durch die Anwendung der oben (*Rn. 394 f.*) dargelegten Grundsätze finden:
Das Bekleben mit einem Plakat wirkt auf die Sache ein, selbst wenn es keine Substanzverletzung darstellt. Hat der dadurch verunstaltete Gegenstand wenigstens auch eine ästhetische (Neben-) Funktion, so liegt die erforderliche Funktionsbeeinträchtigung vor. Eine Gebäudefassade, aber auch ein Verteilerkasten, besitzt eine solche

401

---

[27] *KG*, NStZ 2007, 223 (224); *Eidam*, JA 2010, 601 (603); *Fischer*, § 303 Rn. 23; *Satzger*, Jura 2006, 428 (435); *Schuhr*, JA 2009, 169 (172); *Waszczynski*, JA 2015, 259 (261); BeckOK-StGB-*Weidemann*, § 303 Rn. 33. Diff. M/*R-Altenhain*, § 303 Rn. 21: Konsumtion des Abs. 2 durch Abs. 1, wenn die Beschädigung oder Zerstörung »im Vordergrund steht«, Konsumtion des Abs. 1 durch Abs. 2, wenn »die Veränderung im Vordergrund steht und die Beschädigung erst durch eine Beseitigung der Veränderung zu Tage träte«.

[28] *OLG Oldenburg*, JZ 1978, 70 ff.; *OLG Düsseldorf*, MDR 1979, 74; Sch/Sch-*Hecker*, § 303 Rn. 9; SK-*Hoyer*, § 303 Rn. 11. Noch weitergehend *OLG Hamburg*, NJW 1979, 1614 f.: Sachbeschädigung durch Aufkleben von Plakaten auf eine »unansehnliche Einfriedungsmauer«, selbst wenn die Beseitigung keinen besonderen Aufwand erfordern würde.

[29] *BGH* St 29, 129 ff.; zust. etwa: *BGH*, NJW 1980, 602 (603); NStZ 1982, 508 f.; *OLG Frankfurt*, NStZ 1988, 410 f.; Sch/Sch-*Hecker*, § 303 Rn. 10; *Rengier* I, 24/20 ff. Abl. u.a.: *Maiwald*, JZ 1980, 256 ff.; *Otto*, 47/9.

ästhetische Funktion. Die Beschädigung darf zudem nicht nur unerheblich sein; lässt sich das Plakat mühelos entfernen, z.B. weil der Kleber noch nicht abgebunden hat (dann kann allerdings versuchte Sachbeschädigung nach §§ 303 III, 22, 23 I StGB in Betracht kommen) oder das mit einem wasserlöslichen Kleister befestigte Plakat durch bloßes Befeuchten rückstandslos abgelöst werden kann, so scheitert die Strafbarkeit wegen Sachbeschädigung an der Bagatellklausel.

402 A hat sich nach zutreffender Auffassung der Sachbeschädigung nach § 303 I StGB schuldig gemacht.

Auf die Meinungsäußerungsfreiheit (Art. 5 I 1 GG) kann er sich nicht berufen, da diese die Beeinträchtigung fremden Eigentums nicht gestattet[30].

Bei Anwendung der strengeren Sicht der Rechtsprechung, nach der eine Substanzverletzung erforderlich ist[31], scheidet § 303 I StGB dagegen aus.

2) § 303 II StGB

403 Diese durch die Rechtsprechung eröffnete Strafbarkeitslücke schließt nun § 303 II StGB *n.F.*:

Durch das Aufkleben des Plakates hat A das Erscheinungsbild des Gebäudes verändert. Da das Ablösen einen großen Aufwand erforderte, war die Veränderung auch »nicht nur unerheblich«[32].

Das Plakatieren erfolgte »unbefugt«, da sich A weder auf ein Einverständnis des Eigentümers oder sonst Berechtigten noch auf eine Befugnisnorm berufen kann.

Nach Auffassung der Entwurfsverfasser ist »unbefugt« kein Hinweis auf das allgemeine Deliktsmerkmal Rechtswidrigkeit, sondern ein Tatumstand[33]. Nach zutreffender Auffassung besitzt das Merkmal »unbefugt« jedoch eine Doppelfunktion: Bereits der Tatbestand entfällt, wenn der Täter in Übereinstimmung mit einem – tatbestandsausschließenden – Einverständnis des Eigentümers handelt. Andere »Befugnisse«, z.B. aus Notrechten oder öffentlich-rechtlichen Vorschriften sind dagegen im Rahmen des allgemeinen Deliktsmerkmals der Rechtswidrigkeit zu berücksichtigen[34].

404 I.d.R. scheidet die Strafbarkeit der Herstellung sog. **»reverse graffiti«** aus, weil das Erscheinungsbild der betroffenen Sache nur vorübergehend verändert wird. Ein »reverse graffito« entsteht durch die partielle Reinigung von Flächen, die durch Umwelteinflüsse verfärbt sind, wie es z.B. bei Betonoberflächen der Fall ist, mittels ei-

---

[30] *BVerfG*, NJW 1984, 1293 (1294). Ist das »Adbusting«, d.h. die Gestaltung und Verwendung von Plakaten in Anlehnung an »Originalplakate« von politischen Parteien, staatlichen Institutionen oder privaten Unternehmen, um eigene Anschauungen auszudrücken, mit einer Sachbeschädigung verbunden, z.B. weil das Originalplakat verfälscht oder überklebt wird, ist ggf. eine Abwägung der Kunstfreiheit (Art. 5 III 1 GG) mit den Eigentumsinteressen erforderlich, *BVerfG*, NJW 2024, 575 (Rn. 29). Näher zu den rechtlichen Aspekten des »Adbusting« *Lampe/Uphues*, NJW 2021, 730 (731).

[31] *Fn. 29.*

[32] Vgl. BT-Drs. 15/5313, 3: Die Entwurfsbegründung nennt als Beispiele solcher nicht erfassten Bagatellfälle: Sichtbares Aufhängen von Wäsche auf einem Balkon, Anbringen eines Spruchbandes an der Außenfassade, Verhüllungen, Plakatieren mittels ablösbarer Klebestreifen und Auftragen von Kreide oder Wasserfarbe.

[33] BT-Drs. 15/5313, 3; ebso. *Eisenschmidt*, NJW 2005, 3033 (3035); wohl auch *Thoss*, StV 2006, 160 (161).

[34] HdS 5-*Höffler*, § 38 Rn. 61; *Krüger*, NJ 2006, 247 (251 f.); *Satzger*, Jura 2006, 428 (434 f.); W/H/S-*Schuhr*, Rn. 40; MK-*Wieck-Noodt*, § 303 Rn. 60.

nes Hochdruckreinigers. Insbesondere durch Verwendung von Schablonen lassen sich auf diese Weise Graffiti schaffen, die nicht durch den Auftrag einer Farbe auf die Sache, sondern – quasi als Negativ – durch die Entfernung eines Belags entstehen. Das Erscheinungsbild der Sache wird dadurch zwar verändert, zumeist aber nur vorübergehend, weil das Graffito durch einfaches Reinigen der Sache beseitigt werden kann bzw. weil es durch den »natürlichen Verwitterungsprozess« von selbst wieder verschwindet [35].

Hinweis zur Falllösung:
In einem Fall wie dem vorliegenden ist der Täter aus § 303 StGB strafbar, entweder wegen Sachbeschädigung nach § 303 I StGB oder wegen Veränderung des Erscheinungsbildes nach § 303 II StGB; einer Streitentscheidung bedarf es deshalb **nicht**.

405

Fall 71: *–»Verschönerung« als »Veränderung des Erscheinungsbildes«? –*
Bürgermeister Bertold (B) wollte an dem Wettbewerb »Unser Dorf hat Zukunft« teilnehmen. Die Siegchancen seines Dorfes hielt er jedoch für beschränkt, weil Willibald (W) sein Grundstück »verwildern« ließ. Insbesondere der heruntergekommene verrostete Zaun störte B. Die wiederholte Aufforderung des B, den »Schandfleck« zu beseitigen, hatte W mit dem Hinweis, ihm gefalle der Zaun so, abgelehnt. Deshalb strich B den Zaun während der Abwesenheit des W in der ursprünglichen Farbe.
Strafbarkeit des B aus § 303 StGB?

406

§ 303 I StGB scheidet aus, weil eine Verbesserung der Sache keine »Beschädigung« darstellt (*Rn. 387*).

§ 303 II StGB liegt dagegen vor, weil die Veränderung des Erscheinungsbildes des Zauns erheblich und dauerhaft war und B keine Befugnis zum Streichen des Zauns besaß; W hatte der »Verschönerung« sogar ausdrücklich widersprochen. Eine Beschränkung auf nachteilige Veränderungen enthält der Tatbestand zudem nicht. Das gegenteilige Ergebnis ließe sich nur durch eine teleologische Reduktion des Tatbestandes erreichen, für die sich in der Gesetzesbegründung jedoch kein Anhalt findet, geschützt werden soll offensichtlich **jeder** »Gestaltungswille des Eigentümers«.

II. § 303a StGB (Datenveränderung), § 303b StGB (Computersabotage)

Fall 72: *– Löschen von Tonbändern –*
Die blinde Studentin der Rechtswissenschaft Teresa (T) hatte die Vorlesung ihres Strafrechtsprofessors Corvus (C) – mit dessen Erlaubnis – mit einem Digitalrekorder aufgenommen. Ihr Kommilitone Neiding (N) löschte die microSD aus Schikane. T stellt Strafantrag.
Strafbarkeit des N?

407

1) § 274 I Nr. 1 StGB (Vernichtung einer technischen Aufzeichnung) entfällt, da Audio- oder Videoaufnahmen keine technischen Aufzeichnungen i.S. des § 268 II StGB sind[36]. *§ 274 I Nr. 2 StGB* (Datenlöschung) scheidet hier mangels Beweiserheblichkeit der Aufnahme aus.

---

[35] Eingehend dazu *Raschke,* JA 2013, 87 (90 f.).
[36] H.M., vgl. näher Krey/Hellmann/*Heinrich,* BT 1, Rn. 1186 f.; *Lampe,* GA 1975, 15.

2) § 303 I StGB

408 Ob das Löschen solcher Aufzeichnungen diesen Tatbestand erfüllt, ist streitig. Einige Autoren verneinen diese Frage für Tonbandaufnahmen[37], weil Sache i.S. des § 303 I StGB allein das Tonband als »körperlicher Träger von Tonkonserven« sei. Das Speichermedium selbst werde durch das Löschen nicht beschädigt oder zerstört, denn es könne weiterhin als Träger von Tonkonserven verwendet werden. Zerstört sei die *Aufzeichnung* (hier: der Vorlesung) *auf dem Tonband*, die »aufgetragene *magnetische* Ordnung«; diese aber sei keine Sache i.S. des § 303 I StGB. Andere verstehen § 303a StGB als § 303 StGB ausschließende *Sonderregelung*[38].

409 Anders – zu Recht – die h.L., nach der das Löschen einer Tonaufzeichnung Sachbeschädigung ist[39].
Wie dargelegt (*Rn. 397*) zerstört eine Sache, wer auf sie dergestalt einwirkt, dass ihre bestimmungsgemäße Brauchbarkeit aufgehoben wird. Das Löschen einer Aufzeichnung ist danach Sachzerstörung, denn das Speichermedium und die auf ihm erfolgte Aufzeichnung sind physikalisch gesehen sowie nach der Verkehrsanschauung *eine Einheit*: die *Tonkonserve*. Diese Tonkonserve kann zerstört werden zum einen durch **Vernichtung des Speichermediums** und zum anderen durch **Löschung der Aufzeichnung**; in beiden Fällen wird die *Funktion des Speichermediums* – die Reproduktion der aufgezeichneten Phänomene – durch Einwirkung auf die Sache aufgehoben. Beim *Löschen der Aufzeichnung* liegt diese »Einwirkung« in der Veränderung der bei der Aufnahme hergestellten technischen Gestaltung des Mediums. Die h.L. bewegt sich also innerhalb des möglichen Wortsinns des § 303 I StGB. *Kriminalpolitisch* ist sie auch nach Einführung der §§ 303a, 303b I Nr. 1 StGB sachgerecht, denn nur ein Schuldspruch aus § 303a **und** aus § 303 StGB vermag für Taten wie die des N den Unwertgehalt hinreichend zu erfassen (dazu *Rn. 415, 420*).
Ergebnis: N ist der Sachbeschädigung nach § 303 I StGB schuldig.

3) § 303a StGB

410 Der Tatbestand der Datenveränderung ist dem der Sachbeschädigung nachgebildet[40]. Den Gesetzgeber dürften zwei Aspekte zur Schaffung des § 303a StGB bewogen haben[41]:
Erstens der Umstand, dass das Löschen von Daten auf Datenträgern zwar von der *h.L.* als Sachbeschädigung eingestuft wird, eine *höchstrichterliche Bestätigung* dieser Lehre aber noch nicht erfolgt war.
Zweitens die Tatsache, »dass ein Vernichten oder Verändern von Daten *während der Übermittlungsphase*« keinesfalls Sachbeschädigung darstellt.

---

[37] *Lampe*, GA 1975, 15 (16, 22); *Naucke*, Einführung in das Strafrecht, 10. Aufl. 2002, § 1 Rn. 111 ff.
[38] A/W/H/H-*Heinrich*, 12/52. Wohl auch NK-*Kargl*, § 303a Rn. 19; MK-*Wieck-Noodt*, § 303a Rn. 22: § 303 StGB trete zurück, weil sich das Unrecht in der Datenveränderung erschöpfe.
[39] *Haft*, NStZ 1987, 6 (10); Sch/Sch-*Hecker*, § 303 Rn. 11; L/K/H-*Heger*, § 303 Rn. 3 f.; M/S/M/H/M-*Schroeder*, 36/13.
[40] Eingehend dazu *Schuhr*, ZIS 2012, 441 (444 ff.).
[41] *Möhrenschlager*, wistra 1986, 128 (141).

Geschütztes Rechtsgut ist nach h.A. das Interesse des Verfügungsberechtigten an der Verwendbarkeit der in den gespeicherten Daten enthaltenen Informationen[42]. Ob es sich bei § 303a StGB darüber hinaus um ein *Vermögensdelikt* handelt, ist strittig, aber mit der h.L. *zu verneinen*[43], mag auch ein Vermögensschaden i.d.R. die Folge einer Tat nach § 303a StGB sein. Erst recht handelt es sich bei diesem Vergehen *nicht um ein Eigentumsdelikt*.

Deshalb überzeugt es nicht, dass mehrere Amtsgerichte[44] die Entfernung des »**SIM-Lock**«, eines Sperrcodes in der Betriebssoftware von Mobiltelefonen, welcher die Benutzung des Telefons in einem anderen Mobilfunknetz verhindert, als Datenveränderung ansehen. Die in dem SIM-Lock enthaltenen Daten selbst sind für den Netzbetreiber nicht von Interesse, ihm geht es nur um den dadurch bewirkten Schutz vor einer vertragswidrigen Benutzung des Mobiltelefons; dieses Interesse schützt § 303a StGB jedoch nicht[45].

411

§ 303a I StGB verweist auf den **Datenbegriff des § 202a II StGB**. Erfasst sind deshalb nur solche Daten, die elektronisch, magnetisch oder sonst *nicht unmittelbar wahrnehmbar* gespeichert sind oder übermittelt werden.

412

Tathandlungen sind das – rechtswidrige – Löschen, Unterdrücken, Unbrauchbarmachen und Verändern von Daten. Das »**Löschen**« von Daten entspricht dem Zerstören einer Sache in § 303 I StGB und meint das unwiederbringliche vollständige Unkenntlichmachen[46]. Ein »**Unterdrücken**« von Daten liegt vor, wenn diese dem Zugriff Berechtigter für eine nach dem Einzelfall zu bestimmende erhebliche Dauer entzogen und deshalb nicht mehr verwendet werden können[47]. »**Unbrauchbar**« sind Daten, wenn sie so in ihrer Gebrauchsfähigkeit beeinträchtigt werden, dass sie nicht mehr ordnungsgemäß verwendet werden und damit ihren Zweck nicht mehr erfüllen können[48]. Das »**Verändern**« von Daten erfasst Funktionsbeeinträchtigungen wie das inhaltliche Umgestalten, durch das ihr Informationsgehalt bzw. Aussagewert geändert wird[49].

413

»**Rechtswidrig**« ist bei § 303a StGB nach zutreffender Auffassung **Tatbestandsmerkmal**[50], denn jede Veränderung, Löschung usw. von Daten durch den Berechtigten, z.B. bei der Arbeit an einer Textdatei, wäre sonst »typischerweise« Unrecht. Die Zustimmung des Berechtigten schließt somit bereits den Tatbestand, nicht erst

414

---

[42] *BGH*, NStZ 2018, 401 (402); *Fischer*, § 303a Rn. 2; *Frommel*, JuS 1987, 667 f.; Sch/Sch-*Hecker*, § 303a Rn. 1; L/K/H-*Heger*, § 303a Rn. 1; *Mitsch*, BT 2, S. 220 f.; MK-*Wieck-Noodt*, § 303a Rn. 2.
[43] Z.B. *Bühler*, MDR 1987, 448 (455 f.); *Frommel*, JuS 1987, 667 f.; MK-*Wieck-Noodt*, § 303a Rn. 4. A.A. *Haft*, NStZ 1987, 6 (10).
[44] *AG Göttingen*, MMR 2011, 627 f.; *AG Nürtingen*, MMR 2011, 121 f.
[45] *Kusnik*, CR 2011, 718 (719); *Neubauer*, MMR 2011, 628.
[46] BT-Drucks. 10/5058, S. 34; HdS 5-*Höffler*, § 38 Rn. 128.
[47] *Fischer*, § 303a Rn. 10; NK-*Kargl*, § 303a Rn. 10.
[48] L/K/H-*Heger*, § 303a Rn. 3; BeckOK-StGB-*Weidemann*, § 303a Rn. 12.
[49] *BGH*, NStZ 2018, 401 (403) – »illegales Bitcoinschürfen unter Inanspruchnahme fremder Computer«; Sch/Sch-*Hecker*, § 303a Rn. 8; *Stam*, ZIS 2017, 547 (551 f.) – »Aufbau von Botnetzen«.
[50] LK[13]-*Goeckenjan*, § 303a Rn. 11; *Hilgendorf*, JuS 1996, 890 (892); SK-*Hoyer*, § 303a Rn. 12; AnwK-*Popp*, § 303a Rn. 14; A.A. *Fischer*, § 303a Rn. 13; NK-*Kargl*, § 303a Rn. 16 (allgemeines Deliktsmerkmal); Sch/Sch-*Hecker*, § 303a Rn. 4 (allgemeines Verbrechensmerkmal).

als rechtfertigende Einwilligung die Rechtswidrigkeit aus[51]. Der Tatbestand würde damit keinen Unrechtstypus beschreiben.

Im vorliegenden Fall hat N den Tatbestand des *rechtswidrigen Löschens von Daten* erfüllt, denn die Aufzeichnung der Vorlesung auf der Speicherkarte durch T erfüllte den Datenbegriff der §§ 303a I i.V.m. 202a II StGB.

4) Konkurrenz der §§ 303 I, 303a StGB

415 Nach – zutreffender – Auffassung stehen beide Delikte in Idealkonkurrenz[52], da sie unterschiedliche Rechtsgüter schützen. § 303 I StGB richtet sich gegen das Eigentum, während § 303a StGB das mit dem Eigentum weder rechtlich noch faktisch identische »Interesse an der unversehrten Verwendbarkeit von Daten« schützt.

Ergebnis: N hat sich nach § 303 I StGB in Tateinheit (§ 52 StGB) mit § 303a I StGB strafbar gemacht. Für die Verfolgbarkeit dieser Taten ist § 303c StGB zu beachten.

Fall 73: – *»Computersabotage«* –

416 Angelique (A) arbeitete in der EDV-Abteilung eines Großbetriebes. Eines Tages beging sie aus Verärgerung über ihren Chef Carsten (C) dadurch »Betriebssabotage«, dass sie einige Steuerungsdateien auf dem Server löschte. Die EDV-Anlage lief deshalb bis zur Neuinstallation nicht reibungslos. C stellte Strafantrag.
Strafbarkeit der A?

1) § 274 I Nr. 1 StGB (Vernichtung einer technischen Aufzeichnung) entfällt (*Rn. 407*). *§ 274 I Nr. 2 StGB* (Löschen von Daten) scheidet aus, weil die Daten nicht *»beweiserheblich«*, d.h. nicht bestimmt waren, bei einer Verarbeitung im Rechtsverkehr als Beweisdaten für rechtlich erhebliche Tatsachen benutzt zu werden[53].

2) § 303 I StGB ist aus den dargelegten Gründen (*Rn. 408 f.*) erfüllt.

3) § 303b I Nr. 1, II (mit § 303a I) StGB

417 § 303b StGB schützt das **Interesse aller Betreiber und Nutzer von Datenverarbeitungen allgemein an deren ordnungsgemäßer Funktionsweise**[54]. Unerheblich ist, ob der Datenverarbeitungsvorgang rechtmäßigen oder rechtswidrigen Zwecken dient[55].

418 A hat eine »Tat nach § 303a Abs. 1« durch das rechtswidrige Löschen von Daten (§ 202a II StGB) begangen. Durch ihre Tat hat sie eine *»Datenverarbeitung erheblich gestört«*, die für den Großbetrieb *»von wesentlicher Bedeutung«* war[56].

---

[51] M/R-*Altenhain*, § 303a Rn. 12; SK-*Hoyer*, § 303a Rn. 12; MK-*Wieck-Noodt*, § 303a Rn. 17 f.

[52] *Fischer*, § 303a Rn. 18; LK[13]-*Goeckenjan*, § 303a Rn. 47; Sch/Sch-*Hecker*, § 303a Rn. 14 mit § 303 Rn. 25; *Lenckner/Winckelbauer*, CR 1986, 824 (831). Diff. L/K/H-*Heger*, § 303a Rn. 7; S/S/W-*Hilgendorf/Zimmermann*, § 303a Rn. 15; NK-*Kargl*, § 303a Rn. 19; MK-*Wieck-Noodt*, § 303a Rn. 71, die beim Löschen § 303 I StGB zurücktreten lassen.

[53] Vgl. *Fischer*, § 269 Rn. 4.

[54] BT-Drs. 16/3656, 13; Sch/Sch-*Hecker*, § 303b Rn. 1; BeckOK-StGB-*Weidemann*, § 303b Rn. 2.

[55] BGH, NJW 2017, 838 (Rn. 19 f.) m. Anm. *Ernst*, und Bespr. *Kudlich*, JA 1017, 310 ff.; *Wilke*, NZWiSt 2019, 168 (172).

[56] Dieses Merkmal ist sehr unbestimmt und daher eng auszulegen; siehe L/K/H-*Heger*, § 303b Rn. 2.

Ungeachtet ihrer Betriebszugehörigkeit war der Betrieb für A »fremd« i.S des **419**
§ 303b II StGB. Täter dieses Qualifikationstatbestandes können nicht nur Außenstehende sein, sondern auch Betriebs- oder Unternehmensangehörige, solange keine ausschließliche Zuordnung zum Tätervermögen erfolgt bzw. wirtschaftliche Übereinstimmung besteht, wie z.B. bei einem Alleingesellschafter[57].

4) Konkurrenzen

§ 303b I Nr. 1 verdrängt als lex specialis § 303a StGB (Gesetzeskonkurrenz)[58]. **420**
§ 303b I Nr. 1 StGB ist ein **Qualifikationstatbestand** zu § 303a StGB; da letzteres Delikt in Tateinheit zur Sachbeschädigung nach § 303 I StGB steht, gilt für die Qualifikation nichts anderes.

Ergebnis: A ist aus §§ 303 I, 303b I Nr. 1, 52 StGB strafbar.

Ergänzender Hinweis

§ 303b I *Nr.* 2 StGB ist weder Qualifikation des § 303a StGB noch eine qualifizierte **421**
Sachbeschädigung (da es nicht auf die *Fremdheit* der Sache ankommt), sondern ein **eigenständiges Delikt**[59].

III. § 304 StGB (Gemeinschädliche Sachbeschädigung)

Erfüllt das Besprühen der Fassade der rechtswissenschaftlichen Fakultät mit Graffiti in **422**
Fall 69 (Rn. 386) auch § 304 StGB?

Dieser Tatbestand ist kein qualifizierter Fall des § 303 StGB; geschützt ist nämlich nicht das Eigentum, sondern das Interesse der Allgemeinheit[60], sodass Täter auch der Eigentümer der Sache sein kann.

Gegenstände, die *zum öffentlichen Nutzen dienen*, wobei die Allgemeinheit **unmit-** **423**
telbar Nutzen ziehen können muss, sind u.a.: Feuermelder, Parkbänke, Telefonzellen und S-Bahnwagen[61], nicht aber Behördeninventar (es fehlt an der Unmittelbarkeit)[62] oder Dienstfahrzeuge der Polizei[63] bzw. Feuerwehr (die Zerstörung ist nach § 305a I Nr. 3 StGB strafbar); Geschwindigkeitsmessanlagen besitzen ebenfalls keinen unmittelbaren Nutzen für die Allgemeinheit[64].
Dem öffentlichen Nutzen dienen auch Schul- und Universitätsgebäude. Gleichwohl scheidet § 304 StGB hier aus: Zur Beschädigung i.S. dieses Tatbestandes gehört

---

[57] LK[13]-*Goeckenjan*, § 303b Rn. 10; S/S/W-*Hilgendorf/Zimmermann*, § 303b Rn. 7; BeckOK-StGB-*Weidemann*, § 303b Rn. 22.
[58] M/R-*Altenhain*, § 303b Rn. 16; *Fischer*, § 303b Rn. 27; BeckOK-StGB-*Weidemann*, § 303b Rn. 25.
[59] S/S/W-*Hilgendorf/Zimmermann*, § 303b Rn. 9.
[60] BVerfG, NVwZ 2010, 247 (249); LK[13]-*Goeckenjan*, § 304 Rn. 1; Sch/Sch-*Hecker*, § 304 Rn. 1.
[61] OLG Hamburg, NStZ 2015, 37 (Rn. 13 f.) m. Bespr. *Jäger*, JA 2014, 549 ff.; ebso. OLG Köln, BeckRS 2017, 133971, das aber in dem konkreten Fall die Beeinträchtigung der öffentlichen Funktion bezweifelte (Rn. 11 ff.), m. Bespr. *Jahn*, JuS 2018, 395 ff.
[62] Nachweise bei LK[13]-*Goeckenjan*, § 304 Rn. 16; Sch/Sch-*Hecker*, § 304 Rn. 8 f.
[63] BGH St 31, 185 m. Anm. *Stree*, JuS 1983, 836; Sch/Sch-*Hecker*, § 304 Rn. 8; NK-*Kargl*, § 304 Rn. 12. A.A. OLG Hamm, NStZ 1982, 31.
[64] OLG Braunschweig, BeckRS 2014, 01103 unter II. 4 m. Anm. *Bachmann*, ZIS 2014, 473 (476); AnwK-*Popp*, § 304 Rn. 10.

nämlich, »dass sie die besondere Zweckbestimmung der Sache, um derentwillen der § 304 StGB sie schützt, beeinträchtigt«[65]; daran fehlt es hier.

Ergänzende Hinweise zu § 304 StGB

424 *(1)* »Öffentliche Sammlungen« sind z.b. Staats- und Universitätsbibliotheken, aber (grundsätzlich) nicht Gerichtsbibliotheken[66].
Zu den »*öffentlichen Denkmälern*« kann z.b. auch ein Megalithgrab (Hünengrab) zählen[67]: § 304 StGB schützt auch »*Naturdenkmäler*«. Für diesen Begriff ist § 28 I Bundesnaturschutzgesetz maßgeblich[68].
Eine mit einem motorisierten Spurgerät hergerichtete und gepflegte sowie markierte Skilanglaufspur (Loipe) ist keine »Sache« i.S. des § 303 StGB, mithin kein »*Gegenstand, welcher dem öffentlichen Nutzen dient*« i.S. des § 304 I StGB[69].
(2) § 304 II StGB dehnt den Anwendungsbereich auf Veränderungen des Erscheinungsbildes aus (*Rn. 385*).
(3) Zwischen § 303 StGB und § 304 StGB besteht Tateinheit[70].

IV. § 305 StGB (Zerstörung von Bauwerken)

425 Die Zerstörung von Bauwerken ist eine **Qualifikation des § 303 StGB**; anders als bei der Sachbeschädigung ist ein Strafantrag nicht erforderlich.
Tatobjekte sind Bauwerke. Dies ist der Ober- und Auffangbegriff der in § 305 I StGB abschließend aufgezählten Tatobjekte[71] (in fremdem Eigentum stehende Gebäude, Schiffe, Brücken, Dämme, Straßen, Eisenbahnen oder andere Bauwerke).

426 Als **Tathandlung** reicht – anders als bei der Sachbeschädigung – nicht schon ein Beschädigen, sondern erforderlich ist ein (teilweises oder gänzliches) Zerstören[72]. Teilweise Zerstörung liegt vor, wenn einzelne, funktionell abgrenzbare Teile des Tatobjekts, die für ihre bestimmungsgemäße Verwendung von Bedeutung sind, beseitigt, vernichtet oder unbrauchbar gemacht werden[73]. Bei einer gänzlichen Zerstörung ist die Gebrauchsfähigkeit des Tatobjekts völlig aufgehoben[74].

---

[65] *OLG Jena*, NJW 2008, 776; *KG*, NStZ-RR 2009, 310; LK[13]-*Goeckenjan*, § 304 Rn. 19; S/S/W-*Saliger/Lienert*, § 304 Rn. 11.
[66] *BGH* St 10, 285 (286 f.); *Rengier* I, 25/2; S/S/W-*Saliger/Lienert*, § 304 Rn. 6.
[67] *OLG Celle*, NJW 1974, 1291 f.
[68] L/K/H-*Heger*, § 304 Rn. 2; MK-*Wieck-Noodt*, § 304 Rn. 15.
[69] *BayObLG*, JZ 1979, 734; L/K/H-*Heger*, § 304 Rn. 3. A.A. etwa Sch/Sch-*Hecker*, § 304 Rn. 8 f.; *Mitsch*, BT 2, S. 209 f.; M/S/M/H/M-*Schroeder*, 36/6 m.w.N.
[70] Sch/Sch-*Hecker*, § 304 Rn. 17; SK-*Hoyer*, § 304 Rn. 17. A.A. MK-*Wieck-Noodt*, § 304 Rn. 31 (Spezialität des § 304 StGB).
[71] W/H/S-*Schuhr*, Rn. 47.
[72] Sch/Sch-*Hecker*, § 305 Rn. 10.
[73] *Fischer*, § 305 Rn. 5; AnwK-*Popp*, § 305 Rn. 9, der darauf hinweist, dass die zum teilweisen Zerstören durch Brandlegung (§§ 306 I, 306a I StGB) ergangene restriktive Rechtsprechung auf § 305 StGB nicht unbesehen übertragbar ist; *BGH* St 57, 50 (Rn. 7) fordert für die teilweise Zerstörung eines Gebäudes i.S.d. §§ 306, 306a StGB wegen der deutlich höheren Strafdrohung eine »Zerstörung von Gewicht«, d.h. ein Betroffensein des Gebäudes »in einem seiner wesentlichen Bestandteile«.
[74] Vgl. *Fischer*, § 303 Rn. 14 m.w.N.

§ 305 StGB ist lex specialis gegenüber § 303 I StGB; mit § 304 I StGB ist Idealkonkurrenz möglich; § 306 StGB verdrängt § 305 StGB[75].

V. § 305a StGB (Zerstörung wichtiger Arbeitsmittel)

Dieser Tatbestand erstreckt in Abs. 1 Nr. 1 als Qualifikationstatbestand zu § 303 I StGB den Strafrechtsschutz »bestimmter für die Erfüllung *gemeinschaftswichtiger Aufgaben* erforderlicher Arbeitsmittel« in das Vorfeld des § 316b StGB[76]. **427**

Zu den »fremden technischen Arbeitsmitteln von bedeutendem Wert ... « i.S. des § 305a I **Nr. 1** StGB zählen etwa Baukräne, Baufahrzeuge u.ä. **428**

Bei den »wesentlichen technischen Arbeitsmitteln von bedeutendem Wert der Polizei, der Bundeswehr (sowie der im Inland stationierten NATO-Truppen[77]), der Feuerwehr, des Katastrophenschutzes oder eines Rettungsdienstes« (§ 305a I **Nr. 2** StGB) und den »Kraftfahrzeugen« dieser Sicherheits- und Rettungsdienste (§ 305a I **Nr. 3** StGB), zu denen alle durch Maschinenkraft bewegten Land-, Luft- und Wasserfahrzeuge gehören, die nicht an Bahngleise gebunden sind (z.B. Hubschrauber der Bundespolizei, Motorboote der Wasserschutzpolizei, Fahrzeuge der Bundeswehr)[78], kommt es auf die Eigentumsverhältnisse nicht an; es genügt, wenn sie für den dienstlichen Einsatz bereitgestellt sind[79].

Tathandlung ist das völlige oder teilweise Zerstören der Sache (vgl. *Rn. 397*). Eine nicht nachhaltige Beeinträchtigung der Funktionsfähigkeit der Sache genügt dafür nicht, sodass etwa die Zerstörung eines Reifens oder das Zerschlagen von Seitenscheiben eines Kraftfahrzeugs keine Zerstörung wichtiger Arbeitsmittel im Sinne von § 305a StGB ist[80]; allerdings greift § 303 I StGB ein. **429**

---

[75] BeckOK-StGB-*Weidemann*, § 305 Rn. 9 ff., der im Falle des Versuchs des § 305 StGB Tateinheit mit § 303 StGB befürwortet.

[76] L/K/H-*Heger*, § 305a Rn. 1; NK-*Kargl*, § 305a Rn. 3.

[77] § 1 II Nr. 10, IV NATO-Truppen-Schutzgesetz bezieht die »in der Bundesrepublik Deutschland stationierten Truppen der nichtdeutschen Vertragsstaaten des Nordatlantikpaktes, die sich zur Zeit der Tat im räumlichen Geltungsbereich dieses Gesetzes aufhalten«, in den Schutzbereich des § 305a StGB ein, wenn die Tat im räumlichen Geltungsbereich des StGB begangen wird; M/R-*Altenhain*, § 305a Rn. 7.

[78] MK-*Wieck-Noodt*, § 305a Rn. 18 ff.

[79] BT-Drs. 17/4143, 8; *Fischer*, § 305a Rn. 9a; Sch/Sch-*Hecker*, § 305a Rn. 10; L/K/H-*Heger*, § 305a Rn. 3; *Mitsch*, BT 2, S. 219. A.A. M/R-*Altenhain*, § 305a Rn. 7; SK-*Hoyer*, § 305a Rn. 10, 10b, die ohne Grundlage im Gesetzestext und gegen die Auffassung der Entwurfsbegründung fordern, das Tatobjekt müsse für den Täter fremd sein.

[80] OLG Oldenburg, NStZ-RR 2011, 338; *Fischer*, § 305a Rn. 10.

ZWEITER ABSCHNITT:

Straftaten gegen sonstige Vermögensrechte

§ 6 Wilderei (§§ 292 - 295 StGB)

I. Jagdwilderei (§ 292 StGB)

Fall 74: – *Der »eigentliche« Wildereitatbestand* –

430 Bauer Hinrich Hinrichsen (H) hatte auf seinem Kleeacker, der zum Jagdbezirk des Jagdpächters Hubertus gehörte, einen Hasen durch einen Schlag mit der Heugabel getötet und mit nach Hause genommen.
Strafbarkeit des H?

a) § 292 I Nr. 1 StGB

Das **Tatobjekt** »Wild« umfasst alle wildlebenden jagdbaren Tiere (§§ 1, 2 Bundesjagdgesetz – BJagdG –), z.B. Hasen.
Domestizierte – ehemals wild lebende – Tiere, die jemand in einem Gehege oder Stall (Damwild, Fasane, Strauße usw.) bzw. in einem Zoo hält, stehen in dessen Eigentum, unterfallen also dem Anwendungsbereich der Eigentumsdelikte, nicht dagegen dem des § 292 StGB[1].

431 Die **Tathandlungen** *»Erlegen«* und (sich oder einem Dritten) *»Zueignen«* des Wildes sind die eigentlichen Tathandlungen, durch die das Schutzgut des § 292 StGB (siehe dazu *Rn. 435*) verletzt wird. *»Nachstellen«* und *»Fangen«* sind Vorstufen des Erlegens bzw. Zueignens[2].
Erlegen bedeutet Töten. Zueignungsabsicht ist – wie beim Nachstellen und Fangen – nicht erforderlich. Der *Zueignungsbegriff* entspricht dem z.B. in § 246 StGB verwendeten (mindestens vorübergehende Aneignung des Wildes oder der Sache zum Zwecke der dauernden Verdrängung des Jagdrechtsinhabers aus seiner Position; vgl. *Rn. 239 ff., 256 ff.*).
H hat also »Wild erlegt«.

Verletzung fremden Jagdrechts

432 Der Begriff des Jagdrechts i.S. des § 292 StGB umfasst sowohl das **dingliche Jagdrecht** (§ 3 I BJagdG), das aus dem Eigentum an Grund und Boden folgt und mit diesem untrennbar verbunden ist, als auch das **Jagdausübungsrecht** (§ 11 I BJagdG), das auf einen anderen übertragen werden kann (»Jagdpacht«). Stehen dingliches Jagdrecht und Jagdausübungsrecht nicht derselben Person zu, so schützt § 292 StGB den **Jagdausübungsberechtigten** auch gegenüber dem Inhaber des dinglichen Jagdrechts[3]. Einerseits kann deshalb der Inhaber des Jagdrechts (§ 3 I

---

[1] NK-*Gaede*, § 292 Rn. 16; Sch/Sch-*Heine/Hecker*, § 292 Rn. 9.
[2] Sch/Sch-*Heine/Hecker*, § 292 Rn. 10 ff.; *Mitsch*, BT 2, S. 871 f.
[3] Sch/Sch-*Heine/Hecker*, § 292 Rn. 3; LK[13]-*Schünemann*, § 292 Rn. 7 ff.; BeckOK-StGB-*Witteck*, § 292 Rn. 11.

BJagdG) auf seinem eigenen Grundstück Wilderei begehen[4] und andererseits verletzt der Jagdausübungsberechtigte das dingliche Jagdrecht, wenn er sein Jagdausübungsrecht überschreitet[5].

Als Jagdpächter war Hubertus jagdausübungsberechtigt (§ 11 BJagdG); H hat dessen Jagdrecht verletzt, indem er den Hasen mit der Heugabel »erlegte«. H hatte Vorsatz, Rechtswidrigkeit und Schuld liegen vor.

b) Besonders schwerer Fall (§ 292 II S. 2 Nr. 2 StGB)

– Was die Bedeutung von *Regelbeispielen* für besonders schwere Fälle angeht, gelten die Ausführungen zu § 243 StGB (*Rn. 132 ff.*) entsprechend. – 433

Von den im Gesetz genannten Regelbeispielen für einen besonders schweren Fall kommt hier nur Begehung *in nicht weidmännischer Weise* in Betracht. Dieses Regelbeispiel ist nicht schon bei jedem Verstoß gegen »allgemein anerkannte Grundsätze deutscher Weidgerechtigkeit« (§ 1 III BJagdG) gegeben. Vielmehr muss es sich um eine Verletzung des § 19 BJagdG handeln oder um solche Arten unüblicher Jagdausübung, die »eine empfindliche Schädigung des Wildbestandes bedeuten oder geeignet sind, dem Wild besondere Qualen zu verursachen«[6].
Das ist beim Erschlagen eines Hasen mit der Heugabel nicht der Fall[7]. Folglich liegt kein Regelbeispiel für die Annahme eines besonders schweren Falles vor; *sonstige Gründe* für eine solche Annahme sind nicht ersichtlich.

Eine § 243 II StGB entsprechende Geringwertigkeitsklausel enthält § 292 II StGB nicht, sodass die Strafschärfung auch bei einem geringwertigen Tatobjekt in Betracht kommt[8]. 434

c) Analoge Anwendung des § 248a StGB?

Die Verfolgungsprivilegierung für *Bagatellfälle* bei Diebstahl und Unterschlagung gilt gemäß §§ 248c III, 259 II, 263 IV, 263a II, 265a III, 266 II, 266b II StGB *entsprechend* bei anderen *Vermögensdelikten*, nämlich Entziehung elektrischer Energie, Hehlerei, Betrug, Computerbetrug, Erschleichen von Leistungen, Untreue sowie Missbrauch von Scheck- und Kreditkarten, nicht aber bei § 292 StGB. Der *Gesetzgeber* hat es also unterlassen, bei § 292 StGB eine analoge Anwendung des § 248a StGB anzuordnen. Es fragt sich, ob gleichwohl eine solche Analogie statthaft ist. Diese Frage ist m. E. zu verneinen: 435
Zwar wird vielfach behauptet, Wilderei sei ein reines Vermögensdelikt, das in Ergänzung zu §§ 242, 246 StGB das Aneignungsrecht des Jagdausübungsberechtigten (§ 1 BJagdG) schütze[9]. Diese Ansicht erscheint aber zu eng; Schutzgut des § 292

---

[4] NK-*Gaede*, § 292 Rn. 10; SK[9]-*Hoyer*, § 292 Rn. 9.
[5] *Mitsch*, BT 2, S. 864.
[6] *BayObLG*, NJW 1960, 446; *Fischer*, § 292 Rn. 24; L/K/H-*Heger*, § 292 Rn. 6; Sch/Sch-*Heine/Hecker*, § 292 Rn. 27; S/S/W-*Kudlich*, § 292 Rn. 26.
[7] LK[13]-*Schünemann*, § 292 Rn. 95.
[8] NK-*Gaede*, § 292 Rn. 39; *Mitsch*, ZStW 111 (1999), 65 (120); BeckOK-StGB-*Witteck*, § 292 Rn. 44. A.A. SK[9]-*Hoyer*, § 292 Rn. 27.
[9] NK-*Gaede*, § 292 Rn. 1; Sch/Sch-*Heine/Hecker*, § 292 Rn. 1; A/W/H/H-*Heinrich*, 16/10; SK[9]-*Hoyer*, § 292 Rn. 4; S/S/W-*Kudlich*, § 292 Rn. 1.

StGB ist – neben dem Aneignungsrecht – auch das Interesse der Allgemeinheit an der Hege eines gesunden und artenreichen Wildbestandes[10].

Da es sich also bei der Wilderei nicht um ein reines Vermögensdelikt handelt, scheidet eine analoge Anwendung des § 248a StGB bei § 292 StGB aus[11]. Die Deliktsnatur der Jagdwilderei spricht dagegen, in dem Fehlen einer Bestimmung nach Art der §§ 248c III, 259 II, 263 IV, 263a II, 265a III, 266 II und 266b II StGB bei § 292 StGB eine **Regelungslücke** zu sehen, die mittels entsprechender Anwendung des § 248a StGB zu schließen wäre.

Fall 75: – *Irrtumsprobleme bei §§ 292 (242) StGB* –

436 Xaver (X) durchstreifte mit seiner Freundin auf der Suche nach einem ruhigen, trockenen Plätzchen den Dorfforst. Abseits des Weges entdeckte er in einem Laubhaufen einen aufgebrochenen Rehbock. X glaubte, der in der Gegend bekannte Wilderer Schandelhuber (S) habe den Bock erlegt und ihn vorläufig versteckt. X trug den Rehbock zu seinem am Waldesrand geparkten Auto und schaffte ihn nach Hause. Tatsächlich hatte nicht S, sondern der Jagdpächter Loden (L) den Bock erlegt und zunächst verborgen, um ihn später abzuholen. Strafbarkeit des X?

a) § 242 StGB

(1) Objektiver Tatbestand

Da der versteckte Rehbock gemäß §§ 960 I, 958 I, II BGB i.V.m. §§ 1 I, 11 BJagdG dem L gehörte, war er für X eine *fremde* Sache. Nach der Auffassung des täglichen Lebens stand der Rehbock im Gewahrsam des L[12]; diesen Gewahrsam hat X gebrochen und neuen begründet, d.h., er hat den Bock *weggenommen*.

(2) Subjektiver Tatbestand

Problem: Liegt bezüglich der **Fremdheit** der Sache Vorsatz vor?

437 Wäre die Vorstellung des X, S habe den Bock erlegt, zutreffend, so wäre dieser noch herrenlos, also keine *fremde* Sache gewesen:

S hätte wegen § 958 II BGB kein Eigentum an dem Bock erwerben können, da er durch die Besitzergreifung (§ 958 I BGB) das Aneignungsrecht des L verletzt hätte. Aber auch L hätte kein Eigentum an dem Bock erlangt, wenn S diesen gewildert hätte. Die abweichende Meinung, nach der mit Besitzergreifung durch den Wilderer der Aneignungsberechtigte Eigentum erwerbe[13], widerspricht § 958 I BGB und wird daher von der h.M. zu Recht abgelehnt[14].

X irrte also über das Merkmal »fremd«, sodass § 242 StGB gemäß § 16 I StGB **(Tatumstandsirrtum)** ausscheidet.

---

[10] Kindhäuser/*Böse*, 11/1; L/K/H-*Heger*, § 292 Rn. 6, § 292 Rn. 1; *Mitsch*, ZStW 111 (1999), 65 (120); LK[13]-*Schünemann*, § 292 Rn. 2 ff.; MK-*Zeng*, § 292 Rn. 1.

[11] *Otto*, 50/37; W/H/S-*Schuhr*, Rn. 483; LK[13]-*Schünemann*, § 292 Rn. 3. Für eine solche Analogie *Geppert*, Jura 2008, 599 (600); *Heine/Hecker*, in: Sch/Sch, § 292 Rn. 21.

[12] Vgl. *RG* St 63, (35, 37); M/S/M/H/M-*Schroeder*, 38/14.

[13] *Baur/Stürner*, Sachenrecht, 18. Aufl. 2009, 53/73; *Heck*, Sachenrecht, 1930, S. 269 f.

[14] *BGH*, LM § 242 StGB Nr. 9 (a.E.); *BayObLG*, NJW 1955, 32 f..; *Rengier* I, 29/6; W/H/S-*Schuhr*, Rn. 478.

Diesem Ergebnis der h.A.[15] wird zum Teil[16] mit der Begründung widersprochen, für den subjektiven Tatbestand des *§ 242 StGB* sei es unschädlich, dass der Täter gemäß seiner Vorstellung nur das Aneignungsrecht eines anderen verletze. Umgekehrt entfalle der subjektive Tatbestand des § 292 StGB nicht deswegen, weil der Täter sich Wild zueigne, das er für fremd, also im Eigentum eines anderen stehend, halte. Ein »juristisch exaktes Wissen« bezüglich des Aneignungsrechts bei § 292 StGB bzw. des Eigentums bei § 242 StGB sei nicht erforderlich, sondern es genüge das »laienhafte Bewusstsein«, das Wild »gehöre« einem anderen. Hierin seien der Vorsatz der Wilderei und der §§ 242, 246 StGB gleichartig.   **438**

Zustimmung verdient die h.A. Das Aneignungsrecht ist als »Vorstufe des Eigentums«[17] ein **Minus** gegenüber diesem. Der Gegenmeinung ist deshalb **allenfalls** darin zuzustimmen, dass es für eine Zueignung, die den objektiven Tatbestand des *§ 292* StGB erfüllt, möglicherweise genügen mag, wenn der Täter meint, er verletze fremdes *Eigentum*, obwohl er in Wirklichkeit nur ein fremdes *Aneignungsrecht* missachtet (vgl. *Fall 76*). Diebstahlsvorsatz liegt nicht schon vor, wenn der Täter meint, (nur) fremdes *Aneignungsrecht* zu verletzen, während er sich in Wirklichkeit fremdes Eigentum »zueignet«. Insoweit wird die Gegenansicht dem Plus-Minus-Verhältnis von Eigentum und Aneignungsrecht nicht gerecht.   **439**

(3) Ergebnis: § 242 StGB entfällt wegen Tatumstandsirrtums des X.

b) § 292 I Nr. 2 StGB

(1) § 292 I Nr. 1 StGB (»wer dem Wilde nachstellt, es fängt, erlegt oder sich oder einem Dritten zueignet«) scheidet aus, da nur *lebendes Wild* erfasst ist[18].   **440**

(2) X könnte sich aber eine **Sache, die dem Jagdrecht unterliegt, zugeeignet** haben, § 292 I Nr. 2 StGB. Dem steht allerdings eventuell entgegen, dass L an dem Rehbock Eigentum und Gewahrsam hatte, als X den Kadaver entdeckte.   **441**

(a) Das Bestehen fremden *Gewahrsams* an verendetem oder erlegtem Wild schließt noch nicht aus, dass dieses dem Jagdrecht unterliegt: Wird z.B. *dem Wilderer die Beute entwendet*, so greift die 2. Alt. des § 292 StGB ein (Zueignung einer dem Jagdrecht unterliegenden Sache)[19], weil das in dieser Norm geschützte Jagdrecht nach § 1 I und V BJagdG auch die ausschließliche Befugnis umfasst, sich verendetes Wild anzueignen; nach Sinn und Zweck dieser Regelung des BJagdG kann es keine Rolle spielen, ob das Wild durch Krankheit oder das Geschoss eines Wilderers verendete.

(b) Dagegen ist Wilderei hier wegen der Aneignung (§ 958 I BGB) des Bockes durch L ausgeschlossen; denn mit dem **Eigentumserwerb durch den Jagdausübungsbe-**   **442**

---

[15] *RG*, JW 1902, 298; A/W/H/H-*Heinrich*, 16/18; *Rengier* I, 29/9; W/H/S-*Schuhr*, Rn. 481; *Wessels*, JA 1984, 224 f.; MK-*Zeng*, § 292 Rn. 40.
[16] *Jakobs*, 6/56; *Welzel*, S. 363.
[17] *Kindhäuser/Böse*, 11/41.
[18] *BayObLG*, NJW 1955, 32; NK-*Gaede*, § 292 Rn. 15; *Heine/Hecker*, in: Sch/Sch, § 292 Rn. 9; M/R-*Wietz/Matt*, § 292 Rn. 5.
[19] So: *BayObLG*, NJW 1955, 32. A.A. *Otto*, 50/25; zweifelnd Sch/Sch-*Heine/Hecker*, § 292 Rn. 17.

rechtigten hatte der Bock die Eigenschaft verloren, dem Jagdrecht zu unterliegen[20]. Folglich scheidet auch die 2. Alternative des § 292 StGB hier aus.

443 Keine Zustimmung verdient die Auffassung, § 292 StGB sei ein *Unternehmensdelikt* (§ 11 I Nr. 6 StGB)[21]. Dies gelte nicht nur für das Merkmal »Nachstellen«, sondern auch für die anderen Alternativen. Liege also der Versuch einer Zueignung von Sachen, die dem Jagdrecht unterliegen, vor, so greife der Tatbestand des § 292 StGB (2. Alt.) ein. Nur bezüglich der Alternative »Nachstellen« ist Wilderei ein Unternehmensdelikt – und zwar ein »unechtes«[22] –; bezüglich der übrigen Begehungsformen ergibt der Wortlaut des Gesetzes, dass der Versuch nicht ausreicht.

c) Ergebnis: X ist weder aus § 242 noch aus § 292 StGB strafbar[23].

Fall 76: – *Umkehrung von Fall 75* –

444 X glaubte, der Jagdpächter L habe den Bock erlegt und versteckt. In Wirklichkeit hatte aber der Wilderer S den Rehbock geschossen und im Laubhaufen verborgen.

Strafbarkeit des X?

a) Nach h.M. ist X wegen Diebstahlsversuchs strafbar[24]:

(1) Der Bock war noch *herrenlos*, als X ihn wegnahm (vgl. Rn. 437), sodass § 242 StGB ausscheidet. X glaubte aber, L habe den Bock bereits in Besitz genommen. Nach dieser Vorstellung wäre der Bock nach § 958 BGB, § 1 I BJagdG Eigentum des L gewesen. X ist daher des *versuchten Diebstahls* schuldig.

445 *(2)* § 292 StGB? *Objektiv* liegt Zueignung einer dem Jagdrecht unterliegenden Sache vor, § 292 I StGB (vgl. Rn. 441).

Nach der Vorstellung des X war der Bock aber *Eigentum* des L, unterlag also nicht mehr dem Jagdrecht; daher soll hier der subjektive Tatbestand des § 292 I Nr. 2 StGB nach h.M. fehlen.

446 *b)* Nach der »Gleichartigkeitstheorie« (*Rn. 438*) soll der subjektive Tatbestand des § 292 StGB nicht entfallen, wenn der Täter das Wild für in fremdem Eigentum stehend hält, weil er die Vorstellung habe, das Wild »gehöre« einem anderen.

447 *c)* Unter Berufung auf das *Plus-Minus-Verhältnis* von Eigentum und Aneignungsrecht wird auch von anderen Autoren die Ansicht vertreten, dass die Vorstellung, sich fremdes Eigentum »zuzueignen«, die Vorstellung umfasse, sich eine fremdem Aneignungsrecht unterfallende Sache »zuzueignen«[25].

---

[20] *BayObLG*, NJW 1955, 32; W/H/S-*Schuhr*, Rn. 477.
[21] *Waider*, GA 1962, 176 (183 f.); ihm folgend LK¹⁰-*Schäfer*, in: § 292 Rn. 80.
[22] Vgl. *Geppert*, Jura 2008, 599 (600 f.); Sch/Sch-*Heine/Hecker*, § 292 Rn. 12; *Mitsch*, BT 2, S. 864 ff.
[23] Ebso. *RG*, JW 1902, 298; A/W/H/H-*Heinrich*, 16/18; *Otto*, 50/25; *Rengier* I, 29/9; W/H/S-*Schuhr*, Rn. 481. A.A. M/S/M/H/M-*Schroeder*, 38/20: Bestrafung aus § 292 StGB, da dessen Tatbestand subjektiv angenommen und zudem »in dem objektiv gegebenen weitergehenden Tatbestand des Diebstahls enthalten« sei.
[24] *RG* St 39, 427; SK⁹-*Hoyer*, § 292 Rn. 22; S/S/W-*Kudlich*, § 292 Rn. 18; *Otto*, 50/30; *Rengier* I, 29/10; W/H/S-*Schuhr*, Rn. 482.
[25] A/W/H/H-*Heinrich*, 16/19; L/K/H-*Heger*, § 292 Rn. 5; M/S/M/H/M-*Schroeder*, 38/20. A.A. die h.M., siehe für alle: Kindhäuser/*Böse*, 11/41; W/H/S-*Schuhr*, Rn. 482.

Diese Ansicht verdient jedoch keine Zustimmung: Zum einen spricht wegen der Strafbarkeit aus §§ 242, 22 f. StGB für eine solche Konstruktion kein zwingendes praktisches Bedürfnis[26]. Und zum anderen ist sie deswegen fragwürdig, weil § 292 StGB – wie dargelegt (*Rn. 435*) – kein reines Aneignungsdelikt ist[27].

Ergänzende Hinweise zur Jagdwilderei

(1) Mangels Verletzung fremden Jagdrechts begeht der Jagdausübungsberechtigte keine Wilderei, wenn er gesetzliche Jagdbeschränkungen (z.B. Schonzeiten) missachtet. **448**

(2) Der Jagdgast, der nach Art oder Stückzahl des Wildes mehr schießt, als ihm erlaubt ist, begeht Wilderei[28]. **449**

(3) Schießt der Jagdausübungsberechtigte (X) in seinem Jagdrevier Wild an und flüchtet das »krankgeschossene« Tier über die Reviergrenze in ein fremdes Jagdrevier (das des Y), wo es verendet, so begeht der Schütze (X) Wilderei, wenn er das verendete Wild mit Zueignungswillen aus dem fremden Revier *in das eigene zurückbringt*[29]. **450**
Dasselbe gilt, wenn X das Wild mit Zueignungswillen sonst in seinen Gewahrsam bringt, z.B. durch Abtransport aus dem fremden Revier an einen dritten Ort, denn das verendete Wild ist eine »Sache, die dem Jagdrecht unterliegt« (§ 1 V BJagdG), und zwar dem des Y. Die Zueignung ist spätestens in dem Augenblick *vollendet*, in dem X mit seiner »Beute« die Reviergrenze überschreitet, denn bei sperrigen oder sonst schwer beweglichen Sachen ist Gewahrsam des Täters begründet, wenn er sie aus dem fremden Machtbereich herausgeschafft hat[30]. Die Zueignung erfolgt unter Verletzung fremden Jagdrechts[31], nämlich dem des Y.

(4) Erwirbt jemand **bösgläubig** gewildertes Wild vom Wilderer, so liegen § 292 I Nr. 2 StGB sowie § 259 StGB vor[32]. Das Tatobjekt i.S. der Hehlerei ist eine Sache, die ein anderer (der Wilderer) durch eine »*gegen fremdes Vermögen gerichtete rechtswidrige Tat*« erlangt hat. Dafür ist kein Vermögensdelikt im technischen Sinne nötig, sondern es reicht *jede Tat*, »die fremde Vermögensinteressen verletzt« und eine »rechtswidrige Besitzposition« schafft. Eine solche Tat kann auch § 292 StGB darstellen[33]. Die Wilderei tritt im Wege der Gesetzeskonkurrenz zurück[34]. **451**

(5) Als Rechtfertigungsgrund für das »Erlegen von Wild« (§ 292 StGB) kommt insbesondere § 228 BGB in Betracht, wenn Gefahren oder Schäden durch das Wild drohen. Die Vorschrift ist allerdings nicht unmittelbar anwendbar, da sie für »frem- **452**

---

[26] W/H/S-*Schuhr*, Rn. 482.
[27] Kindhäuser/*Böse*, 11/1; *Otto*, 50/22; W/H/S-*Schuhr*, Rn. 470.
[28] Sch/Sch-*Heine/Hecker*, § 292 Rn. 4.
[29] Vgl. LK[13]-*Schünemann*, § 292 Rn. 56; siehe auch *OLG Hamm*, NJW 1956, 881.
[30] *BGH*, NStZ 1981, 435; L/K/H-*Heger*, § 292 Rn. 6, § 242 Rn. 16.
[31] Vgl. die in *Fn. 25* Genannten.
[32] Sch/Sch-*Heine/Hecker*, § 292 Rn. 17; SK[9]-*Hoyer*, § 292 Rn. 19, 32; M/S/M/H/M-*Schroeder*, 38/14; LK[13]-*Schünemann*, § 292 Rn. 37.
[33] Sch/Sch-*Hecker*, § 259 Rn. 6.
[34] Sch/Sch-*Heine/Hecker*, § 292 Rn. 22; SK[9]-*Hoyer*, § 292 Rn. 32; LK[13]-*Schünemann*, § 292 Rn. 37; MK-*Zeng*, § 292 Rn. 50. A.A. *Furtner*, JR 1962, 415.

de« Sachen, also nicht für »herrenlose« gilt. In analoger Anwendung vermag § 228 BGB aber nur die Tötung des Wildes, nicht dessen Zueignung, zu rechtfertigen[35].

453 *(6)* § 292 III StGB *n.F.* stellt den Jagdausübungsberechtigten von der Strafbarkeit nach § 292 I, II StGB frei, wenn er die Jagd auf einer Fläche ausübt, die zwar zu einem gemeinschaftlichen Jagdbezirk gehört, aber auf Antrag des Grundeigentümers, der die Jagd aus ethischen Gründen ablehnt, nach § 6a BJagdG für »befriedet« erklärt worden ist[36].

II. Fischwilderei (§ 293 StGB)

454 § 293 StGB dehnt den Strafrechtsschutz auf **fremde Fischereirechte oder Fischereiausübungsrechte** aus. Der Tatbestand ähnelt § 292 StGB, weist aber einen etwas geringeren Strafrahmen auf.

(1) **Tatobjekte** der Fischwilderei sind **herrenlose fischbare lebende Wassertiere** (§ 293 Nr. 1 StGB) – also nicht in Privatgewässern (Teichen, Zuchtbecken) gehaltene Forellen, Lachse usw.[37] – und **Sachen, die dem Fischereirecht unterfallen** (§ 293 Nr. 2 StGB), d.h. tote Fische, Muscheln und sonstige Sachen nach Maßgabe des jeweiligen Landesrechts, nicht jedoch Fischereigeräte[38].

(2) **Fischen** ist jede auf Erlangung oder Fang gerichtete Tätigkeit[39].

(3) Im Übrigen gelten die Ausführungen zu § 292 StGB sinngemäß.

---

[35] Kindhäuser/*Böse*, 11/43; *Fischer*, § 292 Rn. 14. Näher zur Anwendbarkeit des § 228 BGB bei § 292 StGB: Sch/Sch-*Heine/Hecker*, § 292 Rn. 20; M/S/M/H/M-*Schroeder*, 38/21; *Mitsch*, BT 2, S. 880 f.; LK[13]-*Schünemann*, § 292 Rn. 78.
[36] Sch/Sch-*Heine/Hecker*, § 292 Rn. 6; dazu BT-Drs. 17/12046, 11.
[37] L/K/H-*Heger*, § 292 Rn. 6, § 293 Rn. 1; *Mitsch*, BT 2, S. 884 f.; M/R-*Wietz/Matt*, § 293 Rn. 2.
[38] Sch/Sch-*Heine/Hecker*, § 293 Rn. 7; MK-*Zeng*, § 293 Rn. 15 f.
[39] *RG* St 17, 161; Sch/Sch-*Heine/Hecker*, § 293 Rn. 5; SK[9]-*Hoyer*, § 293 Rn. 5.

§ 7 Pfandkehr (§ 289 StGB)

Tatobjekte des § 289 StGB sind *bewegliche Sachen* und die Tathandlung besteht — wie bei § 242 StGB — in der *Wegnahme*. Der Tatbestand schützt aber nicht das Eigentum oder den Gewahrsam[1], sondern die im Tatbestand bezeichneten an der Sache bestehenden **Sicherungs- und Nutzungsrechte vor einer eigenmächtigen Vereitelung im Interesse des Eigentümers**[2]. Eine Pfandkehr kann deshalb auch der Eigentümer begehen. Da die Beeinträchtigung dieser Rechte einen Vermögensnachteil für den Inhaber darstellen kann[3], handelt es sich um ein Vermögensdelikt[4]. 455

Fall 77: — *Geschützte Rechte; »Wegnahme«* —

Hubert (H) wohnte bei Balduin (B) zur Miete. H hatte bei B hohe Mietschulden und verließ deshalb eines Nachts unter Mitnahme aller seiner Sachen heimlich die Wohnung und verschwand auf Nimmerwiedersehen. 456

Hat sich H durch sein »Rücken« nach § 289 StGB strafbar gemacht?

B hatte ein nach § 289 StGB geschütztes *Besitzrecht,* nämlich sein **Vermieterpfandrecht** (§ 562 I 1 BGB[5]) an den »eingebrachten Sachen« des H (soweit diese nicht gemäß §§ 562 I 2 BGB i.V.m. 811 ZPO von dem Pfandrecht befreit waren).

Als geschützte Rechte nennt das Gesetz: **Nutznießungsrechte** (§§ 1030 ff., 1649 II BGB); **Pfandrechte**, wobei gesetzliche (u.a. §§ 562, 647 BGB) und vertragliche in Betracht kommen — zum Pfändungspfandrecht (§ 804 ZPO) vgl. unten —; **Gebrauchsrechte** (z.B. des Mieters und Entleihers) und **Zurückbehaltungsrechte** (u.a. § 273 BGB, § 369 HGB).

Problem: Hat H die »eigenen beweglichen Sachen« i.S. des § 289 StGB **»weggenommen«**? 457

Nach h.M. ist der Wegnahmebegriff des § 289 StGB *weiter* als der des § 242 StGB: Es sei kein »Bruch fremden und Begründung neuen Gewahrsams« erforderlich, sondern es reiche auch der Bruch eines **gewahrsamsähnlichen Verhältnisses**, wie es z.B. für den Vermieter an den eingebrachten Sachen des Mieters (§ 562 I 1 BGB — Vermieterpfandrecht —) bestehe, aus. Das **»Rücken« des Mieters** als Verletzung des Vermieterpfandrechts falle also unter § 289 StGB[6].
Zur Begründung wird auf die Schutzbedürftigkeit der Inhaber *besitzloser Pfandrechte* (insbes. Vermieter) verwiesen: § 288 StGB komme dem Inhaber solcher Pfandrechte erst zu Hilfe, wenn dem Schuldner »die Zwangsvollstreckung drohe«; der Pfandgläubiger müsse aber bereits *vorher* geschützt sein[7].

---

[1] NK-*Gaede*, § 289 Rn. 1; Sch/Sch-*Heine/Hecker*, § 289 Rn. 1; LK[13]-*Schünemann*, § 289 Rn. 1. A.A. SK[9]-*Hoyer*, § 289 Rn. 1.

[2] NK-*Gaede*, § 289 Rn. 1; L/K/H-*Heger*, § 289 Rn. 1; MK-*Maier*, § 289 Rn. 1; BeckOK-StGB-*Schmidt*, § 289 Rn. 1.

[3] *BGH* St 32, 88 (91).

[4] MK-*Maier*, § 289 Rn. 1; BeckOK-StGB-*Schmidt*, § 289 Rn. 1.

[5] Zu § 559 BGB *a.F. BayObLG,* JZ 1981, 451.

[6] *RG* St 38, 174; *BayObLG,* JZ 1981, 451; *Barbulla*, MietRB 2023, 173 (178); Kindhäuser/*Böse*, 10/4; MK-*Maier*, § 289 Rn. 15; *Mitsch*, BT 2, S. 909 f.; W/H/S-*Schuhr*, Rn. 491; LK[13]-*Schünemann*, § 289 Rn. 10; im Ergebnis ebso. *Gericke*, NJW 2013, 1633 (1637).

[7] LK[13]-*Schünemann*, § 289 Rn. 10.

458 Nach anderer Auffassung soll für eine »Wegnahme« i.S. des § 289 StGB wie bei § 242 StGB ein Bruch fremden Gewahrsams erforderlich sein[8], weil die erhöhte Strafdrohung des § 289 gegenüber §§ 288, 136 I StGB nur dadurch zu erklären sei, dass der Täter hier fremden Gewahrsam verletze.
Da Vermieter (regelmäßig) keinen **Gewahrsam** an den eingebrachten Sachen der Mieter haben, werden sie nach dieser Ansicht nicht durch § 289 StGB gegen »Rücken« ihrer Mieter geschützt[9].

459 Die h.M. verdient Zustimmung. Die Verwendung desselben Begriffs in verschiedenen Tatbeständen zwingt nicht dazu, sie gleich auszulegen, wenn die Tatbestände unterschiedliche Schutzrichtungen aufweisen. Die Ausklammerung besitzloser Pfandrechte aus dem Schutzbereich des § 289 StGB führt zu bedenklichen Strafbarkeitslücken, ohne dass dafür ein zwingender Grund erkennbar wäre.
H hat deshalb den objektiven Tatbestand des § 289 StGB erfüllt. Er hat auch vorsätzlich und in »rechtswidriger Absicht« gehandelt.

460 Unter »**rechtswidriger Absicht**« ist nach h.L. der unbedingte Vorsatz (dolus directus 2. Grades) zu verstehen, ein fremdes Recht der in § 289 StGB genannten Arten zu verletzen[10]. Hinsichtlich des Bestehens des fremden Pfandrechts genügt jedoch dolus eventualis[11]; nach § 289 StGB erscheint auch der Täter strafwürdig, der sich sagt: »*Für den Fall*, dass X ein Pfandrecht an der Sache hat, will ich es *verletzen*«.

Fall 78: – *§ 289 StGB und Pfändungspfandrecht* –

461 Der Gerichtsvollzieher Gerhards (G) hatte bei Holger (H) rechtmäßig eine Sache gepfändet und mitgenommen (§ 808 I ZPO). H nahm sie aus der Pfandkammer weg, um sie der Zwangsvollstreckung zu entziehen.

Strafbarkeit des H?

a) H hat sich des Verstrickungsbruchs, § 136 I StGB, schuldig gemacht.

b) § 288 StGB (Vereitelung der Zwangsvollstreckung – ZV –) ist ebenfalls erfüllt; denn auch eine bereits begonnene ZV »*droht*« noch solange, als nicht alle Vollstreckungsmaßnahmen abgeschlossen sind (vgl. *Rn. 470*), was hier der Fall ist.

c) § 289 StGB?

462 Auch das **Pfändungspfandrecht** (§ 804 ZPO) ist ein Pfandrecht i.S. dieser Norm. Soweit gepfändete Sachen nicht beim Schuldner verbleiben, kann ihre »Wegnahme« zugleich die Voraussetzungen des § 136 I StGB und des § 289 StGB erfüllen[12].

---

[8] *Bock*, ZStW 121 (2009), 548 (553 ff.); *Bohnert*, JuS 1982, 256; SK[9]-*Hoyer*, § 289 Rn. 8 ff.; AnwK-*Putzke*, § 289 Rn. 9; M/S/M/H/M-*Schroeder*, 37/16.
[9] Ablehnend: Sch/Sch-*Heine/Hecker*, § 289 Rn. 9.
[10] *Kindhäuser/Böse*, 10/11; *Fischer*, § 289 Rn. 6; L/K/H-*Heger*, § 289 Rn. 4; S/S/W-*Kudlich*, § 289 Rn. 8; für dolus directus 1. Grades Sch/Sch-*Heine/Hecker*, § 289 Rn. 10; SK[9]-*Hoyer*, § 289 Rn. 13.
[11] OLG Braunschweig, NJW 1961, 1274; S/S/W-*Kudlich*, § 289 Rn. 8; LK[13]-*Schünemann*, § 289 Rn. 23.
[12] *Baumann*, NJW 1956, 1866; *Fischer*, § 289 Rn. 4; M/S/M/H/M-*Schroeder*, 37/16; *Rengier* I, 28/8 m.w.N.; LK[13]-*Schünemann*, § 289 Rn. 6, 13; M/R-*Wietz*, § 289 Rn. 5. A.A. L/K/H-*Heger*, § 289 Rn. 1, 5 m.w.N.

Beide Delikte stehen dann in *Idealkonkurrenz*[13], da § 289 StGB das privatrechtliche Pfändungspfandrecht, § 136 I StGB die hoheitliche Verstrickung der gepfändeten Sache (vgl. Krey/Hellmann/*Heinrich*, BT 1, Rn. 818 ff.) schützt.
§ 288 StGB steht zu § 289 StGB und § 136 I StGB in Idealkonkurrenz (§ 52 StGB)[14].
Ergebnis: H ist aus §§ 136 I, 288, 289, 52 StGB strafbar.

Ergänzende Hinweise
§ 289 StGB greift auch dann ein, wenn der Schuldner gepfändete Sachen beiseiteschafft, die gemäß § 808 II ZPO *in seinem Gewahrsam* verblieben sind[15].

Wirken der Eigentümer und ein Dritter bei der Wegnahme der einem fremden Pfandrecht unterliegenden Sache zusammen, so kann *mittäterschaftliche Pfandkehr* vorliegen[16], obwohl beide verschiedene Alternativen des § 289 I StGB verwirklichen: Der Eigentümer nimmt seine *eigene* bewegliche Sache weg, der Dritte eine *fremde zugunsten des Eigentümers*.

Fall 79: – *Entwendung von »Pfandflaschen«* –
Axel (A) nahm unbemerkt zwei Kästen mit leeren Cola-Flaschen an sich, die vor einem Getränkemarkt zum Abtransport bereitgestellt waren. Die Kästen und Flaschen waren durch den Aufdruck bzw. die Einprägungen »Yuppie Cola« gekennzeichnet. A führte das Leergut in den Rückgabeautomaten des Getränkemarktes ein, entnahm dem Gerät den Rückgabebeleg und ließ sich den Betrag in Höhe von 13,20 Euro an der Kasse auszahlen.
Wie hat sich A strafbar gemacht?

a) § 242 I StGB?
Kästen und Flaschen waren für A fremde bewegliche Sachen. Strittig ist jedoch, ob der Hersteller bzw. Abfüller oder der Händler Eigentümer des Leerguts ist. Nach zutreffender Auffassung bleibt der Hersteller bzw. Vertreiber von Mehrwegflaschen, die auf Grund einer **dauerhaften Kennzeichnung** als sein Eigentum erkennbar sind, Eigentümer des Leerguts; das Eigentum wird also *nicht* – anders als bei »Einheitsflaschen«, die keine Individualisierungsmerkmale aufweisen und von unbestimmt vielen Herstellern verwendet werden – auf den nachfolgenden Handelsstufen an den Erwerber übertragen[17]. Die schuldrechtliche Beziehung zwischen dem Hersteller und den Erwerbern wird als Leihe[18] oder der Leihe ähnliche Gebrauchsüberlassung[19]

---

[13] *Bock*, ZStW 121 (2009), 548 (550); LK[13]-*Schünemann*, § 289 Rn. 6; str.
[14] *Fischer*, § 288 Rn. 16, § 289 Rn. 9; Sch/Sch-*Heine/Hecker*, § 289 Rn. 12, § 288 Rn. 19.
[15] LK[13]-*Schünemann*, § 289 Rn. 6, 13 m.w.N. Die Gegenmeinung lehnt die Anwendung des § 289 StGB ab, da es mangels einer »gewahrsamsähnlichen« Beziehung des Pfändungspfandgläubigers – dazu *Rn. 457* – an der »Wegnahme« fehle (*RG* St 64, 77; M/S/M/H/M-*Schroeder*, 37/16).
[16] Zust. MK-*Maier*, § 289 Rn. 24.
[17] *BGH* St 63, 215 (Rn. 7, 14 f.) m. insofern zust. Anm. *Hoven*, NJW 2018, 3599 f.; krit. *Wächter*, JZ 2019, 325 f.; siehe zu der Entscheidung auch *Eisele*, JuS 2019, 178 ff.; *Kudlich*, JA 2019, 152 ff.; *BGH* [Z], NJW 2007, 2913 ff. m. zust. Anm. *Wolf*, JA 2007, 737 ff.; *OLG Hamm*, NStZ 2008, 154 f.; *LG Saarbrücken*, NStZ-RR 2019, 45; *Hellmann*, JuS 2001, 353 f.; *Martinek*, JuS 1989, 268 f. A.A. *BayObLG* St 1960, 187 (188 f.); *Weber*, NJW 2008, 948 ff.
[18] *BGH* [Z], LM § 989 BGB Nr. 2; *OLG München*, GRUR 1980, 1010 (1011).
[19] *BGH* [Z], NJW 2007, 2913 (2814); *Martinek*, JuS 1989, 268 (269).

qualifiziert. A hat das Leergut weggenommen und dabei mit Vorsatz gehandelt. Er hatte aber keine Zueignungsabsicht, da er – ohne Leugnung des Eigentumsrechts – die Sachen an den Eigentümer zurückgelangen lassen wollte[20] (vgl. *Rn. 85 ff.*). Das im Falle der Rückgabe zu erstattende »Pfand« stellt keinen in der Sache selbst verkörperten (Funktions-)Wert des Leerguts dar[21], sodass – bei zutreffender Einschätzung der Zivilrechtslage[22] – auch eine beabsichtigte Sachwertzueignung ausscheidet.

465 Anders liegt es bei »standardisiertem Einheitslehrgut«, das von unbestimmt vielen Herstellern/Abfüllern verwendet wird. Entwendet der Täter solche Kästen oder Flaschen, um sie zurückzugeben, so ist seine Absicht auf eine Zueignung gerichtet, da er sich Befugnisse anmaßen will, die nur dem Eigentümer zustehen[23].

b) § 289 I Alt. 2 StGB

466 A hat in unserem Fall jedoch eine Pfandkehr verwirklicht[24]: Auf den jeweiligen Handelsstufen überträgt der Verkäufer des Inhalts das Gebrauchsrecht an der Verpackung im Wege der Leihe oder der Leihe ähnlichen Gebrauchsüberlassung auf den Erwerber. Zu den durch § 289 I 2. Alt. StGB geschützten Gebrauchsrechten gehört auch das des Entleihers[25]. Da A das Leergut wegnahm, um es dem Eigentümer zurückzugeben, handelte er zu dessen Gunsten. Vorsatz und rechtswidrige Absicht liegen ebenfalls vor, denn A wusste, dass er das an der Sache bestehende Gebrauchsrecht des Getränkemarktinhabers durch die Wegnahme vereitelt. Bei der Wegnahme einer Sache zu Gunsten des Eigentümers ist das insbesondere der Fall, wenn der Täter diesem den unmittelbaren Besitz verschaffen will[26].

c) § 263a I Alt. 3 StGB durch Einführung der Flaschen in den Rückgabeautomaten?

467 Der von A benutzte Rückgabeautomaten war computergesteuert. Ob bei der Leergutrückgabe – unbefugt – Daten verwendet werden (§ 263a I Alt. 3 StGB), hängt von der konkreten Funktionsweise des Automaten ab. Prüft er die Umrisse des Kastens oder der Flasche mittels eines Kamera-Systems, so scheidet ein Computerbetrug aus, weil es sich bei den Gegenständen selbst nicht um Daten handelt[27]. Liest der Rückgabeautomat – wie es bei Einwegflaschen oder gekennzeichnetem Leergut geschieht – auf dem Kasten oder den Etiketten der Flaschen codierte Informationen ab und unterzieht er sie einem Datenverarbeitungsprozess, um den Rückgabebetrag zu ermitteln, verwendet der Täter durch die Einführung des Leerguts in den Automaten Daten. Dies geschieht »unbefugt«, weil es sich um ein täuschungsähnliches Verhal-

---

[20] *OLG Hamm*, NStZ 2008, 154 (155); *AG Tiergarten*, StV 2014, 298 m. Bespr. *Jahn*, JuS 2013, 753 (754); *AG Gummersbach*, BeckRS 2014, 06168; *Hellmann*, JuS 2001, 353 (355).
[21] *BGH* St 63, 215 (Rn. 12); *Hellmann*, JuS 2001, 353 (355).
[22] Welche Vorstellung der Täter von der Eigentumslage im konkreten Fall hat, ist Tatfrage; dazu *BGH* St 63, 215 (Rn. 13 ff.).
[23] Eingehend *Hellmann*, JuS 2001, 353 (354 f.).
[24] *OLG Hamm*, NStZ 2008, 154 (155); *Hellmann*, JuS 2001, 353 (355). A.A. *AG Tiergarten*, StV 2014, 298 m. Bespr. *Jahn*, JuS 2013, 753 (755); *AG Gummersbach*, BeckRS 2014, 06168.
[25] *RG* St 17, 358 (360); *Fischer*, § 289 Rn. 2; Sch/Sch-*Heine/Hecker*, § 289 Rn. 7; SK^9-*Hoyer*, § 289 Rn. 6.
[26] Sch/Sch-*Heine/Hecker*, § 289 Rn. 9.
[27] *Hellmann*, JuS 2001, 353 (355 f.).

ten handelt; denkt man an die Stelle des Automaten einen Menschen, so würde der Täter ihm gegenüber konkludent erklären, zur Rückgabe des Leerguts gegen Entgelt berechtigt zu sein[28] (dazu *Rn. 838*). Die – durch die Beeinflussung des Datenverarbeitungsvorgangs (*Rn. 839*) – bewirkte Erstellung des Bons führte zu einem Schaden, da der Inhaber des Rückgabebelegs gegen den Aussteller nach §§ 807, 793 I BGB einen Anspruch auf den Betrag erlangt[29].

A hat somit den objektiven Tatbestand des § 263a I Alt. 3 StGB verwirklicht. Da er vorsätzlich, mit der Absicht rechtswidriger Bereicherung, rechtswidrig und schuldhaft handelte, ist er des Computerbetrugs schuldig. § 263a StGB tritt aber im Wege der Konsumtion als mitbestrafte Nachtat hinter § 289 StGB zurück, weil der durch die Pfandkehr erlangte Gebrauchswert dem Schaden entspricht[30].

d) § 263 I StGB durch Einlösen des Rückgabebelegs?

A hat zwar auch einen Betrug zum Nachteil des Getränkemarktinhabers verwirklicht, da A durch die Vorlage des Rückgabebelegs konkludent darüber täuschte, er habe als Nutzungsberechtigter bzw. als von diesem Autorisierter das Leergut in den Automaten eingeführt und damit einen Anspruch auf das »Pfand«. Die schädigende Vermögensverfügung besteht in der Auszahlung des Pfandbetrages, auf die der Täter keinen Anspruch hat. § 263 StGB tritt hier aber ebenfalls im Wege der Konsumtion hinter § 289 StGB zurück.

468

---

[28] *LG Saarbrücken*, NStZ-RR 2019, 45 (46).
[29] *LG Saarbrücken*, NStZ-RR 2019, 45 (46), das allerdings einen »Gefährdungsschaden« bejaht, obwohl das Vermögen des Ausstellers bereits mit dem Anspruch belastet war.
[30] Ausführlich dazu – für das Konkurrenzverhältnis von § 289 und § 263 StGB – *Hellmann*, JuS 2001, 353 (356 f.).

§ 8 Vereitelung der Zwangsvollstreckung (§ 288 StGB)

469 *Vorbemerkung:* § 288 StGB dient dem Schutz der Befriedigung des Gläubigers in der Einzelzwangsvollstreckung und ergänzt damit § 283 I Nr. 1 StGB[1].
§ 288 StGB ist ein echtes **Sonderdelikt**, da Adressat des Tatbestands derjenige ist, dem die Zwangsvollstreckung droht, d.h. der **Vollstreckungsschuldner**; nur er kann das Delikt als Täter verwirklichen[2]. Ist eine juristische Person oder eine rechtsfähige Personengesellschaft Schuldner, so ermöglicht § 14 StGB die »Überwälzung« dieser Eigenschaft, die ein besonderes persönliches Merkmal i.s. der Vorschrift darstellt, auf die dort genannten natürlichen Personen[3].

Fall 80: – *Beiseiteschaffen von Vermögensbestandteilen* –

470 Gerichtsvollzieher Grimm (G) pfändete auf Grund einer vollstreckbaren Ausfertigung eines Prozessvergleichs, die er dem Schuldner Siegbert (S) zustellte, bei diesem für dessen Gläubiger einen Flachbildfernseher, indem er auf die Rückseite des Gerätes eine Siegelmarke (»Kuckuck«) klebte. S, der noch ein kleineres Farbfernsehgerät hatte, war empört und schaffte den gepfändeten Flachbildfernseher in die Wohnung eines Bekannten.
Strafbarkeit des S (der Gläubiger hat Strafantrag gestellt) aus **§ 288 StGB**?

– Zur Strafbarkeit wegen Verstrickungsbruchs (§ 136 I StGB) in unserem Fall siehe Krey/Hellmann/*Heinrich*, BT 1, Fall 73 (Rn. 818 ff.). –

a) S hat bei einer ihm drohenden Zwangsvollstreckung einen Bestandteil seines Vermögens beiseite geschafft, d.h. der Zwangsvollstreckung tatsächlich entzogen[4].
Die **Zwangsvollstreckung droht** bereits, »wenn Tatsachen vorliegen, die auf die Absicht des Gläubigers schließen lassen«, demnächst die Zwangsvollstreckung zu betreiben; eine bereits begonnene Zwangsvollstreckung droht solange, wie nicht alle Vollstreckungsmaßnahmen abgeschlossen sind[5].
In casu stand die Versteigerung (§§ 814 ff. ZPO) noch aus.
»**Bestandteil seines Vermögens**« ist *vollstreckungsrechtlich* zu verstehen; d.h., erfasst ist alles, was der Einzelzwangsvollstreckung unterliegt, dagegen nicht unpfändbare Sachen (§ 811 ZPO)[6]. Im Folgenden ist schon wegen der Existenz eines zweiten Farbfernsehgerätes von der Pfändbarkeit des wertvollen Gerätes auszugehen[7].

471 § 288 StGB greift aber nur ein, wenn der Zwangsvollstreckung eine **tatsächlich bestehende materiell-rechtliche Forderung** zugrunde liegt, denn diese Norm schützt nicht die Realisierung eines Vollstreckungstitels als solche, sondern lediglich die Zwangsvollstreckung zur Durchsetzung eines begründeten Anspruchs[8].

---

[1] *Geppert*, Jura 1987, 427 f.; M/S/M/H/M-*Schroeder*, 47/1 ff.
[2] S/S/W-*Kudlich*, § 288 StGB Rn. 4; W/H/S-*Schuhr*, Rn. 503.
[3] *Hellmann*, WiStR, Rn. 245; eingehend zur »Überwälzung« besonderer persönlicher Merkmale, aaO, Rn. 1020 ff.
[4] *Kühn*, NJW 2009, 3610 (3611).
[5] *Fischer*, § 288 Rn. 3 f.; Sch/Sch-*Heine/Hecker*, § 288 Rn. 8 f.
[6] *Fischer*, § 288 Rn. 6; *Otto*, 50/15; *Rengier* I, 27/9.
[7] Vgl. auch Krey/Hellmann/*Heinrich*, BT 1, Rn. 824.
[8] *Fischer*, § 288 Rn. 2; Sch/Sch-*Heine/Hecker*, § 288 Rn. 7; *Mitsch*, BT 2, S. 892 f.

Mangels entgegenstehender Anhaltspunkte ist in casu davon auszugehen, dass die titulierte Forderung materiell-rechtlich begründet war (m.a.W., dass der im Prozessvergleich, § 794 I Nr. 1 ZPO, zugleich enthaltene sachlich-rechtliche Vergleich nach § 779 BGB wirksam ist).

b) Subjektiver Tatbestand

Vorsatz bezüglich der Merkmale des objektiven Tatbestandes ist anzunehmen. **472**
Fraglich ist, ob S in der **Absicht, die Befriedigung des Gläubigers zu vereiteln**, handelte. Absicht ist hier nicht im technischen Sinne gemeint, sondern mit dolus directus 2. Grades gleichzusetzen[9].
Es genügt die »nur auf *zeitweilige* Befriedigungsvereitelung gerichtete Absicht«[10].
Ob S die Befriedigung des Gläubigers vereiteln wollte, ist Tatfrage:
Der Wille, ein bestimmtes Vermögensstück dem Zugriff des Gläubigers zu entziehen, ist bei der Zwangsvollstreckung wegen Geldforderungen für den subjektiven Tatbestand des § 288 StGB nicht ausreichend, falls noch genügend andere Vermögensstücke für den Zugriff des Gläubigers vorhanden sind und dessen Befriedigung gewährleisten[11].

Fall 81[12]: – *Tatbegehung durch einen qualifikationslosen Tatmittler?* –

Peter (P) war auf Reisen, als er erfuhr, dass ihm die Zwangsvollstreckung drohte. In der Ab- **473**
sicht, die Befriedigung des Gläubigers zu vereiteln, bat er seine Freundin Veronika (V), seine (des P) Wertsachen beiseite zu schaffen. V kam dieser Bitte nach: Sie ging in die Wohnung des P und brachte die dort befindlichen Wertsachen in ihre Wohnung.
Strafbarkeit von P und V?

a) V kommt als Täterin des § 288 StGB nicht in Frage, da sie nicht Teile ihres Vermögens beiseite schaffte und die Zwangsvollstreckung nicht ihr drohte[13].

b) P könnte § 288 StGB in mittelbarer Täterschaft (§ 25 I Alt. 2 StGB: »durch einen **474**
anderen«) begangen haben. Ihm fehlt jedoch die **Tatherrschaft**[14], da V keinen »Defekt« aufwies, der P eine Steuerung seines Verhaltens ermöglicht hätte.
In der Literatur wird allerdings zum Teil in einer solchen Konstellation, in der dem unmittelbar Handelnden die Täterqualifikation fehlt, der »Hintermann« diese aber aufweist, eine »normative« Tatherrschaft des Hintermannes angenommen. Normativ sei die Tatherrschaft in diesem Fall, weil der Hintermann das Geschehen zwar nicht tatsächlich beherrsche, es aber erst durch seine Mitwirkung überhaupt zu einer tatbestandsmäßigen Handlung werde, da nur er – der Hintermann – die erforderliche Täterqualifikation aufweise[15].

---

[9] A/W/H/*H-Heinrich*, 16/44; S/S/W-*Kudlich*, § 288 Rn. 12; *Mitsch*, BT 2, S. 897; *Rengier* I, 27/17; LK[13]-*Schünemann*, § 288 Rn. 37 m.w.N; nur dolus directus 1. Grades: NK-*Gaede*, § 288 Rn. 16; SK⁹-*Hoyer*, § 288 Rn. 19.
[10] *BGH* bei *Holtz*, MDR 1977, 638.
[11] *Fischer*, § 288 Rn. 13; Sch/Sch-*Heine/Hecker*, § 288 Rn. 17.
[12] Fall nach *Herzberg*, Täterschaft und Teilnahme, 1977, S. 31 ff.
[13] Siehe *Herzberg*, Täterschaft und Teilnahme, 1977, S. 31 ff.
[14] *Geppert*, Jura 1987, 427 (430 f.); SK⁹-*Hoyer*, § 25 Rn. 40, 41; *Jakobs*, 21/104; *Krey/Esser*, AT, Rn. 922; *Mitsch*, BT 2, S. 899 f.; *Stratenwerth*/Kuhlen, 12/38 f.
[15] So z.B. Sch/Sch-*Heine/Weißer*, § 25 Rn. 20; *Jescheck/Weigend*, AT, § 62 II 7; *Welzel*, S. 104.

Der Verzicht auf die faktische Beherrschung des Geschehens als Voraussetzung der Tatherrschaft überzeugt jedoch nicht[16].

Die Tatherrschaft des Hintermannes über das Werkzeug ist also grundsätzlich Voraussetzung für die Annahme mittelbarer Täterschaft[17].

475 Das soll allerdings nicht für die sog. *»Pflichtdelikte«* gelten.

Die zu dieser von *Roxin*[18] herausgearbeiteten und inzwischen weitgehend akzeptierten[19] Deliktskategorie gehörenden Tatbestände (z.B. Untreue, § 266 StGB) setzen keine konkrete Tathandlung voraus, sondern lassen eine Pflichtverletzung genügen, die auch darin bestehen kann, dass sich der Sonderpflichtige an einer schädigenden Handlung eines Dritten beteiligt. Dann liege jedoch keine Begehung des Sonderdelikts in mittelbarer, sondern in *unmittelbarer* Täterschaft vor[20].

Zur Annahme unmittelbarer Täterschaft gelangt eine weitere Auffassung, die es für ausreichend hält, dass der Vollstreckungsschuldner »eine nach § 288 Abs. 1 unerlaubte Gefahr geschaffen« hat[21].

Beide Ansichten sind jedoch nicht überzeugend. § 288 StGB ist nach zutreffender Auffassung weder ein solches Pflichtdelikt[22] noch ist bei § 288 I StGB auf die bloße Gefahrschaffung abzustellen, da das Gesetz bestimmte Tathandlungen (Veräußern oder Beiseiteschaffen von Vermögensbestandteilen) fordert, für deren Verwirklichung P ein Risiko geschaffen haben mag, die aber nicht er, sondern V vorgenommen hat.

Mangels Tatherrschaft ist P also kein mittelbarer Täter.

c) Weder P noch V hat also den Tatbestand des § 288 StGB erfüllt. Da es somit an einer Haupttat fehlt, kommt auch Teilnahme nicht in Betracht.

Die abweichenden Ansichten, nach denen – entweder über die Figur der »normativen Tatherrschaft«, mittels der Kategorie der Pflichtdelikte oder der Gefahrschaffung – unmittelbare oder mittelbare Täterschaft anzunehmen wäre, würden dagegen zur Strafbarkeit des P aus § 288 StGB und der V (sog. »qualifikationsloses Werkzeug«) aus §§ 288, 27 StGB gelangen.

476 *d)* Der vorliegende Fall offenbart eine sicherlich unerfreuliche **Strafbarkeitslücke**[23]. Solche Lücken sind angesichts des strafrechtlichen Analogieverbots (Art. 103 II GG) aber de lege lata hinzunehmen; nur der Gesetzgeber darf sie schließen.

---

[16] *Roxin,* TuT, S. 253 - 258.
[17] H.L.; so u.a. *Herzberg*, Täterschaft und Teilnahme, 1977, S. 8 ff., 12 ff., 31 ff.; SK⁹-*Hoyer*, § 25 Rn. 40, 41; *Jakobs*, 21/32 ff.; 21/62 ff., 104; *Roxin*, TuT, S. 335 ff.; ebso. BGH St 35, 347 (353); diff. *Stratenwerth*/Kuhlen, 12/40.
[18] *Roxin*, TuT, S. 352 ff; LK¹⁰-*Roxin*, § 25 Rn. 37 ff.
[19] So u.a. von: *Herzberg*, Täterschaft und Teilnahme, 1977, S. 32 ff.; W/B/S-*Beulke/Satzger*, Rn. 805.
[20] *Stratenwerth*/Kuhlen, 12/40.
[21] AnwK-*Putzke*, § 288 Rn. 7; *ders.*, FS-Roxin, 2011, S. 425 (435 f.).
[22] *Mitsch*, BT 2, S. 899 f. A.A. aber *Roxin*, TuT, S. 385.
[23] Vgl. auch *Kühn*, NJW 2009, 3610 (3612).

DRITTER ABSCHNITT:

Delikte gegen das Vermögen als Ganzes

§ 9 Erpressung (§§ 253, 255 StGB)

Geschützte Rechtsgüter sind das Vermögen und die Freiheit der Willensentschließung[1]. 477

Fall 82: – *Abgrenzung Diebstahl/Raub und Erpressung/räuberische Erpressung* –
Kevin (K) ließ sich mit dem Taxi von Potsdam nach Werder fahren. Unterwegs bat er den 478
Taxifahrer Tomasio (T) auf einem Parkplatz anzuhalten, da er austreten müsse. Als K zum Taxi, dessen Motor T abgestellt hatte, zurückkam, zog er auf Grund eines jetzt erst gefassten Tatentschlusses plötzlich eine Gaspistole aus der Tasche und gab zwei Schüsse auf den im Wagen sitzenden T ab. Das Gas traf diesen ins Gesicht und zwang ihn zum Verlassen des Wagens. K setzte sich – wie bei Abgabe der Schüsse beabsichtigt – nun selbst ans Steuer und fuhr ohne T mit dem Taxi spazieren. Anschließend brachte er den Wagen an den Taxistand zurück; dies hatte er sich schon bei Fahrtantritt vorgenommen.
Strafbarkeit des K?

1. § 316a StGB

Dieser Tatbestand scheidet hier mangels »*Ausnutzung der besonderen Verhältnisse des Straßenverkehrs*« aus, denn ein solches Ausnutzen entfällt, wenn der Täter den Entschluss zum Angriff erst beim Anhalten fasst und durchführt und die Gegenwehr des Fahrers nicht durch notwendige Konzentration auf die Verkehrslage und die Fahrzeugbedienung erschwert ist (siehe *Rn. 366, 369*).

2. §§ 249, 250 StGB?

Raub greift mangels Zueignungsabsicht nicht ein[2]: 479
K hat zwar mit »Aneignungsabsicht« gehandelt, aber ohne »Enteignungsvorsatz«, denn er wollte den Berechtigten nicht *auf Dauer* enteignen, sondern handelte mit Rückführungswillen, der eine Zueignungsabsicht ausschließt.
Auch unter dem Gesichtspunkt des *Verbrauchs von Benzin* sind §§ 242, 249 StGB nicht anwendbar; denn der an sich tatbestandsmäßig vorliegende Diebstahl des im Tank befindlichen Benzins ist nicht nach § 242 StGB strafbar, sondern wird von § 248b StGB konsumiert, scheidet also auch für § 249 StGB aus[3]. – Siehe auch *Fall 18, Rn. 78 ff.* –

3. §§ 253, 255 StGB

a) Objektiver Tatbestand 480

aa) K hat **Personengewalt** (*Rn. 279*) gegen T angewendet.

§ 253 und § 255 StGB unterscheiden sich nur in dem erforderlichen Nötigungsmittel: Die *»einfache« Erpressung* (§ 253 StGB) lässt jede Gewalt – also auch Gewalt gegen Sachen – und eine Drohung mit einem empfindlichen Übel genügen, die *räu-*

---

[1] *BGH* St 41, 123 (125); HdS 5-*Heinrich*, § 32 Rn. 46; MK-*Sander*, § 253 Rn. 1.
[2] Vgl. *BGH* St 14, 386 (387 f.); bei *Holtz*, MDR 1980, 106.
[3] *BGH* St 14, 386 (389).

berische Erpressung verlangt dagegen – wie § 249 StGB – die Anwendung eines qualifizierten Nötigungsmittels (*Raubmittel*).
Nach dem Verständnis der *h.L.*, nach der §§ 253, 255 StGB eine Vermögensverfügung voraussetzen (dazu Rn. 483), kann eine – einfache oder räuberische – Erpressung allerdings nur bei vis compulsiva gegeben sein, nicht dagegen bei vis absoluta[4], da bei unwiderstehlichem Zwang eine Vermögensverfügung des Genötigten begriffsnotwendig ausscheidet.
In einer Klausur sollte dieser Umstand aber nicht schon bei der Tathandlung (Nötigung) angesprochen werden, sondern erst bei der Erörterung der Frage, welche Anforderungen an den Mitwirkungsakt des Genötigten (jedes vermögensrelevante Verhalten oder eben Vermögensverfügung?) zu stellen sind.

481 *bb)* Durch die Anwendung der (Personen-) Gewalt hat K dem T einen **Nachteil** (dieses Merkmal ist gleichbedeutend mit dem des *Vermögensschadens* beim Betrug) zugefügt: Der Besitzverlust bedeutet für den Betroffenen i.d.R. einen Vermögensnachteil. Für das Vorliegen dieses Tatbestandsmerkmals ist es unerheblich, dass K dem T das Taxi nur vorübergehend entzog, denn während des Besitzentzuges konnte T es nicht wirtschaftlich nutzen[5].

Zur Klarstellung: Der Umstand, dass der Täter dem Opfer eine Sache nicht dauerhaft, sondern nur vorübergehend entzieht, ist also für die Tatbestandsmäßigkeit wegen (räuberischer) Erpressung irrelevant, wenn die zeitweise Besitzentziehung jedenfalls einen Vermögensnachteil darstellt; für die Strafmessung (Höhe des Schadens, vgl. § 46 II StGB) kann es dagegen durchaus von Bedeutung sein, ob der Schaden sich in dem vorübergehenden Ausschluss des Berechtigten von der Sachnutzung erschöpft oder ihm die Sache auf Dauer entzogen wird[6].

482 *cc)* Erpressung liegt aber nicht schon vor, wenn der Schaden auf einer Nötigung beruht, sondern §§ 253, 255 StGB fordern, dass der Täter den Genötigten zu einer **»Handlung, Duldung oder Unterlassung«** nötigt und **dadurch** dem Vermögen des Genötigten oder eines anderen einen Nachteil zufügt. Die Nötigung muss also eine Mitwirkungshandlung des Genötigten hervorrufen, die ihrerseits den Schaden bewirkt.
Über die Anforderungen an diesen Mitwirkungsakt des Genötigten besteht Streit[7]:

483 Nach **h.L.** verlangen §§ 253, 255 StGB, dass sich das *abgenötigte* vermögensschädigende Verhalten als **Vermögensverfügung** darstellt; darin stimme die Erpressung mit dem Betrug überein. Beide Delikte erforderten, dass der Schaden *unmittelbar* durch ein vermögensminderndes Verhalten des Getäuschten (§ 263 StGB) bzw. des Genötigten (§ 253 StGB) verursacht werde[8]. Eine solche Vermögensverfügung des Getäuschten bzw. Genötigten als ungeschriebenes Tatbestandsmerkmal der §§ 263, 253 StGB fehle, wenn das Verhalten des Opfers dem Täter lediglich ermögliche, die

---

[4] Z.B. L/K/H-*Heger*, § 253 Rn. 2; W/H/S-*Schuhr*, Rn. 772 f. Zu der Unterscheidung siehe *Rn. 281*.
[5] BGH St 14, 386 (389); NStZ 1996, 39 (dort auch zur Bereicherungsabsicht).
[6] Zur Relevanz des Schadens als Strafzumessungsfaktor siehe z.B. Sch/Sch-*Kinzig*, § 46 Rn. 19.
[7] Siehe zur Darstellung des Problems in der Fallbearbeitung: *Bode*, JA 2017, 110 ff.; *Schladitz*, JA 2022, 89 ff.
[8] Weiter: L/K/H-*Heger*, § 253 Rn. 3; LK[11]-*Herdegen*, § 253 Rn. 6; *Tenckhoff*, JR 1974, 489 ff., die nicht in jedem Fall die Unmittelbarkeit der Vermögensverfügung für erforderlich halten.

schädigende Handlung *selbst vorzunehmen*. M.a.W.: Erpressung setze ebenso wie Betrug eine **unmittelbare Selbstschädigung** voraus und stehe damit im Gegensatz zu §§ 242, 249 StGB als Delikte unmittelbarer *Fremdschädigung* (durch Wegnahme)[9].
An einer Vermögensverfügung fehlt es hier, weil K dem T den Wagen weggenommen hat. Mangels unmittelbarer Selbstschädigung scheidet § 253 StGB nach *h.L.* hier aus.

Die **Rechtsprechung**[10] **und ein Teil der Literatur**[11] verlangen dagegen für § 253 StGB – anders als für § 263 StGB – keine Vermögensverfügung, sondern lassen **jedes vermögensmindernde Tun, Dulden oder Unterlassen** genügen. Auch die durch vis absoluta oder vis compulsiva erzwungene Duldung der Wegnahme könne deshalb Erpressung sein. 484

Nach dieser Auffassung ist es unerheblich, dass K dem T das Fahrzeug weggenommen hat: **Der Tatbestand des § 255 StGB umfasse den des § 249 StGB**, da die Wegnahme mit Gewalt zugleich die gewaltsame Nötigung enthalte, die Wegnahme zu dulden. § 255 StGB sei gegenüber § 249 StGB das allgemeine Gesetz. Die Unterscheidung zwischen Wegnahme und Herausgabe sei bei § 255 StGB nur für die *Konkurrenzfrage*, ob der Tatbestand hinter § 249 StGB als lex specialis zurücktrete, erheblich. Das bedeutet: Der mit Raubmitteln begangene Diebstahl erfüllt – grundsätzlich – sowohl den Tatbestand des § 249 StGB als auch den des § 255 StGB. 485
Nur Raub läge nach dieser Auffassung jedoch vor, wenn es sich bei der Beute um eine Sache ohne wirtschaftlichen Wert handelt. Dann fehlen nämlich »Schaden« und »Bereicherungsabsicht« i.S. des § 255 StGB.
Ein mit Raubmitteln begangenes Vergehen nach § 248b StGB wäre dagegen (mangels Zueignungsabsicht) kein Raub, aber eine räuberische Erpressung.

Für das Verhältnis §§ 249, 255 StGB ergibt sich nach dieser Darlegung der h.L. und der Rechtsprechung: 486

Nach **h.L.** schließen sich diese Normen tatbestandlich gegenseitig aus. § 249 StGB verlange *Wegnahme* durch den Täter (Fremdschädigung), § 255 StGB *Vermögensverfügung* des Genötigten (Selbstschädigung). Die Abgrenzung der Vermögensverfügung von der Wegnahme hänge – wie bei Betrug und Diebstahl – von der **inneren Willensrichtung des Opfers** ab: Betrachtet der Genötigte den Gewahrsamsverlust »als von seinem eigenen Verhalten abhängig«, so sei eine Vermögensverfügung anzunehmen; erscheint es ihm dagegen »in der konkreten Zwangslage als gleichgültig, wie er sich verhält«, da er die Sache »unabhängig von seiner Mitwirkung dem Zugriff des Täters ausgeliefert« sieht, so liege Wegnahme vor, und zwar sowohl beim bloßen »Dulden des Nehmens«, als auch bei der »Herausgabe«[12].

---

[9] Sch/Sch-*Bosch*, § 253 Rn. 1, 8 f.; *Fischer*, § 253 Rn. 2, 14, § 255 Rn. 5; MK-*Sander*, § 253 Rn. 14 ff.; W/H/S-*Schuhr*, Rn. 769 ff.; *Schröder*, ZStW 60 (1941), 33 ff. (grundlegend).

[10] BGH St 14, 386; 25, 224 (228); JZ 1984, 142 f.; NStZ 2023, 351 (Rn. 5); OLG Hamm, NJW 1972, 706. Vermittelnd anscheinend BGH St 19, 342 (344). Unklar BGH, NStZ-RR 2023, 205.

[11] Kindhäuser/*Böse*, 17/20 ff.; *Erb*, FS-Herzberg, 2008, S. 711 (713 ff.); S/S/W-*Kudlich*, § 253 Rn. 5; *Mitsch*, BT 2, S. 602 f.; SK[9]-*Sinn*, vor § 249 Rn. 13 ff.; LK[13]-*Vogel/Burchard*, § 253 Rn. 19 ff.

[12] Eingehend *Küper*, NJW 1978, 956; vgl. auch LK[11]-*Herdegen*, § 253 Rn. 6. A.A. *Schmitt*, FS-Spendel, 1992, S. 581 (maßgeblich sei das *äußere Verhalten des Täters*).

487 Nach der **Rechtsprechung** umfasst § 255 StGB den Raub, der gegenüber der räuberischen Erpressung jedoch lex specialis sei. Verschafft sich der Täter mit Raubmitteln in Zueignungsabsicht den Gewahrsam an fremden beweglichen Sachen, soll das **äußere Erscheinungsbild der** Tat dafür maßgeblich sein, ob *Wegnahme* – und damit § 249 StGB als lex specialis – anzunehmen oder der Tatbestand der räuberischen Erpressung erfüllt sei[13]: *Nimmt* sich der Täter die Beute, liege Raub vor, *übergibt* sie das Opfer, sei räuberische Erpressung gegeben.

488 **Stellungnahme** zum Problem »*Vermögensverfügung* bei §§ 253, 255 StGB«

Die Streitentscheidung fällt schwer, da sich beide Sichtweisen in Widerspruch setzen zu Ergebnissen, die sie in anderen Zusammenhängen annehmen:
Das gilt einerseits für die Rechtsprechung, die bei der *Abgrenzung des Diebstahls vom (Sach-)Betrug* gerade nicht auf das äußere Erscheinungsbild abstellt, sondern eine Wegnahme annimmt, wenn das Opfer – z.B. im Fall der vorgetäuschten Beschlagnahme (dazu *Rn. 47 f., 638 ff.*) – den Gegenstand übergibt, weil es meint, »Widerstand sei zwecklos«; dort betrachtet die Rechtsprechung die innere Willensrichtung des Opfers als maßgeblich.
Andererseits müssen einige Vertreter der h.L. bei der Erpressung einen gegenüber dem Betrug *modifizierten Begriff der Vermögensverfügung* verwenden (*Rn. 513*). Die Vermögensverfügung i.S. des § 263 StGB setzt nämlich ein *freiwilliges* vermögensminderndes Tun, Dulden oder Unterlassen des Getäuschten voraus (siehe *Rn. 634 ff., 637*). Im eigentlichen Sinn »freiwillig« ist das abgenötigte Verhalten aber auch dann nicht, wenn der Täter »nur« vis compulsiva anwendet[14]. Um zu verhindern, dass §§ 253, 255 StGB gänzlich leer laufen, lässt die h.L. deshalb eine »Restfreiwilligkeit« genügen, die gegeben sei, wenn der Genötigte meint, der Gewahrsamsverlust sei von seinem Verhalten abhängig (*Rn. 515*).

489 Für die h.L. spricht jedenfalls die Gesetzessystematik:
Stellt man bei §§ 253, 255 StGB – wie bei § 263 StGB – auf eine **Selbstschädigung durch Vermögensverfügung** ab, so ist die Erpressung ein »selbstständiger Deliktstypus«[15], der sich von den Eigentumsdelikten unterscheiden lässt: Bei Betrug und Erpressung erfolgt die Schädigung **unmittelbar** durch ein vermögensminderndes Verhalten (Vermögensverfügung) des Getäuschten bzw. Genötigten, während der Dieb und der Räuber den Schaden unmittelbar selbst durch Wegnahme herbeiführen.
Nach Auffassung der Rechtsprechung ist § 249 StGB dagegen praktisch überflüssig, denn nach ihr »**umfasst der Tatbestand der Erpressung den des Raubes mit**« (vgl. *Rn. 485, 487*).
Die »saubere« Abgrenzung der §§ 249, 255 StGB nach der Konzeption der h.L. ist aber nur um den Preis erheblicher Strafbarkeitslücken zu erreichen (*Rn. 491*).

---

[13] *BGH* St 7, 252 (254); 37, 256 (257 f.): § 255 StGB liege vor, da der Täter das Opfer zur *Herausgabe* genötigt habe; *BGH*, NStZ-RR 2011, 80; NStZ 2023, 351 (Rn. 5); zust. u.a. LK[13]-*Vogel/Burchard*, Vor § 249-256. Rn. 71.

[14] W/H/S-*Schuhr*, Rn. 774; nach Auffassung von L/K/H-*Heger*, § 253 Rn. 3, unterscheiden sich die Verfügungsbegriffe in §§ 253, 263 StGB darin, dass die Erpressung nicht in jedem Fall die Unmittelbarkeit der Vermögensminderung voraussetze.

[15] W/H/S-*Schuhr*, Rn. 772.

Die h.L. nimmt darüber hinaus für sich in Anspruch, dass sie die Privilegierung des **490** Täters, *der Sachen ohne Zueignungsabsicht wegnimmt* (furtum usus), erhalte, während die Rechtsprechung diese »unterlaufe«. Wer nämlich mit Raubmitteln eine Sache zum Zwecke der Nutzung, aber ohne Zueignungsabsicht wegnimmt, könne nicht aus § 242 StGB und insbesondere auch nicht aus § 249 StGB bestraft werden. Ihn gleichwohl über § 255 StGB »wie einen Räuber« zu bestrafen, missachte die in § 249 StGB zum Ausdruck kommende Wertung, nach der Wegnahme mit Raubmitteln, sofern sie ohne Zueignungsabsicht erfolgt, nicht die Schwere des Verbrechens Raub erreiche[16].

Dem ist jedoch entgegen zu halten, dass die h.L. – wie die Rechtsprechung – § 255 StGB annimmt, wenn sich der Täter mit Raubmitteln den Gewahrsam an einer fremden Sache verschafft und diese anschließend nutzt, falls die Besitzverschaffung durch eine abgenötigte *Vermögensverfügung* des bisherigen Gewahrsamsinhabers – also unter Anwendung von vis compulsiva – erfolgt. Für die Strafbarkeit wegen räuberischer Erpressung muss es genügen, dass der Täter in der Absicht handelt, sich – oder einen Dritten – durch die zeitweilige Nutzungsmöglichkeit zu bereichern, denn eine Zueignungsabsicht setzt § 255 StGB gerade nicht voraus. Deshalb überzeugt es nicht, im Falle der mit Raubmitteln begangenen Besitzverschaffung durch *Wegnahme* eine räuberische Erpressung abzulehnen, wenn der Täter zwar ebenfalls mit Bereicherungsabsicht, aber ohne Zueignungsabsicht handelt. Ein tragfähiger Grund für eine Besserstellung des Täters, der sich den Besitz an der Sache durch die Anwendung von vis absoluta verschafft, ist nicht ersichtlich, zumal diese – nicht notwendig, aber doch häufig – schwerer wiegen wird als vis compulsiva[17].

Für eine solche Differenzierung streitet im Übrigen nicht, dass bei der widerrechtlichen Besitzverschaffung von Sachen das StGB an anderer Stelle zwischen dem Fall der *Wegnahme* und dem der Erlangung der Sache mittels *Vermögensverfügung* durch den Gewahrsamsinhaber unterscheidet: Es trifft zwar zu, dass *Besitzbetrug* (der Täter erlangt durch Betrug den Gewahrsam an einer nutzbaren Sache) auch strafbar ist, wenn der Täter *ohne* Zueignungsabsicht handelt, die Wegnahme fremder Sachen dagegen grundsätzlich straflos ist (Ausnahme: § 248b StGB), falls es an der Zueignungsabsicht fehlt. Die These, dass diese Konzeption auf das Verhältnis von Raub und räuberischer Erpressung zu übertragen sei, setzt gerade voraus, was sie beweisen will, nämlich dass §§ 253, 255 StGB – wie § 263 StGB – eine Vermögensverfügung erfordern.

Die Rechtsprechung und die ihr folgende Literatur können sich deshalb m.E. auf die **491** überzeugenderen Argumente berufen:
Ihre Auslegung des Erpressungstatbestandes entspricht dem **Wortlaut** des Gesetzes: § 253 StGB stimmt wörtlich mit § 240 StGB überein, soweit es um die Tathandlung und das abgenötigte Verhalten geht. Das legt zum einen die Annahme nahe, wie § 240 StGB erfasse § 253 StGB neben der vis compulsiva auch die vis absoluta, zum anderen aber auch den Schluss, dass *jedes* erzwungene Tun, Dulden oder Unterlas-

---

[16] Sch/Sch-*Bosch*, § 253 Rn. 8a. A.A. etwa *Geilen*, Jura 1980, 50 ff.
[17] Dass dies *im Einzelfall* anders sein kann, wie W/H/S-*Schuhr*, Rn. 773, zutreffend feststellt, spricht deshalb keineswegs für eine generelle Privilegierung des Täters, der vis absoluta anwendet.

sen, das einen Vermögensschaden herbeiführt, den Erpressungstatbestand erfüllt, nicht etwa nur ein »freiwilliges« Verhalten des Genötigten.
Zudem lassen sich für die Rechtsprechung **kriminalpolitische** Erwägungen geltend machen: Mit dem Verzicht auf eine Vermögensverfügung des Opfers und die Einbeziehung der vis absoluta in den Gewaltbegriff i.S. der §§ 253, 255 StGB wird eine lückenlose Erfassung *aller in Bereicherungsabsicht gewaltsam herbeigeführten Vermögensschädigungen* erreicht.

Die Konzeption der h.L. kann dagegen zu einer – m.E. mit dem Gesamtsystem des StGB nicht zu vereinbarenden – *Ungleichbehandlung* führen: Nimmt der Täter ein Kraftfahrzeug ohne Gewaltanwendung weg, so wirkt sich das Fehlen der Zueignungsabsicht zwar auf den anzuwendenden Strafrahmen aus – Geldstrafe oder Freiheitsstrafe bis zu drei Jahren nach § 248b StGB, statt Geldstrafe oder Freiheitsstrafe bis zu fünf Jahren nach § 242 I SGB –, aber doch nur in einem relativ geringen Maße. Wendet der Täter dagegen ein qualifiziertes Nötigungsmittel an und benutzt er dabei sogar eine Waffe, kann er bei Fehlen der Zueignungsabsicht dennoch allenfalls wegen unbefugten Gebrauchs eines Fahrzeugs in Tateinheit mit Nötigung nach §§ 248b, 240, 52 StGB bestraft werden[18]; der Strafrahmen würde dann enden, wo er bei Vorliegen von Zueignungsabsicht erst beginnen würde, nämlich – nach §§ 249, 250 II Nr. 1 StGB – bei fünf Jahren Freiheitsstrafe. Eine solche »Potenzierung« der Privilegierungswirkung im Falle fehlender Zueignungsabsicht kann das StGB m.E. kaum wollen.

Für unseren Fall 82 (Rn. 478) folgt daraus:

492 K hat T unter Anwendung von Personengewalt zur Duldung der Wegnahme genötigt und dessen Vermögen einen Nachteil (= Vermögensschaden) zugefügt, da T das Taxi vorübergehend nicht wirtschaftlich nutzen konnte.

Der objektive Tatbestand der §§ 253, 255 StGB ist nach der hier vertretenen Auffassung somit erfüllt[19].

b) Da K auch vorsätzlich und in *Bereicherungsabsicht* gehandelt hat (der Besitzverlust des T entreicherte diesen und bereicherte K), ist auch der subjektive Tatbestand der räuberischen Erpressung gegeben.

c) K handelte zudem rechtswidrig, da die Anwendung der Gewalt zum Zweck der Wegnahme verwerflich erscheint (§ 253 II StGB), und schuldhaft.

4) § 250 II Nr. 1 i.V.m. § 255 StGB?

Mit der Formel »Bestrafung gleich einem Räuber« verweist § 255 StGB – ebenso wie § 252 StGB (*Rn. 349*) – außer auf § 249 StGB auch auf §§ 250, 251 StGB[20].

Die Ausführungen zum schweren Raub (*Rn. 310 ff.*), zum Raub mit Todesfolge (*Rn. 332 ff.*) und zum versuchten Raub mit Todesfolge (*Rn. 338 f.*) gelten für die räuberische Erprssung entsprechend.

---

[18] In diese Richtung Sch/Sch-*Bosch*, § 253 Rn. 8a.
[19] Vgl. *BGH* St 14, 386 (390).
[20] *BGH* St 14, 386 (391); 21, 183; NStZ 2002, 594 m. Anm. *Sander* §§ 255, 250 II Nr. 1 StGB bei Verwendung einer geladenen Schreckschusspistole; NStZ 2023, 733 (Rn. 8 ff.), Unterstützung einer verbalen Drohung mit einem gut sichtbar in der Hand gehaltenen Schraubendreher; Sch/Sch-*Bosch*, § 255 Rn. 4; HdS 5-*Heinrich*, § 32 Rn. 105; MK-*Sander*, § 255 Rn. 13.

Die Gaspistole ist eine *Waffe* im technischen Sinn (*Rn. 183*). Verwendung »bei der Tat« erfordert den Einsatz zwischen Versuchbeginn und Beendigung der räuberischen Erpressung, sodass die Verwendung im Vorbereitungsstadium nicht genügt, z.B. indem der Täter eine Bombe zur Explosion bringt, um seiner später vorgenommen Drohung größeres Gewicht zu verleihen[21].
Durch die Schüsse in das Gesicht des T hat K die Gaspistole bei der Tat *verwendet*. § 250 II Nr. 1 (i.V.m. § 255) StGB ist also erfüllt. In Tateinheit tritt die gefährliche Körperverletzung (§ 224 I Nr. 2 StGB) hinzu.

Fall 83: *– Dreieckserpressung –*

Bennie (B) schlug Maik (M) mit einem Knüppel nieder, weil ihm »dessen Nase nicht passte«. Als M bewusstlos am Boden lag, fiel B die wertvolle Uhr an dessen Handgelenk auf. Er forderte Franziska (F), die Ehefrau des M, auf, diesem die Uhr abzunehmen und ihm (B) zu geben, sonst werde er M endgültig »allemachen«. Aus Angst um das Leben ihres Mannes kam F dieser Aufforderung nach.
Strafbarkeit des B wegen – schwerer – räuberischer Erpressung?

An die zuvor angewendete Personengewalt – Niederschlagen des M – kann nicht angeknüpft werden, da B sie nicht als Mittel zur Erlangung der Uhr eingesetzt hatte. B hat F aber mit gegenwärtiger Gefahr für das Leben des M gedroht. Unerheblich ist, dass die angedrohte Lebensgefahr nicht F, sondern M treffen sollte, denn der Adressat des Nötigungsmittels, d.h. der Genötigte, muss nicht derjenige sein, gegen den die Gewalt oder das angedrohte Übel gerichtet ist; der Nötigungsadressat muss die Bedrohung des Dritten nur selbst als Übel empfinden (näher *Rn. 510*). Das ist hier der Fall, da F das Schicksal ihres Mannes nicht gleichgültig war.

Für den **Mitwirkungsakt des Genötigten** gilt – unabhängig davon, ob man jedes vermögensmindernde Verhalten genügen lässt oder eine Vermögensverfügung fordert (*Rn. 482 ff.*) – bei der Erpressung wie beim Betrug, dass Verfügender und Geschädigter nicht identisch sein müssen. Daraus resultiert die Möglichkeit der »**Dreieckserpressung**«. Die Anforderungen an die Beziehung des Genötigten zum Geschädigten sind allerdings strittig:
Nach der Rechtsprechung genügt ein »Näheverhältnis« zwischen dem Nötigungsopfer (= Verfügender) und dem in seinem Vermögen Geschädigten; Ersterer müsse die Vermögensinteressen des Letzteren wahrnehmen wollen[22]. Nach richtiger Ansicht sind dagegen die für den Dreiecksbetrug geltenden Prinzipien (*Rn. 642 ff., 646, 648, 652*) entsprechend anwendbar, d.h., der Genötigte muss den Geschädigten »im Gewahrsam vertreten«. Dabei sind freilich die unterschiedlichen Tatsituationen bei der betrügerischen und der erpresserischen Schädigung zu berücksichtigen. Da die Erpressung den Geschädigten i.d.R. unvorbereitet trifft, kann nicht verlangt werden, dass er dem Genötigten zuvor eine entsprechende Befugnis zur Einwirkung auf sein

---

[21] *BGH*, NStZ 2018, 148 m. Anm. *Kudlich*.
[22] *BGH* St 41, 123 (125 f.), m. krit. Bespr. *Krack*, JuS 1996, 493 ff.; *BGH*, NStZ-RR 2014, 246; *OLG Celle*, NStZ 2012, 447 (Rn. 11) m. Bespr. *Jahn*, JuS 2011, 1131 (1133) und *Krell*, ZJS 2011, 572 ff.; *Mitsch*, NStZ 1995, 499, der im Anschluss an *Zaczyk*, JZ 1985, 1059 (1061), eine *»Opfergemeinschaft«* von Genötigtem und Vermögensinhaber fordert; *Otto*, JZ 1995, 1019.

Vermögen eingeräumt hatte, sondern es genügt, dass die Vermögensminderung von dem mutmaßlichen Willen des Vermögensinhabers gedeckt ist.

Das Geschehen kann im Übrigen *nicht* als Raub, bei dem B die F als Werkzeug zur Vornahme der Wegnahmehandlung benutzte, qualifiziert werden. § 249 StGB setzt nämlich voraus, dass der Täter die – qualifizierte – Nötigung als Mittel zur Wegnahme einsetzt, d.h. den Nötigungsadressaten zur *Duldung der Wegnahme* – nicht zu deren Vornahme – bewegen will. Die Anwendung eines Raubmittels gegen jemanden, der nicht Gewahrsamsinhaber ist, erfüllt die Voraussetzungen des § 249 StGB somit nur, wenn der Täter erwartet, dass sich der Dritte der Wegnahme widersetzen wird[23]. So lag es in unserem Fall gerade nicht.

Da der Verlust der Uhr einen Vermögensschaden des M bedeutet, B ein gefährliches Werkzeug zur Drohung einsetzte (siehe dazu *Rn. 324*), er vorsätzlich und mit Bereicherungsabsicht, rechtswidrig und schuldhaft handelte, ist er einer »besonders schweren räuberischen Erpressung« i.S. der §§ 253, 255, 250 II Nr. 1 StGB schuldig.

Ergänzende Hinweise

495a *(1)* Zur **Tathandlung**:

Nimmt der Täter mehrere Nötigungshandlungen zur Durchsetzung derselben Forderung gegen das Opfer vor, so können sie» als eine Tat im Rechtssinne anzusehen sein (sog. **rechtliche Bewertungseinheit**), wenn sie sich als Teilakte einer sukzessiven Tatausführung darstellen; dabei stellen ein Wechsel des Angriffsmittels, räumliche Trennungen oder zeitliche Intervalle zwischen den jeweiligen Einzelakten die Annahme einer rechtlichen Bewertungseinheit nicht grundsätzlich in Frage«[24].

496 *(2)* Zum **vermögensmindernden Verhalten**:

Daran fehlt es nach zutreffender Auffassung[25] *mangels unmittelbarer Selbstschädigung* des Opfers, wenn es vom Täter durch Nötigungsmittel zur Preisgabe einer Zahlenkombination für einen Tresor gezwungen wird und es damit dem Täter ermöglicht, Sachen zu entwenden. Zwingt der Täter das Opfer zur Preisgabe eines Beuteverstecks, ist zu differenzieren: Führt die Offenbarung des Verstecks im konkreten Fall bereits unmittelbar zum Gewahrsamsverlust, z.B. weil sich die Beute auf einem »neutralen« Gelände befindet, so liegt – ggf. räuberische – Erpressung vor (*Rn. 309*). Mangels unmittelbarer Selbstschädigung scheidet Erpressung dagegen aus, wenn die Sache trotz Offenbarung des Verstecks noch in der Gewahrsamssphäre des Opfers, z.B. seiner Wohnung, oder eines Dritten verbleibt[26].

Die – abgenötigte – Preisgabe der »Geheimzahl« (PIN) einer ec-Karte stellt ebenfalls noch kein unmittelbar vermögensminderndes Verhalten dar, und zwar – entgegen dem *BGH*[27] – selbst dann nicht, wenn sich der Täter bereits im Besitz der Karte befindet, denn die Vermögensminderung (Abbuchung des abgehobenen Betrages

---

[23] *Mitsch*, NStZ 1995, 499.
[24] *BGH*, NStZ 2023, 679 (Rn. 4) m. Bespr. *Kudlich*, JA 2023, 870 ff., in dem Fall lagen mehrere Monate zwischen den beiden Teilakten.
[25] *Hellmann*, JuS 1996, 522 (524 m.w.N.).
[26] Ebso. *BGH* bei Holtz, MDR 1984, 276.
[27] *BGH*, NStZ-RR 2004, 333 m. Bespr. *Valerius*, JA 2005, 330 ff.; *BGH*, NStZ 2011, 212 (213); zust. *Fischer*, § 253 Rn. 32.

vom Konto des Opfers) erfordert die Benutzung der Karte durch den Täter[28]. Es trifft deshalb nicht zu, dass der *BGH* – auf der Grundlage seiner Sicht allerdings konsequent – annimmt, eine versuchte räuberische Erpressung liege vor, wenn der Täter die Preisgabe der PIN erzwingt, das Konto des Opfers aber nicht über Deckung verfügt, sodass mangels Zugriffsmöglichkeit des Täters auf das Opfervermögen eine Schaden ausscheide[29]. Die Versuchsstrafbarkeit scheitert jedoch, weil der Vorsatz des Täters nicht auf ein unmittelbar vermögensminderndes Verhalten gerichtet war.

(3) Zur **Verknüpfung von Tathandlung und Nötigungserfolg**: 496a
Strittig ist, ob die Tathandlung ursächlich für den Taterfolg sein muss[30] oder ob das Nötigungsmittel – wie beim Raub – lediglich als Mittel zur Erreichung des erstrebten Opferverhaltens eingesetzt werden muss; also ein **finaler Zusammenhang** genügt[31]. Die Entscheidung hängt davon ab, wie das Verhältnis der §§ 253, 255 StGB zu § 249 StGB bestimmt wird. Wird Spezialität des Raubes gegenüber der räuberischen Erpressung bejaht, können die Voraussetzungen der spezielleren Vorschrift (§ 249 StGB) nicht geringer sein als die der »allgemeinen«, sodass auch bei der räuberischen Erpressung ein finaler Zusammenhang genügt[32].

(4) Zum Merkmal »**Nachteil**« *(= Vermögensschaden)* hat der *BGH* festgestellt[33]: 497
»Der räuberischen Erpressung kann sich schuldig machen, wer ein Hotel unter Anwendung von Gewalt gegenüber dem Hotelportier mit seinem Gepäck verlässt, weil er nicht mehr in der Lage ist, die Hotelrechnung zu bezahlen. Der Vermögensnachteil kann in einem solchen Fall in der Beeinträchtigung des *gesetzlichen Pfandrechts* des Gastwirts (§ 704 BGB) liegen«.
Wird der Genötigte dagegen zum Verzicht auf eine – ungesicherte – gänzlich uneinbringliche und deshalb **wertlose Forderung** gezwungen, so scheidet Erpressung mangels Vermögensschadens aus[34].
Die Abnötigung der Abgabe eines schriftlichen Anerkenntnisses einer nicht bestehenden Verbindlichkeit (Schuldschein) kann einen Vermögensnachteil begründen[35]. Soll das Schuldanerkenntnis allerdings lediglich dazu dienen, den Beweis für eine streitige Forderung zu erleichtern, so liegt noch kein Vermögensnachteil vor[36].
Zu Unrecht hat der *BGH* eine – schwere räuberische – Erpressung in einem Fall abgelehnt, in dem der Täter eine Prostituierte zur **Vornahme sexueller Handlungen** durch Bedrohung mit einem ungeladenen Schreckschussrevolver nötigte. Die These, der abgenötigte Verzicht auf das zuvor vereinbarte Entgelt stelle keinen Vermögens-

---

[28] HdS 5-*Heinrich*, § 32 Rn. 66. Zu Recht krit. deshalb auch *Rengier* I, 11/44.
[29] *BGH*, NStZ 2011, 212 (213); BeckRS 2020, 11966 (Rn. 4).
[30] So die frühere Rechtsprechung, z.B. *BGH*, NJW 1997, 265 (266), ebso. *Mitsch*, BT 2, S. 594 f.; SK[9]-*Sinn*, § 253 Rn. 19.
[31] *BGH*, StV 2013, 446 (447); NStZ-RR 2014, 269 (270) m. Bespr. *Krehl*; StV 2019, 106 (Rn. 9); NStZ 2019, 674 (Rn. 7); NStZ-RR 2023, 205.
[32] NK-*Kindhäuser/Hoven*, § 253 Rn. 33.
[33] *BGH*, JZ 1984, 142 f. m. Anm. *Jakobs*, JR 1984, 385 ff.; *Otto*, JZ 1995, 1019.
[34] *BGH*, NStZ 2007, 95 (96) m. krit. Bespr. *Grabow*, NStZ 2010, 371 ff.; *BGH*, NStZ-RR 2021, 281, m. Bespr. *Eisele*, JuS 2022, 79 f. und *Reiter*, jM 2022, 257 ff.
[35] *BGH*, NStZ-RR 2018, 316 (317); *Rengier* I, 11/51.
[36] *BGH*, NStZ-RR 2018, 316 (317); *Fischer*, § 253 Rn. 33.

nachteil dar, weil eine rechtswirksame Forderung des Opfers nur entsteht, »wenn die abgesprochene Handlung einvernehmlich vorgenommen worden ist«[37], mag zutreffen. Das Gericht übersieht aber, dass die Arbeitskraft der Prostituierten nach dem ansonsten auch von der Rechtsprechung vertretenen wirtschaftlichen Vermögensbegriff einen Bestandteil ihres Vermögens darstellt. Das gilt – entgegen der Auffassung des *BGH*[38] – nicht nur für die freiwillig erbrachte, sondern auch für erzwungene sexuelle Handlungen. Da eine Prostituierte einem Freier sexuelle Leistungen nur gegen Entgelt erbringt, kann der Täter sie zu einem vermögensmindernden – schädigenden – Verhalten nötigen[39].

Der »Standplatz« einer Prostituierten ist dagegen kein Bestandteil ihres Vermögens[40].

498 *(5)* Zur **Bereicherungsabsicht**:
Die Strafbarkeit der mit Nötigungsmitteln erwirkten **Erlangung eines »Pfandes«**, um das Opfer zur Begleichung einer »Schuld« zu bewegen in der Absicht, das »Pfand« nach der »Schuldtilgung« zurückzugeben, ist strittig:

Ein Raub scheidet mangels des auf eine dauerhafte Enteignung gerichteten Vorsatzes jedenfalls aus, selbst wenn der Täter die Sache mit Personengewalt oder Drohung mit Personengewalt wegnimmt[41]. Der *BGH* würde die erzwungene Duldung der Wegnahme des Pfandes als erpressungsrelevante Opfermitwirkung für §§ 253, 255 StGB ausreichen lassen, nach der Gegenmeinung käme die Erpressungsstrafbarkeit nur in Betracht, wenn es sich bei der Duldung der Wegnahme – oder der erzwungenen Herausgabe der Sache durch das Opfer – um eine Vermögensverfügung handelt, das Opfer also die Vorstellung hatte, den Verlust der Sache verhindern zu können (dazu *Rn. 482 ff.*).

In früheren Entscheidungen lehnte der *BGH* die Strafbarkeit wegen (räuberischer) Erpressung mit der Begründung ab, der angestrebte Bereicherungserfolg, die Bezahlung des geforderten Betrages, sei mit dem durch die Wegnahme des Pfandes herbeigeführten Schaden nicht »stoffgleich«[42].

– Zum Erfordernis der »**Stoffgleichheit**« zwischen Schaden und angestrebter Bereicherung siehe *Fall 115, Rn. 688, 700 - 702.* –

Zutreffend erkennt der *BGH* jedoch inzwischen an, dass sich der Täter mit der erzwungenen Herausgabe – oder Duldung der Wegnahme – eines Gegenstandes als Pfand zur Sicherung einer Forderung unmittelbar einen dem Besitzentzug stoffgleichen vermögenswerten Vorteil verschafft bzw. verschaffen will[43]. Das Endziel be-

---

[37] *BGH*, NStZ 2011, 278 f. m. abl. Bespr. *Hecker*, JuS 2011, 944 f. und *Zimmermann*, NStZ 2012, 211 ff.; ebso. *BGH*, NStZ 2013, 710 (711).
[38] *BGH*, NStZ 2013, 710 (711).
[39] I.E. zutr. *Hecker*, JuS 2011, 944 (945); *ders.*; FS-Kühne, 2013, S. 81 (88 f.), der eine Vermögensverfügung bejaht; *Zimmermann*, NStZ 2012, 211 (212 f.).
[40] *BGH*, NStZ 2012, 272 (273) m. zust. Anm. *Erb*, JR 2012, 207.
[41] *BGH*, NStZ 2018, 712 (713); *Bernsmann*, NJW 1982, 2214 (2215); *Habetha*, NStZ 2019, 473; *Kulhanek*, NStZ 2017, 643 (644).
[42] *BGH* bei Holtz, MDR 1980, 106; siehe auch *BGH*, NStZ 1988, 216.
[43] *BGH*, NStZ 2017, 642; NStZ 2018, 712 (713); NStZ 1019, 473.

steht zwar in der Erlangung der Zahlung, als notwendiges Zwischenziel erstrebt der Täter aber die »Bereicherung« um das »Faustpfand«; die Bereicherung durch Besitzerlangung ist stoffgleich mit dem Schaden, dem Besitzverlust[44]. Ob die erstrebte Bereichung rechtswidrig ist bzw. der Täter sie für rechtswidrig hält, macht der *BGH* von dem Bestehen der – vorgestellten – Forderungs abhängig[45]. Dem ist nicht zuzustimmen, da die Rechtmäßigkeit der »Zwischenbereicherung« maßgeblich ist, also die Erlangung des Pfandes. Nur wenn der Täter – unwiderlegbar – behauptet, er habe nicht nur an das Bestehen der Forderung geglaubt, sondern auch an seine Berechtigung zur »Sicherung« durch die Beschaffung des Pfandes, würde der Vorsatz rechtswidriger Bereicherung fehlen. I.d.R. wird der Täter jedoch wissen oder es für möglich halten, dass er zur eigenmächtigen zwangsweisen Durchsetzung des – vermeintlichen – Anspruchs nicht befugt ist, also die Rechtswidrigkeit der angestrebten Bereicherung durch die Erlangung des Besitzes an dem Pfand erkennen.

Entgegen der Auffassung des *BGH*[46] liegt die Absicht rechtswidriger Bereicherung konsequenterweise ebenfalls vor, wenn der Täter das Opfer zur Unterzeichnung von Wechseln nötigt, die nur dazu dienen sollen, die **bestehenden Ansprüche gegen das Opfer leichter durchzusetzen**. 499

Die Rechtswidrigkeit der erstrebten Bereicherung ist – wie der Rechtswidrigkeit der beabsichtigten Zueignung (dazu *Rn. 122 ff.*), ein **normatives Tatbestandsmerkmal**[47], sodass ein vorsatzausschließender Tatumstandsirrtum vorliegt, wenn der Täter einen fälligen, einredefreien Anspruch zu haben meint (vgl. *Rn. 128*). Das ist jedoch nicht schon der Fall. wenn sich der Täter »nach den Anschauungen der einschlägig kriminellen Kreise als berechtigter Inhaber eines Anspruchs gegen das Opfer fühlt. Entscheidend ist, ob er sich vorstellt, dass dieser Anspruch auch von der Rechtsordnung gedeckt ist und er seine Forderung demgemäß mit gerichtlicher Hilfe in einem Zivilprozess durchsetzen könnte«[48] (siehe auch *Rn. 522*). 499a

Die Bereicherungsabsicht fehlt, wenn der Täters von vornherein vorhat, sich sofort nach Begehung eines Banküberfalls mit der Beute der Polizei zu stellen, weil er den Überfall nur begangen hatte, um seiner Ehefrau zu beweisen, dass er »ein Mann sei«. Zutreffend hat der *BGH*[49] festgestellt: Die Bereicherungsabsicht bei §§ 253, 255 StGB entspreche der bei § 263 StGB. Es müsse ein Vermögensvorteil als günstigere Gestaltung der Vermögenslage i.S. einer Erhöhung des wirtschaftlichen Wertes des Vermögens erstrebt werden, d.h., es müsse dem Täter auf diese Werterhöhung *angekommen sein*. Dafür reiche nicht aus, dass »der Täter den mit seiner Tat verbundenen Vermögensvorteil nur als notwendige (oder mögliche) Folge seines ausschließlich auf einen anderen Zweck gerichteten Verhaltens voraussehe«. 500

---

[44] *Bernsmann*, NJW 1982, 2214 (2217); *Kulhanek*, NStZ 2017, 643 (644).
[45] BGH, NStZ 2017, 642 (643); NStZ 2018, 712 (713).
[46] BGH, NStZ 2009, 386 (387).
[47] BGH, NStZ-RR 2022, 47 (48) m. Bespr. *Eisele*, JuS 2022, 686 ff..
[48] BGH, NJW 2021, 1966 (Rn. 15) m. Anm. *Brand* sowie Bespr. *Disselkamp*, ZJS 2021, 679 ff. und *Fahl*, NStZ 2022, 108 f.
[49] BGH, NStZ 1989, 22 m. Bespr. *Hassemer*, JuS 1989, 412 f.

501 Die abgepresste Herausgabe eines Mobiltelefons, um das Opfers dadurch in eine hilflose Lage zu bringen[50], einen Denkzettel zu verpassen oder zu isolieren[51], erfolgt deshalb ebenfalls nicht mit Bereicherungsabsicht.

– Zum »Nachteil« (= Vermögensschaden) sowie zum subjektiven Tatbestand (»um sich oder einen Dritten zu Unrecht zu bereichern«) vgl. auch unten § 11 (Betrug); die Ausführungen dort gelten sinngemäß für die Erpressung. –

Fall 84: – *Fortdauernde Drohung als Erpressungsmittel* –

502 Mark (M) drohte Felix (F) auf nächtlicher Straße Prügel an, um ihn zu einer Schlägerei zu provozieren. F, der die angedrohten Prügel vermeiden wollte, fragte M, ob er Geld wolle. Dieser überlegte einen Augenblick, wobei er weiterhin eine drohende Haltung einnahm und ließ sich dann das angebotene Geld geben.
Strafbarkeit des M wegen räuberischer Erpressung?

Problematisch ist hier, ob M die Drohung mit einer »Tracht Prügel« – d.h. die Drohung mit gegenwärtiger Leibesgefahr – vorsätzlich als Erpressungsmittel einsetzte: Grundsätzlich muss der Erpressungsvorsatz bereits im Zeitpunkt der Anwendung des Nötigungsmittels vorliegen[52], denn zwischen dem Einsatz des Mittels und der vermögensschädigenden Mitwirkung des Genötigten muss ein **finaler Zusammenhang** bestehen (*Rn. 496a*). Für den subjektiven Tatbestand der §§ 253, 255 StGB reicht es aber auch, dass eine ohne Erpressungsvorsatz ausgesprochene Drohung ausdrücklich oder durch konkludentes Verhalten **aufrechterhalten** wird, weil der Täter inzwischen den Erpressungsvorsatz gefasst hat[53].

In casu ist bei lebensnaher Sachverhaltsinterpretation davon auszugehen, dass F das Geld unter dem Eindruck der konkludent aufrechterhaltenen Drohung herausgab. Diesen Ursachenzusammenhang zwischen seiner Drohung und der Herausgabe des Geldes hatte M gewollt bzw. zumindest billigend in Kauf genommen. Danach sind §§ 253, 255 StGB hier erfüllt.

– Wollte F schon unter dem Eindruck der ursprünglichen, noch nicht erpresserischen Drohung auf jeden Fall zahlen, käme nur *versuchte* räuberische Erpressung in Betracht[54]. –

Fall 85: – *Drohung mit einem Unterlassen* –

503 Kaufhausdetektiv Marcel (M) hatte Rainer (R) bei einem Diebstahl beobachtet. Nachdem M bereits die Diebstahlsanzeige an die Polizei gefertigt hatte, fragte ihn R, ob »man wegen der Anzeige denn gar nichts machen könne«. M bot R daraufhin an, die Anzeige gegen Zahlung von 100 Euro »fallen zu lassen«. R ging darauf ein und zahlte den Betrag. M warf sodann die Anzeige in den Papierkorb.
Strafbarkeit des M wegen Erpressung?

---

[50] *ThürOLG*, StV 2007, 359 ff.
[51] *BGH*, NStZ 2020, 542 (Rn. 9).
[52] *BGH*, NStZ 2004, 556.
[53] *OLG Frankfurt*, NJW 1970, 342; *Krehl*, NStZ 2014, 270 (271). Siehe *BGH*, NStZ 2004, 556: Es genügt die bewusste Ausnutzung einer als aktuelle Drohung erneuter Gewaltanwendung weiterwirkenden Zwangslage. Zur konkludenten Drohung im Zusammenhang mit zuvor zu anderen Zwecken angewendeten Gewalt siehe *BGH*, StV 2019, 106 (Rn. 9); NStZ 2019, 674 (Rn. 7).
[54] *OLG Frankfurt*, NJW 1970, 342.

§ 9: Erpressung

a) Objektiver Tatbestand

Eine Drohung mit einem empfindlichen Übel kann grundsätzlich auch in der **Ankündigung eines Unterlassens** bestehen und zwar auch dann, wenn die Vornahme der Handlung, die zu unterlassen der Täter ankündigt, **rechtlich nicht geboten ist**[55]. Das gilt jedenfalls, wenn der Genötigte im Fall der Nichtvornahme der Handlung in existenzielle Not geraten würde[56]. Darüber hinausgehend genügt das Inaussichtstellen eines Unterlassens generell, wenn es für den Bedrohten ein *empfindliches Übel* darstellt, sodass auch die Ankündigung, die Anzeige nicht fallen zu lassen, als Erpressungshandlung in Betracht kommt.

– Siehe dazu auch Krey/*Hellmann*/Heinrich, BT 1, Rn. 453. –

Der *BGH* scheint bei § 253 StGB einen weitergehenden Drohungsbegriff zu befürworten als bei § 240 StGB. Eine Erpressung entfalle nicht schon, »weil ein besonnener Mensch in der Lage des Bedrohten der Drohung standgehalten ... hätte«[57]. Sieht man richtigerweise §§ 253, 255 StGB als leges speciales zu § 240 StGB, so kann der Drohungsbegriff der Erpressung jedoch nicht extensiver sein als der für die Nötigung maßgebliche[58]. **504**

Die **Gegenwärtigkeit** der Gefahr erfordert nicht, dass das schädigende Ereignis mit Sicherheit unmittelbar bevorsteht. Es genügt eine Gefahr, die als »Dauergefahr« über einen längeren Zeitraum in dem Sinne gegenwärtig ist, dass sie jederzeit (alsbald oder auch später) in einen Schaden umschlagen kann. Zum wirksamen Schutz von Erpressungsopfern darf der Begriff der Gegenwärtigkeit angedrohter Gefahren – anders als bei § 34 StGB – nicht zu eng verstanden werden[59]. **505**

Wenn das angedrohte Übel nicht vom Androhenden selbst, sondern von einem **Dritten** realisiert werden soll, ist für die Annahme einer tatbestandsmäßigen Drohung – in Abgrenzung von einer bloßen *Warnung* (vgl. Krey/*Hellmann*/Heinrich, BT 1, Rn. 397) bzw. einer bloßen *Täuschung* (§ 263 StGB) – nötig, dass in dem Bedrohten die Vorstellung erweckt wird, »dass der Drohende den Dritten in der befürchteten Richtung beeinflussen könne und – bei Nichtvornahme der geforderten Vermögensverfügung – auch wolle«[60]. **506**

---

[55] *BGH* St 31, 195 ff.; *OLG Karlsruhe*, NJW 2004, 3724 m. Bespr. *Valerius*, JA 2005, 332 ff.; *OLG Oldenburg*, NStZ 2008, 691 f. (»Richter-Fall«, dazu *Rn. 509*) m. zust. Bespr. *Sinn*, ZJS 2008, 447 ff. und *Kudlich*, JA 2008, 901 (902 f.); MK-*Sander*, § 253 Rn. 12; insoweit zweifelnd AnwK-*Habetha*, § 253 Rn. 7. A.A. SK-*Wolters*, § 240 Rn. 20.

[56] *BGH* St 44, 68 (74 ff.): Ankündigung der Versagung einer Ausreisegenehmigung aus der DDR, um den Genötigten zur Veräußerung eines Grundstücks zu veranlassen; *BGH* St 44, 251 ff.: Androhung des Abbruchs von Geschäftsbeziehungen zur Durchsetzung von Schmiergeldforderungen; krit. dazu *Fischer*, § 253 Rn. 10.

[57] *BGH*, wistra 1984, 22.

[58] Siehe z.B. *BGH* St 31, 195 (201); 32, 165 (174): Eine tatbestandsmäßige Drohung i.S. des Nötigungstatbestandes entfalle, »wenn von dem Bedrohten in seiner Lage erwartet werden kann, dass er der Bedrohung *in besonnener Selbstbehauptung standhält«.*

[59] *BGH*, NJW 1997, 265 (266) m. Anm. *Joerden*, JR 1999, 120 ff.; ebso. *BGH*, StV 1999, 377 m. krit. Anm. *Kindhäuser/Wallau*, StV 1999, 379 ff. und *Zaczyk*, JR 1999, 343 ff.; MK-*Sander*, § 255 Rn. 7.

[60] *BGH*, NStZ 1996, 435; StV 2006, 694. – Dass der *BGH* hier von »Vermögensverfügung« spricht, bedeutet nicht die Übernahme der h.L. (*Rn. 483*). –

507 M hat danach den objektiven Tatbestand des § 253 StGB verwirklicht:
Er hat sich nicht darauf beschränkt, einen angebotenen Vorteil entgegenzunehmen – was nicht genügen würde[61] –, sondern er hat diesen Vorteil gefordert. Die dem R drohenden Folgen für den Fall der Weiterleitung der Strafanzeige (Durchführung eines Ermittlungsverfahrens und evtl. Verhängung einer Strafe) waren so gravierend, dass auch ein besonnener Mensch dem Ansinnen des M nachgegeben hätte. Die Erpressung scheitert – wie dargelegt – nicht daran, dass die Nachteile dem R nicht sofort und nicht von M drohten.

b) Subjektiver Tatbestand

M handelte vorsätzlich und mit der Absicht rechtswidriger Bereicherung, da er keinen Anspruch auf die 100 Euro hatte.

c) Rechtswidrigkeit

508 Da § 253 I StGB – wie § 240 I StGB (siehe dazu Krey/*Hellmann*/Heinrich, BT 1, Rn. 424, 429 - 431) – ein sog. **offener Tatbestand** ist, muss die Rechtswidrigkeit gem. § 253 II StGB positiv festgestellt werden[62].
§ 253 II StGB sollte nach allgemeinen Rechtfertigungsgründen erörtert werden.
Für die Verwerflichkeit i.S. des § 253 II StGB kommt es – wie bei § 240 II StGB – auf die »Zweck-Mittel-Relation« an. Problematisch sind insbesondere Fälle, in denen ein an sich rechtmäßiges Übel angedroht wird, um einen rechtswidrigen Zweck zu erreichen[63]. Stehen Zweck und Mittel nicht in einem inneren Zusammenhang, besteht also Inkonnexität, ist die Verwerflichkeit zu bejahen[64]. Ein solcher Fall ist etwa gegeben, wenn der Täter mit der Weitergabe vertraulicher, einer Bank entwendeter Kontodaten an die Finanzbehörden droht und die damit erstrebte Bereicherung in keinem nachvollziehbaren, sozialethisch zu billigenden Zusammenhang steht[65].

In unserem Fall ist die Rechtswidrigkeit nach § 253 II StGB gegeben, da die Anwendung der Drohung (die Anzeige nicht fallen zu lassen) zu dem angestrebten Zweck (Erlangung des Geldes) als verwerflich anzusehen ist.

Ergänzende Hinweise

509 *(1)* Eine Drohung mit einem Unterlassen kann auch vorliegen, wenn der Täter ankündigt, nicht auf das **Handeln einer dritten Person** Einfluss zu nehmen:
Beispiel (*OLG Oldenburg*, NStZ 2008, 691 f.[66] – »Richter-Fall«): Ein mit der zuständigen Staatsanwältin verheirateter Richter drohte, seine Frau *nicht* dazu zu bewegen, dass Verfahren gegen den Beschuldigten nach § 153a StPO einzustellen, falls dieser ihm nicht einen Geldbetrag zahle.

(2) Die Ankündigung der **Nichtherausgabe von Beweismitteln** an die Staatsanwaltschaft für den Fall, dass diese nicht bereit sei, einen Geldbetrag für die Aushändigung der Beweismittel zu zahlen, ist keine Drohung mit einem Unterlassen i.S. des

---

[61] *OLG Karlsruhe*, NJW 2004, 3724.
[62] S/S/W-*Kudlich*, § 253 Rn. 31. A.A. SK⁹-*Sinn*, § 253 Rn. 29.
[63] S/S/W-*Kudlich*, § 253 Rn. 33.
[64] NK-*Kindhäuser/Hoven*, § 253 Rn. 40 f.; S/S/W-*Kudlich*, § 253 Rn. 33.
[65] *BGH*, NStZ-RR 2011, 143 (144).
[66] Zust. Bespr. *Sinn*, ZJS 2008, 447 ff.; abl. *Kudlich*, JA 2008, 901 (902 f.); S/S/W-*ders.*, § 253 Rn. 9.

§ 253 StGB, da das Vorenthalten der Beweise für die Staatsanwaltschaft kein empfindliches Übel darstellt[67].

(3) Um eine Drohung mit einem Unterlassen handelt es sich, wenn der Täter einen »**Erpressungstrojaner**«, der den Bildschirm durch eine Verschlüsselungssoftware sperrt, auf den Rechner des Opfers aufspielt und dem Opfer mitteilt, die Freigabe nur vorzunehmen, wenn es eine Geldsumme zahlt[68].

Fall 86: – *Verhältnis von Erpressung und Betrug –*
Vivi (V), die vierjährige Tochter des Reich (R), war von Kidnappern entführt worden. Dies brachte Paule (P) auf den Gedanken, sich als Entführer des Kindes auszugeben und das Lösegeld zu kassieren. Er rief R an, behauptete, er habe das Mädchen bei sich, und erklärte, V müsse sterben, wenn er (P) nicht 50.000 Euro erhalte. R zahlte den Betrag. Als sich die wirklichen Kidnapper später meldeten, kam alles heraus.
Referendar Klug meint, P sei wegen räuberischer Erpressung *und Betruges* anzuklagen; was ist davon zu halten?

a) §§ 253, 255 StGB

Der Erpressungsadressat (R) und die bedrohte Person (V) müssen nicht notwendig identisch sein, sondern es genügt, wenn sich die Bedrohung eines *Dritten* für den Empfänger der Drohung als »Drohung mit einem empfindlichen Übel« darstellt[69]. Die Bedrohung eines Dritten ist – entgegen einer in der Literatur vertretenen Auffassung[70] – nicht nur dann »Drohung mit einem empfindlichen Übel«, wenn der Dritte dem Nötigungsadressaten »nahe steht«. Diese Ansicht ist zu eng, wie der folgende Fall zeigt[71]:

Bei einem Banküberfall gab der in seinem schussfesten Kassenraum ungefährdete Kassierer den Tätern Geld heraus, da sie gedroht hatten, andernfalls einem Kunden, dem sie eine Pistole an den Kopf hielten, »das Lebenslicht auszublasen«. Die Strafbarkeit wegen Erpressung entfällt nicht etwa, weil der bedrohte Dritte für den Genötigten *keine »Sympathieperson«* ist[72].

Aber auch die vereinzelt propagierte These, **räuberische** Erpressung gemäß § 255 StGB scheide aus, wenn der bedrohte Dritte keine dem Erpressten nahestehende Person sei, weil dieser dann nicht dem besonderen Motivationsdruck des § 255 StGB ausgesetzt sei[73], trifft nicht zu, denn die Qualifizierung der Erpressung knüpft an »die besondere Qualität des Drohungsinhalts (Leib- und Lebensgefahr)« an[74].

---

[67] *OLG Hamm*, StV 2014, 294 (295 f.); *Wedler*, NZWiSt 2014, 246 ff.; siehe dazu auch W/H/S-*Schuhr* Rn. 768.
[68] Zu den einschlägigen Tatbeständen, neben § 253 kommen §§ 303a, b StGB in einem solchen Fall in Betracht, *BGH*, NJW 2021, 2301 (Rn. 10 ff.) m. Anm. *Safferling* sowie *Dittrich/Erdogan*, ZWH 2022, 13 ff., *Eisele*, JZ 2021, 1067 f. und *Nicolai*, NStZ 2022, 45 f.; siehe auch *Gercke*, ZUM 2021, 921 (929 f.).
[69] *BGH* St 16, 316 (318).
[70] Offenbar in diesem Sinne M/S/M/H/M-*Momsen*, 42/31.
[71] Dazu *BGH*, JZ 1985, 1059 m. Anm. *Zaczyk*; *BGH*, NStZ 1987, 222 f.; NStZ 1988, 554.
[72] *Schünemann*, JA 1980, 353.
[73] *Zaczyk*, JZ 1985, 1059 (1061).
[74] Kindhäuser/*Böse*, 18/4.

Im Übrigen lehrt dieser Fall, dass der »Banküberfall« häufig, wenn nicht gar typischerweise, nicht als Raub begangen wird (keine Wegnahme des Geldes), sondern als räuberische Erpressung (die Täter erlangen die Beute mittels vermögensmindernden Verhaltens des Kassierers bzw. sonstiger Bankbediensteter)[75].
– Zu § 239a StGB siehe *Rn. 528 ff.* –

P hat eine räuberische Erpressung begangen. Dass er die Drohung nicht hätte wahr machen können, ist unerheblich, da es genügt, wenn das Opfer die Drohung ernst nehmen soll und auch ernst nimmt[76].

b) Betrug, § 263 StGB

512 Nach h.M. ist nur § 253 (bzw. § 255) StGB anwendbar. Eine Strafbarkeit wegen Betruges entfalle, wenn die Täuschung des Opfers nur Mittel der Drohung ist oder diese lediglich gefährlicher erscheinen lassen soll[77].
In den jeweiligen Stellungnahmen von Rechtsprechung und Literatur ist dabei nicht immer zweifelsfrei, ob schon der *Betrugstatbestand* ausscheiden soll oder nur ein Fall von *Gesetzeskonkurrenz* angenommen wird[78].

513 Die überwiegende Auffassung verneint schon den **Tatbestand** des Betruges[79].
Zum Teil wird schon eine *betrugsrelevante Täuschung* abgelehnt, wenn die Täuschung nur der Unterstützung der Drohung dient[80]. Unser Fall zeigt aber, dass die Täuschung gerade notwendig ist, um den Erpressten zu dem vom Täter erwünschten Verhalten zu bewegen: Hätte R gewusst, dass sich V nicht in der Gewalt des P befand, hätte er sicher nicht gezahlt.
Zur Begründung der These vom Tatbestandsausschluss wird angeführt, dass die für den Betrug erforderliche *unbewusste Selbstschädigung* fehle, wenn sich das Opfer – durch die Zahlung des Lösegeldes – bewusst schädige[81]. Von einer *Vermögensverfügung* i.S. des § 263 StGB könne keine Rede sein, da dieses Merkmal beim Betrug – anders als bei § 253 StGB – *Freiwilligkeit* erfordere, die wegen der Drohung nicht vorliege.
Für Gesetzeskonkurrenz spricht sich dagegen eine im Vordringen befindliche Lehrmeinung aus[82].

Stellungnahme

514 Es trifft zwar zu, dass beim Betrug grundsätzlich eine unbewusste Selbstschädigung nötig ist (vgl. *Rn. 716* m.w.N.), diese liegt aber unter dem Gesichtspunkt der *Verfehlung des sozialen Zwecks* der Vermögensverfügung hier vor: R erwartete zwar keine wirtschaftliche Gegenleistung für sein Lösegeld, Zweck der Zahlung war es aber, V

---

[75] Vgl. etwa *BGH*, NStZ 1987, 222 f.; NStZ 1989, 22; siehe auch *BGH*, NStZ 1988, 554.
[76] *BGH* St 23, 294 (295 f.); siehe bereits *Rn. 289.*
[77] *BGH* St 23, 294 (295); Sch/Sch-*Bosch*, § 253 Rn. 33; Kindhäuser/*Böse*, 17/66; M/S/M/H/M-*Momsen*, 42/50; *Mitsch*, BT 2, S. 605 ff.; MK-*Sander*, § 253 Rn. 43; W/H/S-*Schuhr*, Rn. 784.
[78] Dazu näher *Küper*, NJW 1970, 2253 f.
[79] So insbesondere *RG* St 20, 326 (329 f.); *BGH* St 23, 294 (295); *Küper*, NJW 1970, 2253 f.; *Mitsch*, BT 2, S. 505 ff.; W/H/S-*Schuhr*, Rn. 784.
[80] Z.B. W/H/S-*Schuhr*, Rn. 784.
[81] *Küper*, NJW 1970, 2253 f.; ebso. z.B. *Mitsch*, BT 2, S. 606 f.
[82] Sch/Sch-*Bosch*, § 253 Rn. 33; Kindhäuser/*Böse*, 17/66; *Rengier* I, 11/75.

§ 9: Erpressung

»freizukaufen«; um diesen sozialen Sinn seines Vermögensopfers wurde R betrogen, da P die V nicht in seiner Hand hatte. Die unbewusste Vermögensschädigung lag hier also zwar nicht in der Zahlung der 50.000 Euro als solcher, da diese eine bewusste Selbstschädigung darstellte, wohl aber in der Zahlung an einen Dritten, der auf das Schicksal der V keinen Einfluss hatte, also in dem *sinnlosen* Vermögensopfer, dessen Sinnlosigkeit der Getäuschte nicht erkannte.

Ob R in unserem Fall durch die Lösegeldzahlung eine **Vermögensverfügung** i.S. des § 263 StGB vorgenommen hat, hängt davon ab, welche Anforderungen an die Freiwilligkeit der Verfügung gestellt werden. Im eigentlichen Sinn des Wortes hat er nicht »freiwillig« gezahlt, denn seine Entscheidung war nicht unbeeinflusst von Zwang. Zur Vermeidung kriminalpolitisch untragbarer Ergebnisse ist ein solch enges Verständnis der Freiwilligkeit des vermögensmindernden Verhaltens jedoch abzulehnen. Betrug scheidet – mangels Vermögensverfügung – nur aus, wenn das Opfer sich sagt, **es habe keine andere Wahl**, weil Widerstand praktisch zwecklos sei. Kann sich der Getäuschte dagegen auf Grund einer Güterabwägung zwischen dem drohenden Übel und dem Interesse an der Verteidigung des eigenen Vermögens zu einem Vermögensopfer entscheiden, hat es also eine echte **Wahl zwischen mehreren Handlungsmöglichkeiten,** so ist von einer Vermögensverfügung auszugehen. Deren Ablehnung mangels Freiwilligkeit würde dagegen erhebliche Strafbarkeitslücken eröffnen: Hätte P in Bereicherungsabsicht dem Vater der V vorgespiegelt, er (P) sei von den Entführern dazu genötigt worden, das Lösegeld als Bote für diese abzuholen, so wäre er weder der Erpressung schuldig, weil es an einer Drohung fehlt, denn sie erfordert, dass der Täter den Eintritt des Übels – Tod der V – als von seinem Willen abhängig darstellt[83], noch wegen Betruges strafbar. 515

Somit liegt in casu neben räuberischer Erpressung Betrug vor. Dieses Ergebnis wird dem sozialen Sinn des Geschehens am besten gerecht: R ist nach der Auffassung des täglichen Lebens nicht nur erpresst, sondern auch betrogen worden. Der soziale Sinn des Geschehens spricht zudem gegen die These, es fehle an einer tatbestandlich relevanten Mitursächlichkeit der Täuschung für die Vermögensverfügung[84]. 516

Im Übrigen ist die Tatbestandslösung kriminalpolitisch bedenklich, da sie zur Straflosigkeit des Teilnehmers führen müsste, der nur Kenntnis von der Täuschung, nicht dagegen von der Drohung hat[85]. Der *BGH* meint, dieser Konsequenz mit der These entgehen zu können, der Gehilfe müsse zwar einen bestimmten vom Haupttäter zu verwirklichenden Tatbestand in seinen wesentlichen Merkmalen erkannt haben, nicht erforderlich sei aber, dass »die Haupttat ihrer rechtlichen Beurteilung nach dieselbe ist, die sich der Hilfeleistende vorstellt«; die Haupttat müsse sich nur im Wesentlichen mit der Tat decken, die der Gehilfe fördern will[86]. Dogmatisch überzeugend lässt sich die Strafbarkeit wegen Beihilfe zum Betrug in einer solchen Konstellation nur begründen, wenn auch der Betrugstatbestand bejaht wird. 517

---

[83] *BGH* St 7, 197 f.; Sch/Sch-*Eisele*, Vorbem §§ 234 ff. Rn. 31.
[84] Sch/Sch-*Bosch*, § 253 Rn. 33; *Klesczewski*, S. 138.
[85] So – gegen *BGH* St 11, 66 f. – zutr. Sch/Sch-*Bosch* § 253 Rn. 33; L/K/H-*Heger*, § 253 Rn. 14.
[86] *BGH* St 11, 66 f.

c) Konkurrenzen

518 § 263 StGB wird von § 253 StGB konsumiert, wenn die Täuschung des Opfers nur Mittel der Drohung ist oder diese lediglich gefährlicher erscheinen lassen soll. Idealkonkurrenz (§ 52 StGB) zwischen diesen Delikten ist dagegen anzunehmen, falls neben die Drohung eine selbstständige Täuschung tritt[87].

d) Ergebnis: P wäre nur wegen räuberischer Erpressung anzuklagen.

Fall 87: – *Durchsetzung einer vermeintlich bestehenden Forderung –*

519 Fritz Wolter (W) und Uwe Säler (S) schlossen eine Wette darüber ab, ob der »FC Bayern München« wieder die »Champions League« gewinnen werde, so W, oder nicht, was S annahm. Der Verlierer sollte dem Gewinner 50 Euro zahlen. S verlor die Wette, weigerte sich aber zu zahlen. Erst als W ihm Prügel androhte, gab er W das Geld. W war bei der Drohung davon überzeugt, einen zivilrechtlichen Anspruch auf Zahlung von 50 Euro zu haben. Strafbarkeit des W?

1) §§ 253, 255 StGB

a) Objektiver Tatbestand

W hat S unter »Anwendung von Drohungen mit gegenwärtiger Leibesgefahr« (§ 255 StGB) zu einem Handeln (Zahlung der 50 Euro) genötigt und dem Vermögen des S einen Nachteil (= Vermögensschaden) zugefügt. Der objektive Tatbestand der §§ 253, 255 StGB ist erfüllt.

b) Subjektiver Tatbestand

aa) W hat vorsätzlich gehandelt.

520 *bb) Bereicherungsabsicht*

Er hat seine Tat begangen, um sich zu bereichern. Die angestrebte Bereicherung war auch rechtswidrig (»... zu Unrecht ...«). Die **Rechtswidrigkeit der Bereicherung** ist in gleicher Weise wie die »Rechtswidrigkeit des Vermögensvorteils« i.S. des § 263 StGB und die »Rechtswidrigkeit der Zueignung« i.S. des § 242 StGB als **Tatbestandsmerkmal**[88] zu verstehen, d.h., sie muss von dem allgemeinen Verbrechenselement der *Widerrechtlichkeit der Tat* (§ 253 II StGB) unterschieden werden (*Rn. 499a*).

521 Nach zutreffender Auffassung[89] fehlt die Rechtswidrigkeit der angestrebten Bereicherung, wenn der Täter einen fälligen (nicht einredebehafteten) **Anspruch** auf die fragliche Bereicherung hat. Nach einer anderen Ansicht[90] soll bereits das Merkmal »**Nachteil**« entfallen, wenn der Täter einen derartigen Anspruch besitzt.

Einen Anspruch hatte W nicht, denn nach § 762 BGB wird durch Spiel oder Wette »eine Verbindlichkeit nicht begründet«. Die von W angestrebte Bereicherung war rechtswidrig[91].

---

[87] *BGH* St 9, 245 (247); Sch/Sch-*Bosch*, § 253 Rn. 33; MK-*Sander*, § 253 Rn. 43.
[88] Dazu *Fischer*, § 253 Rn. 40 f. m.w.N.; *Rengier* I, 11/61 f.; *h.M.*
[89] *BGH* St 48, 322 (325) m. Anm. *Kühl*, NStZ 2004, 387 f.; NStZ 2011, 519; *Fischer*, § 253 Rn. 40; AnwK-*Habetha*, § 253 Rn. 20; W/H/S-*Schuhr*, Rn. 779; SK⁹-*Sinn*, § 253 Rn. 26. Weitergehend *BGH*, NStZ-RR 2004, 45 f.: Die Rechtswidrigkeit der Bereicherung entfalle, wenn das mit der Tathandlung »verfolgte Endziel der Rechtsordnung entspricht«. Dazu auch *Rn. 498.*
[90] *Rengier* I, 11/65; siehe auch SK⁹-*Sinn*, § 253 Rn. 26 (häufig werde es hier schon am Schaden fehlen); dahingestellt von Sch/Sch-*Bosch*, § 253 Rn. 19.
[91] Vgl. auch *Winters*, JuS 1977, 820.

Da die Rechtswidrigkeit der Bereicherung Tatbestandsmerkmal ist, muss sie vom **522**
Vorsatz umfasst sein. An *diesem* Vorsatz fehlt es, wenn der Täter meint, er (bzw.
der bereicherte »Dritte«) habe einen fälligen Anspruch auf die Bereicherung[92]. Ob
die irrige Annahme eines solchen Anspruchs auf Fehlschlüssen über die *Sachlage*
oder über die einschlägigen *Regelungen des bürgerlichen Rechts* beruht, ist zwar
unerheblich. Ein solcher Irrtum liegt aber noch nicht vor, wenn der Täter »sich nach
den Anschauungen der einschlägigen kriminellen Kreise als berechtigter Inhaber eines Anspruchs gegen das Opfer fühlt«[93] (siehe auch *Rn. 499a*).

Da W einen Anspruch gegen S zu haben glaubte, handelte er *insoweit unvorsätzlich*, sodass
er gemäß § 16 StGB nicht aus §§ 253, 255 StGB strafbar ist.
Die Gegenansicht würde bereits den *Schädigungsvorsatz* ablehnen[94].

c) Ergebnis: W ist nicht nach §§ 253, 255 StGB strafbar.

2. § 240 StGB

a) Tatbestand

W hat S durch Drohung mit einem empfindlichen Übel (Prügel) zu einer Handlung (Zahlung) **523**
genötigt; er hat dies auch vorsätzlich getan. Der Tatbestand des § 240 I StGB ist somit erfüllt.

b) Rechtswidrigkeit

Rechtfertigungsgründe liegen nicht vor. Die Androhung des Übels zu dem angestrebten
Zweck ist als *verwerflich* anzusehen (§ 240 II StGB)[95].

Dies würde im Übrigen selbst dann gelten, wenn W einen durchsetzbaren Anspruch **524**
auf den Wettgewinn gehabt hätte. Denn gemäß dem **Rechtsprinzip des Vorranges
staatlicher Zwangsmittel**[96] als Ausfluss des Gewaltmonopols des Staates[97] handelt
stets verwerflich, wer sich für eine Forderung »unter Umgehung des Klageweges«
und »Überschreitung des Selbsthilferechtes« mit *Gewalt* oder durch *Drohung mit
Gewalt* Befriedigung verschafft. Daher vermag die irrige Annahme eines Anspruchs
durch W an dem Verwerflichkeitsurteil nichts zu ändern.

Ein etwaiger Verbotsirrtum des W wäre vermeidbar (§ 17 S. 2 StGB).

c) Ergebnis: W ist aus § 240 StGB strafbar.

Erpressung in einem besonders schweren Fall: **525**

§ 253 IV 2 StGB enthält Regelbeispiele für *besonders schwere Fälle* der Erpressung,
und zwar die *gewerbsmäßige* Begehung (vgl. *Rn. 170*) und das Handeln als Mitglied
einer *Bande*, die sich zur Begehung von Erpressungen, z.B. zur »Schutzgelderpres-

---

[92] *BGH*, StV 2000, 78 f.; NStZ 2002, 597 (598); NStZ 2008, 214; StV 2014, 283 (284); Sch/Sch-*Bosch*, § 253 Rn. 22; *Fischer*, § 253 Rn. 42; W/H/S-*Schuhr*, Rn. 779.
[93] *BGH* St 48, 322 (328 ff.) m. Anm. *Kühl*, NStZ 2004, 387 ff. (gewaltsames Durchsetzen der Bezahlung von Drogen durch Rauschgifthändler); *BGH*, NStZ 2008, 626; NStZ 2017, 465 (467); siehe aber auch *BGH*, NJW 2002, 2117 f. m. Anm. *Kindhäuser/Wallau*, NStZ 2003, 152 ff., und Bespr. *Mitsch*, JuS 2003, 122 ff. (keine unrechtmäßige Bereicherung bei gewaltsamer Veranlassung der Rückzahlung des betrügerisch erlangten Rauschgiftpreises).
[94] Siehe die Nachweise in *Fn. 90*.
[95] Näher zu § 240 II StGB: Krey/*Hellmann*/Heinrich, BT 1, Rn. 424 ff.
[96] Krey/*Hellmann*/Heinrich, BT 1, Rn. 451 f., im Anschluss an *Roxin*, JuS 1964, 376 f.
[97] Dazu m.w.N. *Krey*, Zum Gewaltbegriff, 1. Teil, Rn. 18-22.

sung«, verbunden hat (zu den Voraussetzungen der bandenmäßigen Begehung *Rn. 199 ff.*).

– Wie bei der Prüfung des § 242 StGB in *Hausarbeiten und Klausuren* § 243 StGB zu erörtern ist, wenn ein besonders schwerer Fall ernstlich in Betracht kommt, ist entsprechend bei der Prüfung des § 253 StGB an dessen Abs. 4 zu denken. –

526 *Zum Verhältnis des § 255 (räuberische Erpressung) zu § 253 IV StGB:*

Da § 255 StGB lex specialis gegenüber § 253 StGB ist und Abs. 4 dieser Vorschrift nur eine Strafzumessungsregel darstellt, gibt es keine Idealkonkurrenz (§ 52 StGB) zwischen § 255 und § 253 I, IV StGB. Letztere Vorschriften treten also hinter die räuberische Erpressung zurück.

Deshalb bedarf § 253 IV StGB in Klausuren und Hausarbeiten keiner Prüfung, wenn § 255 StGB bejaht wird.

Ergänzende Hinweise

527 *(1)* Ob und ggf. unter welchen Voraussetzungen **Notwehr** gegen Chantage *(Erpressung eines Schweigegeldes)* zulässig ist, ist strittig[98]. Jedenfalls i.d.R. wird § 32 StGB mangels Gebotenheit ausscheiden.

(2) Das Notwehrrecht gegen *Schutzgelderpressung* reicht dagegen weiter, da der Angegriffene hier nichts zu verbergen hat, also nicht das Licht der Öffentlichkeit scheut.

(3) Nach Auffassung des *BGH* ist der Erpresser »in einer von ihm gesuchten Konfrontation mit dem Erpressten gegenüber einem wehrenden Gegenangriff des Erpressten auf sein Leben regelmäßig nicht arglos im Sinne des Mordmerkmals der Heimtücke«[99]. Das Gericht fingiert hier im Grunde den Argwohn des Erpressers, denn das Tatgericht hatte festgestellt, dass er sich keines Angriffs auf sein Leben versah. – Siehe dazu Krey/*Hellmann*/Heinrich, BT 1, Rn. 86 –

(4) Zur Strafbarkeit der sog. »**Sicherungserpressung**«, die vorliegt, wenn sich der Täter nach der betrügerischen Erlangung einer Sache mittels eines Nötigungsmittels im Besitz der Sache halten will[100], siehe *Rn. 627 ff.*

---

[98] Siehe u.a. *Novoselec*, NStZ 1997, 218 ff. m. Erwiderung von *Amelung*, NStZ 1998, 70 f. m.w.N. und *Arzt,* JZ 2001, 1052 ff.; *Kroß,* Notwehr gegen Schweigegelderpressung, 2004, S. 66 ff.
[99] *BGH* St 48, 207 (210 ff.).
[100] Der *BGH*, NStZ 2012, 95 (96) bejaht in solchen Fällen Betrug und Nötigung, nicht dagegen (ggf. räuberische) Erpressung, wenn der Täter den Entschluss zum Einsatz des Nötigungsmittels erst nach Vollendung des Betruges fasst; zust. *Jäger*, JA 2014, 950 (951 f.); abl. *Grabow*, NStZ 2014, 121 ff.

§ 10 Erpresserischer Menschenraub und Geiselnahme (§§ 239a, 239b StGB)

I. Erpresserischer Menschenraub (§ 239a StGB)

Dieser Tatbestand schützt mehrere Rechtsgüter, nämlich einerseits die Freiheit des Entführten und andererseits Freiheit und Vermögen des zu Erpressenden sowie die Unversehrtheit des Entführten[1].

Seinem *Unrechtsschwerpunkt* nach ist das Verbrechen des erpresserischen Menschenraubs kein Vermögensdelikt[2]; das folgt aus der systematischen Stellung des § 239a im 18. Abschnitt des StGB, dem Zusammenhang mit § 239b StGB und aus der Höhe der Strafdrohung.

Die Neufassung des § 239a StGB ersetzte 1989 die Formulierung »um die Sorge eines **Dritten** um das Wohl des Opfers ...« durch die Formel: »um die Sorge des Opfers um **sein Wohl** oder die Sorge eines Dritten um das Wohl des Opfers ... «. Damit hat § 239a StGB seine ehemals zwingende und für diesen Tatbestand charakteristische »**Dreiecksstruktur**« verloren: Die Neufassung des erpresserischen Menschenraubs verlangt nicht mehr notwendig, dass sich die Tat gegen (mindestens) zwei Opfer (den Entführten und den Dritten) richtet, sondern Entführungsopfer und Erpressungsopfer können identisch sein[3] (Erpresserischer Menschenraub im **Zwei-Personen-Verhältnis**).

Fall 88: — *Erpresserischer Menschenraub im Drei-Personen-Verhältnis —*

Theodor (Th) wohnte von seiner reichen Frau Dorothea (D) getrennt; ihr gemeinsames Kind Alexander (A), ein Jahr alt, lebte bei D. Eines Tages drang Th, der Geld benötigte, in das Haus der D ein, ergriff den kleinen A, schloss sich mit ihm im Bad ein und drohte der D, ihn »wie eine Katze zu ersäufen«, wenn sie ihm nicht 5.000 Euro gebe; er (Th) sei finanziell am Ende und in seiner Lage zu allem fähig. D hielt die Drohung des Th für ernst gemeint. Sie täuschte Th vor, das Geld besorgen zu wollen, benachrichtigte aber die Polizei. Als diese das Haus umstellt hatte, öffnete Th die Tür, da er seinen Erpressungsplan gescheitert sah. A lief zu D. Strafbarkeit des Th nach § 239a StGB?

a) Objektiver Tatbestand

Der objektive Tatbestand des § 239a StGB setzt lediglich voraus, dass der Täter einen Menschen entführt oder sich eines Menschen bemächtigt.

Opfer der Entführung bzw. des Sich-Bemächtigens können auch eigene Angehörige, insbesondere das eigene Kind, sein[4].

»Entführen« bedeutet **Verbringen des Opfers von seinem bisherigen Aufenthaltsort an einen anderen Ort**, an dem es dem »ungehemmten Einfluss« des Täters aus-

---

[1] BGH, NStZ 2024, 1357 (Rn. 19) m. Anm. *Mitsch* sowie *Valerius*, NStZ 2024, 487 f.; HdS 4-*Eisele*, § 7 Rn. 10; L/K/H-*Heger*, § 239a Rn. 1; *Mitsch*, BT 2, S. 672; AnwK-*Zimmermann*, § 239a Rn. 1; ähnl. *Otto*, 29/1; diff. MK-*Renzikowski*, § 239a Rn. 1 ff.; nach NK-*Sonnen*, § 239a Rn. 12 ist das »lebensgefährliche Risiko für die Geisel« der entscheidende Grund für die hohe Strafdrohung.

[2] H.L., so u.a.: L/K/H-*Heger*, § 239a Rn. 1; *Otto*, 29/1. A.A. Sch/Sch-*Eisele*, § 239a Rn. 2.

[3] Kriminalpolitische Kritik hieran etwa bei: *Kunert/Bernsmann*, NStZ 1989, 449 (450 f.).

[4] BGH St 26, 70 (71); GA 1975, 53; AnwK-*Zimmermann*, § 239a Rn. 3.

gesetzt ist⁵. Das bloße Weglocken eines schutzbereiten Dritten ohne Ortsveränderung des Opfers genügt dagegen nicht⁶.

530 »Sich-Bemächtigen« setzt nach h.A. voraus, dass der Täter die »**physische Gewalt über das Opfer begründet**«⁷. Diese Voraussetzung kann bereits erfüllt sein, wenn der Täter das Opfer mit einer (Schuss-)Waffe »in Schach hält«⁸. Er muss dadurch aber eine »stabilisierte Bemächtigungslage« herbeiführen (dazu *Rn. 548*).
Der *BGH*⁹ wendet diese Tatalternative mit teilweiser Billigung der Literatur¹⁰ sogar an, wenn der Täter eine **Scheinwaffe** verwendet. Die Gegenmeinung lehnt diese Sicht jedoch zu Recht ab. Der Wortlaut zwingt nicht zu einer solch ausdehnenden Auslegung und die hohe Strafdrohung des § 239a I StGB (»Freiheitsstrafe nicht unter fünf Jahren«) spricht dafür, dass zumindest eine – abstrakte – Gefahr für die Unversehrtheit des Opfers vorliegen muss, an der es jedoch fehlt, wenn der Täter mit einer Scheinwaffe droht¹¹.

531 Das Sich-Bemächtigen erfordert im Übrigen weder eine Ortsveränderung des Opfers noch eine Freiheitsberaubung i.S. des § 239 StGB¹². Das Opfer braucht seine Lage nicht einmal zu erkennen, sodass auch Säuglinge Opfer sein können¹³, während § 239 StGB ihnen gegenüber nicht begangen werden kann¹⁴.

532 »Entführen« und »Sich-Bemächtigen« verlangen nicht notwendig ein Handeln gegen den Willen des Betroffenen¹⁵; dieser kann sich als »**Ersatzgeisel**« freiwillig in die Gewalt des Täters begeben¹⁶. Doch entfällt das Merkmal »Sich-Bemächtigen« im Falle der **Kollusion** zwischen Täter und »Geisel«, d.h. dann, wenn die »Geisel« mit dem Täterverhalten einschließlich der geplanten Erpressung einverstanden ist und sich nur *zum Schein* als Geisel verwenden lässt¹⁷.
Das *Einverständnis der Erziehungsberechtigten* mit dem »Sich-Bemächtigen« eines noch willensunfähigen Kleinkindes ist nach h.A. unbeachtlich¹⁸.

---

⁵ *BGH* St 39, 330 (332 ff.); 40, 350 (359); NStZ 2003, 604.
⁶ MK-*Renzikowski*, § 239a Rn. 26.
⁷ *BGH* St 26, 70 (72); StV 2020, 232; Sch/Sch-*Eisele*, § 239a Rn. 7; L/K/H-*Heger*, § 239a Rn. 3; *Mitsch*, BT 2, S. 677 f.; W/H/S-*Schuhr*, Rn. 803; SK-*Wolters*, § 239a Rn. 4; AnwK-*Zimmermann*, § 239a Rn. 5. – Zur abweichenden Ansicht von *Lampe* vgl. unten *Rn. 540 f.* –
⁸ *BGH*, NStZ 1986, 166 (Bedrohung eines Kunden bei einem Banküberfall); Sch/Sch-*Eisele*, § 239a Rn. 7; *Rengier*, GA 1985, 314 (320).
⁹ *BGH*, NStZ 1986, 166.
¹⁰ HdS 4-*Eisele*, § 7 Rn. 13; S/S/W-*Schluckebier/Werner*, § 239a Rn. 4; NK-*Sonnen*, § 239a Rn. 20.
¹¹ *Fischer*, § 239a Rn. 4b; MK-*Renzikowski*, § 239a Rn. 33.
¹² *BGH*, NStZ 2002, 31 (32); NStZ 2010, 516; *Fischer*, § 239a Rn. 4.
¹³ *BGH* St 26 70 (71); GA 1975, 53; Sch/Sch-*Eisele*, § 239a Rn. 7; S/S/W-*Schluckebier/Werner*, § 239a Rn. 3.
¹⁴ Krey/*Hellmann*/Heinrich, BT 1, Rn. 382.
¹⁵ Sch/Sch-*Eisele*, § 239a Rn. 9; *Rengier* II, 24/8; dahingestellt in *BGH* St 26, 70 (72).
¹⁶ *BGH* St 26, 70 (72); LK¹³-*Schluckebier*, § 239a Rn. 7; M/S/M/H/M-*Schroeder*, 15/31; SK-*Wolters*, § 239a Rn. 5; AnwK-*Zimmermann*, § 239a Rn. 3. A.A. *Mitsch*, BT 2, S. 675 f.
¹⁷ *Rengier* II, 24/8; MK-*Renzikowski*, § 239a Rn. 39; SK-*Wolters*, § 239a Rn. 5; offengelassen von *BGH* St 26, 70 (72).
¹⁸ *BGH* St 26, 70 (72); Sch/Sch-*Eisele*, § 239a Rn. 9; L/K/H-*Heger*, § 239a Rn. 3; *Lampe*, JR 1975, 424 f.

In unserem *Fall 88* ist fraglich, ob Th seinen Sohn entführt oder sich seiner bemächtigt hat. **533**
Es liegt zwar eine gewisse Ortsveränderung vor, was für eine Entführung zu sprechen scheint.
Das Verbringen des Kindes in das in der Wohnung gelegene Badezimmer ist aber nicht das
Mittel zur Begehung der Erpressung, sondern dieses besteht in dem Umstand, dass Th nun die
physische Herrschaft über A ausübt. Th hat sich somit des A bemächtigt.

b) Subjektiver Tatbestand

Der Täter muss die Tathandlung (»Entführen«; »Sich-Bemächtigen«) vorsätzlich be- **534**
gangen und zudem in der Absicht, »die Sorge des Opfers um sein Wohl oder die
Sorge eines Dritten um das Wohl des Opfers zu einer Erpressung (§ 253 StGB)
auszunutzen«, gehandelt haben; beides war hier der Fall.

»Sorge um das Wohl« meint die Befürchtung, das Opfer könne beim Fortbestehen
der vom Täter geschaffenen Lage körperlichen oder seelischen Schaden erleiden[19].
Bei dem *»Dritten«* braucht es sich nicht um Angehörige zu handeln, sondern es
kommt als Dritter z.B. auch die Regierung in Frage[20], es sei denn, der Täter rechnet
damit, dass der Dritte allein aus politischer Rücksichtnahme handeln werde[21]. Namentlich genügt die »Sorge des Bankpersonals um ihre Kunden«[22].
Die Absicht einer gegen das **Opfer der Tathandlung** (»Entführung«, »Sich-Bemächtigen«) selbst gerichteten Erpressung erfüllt ebenfalls den Tatbestand.

Beispiel[23]: Straftäter entführen eine leitende Person der Wirtschaft, der über erhebliches Vermögen verfügt, und zwingen ihn durch länger dauernde Gefangenschaft, »nach und nach über
seine Vermögenswerte zu verfügen«.

Die Formulierung: »**Erpressung (§ 253 StGB)**« erfasst auch die räuberische Erpres- **535**
sung (§ 255 StGB).
Der Verweis auf § 253 StGB bedeutet nicht, dass es noch einer besonderen Prüfung
der Verwerflichkeitsklausel des § 253 II StGB bedürfte, denn »die in § 239a beschriebene Mittel-Zweck-Relation ist *stets* verwerflich«[24].
Die Absicht, die Sorge eines Dritten oder des Opfers selbst zu einem **Raub** auszunutzen, reicht im Übrigen aus[25], da nach zutreffender Auffassung (siehe *Rn. 488 ff.*)
§ 249 StGB von § 255 StGB mit umfasst ist. Diejenigen, die für die – räuberische –
Erpressung eine Vermögensverfügung fordern (*Rn. 486*), müssen dagegen § 239a
StGB ablehnen, wenn der Täter einen Raub plant; nach dieser Auffassung wäre
§ 239b StGB einschlägig[26].
Der Tatbestand des § 239a I StGB ist in unserem Fall also erfüllt.

c) Rechtswidrigkeit und Schuld liegen vor.

---

[19] *BGH* St 25, 35 (36 f.); *Fischer*, § 239a Rn. 5; L/K/H-*Heger*, § 239a Rn. 5; S/S/W-*Schluckebier*, § 239a Rn. 8.
[20] *Backmann/Müller-Dietz*, JuS 1975, 41; *Fischer*, § 239a Rn. 5c; *Otto*, 29/5.
[21] MK-*Renzikowski*, § 239a Rn. 46, 49.
[22] *BGH*, NStZ 1986, 166; HdS 4-*Eisele*, § 7 Rn. 33; *Rengier* II, 24/7.
[23] Nach *Stocker* [vgl. bei *Kunert/Bernsmann*, NStZ 1989, 449 (450)].
[24] Sch/Sch-*Eisele*, § 239a Rn. 11; abw. *Bohlinger*, JZ 1972, 233.
[25] *BGH*, NStZ 2002, 31 (32); NStZ 2003, 604 (605); NStZ 2013, 648; NStZ-RR 2019, 212; LK[13]-*Schluckebier*, § 239a Rn. 25. *Mitsch*, JuS 2022, 609 ff. verwendet für diese Konstellationen den Terminus »Räuberischer Menschenraub«.
[26] MK-*Renzikowski*, § 239a Rn. 43.

d) Tätige Reue

536 Es fragt sich, ob die strafmildernde Vorschrift des § 239a IV StGB (»tätige Reue«) eingreift. **Freiwilligkeit** fordert diese Regelung nicht[27], denn sie soll dem Täter selbst in der ausweglosesten Situation, z.B. wenn er von der Polizei umstellt ist, einen Anreiz bieten, »das Opfer unter Verzicht auf die erstrebte Leistung in dessen Lebenskreis zurückgelangen« zu lassen (§ 239a IV 1 StGB) bzw. sich ernsthaft darum zu bemühen, falls das Opfer ohne Zutun des Täters zurückgekehrt ist[28] (§ 239a IV 2 StGB).

In seinen »Lebenskreis zurückgelangen« lässt der Täter das Opfer, wenn er das Herrschaftsverhältnis willentlich beendet und es in die Lage versetzt, seinen Aufenthaltsort selbst zu bestimmen[29]. Lebenskreis ist nicht als örtliche Fixierung zu verstehen, sondern als Umgebung, in der das Opfer das »Gefühl der sozialen Geborgenheit und Sicherheit hat«[30]. Die Freilassung am Tatort kann genügen, wenn der Betroffene dadurch seinen Aufenthaltsort wieder frei wählen kann[31]. Ist das Opfer dazu aus eigener Kraft nicht in der Lage, muss der Täter Sorge tragen, dass es in die Obhut einer Aufsichtsperson oder eines anderen schutzbereiten Dritten gelangt[32].

Strittig sind die Anforderungen an den »Verzicht auf die erstrebte Leistung«.

Beispiel: Nachdem die Täter das Opfer (O) in ihre Gewalt gebracht hatten, kündigten sie dessen Vater (V) telefonisch mit, den Sohn zu verprügeln, wenn V nicht eine – vermeintliche – Forderung gegen O aus einem Rauschgiftgeschäft erfüllen würde. Als V in seinem Pkw an dem vereinbarten Ort erschien, ließen die Täter O in das Auto des V einsteigen, hielten ihre Zahlungsforderung gegenüber V aber aufrecht.

Obwohl die Täter O durch die Gestattung des Einsteigens in das Auto des V in seinen »Lebenskreis« zurückgelangen ließen, lehnte der *BGH* die Anwendbarkeit des § 239a IV StGB unter Berufung auf den Wortlaut, die Gesetzesmaterialien, die Gesetzessystematik und einen Vergleich mit dem Rücktritt vom Versuch ab, da sich daraus ergebe, dass der Täter von der erhobenen Forderung *vollständig Abstand* nehmen müsse[33]. Nach zutreffender Ansicht verzichtet der Täter i.S. des § 239a IV StGB jedoch bereits, wenn er *die Leistung nicht mehr unter den Voraussetzungen des § 239a StGB fordert*[34]. In den Gesetzesmaterialien[35] ist von einem *vollständigen* Verzicht auf die erstrebte Leistung keine Rede[36] und die restriktive Auslegung durch

---

[27] BGH, BeckRS 2020, 9752 (Rn. 4 f.); NStZ 2024, 287 (Rn. 4); HdS 4-*Eisele*, § 7 Rn. 58; L/K/H-*Heger*, § 239a Rn. 10; S/S/W-*Schluckebier*, § 239a Rn. 19; AnwK-*Zimmermann*, § 239a Rn. 15.
[28] BGH, NStZ 2003, 605 (606) (zu § 239b II StGB); Sch/Sch-*Eisele*, § 239a Rn. 40.
[29] M/R-*Eidam*, § 239a Rn. 28; Sch/Sch-*Eisele*, § 239a Rn. 35 f.; BeckOK-StGB-*Valerius*, § 239a Rn. 21.
[30] MK-*Renzikowski*, § 239a Rn. 94.
[31] BGH, NStZ-RR 2019, 285 (286).
[32] Sch/Sch-*Eisele*, § 239a Rn. 36; MK-*Renzikowski*, § 239a Rn. 94.
[33] BGH, NJW 2017, 1124 (Rn. 8 ff.) m. zust. Anm. *Schiemann*; ebso. BGH, BeckRS 2020, 9752 (Rn. 4 f.); zust. W/H/S-*Schuhr*, Rn. 744; BeckOK-*Valerius*, § 239a Rn. 23; offengelassen (bzgl. §§ 239b II i.V.m. 239a IV StGB) von BGH, NStZ-RR 2019, 285 (286);.
[34] *Dehne-Niemann*, StV 2019, 133 ff. mit eingehender Argumentation gegen die Thesen des *BGH*; *Fischer*, § 239a Rn. 20; *Rengier* II, 24/41; *Renzikowski*, JR 2017, 314 (316 ff.).
[35] Schriftlicher Bericht des Sonderausschusses für die Strafrechtsreform, BT-Drs. VI/2722, 3.
[36] *Dehne-Niemann*, StV 2019, 133 (139 f.); *Renzikowski*, JR 2017, 316.

den *BGH* widerspricht dem durch den Verzicht auf die Freiwilligkeit belegten Zweck der Regelung, dem Täter selbst in ausweglosen Situationen einen Anreiz zu bieten, das Opfer lebend freizulassen[37].
Ein Verzicht auf die erstrebte Leistung kommt deshalb sogar noch in Betracht, wenn der Täter einen geringeren Teil des Lösegeldes bereits verbraucht hat oder aus anderen Gründen nicht mehr zurückgeben kann[38].

Unter Verzicht auf die Geldforderung ließ Th seinen Sohn zu D zurückgelangen. Unerheblich ist, dass Th wegen des Polizeiaufgebots seine Lage als aussichtslos empfand. Er ist zwar aus § 239a I StGB schuldig, es liegt aber der **fakultative** persönliche Strafmilderungsgrund nach Abs. 4 vor.
Die versuchte räuberische Erpressung tritt in Tateinheit (§ 52 StGB) hinzu (*Rn. 537*).

Ergänzende Hinweise zu § 239a StGB

(1) Greift der Täter erst in das Geschehen ein, **nachdem Dritte das Opfer bereits entführt oder sich seiner bemächtigt hatten**, kommt erpresserischer Menschenraub in Betracht, wenn der Täter eigenständig Gewalt über das Opfer erlangt und sich nicht allein darauf beschränkt, die von Dritten begründete Opferlage zu einer Erpressung auszunutzen; das ist der Fall, wenn der Täter nunmehr maßgeblich selbst über das Fortbestehen der Opferlage bestimmt[39]. **537**

(2) **Konkurrenzen:** § 239a StGB verdrängt §§ 239, 240 StGB (Gesetzeskonkurrenz), es sei denn, die Freiheitsberaubung oder Nötigung geht erheblich über die zur Erfüllung des § 239a StGB erforderlichen Einschränkungen der persönlichen Freiheit hinaus[40]. Mit §§ 253, 255 StGB ist Idealkonkurrenz anzunehmen[41]. – Siehe ergänzend *Rn. 543 ff.* –

(3) Zur »**wenigstens leichtfertigen**« **Todesverursachung** (§ 239a III StGB) siehe *Rn. 332 - 339*; die Ausführungen zu § 251 StGB gelten weitgehend entsprechend. Der zeitliche Anwendungsbereich des § 239a III StGB ist jedoch weiter als der des § 251 StGB. Nach zutreffender Auffassung erfordern §§ 249, 251 StGB einen »Unmittelbarkeitszusammenhang« der Raubhandlung und des Todes (»Verursacht der Täter *durch den Raub* ...«), sodass die Todesverursachung nach Vollendung des Raubes nicht erfasst ist (*Rn. 332 f.*). Die tatbestandsspezifische Gefahr des erpresserischen Menschenraubes mit Todesfolge kann dagegen erfüllt sein, wenn das Geschehen während der Bemächtigung »eskaliert«[42], oder »wenn der Tod des Opfers nur mittelbar durch die Tat, unmittelbar dagegen durch das Eingreifen **Dritter**«, z.B. eine polizeiliche Befreiungsaktion, »herbeigeführt worden ist«[43].

---

[37] *Dehne-Niemann*, StV 2019, 133 (139 ff.)
[38] BT-Drs. VI/2722, 3; Sch/Sch-*Eisele*, § 239a Rn. 39; SK-*Wolters*, § 239a Rn. 24; wohl auch *Fischer*, § 239a Rn. 20.
[39] BGH, NStZ 2014, 316 (317) m. zust. Bespr. *Hecker*, JuS 2014, 368 (370); MK-*Renzikowski*, § 239a Rn. 60.
[40] Vgl. *BGH*, NStZ-RR 2003, 45 (46); ebso. AnwK-*Zimmermann*, § 239a Rn. 17.
[41] H.M.; vgl. näher: Sch/Sch-*Eisele*, § 239a Rn. 44 m.w.N.; *Fischer*, § 239a Rn. 21a; L/K/H-*Heger*, § 239a Rn. 11; *Rengier* II, 24/43; *Wagner*, ZIS 2019, 12 (20).
[42] BGH, NJW 2024, 1357 (Rn. 19 f.) m. Anm. *Mitsch*.
[43] *BGH* St 33, 322 (zu § 239b II i.V.m. § 239a III StGB); Sch/Sch-*Eisele*, § 239a Rn. 30 m.w.N.; M/S/M/H/M-*Schroeder*, 15/36; eingehend MK-*Renzikowski*, § 239a Rn. 75.

In gleicher Weise gilt § 239a III StGB, wenn das Opfer bei einer waghalsigen **Selbst**befreiungsaktion zu Tode kommt, mag dieser Umstand die Unmittelbarkeit der Todesverursachung durch die Tat (§ 239a I StGB) tangieren oder nicht[44]. Eine tatbestandstypische Gefahr i.S. des § 239a III StGB kann zudem darin bestehen, dass sich der Täter aufgrund des Risikos der Entdeckung in einem psychischen Belastungszustand befindet, in dem er dem Opfer aus nichtigem Anlass oder wegen einer anspannungsbedingten Fehleinschätzung eine tödliche Verletzung zufügt[45].

II. Geiselnahme (§ 239b StGB)

538 Dieser Tatbestand schützt die Freiheit des Entführten und des zu Nötigenden, zudem die Unversehrtheit des Opfers[46].

Der Aufbau des § 239b StGB entspricht im Wesentlichen dem des § 239a StGB. Für die Geiselnahme genügt an Stelle der Erpressung jedoch eine *sonstige Nötigung* und der Täter muss die Absicht haben, mit besonders schweren Übeln zu drohen, nämlich mit dem Tod oder einer schweren Körperverletzung (§ 226 StGB) des Opfers oder mit dessen Freiheitsberaubung von über einer Woche Dauer. Auch § 239b StGB hat seine ursprüngliche charakteristische »**Dreiecksstruktur**«[47] verloren (vgl. *Rn. 528*). **Entführungsopfer** und Genötigter können also identisch sein[48] (Geiselnahme im **Zwei-Personen-Verhältnis**).

Beispiel: Entführung eines Politikers, um ihm selbst ein bestimmtes Verhalten abzupressen, z.B. die Preisgabe von Staatsgeheimnissen.

Einer besonderen Prüfung der *Verwerflichkeit* der beabsichtigten Nötigung nach § 240 II StGB bedarf es – wie bei § 239a StGB – nicht, da sich die Verwerflichkeit im Falle des § 239b StGB von selbst versteht[49] (*Rn. 535*).

539 Da die beabsichtigte Nötigung auch in einer Erpressung, also einem vermögensrelevanten Verhalten bzw. einer Vermögensverfügung bestehen kann, stellt sich die Frage nach dem **Konkurrenzverhältnis** der §§ 239a, 239b StGB zueinander.

In unserem Fall 88 (*Rn. 529*) hat Th nicht nur § 239a I (IV) StGB verwirklicht, sondern auch den Tatbestand des § 239b I StGB – rechtswidrig und schuldhaft – erfüllt. Der persönliche Strafmilderungsgrund der »tätigen Reue« (§ 239b II i.V.m. § 239a IV StGB) greift ebenfalls ein. »Verzicht auf die erstrebte Leistung« bedeutet bei §§ 239b II i.V.m. 239a IV StGB Verzicht auf den angestrebten Nötigungserfolg[50] (hier auf die Zahlung von 5.000 Euro).

§ 239b StGB tritt im Wege der Gesetzeskonkurrenz (Subsidiarität) zurück, wenn die Geiselnahme – wie hier – *allein* den Zweck unrechtmäßiger Bereicherung verfolgt[51].

---

[44] SK-*Wolters*, § 239a Rn. 28 m.w.N.
[45] BGH, NStZ 2016, 211 (Rn. 25).
[46] W/H/E-*Engländer*, Rn. 407; *Gössel*/Dölling, 20/1; L/K/H-*Heger*, § 239b Rn. 1 i.V.m. § 239a Rn. 1; *Otto*, 29/1; S/S/W-*Schluckebier*, § 239b Rn. 1; vgl. auch *Backmann*, JuS 1977, 445 f.
[47] BGH, NJW 1990, 57.
[48] Zu den kriminalpolitischen Bedenken W/H/E-*Engländer*, Rn. 413; *Kunert/Bernsmann*, NStZ 1989, 449 (450 f.).
[49] Sch/Sch-*Eisele*, § 239b Rn. 9; L/K/H-*Heger*, § 239b Rn. 2; krit. *Bohlinger*, JZ 1972, 230 (233).
[50] Sch/Sch-*Eisele*, § 239b Rn. 19; L/K/H-*Heger*, § 239b Rn. 3.
[51] BGH St 25, 386; 26, 24 (28 f.); AnwK-*Zimmermann*, § 239a Rn. 17.

Dagegen ist Tateinheit anzunehmen, »wenn die Geiselnahme sowohl dem Ziel eines unrechtmäßigen Vermögensvorteils als auch anderen Zwecken dient«[52].

Fall 89: – *Zum Begriff des »Sich-Bemächtigens«* –
Der mit Haftbefehl gesuchte Balduin (B) lebte mit seiner Verlobten Veronika (V) und ihrer gemeinsamen fünf Monate alten Tochter Petra (P) zusammen. Als Kriminalbeamte ihn in der Wohnung festnehmen wollten, ergriff B seine Tochter, richtete ein Brotmesser auf sie und drohte, das Kind umzubringen, falls man nicht auf seine Verhaftung verzichte. Nach langen Verhandlungen gaben die Beamten schließlich ihr Vorhaben auf und verließen die Wohnung. Strafbarkeit des B wegen Geiselnahme?

540

Fraglich ist, ob sich B der P *»bemächtigt«* hat.

Die h.M. fordert – wie dargelegt (*Rn. 530*) –, dass der Täter die »physische Gewalt« über das Opfer begründen« muss. Eine solche Begründung der physischen Gewalt soll im vorliegenden Fall anzunehmen sein; indem der Täter das Kind aufhob und an sich drückte und das Messer gegen es richtete, habe »er sich Herrschaft über dessen Körper verschafft«[53].

Vereinzelt wird jedoch behauptet, die Formel von der Begründung der physischen Herrschaft über das Opfer versage, wenn der Täter bereits *vor* dem Ergreifen die »physische Gewalt« über das Kind besaß. »Sich-Bemächtigen« liege dennoch vor, weil dieses Merkmal zu verstehen sei als »Verminderung der Geborgenheit des Opfers zugunsten der eigenen Herrschaftsmacht«[54].

Beide Standpunkte lassen sich wie folgt verbinden: »Sich-Bemächtigen« bedeutet die »Begründung physischer Gewalt« bzw. die »Intensivierung bereits bestehender physischer Gewalt« über das Opfer, wobei Folge dieser neu begründeten oder intensivierten Herrschaft über den Körper eines anderen eine *Minderung der Geborgenheit* des Opfers – sei es »Geborgenheit durch die eigenen Kräfte«, sei es »Geborgenheit durch die schützenden Kräfte der sozialen Gemeinschaft«[55] – sein muss.

541

Diese Auslegung des Merkmals »sich bemächtigen« entspricht jedenfalls der ratio legis des § 239b StGB, nach der die Minderung der Geborgenheit einen Grund für die Strafbarkeit darstellt[56]. Der bloße Missbrauch einer bereits bestehenden Herrschaftsmacht – auf den der *BGH*[57] in seiner Begründung mit der Formulierung abstellt, der Täter habe »seine Zugriffsmöglichkeit auf das Kind offensichtlich *missbraucht*«, genügt für das Merkmal des »Sich-Bemächtigens« dagegen nicht[58].

---

[52] *BGH* St 26, 24 (28 f.): Die Täter hatten mit der Geiselnahme sowohl Lösegeld als auch freien Abzug nach einem Banküberfall erstrebt; siehe auch LK[13]-*Schluckebier*, § 239a Rn. 63; AnwK-*Zimmermann*, § 239a Rn. 17.
[53] *BGH* St 26, 70 (72); zust. Sch/Sch-*Eisele*, § 239a Rn. 3; SK-*Wolters*, § 239a Rn. 4. – Siehe auch *Rn. 530* mit *Fn. 7.* –
[54] *Lampe*, JR 1975, 424 f.
[55] *Lampe*, JR 1975, 424 f.; zust. MK-*Renzikowski*, § 239a Rn. 31.
[56] Dazu näher *Lampe*, JR 1975, 424 f.; ebenso W/H/E-*Hettinger*, Rn. 412.
[57] *BGH* St 26, 70 (72).
[58] Ebenso M/S/M/H/M-*Schroeder*, 15/3.

Das bedeutet nicht, dass es der **Neubegründung** der physischen Gewalt über das Opfer bedarf. Die **Intensivierung** einer bereits bestehenden Herrschaftsgewalt genügt, wenn sie die Geborgenheit des Opfers nicht unerheblich mindert[59].

Danach hat B das Merkmal des »Sich-Bemächtigens« erfüllt: Als er P ergriff und mit dem Messer bedrohte, intensivierte er seine physische Gewalt über sie und brachte sie in eine hilflosere Lage, als sie vorher für das Kind bestand.

d) Ergebnis: B ist aus § 239b I StGB strafbar.

542 Dies würde selbst dann gelten, wenn V in die Tat eingewilligt hätte[60].
§ 239b StGB würde zudem nicht entfallen, falls B keinesfalls vorhatte, seine Drohung gegebenenfalls wahr zu machen[61]. Zwar erfordern §§ 239a, 239b StGB die abstrakte Gefahr für die Unversehrtheit des Opfers (*Rn. 530*). Diese fehlt aber nicht schon dann, wenn der Täter plant, das in seiner Gewalt befindliche Opfer zu schonen, zumal sonst nachträglichen Schutzbehauptungen Tür und Tor geöffnet würde.

III. Verhältnis der §§ 239a, 239b StGB zum erstrebten Nötigungsdelikt

Fall 90: – *Sich-Bemächtigen in Zwei-Personen-Verhältnissen* –

543 Wigald (W) lauerte um 23.00 Uhr auf dem zu dieser Zeit menschenleeren Parkplatz der Juristischen Fakultät der Akademischen Mitarbeiterin Patricia (P) auf, um sie zu vergewaltigen. Als P ihr Auto aufschloss, fiel W von hinten über sie her, setzte ihr ein Stilett an die Kehle und forderte sie auf, sich nicht zu wehren, sonst werde er sie »abstechen«. Aus Angst um ihr Leben ließ P angeekelt die Vergewaltigung über sich ergehen.
Strafbarkeit des W aus § 239b StGB?

Bei oberflächlicher Betrachtung scheint der Tatbestand erfüllt zu sein:
W hat sich der P bemächtigt (*Rn. 530*); der objektive Tatbestand des § 239b StGB ist somit anscheinend gegeben. W handelte zudem vorsätzlich; auch die Absicht, die P durch die Drohung mit dem Tod zur Duldung der Vergewaltigung zu nötigen, scheint vorzuliegen.

Ein Teil der Literatur[62] gelangt in Fällen wie dem vorliegenden zur Strafbarkeit aus § 239b StGB – bzw. bei vergleichbaren Erpressungskonstellationen zur Annahme des § 239a StGB. Bei genauer Betrachtung erfordern §§ 239a/b StGB jedoch eine restriktive Auslegung:

544 Durch die Aufgabe der ursprünglichen »Dreiecksstruktur« der §§ 239a, 239b StGB unter Ausdehnung ihres Anwendungsbereichs auf die Nötigung des Opfers der Entführung bzw. des Sich-Bemächtigens selbst, d.h. auf *»Zwei-Personen-Verhältnisse«* (*Rn. 528, 538*), drohen systematische Brüche im Verhältnis des § 239a StGB zu §§ 253, 255 StGB und des § 239b StGB zu § 177 StGB und anderen Nötigungsdelikten[63]. Würden nämlich §§ 239a, 239b StGB auf Fälle der räuberischen Erpressung bzw. der – sexuellen – Nötigung oder Vergewaltigung des Opfers der Entfüh-

---

[59] Sch/Sch-*Eisele*, § 239a Rn. 7; W/H/E-*Engländer*, Rn. 412; W/H/S-*Schuhr*, Rn. 803.
[60] Dazu näher *BGH* St 26, 70 (72) und *Lampe*, JR 1975, 424 f.
[61] *BGH* St 26, 309 (310). A.A. *Backmann*, JuS 1977, 444 f, der den »Schutz von Leib und Leben der Geisel durch § 239b« hier nicht für erforderlich hält.
[62] Eingehend MK-*Renzikowski*, § 239a Rn. 50 ff.; siehe auch L/K/H-*Heger*, § 239a Rn. 4a.
[63] Dazu: *BGH* St 39, 36 (38 ff.); *Renzikowski*, JZ 1994, 492 ff.; *Tenckhoff/Baumann*, JuS 1994, 836 ff.

rung bzw. des Sich-Bemächtigens angewendet, so hätte dies zur Konsequenz, dass diese Nötigungsdelikte nicht selten *zugleich* Verbrechen des erpresserischen Menschenraubs bzw. der Geiselnahme wären[64], denn in aller Regel liegt in der Nötigung mit (Personen-) Gewalt oder durch Bedrohung mit einer Waffe ein »Sich-Bemächtigen« als Begründung oder Intensivierung physischer Gewalt über das Opfer (*Rn. 540 ff.*). Damit würde der eigentliche Unrechtskern gerade der kriminologisch typischen Fälle von sexueller Nötigung/Vergewaltigung und räuberischer Erpressung auf das bloße »**Vorbereitungsdelikt**« § 239b bzw. § 239a StGB verschoben[65], und zwar mit der Folge weiterer systematischer Ungereimtheiten (z.B. der Maßgeblichkeit des Strafrahmens der letzteren Vorschriften). (Was in unserem Fall allerdings unproblematisch wäre, weil § 177 VIII Nr. 1 StGB wie § 239b StGB eine Mindeststrafe von fünf Jahren vorsieht.)

Zur Vermeidung dieses Ergebnisses schied der *1. Strafsenat des BGH*[66] die Fälle aus dem Anwendungsbereich der §§ 239a, 239b StGB aus, »in denen das bloße *Sich-Bemächtigen* unmittelbares Nötigungsmittel einer Vergewaltigung, sexuellen Nötigung oder räuberischen Erpressung ist und in denen eine über das hierdurch begründete unmittelbare Gewaltverhältnis zwischen Täter und Opfer hinausreichende **Außenwirkung** des abgenötigten Verhaltens nach der Vorstellung des Täters nicht eintreten soll. Bemächtigt sich der Täter des Opfers allein zu dem Zweck, es zu vergewaltigen, sexuell zu nötigen oder zu erpressen, und verwirklicht er diese Absicht innerhalb des genannten Gewaltverhältnisses«, sei er daher lediglich nach § 177 oder §§ 253, 255 StGB zu bestrafen. Diese Reduktion der §§ 239 a/b StGB dehnte der Senat auf die Tatmodalität der Entführung aus[67].

Diese – ohne Anhaltspunkt im Gesetz entwickelte – Konzeption stieß jedoch auf den Widerstand anderer Strafsenate des *BGH*: Der *5. Strafsenat* wählte unter Abkehr von jener »**Außenwirkungstheorie**« einen anderen Weg und entschied[68] – ebenfalls ohne gesetzlichen Anknüpfungspunkt –, dass in einem Zwei-Personen-Verhältnis die Geiselnahme die Nötigung verdrängt, «wenn infolge einer Nötigungshandlung der Tod oder die schwere Körperverletzung des Opfers aus dessen Sicht *unmittelbar* bevorsteht«.

Auf Vorlagebeschluss des *2. Strafsenats*[69] fand der *Große Senat für Strafsachen* die zutreffende Lösung[70]:

545

546

547

---

[64] *BGH* St 39, 36 (41).
[65] *BGH* St 39, 36 (41 f.).
[66] *BGH* St 39, 36 ff.; zust. u.a.: *Amelung/Cirener/Grüner*, JuS 1995, 49 m.w.N.; *Tenckhoff/Baumann*, JuS 1994, 836 ff.; abl. u.a.: *Bohlander*, NStZ 1993, 439; *Renzikowski*, JZ 1994, 492 ff.
[67] *BGH* St 39, 330 ff.
[68] *BGH* St 40, 90 ff.; ebso. *BGH*, NStZ 1994, 128 ff. u. 284.
[69] *BGH*, NStZ 1994, 430.
[70] *BGH* St 40, 350 (355 ff.) – GS. Dazu u.a.: *Hauf*, NStZ 1995, 184 f.; zust. *Immel*, NStZ 2001, 67 (68) m. krit. Anm. zur Herleitung der tatbestandlichen Restriktion im Zweipersonenverhältnis; *Jung*, JuS 1995, 556 f.; *Küper/Zopfs*, Rn. 467 ff.; *Müller-Dietz*, JuS 1996, 110 ff.

Danach ist die »Anwendung des § 239b I erster Halbsatz StGB nicht von vornherein ausgeschlossen in Fällen, in denen der Täter sein Opfer zum Zwecke einer Vergewaltigung ... entführt oder sich seiner bemächtigt. Die Vorschrift setzt voraus, dass der Täter beabsichtigt, die durch die Entführung oder das Sichbemächtigen für das Opfer geschaffene Lage zur qualifizierten Drohung auszunutzen und durch sie zu nötigen«.

Dieser Tatbestand sei nämlich ein »**unvollkommen zweiaktiges Delikt**«, bei dem zwischen dem ersten, objektiv verwirklichten Teilakt des Entführens oder des Sichbemächtigens und dem zweiten, in die Vorstellung des Täters verlagerten Teilakt der angestrebten weitergehenden Nötigung ein funktionaler Zusammenhang bestehen müsse: Der Täter müsse beabsichtigen, die durch den ersten Teilakt für das Opfer geschaffene Lage »**zur qualifizierten Drohung auszunutzen und durch sie zu nötigen**«. Das folge aus »Wortlaut, Aufbau und systematischer Stellung« der Vorschrift und werde durch die Fassung der vergleichbaren Norm des § 239a I StGB bestätigt.

Die bei § 239b StGB in Drei-Personen-Verhältnissen (Dreiecksstruktur) außer Frage stehende Unterscheidung zwischen Entführen und Sichbemächtigen einerseits (erster Teilakt) und der beabsichtigten weitergehenden Nötigung andererseits habe der Gesetzgeber auch bei Geiselnahme im Zwei-Personen-Verhältnis nicht aufheben wollen. Über den im ersten Teilakt liegenden Zwang hinaus müsse weiterer, den eigentlichen Zielen des Täters dienender Zwang gewollt sein.

548 §§ 239a/b StGB erfordern danach eine »**stabilisierte Bemächtigungslage**«[71], d.h. eine gewisse Dauer[72] der Beherrschung des Opfers durch den Täter[73], die dieser zur Erreichung seiner weitergehenden Ziele einsetzen will. Bei der **Entführung** wird dieses Erfordernis regelmäßig erfüllt sein. Dagegen fehlt es hieran beim **Sichbemächtigen,** wenn eine qualifizierte Drohung wie das Vorhalten einer Waffe gleichzeitig dazu dient, sich des Opfers zu bemächtigen und es in unmittelbarem Zusammenhang zu weitergehenden Handlungen oder Duldungen zu nötigen. Erforderlich ist ein funktionaler und zeitlicher Zusammenhang zwischen der Bemächtigungslage und der beabsichtigten Erpressung bzw. abgenötigten Handlung[74].

Diese Grundsätze, die der Große Senat nur auf Zwei-Personen-Verhältnisse anwenden will, müssen konsequenterweise auch in Drei-Personen-Verhältnissen gelten[75].

---

[71] *BGH,* NStZ 2023, 34 (Rn. 6) m. Anm. *Valerius*; *BGH,* NStZ 2023, 677 (Rn. 5) m. Anm. *Kudlich/ Schütz.* Ebso. statt vieler *Klesczewski*, S. 141; S/S/W-*Schluckebier*, § 239a Rn. 10 f., § 239b Rn. 8.

[72] Nach *BGH,* StV 2007, 355 f. (m. Anm. *Wohlers*) soll allerdings schon eine »Freiheitsberaubung im Minutenbereich« genügen, wenn die »Bemächtigungssituation aus Opferperspektive belangvolle Intensitätsgrade erreicht«. Siehe auch *BGH,* NJW 2024, 1357 (Rn. 18), dreißig Minuten reichen.

[73] *BGH* St 40, 350 (359) – GS; *BGH,* NStZ 2002, 31 (32); NStZ-RR 2002, 213 (214); 2003, 45; 2007, 77; *Heinrich,* NStZ 1997, 369; ähnlich *Immel,* NStZ 2001, 67 (71), erheblich sei, »ob die Haft des Opfers eine Eigenbedeutung erlangt, die es gerechtfertigt erscheinen lässt, das Erpressungs-/Nötigungs*ziel* und mit ihm das Erpressungs-/Nötigungs*delikt* in den Hintergrund zu rücken«; W/H/S-*Schuhr,* Rn. 804.

[74] *BGH,* NStZ 2005, 508 f.; StV 2007, 354 f.; NStZ-RR 2007, 343; 2008, 109 f.; NStZ 2008, 279; 569 (570); NStZ-RR 2009, 16 (17); NStZ 2014, 515; StV 2015, 765 (766 f.); 2019, 98; NStZ 2022, 41 (Rn. 12).

[75] *Immel,* NStZ 2001, 67 ff.

In unserem *Fall 90* scheidet § 239b StGB aus, da W keine stabilisierte Bemächtigungslage **549** herbeiführte, die er für die Vergewaltigung auszunutzen gedachte. Er ist daher »nur« aus § 177 VIII Nr. 1 StGB – eventuell in Tateinheit mit Körperverletzung – strafbar.

Ergänzender Hinweis
Aus dem Erfordernis des funktionalen und zeitlichen Zusammenhangs zwischen der **550** Tathandlung und dem erstrebten Opferverhalten folgt, dass nur solche Handlungen des Opfers erfasst sind, die es während der Bemächtigungslage vornehmen soll. Dient die Gewaltanwendung lediglich der Einschüchterung des Opfers, um es **nach Aufhebung der Bemächtigungslage** zu einem Verhalten zu bewegen (z.B. Widerruf einer Aussage bei der Polizei[76], Verzicht auf die Alarmierung der Polizei[77], Geldzahlung nach Beendigung der Bemächtigungslage[78] oder Aufgabe von Umzugsplänen[79]), so scheiden §§ 239a, b StGB aus[80].
Die These des *BGH*, es genüge, dass sich »das vorausgegangene Sichbemächtigen in Form einer **psychisch vermittelten Zwangslage**« auswirke[81] (die Täter hatten das Opfer über mehrere Tage »durch die wiederholte Anwendung massiver Gewalt sowie durch Drohungen und Demütigungen psychisch destabilisiert und gefügig gemacht«, dann aber aus dem Auto gelassen, damit das Opfer in einem Elektronikmarkt Gegenstände für die Täter entwenden sollte), überzeugt deshalb nicht. Die Ausübung der erforderlichen physischen Gewalt über das Opfer kann zwar eine psychische Komponente aufweisen, wie dies z.B. bei dem »in Schach halten« mit einer echten Waffe der Fall ist (*Rn. 530*). Die Reduzierung der Bemächtigungslage auf bloße psychische Wirkungen, mögen sie auch gravierend sein, ist mit der hohen Mindeststrafdrohung der §§ 239a, b StGB aber nicht vereinbar.

---

[76] *BGH*, StV 2014, 218; NStZ-RR 2015, 173 (Rn. 24 ff.).
[77] *BGH*, NStZ 2014, 38 f. m. zust. Anm. *Krehl*.
[78] *BGH*, StV 2014, 284 (285).
[79] *BGH*, StV 2019, 101 (102).
[80] *BGH*, StV 2019, 98 f. – bzgl. § 239a StGB; StV 2019, 101 (102) – bzgl. § 239b StGB.
[81] *BGH*, NStZ-RR 2019, 212.

§ 11 Betrug (§ 263 StGB)
I. Objektiver Tatbestand

551 Der Betrug, der ausschließlich das Vermögen schützt – siehe *Rn. 688* –, enthält vier objektive Tatbestandsmerkmale, nämlich

1. **Täuschungshandlung**; 2. **Irrtumserregung**; 3. **Vermögensverfügung** des Getäuschten (ungeschriebenes Tatbestandsmerkmal); 4. **Vermögensschaden**.

Zwischen diesen Merkmalen muss ein durchlaufender **Ursachenzusammenhang** bestehen: Die Täuschung muss den Irrtum, dieser die Vermögensverfügung und letztere den Vermögensschaden verursacht haben[1].

Zusätzlich zu diesem Kausalzusammenhang ist ein »funktionaler Zusammenhang« zwischen Vermögensverfügung und Schaden zu fordern: Vermögensverfügung ist nur ein solches Verhalten, das den Schaden unmittelbar herbeiführt (*Fall 101, Rn. 616 ff.*) und das sich als unbewusste Selbstschädigung darstellt (vgl. *Fall 86, Rn. 510 ff.; Fall 117, Rn. 715 ff.*).

1. Täuschung

Fall 91: – *»Zechprellerei«; Täuschung durch konkludentes Handeln* –

552 Jonathan (J) hatte wieder einmal den Arbeitsplatz gewechselt. Ein letztes Mal besuchte er die Gastwirtschaft »Zum blauen Papagei«. Obwohl er Geld bei sich hatte, nahm er sich vor, nichts zu bezahlen. Nach reichlichem Essen und Trinken entfernte sich J durch das Toilettenfenster. Der um seine Zeche geprellte Wirt erstattete Strafanzeige.

Strafbarkeit des J wegen Betruges?

Problem: Hat J den Wirt getäuscht?

Betrug erfordert eine Täuschung über Tatsachen[2]:
Dieses Tatbestandsmerkmal wird im Gesetz – unnötig kompliziert und z.T. sprachlich misslungen (»falsche Tatsachen« gibt es nicht, sondern nur falsche Aussagen über Tatsachen[3]) – umschrieben mit »Vorspiegelung falscher oder Entstellung oder Unterdrückung wahrer Tatsachen«. Dabei ist zu beachten, dass die Formulierungen »Vorspiegelung falscher Tatsachen« (= einem anderen eine nicht bestehende Tatsache als bestehend zur Kenntnis bringen), »Entstellen wahrer Tatsachen« (= Verfälschen des tatsächlichen Gesamtbildes durch Hinzufügen oder Fortlassen einzelner Elemente) und »Unterdrückung wahrer Tatsachen« (= eine bestehende Tatsache wird der Kenntnis eines anderen entzogen)[4] Täuschungen über Tatsachen meinen und nach ihrer Funktion keine Fälle erfassen, die nicht schon diesem Begriff subsumiert werden können[5]. § 263 StGB ist also insoweit unklar formuliert[6].

---

[1] NK-*Kindhäuser/Hoven*, § 263 Rn. 225; *Mitsch*, BT 2, S. 259 f.; Sch/Sch- *Perron*, § 263 Rn. 5; LK[12]-*Tiedemann*, § 263 Rn. 2.
[2] SK[9]-*Hoyer*, § 263 Rn. 9; *Kleszewski*, S. 86; *Mitsch*, BT 2, S. 260; *Otto*, 51/9; Sch/Sch-*Perron*, § 263 Rn. 8; LK[12]-*Tiedemann*, § 263 Rn. 9 f.
[3] *Mitsch*, BT 2, S. 262.
[4] Sch/Sch-*Perron*, § 263 Rn. 6.
[5] NK-*Kindhäuser/Hoven*, § 263 Rn. 70 f.; *Mitsch*, BT 2, S. 260.
[6] Sch/Sch-*Perron*, § 263 Rn. 7.

§ 11: Betrug

In Klausuren und Hausarbeiten ist es deshalb nicht erforderlich, das täuschende Verhalten einer bestimmten Tatalternative zuzuordnen, zumal sie sich zum Teil überschneiden und bisweilen nicht leicht voneinander abzugrenzen sind[7].

Unterscheiden lassen sich ausdrückliche und konkludente Täuschungen sowie Täuschungen durch Unterlassen. 553

Um eine **ausdrückliche Täuschung** handelt es sich, wenn der Inhalt der Erklärung des Täters nicht mit der Wirklichkeit übereinstimmt. Das ist z.B. der Fall, wenn der Verkäufer eines Gebrauchtwagens dessen Unfallfreiheit zusichert, obwohl das Fahrzeug einen erheblichen Unfallschaden (»merkantiler Minderwert«) erlitten hat, der Darlehensnehmer das Vorliegen tatsächlich nicht vorhandener Sicherheiten behauptet usw.

Bei einer **konkludenten Täuschung** ergeben die Gesamtumstände des Täterverhaltens einen bestimmten Erklärungsinhalt. So enthält z.B. die Vorlage eines Inhaberschecks die Behauptung, der Inhalt des Schecks entspreche dem Willen des Ausstellers. Die Einreichung eines gestohlenen Schecks stellt deshalb eine konkludente Täuschung dar, weil zu dem Willen des Ausstellers der Umstand gehört, dass nur mittels eines Begebungsvertrags legitimierte Personen den Scheck einreichen dürfen, nicht dagegen Dritte, die sich den Scheck auf strafbare Weise verschafft haben[8]. Die Entscheidung, ob den Gesamtumständen ein bestimmter – wahrheitswidriger – Inhalt zukommt, hängt von den konkreten Umständen und den angelegten Kriterien[9] ab, sodass nicht selten ein gewisser Entscheidungsspielraum verbleibt. 554

– Zur konkludenten Täuschung beim »Wettbetrug« siehe *Rn. 744,* bei Kreditgeschäften siehe *Rn. 595 ff.* –

Die Abgrenzung einer konkludenten Täuschung (positives Tun!) von **einer Täuschung durch Unterlassen** fällt des Öfteren schwer, da sich auch bei der konkludenten Täuschung bisweilen aus dem Verschweigen bestimmter Umstände der Erklärungsinhalt ergibt. Die Grenzziehung ist jedoch notwendig, weil die Täuschung durch Unterlassen eine Garantstellung zur Aufklärung eines anderen voraussetzt (dazu *Fall 93, Rn. 567 ff.*). 555

Die überkommene Auffassung schreibt der Täuschung eine subjektive Komponente zu; nur bewusst falsche Tatsachenbehauptungen seien Täuschungen i.S. des § 263 StGB[10]. Diese subjektive Deutung des Täuschungsbegriffs wird allerdings von einer im Vordringen befindlichen Meinung zu Recht abgelehnt[11]. Eine Täuschung begeht auch, wer von der Richtigkeit seiner objektiv falschen Behauptung überzeugt ist, ihm fehlt lediglich der Täuschungsvorsatz. 556

Für diese Sicht spricht, dass der Subventionsbetrug gemäß § 264 IV StGB leichtfertig begangen werden kann. Zwar enthält § 264 I Nr. 1 StGB eine von § 263 StGB abweichende Beschreibung der Tathandlung (Machen unrichtiger oder unvollstän-

---

[7] A/W/H/H-*Heinrich*, 20/35; *Mitsch*, BT 2, S. 260; *Volk*, JuS 1981, 880 (881).
[8] BGH, wistra 2009, 151 (152).
[9] Siehe z.B. *Kasiske*, GA 2009, 360 ff.
[10] RG St 30, 333 (336); BGH St 18, 235 (237); *Otto*, 51/14; *Rengier* I, 13/9.
[11] NK-*Kindhäuser/Hoven*, § 263 Rn. 58; *Mitsch*, BT 2, S. 263 f.; diff. MK-*Hefendehl*, § 263 Rn. 134.

diger Angaben über subventionserhebliche Tatsachen), da es sich aber um einen Tatbestand im Vorfeld des Betruges handelt[12], die Vorschrift somit bestimmte Täuschungshandlungen unter Strafe stellt (*Rn. 792*), folgt aus § 264 IV StGB, dass leichtfertige, d.h. grob fahrlässige Täuschungen möglich sind[13]. Das bedeutet zugleich, dass dieses Merkmal ein Täuschungsbewusstsein nicht voraussetzt.

557 Strittig ist, ob eine **Täuschung durch »wahre« Tatsachenangaben** begangen werden kann.

Beispiel: Der Täter versendet »Angebotsschreiben«, die nach ihrer Gestaltung auf den ersten Blick den Eindruck einer Rechnung erwecken, und fügt einen ausgefüllten Überweisungsträger bei. Aus dem »Kleingedruckten« auf der Rückseite ergibt sich allerdings, dass es sich lediglich um eine Offerte handelt. Der Täter erwartet, dass zumindest einige der Adressaten das Schreiben irrtümlich als Rechnung über eine bereits vereinbarte und erbrachte Leistung verstehen und den »Rechnungsbetrag« überweisen werden.

Die **Rechtsprechung** hält in diesen Fällen eine konkludente – aus den Gesamtumständen folgende – Täuschung für möglich. Es genüge jedoch nicht, dass ein solches Verhalten objektiv geeignet ist, eine Fehlvorstellung beim Adressaten hervorzurufen, sondern zur tatbestandlichen Täuschung werde es nur dann, »wenn der Täter die Eignung der – inhaltlich richtigen – Erklärung, einen Irrtum hervorzurufen, planmäßig einsetzt und damit unter dem Anschein ›äußerlich verkehrsgerechten Verhaltens‹ gezielt die Schädigung des Adressaten verfolgt«[14].

Die **Literatur** wendet sich weniger gegen die grundsätzliche Feststellung, dass durch wahre Angaben konkludent getäuscht werden könne, sondern gegen die Begründung der Rechtsprechung. Eine Täuschung liege nicht schon vor, wenn »das äußere Erscheinungsbild eines Schreibens dessen Einordnung als Rechnung als wahrscheinlich oder gar als möglich erscheinen lässt«; der Adressat »darf vielmehr *keinen verständigen Anlass* haben, daran zu zweifeln«[15].

Bei diesem – zutreffend – engen Verständnis der konkludenten Täuschung bedarf es der Einschränkung durch die subjektive Zielsetzung des Täters nicht, da allein der objektive Erklärungswert des Verhaltens maßgeblich ist[16].

558 Den genannten »Angebotsschreiben« ähneln die **»Kostenfallen« im Internet**. Nicht selten erwecken Internetseiten den Anschein, bestimmte Dienstleistungen würden unentgeltlich angeboten, an versteckter Stelle befindet sich jedoch der Hinweis, dass durch die Inanspruchnahme der Leistung, welche die Angabe der persönlichen Daten erfordert, ein kostenpflichtiger Vertrag zustande komme. Gibt der Nutzer seine Daten ein, so erklärt er die Annahme dieses Angebots und erhält eine Rechnung über die abgerufene Leistung. In diesen Konstellationen liegt ebenfalls ein Betrug mittels konkludenter Täuschung vor. Die Erkennbarkeit der Täuschung bei sorgfältiger Lek-

---

[12] *Fischer,* § 264 Rn. 4; Sch/Sch-*Perron,* § 264 Rn. 4.
[13] *Mitsch,* BT 2, S. 263 f.
[14] BGH St 47, 1 (3 ff.) m. Bespr. *Baier,* JA 2002, 364, *Geisler,* NStZ 2002, 86 ff., *Krack,* JZ 2002, 613 ff., *Loos,* JR 2002, 77 ff., *Pawlik,* StV 2003, 297 ff. und *Rose,* wistra 2002, 13 ff.; BGH, StV 2004, 535 (536) m. Anm. *Schneider;* OLG Frankfurt, NJW 2003, 3215 f.; HdS 5-*Kindhäuser/Schumann,* § 33 Rn. 103.
[15] *Pawlik,* StV 2003, 297 (300); ähnl. MK-*Hefendehl,* § 263 Rn. 163 f.
[16] *Rose,* wistra 2002, 13 (15 ff.); *Schneider,* StV 2004, 537 (538 f.).

türe steht dem nicht entgegen, wenn die Seite so gestaltet ist, dass bei einem – wenn auch nur geringen – Teil der Benutzer vorhandene Unaufmerksamkeit oder Unerfahrenheit ausgenutzt werden kann[17].

Das Merkmal »Täuschung über Tatsachen« kann im Übrigen nicht nur durch (ausdrückliche oder konkludente) Erklärungen erfüllt werden, sondern auch durch »**Manipulationen an und mit Sachen**«, z.B. durch Verfälschen der Messung eines Wegstreckenzählers (»Kilometerzählers«) eines Gebrauchtwagens[18], Austauschen von Preisschildern im Kaufhaus[19] oder so genannte »**Ping-Anrufe**«, bei denen durch ein kurzes automatisiertes Anwählen einer Mobiltelefonnummer der Eindruck erweckt wird, jemand habe den Angerufenen erreichen wollen; der – beabsichtigte provozierte – Rückruf führt zu einer gebührenpflichtigen, für den Anrufer wertlosen Bandansage[20].

Betrug ist also zwar regelmäßig, aber nicht notwendig ein Äußerungsdelikt[21].

Tatsachen sind nach h.M. **vergangene oder gegenwärtige Ereignisse oder Zustände, die dem Beweis zugänglich sind**[22]. Erfasst sind nicht nur Umstände der Außenwelt (äußere Tatsachen), sondern auch des menschlichen Innenlebens, wie Kenntnisse, Motive, Absichten (innere Tatsachen)[23].

Zukünftige Zustände sind keine Tatsachen i.S. des § 263 StGB[24], da sie – noch – nicht bewiesen werden können; dasselbe gilt für reine Werturteile[25].

Eine innere Tatsache ist z.B. die Zahlungsbereitschaft des Gasthausbesuchers[26].

559

560

---

[17] *BGH*, NZWiSt 2014, 387 (388 ff.) m. Bespr. *N. Müller* und *Hecker/H.-F. Müller*, ZWH 2014, 329 ff.; *von Heintschel-Heinegg*, JA 2014, 790 f., *Krack*, ZIS 2014, 536 ff. und *Majer/Buchmann*, NJW 2014, 3342 ff.; *OLG Frankfurt*, NJW 2011, 398; *Eisele*, NStZ 2010, 193 (194 ff.); *Erb*, ZIS 2011, 368 (370 f.).

[18] *BGH*, NStZ 2018, 114 m. Anm. *Ventzke* und Bespr. *Kulhanek*, NStZ 2018, 147 f. und *Erb*, ZIS 2011, 368 (370 f.). SK[9]-*Hoyer*, § 263 Rn. 25. A.A. W/H/S-*Schuhr*, Rn. 520; LK[12]-*Tiedemann*, § 263 Rn. 23: erst ein Erklärungsverhalten (z.B. Verkaufsangebot) sei Täuschung.
Die nach § 22 I Nr. 1 StVG strafbare Manipulation des Wegstreckenzählers tritt als »typische Vorbereitungstat eines Betruges« als mitbestrafte Vortat hinter § 263 StGB zurück, falls es zu einem Betrug kommt, *BGH*, NStZ 2018, 114 f.

[19] *OLG Hamm*, NJW 1968, 1895; L/K/H-*Heger*, § 263 Rn. 8.

[20] *BGH* St 59, 195 (Rn. 11 ff.) m. Anm. *Jäger*, JA 2014, 628 ff., *Jahn*, JuS 2014, 848 ff., *Schuhr*, ZWH 2014, 347 f. und *Zöller*, ZJS 2014, 577 ff.; *OLG Oldenburg*, wistra 2010, 453 (454 f.) m. Bspr. *Jahn*, JuS 2010, 1119 ff. und *Erb*, ZIS 2011, 368 (369 ff.).

[21] SK[9]-*Hoyer*, § 263 Rn. 25; L/K/H-*Heger*, § 263 Rn. 8. A.A. LK[12]-*Tiedemann*, § 263 Rn. 22, der stets ein Verhalten mit Erklärungswert verlangt.

[22] *BGH* St 60, 1 (Rn. 20); NJW 2019, 1759 (Rn. 13); BeckOK-StGB-*Beukelmann*, § 263 Rn. 3. A.A. NK-*Kindhäuser/Hoven*, § 263 Rn. 75, die den Ansatz der h.M. als »methodisch verfehlt« betrachten und eine Täuschung annehmen, »wenn der betreffende Sachverhalt nach allgemeiner Ansicht als entscheidungserheblich für eine rationale Vermögensverfügung angesehen wird und damit als Gegenstand einer Informationspflicht in Betracht kommt«; krit. auch M/R-*Saliger*, § 263 Rn. 12 f.

[23] *BGH*, NStZ 2015, 89 (Rn. 20); *Fischer*, § 263 Rn. 8; L/K/H-*Heger*, § 263 Rn. 4.

[24] *Eisele*, BT II, Rn. 522; *Mitsch*, BT 2, S. 260 f.; Sch/Sch-*Perron*, § 263 Rn. 8. A.A. HdS 5-*Kindhäuser/Schumann*, § 33 Rn. 78, sofern ein künftiges Ereignis schon gegenwärtig beweisbar ist.

[25] BGH, StV 2020, 751; MK-*Hefendehl*, § 263 Rn. 115 ff.; *Hohmann/Sander*, BT I, 11/11; NK-*Kindhäuser/Hoven*, § 263 Rn. 85 ff.; *Mitsch*, BT 2, S. 260 f.; M/S/M/H/M-*Momsen*, 41/31-33. Krit. SK[9]-*Hoyer*, § 263 Rn. 12 ff. Vgl. auch *Fall 92, Rn. 562 ff.*

[26] Sch/Sch-*Perron*, § 263 Rn. 10.

Ein weiteres Beispiel bietet die gegenwärtige Überzeugung eines Darlehensnehmers von seiner künftigen Zahlungsfähigkeit und -bereitschaft bei Fälligkeit der Schuld[27].

561 Da diese Zahlungsbereitschaft bei J fehlte, er sie aber vorspiegelte, hat er den Wirt über eine Tatsache getäuscht. Hier liegt eine schlüssige Täuschung vor: Nach der Verkehrsauffassung erklärt der Gast, der in einer Wirtschaft Essen und (oder) Trinken bestellt, konkludent, er könne und wolle die Zeche (und zwar in bar bzw. per Kreditkarte) bezahlen[28].
Eine Täuschungshandlung ist also gegeben. Auch die weiteren Betrugsmerkmale liegen vor, sodass J nach § 263 StGB strafbar ist.

Fall 92: *– Täuschung über Tatsachen durch Erstellung falscher Gutachten –*

562 Nach einem schweren Autounfall seines Freundes Ferdinand (F) erstattete der Kraftfahrzeugsachverständige Sebastian (S) in einem Zivilprozess des F gegen dessen Werkstatt ein Gutachten, in dem er bewusst wahrheitswidrig den Unfall auf einen Fehler bei der Reparatur der Lenkung in der Werkstatt zurückführte. Auf Grund des Gutachtens wurde der Inhaber der Werkstatt zum Schadensersatz an F verurteilt.
Hat S über Tatsachen getäuscht oder ist sein Gutachten als Werturteil anzusehen?

Reine **Werturteile**, also Rechtsauffassungen, Meinungsäußerungen oder reklamehafte Anpreisungen, sind *grundsätzlich* keine Tatsachen i.S. des § 263 StGB[29]. Die Differenzierung Tatsache/Werturteil ist insbesondere bei der heute üblichen marktschreierischen Reklame (»nichts wäscht so weiß«) relevant.
Wer sich auf subjektiv gefärbte reine Werturteile verlässt, wird vom Gesetz also – zu Recht – als weniger schutzbedürftig angesehen als derjenige, der auf Tatsachenbehauptungen vertraut.

563 Strittig ist, ob Werturteile als Tatsachen i.S. dieser Norm zu behandeln sind, wenn sie nach der Verkehrsanschauung Tatsachen gleichstehen, weil sie mit dem »Anspruch auf Richtigkeit und Verbindlichkeit« auftreten und der andere Teil grundsätzlich keine »Möglichkeit eigener Beurteilung« hat; dies soll z.B. bei Sachverständigengutachten und Rechtsauskünften[30] und -behauptungen[31] von Anwälten der Fall sein. Solche »Werturteile« würden als nicht »subjektiv gefärbt« gelten, sondern im täglichen Leben als Tatsachen gewertet. Es sei daher sachgerecht, Sachverständigengutachten als Tatsachen zu behandeln.

564 Im Ergebnis trifft diese Sicht zu, allerdings nicht deshalb, weil Sachverständigengutachten und Rechtsauskünfte von Rechtsanwälten per se Tatsachen wären, sondern weil sie i.d.R. auch tatsächliche Anknüpfungspunkte aufweisen, die konkludent »miterklärt« werden – insofern sind sie Meinungsäußerungen mit einem Tatsachen-

---

[27] BGH St 15, 24 (26 f.); MK-*Hefendehl*, § 263 Rn. 109; L/K/H-*Heger*, § 263 Rn. 4; A/W/H/H-*Heinrich*, 20/33, 34; Sch/Sch-*Perron*, § 263 Rn. 10. Anders *Naucke*, Zur Lehre vom strafbaren Betrug, 1964, S. 214, der nur *äußere* Tatsachen genügen lässt.

[28] *G. E. Hirsch*, NJW 1969, 853; LK[12]-*Tiedemann*, § 263 Rn. 33.

[29] Siehe nur *BGH*, NJW 2022, 3165 (Rn. 20).

[30] *OLG Stuttgart*, JZ 1979, 575 f.; *Graul*, JZ 1995, 595 ff.; MK-*Hefendehl*, § 263 Rn. 90 ff., 209; Sch/Sch-*Perron*, § 263 Rn. 10. A.A. etwa *Meurer*, JuS 1976, 302 f.; *Mitsch*, BT 2, S. 260 f.; *Rengier* I, 13/7; LK[12]-*Tiedemann*, § 263 Rn. 18 f.

[31] *Protzen*, wistra 2003, 208 (209). A.A. *OLG Koblenz*, NJW 2001, 1364.

kern – und zudem zum Ausdruck bringen, der die Meinung Äußernde sei von der Richtigkeit seiner Aussage überzeugt (innere Tatsache)[32].
Rechtsbelehrungen und gutachtliche Äußerungen sind also an sich Werturteile; doch könnten auch diese ihren Inhalt »als etwas objektiv Feststehendes hinstellen und deshalb mit der Behauptung der Tatsache verbunden sein, die Beurteilung entspreche allgemeiner Rechtsüberzeugung oder Erfahrung«[33]. »Dies ist insbesondere dort der Fall, wo ein Werturteil mit dem Anspruch auf Überparteilichkeit und Autorität gefällt wird, wie etwa vom Sachverständigen im Zivilprozess oder u.U. bei der Rechtsauskunft eines Anwalts.«[34]
Ergebnis: S hat somit über Tatsachen getäuscht.

Ergänzende Hinweise
(1) »Äußerung einer Rechtsauffassung als Tatsachenbehauptung«? 565
Das bloße Geltendmachen überhöhter Inkassogebühren durch ein Inkassobüro ist keine Täuschung über Tatsachen, sondern allenfalls eine »strafrechtlich irrelevante Täuschung über die Rechtslage«. Das Inkassobüro berühmt sich nämlich lediglich einer Forderung, ohne dadurch konkludent Tatsachen mit zu erklären. Die Äußerung einer Rechtsmeinung durch eine Privatperson wird im Rechtsverkehr auch nicht so verstanden, dass der Erklärende von der Richtigkeit überzeugt ist[35].
Anders liegt es, wenn ein Rechtsanwalt eine Geschäftsgebühr geltend macht. Durch die Forderung erklärt der Anwalt konkludent, die tatsächlichen Voraussetzungen für die Entstehung der Gebühr seien gegeben[36].

(2) Fordern eines überhöhten Entgelts als Täuschung? 566
Das bloße Fordern eines – objektiv – überhöhten Entgelts, z.B. eines Kaufpreises[37] oder eines Werklohns[38] stellt grundsätzlich keine Täuschung dar, da bei Vereinbarungen für den Austausch von Gütern oder Leistungen die Vertragsfreiheit gilt[39]. Anders kann es liegen, wenn die Rechnung nicht erbrachte Leistungen enthält oder »krass überhöht« ist[40] bzw. wahrheitswidrig behauptet wird, das Produkt sei (in Deutschland) zu keinem günstigeren Preis zu erhalten[41]. Eine Täuschung soll zudem in Betracht kommen, wenn der Preis tax- oder listenmäßig festgelegt ist[42]. Das bloße

---

[32] HdS 5-*Kindhäuser/Schumann*, § 33 Rn. 82, 89; *Mitsch*, BT 2, S. 261.
[33] LK[10]-*Lackner*, § 263 Rn. 15; ebso. u.a.: *Otto*, 51/10; *Rengier* I, 13/7; LK[12]-*Tiedemann*, § 263 Rn. 19.
[34] *OLG Stuttgart*, JZ 1979, 575 f. Zur konkludenten Täuschung bei unberechtigten Abmahnschreiben durch Rechtsanwälte siehe *Bülte*, NZWiSt 2014, 41 (46 ff.); *Eiden/Walter*, NStZ 2014, 297 ff.
[35] *OLG Frankfurt*, NStZ 1996, 545.
[36] Vgl. *BGH*, NJW 2019, 1759 (Rn. 31), m. Anm. *Bülte*. Zur Gebührenerhebung bei dem »Masseninkasso durch Rechtsanwälte« siehe auch *Kleine-Cosack*, NJW 2011, 2251 (2255). Zur konkludenten Erklärung der berechtigten Abrechnung der Abmahnkosten nach § 12 I 2 UWG *BGH*, wistra 2017, 482 (Rn. 11 ff.).
[37] *BGH*, wistra 2009, 466 (467); wistra 2011, 335 (Rn. 16); NJW 2015, 2826 (2827).
[38] *OLG München*, wistra 2010, 37 (38 f.).
[39] *BGH*, wistra 2009, 466 (467 f.).
[40] *OLG Düsseldorf*, NStZ-RR 2008, 241 f.
[41] *BGH*, wistra 2009, 466 (467).
[42] *BGH*, wistra 2009, 466 (467 f.).

Fordern eines den »Listenpreis« übersteigenden Betrags genügt m.E. jedoch nicht, da sich der Vertragspartner darüber selbst informieren kann. Der Täter täuscht dagegen über Tatsachen, wenn die Forderung des »Listenpreises« den Eindruck erweckt, die Ware oder Leistung weise die maßgeblichen Eigenschaften auf. Fordert der Täter z.B. für einen Gebrauchtwagen den Preis, der in der »Schwacke-Liste« für einen *unfallfreien* Pkw des Modells und Baujahrs mit der angegebenen Ausstattung und Laufleistung genannt ist, hat das Fahrzeug aber einen Unfall erlitten, der den Preis erheblich mindert, so täuscht der Täter – konkludent – über eine Tatsache, nämlich die Unfallfreiheit. Die Gegenmeinung nimmt Täuschung durch Unterlassen an[43].

566a *(3) Geltendmachung einer nicht bestehenden Forderung als Täuschung?*

Diese Grundsätze gelten auch im Falle der Geltendmachung eines nicht bestehenden Anspruchs. Darin *kann* eine schlüssige Täuschung über Tatsachen liegen, denn »der Verkehr erwartet in diesem Zusammenhang vor allem eine wahrheitsgemäße Darstellung, soweit die Tatsache wesentlich für die Beurteilung des Anspruchs ist und der Adressat sie aus seiner Situation nicht ohne Weiteres überprüfen kann«[44]. Welche Tatsachen schlüssig (mit-)erklärt werden, ist Tatfrage. So nimmt der *BGH* an, dass ein Vertragsarzt in seiner Abrechnung gegenüber der Kassenärztlichen Vereinigung auch zum Ausdruck bringe, die Voraussetzungen der hierfür zugrundeliegenden Rechtsvorschriften seien eingehalten worden[45]. Macht eine abgelehnte Bewerberin auf ein diskriminierendes Stellenangebot eine Entschädigung nach dem Allgemeinen Gleichbehandlungsgesetz (AGG) geltend, ohne mitzuteilen, dass es sich um eine Scheinbewerbung handelte, die nur dem Zweck diente, Schadensersatz zu erlangen (sog. **»AGG-Hopping«**), so täusche sie nicht über die fehlende subjektive Ernsthaftigkeit der Bewerbung[46].

Fall 93: – *Abgrenzung Täuschung durch Unterlassen/konkludentes Handeln* –

567 Wigalt (W) hatte für fünf Tage ein Hotelzimmer bezogen; im Zimmerpreis war das Frühstück inbegriffen. Nach drei Tagen merkte W, dass er zu viel Geld verspielt und nur noch wenige Euro in der Tasche hatte. Gleichwohl behielt er bis zum Ablauf der fünf Tage sein Zimmer und nahm auch das Frühstück weiterhin ein. Er hatte dabei vor, ohne zu bezahlen, das Hotel unauffällig zu verlassen. Dies tat er dann auch.

Als gegen W wegen Betruges ermittelt wird, meint dessen Anwalt, es fehle an einer Täuschung. Zu Recht?

a) Täuschung durch konkludentes Handeln?

Wie dargelegt (*Fall 91, Rn. 552, 554, 557 ff.*) kann die Täuschung über Tatsachen auch durch schlüssiges Verhalten erfolgen. W könnte konkludent seine Zahlungsfähigkeit und -bereitschaft vorgespiegelt haben. Dann müsste das von ihm nach Ent-

---

[43] *OLG Nürnberg*, MDR 1964, 693; siehe auch *BGH* [Z], NJW 1977, 1914 f.
[44] *BGH*, NJW 2022, 3165 (Rn. 20) m. Anm. *Fuhlrott*, GWR 2022, 366, *Krug*, ArbR 2023, 93 ff. und *Petzsche*, HRRS 2023, 74 ff.; ebso. im Parallelverfahren *BGH*, NStZ 2023, 37 (Rn. 20) m. Anm. *Heintschel-Heinegg*, JA 2022, 1047 ff., *Oğlakcıoğlu/Kudlich*, JR 2023, 292 ff. und *Schulte-Rudzio/Brune*, NStZ 2023, 238 f.
[45] Z.B. *BGH*, medstra 2021, 33 (Rn. 3)
[46] Siehe die Nachweise in *Fn. 44*.

deckung des Geldmangels beobachtete Verhalten nach der Verkehrsanschauung den Erklärungswert gehabt haben, er (W) könne und wolle die Rechnung begleichen. Das ist nach herrschender und zutreffender Meinung nicht der Fall[47]:

W hatte zwar bei Vertragsschluss ausdrücklich oder zumindest konkludent seine Zahlungsfähigkeit und -bereitschaft erklärt. In der bloßen Entgegennahme der bereits vereinbarten Leistungen des Hotelinhabers liegt aber keine erneute schlüssige Erklärung, die Gegenleistung erbringen zu können und zu wollen, denn dieses Verhalten würde in lebensfremder Weise überinterpretiert, wollte man darin die Erklärung sehen: »Ich schlafe und frühstücke weiterhin wie vereinbart, also bin ich auch jetzt noch zahlungsfähig.« **568**

Hätte W dagegen zusätzliche, vom Beherbergungsvertrag (Zimmer mit Frühstück für fünf Tage) nicht gedeckte Leistungen – Speisen und (oder) Getränke – bestellt und erhalten, so wäre gemäß den Ausführungen zu *Fall 91* (»Zechprellerei«) eine konkludente Vorspiegelung der Zahlungsfähigkeit anzunehmen[48].

b) Täuschung durch Unterlassen?

Nach h.M. kann § 263 StGB auch durch Unterlassen begangen werden[49]. Voraussetzung für eine Täuschung durch Unterlassen ist zum einen das Unterlassen der Aufklärung eines anderen – und zwar dadurch, dass der Täter »der Entstehung oder Verstärkung einer falschen Vorstellung nicht entgegenwirkt«[50] oder die »Fortdauer eines Irrtums nicht verhindert«[51] –, und zum anderen eine Garantenstellung des Täters, die diesem eine »Garantenpflicht zur Aufklärung« (Aufklärungspflicht) auferlegt, § 13 I StGB. **569**

Eine solche Aufklärungspflicht soll sich nach h.A., die grundsätzlich von den »allgemeinen Regeln« für die Garantenpflichten bei den unechten Unterlassungsdelikten[52] ausgeht[53], ergeben können: **570**

(1) aus Gesetz;

(2) aus pflichtwidrigem vorangegangenen Tun (Ingerenz);

(3) aus Vertrag;

(4) aus außervertraglichen besonderen Vertrauensverhältnissen.

– Ob es darüber hinaus eine Garantenpflicht zur Aufklärung i.S. der §§ 263, 13 StGB aus Treu und Glauben gibt (5), ist strittig. –

---

[47] Vgl. *BGH*, NStZ 1982, 70; *OLG Hamburg*, NJW 1969, 335 f.; *Kühne*, Geschäftstüchtigkeit oder Betrug? 1978, S. 37 f.; *Schröder*, JR 1969, 110; LK[12]-*Tiedemann*, § 263 Rn. 39. A.A. *G.E. Hirsch*, NJW 1969, 853 f.
[48] Vgl. *BGH* bei *Dallinger*, MDR 1973, 729; *OLG Hamburg*, NJW 1969, 335 f.
[49] Z.B. *BGH* St 6, 198; *Fischer*, § 263 Rn. 38; MK-*Hefendehl*, § 263 Rn. 133, 249 ff.; *Hellmann*, JA 1988, 73 (79); NK-*Kindhäuser/Hoven*, § 263 Rn. 144 ff.; *Mitsch*, BT 2, S. 265 ff.; Sch/Sch-*Perron*, § 263 Rn. 18 ff. Abw. *Kargl*, ZStW 119 (2007), 251; *Naucke*, JZ 1967, 371.
[50] LK[12]-*Tiedemann*, § 263 Rn. 52.
[51] SK[9]-*Hoyer*, § 263 Rn. 55; Sch/Sch-*Perron*, § 263 Rn. 18, 45; LK[12]-*Tiedemann*, § 263 Rn. 52.
[52] Näher dazu Krey/*Esser*, AT, Rn. 1126 ff., 1131 ff., 1162 ff.
[53] MK-*Hefendehl*, § 263 Rn. 180 ff.; NK-*Kindhäuser/Hoven*, § 263 Rn. 144; *Mitsch*, BT 2, S. 268 f.; LK[12]-*Tiedemann*, § 263 Rn. 53 - 56.

571 Zu (1): Für den Betrug relevante gesetzliche Aufklärungspflichten enthalten z.B. § 666 BGB, § 19 VVG, § 138 I ZPO[54] und § 4a II Nr. 1 RVG[55]. § 60 I 1 Nr. 1, 2 SGB I, der denjenigen, der Sozialleistungen beantragt oder erhält, verpflichtet, Tatsachen und Änderungen, die für den Leistungsbezug erheblich sind, mitzuteilen, begründet nach zutreffender h.M. ebenfalls eine Garantenstellung[56]. Strittig ist, ob sich auch Hinterbliebene des Empfängers einer Renten- oder Pensionsleistung wegen Betruges durch Unterlassen strafbar machen, wenn ihnen Leistungen nach dem Tod des Versorgungsberechtigten zufließen und sie den Leistenden darüber in Unkenntnis lassen. Aus der in § 60 I 2 SGB I angeordneten entsprechenden Anwendung der Mitteilungspflicht des § 60 I 1 SGB I auf Personen, die Sozialleistungen zu erstatten haben, wird zum Teil eine Garantenstellung gefolgert[57]. Dem wird jedoch entgegengehalten, dass allein das materiell-rechtliche Bestehen eines Erstattungsanspruchs nicht genüge, sondern es der Einleitung eines auf die Prüfung des Erstattungsanspruchs gerichteten Verwaltungsverfahrens bedürfe[58]. Diese Sicht überzeugt, weil vor Einleitung des Verwaltungsverfahrens zwischen dem Leistenden und dem Hinterbliebenen des Empfängers keine Rechtsbeziehung besteht und der bloße Umstand, dass die an den Verstorbenen gerichtete Zahlung auf einem Konto verbucht wird, auf das der Hinterbliebene Zugriff hat, nicht ausreicht, die materiell-rechtliche Erstattungspflicht zu einer strafrechtlich bewehrten Garantenpflicht „erstarken" zu lassen.

Der *BGH* lehnt im Übrigen eine Garantenstellung des Beamten hinsichtlich überzahlter Bezüge mit der Begründung ab, der Verweis des § 12 II BBesG auf das Bereicherungsrecht bezeichne lediglich den Maßstab der Offensichtlichkeit einer Überzahlung, d.h. den für eine Entreicherung maßgeblichen Sorgfaltsmaßstab, begründe aber nicht die Überantwortung eines besonderen strafrechtsrelevanten Pflichtenbereichs[59]. Der Hinterbliebene, dem beamtenrechtliche Versorgungsbezüge nach dem BeamtVG zugeflossen sind, habe mangels vertraglicher Aufklärungspflicht ebenfalls keine Garantenstellung, da § 52 V BeamtVG *a.F.* bzw. § 52 IV BeamtVG *n.F.* i.V. mit § 118 IV SGB VI zwar eine Erstattungspflicht der Personen, denen Geldleistungen nach dem Tod des Berechtigten zugeflossen sind, vorsehen, aber keine Mitteilungspflicht[60].

---

[54] *Rengier* I, 13/30; W/H/S-*Schuhr*, Rn. 538; LK[12]-*Tiedemann*, § 263 Rn. 59, 60 (siehe aber *Rn. 58*).

[55] BGH St 59, 318 (Rn. 20 ff.) m. Bespr. *Hecker*, JA 2014, 1133 ff.; *Johnigk*, NJW 2014, 3671 f.; *Kudlich*, JA 2015, 74 ff.: Aufklärungspflicht eines Rechtsanwalts bei Vereinbarung eines Erfolgshonorars.

[56] *OLG Köln*, NStZ 2003, 374 f.; NStZ-RR 2010, 79 (80); *OLG München*, NStZ 2009, 156; MK-*Hefendehl*, § 263 Rn. 277 ff.; HdS 5-*Kindhäuser/Schumann*, § 33 Rn. 126; *Mitsch*, BT 2, S. 268 f.; krit. *Bringewat*, NStZ 2011, 131 ff.; siehe auch *OLG Hamburg*, wistra 2004, 151 ff. Mitteilungspflichten, welche die Berechtigung zum Bezug von Sozialleistungen nicht berühren, begründen keine Garantenstellung; ebso. *KG*, NZWiSt 2014, 65 (66 f.) m. Anm. *Zehetgruber*.

[57] *OLG Braunschweig*, NStZ 2015, 520 (521). Offengelassen vom *BGH*, wistra 2018, 480 (481).

[58] *KG*, NZWiSt 2014, 116 (117 ff.), m. abl. Anm. *Zehetgruber*; *OLG Naumburg*, NStZ 2017, 293 (294); *Fischer*, § 263 Rn. 40b; MK-*Hefendehl*, § 263 Rn. 279.

[59] *BGH*, NStZ 2022, 109 (Rn. 27 f.) m. Anm. *Bittmann*, NZWiSt 2022, 30 ff., *Kraatz*, JR 2022, 288 ff. und *Schilling*, NStZ 2022, 113 f.

[60] *BGH*, wistra 2018, 480 f.

Zu (2): Eine Aufklärungspflicht aus Ingerenz kommt in mehreren Konstellationen in Betracht. **572**

(a) Sie kann vorliegen, wenn der Täter – ohne Täuschungsvorsatz – sorgfaltswidrig durch ein objektiv täuschendes Verhalten einen Irrtum erregt, der für den Betroffenen die Gefahr der Selbstschädigung durch eine Vermögensverfügung begründet[61].

Beispiel: Ansgar (A) war Verkäufer im Laden der Barbara (B). Da B das Geschäft für einige Minuten verlassen hatte, nahm A 500 Euro von einem Kunden entgegen. Als A das Geld verbuchen und in die Ladenkasse legen wollte, ging ein Bekannter an dem Geschäft vorbei. A steckte das Geld rasch in seine Tasche und eilte nach draußen, um sich mit ihm zu unterhalten; er beabsichtigte, später die Verbuchung vorzunehmen und das Geld in die Kasse zu geben. Nachdem er in den Laden zurückgekehrt war, beriet er einen neuen Kunden und dachte nicht mehr an das Geld in seiner Tasche. A erinnerte sich erst an die 500 Euro, als B den Laden schloss und die Tageseinnahmen addierte. Nun beschloss A, die 500 Euro zu behalten, verabschiedete sich von B und verließ mit dem Geld das Geschäft.
A hatte, als ihm seine Nachlässigkeit einfiel, aus seinem pflichtwidrigen Vorverhalten die Garantenpflicht, Eingang und Nichtverbuchung des Geldes zu offenbaren, um damit die irrige Annahme des B zu beseitigen, alle Tageseinnahmen seien ordnungsgemäß verbucht.

A wäre dagegen nicht wegen Betruges durch Unterlassen strafbar, wenn er in unserem Beispielsfall *(Rn. 572)* beim Einstecken des Geldes die Absicht hatte, es nicht in die Kasse zu legen, sondern es für sich zu behalten; A hätte dann – mangels eigenen Gewahrsams – einen Diebstahl begangen. Fraglich ist allerdings, worin der Grund für den Ausschluss der Strafbarkeit wegen Betruges durch Unterlassen liegt. Zum Teil wird angenommen, die Unterlassungsstrafbarkeit scheitere an der Unzumutbarkeit der Aufklärung des Ladeninhabers: Die Aufklärungspflicht aus sorgfaltswidrigem, gefährlichem vorangegangenem Tun werde nämlich durch das regulative Rechtsprinzip der Zumutbarkeit begrenzt[62]. Müsste sich der Täter durch die Aufklärung selbst einer Straftat bezichtigen, so entfalle die Garantenpflicht zur Aufklärung grundsätzlich mangels Zumutbarkeit[63]. Ob der Gesichtspunkt der Unzumutbarkeit bereits die Garantenposition ausschließt[64], ob er dazu führt, dass dem »Entsprechens-Erfordernis« des § 13 StGB nicht genügt ist[65], oder ob er erst die Schuld beseitigt[66], ist im Übrigen strittig. **573**

– Siehe dazu auch Krey/*Esser*, AT, Rn. 1171 ff. –

Der wahre Grund für den Ausschluss der Strafbarkeit wegen Betruges durch Unterlassen liegt jedoch woanders: Hat der Täter das Rechtsgut durch ein positives Tun vorsätzlich angegriffen, so entsteht daraus keine rechtliche Verpflichtung zu erfolgsverhindernden Maßnahmen. Wer einen Erfolg anstrebt oder billigend in Kauf **574**

---

[61] HdS 5-*Kindhäuser/Schumann*, § 33 Rn. 120; *Mitsch*, BT 2, S. 269 f.; Sch/Sch-*Perron*, § 263 Rn. 20; LK[12]-*Tiedemann*, § 263 Rn. 68.
[62] LK[12]-*Tiedemann*, § 263 Rn. 75; siehe auch *BGH*, NStZ 1984, 164.
[63] *BGH*, NStZ 1984, 164; Krey/*Esser*, AT, Rn. 1173; krit. LK[12]-*Tiedemann*, § 263 Rn. 75, der die praktische Relevanz dieser Ausnahmekonstellation wegen bestehender Straflosigkeit aus anderen Gründen, z.B. Konkurrenzen, bezweifelt.
[64] Sch/Sch-*Bosch*, Vorbem §§ 13 ff. Rn. 155; *Krey*, Rechtsprobleme ... VE, Rn. 91, 507.
[65] OLG Karlsruhe, MDR 1975, 771 f.
[66] So u.a. B/W/M/E-*Eisele*, 18/79; 21/18, 97; W/B/S-*Beulke/Satzger*, Rn. 1220 m.w.N.

nimmt, ist nicht zugleich verpflichtet, ihn abzuwenden[67]. Ein nachfolgendes Unterlassungsdelikt wird also nicht erst im Konkurrenzwege verdrängt[68], sondern die Nichtvornahme einer den Erfolg abwendenden oder ihn rückgängig machenden Handlung ist schon nicht tatbestandsmäßig, weil eine Garantenstellung fehlt, und zwar unabhängig davon, ob dem Täter die Rettungshandlung zumutbar ist oder nicht. Sonst würde sich grundsätzlich an jeden heimlich begangenen Diebstahl und an jede unbemerkt gebliebene Unterschlagung ein Betrug durch Unterlassen anschließen, falls der Täter seine Tat nicht offenbart. Nachträgliche erfolgsverhindernde oder schadensbeseitigende Handlungen des Täters wirken aber lediglich strafausschließend (Rücktritt vom Versuch, § 24 StGB) bzw. strafmildernd (Strafzumessung); deren Nichtvornahme als unechtes Unterlassungsdelikt zu werten, würde eine zweifache Verwertung desselben Umstandes zu Lasten des Täters bedeuten, da die Nichtabwendung des Erfolges sowohl im Rahmen des Begehungsdeliktes berücksichtigt als auch – zusätzlich – zur Annahme eines Betruges durch Unterlassen führen würde.

575 *(b)* Ein pflichtwidriges Vorverhalten liegt zudem vor, wenn der Täter bei Abgabe der unrichtigen Erklärung zwar Täuschungs-, aber keinen Schädigungsvorsatz bzw. keine Bereicherungsabsicht hatte, z.B. indem der Kreditnehmer bei der Beantragung des Darlehens das Vorhandensein einer – von ihm erwarteten – Sicherheit wahrheitswidrig behauptet und den Kreditgeber nach Ablehnung der Garantiezusage darüber nicht informiert[69].

576 *(c)* Der *BGH* nimmt darüber hinaus eine Aufklärungspflicht aus Ingerenz an, wenn das Vorverhalten objektiv keinen Täuschungscharakter aufweist, es aber die vermögensrelevanten Umstände, deren Fortbestehen Grundlage weiterer Vermögensverfügungen »des Getäuschten« ist, verändert[70]. Die Angeklagten hatten, ohne an den Vertragsabschlüssen mit den Anteilseignern mehrerer Fondsgesellschaften beteiligt gewesen zu sein, Untreuehandlungen zu Lasten der Gesellschaften und der Anleger begangen; aufgrund dieses pflichtwidrigen Vorverhaltens hätten die Angeklagten die Anleger, die nach diesen Taten Zahlungen leisteten, über die Verminderung des Fondsvermögens informieren müssen. Dem wird zu Recht entgegengehalten, dass die Entscheidung des *BGH* zu einer »unnötigen Verschleifung« von Untreue und Betrug führt[71]. Der Betrug setzt – auch in der Unterlassungsvariante – voraus, dass der Irrtum des Opfers auf den Täter als Informationsquelle zurückzuführen ist[72]. Vermittelt der Täter durch sein Verhalten keine Fehlinformation, so kann eine straf-

---

[67] BGH, NStZ-RR 1996, 131: Keine Garantenstellung zur Abwendung des Todes, wenn der Täter dem Opfer lebensgefährliche Verletzungen mit Tötungsvorsatz zugefügt hatte.
[68] L/K/H-*Heger*, § 323c Rn. 8; *Tag*, JR 1995, 133 (136). Anders die h.M. zum Verhältnis der einen Unglücksfall herbeiführenden Begehungstat und der unterlassenen Hilfeleistung (Subsidiarität des § 323c StGB), z.B. *BGH* St 39, 164 (166); *Fischer*, § 323c Rn. 11b; Sch/Sch-*Hecker*, § 323c Rn. 31.
[69] MR-*Saliger*, § 263 Rn. 82.
[70] BGH St 62, 72 (Rn. 28 ff.); zust. *Ladiges*, WuB 2017, 478 f.; *Müller-Michaels*, BB 2017, 1492; krit. *Bauer*, NZI 2016, 935 f.; *Becker*, NStZ 2017, 535 f.; *Frisch*, EWiR 2017, 463 f.; abl. *Ceffinato*, JR 2017, 543 ff.; HdS 5-*Kindhäuser/Schumann*, § 33 Rn. 122 (Veränderung der Verhältnisse vor Zugang der Tatsachenbehauptung); M/R-*Saliger*, § 263 Rn. 83; *Schwerdtfeger*, NZG 2017, 799 f.
[71] M/R-*Saliger*, § 263 Rn. 83.
[72] NK-*Kindhäuser/Hoven*, § 263 Rn. 166; M/R-*Saliger*, § 263 Rn. 83.

bewehrte Aufklärungspflicht nur aus einem anderen Grund resultieren[73]. In dem vom *BGH* entschiedenen Fall traf deshalb die an der Anbahnung und dem Abschluss der Verträge mit den Anlegern beteiligten Angeklagten wegen der besonderen Vertrauensbeziehungen bei Verträgen über Vermögensangelegenheiten eine auf die vertraglichen Beziehungen gestützte Aufklärungspflicht[74] (*Rn. 577*).

Zu (3): *(a)* Vertragliche Pflichten aus gegenseitigen Rechtsgeschäften reichen i.d.R. zwar nicht zur Begründung einer Garantenstellung aus[75]. Eine Aufklärungspflicht aus Vertrag kann aber zum einen auf Grund ausdrücklicher Vereinbarung bestehen, vorausgesetzt, dass die zum Vertragsinhalt gemachte Pflicht gerade den Schutz des Vermögens des Partners bezweckt[76].   577

Beispiel: Einem Angestellten, der eigenverantwortlich eine Kasse führt, kann vertraglich ausdrücklich auferlegt sein, Fehlbeträge aufzudecken.

(b) Vertragliche Aufklärungspflichten können sich zum anderen auch ohne eine solche ausdrückliche Vereinbarung bei verständiger Vertragsauslegung ergeben, nämlich dann, wenn der Vertrag ein besonderes Vertrauensverhältnis zwischen den Partnern begründet hat oder begründen soll[77].

Ein rechtsgeschäftliches Vertrauensverhältnis kommt u.a. in Betracht zwischen Rechtsanwalt und seinem Mandanten, zwischen Bank und ihren ständigen Kunden bei Wertpapier- und sonstigen Kapitalanlagegeschäften (*Rn. 576*), nicht dagegen bei einfachen Kaufverträgen[78]; zu Kreditgeschäften vgl. *Fall 97 (Rn. 595 ff.)*.

(c) Ebenso wie bereits abgeschlossene Verträge können auch Vertragsverhandlungen Aufklärungspflichten begründen; **vorvertragliche** Aufklärungspflichten kommen in Frage, wenn ein besonderes Vertrauensverhältnis angebahnt werden soll[79].

Zu (5) mit (3), (4): Zum Teil wird zudem der Grundsatz von **Treu und Glauben** als Entstehungsgrund für Aufklärungspflichten in Betracht gezogen[80]: Im Rahmen bereits abgeschlossener Verträge oder von Vertragsverhandlungen könne § 242 BGB die Garantenpflicht begründen, den Partner auf Tatsachen hinzuweisen, die für diesen erkennbar *von besonderer Bedeutung* seien. Dies gelte insbesondere dann, wenn ohne eine solche Aufklärung dem Partner ein erheblicher Schaden drohe[81].   578

---

[73] NK-*Kindhäuser/Hoven*, § 263 Rn. 167.
[74] *BGH* St 62, 72 (Rn. 19 ff.).
[75] *BGH*, NStZ 2010, 502; *OLG Celle*, wistra 2010, 278 (279); S/S/W-*Kudlich*, § 263 Rn. 111.
[76] *BGH* St 39, 392 (399) – unter Betonung des Gesichtspunktes des »Vertrauensverhältnisses« –; LK[12]-*Tiedemann*, § 263 Rn. 61.
[77] *BGH* St 39, 392 (399); *OLG Celle*, wistra 2010, 278 (279 f.); SK[9]-*Hoyer*, § 263 Rn. 60; Sch/Sch-*Perron*, § 263 Rn. 19, 22; LK[12]-*Tiedemann*, § 263 Rn. 62 f.
[78] LK[12]-*Tiedemann*, § 263 Rn. 64.
[79] *BGH* St 62, 72 (Rn. 20); *OLG Bamberg*, NStZ-RR 2012, 248 (250), das eine solche Pflicht in dem entschiedenen Fall ablehnte; krit. dazu *Beckemper*, ZJS 2012, 697 (698 ff.).
[80] *RG* St 70, 151 (156); *BGH* St 6, 198; *BayObLG*, JZ 1987, 626 ff.; *OLG Stuttgart*, NStZ 1985, 503 m. Anm. *Lackner/Werle*; M/S/M/H/M-*Momsen*, 41/50; LK[12]-*Tiedemann*, § 263 Rn. 53, 66 f. Abl. u.a.: *Fischer*, § 263 Rn. 51; *Hellmann*, JA 1988, 73 (79 f.); NK-*Kindhäuser/Hoven*, § 263 Rn. 163; *Mitsch*, BT 2, S. 267 f.; *Ranft*, JuS 2001, 854 (857); *Rengier*, JuS 1989, 802 (805 ff.).
[81] Vgl. näher LK[10]-*Lackner*, § 263 Rn. 65 m.w.N.; krit. LK[12]-*Tiedemann*, § 263 Rn. 67.

So trifft nach Ansicht des *BayObLG* den Vermieter, der nach § 573 II Nr. 2 BGB (früher § 564b II Nr. 2 BGB) gekündigt hat (Eigenbedarfskündigung), aus Treu und Glauben »eine strafrechtlich relevante Garantenpflicht, den Mieter bei Wegfall des Eigenbedarfs auf die veränderte Lage hinzuweisen«; dabei soll diese Pflicht, die gemäß §§ 263, 13 StGB strafbewehrt sei, grundsätzlich bis zur Räumung der Wohnung durch den Mieter bestehen[82].

579 Gegen die Herleitung von Garantenpflichten aus Treu und Glauben bestehen Bedenken. Diesem Rechtsprinzip mag zwar für die Garantenproblematik beim Betrug insoweit Bedeutung zukommen, als es die These der h.A. stützt, aus **besonderen Vertrauensverhältnissen** könnten Garantenpflichten zur Aufklärung resultieren[83].
Außerhalb des Rahmens besonderer Vertrauensverhältnisse sollte es aber mit den schon erwähnten Garantenpflichten zur Aufklärung aus Gesetz, Ingerenz und ausdrücklicher Vereinbarung sein Bewenden haben: Anderenfalls droht nämlich eine rechtsstaatlich bedenkliche Rechtsunsicherheit. Das Rechtsprinzip Treu und Glauben ist zu konturenlos, um ein taugliches **strafbegründendes** Merkmal abzugeben.

580 Zu (4): Als außervertragliche besondere Vertrauensverhältnisse, aus denen Aufklärungspflichten folgen können, kommen u.a. in Betracht: Langjährige Geschäftspartnerschaft[84]; faktische Gesellschaften[85] (der Gesellschaftsvertrag ist nichtig, aber die Gesellschaft besteht bereits).

581 Für unseren *Fall 93 (Rn. 567)* ergibt sich danach der folgende Befund:
Die weitere Benutzung des Zimmers und die Entgegennahme des Frühstücks waren keine *pflichtwidrigen* gefahrbegründenden Handlungen und konnten daher keine nach § 263 StGB strafbewehrte Aufklärungspflicht aus Ingerenz begründen[86]. Ein *besonderes Vertrauensverhältnis* zwischen W und dem Hotelier lag nicht vor[87].
Aus *§ 242 BGB* folgt ebenfalls keine Garantenpflicht für W, den Eintritt seiner Zahlungsunfähigkeit zu offenbaren[88]. Dies gilt selbst dann, wenn man – zu Unrecht – annimmt, aus Treu und Glauben könnten Aufklärungspflichten resultieren. Schuldner sind nämlich auch bei Vorleistung des Gläubigers nach h.M. regelmäßig nicht verpflichtet, Verschlechterungen ihrer Vermögensverhältnisse preiszugeben[89].
Mangels Garantenstellung des W scheidet also Betrug durch Unterlassen aus.

---

[82] *BayObLG*, JZ 1987, 626 ff.; dazu eingehend MK-*Hefendehl*, § 263 Rn. 297 f.; *Hellmann*, JA 1988, 73 (79 f.) und *Rengier,* JuS 1989, 802 (805 ff.).
[83] *BGH* St 39, 392 (400 f.); 46, 196 (203). Hierzu u.a. *Beckemper*, ZJS 2012, 697 (698 f.); *Naucke*, NJW 1994, 2809 (2810). Wie der *BGH* auch *OLG Bamberg*, NStZ-RR 2012, 248 (250).
[84] *BGH* St 39, 392 (399); ebso. LK[12]-*Tiedemann*, § 263 Rn. 65, wenn dem Vertragspartner der Eindruck einer korrekten Abwicklung vermittelt wird oder die Verschlechterung nicht vorübergehend ist.
[85] MK-*Hefendehl*, § 263 Rn. 273.
[86] Vgl. *Eser*, Strafrecht 4, Fall 11 A 35; *Triffterer*, JuS 1971, 183.
[87] Vgl. *BGH*, wistra 1987, 213.
[88] *OLG Hamburg*, NJW 1969, 335 f.; Sch/Sch-*Perron*, § 263 Rn. 22.
[89] *OLG Hamburg*, NJW 1969, 335 f.; Sch/Sch-*Perron*, § 263 Rn. 22; diff. LK[12]-*Tiedemann*, § 263 Rn. 65, bei langjährigen Geschäftsbeziehungen (siehe *Rn. 580*).

Ergänzender Hinweis zum Problem »Betrug durch Unterlassen«
§ 13 StGB fordert für die Gleichstellung des Unterlassens mit dem aktiven Tun neben der Garantenpflicht, dass »das Unterlassen der Verwirklichung des gesetzlichen Tatbestandes durch ein Tun entspricht«. Diese **Entsprechensklausel** ist nach zutreffender Ansicht nur für Tatbestände von Bedeutung, in denen nicht schon die Erfolgsherbeiführung als solche, »sondern nur die Herbeiführung *auf bestimmte Art und Weise* tatbestandsmäßig ist«[90]. Zu solchen »verhaltensgebundenen« Tatbeständen gehört auch § 263 StGB, und zwar im Hinblick auf das Merkmal »Täuschung«[91].

582

Doch ist mit dieser Erkenntnis nicht viel gewonnen, denn die Frage, unter welchen Voraussetzungen das »Entsprechens-Erfordernis« anzunehmen sei, ist bislang nicht geklärt; § 13 StGB ist insoweit eine »undurchsichtige Vorschrift«[92].
Auch für die Anwendung der »Entsprechensklausel« des § 13 StGB auf den Betrug durch Unterlassen fehlt es bislang an einer überzeugenden Konzeption. Eine solche ist auch kaum zu erwarten, denn es handelt sich um eine **inhaltsleere** und von Rechtsprechung und Literatur nicht überzeugend konkretisierbare Generalklausel, die als kriminalpolitisch fragwürdig und verfassungsrechtlich – im Hinblick auf das Bestimmtheitsgebot des Art. 103 II GG – bedenklich zu charakterisieren ist[93].
Es bestehen aber jedenfalls keine grundsätzlichen Bedenken gegen die Gleichstellung der Täuschung durch Tun und der durch Unterlassen: § 263 I StGB nennt als eine Täuschungshandlung die *»Unterdrückung wahrer Tatsachen«*. Dies kann durch aktives Tun geschehen, z.B. durch Vernichten des klarstellenden Briefes, oder eben durch bloße Untätigkeit, indem der Garant die Richtigstellung unterlässt, zumal auch das *»Unterhalten eines Irrtums«*, d.h. dessen Aufrechterhaltung, genügt[94].

583

Fall 94: – *»Dinar-Fall«; konkludente Täuschung/Täuschung durch Unterlassen* –
Gernot (G) erhielt 8.000 Dinar in Scheinen. Es handelte sich, wie er wusste, um Banknoten alter Art, die zwar noch als Zahlungsmittel gültig, einige Zeit zuvor aber im Verhältnis 1:100 abgewertet worden waren. Er tauschte in einer ländlichen Sparkasse, von der er annahm, dort sei die Dinarabwertung möglicherweise nicht bekannt, einige von seinen alten Dinarnoten in Euro um und erhielt, da der Kassierer tatsächlich die fragliche Abwertung nicht kannte, gegenüber dem jetzt gültigen Kurs das Hundertfache ausbezahlt.
Hat G einen Betrug begangen?

584

a) Zum Teil wird behauptet, wer Geld zum Umtausch in eine andere Währungseinheit anbiete, erkläre damit i.d.R. zugleich konkludent, dass es sich um gültiges Geld handele, das den aus der Beschriftung ersichtlichen Wert habe[95].

---

[90] So u.a. *Jakobs*, 29/7, 29/78 ff.; Sch/Sch-*Bosch*, § 13 Rn. 4; krit. *Kargl*, ZStW 119 (2007), 250 (274 ff.). A.A. LK[13]-*Weigend*, § 13 Rn. 77: Eigener Anwendungsbereich der Entsprechungsklausel nur bei den Tatbeständen, in denen das *subjektive* Unrecht im Tatbestand näher charakterisiert wird.
[91] MK-*Hefendehl*, § 263 Rn. 329; *Hellmann*, JA 1988, 73 (78 f.); *Jakobs*, 29/80; *Jescheck/Weigend*, § 59 V 1; *Rengier*, JuS 1989, 802 (808).
[92] *Rengier*, JuS 1989, 802 (808); siehe auch *Kargl*, ZStW 119 (2007), 250 (281 ff.).
[93] Siehe auch Krey/*Esser*, AT, Rn. 1129 f.
[94] Näher dazu *Hellmann*, JA 1988, 73 (78 f.).
[95] *OLG Hamm*, MDR 1968, 778; zust. Sch/Sch-*Perron*, § 263 Rn. 16f. Abl.: *OLG Frankfurt*, NJW 1971, 527; NK-*Kindhäuser/Hoven*, § 263 Rn. 131.

585 Lebensnah erscheint diese These jedoch nicht, denn in der *bloßen Vorlage* ausländischer Banknoten zum Umtausch liegt nämlich nichts weiter als die schlüssige Erklärung: »Ich möchte den (nach dem jetzt geltenden Wechselkurs zu bestimmenden) Gegenwert.«

Auch in der bloßen **Annahme** des Euro-Betrages liegt noch keine konkludente Täuschung[96]; denn nach der Verkehrsanschauung bedeutet die Annahme eines nicht geschuldeten Betrages als solche keine »auf Verdeckung der Wahrheit gerichtete Handlung«[97]. Es gehört grundsätzlich in den Risikobereich des Leistenden, dass die Schuld besteht und die Leistung den Anspruch nicht übersteigt. Deshalb ist – unter der Voraussetzung, dass eine Offenbarungspflicht des Leistungsempfängers nicht besteht – namentlich die Annahme zu viel gezahlten Geldes kein Betrug[98].

Anders liegt es dagegen, wenn der Täter eine **nicht geschuldete Leistung anfordert**. Darin ist eine konkludente Täuschung zu sehen, da der Täter schlüssig erklärt, dass ein entsprechender Anspruch bestehe[99]. Voraussetzung ist allerdings, dass der Täter nicht lediglich eine falsche Rechtsauffassung zum Ausdruck bringt (wie in dem Inkassogebühren-Fall, *Rn. 565*), sondern die anspruchsbegründenden Tatsachen »miterklärt«[100] (näher *Rn. 566a*).

Damit entfällt in unserem *Fall 94* eine Täuschung durch schlüssiges Verhalten.

Eine konkludente Täuschung läge selbst dann nicht vor, wenn der Kassierer den Kunden vor oder bei der Auszahlung über den nach Auffassung des Kassierers gültigen Wechselkurs unterrichtet. Mit der Annahme des Geldes gibt der Kunde nicht die schlüssige Erklärung ab, er habe dem Kassierer Geldscheine in entsprechendem Gegenwert gegeben[101].

586 *b)* Eine Täuschung durch **Unterlassen** scheidet ebenfalls aus:

Ein *besonderes Vertrauensverhältnis aus einer vertraglichen Beziehung* zwischen G und der Sparkasse bestand nicht.

Eine Garantenstellung aus *Ingerenz* kommt nicht in Betracht, weil die Vorlage gültigen ausländischen Geldes zum Wechseln kein pflichtwidriges gefahrbegründendes Tun darstellt, das eine Mitverantwortung des G zur Vermeidung eines Schadens der Bank infolge des Irrtums des Kassierers begründen konnte.

Treu und Glauben begründen hier ebenfalls keine Offenbarungspflicht, denn auch die – unzutreffende – Ansicht, die es grundsätzlich für möglich hält, dass § 242 BGB durch § 263 StGB strafbewehrte Aufklärungspflichten begründen kann, geht davon aus, eine allgemeine Offenbarungspflicht über alle bedeutsamen Tatsachen sei aus § 242 BGB nicht herzuleiten. Es müssten vielmehr *»besondere Umstände«* vorlie-

---

[96] Abw. *Kaiser*, NJW 1971, 601 f.
[97] OLG *Düsseldorf*, NJW 1969, 623 (624) m. Anm. *Deubner*; OLG *Frankfurt*, NJW 1971, 527; Sch/Sch-*Perron*, § 263 Rn. 17a; *Rengier* I, 13/19; LK[12]-*Tiedemann*, § 263 Rn. 93. Siehe auch *Fall 95* (Rn. 587 ff.).
[98] OLG *Köln*, NJW 1987, 2527 f.
[99] OLG *Celle*, StV 1994, 188 (189 f.); L/K/H-*Heger*, § 263 Rn. 9; *Hellmann*, JuS 2001, 353 (356); Sch/Sch-*Perron*, § 263 Rn. 16c. A.A. *Schmoller*, StV 1994, 190 f.
[100] BGH St 46, 196 (198).
[101] OLG *Frankfurt*, NJW 1971, 527.

gen, um eine Garantenpflicht zur Aufklärung aus Treu und Glauben anzunehmen[102]. An solchen besonderen Umständen fehlt es hier, denn das Risiko, dass ihre zuständigen Mitarbeiter die Währungsverhältnisse nicht überblicken, fällt grundsätzlich allein in den Verantwortungsbereich der Banken. Diese sind nicht so schutzbedürftig, dass man dem G eine Offenbarungspflicht auferlegen müsste.

c) *Ergebnis:* G ist nicht nach § 263 StGB strafbar.

Fall 95: – »*Scheck-Fall*«; *konkludente Täuschung/Täuschung durch Unterlassen* –
Janine (J) und Paul (P) hatten bei der Firma Xeria (X) Waren abgeliefert. Zur Abgeltung ihres Arbeitslohnes erhielt J einen auf die Stadtsparkasse gezogenen Barscheck über 200 Euro. Sie übergab P, der für seine Mitarbeit 100 Euro von ihr erhalten sollte, den Scheck zur Einlösung. P legte den Scheck, auf dessen Rückseite J bereits mit ihrer Unterschrift den Empfang des Geldes quittiert hatte, der Kassiererin Yvonne (Y) der Sparkasse vor. Diese zahlte P versehentlich 2.000 Euro aus. P, der den Irrtum der Y sofort erkannte, nahm das Geld an sich und verließ die Sparkasse. J händigte er 100 Euro aus; den Rest behielt er.

587

Strafbarkeit des P wegen Betruges zum Nachteil der Bank?

a) Eine *konkludente Täuschung* entfällt[103], da die bloße Annahme einer nicht geschuldeten Leistung keine Täuschung durch schlüssiges Verhalten (vgl. *Rn. 585*), sondern »ohne Hinzutreten weiterer Umstände« lediglich ein *Ausnutzen* eines beim Zahlenden *bereits vorhandenen Irrtums* darstellt. Das Verhalten des P – Annahme des Geldes ohne Aufklärung der Überzahlung – erschöpfte sich nach seinem sozialen Sinngehalt in einem bloßen *Unterlassen*[104].

b) Täuschung durch Unterlassen?

Betrug durch Unterlassen entfällt mangels Garantenstellung des P[105]:
Eine *gesetzliche* Garantenpflicht traf P nicht; das Gesetz (§ 812 BGB) verpflichtete ihn lediglich zur Rückzahlung des zu viel bezahlten Betrages.
Eine Garantenstellung aus *Ingerenz* entfällt, da die Vorlage des Schecks kein pflichtwidriges gefahrbegründendes oder -erhöhendes Tun war.
Ein *Vertrauensverhältnis* zwischen P und der bezogenen Sparkasse bestand nicht.
Besondere Umstände, die gemäß einer Ansicht nach *Treu und Glauben* eine Offenbarung der Überzahlung gebieten könnten (vgl. *Rn. 578, 579, 581, 586*), fehlen.

588

c) *Ergebnis:* P hat keinen Betrug begangen.
Auch § 246 StGB entfällt, da P beim Empfang des Geldes Eigentum erlangte[106].

589

Fall 96: – *Betrug durch Ausnutzung einer Fehlüberweisung/Fehlbuchung* –
Einige Fehlspekulationen an der Börse hatten Alphons (A) in finanzielle Bedrängnis gebracht. Sein Girokonto war deshalb seit Monaten in Höhe des ihm eingeräumten Kredits überzogen. Überraschenderweise zeigte sein letzter Kontoauszug ein Guthaben von über 10.000 Euro auf. A erkannte, dass »etwas schiefgelaufen« sein musste, die gute Gelegenheit wollte er sich je-

590

---

[102] *OLG Düsseldorf,* NJW 1969, 623 (624); *OLG Frankfurt,* NJW 1971, 527.
[103] *OLG Düsseldorf,* NJW 1969, 623 (624); *OLG Köln,* NJW 1980, 2366; L/K/H-*Heger,* § 263 Rn. 9; Sch/Sch-*Perron,* § 263 Rn. 17a; *Volk,* JuS 1981, 880 ff.
[104] Vgl. *OLG Düsseldorf,* NJW 1969, 623 (624); *OLG Köln,* NJW 1980, 2366.
[105] Vgl. *OLG Düsseldorf,* NJW 1969, 623 (624); *OLG Köln,* NJW 1980, 2366; *Volk,* JuS 1981, 880 ff.
[106] *OLG Düsseldorf,* NJW 1969, 623 (624); *OLG Köln,* NJW 1980, 2366.

doch nicht entgehen lassen. Er legte Zeta (Z), einer Mitarbeiterin seiner Bank, einen Überweisungsauftrag über die letzte Rate für seinen kürzlich erworbenen Pkw in Höhe von 10.000 Euro vor. Nach Prüfung der Kontodeckung veranlasste Z die Überweisung an das Autohaus. Drei Tage später stellte sich heraus, dass eine bankinterne Fehlbuchung dem A zu dem unerwarteten Geldsegen verholfen hatte; ein Mitarbeiter hatte bei der Eingabe in den Computer zwei Zahlen der Kontonummer des eigentlichen Empfängers vertauscht, sodass der Betrag dem Konto des A gutgeschrieben worden war.

Hat A durch die Veranlassung der Überweisung einen Betrug begangen?

a) Konkludente Täuschung?

Sie läge vor, wenn A durch Vorlage des Überweisungsbelegs schlüssig die falsche Erklärung, sein Konto verfüge über die erforderliche Deckung, abgegeben hätte. Einigkeit besteht darüber, dass in der Abhebung oder Überweisung eines Kontoguthabens, das dem Kontoinhaber aufgrund einer **Fehlüberweisung** (der Überweisende hat irrtümlich ein falsches Empfängerkonto angegeben), gutgeschrieben worden war, keine konkludente Täuschung liegt. Der Überweisende hat zwar Rückforderungs- und Anfechtungsrechte gegen den »falschen« Empfänger, die Wirksamkeit der Gutschrift im Verhältnis zwischen der kontoführenden Bank und dem Kontoinhaber bleibt davon aber unberührt[107]; der Kontoinhaber macht also nur den gegen seine Bank bestehenden Anspruch auf den überwiesenen Betrag geltend.

Anders beurteilte die früher h.M. das Abheben bzw. Überweisen eines Guthabens, das dem Kontoinhaber aufgrund einer **Fehlbuchung** zugeflossen ist, weil diese keinen Anspruch gegen die kontoführende Bank begründe, sodass der Kontoinhaber schlüssig die Unwahrheit erkläre[108].

591 Der *BGH* hat jedoch dargelegt, dass diese *Unterscheidung nicht überzeugt*: Das Gericht bezweifelt schon, dass die Erteilung eines Überweisungsauftrages den tatsächlichen Erklärungsinhalt habe, für die zu überweisende Summe sei eine ausreichende Kontodeckung vorhanden. Diese Erklärung sei aber jedenfalls nicht falsch: Zwar habe die kontoführende Bank ein Recht zur Stornierung der Fehlbuchung, sodass die Geltendmachung ihrer Ansprüche nicht mit den Schwierigkeiten und Risiken belastet sei, die einen Außenstehenden im Falle der Fehlüberweisung treffen. Erst die Stornierung beseitige jedoch den Anspruch des Kunden aus der Kontogutschrift, d.h. dem (abstrakten) Schuldversprechen gemäß § 780 BGB; bis dahin habe er – wie bei einer Fehlüberweisung – diesen Anspruch[109].

592 Die Sicht des *BGH* verdient Zustimmung. Ob eine konkludente Täuschung über die Kontodeckung vorliegt, ist von der **Zivilrechtslage abhängig**. Diese unterscheidet sich in dem hier maßgeblichen Umstand – Bestehen eines Anspruchs des Kontoinhabers auf das Guthaben gegen seine Bank – in den Fällen der Fehlbuchung und der Fehlüberweisung aber gerade nicht.

A hat Z somit nicht aktiv getäuscht.

---

[107] BGH St 39, 392 (395 f.) m. Bespr. *Naucke*, NJW 1994, 2809 ff. und Anm. *Joerden*, JZ 1994, 422; BGH [Z] 87, 246 (252); Sch/Sch-*Perron*, § 263 Rn. 16c; *Rengier* I, 13/25.
[108] OLG Köln, NJW 1980, 2366; wohl abw. OLG Köln, NStZ 1991, 85 f.
[109] BGH St 46, 196 (201). Zust. *Fischer*, § 263 Rn. 24; *Hefendehl*, NStZ 2001, 281 ff.; krit. *Joerden*, JZ 2001, 614 ff.; *Ranft*, JuS 2001, 854 ff.; W/H/S-*Schuhr*, Rn. 530, 542.

§ 11: Betrug

b) Täuschung durch Unterlassen?

Eine Garantenstellung zur Aufklärung der Z darüber, dass ihm (A) das Guthaben ohne Rechtsgrund zugeflossen sei, könnte sich nur aus dem *Girovertrag* ergeben. Der normale Girovertrag begründet jedoch das erforderliche besondere Vertrauensverhältnis nicht[110]; eine ausdrückliche Vereinbarung enthält der Sachverhalt nicht. 593

c) Ergebnis: A ist nicht wegen Betruges strafbar.

Ergänzender Hinweis

Die Strafbarkeit wegen **Untreue (§ 266 StGB)** scheidet ebenfalls aus, da den Bankkunden keine Vermögensbetreuungspflicht i.S. dieses Tatbestandes trifft[111]. 594

Fall 97: – *Täuschung bei Kreditgeschäften* –

Kaufmann Soll (S) hatte wegen der Coronapandemie erhebliche Verluste erlitten. Er erhielt deshalb von seinen bisherigen Lieferanten, bei denen er verschuldet war, keine Waren mehr. S wendete sich in der Hoffnung auf eine bald einsetzende Belebung der Konjunktur und eine damit zu erwartende Sanierung seines Geschäftes an die neu gegründete Großhandlung des Haben (H) und erhielt von dieser Waren mit einem Zahlungsziel von drei Monaten. Seine gefährdete wirtschaftliche Lage verschwieg S dabei. Am Fälligkeitstag konnte S nicht zahlen. 595

Hat er einen Betrug begangen?

Problem: Hat S den H über seine Kreditwürdigkeit getäuscht?

a) Konkludente Täuschung

Wer auf Kredit kauft oder ein Darlehen aufnimmt, erklärt nach der Verkehrsauffassung konkludent seine Absicht, am Fälligkeitstage leisten zu wollen, und seine Erwartung, er werde dazu in der Lage sein[112]. Bei dieser *Absicht* und *Erwartung* handelt es sich um (innere) *Tatsachen*, da sie als bei Vertragsabschluss bestehend erklärt werden, also nicht nur zukünftige Zustände betreffen (vgl. *Rn. 560 f.*).

Eigene *Zweifel an der künftigen Leistungsfähigkeit* schließen die Annahme, man werde bei Fälligkeit zahlen können, solange nicht aus, wie der Kreditkäufer bzw. Darlehensnehmer darauf *vertraut*, künftig leistungsfähig zu sein[113].

Vereinzelt wird eine strengere Sicht propagiert: Der Verkehr dürfe das Zahlungsversprechen eines Darlehensnehmers oder Kreditkäufers so verstehen, dass der Täter *versichere*, auf Grund der Beurteilung seiner gegenwärtigen Vermögenslage zu dem Schluss gekommen zu sein, die versprochene Leistung erbringen zu können; Betrug komme daher in Betracht, wenn der Täter trotz begründeter Zweifel an seiner künftigen Leistungsfähigkeit *ohne Einschränkung* die spätere Leistung verspreche[114]. Diese Auffassung belastet den Schuldner jedoch unangemessen[115]; dagegen vermeidet die hier vertretene Konzeption eine **unnötige Kriminalisierung**. 596

---

[110] *BGH* St 46, 196 (202).
[111] *BGH* St 46, 196 (203).
[112] *OLG Bamberg*, wistra 2014, 69 (70) m. Bespr. *Jahn*, JuS 2014, 275 ff.; MK-*Hefendehl*, § 263 Rn. 225 f.; SK⁹-*Hoyer*, § 263 Rn. 33; M/S/M/H/M-*Momsen*, 41/45; *Otto*, 51/16.
[113] *OLG Köln*, NJW 1967, 740 f.; LK¹²-*Tiedemann*, § 263 Rn. 38.
[114] Sch/Sch-*Perron*, § 263 Rn. 27.
[115] LK¹⁰-*Lackner*, § 263 Rn. 35.

225

597 Fehlt dagegen eine begründete Aussicht, der Schuldner werde bei Fälligkeit leisten können, und ist ihm dies auch bewusst, so liegt in dem Vertragsschluss *eine konkludente* Täuschung[116], nämlich die wahrheitswidrige schlüssige Erklärung der Annahme, er werde bei Fälligkeit zahlen können.

Hier ist davon auszugehen, dass S darauf vertraute, sein Geschäft werde rasch wieder gesunden und er werde die Forderungen des H bei Fälligkeit erfüllen können; damit scheidet eine Täuschung durch konkludentes Handeln aus.

b) Täuschung durch Unterlassen?

598 Eine Verpflichtung des Kreditkäufers oder Darlehensnehmers zur Offenbarung von Zweifeln an der künftigen Leistungsfähigkeit oder der für die Beurteilung seiner Kreditwürdigkeit bedeutsamen Umstände besteht grundsätzlich nicht[117]. Eine solche Offenbarungspflicht würde dem von ihr Betroffenen jede Möglichkeit zur Überwindung seiner Schwierigkeiten aus eigener Kraft nehmen[118].

Nur *ausnahmsweise* kann daher eine Verpflichtung zur Offenlegung wirtschaftlicher Schwierigkeiten des Kreditkäufers in Frage kommen, nämlich beim Bestehen oder bei der Anbahnung eines besonderen *Vertrauensverhältnisses*.

Auch bei *längeren Geschäftsbeziehungen* – die grundsätzlich ein solches Vertrauensverhältnis begründen (*Rn. 580*) – besteht eine Aufklärungspflicht über Zahlungsschwierigkeiten gegenüber den Lieferanten »nicht schon mit dem Auftreten erster Engpässe, sondern erst von dem Zeitpunkt an, in dem der Käufer bei realistischer Einschätzung seiner Lage damit rechnen muss, seine Gegenleistung entweder überhaupt nicht oder nur mit wesentlichen Verzögerungen erbringen zu können«[119].

Ergebnis: Betrug scheidet mangels eines solchen Vertrauensverhältnisses hier aus.

Ergänzende Hinweise zur Täuschung

599 *(1)* Täuschung durch **Unterlassen** hat die Rechtsprechung z.B. in folgenden Fällen angenommen:

Verkauf eines Gebrauchtwagens unter Verschweigen der Tatsache, dass der Wagen einen schweren Unfall hatte[120];
Empfang von Arbeitslosenunterstützung nach verschwiegener Wiederaufnahme bezahlter Arbeit[121]; – Siehe dazu auch *Rn. 571* –
Verschweigen des Wiederfindens des versicherten Gegenstands durch den Versicherten nach Meldung des Schadensfalles[122]. – Siehe ergänzend *Rn. 577* –

---

[116] *BGH*, GA 1965, 208; *OLG Köln*, NJW 1967, 740 f.; *Fischer*, § 263 Rn. 23; Sch/Sch-*Perron*, § 263 Rn. 27; diff. MK-*Hefendehl*, § 263 Rn. 226: Eine konkludente Täuschung komme nur dann in Betracht, wenn Informationen zurückgehalten werden, auf deren Grundlage die Kreditentscheidung erkennbar beruht.

[117] *BGH*, GA 1965, 208; bei *Holtz*, MDR 1980, 106; *OLG Köln*, NJW 1967, 740 f.; M/S/M/H/M-*Momsen*, 41/55; LK[12]-*Tiedemann*, § 263 Rn. 38.

[118] *BGH* bei *Dallinger*, MDR 1968, 202; bei *Holtz*, MDR 1980, 106.

[119] *OLG Stuttgart*, MDR 1978, 336.

[120] *OLG Nürnberg*, MDR 1964, 693; siehe aber auch *Rn. 566* (evtl. konkludente Täuschung).

[121] *OLG Köln*, NStZ 2003, 374 f.; NStZ-RR 2010, 79 (80); *OLG München*, NStZ 2009, 156.

[122] *RG* St 70, 227.

(2) Da Täuschung durch *Unterlassen* eine Garantenpflicht zur Aufklärung erfordert, ist die Versuchung groß, dort, wo es an einer solchen Pflicht fehlt, aber ein – vermeintliches – Strafbedürfnis zu bestehen scheint, eine *konkludente* Täuschung anzunehmen (siehe *Fall 94, Rn. 584 ff.*). Von einer Erklärung durch schlüssiges Verhalten darf aber nur dann ausgegangen werden, wenn der Erklärungswert des fraglichen Verhaltens nach der Verkehrsauffassung wirklich klar auf der Hand liegt. Die *Höhe des drohenden Schadens* allein begründet keine Garantenstellung[123].

(3) Eine *konkludente Täuschung* begeht nicht schon, wer eine Ware zu einem bestimmten Preis anbietet, denn er erklärt damit im Allgemeinen *nicht* schon schlüssig, der Preis sei angemessen oder üblich[124]. – Siehe dazu auch *Rn. 566.* –

(4) Die Geltendmachung überhöhter Straßenreinigungsentgelte durch einen städtischen Straßenreinigungsbetrieb betrachtet der *BGH* als *konkludente Täuschung* darüber, dass die Tarife unter Beachtung der geltenden Rechtsvorschriften ermittelt wurden und deshalb auf einer zutreffenden Bemessungsgrundlage beruhen[125].

(5) Die Erklärung eines (Radrenn-)Sportler gegenüber seinem Rennstall, keine Dopingmittel genommen zu haben, stellt eine **ausdrückliche Täuschung** dar; die Teilnahme an einem Wettkampf ohne eine solche Erklärung enthält die konkludente Erklärung, eine dopingfreie sportliche Leistung zu erbringen[126].

(6) Eine *konkludente Täuschung* begeht, wer bei Abschluss des Vertrages über die Nutzung des elektronischen Lastschriftverfahrens dem Zahlungsdienstleister, der das Ausfallrisiko für entstehende Rücklastschriften trägt, verschweigt, dass er das Verfahren vertragswidrig für eine »Lastschriftreiterei« nutzen werde[127].

(7) Zur konkludenten Täuschung bei Abschluss einer Sportwette auf ein manipuliertes Fußballspiel siehe *Rn. 744*.

2. Irrtum

Irrtum ist jeder **Widerspruch zwischen einer subjektiven Vorstellung des Getäuschten und der Wirklichkeit**[128]. Der Irrtum muss durch die Täuschung »erregt oder unterhalten werden«; m.a.W.: Der Getäuschte muss dem Täter glauben. Dieses »Für-Wahr-Halten« ist jedenfalls gegeben, wenn der Getäuschte von der Wahrheit der vorgespiegelten Tatsache, ohne daran zu zweifeln, überzeugt ist. Problematisch ist dagegen die Annahme eines Irrtums, wenn der Getäuschte Zweifel hat, ob die Tatsache wahr ist[129].

600

---

[123] *BGH* St 46, 196 (202).
[124] *BGH*, JZ 1989, 759 f.; wistra 2009, 466 (467); wistra 2011, 335 (Rn. 16); *OLG Stuttgart*, NStZ 1985, 503 m. Anm. *Lackner/Werle*; *Rengier* I, 13/16.
[125] *BGH*, NJW 2009, 2900 (Nr. 16) m. Anm. *Voßen*, NStZ 2009, 697 f. und Bespr. *Heghmanns*, ZJS 2009, 706 ff.
[126] *OLG Stuttgart*, BeckRS 2011, 27427 (S. 2, 4) m. Bespr. *Jahn*, JuS 2011, 181 ff.
[127] *BGH*, NJW 2023, 3803 (Rn. 7) m. Anm. *Ladiges*, WuB 2024, 75 f.; eingehend zur Betrugsstrafbarkeit bei der »Lastschriftreiterei« *Hellmann*, Fälle zum Wirtschaftsstrafrecht, Rn. 127 ff.
[128] Siehe nur *BGH*, NStZ 2014, 215 f.
[129] Zu dieser Frage eingehend: *Amelung*, GA 1977, 1 ff.; MK-*Hefendehl*, § 263 Rn. 360 ff.; SK^9-*Hoyer*, § 263 Rn. 68 ff.; NK-*Kindhäuser/Hoven*, § 263 Rn. 175 ff.; LK^{12}-*Tiedemann*, § 263 Rn. 84 ff.

Fall 98: – *Irrtum trotz Zweifel an der Richtigkeit der behaupteten Tatsache?* –

601 Alphons (A) erklärte dem wohlhabenden Gastwirt Sauerbier (S), er habe Zugang zu dem Handel mit so genannten »Bankgarantien«. Zur Deckung ihres kurzfristigen Kapitalbedarfs nähmen Banken Darlehen auf, zu deren Sicherung er (A) Garantien stelle. Die Banken würden für die Stellung dieser Sicherheiten hohe Beträge zahlen, da sie an einer Geheimhaltung dieser Praxis interessiert seien. Deshalb seien diese Geschäfte nicht in der Öffentlichkeit bekannt, und die Banken würden sich dazu nicht bekennen. Wenn S ihm Geld gebe, werde er (A) es zu diesem Zweck verwenden. Ein Verlustrisiko bestehe nicht, da er nur seriösen Geschäftsbanken die Garantien gebe. Er versprach S eine Rendite von 48 % pro Jahr. Tatsächlich existierte ein solcher Handel mit Bankgarantien nicht und A plante, das Geld für sich zu verwenden. Angesichts der Höhe des versprochenen Kapitalertrags fragte sich S, ob er den Erklärungen des A Glauben schenken dürfe. Dessen überzeugendes Auftreten und die Aussicht auf einen hohen Gewinn brachten S jedoch dazu, sich auf das Geschäft einzulassen, wobei er sich des Risikos bewusst war. S überwies 100.000 Euro auf ein Konto, das A ihm genannt hatte.

Strafbarkeit des A wegen Betruges?

Problem: Erlag S *trotz seiner Zweifel* einem Irrtum?

a) Täuschung

A hat S über äußere (Existenz eines Handels mit Bankgarantien) und innere (Absicht, das Geld für S anzulegen) Tatsachen getäuscht.

b) Irrtum

602 Die Vertreter der so genannten »Viktimo-Dogmatik«[130] lehnen einen Irrtum bei Zweifeln des Adressaten einer unwahren Erklärung ab, allerdings ohne dass Einigkeit darüber besteht, welches Ausmaß und Gewicht diese Zweifel haben müssten: Zum Teil wird behauptet, ein Irrtum liege nur vor, wenn der Getäuschte die »Wahrheit der behaupteten Tatsache für wahrscheinlicher hält als ihre Unwahrheit« (»überwiegende Wahrscheinlichkeit«)[131] oder der Getäuschte es wenigstens für wahrscheinlich hält, die Behauptung sei zutreffend, und auf diese Einschätzung seine Vermögensverfügung baut[132]. Andere nehmen bei einer »Möglichkeitsvorstellung« des Getäuschten einen Irrtum an, wenn das Opfer die vorgespiegelten Tatsachen »irrig für so naheliegend ansieht«, dass es darauf seinen Entschluss stützen zu können glaubt[133]. Eine weitere Auffassung verneint einen Irrtum bereits, wenn der Zweifel auf einem »konkreten Anhaltspunkt« beruht; dann könne sich der Getäuschte selbst schützen, sodass er des Strafrechtsschutzes nicht bedürfe[134].

603 Die h.M.[135] hält diese Sicht für zu eng: Nach der ratio des § 263 StGB, »das Vermögen gegen die besondere Angriffsart der Überlistung zu schützen«, genüge es, dass

---

[130] Zu dieser Lehre siehe *Beckemper*, Durchsetzbarkeit des Verteidigerkonsultationsrechts und die Eigenverantwortlichkeit des Beschuldigten, 2002, S. 211 ff.
[131] *Giehring*, GA 1973, 1 (21 f.); krit. u.a.: SK^9-*Hoyer*, § 263 Rn. 75.
[132] So *Krey* in der 12. Auflage dieses Lehrbuchs, Rn. 73 ff.
[133] *Schmidhäuser*, BT, 2. Aufl. 1983, 11/11.
[134] *Amelung*, GA 1977, 1 ff.; Jura 2003, 91 ff.; FS-Eser, 2005, S. 3 (19 ff.). Ähnl.: *R. Hassemer*, Schutzbedürftigkeit des Opfers und Strafrechtsdogmatik, 1981, S. 99 ff., 113 ff., 140 ff.
[135] BGH, NJW 2003, 1198 (1199 f.) m. zust. Anm. *Beckemper/Wegner*, NStZ 2003, 315 ff., und *Krüger*, wistra 2003, 297 f.; A/W/H/H-*Heinrich*, 20/68; *Hillenkamp*, Vorsatztat und Opferverhalten, 1981, S. 18 - 35, 133 ff., 138 - 140, 199 ff., 310; SK^9-*Hoyer*, § 263 Rn. 69.

der Getäuschte die vorgespiegelte Tatsache für möglicherweise wahr halte, sofern er trotz seiner Zweifel diese »Möglichkeitsvorstellung« seiner Vermögensverfügung zugrunde legt, d.h. auf die Wahrheit vertraut[136].

Stellungnahme
Die Versuche, die Betrugsstrafbarkeit bei Zweifeln des Getäuschten an der Richtigkeit der ihm gegenüber behaupteten Tatsachen einzuschränken, sind zwar insofern verdienstvoll, als sie den Gedanken von Schutzwürdigkeit und Schutzbedürfnis des Opfers in das Blickfeld genommen haben; gerade bei § 263 StGB, der notwendigerweise einen Mitwirkungsakt des Getäuschten erfordert, damit der Taterfolg, d.h. der Vermögensschaden eintreten kann, darf dieser Umstand nicht unberücksichtigt bleiben. Die behaupteten Folgerungen ergeben sich aber dennoch nicht:

Auf eine mangelnde Schutzbedürftigkeit des »Opfers« kann der Ausschluss der Betrugsstrafbarkeit des Täters wegen Zweifeln des Getäuschten jedenfalls nicht in den Fällen des »Dreiecksbetruges« gestützt werden, d.h., wenn der Getäuschte über fremdes Vermögen verfügt (dazu *Rn. 642 ff.*). Ein überzeugendes Argument für die Annahme, dass der Vermögensinhaber nicht schutzwürdig sei, weil der getäuschte Dritte trotz Zweifeln die zum Schaden führende Vermögensverfügung vorgenommen hat, dürfte kaum zu finden sein.

Die Ablehnung eines Irrtums und damit der Betrugsstrafbarkeit insgesamt entlastet den Täuschenden zudem von jeder strafrechtlichen Verantwortlichkeit, obwohl ohne seine wahrheitswidrige Erklärung kein Vermögensschaden eingetreten wäre, eine *Mitverantwortung* also durchaus gegeben ist; der Vermögensinhaber wird dagegen praktisch völlig schutzlos gestellt. Zwar besitzt er zivilrechtliche Ansprüche gegen den Täter, deren Durchsetzung scheitert aber in aller Regel daran, dass dieser den erlangten Vermögensgegenstand entweder bereits für sich verbraucht oder ihn, z.B. durch Verlagerung ins Ausland, dem Zugriff des Opfers entzogen hat. Lediglich das Strafrecht ist deshalb geeignet, potentielle Opfer vor solchen Machenschaften zu schützen.

Entscheidend ist letztlich jedoch, dass eine restriktive Auslegung des Irrtumsmerkmals dem Gesetzeswortlaut widerspricht: Irrtum ist jede *unrichtige Vorstellung über Tatsachen*. Wer eine in Wirklichkeit nicht gegebene Tatsache wenigstens für möglich hält, erliegt schon dadurch einem Irrtum, denn seine Vorstellung stimmt mit der Realität eben nicht überein[137]. Das Irrtumsmerkmal widersetzt sich somit der Berücksichtigung von Überlegungen zur Strafwürdigkeit bzw. Strafbedürftigkeit oder einer bestimmten Wahrscheinlichkeitseinschätzung durch den Getäuschten. Die h.M. verdient also Zustimmung.

Eine Mitverantwortung des Getäuschten ist jedoch nicht völlig belanglos. Sie kann zum einen die Kausalität des Irrtums für die Vermögensverfügung ausschließen, z.B. wenn der Getäuschte die Verfügung auch ohne die Täuschung vorgenommen

---

[136] A/W/H/H-*Heinrich*, 20/65 - 68; NK-*Kindhäuser/Hoven*, § 263 Rn. 178 und HdS 5-*Kindhäuser/Schumann*, § 33 Rn. 134 (ein Irrtum scheide nur aus, wenn die Zweifel »Vorsatzdichte« erreichen); *Mitsch*, BT 2, S. 290 f. m.w.N.; Sch/Sch-*Perron*, § 263 Rn. 40; W/H/S-*Schuhr*, Rn. 512.
[137] A/W/H/H-*Heinrich*, 20/65: »Wer zweifelt, irrt.«

hätte[138], bzw. die objektive Zurechnung, »wenn von dem Opfer auf Grund seiner Zweifel erwartet werden kann, dass es sich gegen den Anreiz zur Vermögensverfügung selbst schützt«[139]. Zum anderen kann die Mitverantwortung des Opfers im Rahmen der Strafzumessung zugunsten des Täters wirken[140], z.B. wenn das Opfer ihm die Tatbegehung besonders leicht gemacht hat.

606 Hat der Getäuschte die Wahrheit der Tatsachenbehauptung wenigstens für möglich gehalten, so entfällt ein Irrtum – und damit der Strafrechtsschutz aus § 263 StGB – im Übrigen selbst dann nicht, wenn die Fehlvorstellung des Getäuschten auf naiver Leichtgläubigkeit, Dummheit oder »sträflichem« Leichtsinn beruhte. Wer z.B. der reißerischen Werbung glaubt und ein »Wundermittel« kauft, irrt i.S. des § 263 I StGB, denn er will ein so gepriesenes Produkt und nicht lediglich eine Illusion erwerben. Daran ändert nichts, dass er bei hinreichend sorgfältiger Prüfung eine Täuschung hätte erkennen können[141].

607 *»Erregen«* eines Irrtums bedeutet sein Hervorrufen. *»Unterhalten«* wird ein (bestehender) Irrtum, wenn er »bestärkt, vergrößert oder wenigstens verlängert« wird[142]. Beim Betrug durch Unterlassen bedeutet »Unterhalten« die *Nichtaufklärung* eines bereits vorhandenen Irrtums durch den aufklärungspflichtigen Garanten[143]. Das bloße Ausnutzen eines Irrtums durch einen Täter ohne Garantenstellung ist dagegen kein Betrug[144].

Für unseren *Fall 98* folgt daraus, dass S trotz seiner Zweifel einem Irrtum erlag, obwohl er von der Richtigkeit der Behauptungen des A nicht überzeugt war, sondern sie lediglich für möglich hielt.

608 *c)* Der Irrtum war (mit-)ursächlich für die Vermögensverfügung durch Eingehen des Vertrages mit A. Auch die objektive Zurechenbarkeit scheitert hier m.E. nicht daran, dass sich S des Risikos bewusst war. Zahlreiche Geschäfte, insbesondere Darlehensgeschäfte und spekulative Kapitalanlagen, bergen bisweilen erhebliche Risiken. Dem Darlehensgeber oder Kapitalanleger den strafrechtlichen Schutz durch § 263 StGB mit der Begründung zu entziehen, es sei zumutbar, auf die Eingehung risikobehafteter Geschäfte generell zu verzichten, würde der wirtschaftlichen Realität widersprechen. S erlitt zudem einen Schaden, da er die vereinbarte Gegenleistung (Anlage des Betrages als »Bankgarantie«) nicht erlangte.

d) Ergebnis: Da A vorsätzlich, mit Bereicherungsabsicht, rechtswidrig und schuldhaft handelte, ist er eines Betruges schuldig, und zwar in einem besonders schweren Fall nach § 263 III Nr. 2 StGB, da ein »Vermögensverlust großen Ausmaßes« i.S. dieses Regelbeispiels i.d.R. ab 50.000 Euro anzunehmen ist[145].

---

[138] *BGH*, StV 2002, 132 (133).
[139] *Beckemper/Wegner*, NStZ 2003, 315 (316).
[140] *Hillenkamp*, Vorsatztat und Opferverhalten, 1981, S. 133 ff., 211 ff.
[141] *BGH* St 34, 199 (201).
[142] NK-*Kindhäuser/Hoven*, § 263 Rn. 184; Sch/Sch-*Perron*, § 263 Rn. 42 ff.
[143] Sch/Sch-*Perron*, § 263 Rn. 45 m.w.N. pro und contra.
[144] NK-*Kindhäuser/Hoven*, § 263 Rn. 185; Sch/Sch-*Perron*, § 263 Rn. 46.
[145] *BGH* St 48, 360 (361); BeckOK-StGB-*Beukelmann*, § 263 Rn. 103; M/R-*Saliger*, § 263 Rn. 320; zweifelnd *Fischer*, § 263 Rn. 215a. Siehe auch *Rn. 763*.

Fall 99: – *Irrtum als positive Vorstellung* –
Student Jason (J) aus Berlin wollte am Wochenende seine Freundin in München besuchen. Da er kein Auto hatte, reiste er mit der Deutschen Bahn, und zwar (mangels Geldes) ohne Fahrkarte. Er bestieg daher ohne Fahrkarte den Zug und setzte sich in ein Abteil. Als der »Zugbegleiter« Zander (Z) in das Abteil kam und fragte: »Noch jemand zugestiegen?«, schaute J gelangweilt aus dem Fenster.
Strafbarkeit des J wegen Betruges?

a) Täuschung

Es liegt eine *konkludente* Täuschung vor: Wer auf die Frage des Kontrolleurs: »Noch jemand zugestiegen?« schweigt, erklärt damit schlüssig, er sei schon kontrolliert worden (sog. »beredtes Schweigen«)[146].

b) Irrtum

Ein Irrtum erfordert eine **positive Fehlvorstellung**, also einen Widerspruch zwischen der subjektiven Vorstellung eines bestimmten Menschen[147] und der Wirklichkeit[148], für die jedoch grundsätzlich ein »sachgedankliches Mitbewusstsein«, d.h. die allgemeine Vorstellung, dass alles »in Ordnung« sei, genügt[149]. Ob dieses Gefühl generell für einen Irrtum ausreicht, ist zwar streitig, Einigkeit besteht aber darüber, dass die irrige Annahme, »alles sei in Ordnung«, zumindest dann als Irrtum zu behandeln ist, wenn sie sich auf bestimmte Tatsachen stützt, z.B. auf die fehlende Meldung von Fahrgästen trotz der Frage des Schaffners: »noch jemand zugestiegen?«[150]. Macht sich der Getäuschte dagegen überhaupt keine Vorstellung von der maßgeblichen Tatsache (sog. ignorantia facti), so scheidet ein Irrtum aus[151].

In casu hatte Z die falsche Vorstellung, »es sei alles in Ordnung«, d.h., jeder Fahrgast im Abteil habe ein bereits kontrolliertes Billet. Das Merkmal Irrtumserregung ist also erfüllt.

c) Die Vermögensverfügung liegt in einem Unterlassen. Z hat auf Grund des Irrtums darauf verzichtet, von J das Nachlösen einer Fahrkarte zu verlangen.

d) Dadurch ist auch das Vermögen der Deutschen Bahn geschädigt worden (Verlust des Fahrpreises).

e) J hat zudem vorsätzlich und in Bereicherungsabsicht (Ersparnis des Fahrpreises), rechtswidrig und schuldhaft gehandelt; er hat also einen Betrug begangen.

– Gegenüber § 263 StGB ist § 265a StGB subsidiär. –

---

[146] Ebso. i.Erg. LK[10]-*Lackner*, § 263 Rn. 78; LK[12]-*Tiedemann*, § 263 Rn. 79.
[147] *BGH*, NStZ-RR 2010, 146; NStZ 2012, 699 f.: Bei arbeitsteilig tätigen Unternehmen ist deshalb festzustellen, welcher Mitarbeiter im konkreten Fall einem Irrtum erlegen ist.
[148] Vgl. *Fischer*, § 263 Rn. 54; L/K/H-*Heger*, § 263 Rn. 18a; M/R-*Saliger*, § 263 Rn. 88; S/S/W-*Satzger*, § 263 Rn. 121.
[149] Z.B. *BGH* St 51, 165 (Rn. 28); NStZ 2014, 215 (216); eingehend dazu *Schuhr*, ZStW 123 (2011), 517 (520 ff.).
[150] MK-*Hefendehl*, § 263 Rn. 341; *Rengier* I, 13/53; LK[12]-*Tiedemann*, § 263 Rn. 78.
[151] *RG* St 42, 40 (41); *BGH*, NStZ 2014, 215 f.; SK[9]-*Hoyer*, § 263 Rn. 64; *Mitsch*, BT 2, S. 288 f.; *Rengier* I, 13/53. A.A. *OLG Celle*, MDR 1957, 436 f.

Fall 100: – *Ignorantia facti* –

613 Wie *Fall 99*: J setzte sich aber nicht in ein Abteil, sondern begab sich in den Speisewagen und las dort bei einem Bier die Zeitung. Z ging mehrmals durch den Speisewagen, nahm aber keine Kontrolle der Fahrscheine vor, da er meinte, es sei »alles in Ordnung«.
Hat sich J auch unter diesen Umständen wegen Betruges strafbar gemacht?

a) Eine konkludente Täuschung entfällt, denn derjenige, der sich in den Zug setzt, erklärt damit nicht schlüssig: »Ich habe ordnungsgemäß eine Fahrkarte gelöst«.
Auch eine Täuschung durch Unterlassen dürfte ausscheiden, denn es besteht jedenfalls keine Garantenpflicht für Fahrgäste ohne Fahrkarte, deren Fehlen auch ungefragt zu offenbaren. Im Übrigen erscheint angesichts des Auffangtatbestandes des § 265a StGB für die »Beförderungserschleichung« die Annahme einer solchen allgemeinen Offenbarungspflicht auch kriminalpolitisch nicht notwendig.

614 *b)* Selbst wenn eine Täuschung durch Unterlassen zu bejahen wäre, würde Betrug **mangels Irrtums** entfallen: Der wohl herrschenden Lehre ist nämlich darin zuzustimmen, dass die *allgemeine Vorstellung*, »es sei alles in Ordnung«, für einen nach § 263 StGB tatbestandsmäßigen Irrtum nicht genügt, es sei denn, diese Vorstellung ist auf bestimmte Tatsachen gestützt[152], woran es in unserem *Fall 100* fehlt.

– Nach h.M. greift jedoch § 265a StGB ein (siehe dazu *Rn. 818*). –

Ergänzende Hinweise zum Irrtum

615 Nicht immer lässt sich feststellen, ob und welche Gedanken sich der Getäuschte gemacht hat. Die Praxis geht dann üblicherweise folgendermaßen vor:
Ist die Wahrheit der behaupteten Tatsache für den Getäuschten – oder im Falle des Dreiecksbetruges für den Vermögensinhaber – irrelevant, so wird zumeist unterstellt, dass er sich keine Gedanken gemacht habe. So liegt es z.B., wenn jemand unter Vorlage eines fremden Sparbuches Geld abhebt, da die Sparkasse an den Inhaber des Sparbuches mit befreiender Wirkung leistet, die Berechtigung des »Kunden« für den Vermögensinhaber somit ohne Belang ist (siehe auch *Rn. 62*). Ein Irrtum wird deshalb verneint.
Auch in dem folgenden Fall argumentierte der *BGH* in dieser Weise[153]:
Der Angeklagte hatte auf einer städtischen Mülldeponie Abfall abgeliefert, ohne die anfallende Benutzergebühr zahlen zu können. Eine Täuschung bejahte der *BGH*, da auch derjenige, der im Rahmen eines öffentlich-rechtlichen Benutzungsverhältnisses eine Leistung beantragt oder in Anspruch nimmt, – ähnlich wie bei einem zivilrechtlichen Vertragsverhältnis bezüglich seiner Gegenleistung – konkludent zum Ausdruck bringe, dass er zur Entrichtung der Benutzergebühren in der Lage sei. Zu einem Irrtum des die Benutzung der Mülldeponie bewilligenden städtischen Bediensteten stellte das Gericht dann aber fest:
»War die Stadt D. zur Abnahme des angelieferten Abfalls **verpflichtet** ..., könnte für die Erteilung der Genehmigung zur Benutzung der Deponie die Zahlungsfähigkeit des Angeklagten ohne Bedeutung gewesen sein«. Danach sei das Vorliegen eines Irrtums über die Zahlungsfähigkeit des Angeklagten fraglich.

---

[152] So W/H/S-*Schuhr*, Rn. 545. Siehe auch MK-*Hefendehl*, § 263 Rn. 347: Zwar liege eine Fehlvorstellung des misstrauischen Schaffners vor, wenn er die Toilettentür öffnet und den dahinter verborgenen Fahrgast nicht erblickt; Betrug scheitere aber mangels Täuschungshandlung des Fahrgastes.
[153] *BGH*, NStZ 1990, 388 f.

Gedanken mache sich der Getäuschte dagegen, wenn die Richtigkeit der Tatsache Auswirkungen auf das Vermögen habe; so werde ein Bankmitarbeiter einen Scheck nur einlösen, wenn er von dessen Deckung überzeugt ist, da nur dann die Bank den ausgezahlten Betrag von dem Aussteller des Schecks erlangen kann. Ein Bankangestellter werde zudem prüfen, ob der Einreicher des Schecks zur Einlösung legitimiert ist, um Schadensersatzansprüche der Bank auszuschließen[154].

Es bietet sich an, auch in Klausuren in dieser Weise zu argumentieren und den Sachverhalt bei Fehlen von Angaben zu der konkreten Vorstellung des Getäuschten »lebensnah« zu interpretieren[155].

3. Vermögensverfügung (ungeschriebenes Tatbestandsmerkmal)

a) Abgrenzung Betrug/Diebstahl

Fall 101: – *Unmittelbarkeit der Vermögensminderung* –

Die Verkäuferin Chloé (C) legte der »Kundin« Klaudia (K) ein Schmuckstück (Ring) zur Ansicht auf den Ladentisch. K hatte hierum gebeten, weil sie den Ring entwenden wollte. Als C einen Augenblick abgelenkt war, ergriff K den Ring und enteilte.

Strafbarkeit der K?

616

Problem: Hat K den Ring gestohlen (sog. »**Trickdiebstahl**«) oder liegt **Betrug** vor? § 242 StGB ist ein Delikt der *Fremdschädigung* (durch Wegnahme), § 263 StGB ein Fall der *Selbstschädigung* (durch eine vermögensmindernde Verfügung des Getäuschten). – Vgl. bereits *Fall 14, Rn. 58; Fall 82, Rn. 478, 483,491.* –
Ein und dieselbe Straftat, die das Vermögen des Getäuschten schädigt, kann **nicht zugleich** den Tatbestand des Diebstahls **und** den des Betrugs erfüllen, sondern sie kann nur entweder »Trickdiebstahl« oder Betrug sein[156]. – Näher *Rn. 621 - 626. Vgl. auch oben Fall 14, Rn. 58.* –

Auch wenn – wie in unserem Fall – Täuschung und Irrtumserregung vorliegen (K hatte konkludent vorgespiegelt, sie komme als potentielle Käuferin, die Verkäuferin hatte ihr geglaubt), ist für die Einordnung der Tat als Betrug oder Diebstahl entscheidend, ob der Täter die Sache **wegnimmt** oder ob er sie infolge einer **Vermögensverfügung** des Getäuschten erlangt.
Diese Vermögensverfügung des Getäuschten ist **ungeschriebenes Tatbestandsmerkmal** des § 263 StGB. Unter Vermögensverfügung ist dabei jedes Handeln, Dulden oder Unterlassen zu verstehen, das eine Vermögensminderung (Schaden) unmittelbar herbeiführt[157].

617

---

[154] *BGH*, wistra 2009, 151 (152). Zur Täuschung in einem solchen Fall siehe *Rn. 554.*
[155] Siehe aber auch die Kritik an dieser »Normativierung des Irrtumsmerkmals« bei *Braun*, ZWH 2020, 318 ff.
[156] *BGH* St 17, 205 (209); 18, 221; *OLG Düsseldorf*, NJW 1988, 922 (923); SK[9]-*Hoyer*, § 263 Rn. 160; NK-*Kindhäuser/Hoven*, § 263 Rn. 205; *Mitsch*, BT 2, S. 304 f. u. S. 296 f.; *Rengier* I, 13/81; LK[12]-*Tiedemann*, § 263 Rn. 98 ff., 105 ff. Abw. u.a.: *Herzberg*, ZStW 89 (1977), 367 ff.
[157] *BGH* St 50, 174 (178); *Fischer*, § 263 Rn. 70; HdS 5-*Kindhäuser/Schumann*, § 33 Rn. 145 f.; *Mitsch*, BT 2, S. 296 f.; Sch/Sch-*Perron*, § 263 Rn. 55 ff., 61, 6; LK[12]-*Tiedemann*, § 263 Rn. 97.

618 Ein **Unterlassen** als Vermögensverfügung kommt u.a. in Betracht, wenn der Getäuschte eine Forderung nicht geltend macht oder eine prozessuale Befriedigungsmöglichkeit nicht ausnutzt[158].

– Ein *Schaden* ist jedoch nur gegeben, wenn im Zeitpunkt des Verzichts auf die Geltendmachung der Forderung eine realistische Möglichkeit zur Befriedigung der Ansprüche bestanden hätte[159]. –

Die **Unmittelbarkeit** der Verfügungswirkung liegt vor, wenn die Verfügung des Getäuschten zu einem Vermögensschaden führt, ohne dass dafür noch zusätzliche deliktische Zwischenhandlungen des Täters erforderlich wären[160]. Mangels Unmittelbarkeit entfällt somit eine Vermögensverfügung, wenn der Getäuschte dem Täter lediglich die Möglichkeit gibt, »durch eine *weitere eigene* (deliktische) Handlung den Schaden herbeizuführen«[161].

Das gilt nicht nur für die Abgrenzung Betrug/Diebstahl, sondern allgemein, sodass Betrug z.B. mangels Unmittelbarkeit ausscheidet, wenn ein Provisionsvertreter den Getäuschten zum Unterschreiben eines Bestellscheines veranlasst in der Absicht, diesen zu verfälschen[162].

619 Die Vermögensverfügung erfordert zwar grundsätzlich **kein Verfügungsbewusstsein**, es ist aber zu differenzieren:

Beim »**Forderungsbetrug**« liegt eine Vermögensverfügung des Getäuschten auch dann vor, wenn er nicht erkennt, dass sein Verhalten eine Minderung seines Vermögens – oder das eines Dritten im Fall des »Dreiecksbetruges« (*Rn. 642 ff.*) – herbeiführt. Deshalb handelt es sich z.B. bei dem erschlichenen Verzicht auf die Geltendmachung einer Forderung um eine Vermögensverfügung, selbst wenn der Getäuschte glaubt, die Forderung bestehe nicht, und ihm der vermögensmindernde Charakter seines Verhaltens verborgen bleibt. Das gilt ebenfalls für Verfügungen durch aktives Tun wie das Unterschreiben eines Bestellscheins in der irrigen Annahme, nur unverbindlich Werbematerial anzufordern.

Beim »**Sachbetrug**« ist dagegen nach allgemeiner Ansicht für die Annahme einer Vermögensverfügung des Getäuschten (Gewahrsamsverlust durch Selbstschädigung) statt einer Wegnahme durch den Täuschenden (als Fall der Fremdschädigung) ein Verfügungsbewusstsein nötig; denn maßgeblich ist die innere Willensrichtung des Getäuschten[163].

620 In unserem *Fall 101* ist der Schaden, der im Verlust des Gewahrsams an dem Schmuckstück liegt, **unmittelbar** nicht durch das Verhalten der Verkäuferin C, sondern durch das der K verursacht worden. Als C den Ring auf den Ladentisch legte,

---

[158] *Fischer*, § 263 Rn. 73; NK-*Kindhäuser/Hoven*, § 263 Rn. 200; Sch/Sch-*Perron*, § 263 Rn. 58; LK[12]-*Tiedemann*, § 263 Rn. 103.

[159] BGH, StV 2003, 447. Eingehend *Bublitz/Gehrmann*, wistra 2004, 126 (127 ff.).

[160] SK[9]-*Hoyer*, § 263 Rn. 158; NK-*Kindhäuser/Hoven*, § 263 Rn. 201; *Klesczewski*, S. 92; W/H/S-*Schuhr*, Rn. 605. Abw. MK-*Hefendehl*, § 263 Rn. 430 ff.

[161] Sch/Sch-*Perron*, § 263 Rn. 61; LK[12]-*Tiedemann*, § 263 Rn. 98.

[162] OLG Celle, NJW 1975, 2218; *Rengier* I, 13/75. Abw. Sch/Sch-*Perron*, § 263 Rn. 61.

[163] *Brocker*, JuS 1994, 920 (921); A/W/H/H-*Heinrich*, 20/73-78; Sch/Sch-*Perron*, § 263 Rn. 60 m.w.N.; *Rönnau*, JuS 2011, 982 (983); W/H/S-*Schuhr*, Rn. 577. – Vgl. bereits *Rn. 59*. – Abw. etwa *Otto*, 51/28 ff.

war nach der Verkehrsanschauung der Gewahrsam des Ladeninhabers nicht aufgehoben, sondern allenfalls gelockert. Es hat also keine Gewahrsamsübertragung stattgefunden, sondern K hat, als sie den Ring ergriff und enteilte, fremden Gewahrsam gebrochen und neuen begründet.

K hat daher die Sache nicht durch eine Vermögensverfügung (die bei freiwilliger Gewahrsamsübertragung anzunehmen wäre, vgl. *Fall 107, Rn. 638 ff.*) erlangt, sondern durch Wegnahme. Danach entfällt Betrug; K ist aus § 242 StGB strafbar.

Fall 101 zeigt also:
Führt das Verhalten des Getäuschten nur zu einer **Gewahrsamslockerung**, also noch nicht unmittelbar zum Gewahrsamsverlust, so liegen keine Vermögensverfügung und kein Vermögensschaden i.S. des § 263 StGB vor[164]. Das gilt im Übrigen auch, wenn das Opfer die Sache zunächst täuschungsbedingt freiwillig aushändigt, aber **Mitgewahrsam** behält, und der Täter diesen Mitgewahrsam durch einen weiteren Akt gegen den Willen des Opfers aufhebt[165].

Zur Vertiefung

Die These, ein und dieselbe Handlung könne nicht zugleich den Tatbestand des § 242 StGB und den des § 263 StGB erfüllen, m.a.W. ein »Trickdiebstahl« könne nicht zugleich »Besitzbetrug« sein (und umgekehrt), kann auf die Deliktsnatur der §§ 242, 263 StGB gestützt werden: Diebstahl als Fall der Fremdschädigung erfordert Gewahrsamserlangung durch Wegnahme, Betrug als Fall der Selbstschädigung verlangt – im Falle des Besitzbetrugs – den Gewahrsamsverlust durch Vermögensverfügung des Getäuschten. Dabei schließen sich Wegnahme einerseits und Vermögensverfügung andererseits begrifflich aus, weil Wegnahme durch die Komponente des Gewahrsamsbruchs ein Handeln gegen (oder zumindest ohne) den Willen des bisherigen Gewahrsamsinhabers voraussetzt, Vermögensverfügung dagegen jedes Handeln, Dulden oder Unterlassen ist, das eine Vermögensminderung (beim Besitzbetrug: den Gewahrsamsverlust) unmittelbar herbeiführt. Im Falle der Wegnahme fehlt es für die gleichzeitige Annahme einer Vermögensverfügung schon an dem Erfordernis der Unmittelbarkeit. Zudem schließt die Tatsache, dass Wegnahme ein Handeln gegen (oder ohne) den Willen des Opfers verlangt, dessen Einverständnis also – selbst wenn es erschlichen war – Wegnahme entfallen lässt (vgl. *Fall 8, Rn. 32*), ein gleichzeitiges Vorliegen von Trickdiebstahl und Besitzbetrug aus.

Dieser Argumentation werden allerdings Einwände entgegengehalten:
Das Unmittelbarkeitserfordernis werde in das Merkmal der Vermögensverfügung hineininterpretiert, weil man zu dem Ergebnis kommen wolle, Diebstahl und Betrug schlössen sich tatbestandlich aus; die Richtigkeit dieses Ergebnisses sei damit noch nicht nachgewiesen[166]. Das Unmittelbarkeitserfordernis diene »bei näherem Zusehen einer vom Ergebnis her konstruierten Abgrenzung des § 263 von § 242«[167].

---

[164] Siehe u.a.: *BGH [Z], JZ* 1975, 99 (100); *OLG Düsseldorf, NJW* 1974, 1833; MK-*Hefendehl*, § 263 Rn. 451; *Mitsch*, BT 2, S. 296 f.; *Rengier* I, 13/74; LK[12]-*Tiedemann*, § 263 Rn. 106.
[165] *BGH*, NStZ-RR 2018, 248 (249).
[166] *Herzberg*, ZStW 89 (1977), 367 (368 ff.).
[167] A/W/H/H-*Heinrich*, 20/80. Anders als *Herzberg* hält er das »Ergebnis« aber offenbar für richtig.

Im Übrigen zwinge das Unmittelbarkeitserfordernis im Verhältnis Trickdiebstahl/ Sachbetrug nicht zur Annahme eines gegenseitigen Tatbestandsausschlusses, denn der wirtschaftliche Vermögensbegriff (dazu *Rn. 669 ff.*) gestatte es, unter dem Gesichtspunkt der Vermögensgefährdung die durch Täuschung erschlichene Gewahrsamslockerung (ab einer bestimmten Intensität der Lockerung) als – schadensgleiche – konkrete Vermögensgefährdung anzusehen[168]. Sachbetrug *und* Trickdiebstahl lägen deshalb vor, wenn der Täter zunächst durch Täuschung eine derartige Gewahrsamslockerung seitens des Opfers erreicht und daraufhin unter Ausnutzung der Gewahrsamslockerung die Sache wegnimmt.

623 Schon die Deliktsnatur legt die Annahme nahe, ein und dieselbe deliktische Besitzverschaffung könne nicht zugleich Trickdiebstahl und Besitzbetrug sein.
Für die h.A. sprechen zudem Erwägungen der Praktikabilität: Würde bei einer Tat wie der in *Fall 101* geschilderten der Tatbestand des § 242 StGB und zugleich der des § 263 StGB bejaht, so entstünden schwierige Konkurrenzprobleme: Die Annahme von Idealkonkurrenz[169] wäre unbillig und sachwidrig, denn der Täter hat durch eine Tat nur einen Schaden verursacht, würde aber dennoch wegen Diebstahls *und* Betrugs bestraft. Bei Bejahung von Gesetzeskonkurrenz bliebe dunkel, nach welchen Kriterien welches Delikt zurücktreten soll.

624 Darüber hinaus verursacht die Annahme, bereits die Gewahrsamslockerung könne ein Vermögensschaden sein, neue Abgrenzungsprobleme: Der Richter müsste nicht nur wie bisher prüfen, wann ein Gewahrsamsverlust anzunehmen ist, sondern zudem, wann eine Gewahrsamslockerung bereits als Vermögensschaden i.S. des § 263 StGB zu werten ist und wann nicht.

625 Und schließlich ist die Behauptung, die h.A. führe zu unnötigen Strafbarkeitslücken[170] nicht durchschlagend. Zwar trifft es zu, dass die h.M. Strafbarkeitslücken zur Folge hat, und zwar namentlich in den Fällen eines **furtum usus**:
Nimmt der Täter mittels Täuschung eine Sache weg, die er einige Tage benutzen, dann aber zurückgeben will, so scheidet § 242 StGB mangels Zueignungsabsicht aus (vgl. *Fall 18, Rn. 78 ff.*). Ein Rückgriff auf § 263 StGB – der an sich nahe läge, wenn im Hinblick auf die angemaßte Nutzung die Betrugsmerkmale Schaden und Bereicherungsabsicht anzunehmen sind – ist nach h.M. unmöglich, da das Vorliegen einer Wegnahme das Merkmal Vermögensverfügung ausschließt[171].
Solche Strafbarkeitslücken sind aber hinzunehmen. Das StGB kennt eben – sieht man von der Ausnahmevorschrift § 248b ab – nur zwei Typen strafbarer Gewahrsamserlangung: Die Wegnahme in Zueignungsabsicht einerseits (§§ 242, 249 StGB) und die durch Vermögensverfügung des Getäuschten bzw. Genötigten in Bereicherungsabsicht andererseits (§§ 263; 253, 255 StGB). Daraus resultierende Strafbarkeitslücken sind kriminalpolitisch keineswegs so bedenklich, dass sie durch fragwürdige dogmatische Konstruktionen geschlossen werden müssten.

---

[168] So MK-*Hefendehl*, § 263 Rn. 450, wenn das Opfer keine »faktische Gewahrsamsposition« mehr habe, sondern diese nur noch in »vergeistigter Form« bestehe.
[169] Vgl. *Herzberg*, ZStW 89 (1977), 367 (375 f., 382).
[170] *Herzberg*, ZStW 89 (1977), 367 (374 ff., 383, 386).
[171] Dazu *Herzberg*, ZStW 89 (1977), 367 (386).

Bei der Abgrenzung von (Trick-)Diebstahl und (Besitz-)Betrug handelt es sich im Übrigen keineswegs um ein »dogmatisches Glasperlenspiel«[172]. Die Beantwortung der Frage, ob der Täter die Sache mittels »Wegnahme« erlangt hat oder durch »Vermögensverfügung« des Getäuschten, ist durchaus von praktischer Relevanz, so namentlich im Hinblick auf die grundsätzliche Straflosigkeit (Ausnahme § 248b StGB) des furtum usus (dazu *Fall 18, Rn. 78 ff.*), ggf. den Versicherungsschutz und die Anwendbarkeit des § 252 StGB, was der folgende Fall verdeutlicht:

Fall 102: – *»Sicherungsnötigung« nach Betrug* –
Angela (A) tankte an einer Selbstbedienungstankstelle Benzin im Wert von ca. 40 Euro, wobei sie, wie sie wusste, vom Tankwart Tim (T) beobachtet wurde. A hatte von vornherein vor, ohne Bezahlung wegzufahren. Als sie nach Beendigung des Tankens mit ihrem Pkw »abhauen« wollte, stellte sich T ihr in den Weg. Daraufhin fuhr A mit Vollgas an, sodass sich T – womit A gerechnet hatte – nur durch einen Sprung zur Seite retten konnte. A entkam mit dem »ergaunerten« Benzin.

Strafbarkeit der A?

Wäre das Verhalten der A Diebstahl des getankten Benzins – was allerdings, wie an früherer Stelle ausgeführt (*Rn. 234 f.*), fehlerhaft wäre – so läge hier schwerer räuberischer Diebstahl vor (§ 252 i.V.m. § 250 II Nr. 1 StGB – Verwendung des Pkw als gefährliches Werkzeug). Nimmt man dagegen mit der h.A. Erlangung des Benzins durch Betrug an (*Rn. 232*), so kommt § 252 StGB nicht in Betracht.

A hat sich durch die Gewaltanwendung gegen T auch nicht der schweren räuberischen Erpressung (§§ 253, 255 i.V.m. § 250 II Nr. 1 StGB) schuldig gemacht:
Die h.L. würde § 255 StGB schon mangels Vermögensverfügung des T ablehnen (zu dem Streit, ob Erpressung eine Vermögensverfügung des Genötigten voraussetzt, siehe *Rn. 482 - 491*). Jedenfalls fehlt aber der Nachteil (= Vermögensschaden) i.S. des § 253 StGB, weil A sich lediglich den bereits durch den vollendeten Betrug erlangten Vermögensvorteil gesichert, dem Betrogenen also keinen weiteren Vermögensschaden zugefügt hat, und zwar auch nicht in Form einer Vertiefung oder Verfestigung des durch den Betrug entstandenen Schadens[173].

A hat eine Nötigung gemäß § 240 StGB verwirklicht[174]. Die Strafbarkeit wegen gefährlichen Eingriffs in den Straßenverkehr gemäß § 315b I Nr. 3 StGB scheidet mangels Schädigungsvorsatzes (A rechnete damit, dass sich T durch einen Sprung retten würde) aus[175].

Ergänzender Hinweis

Würde ein *Schaden* mit der Begründung, A habe einen »Forderungsverzicht« des T bewirkt, bejaht, läge eine tatbestandsmäßige »Sicherungserpressung« vor[176], sofern man bei §§ 253, 255 StGB auf eine Vermögensverfügung verzichtet.

---

[172] Eingehend hierzu *Hillenkamp*, JuS 1997, 217 (218 ff.).
[173] BGH, NStZ 2012, 95 (96) m. zust. Bespr. *Jäger*, JA 2014, 950 (951 f.); AnwK-*Habetha*, § 253 Rn. 14. A.A. *Grabow*, Die Sicherungserpressung, 2013, S. 26 ff.; *ders.*, NStZ 2014, 121 (122 ff.).
[174] Vgl. BGH, JZ 1984, 146; NStZ 2012, 95 (96).
[175] Z.B. *BGH* St 48, 233 (237); NStZ 2014, 86. Näher dazu Krey/Hellmann/*Heinrich*, BT 1, Rn. 1295 ff. (1302 ff.).
[176] Dazu *Grabow*, Die Sicherungserpressung, 2013, S. 26 ff; L/K/H-*Heger*, § 253 Rn. 13.

Die These, eine solche Sicherungserpressung würde dann als *mitbestrafte Nachtat* (Gesetzeskonkurrenz) hinter § 263 StGB zurücktreten[177], ist jedenfalls für Fälle wie den vorliegenden äußerst zweifelhaft, denn hier würde die Sicherungserpressung als Verbrechen der schweren räuberischen Erpressung nach §§ 255 i.V.m. 250 II Nr. 1 StGB (Verwenden des Pkw als »Werkzeug«) qualifiziert sein!

Fall 103: – *»Weglocken« als Betrug?* –

631 Friedhelm (F) rief telefonisch mit verstellter Stimme den Arzt Dr. Segensreich (S) an das »Krankenbett« des in Wirklichkeit – wie F wusste – kerngesunden Xaver (X). Während der Abwesenheit des Arztes brach F in dessen Wohnung ein und nahm Geld, das er fand, mit.

Strafbarkeit des F?

Infolge der Täuschung und Irrtumserregung hat S dem F zwar die tatsächliche Möglichkeit verschafft, ungestört einbrechen zu können. Dies ist aber für die Annahme einer Vermögensverfügung nicht ausreichend, denn unmittelbar herbeigeführt hat den Schaden nicht S, sondern durch Wegnahme der Täuschende (F).

F ist somit nicht aus § 263 StGB[178], sondern aus §§ 242, 244 I Nr. 3, IV StGB strafbar.

Ergänzender Hinweis

632 Diebstahl und nicht Betrug liegt auch vor, wenn der Täter sich durch Täuschung den Zutritt zu einer Wohnung verschafft und dort Sachen entwendet, denn das Einlassen des Diebes ist noch keine Vermögensverfügung[179].

Fall 104: – *Gewahrsamsübertragung auf Grund einer Täuschung* –

633 Heribert (H) ließ sich vom Kaufmann Kerner (K) bereits »gekaufte« Ware in seine Aktentasche packen. Anschließend suchte H auf Grund eines schon beim Betreten des Ladens gefassten Entschlusses ohne zu bezahlen überraschend das Weite.

Hat H einen Betrug oder einen Diebstahl begangen?

Nach der Auffassung des täglichen Lebens übertrug K den Gewahrsam an der Ware auf H, als er sie in dessen Tasche packte.

In dieser freiwilligen Gewahrsamsübertragung lag eine Vermögensverfügung. Sie beruhte auch auf einem durch Täuschung – Vorspiegelung der Zahlungsbereitschaft – erregten Irrtum. H erlangte den Gewahrsam an den in die Tasche gepackten und mitgenommenen Waren also nicht durch Bruch fremden und Begründung neuen Gewahrsams (Wegnahme), sondern durch eine Vermögensverfügung des K.

Folglich hat H keinen Diebstahl, sondern einen Betrug begangen[180].

Fall 105: – *»Geldwechsel-Betrug«* –

634 Martina (M) wollte sich auf leichte, wenn auch unerlaubte Art bereichern. Sie ging in ein Ladengeschäft und bat, man möge ihr einen 50-Euro-Schein wechseln. Den Schein legte sie auf den Ladentisch neben die Kasse. Der Ladeninhaber Treu (T) nahm aus der Kasse fünf 10-

---

[177] L/K/H-*Heger*, § 253 Rn. 13.
[178] M/S/M/H/M-*Hoyer*, 33/29 f.; LK[12]-*Tiedemann*, § 263 Rn. 106.
[179] Sch/Sch-*Perron*, § 263 Rn. 64.
[180] Vgl. M/S/M/H/M-*Hoyer*, 33/31; siehe auch *OLG Düsseldorf*, NJW 1988, 922 ff.; *OLG Hamm*, NJW 1974, 1957.

Euro-Scheine und legte sie vor M auf den Tisch. Als er den 50-Euro-Schein an sich nehmen wollte, ergriff die M zu seiner Überraschung auch diesen und enteilte mit dem gesamten Geld (100 Euro).
Strafbarkeit der M?

1. Bezüglich des Wechselgeldes (fünf 10-Euro-Scheine)
a) Diebstahl?

Nach h.M. soll es bereits an der Fremdheit des Tatobjekts fehlen: In Fällen wie dem vorliegenden habe der Kunde nämlich am Wechselgeld, das man ihm arglos gegeben oder vor ihm hingelegt habe, Eigentum erlangt[181].
Jedenfalls fehlt eine Wegnahme: Der getäuschte Ladeninhaber hat den Gewahrsam an dem Wechselgeld aufgegeben, als er es vor den Kunden legte, denn dieses Gelangenlassen des Geldes in den Zugriffsbereich des Kunden ist geschehen, um auf ihn den Gewahrsam zu übertragen. Die freiwillige Preisgabe des eigenen Gewahrsams schließt aber das Merkmal »Bruch fremden Gewahrsams« aus, auch wenn sie durch eine Täuschung erschlichen wurde[182] (*Rn. 34, 48*).

b) Betrug

M spiegelte T vor, er solle den 50-Euro-Schein erhalten, und T glaubte ihr, sodass Täuschung und Irrtumserregung gegeben sind.
Die erforderliche Vermögensverfügung lag in der freiwilligen Aufgabe des Gewahrsams am Wechselgeld; folglich hat die M dieses Geld durch Betrug erlangt[183].

2. Bezüglich des 50-Euro-Scheines

Mangels einer Vermögensverfügung des T kommt nur Diebstahl in Betracht.
Nach zutreffender h.A. greift § 242 StGB jedoch nicht ein[184]: Der Ladeninhaber habe in solchen Fällen kein Eigentum an dem Schein erlangt, da es an der Übergabe i.S. des § 929 BGB fehle[185]. Zudem liege kein »Bruch fremden Gewahrsams« vor, da ein Gewahrsamsübergang auf den Ladeninhaber noch nicht erfolgt sei[186].

3. Ergebnis: Das Wechselgeld hat M durch Betrug erlangt; bezüglich des 50-Euro-Scheins ist kein Betrug anzunehmen und es entfällt nach h.M. auch § 242 StGB.
Dieses Ergebnis ist auch *sachgerecht*, da der Ladeninhaber nur einen Schaden von insgesamt 50 Euro erlitten hat, nämlich durch die Herausgabe des Wechselgeldes.

Fall 106: – *»Schließfach-Fall«* –

Der mit einer »green card« eingereiste chinesische Informatiker Ming (M), erstmals in Deutschland, saß mit zwei großen Koffern im Wartesaal. Kleinganove Pitt (P), der in den Koffern Brauchbares vermutete, bedeutete M, er dürfe Gepäck nicht mit in den Wartesaal nehmen; er könne die Koffer aber in Schließfächern unterbringen. M und P gingen daraufhin

---

[181] *OLG Celle*, NJW 1959, 1981; *Eser*, Strafrecht 4, Fall 12 A 28.
[182] Sch/Sch-*Perron*, § 263 Rn. 64; M/S/M/H/M-*Hoyer*, 33/31.
[183] *OLG Celle*, NJW 1959, 1981; Sch/Sch-*Perron*, § 263 Rn. 64; abw. *BayObLG*, NStZ 1992, 387.
[184] *OLG Celle*, NJW 1959, 1981; M/S/M/H/M-*Hoyer*, 33/31; Sch/Sch-*Perron*, § 263 Rn. 64. A.A. *Backmann*, Die Abgrenzung des Betrugs von Diebstahl und Unterschlagung, 1974, S. 100 f.; *BayObLG*, NStZ 1992, 387 (in einem etwas anders gelagerten Fall).
[185] *OLG Celle*, NJW 1959, 1981. A.A. *Roxin/Schünemann*, JuS 1969, 376 f.
[186] Sch/Sch-*Perron*, § 263 Rn. 64. A.A. *Roxin/Schünemann*, JuS 1969, 376 f.

zu den Schließfächern, wo P die Koffer in den Fächern Nr. 20 und 21 verstaute. Von Fach Nr. 21 hatte P noch einen alten, nicht mehr passenden Schlüssel; diesen und den Schlüssel zu Nr. 20 händigte er M aus, behielt aber den richtigen zu Nr. 21. Als M sich entfernt hatte, holte P den Koffer aus dem Fach Nr. 21 und verließ mit der Beute den Bahnhof.

Hat P einen Betrug oder einen Diebstahl begangen?

Nach h.A. ist hier *Diebstahl* und nicht Betrug gegeben[187]: Der Täter habe die Täuschung seines Opfers begangen, um »die Herbeiführung des Schadens durch eine *eigene Handlung* zu ermöglichen«.

Dem ist zu folgen, denn P hat durch das Einschließen des Koffers in ein Fach, zu dem er den richtigen Schlüssel besaß, nach der Verkehrsauffassung den Gewahrsam des M zwar gelockert, aber noch nicht endgültig aufgehoben, sodass die Duldung seines Verhaltens durch M keine Vermögensverfügung war. Vielmehr hat P, als er den Koffer aus dem Schließfach holte, diesen weggenommen[188].

Unmittelbar ist der Schaden also durch eine Handlung des Täters *(Wegnahme)* eingetreten, d.h. nicht infolge einer Vermögensverfügung des Getäuschten.

Fall 107: – *Abgrenzung nach der »inneren Willensrichtung« des Opfers* –

638 Van Dyck (V), ein in Düsseldorf lebender niederländischer Kunstliebhaber, hatte mehrere Bilder erworben. Moritz (M), der davon erfahren hatte, suchte V auf, gab sich mittels einer gefälschten Dienstmarke als Kriminalbeamter aus und erklärte, die Bilder beschlagnahmen zu müssen, da diese gestohlen seien. V glaubte ihm. Mangels Kenntnis der deutschen StPO übergab er M die Bilder in dem Glauben, sich der Beschlagnahme beugen zu müssen.

Hat M die Bilder durch Betrug oder durch Diebstahl erlangt? – Ergänzung zu *Fall 12, Rn. 47 ff.* –

Würde man für die Abgrenzung Wegnahme der Sache durch den Täuschenden von der Vermögensverfügung durch Herausgabe seitens des Getäuschten auf das **äußere Erscheinungsbild** der Tat abstellen, also rein äußerlich danach differenzieren, ob sich der Täter selbst die Sache genommen (§ 242 StGB) oder das Opfer sie ihm übergeben hat (§ 263 StGB), so läge hier ein Betrug vor, während Diebstahl ausschiede. Maßgeblich ist jedoch nicht das äußere Erscheinungsbild, sondern die **innere Willensrichtung** des Getäuschten[189].

Duldet der Getäuschte, dass der Täuschende die Sache »wegnimmt«, so liegt Betrug und nicht Diebstahl vor, wenn dieses Dulden ein Einverständnis bedeutet, weil es auf einem »zwar durch den Irrtum erzeugten, im Übrigen aber innerlich freien Willensentschluss« beruht[190].

Wird dagegen der Gewahrsam des Getäuschten ohne sein Einverständnis aufgehoben, so kommt mangels Vermögensverfügung nicht Betrug, sondern nur Diebstahl in Betracht[191].

---

[187] *BGH*, GA 1966, 212 f.; *Poisel/Ruppert*, JA 2019, 353 (356 f.).
[188] Vgl. *BGH*, GA 1966, 212 f.
[189] *BGH* St 7, 252 (255); 18, 221 (223); NStZ 2016, 727, m. Anm. *Kulhanek*; NStZ-RR 2018, 248 (249); Sch/Sch-*Perron*, § 263 Rn. 63; LK[12]-*Tiedemann*, § 263 Rn. 98.
[190] *BGH* St 18, 221 (223).
[191] *BGH* St 18, 221 (223); Sch/Sch-*Perron*, § 263 Rn. 63.

§ 11: Betrug

Nach herrschender und zutreffender Auffassung kann von einem zwar durch den **639** Irrtum bestimmten, davon abgesehen aber innerlich freien Willensentschluss grundsätzlich keine Rede sein, wenn jemand unter dem Eindruck einer von ihm angenommenen behördlichen Beschlagnahme die »Wegnahme« einer Sache duldet oder diese übergibt[192]. In solchen Fällen fehlt es an einem das Tatbestandsmerkmal Wegnahme ausschließenden *Einverständnis* (vgl. *Fall 12, Rn. 47 ff.*), das als *Vermögensverfügung* zu behandeln wäre.

Wer sich dem vorgespiegelten behördlichen Zwang beugt, trifft folglich auch dann **640** keine Vermögensverfügung, wenn er die »beschlagnahmte Sache« selbst übergibt, sofern er dies in dem Bewusstsein tut, »jede andere Handlung sei zwecklos, da die Beschlagnahme sonst ohne weiteres zwangsweise durchgeführt werde«. Nur die freiwillige, d.h. nicht nur im Glauben an ihre Unvermeidbarkeit vorgenommene Übergabe einer Sache ist eine Vermögensverfügung – und schließt als »Einverständnis« die Wegnahme i.S. des § 242 StGB aus.
Von einer – auf einem innerlich freien Entschluss beruhenden – Gewahrsamsübertragung kann im vorliegenden Fall keine Rede sein. Es fehlt somit an einer Vermögensverfügung des V. Betrug scheidet daher aus. M hat stattdessen einen Diebstahl begangen (vgl. *Fall 12, Rn. 47 ff.* m.w.N.).

Der in einer anderen Entscheidung des *BGH*[193] aufgestellten Behauptung, die Her- **641** ausgabe von Sachen im Falle der »Beschlagnahme durch falsche Kriminalbeamte« sei grundsätzlich nur bei Ausnutzung der jugendlichen Unerfahrenheit oder des Schuldgefühls des Opfers statt als Betrug als Diebstahl strafbar, ist entgegenzuhalten, dass es für das Entfallen einer Vermögensverfügung genügt, wenn sich das Opfer dem vermeintlichen obrigkeitlichen Zwang beugt, also innerlich unfrei handelt. Das ist nicht nur bei jugendlicher Unerfahrenheit oder bei Schuldgefühlen des Opfers möglich.

b) »Dreiecksbetrug«

Abgrenzung Betrug/Diebstahl bei Täuschung von Gewahrsamshütern

Fall 108: – *»Sammelgaragen-Fall«* –

Leon (L) hatte ein Verhältnis mit Theresia (T). Diese besaß einen Pkw, der in einer Sammel- **642** garage untergestellt war. In dieser Garage wurde für jeden abgestellten Wagen beim Pförtner ein zweiter Zündschlüssel hinterlegt. Auf Verlangen bekamen die Berechtigten den hinterlegten Schlüssel aber auch ausgehändigt, z.B., wenn sie den eigenen vergessen hatten. Im Einverständnis mit T holte L den Wagen einmal aus der Garage ab. In weiteren Fällen nahm er auf Grund seiner nahen Beziehungen zu ihr ein Einverständnis an. Eines Tages holte L ohne Wissen der T den Wagen ab, um ihn sich zuzueignen. Der Pförtner gab ihm den Zündschlüssel, da L ihm das Einverständnis von Frau T vorspiegelte.
Hat L den Pkw gestohlen oder durch Betrug erlangt?

---

[192] *BGH* St 18, 221 (223) m.w.N. der Rspr.; *BGH*, GA 1960, 277 f.; Sch/Sch-*Perron*, § 263 Rn. 63; *Poisel/Ruppert*, JA 2019, 353 (356); einschr. M/S/M/H/M-*Hoyer*, 33/31.
[193] *BGH*, GA 1965, 107; dazu krit.: A/W/H/H-*Heinrich*, 20/77.

Ergänzungsfälle

Fall 109: – »*Zimmerwirtin-Fall*« –

643 Susi (S) fragte ihre Kommilitonin Beate (B), ob sie deren Digitalkamera benutzen dürfe. Als B dies ablehnte, begab sich S verärgert zu der Wohnung der B. Diese hatte ihr nämlich einmal erzählt, sie bewahre die Kamera in ihrem Kleiderschrank auf. S redete der Vermieterin Vroni (V) der B ein, sie (S) solle für B deren Digitalkamera abholen. V glaubte ihr. Obwohl sie das – nicht abgeschlossene – Zimmer ihrer Untermieterin ungern in deren Abwesenheit betrat, holte sie die Kamera und übergab sie der S. Diese nahm die Kamera mit und gab sie erst nach einem Urlaub mit ihrem Freund, den sie begeistert fotografiert hatte, zurück.

Hat S einen Betrug begangen oder die Kamera weggenommen?

Fall 110: – »*Haushälterin-Fall*« –

644 Bei der Haushälterin Hold (H) des Reich (R) erschien Paul (P). Er gab sich als Bote des R aus und erklärte wahrheitswidrig, R lasse H ausrichten, sie solle ihm (P) die Digitalkamera, die er (R) vergessen habe, mitgeben. H glaubte P und führte den vermeintlichen Auftrag des R aus. P behielt die Kamera.

Hat er diese gestohlen oder einen Betrug begangen?

645 Gemeinsam ist diesen Fällen, dass der Täter sich die Sache eines anderen nicht von diesem, sondern von einem *getäuschten Dritten* aushändigen lässt. Da § 263 StGB zwar **Identität von Getäuschtem und Verfügendem, nicht aber von Verfügendem und Geschädigtem verlangt**[194], kommt in allen drei Fällen zum einen eine Verschaffung der Sache durch Wegnahme (in mittelbarer Täterschaft), zum anderen aber auch Erlangung der Sache durch Vermögensverfügung des Getäuschten in Betracht. Wie ausgeführt, kann ein und dieselbe Tat, durch die der Täuschende sich den Gewahrsam an einer fremden Sache verschafft, nicht zugleich den Tatbestand des § 263 StGB und den des § 242 StGB erfüllen, sondern nur entweder Betrug oder Diebstahl sein (dazu eingehend *Rn. 616 ff., 621 ff.*). Dies gilt auch, wenn Geschädigter und Getäuschter – wie in den *Fällen 108 - 110* – nicht dieselbe Person sind[195]. Nach der Gegenmeinung kann sowohl der Tatbestand des Betruges als auch – in Tateinheit dazu – der des Diebstahls (in mittelbarer Täterschaft) erfüllt sein[196].

646 Dem ist jedoch zu widersprechen: Besitzverschaffung durch Wegnahme einerseits und durch Vermögensverfügung des getäuschten Dritten andererseits schließen sich auch in Drei-Personen-Verhältnissen gegenseitig aus[197], denn in den Fällen der Besitzerlangung durch Herausgabe seitens eines getäuschten Dritten liegt § 263 StGB (»Dreiecksbetrug«) nur dann vor, wenn der Geschädigte sich die unmittelbar vermögensmindernde Handlung des Dritten *wie eine eigene Vermögensverfügung zurechnen* lassen muss[198] (siehe *Rn. 648, 652, 653*).

---

[194] *RG* St 73, 384; *BGH* St 18, 221; Sch/Sch-*Perron*, § 263 Rn. 65; LK[12]-*Tiedemann*, § 263 Rn. 112.
[195] *BGH* St 18, 221; *BGH* [Z], JZ 1975, 99 ff.; *OLG Düsseldorf*, NJW 1988, 922 (923 f.); *Rengier* I, 13/101; LK[12]-*Tiedemann*, § 263 Rn. 116.
[196] SK[9]-*Hoyer*, § 263 Rn. 139; *Mitsch*, BT 2, S. 305 f.; Sch/Sch-*Perron*, § 263 Rn. 67; *Welzel*, S. 372.
[197] L/K/H-*Heger*, § 263 Rn. 31; NK-*Kindhäuser/Hoven*, § 263 Rn. 210; LK[12]-*Tiedemann*, § 263 Rn. 116.
[198] *Otto*, ZStW 79 (1967), 59 (78 f., 84 f.); *Schünemann*, GA 1969, 46 ff.

Ist das der Fall, so ist der Gewahrsamsverlust nicht Folge einer unmittelbaren Fremdschädigung durch den Täter, entspricht also nicht dem Typus »Wegnahme«, sondern steht für den Betroffenen im Verhältnis zum Täter einer *Selbstschädigung* gleich[199]. Auch beim »Dreiecksbetrug« gelten also die oben angeführten Argumente aus dem *Deliktscharakter* der §§ 242, 263 StGB und die genannten kriminalpolitischen Erwägungen, die für die h.M. sprechen, §§ 242, 263 StGB schlössen sich tatbestandlich aus *(Rn. 621 - 625).*

Wegen des gegenseitigen Ausschlusses von Betrug und Wegnahme ist zu klären, ob in Fällen wie den vorliegenden § 263 StGB anzunehmen ist oder ob die Täter die Sachen weggenommen haben.   **647**

Bei der **Abgrenzung Diebstahl in mittelbarer Täterschaft/Dreiecksbetrug** handelt es sich keineswegs um ein »dogmatisches Glasperlenspiel«[200], denn die Entscheidung, ob der Täter die Sache mittels »Wegnahme« erlangt hat oder ob § 263 StGB vorliegt, ist – wie oben *(Rn. 626 ff.)* ausgeführt – auch von praktischer Relevanz.

(1) Unproblematisch ist das Vorliegen eines Betruges, wenn der getäuschte Dritte den Geschädigten **im Gewahrsam** »vertrat« und sich bei der Herausgabe der Sache an den Täuschenden im Rahmen seiner »Vertretungsmacht« hielt, wenn er also zur Übertragung des Gewahrsams **befugt** war. Das ist z.B. bei einem Ladenangestellten der Fall, der dem mit Falschgeld einkaufenden Täter arglos Ware veräußert[201]. In solchen Fällen muss sich der Geschädigte die unmittelbar vermögensmindernde Handlung seines »Gewahrsamsvertreters«, der sich im Rahmen seiner Befugnisse hält, wie eine eigene Vermögensverfügung zurechnen lassen.   **648**

»Gewahrsamsvertreter« sind nicht nur die gerade für die Vornahme von Gewahrsamsübertragungen bestellten Personen, sondern alle Inhaber gleich- oder untergeordneten Gewahrsams, die der Berechtigte – sei es auch nur stillschweigend durch Duldung – in gewissem Umfang zu »Gewahrsamsverfügungen« eingesetzt hat.

Überträgt ein solcher Gewahrsamsinhaber aufgrund der Täuschung den Gewahrsam an einer Sache auf den Täter, so liegt Dreiecksbetrug vor, sofern der Getäuschte »sich subjektiv innerhalb des Rahmens bewegt, den ihm der Berechtigte objektiv eingeräumt hat«. Solche Handlungen muss sich der »im Gewahrsam vertretene« Geschädigte wie eine eigene Vermögensverfügung zurechnen lassen[202].

(2) Nach **h.M.** kommt »Dreiecksbetrug« statt Diebstahl jedoch nicht nur dann in Betracht, wenn der Dritte sich bei der Gewahrsamsübertragung als »Gewahrsamsvertreter« subjektiv im Rahmen seiner Befugnisse hielt[203]. Auch die infolge Täuschung   **649**

---

[199] Ebso. *Otto,* ZStW 79 (1967), 59 (78, 85).
[200] MK-*Hefendehl,* § 263 Rn. 389; *Hillenkamp,* JuS 1997, 217 (218 ff.).
[201] *OLG Düsseldorf,* NJW 1988, 922 ff.; siehe namentlich auch die Anhänger der sog. »Befugnistheorie«: *Amelung,* GA 1977, 1 (14 f.); *Gössel,* Bd 2, 7/74; MK-*Hefendehl,* § 263 Rn. 465 ff.; SK[9]-*Hoyer,* § 263 Rn. 145 ff.; *Mitsch,* BT 2, S. 301 f.
[202] *Otto,* ZStW 79 (1967), 59 (81, 84 f.).
[203] So – gegen die Anhänger der »Befugnistheorie« *(Fn. 201)* – u.a.: NK-*Kindhäuser/Hoven,* § 263 Rn. 220 f.; M/S/M/H/M-*Momsen,* 41/80 ff.; Sch/Sch-*Perron,* § 263 Rn. 66; LK[12]-*Tiedemann,* § 263 Rn. 113-117; W/H/S-*Schuhr,* Rn. 594 ff.

ausgeübte »*tatsächliche* Möglichkeit zur Gewahrsamsübertragung« soll ausreichen können[204].

Problematisch und umstritten ist aber die Frage, wo die Grenze zwischen *Diebstahl in mittelbarer Täterschaft* (wobei der getäuschte Dritte ein gutgläubiges Werkzeug wäre) und *Betrug* zu ziehen ist.

650 *(a)* Die Rechtsprechung fordert ein **Näheverhältnis** des Getäuschten zu dem fraglichen Vermögensgegenstand, wobei sie zu verlangen scheint, dass der getäuschte Dritte Gewahrsam, und zwar zumindest untergeordneten *Mitgewahrsam*, an der Sache hat[205]. Sie nahm demgemäß in *Fall 108*, wo der Dritte (Pförtner) untergeordneten Mitgewahrsam besaß, Betrug an[206], lehnte aber in *Fall 109* mangels Mitgewahrsams der Wirtin Betrug ab[207].

Dieses Näheverhältnis, das schon vor der irrtumsbedingten Handlung vorgelegen haben müsse, sei insbesondere gegeben, wenn der Getäuschte mit Kenntnis und Einverständnis des Vermögensinhabers eine Schutz- und Prüfungsfunktion wahrnimmt[208].

651 *(b)* Nach der überwiegenden Meinung in der Literatur erfordert § 263 StGB in den Fällen des »Dreiecksbetruges« nicht, dass der Dritte Mitgewahrsam hat[209]. Vielmehr komme es darauf an, ob er Werkzeug des Täters sei (dann § 242 StGB) oder anstelle des Berechtigten die Sache herausgebe (dann Betrug). Dafür sei maßgeblich, ob der Dritte »bildlich gesprochen **im ›Lager‹ des Geschädigten stehe**«, oder ob sich der Täter eines »gutgläubigen Extraneus« (Außenstehenden) bediene (sog. »**Lagertheorie**«)[210].

Betrug wäre hiernach in *Fall 108*[211] und in *Fall 110*[212] anzunehmen, dagegen nicht in Fall *109*[213].

652 *(c) Stellungnahme*

Zutreffend erscheint es, Dreiecksbetrug nur dann anzunehmen, wenn der getäuschte Dritte den Geschädigten im Gewahrsam »vertrat«, d.h., wenn er sich bei seiner unmittelbar vermögensschädigenden Handlung »subjektiv innerhalb des Rahmens bewegte, den ihm der Berechtigte objektiv eingeräumt hatte«[214].

---

[204] LK[10]-*Lackner*, § 263 Rn. 110-114; *Schröder*, ZStW 60 (1941), 47 ff.; LK[12]-*Tiedemann*, § 263 Rn. 115.

[205] BGH St 18, 221 (222 ff.); wistra 2017, 484 (Rn. 14), m. Bespr. *Jäger*, JA 2017, 950 ff.

[206] BGH St 18, 221 (223 f.).

[207] OLG Stuttgart, NJW 1965, 1930 f.; eingehend dazu: *Dreher*, JR 1966, 29 f.; *Lenckner*, JZ 1966, 321.

[208] *Fischer*, § 263 Rn. 83.

[209] *Lenckner*, JZ 1966, 321; *Rengier*, FS-Roxin, 2001, S. 811 (824 f.). Zum Teil wird gefordert, dass der Dritte zumindest »Gewahrsamsdiener« ist, so *Fischer*, § 263 Rn. 83; Sch/Sch-*Perron*, § 263 Rn. 66.

[210] *Kindhäuser/Nikolaus*, JuS 2006, 293 (295); M/S/M/H/M-*Momsen*, 41/80, 81; Sch/Sch-*Perron*, § 263 Rn. 66; *Poisel/Ruppert*, JA 2019, 421 f.; W/H/S-*Schuhr*, Rn. 597.

[211] Dafür u.a. *Dreher*, JR 1966, 29 f.

[212] So *Lenckner*, JZ 1966, 321; W/H/S-*Schuhr*, Rn. 602.

[213] *Lenckner*, JZ 1966, 321. A.A. *Dreher*, JR 1966, 29 f.

[214] In der Sache ebso. schon *Otto*, ZStW 79 (1967), 59 (78 - 85), sowie die Vertreter der bereits erwähnten (*Fn. 201*) »Befugnistheorie«.

Voraussetzung für die Annahme des § 263 StGB (als Fall der Selbstschädigung) statt Diebstahls (Fremdschädigung) in den fraglichen Dreiecksfällen ist, dass sich der Geschädigte die unmittelbar vermögensmindernde Handlung des getäuschten Dritten wie eine eigene Vermögensverfügung zurechnen lassen muss[215]. Anderenfalls liegt nämlich eine unmittelbare Fremdschädigung durch Wegnahme in mittelbarer Täterschaft durch Benutzung des Dritten als gutgläubiges Werkzeug vor. Solch eine Zurechnung ist aber nur möglich, wenn der Dritte den Geschädigten im oben dargelegten Sinne »im Gewahrsam vertrat«. Ob der Dritte dabei Mitgewahrsam an der Sache hatte, ist unerheblich.

Die »Lagertheorie« arbeitet dagegen zum einen mit einer bedenklich vagen Abgrenzungsformel[216]. Zum anderen muss sie sich entgegenhalten lassen, dass die Herausgabehandlungen des »im Lager des Geschädigten stehenden Dritten« nur dann dem Geschädigten wie eigene Vermögensverfügungen zuzurechnen sind, wenn ihn der Dritte im Gewahrsam vertrat; mangels einer solchen Einschränkung erscheint die »Lagertheorie« als zu weit gefasst.

Für das Abstellen auf die Befugnis spricht zudem, dass ein Mitgewahrsamsinhaber den (Mit-)Gewahrsam des anderen bricht (*Rn. 28 ff.*), wenn er dessen Sachherrschaft ohne bzw. gegen dessen Willen aufhebt. Im Verhältnis der Mitgewahrsamsinhaber untereinander ist es somit unerheblich, ob beide in demselben »Lager« stehen, sondern ein Gewahrsamsbruch scheidet nur aus, wenn der Mitgewahrsamsinhaber mit der Aufhebung seines Mitgewahrsams einverstanden ist. Konsequenterweise muss dies auch gelten, falls die Aufhebung des Mitgewahrsams durch die Übergabe der Sache an einen Dritten erfolgt.

(3) Konsequenzen für die *Fälle 108 - 110*   **653**

Als »Gewahrsamsvertreter« war jedenfalls der Pförtner (*Fall 108*) anzusehen: T hatte bereits einmal erlaubt, dass L sich von ihm den Wagenschlüssel geben ließ; mangels entgegenstehender Anweisungen der T durfte der Pförtner daher davon ausgehen, er sei befugt, dem L die Schlüssel auszuhändigen[217].
Auch die Haushälterin H (*Fall 110*) hat R »im Gewahrsam vertreten«[218].
Die Annahme einer »Vertretung im Gewahrsam« in *Fall 109* scheidet dagegen aus, da die V lediglich die faktische Möglichkeit des Zugriffs auf die Sachen ihrer Untermieterin B hatte; eine Vertretung im Gewahrsam folgt daraus nicht[219].

c) Prozessbetrug

Fall 111: *– Prozessbetrug im kontradiktorischen Verfahren –*

Siggi (S) schuldete Holger (H) aus einem Kaufvertrag 5.000 Euro. Da S sich weigerte zu   **654**
bezahlen, klagte H seine Forderung ein. In der mündlichen Verhandlung bestritt S bewusst wahrheitswidrig den Abschluss des Kaufvertrages. Mangels geeigneter Beweismittel blieb H

---

[215] Ebso. *Otto*, ZStW 79 (1967), 59 (78 ff.); *Schünemann*, GA 1966, 46 ff.
[216] So auch *Herzberg*, ZStW 89 (1977), 367 (408 ff.), der sich daher bemüht, sie zu »korrigieren, präzisieren und weiterzuentwickeln«.
[217] *Otto*, ZStW 79 (1967), 59 (78, 80 f.).
[218] Dazu *Otto*, ZStW 79 (1967), 59 (80 f.).
[219] Vgl. MK-*Hefendehl*, § 263 Rn. 468 f.; diff. *Otto*, ZStW 79 (1967), 59 (80, 82).

beweisfällig (d.h., er konnte den ihm obliegenden Beweis für den Vertragsabschluss nicht erbringen). Richter Rudolph (R) wies seine Klage deshalb ab.
S hat einen Betrug (sog. »Prozessbetrug«) begangen?

Wie dargelegt (*Rn. 645 ff.*), brauchen Verfügender und Geschädigter nicht dieselbe Person zu sein. Ein Dreiecksbetrug ist deshalb auch in Form eines »**Forderungsbetrugs**« denkbar[220]. Zwar tritt hier nicht das Problem der Abgrenzung Betrug/Diebstahl auf, weil Gegenstand der Tat keine Sache ist, die Kriterien für die »Zurechnung« des Verhaltens zu dem geschützten Opfervermögen gelten dennoch, die Auslegung kann allenfalls »großzügiger« sein[221].

Daraus resultiert die Möglichkeit des Prozessbetruges durch ausdrückliches oder konkludentes Vorspiegeln von Tatsachen in Schriftsätzen, z.B. unwahres Parteivorbringen[222], oder durch die Manipulation von Beweismitteln, z.B. die Veranlassung der Falschaussage eines Zeugen[223]. Eine Täuschung des Richters liegt aber nicht schon in der Behauptung des Rechtsanwalts, es gebe gerichtliche Entscheidungen, in denen eine bestimmte Rechtsauffassung vertreten worden sei[224].

Der durch Täuschung beeinflusste Richter verfügt durch unrichtiges Urteil zu Lasten der betroffenen Partei[225], hier durch Klageabweisung zu Lasten des H.

Dass sich die auf Grund des Prozessbetruges unterliegende, geschädigte Partei die **Vermögensverfügung des Richters wie eine eigene zurechnen lassen muss**, beruht auf der hoheitlichen Funktion des Richters, der kraft Amtes zur Streitentscheidung berufen ist[226].

655 Die These, der Betrugstatbestand passe nicht auf den Fall des Missbrauchs staatlicher Rechtspflegeorgane[227], übersieht, dass beim »Prozessbetrug« neben diesem Missbrauch zugleich ein Angriff auf fremdes Vermögen durch die Täuschung des Richters vorliegt[228]. Dass der getäuschte Richter, der nach seiner richterlichen Überzeugung (§ 286 ZPO) entscheidet, als **rechtmäßig handelndes hoheitliches Werkzeug** missbraucht wird, ist unschädlich, da »eine analoge Situation bei der mittelbaren Täterschaft allgemein anerkannt ist«[229]. Vermögensverfügungen i.S. des § 263 StGB können – wie der vorliegende Fall zeigt – auch in der Gestalt von Hoheitsakten erfolgen[230].

---

[220] Siehe nur *BGH*, NStZ 2008, 339 f.; *Fock/Gerhold*, JA 2010, 511 ff.
[221] Dazu m.w.N. AnwK-*Gaede*, § 263 Rn. 94.
[222] *BGH*, wistra 2018, 257 (Rn. 19 f.); *Fischer*, § 263 Rn. 43; krit. *Eisenberg*, FS-Salger, 1995, S. 20.
[223] *BGH* St 43, 317 m. Anm. *Momsen*, NStZ 1999, 306 f.
[224] *OLG Koblenz*, NJW 2001, 1364.
[225] A/W/H/H-*Heinrich*, 20/63; NK-*Kindhäuser/Hoven*, § 263 Rn. 340; M/S/M/H/M-*Momsen*, 41/82, 143.
[226] *Fischer*, § 263 Rn. 85; AnwK-*Gaede*, § 263 Rn. 97; *Mitsch*, BT 2, S. 303 f.; *Otto*, 51/140; Sch/Sch-*Perron*, § 263 Rn. 68 f.; M/R-*Saliger*, § 263 Rn. 142.
[227] *Fahl*, Jura 1996, 74 (77); *Lampe*, ZStW 77 (1965), 262 (264 f.).
[228] Zutreffend Sch/Sch-*Perron*, § 263 Rn. 69.
[229] Sch/Sch-*Perron*, § 263 Rn. 69. Zur Freiheitsberaubung (§ 239 StGB) in mittelbarer Täterschaft durch Benutzung des Richters als Werkzeug siehe *BGH* St 3, 4; *Krey*/Hellmann/Heinrich, BT 1, Rn. 388.
[230] *BGH* St 14, 170 (172); SK^9-*Hoyer*, § 263 Rn. 148. – Siehe auch *BGH*, NStZ 1990, 388 f. (dazu *Rn. 615*). –

§ 11: Betrug

Die **kausale Verknüpfung des Urteils (Vermögensverfügung) mit der Täuschung** durch falsche Parteibehauptung liegt im kontradiktorischen Verfahren in Folgendem: 656

(1) Ist der Richter (gegebenenfalls nach Beweisaufnahme) von der Wahrheit der Parteibehauptung überzeugt, so liegt sein Irrtum, auf dem die Vermögensverfügung »Urteil« beruht, darin, dass er die behauptete Tatsache glaubt.

(2) Hält der Richter dagegen weder die Wahrheit noch die Unwahrheit der vorgespiegelten »falschen Tatsache« für erwiesen (sog. **»non liquet«**), hat aber der Gegner des Täuschenden die Beweislast für seine (zutreffende) Behauptung, so ergeht das vermögensschädigende Urteil gegen die aufrichtige Partei nicht deswegen, weil der Richter dem Vorbringen der täuschenden Partei glaubt, sondern wegen der im Falle eines non liquet eingreifenden **Beweislastregeln**. Gleichwohl sind wegen der Wahrheitspflicht der Parteien (§ 138 I ZPO) auch in einem solchen Fall eine für das Urteil kausale Täuschung und eine Irrtumserregung gegeben[231]: 657
Die Wahrheitspflicht der Parteien hat zur Folge, dass sie bei ihrem Vortrag konkludent erklären, nichts bewusst Unwahres zu behaupten[232]. Glaubt der Richter dieser konkludenten Erklärung – oder hält er wenigstens für nicht unwahrscheinlich, dass sie wahr ist (vgl. *Rn. 600 - 606*), was naheliegend erscheint, – so ist dieser Irrtum im Falle eines non liquet kausal für sein Urteil, wenn der Gegner des Täuschenden nach Beweislastregeln unterliegt; denn ein bewusst wahrheitswidriges Parteivorbringen ist gemäß § 138 I ZPO unbeachtlich, sodass ohne diesen Irrtum des Richters kein Beweislasturteil zugunsten des Täuschenden ergangen wäre.

Fall 112: *– Prozessbetrug im Versäumnisverfahren? –*

Slim (S) klagte eine nicht bestehende – was S auch wusste – Forderung gegen Timm (T) ein. Als T in der mündlichen Verhandlung nicht erschien, erging gegen ihn auf Antrag des S ein Versäumnisurteil, das mangels Einspruchs (§§ 338 ff. ZPO) rechtskräftig wurde. 658
Strafbarkeit des S wegen Betruges?

Entgegen einer verbreiteten Lehrmeinung kann auch im Versäumnisverfahren, §§ 330 ff. ZPO, ein Prozessbetrug begangen werden[233].
Zwar kommt es im Versäumnisverfahren gemäß § 331 I S. 1 ZPO nicht darauf an, ob der Richter von der Wahrheit des Sachvortrags des Klägers überzeugt (§ 286 ZPO) ist. Aber auch wenn er sich insoweit keine Gedanken macht, greift regelmäßig § 263 StGB ein, und zwar wegen der prozessualen Wahrheitspflicht gemäß § 138 I ZPO: Wegen dieser Wahrheitspflicht liegt nämlich die Annahme nahe, der Richter werde regelmäßig davon ausgehen oder es zumindest für möglich halten (was für das Tatbestandsmerkmal »Irrtum« als Fehlvorstellung genügt, vgl. *Rn. 602 - 606*),

---

[231] H.M., *Fischer*, § 263 Rn. 44; A/W/H/H-*Heinrich*, 20/63; Sch/Sch-*Perron*, § 263 Rn. 51; zum Teil wird das »Nichtwissen des Richters« als Irrtum betrachtet, LK[12]-*Tiedemann*, § 263 Rn. 90.

[232] Nach *BGH*, wistra 2020, 379 (Rn. 58 ff.) ist die »prozessuale Wahrheitspflicht« i.S.d. § 138 ZPO, nach der die Parteien des Zivilprozesses »subjektiv wahrhaftig« sein müssen, maßgeblich; eine Täuschung liege deshalb nur bei wissentlichen Falschangaben vor.

[233] *RG* St 72, 113 (115); *Otto*, 51/139; *Welzel*, S. 371 f. Abl.: M/S/M/H/M-*Momsen*, 41/67; Sch/Sch-*Perron*, § 263 Rn. 52; LK[12]-*Tiedemann*, in§ 263 Rn. 85, 90.

er werde vom Kläger nicht bewusst belogen. Dieser Irrtum ist auch wegen der dargelegten prozessualen Unbeachtlichkeit bewusst unwahren Parteivorbringens (*Rn. 657*) kausal für den Erlass des Versäumnisurteils[234].

659 **Vollendet** ist der Prozessbetrug im Versäumnisverfahren mit Erlass des Versäumnisurteils[235]; denn das Versäumnisurteil ist ein Vollstreckungstitel (§ 704 i.V.m. § 708 Nr. 2 ZPO), sodass mit seinem Erlass bereits eine »konkrete Vermögensgefährdung« und damit ein Schaden i.S. des § 263 StGB vorliegt.
Betrugsversuch liegt vor, wenn der Kläger die Klage erhebt[236].

660 Unter Berufung auf die zivilprozessuale Wahrheitspflicht wurde für das **Mahnverfahren alter Fassung**, das eine Schlüssigkeitsprüfung vorgesehen hatte, die Möglichkeit von Prozessbetrug bejaht[237].
Diese Sicht ist zum **Mahnverfahren n.F.** gemäß §§ 688 ff. ZPO, die für den Mahnbescheid auf eine Schlüssigkeitsprüfung verzichten und sogar eine maschinelle Bearbeitung zulassen, nicht mehr vertretbar:
Soweit das Mahnverfahren **automatisiert** ist (§§ 689 I 2, 703b, c ZPO), kommt ein Prozessbetrug von vornherein mangels Täuschung eines Menschen nicht in Betracht[238]. – Zu § 263a StGB vgl. *Rn. 833 ff.* –
Aber auch bei manueller Bearbeitung bestehen gegen die Annahme, im Mahnverfahren könne Prozessbetrug begangen werden, Bedenken, weil der Rechtspfleger **keine Schlüssigkeitsprüfung** vornimmt, § 692 I Nr. 2 ZPO[239].

Ergänzende Hinweise zur Kausalität zwischen Irrtum und Verfügung

661 *(1)* An dieser Kausalität fehlt es z.B. beim Bettelbetrug (der Bettler täuscht ein Gebrechen vor) dann, wenn das Almosen nur gegeben wird, um den »lästigen« Bettler loszuwerden[240].

(2) Problematisch ist der erforderliche Kausalzusammenhang zwischen Irrtum und Vermögensverfügung, wenn beim Getäuschten eine Mehrzahl von Motiven vorlag, von denen nur eines auf der Täuschung beruhte. Hier soll es nach h.M. unschädlich sein, dass auch die anderen Motive für die Vornahme der Verfügung ausgereicht hätten, sofern das aus der Täuschung resultierende »mitbestimmend« war[241].

---

[234] *RG* St 72, 113 (115); *Welzel*, S. 371 f.
[235] *BGH* St 24, 257 (261). Das nicht rechtskräftige, aber vorläufig vollstreckbare Urteils begründe eine schadensgleiche Vermögensgefährdung, *BGH*, NStZ 1992, 233 f.; ebso. *Rengier* I, 13/241.
[236] *OLG Hamm*, wistra 2009, 322 (323 f.). Diff. MK-*Hefendehl*, § 263 Rn. 1183 ff.
[237] *BGH* St 24, 257 (260 f.); *OLG Stuttgart*, NJW 1979, 2573. Abl. u.a.: *Giehring*, GA 1973, 1 (5 ff., 9); LK[10]-*Lackner*, § 263 Rn. 80.
[238] *BGH*, NStZ 2012, 322 (323 f.); *Ceffinato*, ZWH 2014, 89 (90 f.); M/S/M/H/M-*Momsen*, 41/67.
[239] *Ceffinato*, ZWH 2014, 89 (90 f.); *Gössel*, Bd 2, 21/82; *Rengier* I, 13/51. Anders aber *BGH*, NStZ 2012, 322 (323); *OLG Düsseldorf*, NStZ 1991, 586; *OLG Celle*, wistra 2012, 158 (159 f.), die trotz Wegfalls der Schlüssigkeitsprüfung Prozessbetrug im Mahnverfahren für möglich halten.
[240] Sch/Sch-*Perron*, § 263 Rn. 77.
[241] *BGH* St 13, 13; M/S/M/H/M-*Momsen*, 41/84; Sch/Sch-*Perron*, § 263 Rn. 77; LK[12]-*Tiedemann*, § 263 Rn. 123.

4. Vermögensschaden

a) Vermögensbegriff

Der Streit über die zutreffende Bestimmung des strafrechtlich geschützten Vermögens kann bereits im Rahmen der **Vermögensverfügung** relevant werden. Da darunter jedes Tun, Dulden oder Unterlassen, das unmittelbar eine *Vermögens*minderung herbeiführt (*Rn. 617*), zu verstehen ist, scheidet dieses – ungeschriebene – Tatbestandsmerkmal aus, wenn das Verhalten des Getäuschten sein *strafrechtlich geschütztes* Vermögen – oder im Falle eines Dreiecksbetrugs das eines Dritten – nicht betrifft. Der Vermögensbegriff kann aber auch erst bei der Feststellung des **Schadens** Bedeutung erlangen, wenn zu erörtern ist, ob die Gegenleistung einen Vermögenswert aufweist. Im Gutachten sind die Fragen dort anzusprechen, wo sie – erstmals – auftreten.

Fall 113: – *Der geprellte »Lohnkiller«* –

Sascha (S) wollte seine Ehefrau Wanda (W) aus dem Weg haben, um sich seiner Geliebten Veronika (V) zuwenden zu können. Ludwig (L) erklärte sich für 20.000 Euro bereit, W zu erschießen, und führte den Auftrag auch aus.

Macht sich S des Betruges schuldig, wenn L die Tat nach Zahlung einer »ersten Rate« von 10.000 Euro ausführt, S dann aber – wie von Anfang an geplant – die Zahlung weiterer 10.000 Euro verweigert?

Fall 114: – *Der geprellte Auftraggeber* –

(1) Wie *Fall 113*. L erklärte sich aber nur zum Schein bereit, W zu töten. Nach Erhalt der ersten Rate machte er sich mit dem Geld aus dem Staub, ohne W ein Haar zu krümmen.

Strafbarkeit des L wegen Betruges?

(2) Wie liegt es, wenn L die W zunächst – bei Übergabe des Geldes – tatsächlich töten wollte, er es sich dann aber anders überlegte und S dadurch zu einem Verzicht auf Rückzahlung bewegt, dass er ihm zum Schein erklärt, die Tat später auszuführen?

(I) Täuschung und Irrtum

In **Fall 114 (1)** scheinen Täuschung, Irrtum und Vermögensverfügung unproblematisch vorzuliegen[242]: L täuschte S über eine innere Tatsache, nämlich seine Bereitschaft, den Mordauftrag auszuführen; S erlag einem Irrtum, indem er L glaubte, und verfügte durch die Zahlung der 10.000 Euro über sein Vermögen.

In der Literatur wird jedoch in den Fällen der sog. *»illegalen Zweckverfolgung«* vereinzelt bereits eine Täuschung verneint. Da der Auftraggeber wisse, dass die erstrebte Gegenleistung – hier die Durchführung des Mordes – von der Rechtsordnung verurteilt würde, handele es sich um eine *»eigenverantwortliche Selbstschädigung«*; er müsse deshalb so behandelt werden, als ob er wüsste, dass er für seine Leistung nichts erhält[243].

---

[242] Vgl. *KG*, NJW 2001, 86 f. m. Bespr. *Baier*, JA 2001, 280 ff., *Gröseling*, NStZ 2001, 515 ff., *Hecker*, JuS 2001, 228 ff., und *Martin*, JuS 2001, 301 f.; das Gericht setzt sich nur mit dem Schaden auseinander.

[243] *Mitsch*, BT 2, S. 276 f.; siehe auch *Hecker*, JuS 2001, 228 (232).

Dem wird jedoch zu Recht entgegengehalten, dass die Merkmale Täuschung und Irrtum einer solchen wertenden Betrachtung nicht zugänglich sind[244]. Das zeigt auch unser Fall: Die rechtliche Durchsetzbarkeit des Mordauftrages hat L dem S nicht vorgespiegelt; S war sich deshalb durchaus bewusst, dass er die Zahlung leistete, ohne L mit rechtlichen Mitteln zur Einhaltung der Vereinbarung bewegen zu können. Das ändert aber nichts daran, dass L den S täuschte, nämlich indem er ihm vorspiegelte, zur Erfüllung des Auftrages bereit zu sein, und S ihm dies glaubte, also eine falsche Vorstellung von der Realität hatte.

665 Eine andere Auffassung verortet das Problem in den Fällen der illegalen Zweckverfolgung bei der *Verknüpfung von Täuschung und Irrtum*[245]. Der Irrtum als Zwischenerfolg des § 263 StGB müsse mit der Täuschung in einem Zurechnungszusammenhang stehen, und zwar dergestalt, dass der Irrtum vom *Schutzbereich des Betrugstatbestandes* erfasst sein müsse. In diesem Zusammenhang seien die Gesichtspunkte relevant, die von der h.M. erst beim Schaden berücksichtigt werden. Bei der illegalen Zweckverfolgung fehle der Zurechnungszusammenhang jedoch nicht.

666 In *Fall 114 (2)* und *Fall 113* liegen nach zutreffender Auffassung die Merkmale Täuschung und Irrtum ebenfalls vor: In beiden Fällen handelt es sich um Täuschungen über innere Tatsachen, nämlich die Bereitschaft des L, die Tat später auszuführen, bzw. des S, die zweite Rate zu zahlen; S bzw. L erlagen jeweils entsprechenden Irrtümern.

667 Für die Strafbarkeit von L und S ist deshalb in beiden Fällen entscheidend, **welcher Vermögensbegriff § 263 StGB zugrunde liegt**.

Probleme: Hat L in *Fall 113* durch die Übernahme des Mordauftrages bzw. dessen Ausführung eine **Vermögensverfügung** vorgenommen? Wäre dies so, dann läge ein Schaden vor, weil er die vereinbarte Gegenleistung nicht vollständig erhielt; auch in *Fall 114 (2)* stellt sich die Frage, ob S durch den Verzicht auf die Rückzahlung der 10.000 Euro über sein Vermögen verfügt hat.

Hat S in *Fall 114 (1)* einen **Vermögensschaden** erlitten, weil er die Anzahlung leistete, ohne dass L zur Durchführung des Mordauftrages bereit war?

(II) Der Vermögensbegriff des Betrugstatbestandes ist heftig umstritten; im Wesentlichen sind drei Ansichten zu nennen:

668 Der rein **juristische Vermögensbegriff** wird heute nicht mehr vertreten und sollte deshalb in Klausuren und Hausarbeiten nicht erörtert werden. Die Darstellung erfolgt hier nur zum besseren Verständnis der anderen Auffassungen. Der juristische Vermögensbegriff besagt: Vermögen ist die Summe der *Vermögensrechte* und *-pflichten*, und zwar ohne Rücksicht auf ihren *wirtschaftlichen Wert*. Vermögensschaden ist jeder Verlust solcher Rechte und jede Belastung mit solchen Pflichten[246].

Diese Auffassung ist einerseits **zu weit**, weil sie jedes Vermögensrecht unabhängig von der Frage des wirtschaftlichen Wertes erfasst. Sie ist andererseits aber **zu eng**, weil sie *tatsächliche Positionen mit wirtschaftlichem Wert* wie Besitz, Anwartschaften, Arbeitskraft u.ä. man-

---

[244] *Gröseling*, NStZ 2001, 515 (516).
[245] *Gröseling*, NStZ 2001, 515 (516 ff.).
[246] So etwa *Binding*, Lehrbuch Bd. 1, S. 237 ff.

gels Rechtscharakters nicht einschließt. Der entscheidende Mangel des rein juristischen Vermögensbegriffs liegt aber darin, dass er das Vermögen nicht als wirtschaftliche Einheit wertet, sondern nur als Summe von einzelnen Rechtspositionen in den Blick bekommt und deshalb bereits in dem Verlust einer dieser Rechtspositionen als solchem einen Vermögensschaden sieht. Dies führt zu dem – wirtschaftlicher Betrachtung widersprechenden – Ergebnis, dass bei der Prüfung des Tatbestandsmerkmals Vermögensschaden die Berücksichtigung einer Kompensation der Vermögensminderung durch einen gleichzeitig entstandenen Vermögensvorteil von vornherein ausgeschlossen wäre[247].

(1) Der rein **wirtschaftliche Vermögensbegriff**: 669

Danach ist Vermögen die *Gesamtheit der einer Person zustehenden Güter*, wobei es nicht darauf ankommt, ob sie ihr rechtens zustehen und rechtlich anerkannt sind[248]. Im Rahmen der Vermögensdelikte und also auch bei § 263 StGB gebe es kein rechtlich schutzunwürdiges Vermögen[249].

Auch Güter, die jemand aufgrund von unsittlichen, gesetzwidrigen oder selbst strafbaren Handlungen besitzt, zählen danach grundsätzlich zum Vermögen i.S. des § 263 (und der §§ 253, 266) StGB[250]. 670

Der *2. Strafsenat des BGH* wollte von dieser rein wirtschaftlichen Betrachtung abweichen und dem illegalen Rauschgiftbesitz die Anerkennung als durch die Vermögensdelikte (§§ 253, 263 StGB) geschütztem Vermögensbestandteil versagen[251]. Auf den »kuriosen« Anfragebeschluss[252] erklärten die anderen Strafsenate, dieser Sicht nicht zu folgen[253].

Daher begeht Betrug gegenüber dem Dieb oder Hehler, wer diesem die Beute abschwindelt (es sei denn, der Täuschende ist Eigentümer der Sache; dann fehlt es an der Rechtswidrigkeit der angestrebten Bereicherung). Erpressung liegt nach dieser Ansicht vor, wenn der Dieb oder Hehler zur Herausgabe der Sache genötigt wird.

Selbst *nichtige Forderungen* sollen nach dem wirtschaftlichen Vermögensbegriff Bestandteil des durch § 263 StGB geschützten Vermögens sein können[254], nämlich dann, wenn sie wirtschaftlich einen Wert darstellen, weil sie aufgrund »geschäftlicher, verwandtschaftlicher, freundschaftlicher, sonstiger gesellschaftlicher oder anderer Beziehungen« des Schuldners als **praktisch durchsetzbar** erscheinen[255]. 671

---

[247] Zur Kritik siehe MK-*Hefendehl*, § 263 Rn. 475 ff.; SK⁹-*Hoyer*, § 263 Rn. 102, 186 ff.
[248] RG St 44, 230; BGH St 2, 364; 8, 254 (256); NStZ-RR 1999, 184 (185 f.), zu § 266 StGB; StV 2018, 27 (28 f.), m. Anm. *Rathgeber*, FD-StrafR 2017, 394906; NStZ-RR 2020, 281 (282); A/W/H/*Heinrich*, 20/87 ff.; *Haft*, BT I, S. 97 f.; M/R-*Saliger*, § 263 Rn. 186.
[249] RG St 44, 230; BGH St 8, 254 (256); StV 2019, 85 (87), m. Anm. *Wachter* (auch das Vermögen einer Terrororganisation werde durch § 263 StGB geschützt).
[250] RG St 44, 230; *Bruns*, FS-Mezger, 1954, S. 335 ff.; *Schröder*, in: Sch/Sch, 17. Auflage 1974, § 263 Rn. 70; offengelassen in BGH St 48, 323 (326).
[251] BGH, NStZ 2016, 596 (598 f.), mit Komm. *Krell* und Bespr. *Jäger*, JA 2016, 790 ff; *Jahn*, JuS 2016, 848 ff.; *Ladiges*, wistra 2016, 479 ff.
[252] In anderer Besetzung widersprach der 2. Strafsenat dem Anfragebeschluss, NStZ-RR 2017, 111.
[253] NStZ-RR 2017, 112 f. (1. Strafsenat); NStZ-RR 2017, 244 ff. (3. Strafsenat); NStZ-RR 2017, 44 f. (4. Strafsenat); NStZ-RR 2017, 110 (5. Strafsenat).
[254] OGH St 2, 193 (200 ff.); BGH St 2, 364 (365 ff.); OLG Hamburg, NJW 1966, 1525 f.; *Schröder*, in: Sch/Sch, 17. Aufl. 1974, § 263 Rn. 70a.
[255] BGH St 2, 364 (369 f.).

Es kommt also bei Forderungen nicht auf ihren *rechtlichen* Bestand, sondern auf ihre *faktische* Realisierungsmöglichkeit an.

672 (2) Der **juristisch-ökonomische Vermögensbegriff**:

In der Literatur wird überwiegend ein – vermittelnder – »juristisch-ökonomischer Vermögensbegriff« vertreten, nach dem Vermögen die Summe der wirtschaftlichen Güter einer Person ist, soweit sie ihr »unter dem Schutz der Rechtsordnung« (oder wenigstens »ohne deren Missbilligung«) zustehen[256].

Der Sache nach liegt der »juristisch-ökonomische Vermögensbegriff« auch dem »materialen« Vermögensbegriff, nach dem zum Vermögen alle »wirtschaftlich wertvollen Güter, die eine Person unter Billigung der rechtlichen Güterzuordnung innehat«, zählen[257], der »juristisch-ökonomischen Vermittlungslehre«[258] und dem »normativ-ökonomische Vermögensbegriff«[259] zugrunde.

673 (3) Der **personale Vermögensbegriff**:

Die »personale Vermögenslehre«[260] versteht das Vermögen als die wirtschaftliche Potenz des Rechtssubjekts, die auf der Herrschaftsgewalt über Objekte beruht, die die Rechtsgesellschaft als selbstständige Objekte des Wirtschaftsverkehrs ansieht[261].

674 (4) Neben den angeführten Lehren gibt es noch weitere, nämlich den »wirtschaftlich-dynamischen«[262], den »wertungskorrigierten« wirtschaftlichen[263] und den »intersubjektiven« Vermögensbegriff[264], bei denen es sich um Modifikationen des wirtschaftlichen Vermögensbegriffs handelt, und den »funktionalen« Vermögensbegriff[265], eine Modifikation des juristisch-ökonomischen Vermögensbegriffs. Einen anderen Ansatz verfolgt die Auffassung, die das Vermögen nicht nach den Kriterien der »Tauschbarkeit und Bewertbarkeit in Geld« bestimmt, sondern es versteht als »Inbegriff der Nutzungschancen«, die das Subjekt »ohne Missbilligung durch die Rechtsordnung wahrzunehmen in der Lage ist«[266].

(5) *Stellungnahme*

675 Für den wirtschaftlichen Vermögensbegriff sprechen der Gesichtspunkt der Einheit der Strafrechtsordnung (1) und kriminalpolitische Erwägungen (2):

---

[256] *Gössel*, Bd 2, 21/120; L/K/H-*Heger*, § 263 Rn. 33; SK⁹-*Hoyer*, § 263 Rn. 108 ff.; *Mitsch*, BT 2, S. 306 f.; LK¹²-*Tiedemann*, § 263 Rn. 132; *Waszcynki*, JA 2010, 251.
[257] *Cramer*, Vermögensbegriff und Vermögensschaden im Strafrecht, 1968, S. 91 f., 106 ff.; *ders.*, JuS 1966, 474 ff.; Sch/Sch-*Perron*, § 263 Rn. 82, 83, 84 ff.
[258] M/S/M/H/M-*Momsen*, 41/95 ff., 100 ff.
[259] MK-*Hefendehl*, § 263 Rn. 516 ff.
[260] *Bockelmann*, BT/1, 2. Aufl. 1982, S. 88 f.; *ders.*, FS-Kohlrausch, 1944, S. 226; *ders.*, FS-Mezger, 1954, S. 363; *Hardwig*, GA 1956, 17; *Otto*, 38/3, 51/59.
[261] *Otto*, 51/54.
[262] *Eser*, Strafrecht 4, Fall 10 A 26-29.
[263] Siehe dazu *Swoboda*, NStZ 2005, 476 (478 f.).
[264] *Hoyer*, FS-Samson, 2010, S. 339 (347 ff.).
[265] *Hilgendorf*, FS-Lüderssen, 2002, S. 635 ff.; HdS 5-*Kindhäuser/Schumann*, § 33 Rn. 61 ff.
[266] *Achenbach*, FS-Roxin, 2011, S. 1005 (1009 ff.).

Zu (1): Nach zutreffender Auffassung begeht Diebstahl, wer dem Dieb die Beute entwendet (*Rn. 5*), Raub, wer dabei Raubmittel anwendet. §§ 242, 249 StGB schützen also auch den auf Grund illegaler (verbotener oder sittenwidriger) Handlungen erlangten Gewahrsam, zumal der Besitz generell durch § 858 BGB geschützt wird. Danach wäre es unter dem Gesichtspunkt der Einheit der Strafrechtsordnung sachwidrig, einen solchen Gewahrsam gegenüber betrügerischen (§ 263 StGB) oder erpresserischen (§§ 253, 255 StGB) Angriffen schutzlos zu stellen. Folglich gehören zum Vermögen i.S. der §§ 263, 253, 255 StGB auch Güter, die der Geschädigte durch illegale Handlungen erlangt hat.

Dieses für die Anhänger des wirtschaftlichen Vermögensbegriffs selbstverständliche Ergebnis (vgl. *Rn. 670*) wird von den Vertretern des »juristisch-ökonomischen Vermögensbegriffs« weitgehend abgelehnt, da der Geschädigte jene Güter unter Missbilligung der Rechtsordnung innehabe[267].

Zu (2): **Kriminalpolitische Gründe** streiten ebenfalls für den wirtschaftlichen Vermögensbegriff: Die Geltung der Strafrechtsordnung – einschließlich der §§ 263, 253, 255 StGB – auch zum Schutz illegal erlangter Vermögensbestandteile dient dem Rechtsfrieden; anderenfalls würde das Strafrecht im Verhältnis von Rechtsbrechern untereinander Betrug und Erpressung hinnehmen.

676

Kriminalpolitisch verfehlt erscheint auch die Behandlung nichtiger Forderungen durch die Vertreter des juristisch-ökonomischen Vermögensbegriffs, da dieser dazu führt, dass jedenfalls solche nichtigen Forderungen schlechthin aus dem Vermögen i.S. der §§ 263, 253, 255 StGB ausgeklammert werden, die aus sittenwidrigen oder verbotenen Rechtsgeschäften (§§ 138, 134 BGB) resultieren[268].

677

Dieses Ergebnis wäre aber, wie das Beispiel der »**Schwarzarbeit**« zeigt, bedenklich. Das früher häufig benutzte Beispiel der Prostitution taugt zur Verdeutlichung nicht mehr, weil das ProstG die von der h.M. angenommene Sittenwidrigkeit beseitigt hat; die Vereinbarung eines Entgelts für sexuelle Handlungen begründet nunmehr eine rechtswirksame Forderung (§ 1 ProstG), sodass eine betrügerische Schädigung der Prostituierten um den »Dirnenlohn« auch nach dem juristisch-ökonomischen Vermögensbegriff möglich ist[269].

Vereinbaren Auftraggeber und – steuerpflichtiger – Auftragnehmer, dass die Vergütung einer Dienst- oder Werkleistung unter Verstoß gegen § 1 II Nr. 2 SchwarzArbG »bar auf die Hand«, d.h. ohne Rechnungsstellung und Abführung der an sich fälligen Steuer, erfolgen soll, so hat der Auftragnehmer nach Auffassung des *BGH* keinen Anspruch aus Vertrag, Geschäftsführung ohne Auftrag oder Bereicherungsrecht[270]. Wenn die Forderung des Auftragnehmers dennoch praktisch – wenn auch nicht

---

[267] *Mitsch*, BT 2, S. 313 f.; Sch/Sch-*Perron*, § 263 Rn. 93, 95; *Rengier* I, 13/157; anders aber LK[12]-*Tiedemann*, § 263 Rn. 132; diff. SK[9]-*Hoyer*, § 263 Rn. 125.

[268] Vgl. *Cramer*, JuS 1966, 475; LK[10]-*Lackner*, § 263 Rn. 132; *Lenckner*, JZ 1967, 107 (108 ff.); M/S/M/H/M-*Momsen*, 41/100; Sch/Sch-*Perron*, § 263 Rn. 93; LK[12]-*Tiedemann*, § 263 Rn. 151. – Ebso. die Vertreter der personalen Vermögenslehre; so u.a.: *Otto*, 51/81; *Schmidhäuser*, BT, 2. Aufl. 1983, 11/32. –

[269] Näher dazu *Heger*, StV 2003, 350 (355); *Ziethen*, NStZ 2003, 184 ff. Ebso. auf der Grundlage des wirtschaftlichen Vermögensbegriffs *BGH* St 61, 149 (Rn. 22 ff.); NZWiSt 2020, 322 (323 f.).

[270] *BGH* [Z], NJW 2014, 1805 ff.

rechtlich – durchsetzbar erscheint (was z.B. bei einem Interesse des Auftraggebers an einer weiteren Tätigkeit des Auftragnehmers der Fall sein dürfte), ist nicht einzusehen, dass der Auftraggeber, der den »Schwarzarbeiter« mittels Täuschung (§ 263 StGB) oder gar mit erpresserischem Vorgehen (§§ 253, 255 StGB) um seine Vergütung bringt, nicht des Betruges bzw. der Erpressung schuldig sein soll; dem Auftragnehmer den Schutz der §§ 263, 253, 255 StGB vorzuenthalten, wäre dem *Rechtsfrieden* nicht dienlich.

Dass es nicht angeht, dem Anspruch des »Schwarzarbeiters« auf das Entgelt für seine Tätigkeit den Strafrechtsschutz aus §§ 263, 253, 255 StGB unter Berufung auf § 134 BGB zu versagen, ergibt sich auch daraus, dass der Arbeitslohn ungeachtet der Verbotenheit der »Schwarzarbeit« besteuert wird[271], denn gemäß § 40 Abgabenordnung (AO) ist es für die Besteuerung unerheblich, ob ein Verhalten, das den Tatbestand eines Steuergesetzes erfüllt, gegen ein gesetzliches Verbot oder gegen die guten Sitten verstößt.

Aus den dargelegten Gründen ist der wirtschaftliche Vermögensbegriff der sachgerechteste.

678 (6) Aus der gebotenen wirtschaftlichen Betrachtung ergeben sich die folgenden *Konsequenzen*:

(a) Der **Besitz** – auch der durch sittenwidrige oder verbotene Handlungen erlangte – ist Vermögensbestandteil (vgl. *Rn. 670, 675 ff.*).

679 (b) Bestehende, aber gerichtlich nicht durchsetzbare **Ansprüche** (vgl. §§ 222, 762 BGB) zählen zum Vermögen, sofern sie trotz ihrer rechtlichen Unvollkommenheit auf Grund der Umstände des Einzelfalles wirtschaftlichen Wert haben[272].

680 (c) Ebenso sind **nichtige Forderungen** Vermögensbestandteil, soweit sie praktisch durchsetzbar erscheinen (vgl. *Rn. 671, 677*).

681 (d) Vermögensbestandteil ist auch die **Arbeitskraft** oder genauer die Möglichkeit ihrer wirtschaftlichen Verwertung[273].

Dies soll allerdings nach h.A. nicht gelten, wenn die Arbeitskraft zu unsittlichen oder verbotenen Zwecken eingesetzt wird. Für die Vertreter der juristisch-ökonomischen Vermögenslehre[274] ist dies folgerichtig. Die Rechtsprechung lehnt – inkonsequenterweise (!) – bisweilen die Einbeziehung der Arbeitskraft, die zu verbotenen oder sittenwidrigen Zwecken eingesetzt wird bzw. eingesetzt werden soll, in den Vermögensbegriff des § 263 StGB ab[275].

---

[271] Näher dazu z.B. *BGH* St 38, 285 ff.

[272] *BGH* St 2, 364 (367 m.w.N.). Dem stimmen z.T. Anhänger des juristisch-ökonomischen Vermögensbegriffs (*Rn. 610*) zu; so SK[9]-*Hoyer*, § 263 Rn. 126; M/S/M/H/M-*Momsen*, 41/103; LK[12]-*Tiedemann*, § 263 Rn. 131.

[273] *BGH*, NJW 2001, 981 f.; *Achenbach*, FS-Roxin, 2011, S. 1005 (1016); NK-*Kindhäuser/Hoven*, § 263 Rn. 236; *Mitsch*, BT 2, S. 310 f.; LK[12]-*Tiedemann*, § 263 Rn. 131.

[274] Vgl. etwa SK[9]-*Hoyer*, § 263 Rn. 130; NK-*Kindhäuser/Hoven*, § 263 Rn. 237; Sch/Sch-*Perron*, § 263 Rn. 97; LK[12]-*Tiedemann*, § 263 Rn. 131; diff. aber *Mitsch*, BT 2, S. 310 f.

[275] So für Prostitution – siehe aber *Rn. 677* – *BGH* St 4, 373; wistra 1989, 142; NStZ 2013, 710 (711); *LG Mannheim*, NJW 1995, 3398 (»Telefon-Sex«-Fall) m. abl. Bespr. *Behm*, NStZ 1996, 317 und *Scheffler*, JuS 1996, 1070. Zur Schwarzarbeit *Kolb*, NZWiSt 2014, 344 ff.

Dem ist zu widersprechen: Bei rein wirtschaftlicher Betrachtung kann es allein darauf ankommen, ob die Arbeitskraft unter Umständen zur Verfügung gestellt wird, die »üblicherweise eine Gegenleistung bedingen«, denn dann hat die Arbeitskraft i.S. der §§ 263, 253, 255 StGB einen Vermögenswert[276].
Nach dem wirtschaftlichen Vermögensbegriff kann also der Einsatz der Arbeitskraft zu verbotenen oder sittenwidrigen Zwecken eine Vermögensverfügung sein.

(e) **Anwartschaften**, bei denen noch kein Rechtsanspruch besteht, **Gewinnchancen** in einer Lotterie oder Ausspielung, **Aussichten**, bei einer öffentlichen Ausschreibung den Zuschlag zu erhalten, und **Erbansprüche** gehören zum Vermögen, wenn schon eine hinreichende – rechtliche oder tatsächliche – Wahrscheinlichkeit der Vermögensmehrung vorliegt[277]. 682

(III) Konsequenzen für die Fälle 113, 114 (Rn. 663):

(1) **Fall 113***:* Bei der gebotenen wirtschaftlichen Betrachtung scheiden Vermögensverfügung und Vermögensschaden des L nicht schon deshalb von vornherein aus, weil der »Einsatz der Arbeitskraft«, die Tötung der W, sogar in gesteigertem Maße rechtswidrig, nämlich strafrechtswidrig war[278] (vgl. *Rn. 677, 681*). 683
S hätte also einen Betrug begangen, wenn der nichtige Anspruch des L auf Zahlung der »zweiten Rate« einen wirtschaftlichen Wert hätte. Das wäre aber nur der Fall, wenn der Anspruch zwar nicht rechtlich, aber wenigstens faktisch durchsetzbar war (siehe *Rn. 684*). Anhaltspunkte dafür, dass sich S zur Erfüllung verpflichtet gefühlt hätte, z.B. weil er mit L freundschaftlich verbunden war oder ihn für weitere Aufträge nicht verlieren wollte, sind dem Sachverhalt nicht zu entnehmen. L hätte das Geld von S deshalb nur auf strafbare Weise erlangen können, z.B. indem er ihm Gewalt angedroht hätte. Die Möglichkeit, sich durch Erpressung oder Raub die vereinbarte Gegenleistung gegen den Willen des Täuschenden zu verschaffen, muss jedoch außer Betracht bleiben, denn der Umstand, dass die Durchsetzung des nichtigen Anspruchs des Einsatzes von Nötigungsmitteln bedürfte, zeigt gerade dessen wirtschaftliche Wertlosigkeit.
Betrug scheidet also aus.

Das erhellt, dass der wirtschaftliche und der juristisch-ökonomische Vermögensbegriff letztlich nahe beieinanderliegen. Die praktische Durchsetzbarkeit nichtiger Ansprüche wird nämlich nur ausnahmsweise auf Grund besonderer Umstände möglich sein, und diese bedürfen genauer Darlegung. 684
Der *BGH* hat dies z.B. in dem folgenden Fall in Erwägung gezogen: C hatte eine Werkbank gestohlen und bei K untergestellt. K sollte die Werkbank verkaufen, den Erlös wollten sich C und K teilen. K täuschte C über die wahre Höhe des erzielten Kaufpreises, sodass sich C mit

---

[276] Wie hier *Haft*, BT I, S. 97; *Kühne*, ZRP 1975, 185 f.; ebso. – als Anhänger des personalen Vermögensbegriffs – *Otto*, 51/80; *Schmidhäuser*, BT, 2. Auflage 1983, 11/31. Zur »Erschleichung« der Arbeitsleistung eines Schwarzarbeiters *Burghardt/Bröckers*, NJW 2015, 903 (907). A.A. *Kolb*, NZWiSt 2014, 344 (345).
[277] *BGH*, wistra 2016, 271 (Rn. 52); *Beulke*, JuS 1977, 36 f.; siehe auch *Fischer*, § 263 Rn. 92 m.w.N.; einschr. HdS 5-*Kindhäuser/Schumann*, § 33 Rn. 188 (nur »rechtlich begründete Erwartung«).
[278] So aber die h.M.; vgl. *Hecker*, JuS 2001, 228 (230); *Mitsch*, BT 2, S. 310 f.; *Zieschang*, FS-Hirsch, 1999, S. 831 (846).

einem geringeren Betrag, als ihm aufgrund der Vereinbarung eigentlich zugestanden hätte, zufriedengab. Zunächst stellte der *BGH* fest, dass der Anspruch des C nichtig war, also von ihm nicht gerichtlich durchgesetzt werden konnte. Auch ein nichtiger Anspruch könne aber u.U. faktisch durchgesetzt werden, wenn der Getäuschte von der wahren Sachlage Kenntnis erlangt; das sei namentlich der Fall, wenn zwischen den Parteien anderweitige Beziehungen bestehen und der »Schuldner« leistungsfähig sei[279].

685 *(2) Fall 114 (1)*: Bei wirtschaftlicher Betrachtung liegt ein Vermögensschaden des S in dem Verlust des gezahlten Betrages ohne Erlangung der »Gegenleistung«. Dass S gemäß § 134 BGB keinen Rechtsanspruch auf die Gegenleistung des »Lohnkillers« hatte und § 817 S. 2 BGB die Rückforderung der geleisteten »Anzahlung« ausschließt, ist unerheblich[280].
Auch die Vertreter des juristisch-ökonomischen Vermögensbegriffs müssten – auf der Grundlage der Rechtsprechung der Zivilgerichte – konsequenterweise zu einem Vermögensschaden gelangen; nach dieser steht das von dem Auftraggeber hingegebene Geld nämlich durchaus unter dem Schutz der Rechtsordnung, denn er kann nach §§ 985, 989, 990 BGB die Rückzahlung verlangen: Die Übereignung des »Vorschusses« war – wie die eigentliche Abrede – wegen § 134 BGB nichtig (sog. Doppelnichtigkeit)[281]. Der Rückforderungsausschluss des § 817 S. 2 BGB gilt nach Auffassung des *BGH in Zivilsachen* nur für bereicherungsrechtliche Ansprüche, denn der »Ausnahmecharakter der Vorschrift verbietet es, ihr einen über das Bereicherungsrecht hinausreichenden allgemeinen Rechtsgedanken zu entnehmen und das Rückforderungsverbot auf andere als bereicherungsrechtliche Ansprüche auszudehnen«[282].
L hat also einen Betrug begangen[283].

686 *(3) Fall 114 (2)*: Die Strafbarkeit des L in dieser Konstellation hängt wiederum davon ab, ob S durch den Verzicht auf die Rückzahlung eine Vermögensverfügung vorgenommen hat. Wäre dies der Fall, so hätte S auch einen Schaden erlitten. Einen *Rechts*anspruch auf Rückzahlung hatte er – bei Zugrundelegung der Judikatur der Zivilgerichte – gemäß §§ 985, 989, 990 BGB (*Rn. 685*).
Auf das bloße Bestehen eines zivilrechtlichen Anspruchs kommt es jedoch weder nach dem wirtschaftlichen noch nach dem juristisch-ökonomischen Vermögensbegriff an, denn beide erfordern, dass der Anspruch auch einen **wirtschaftlichen Wert** hat. Eine Durchsetzung des Anspruchs im Klagewege scheidet hier jedoch faktisch aus, da S dann offenbaren müsste, dass er eine versuchte Anstiftung zum Mord (§§ 211, 30 I StGB) begangen hat. Einen wirtschaftlichen Wert hätte die Forderung des S deshalb nur, wenn sie unter Berücksichtigung der näheren Umstände ohne die

---

[279] *BGH* St 2, 364.
[280] *KG*, NJW 2001, 86 f.; *Gröseling*, NStZ 2001, 515 (516 ff.).
[281] Näher dazu *Gröseling*, NStZ 2001, 515 (517 f.).
[282] *BGH* [Z], NJW 1992, 310 (311); siehe auch *BGH* [Z], 41, 341 (349 f.); 63, 365 (368 f.). A.A. z.B. *Hecker*, JuS 2001, 228 (231).
[283] Abw. – als Anhänger des juristisch-ökonomischen Vermögensbegriffs –: SK[9]-*Hoyer*, § 263 Rn. 131 ff.; M/S/M/H/M-*Momsen*, 41/102; Sch/Sch-*Perron*, § 263 Rn. 150; *Waszcynki*, JA 2010, 251 (253 f.); W/H/S-*Schuhr*, Rn. 568 ff.

Täuschung auf andere Weise – als durch Klage – praktisch realisierbar gewesen wäre. Das dürfte in unserem Fall allerdings wohl auszuschließen sein. Betrug scheidet somit in dieser Konstellation aus.

Auf den ersten Blick scheinen die Ergebnisse zu *Fall 114 (1)* und *(2)* widersprüchlich zu sein. Die nähere Betrachtung zeigt jedoch, dass sie folgerichtig sind: In der ersten Sachverhaltsalternative wäre das Vermögen des S ohne die Täuschung ungeschmälert vorhanden, denn er hätte »seine« 10.000 Euro noch. In der zweiten Alternative war das Geld für ihn faktisch ohnehin verloren. L hätte sich auch nicht wegen eines Vermögensdelikts strafbar gemacht, wenn er nach seinem Sinneswandel die Rückzahlung schlicht verweigert hätte.

687

b) Eingehungsbetrug

Fall 115: – *Betrug bei Abonnementswerbung* –

Stefan (S) war als Zeitschriftenwerber für eine Verlagswerbefirma tätig. Er veranlasste durch unwahre Vorspiegelungen die Rentnerin Helene (H) dazu, eine Fachzeitschrift zu abonnieren. Nach Lieferung des ersten Heftes erkannte H, die bislang noch keine Zahlungen geleistet hatte, dass die bestellte Zeitschrift entgegen den Zusicherungen des S für sie völlig unbrauchbar war. Sie sandte das Heft mit einem entsprechenden Schreiben an die Lieferfirma zurück. Diese war von vornherein bereit, in entsprechenden Fällen den Vertrag zu stornieren und entließ demgemäß auch hier die getäuschte Bestellerin ohne weiteres aus dem Vertrag. Strafbarkeit des S?

688

(1) Betrug zum Nachteil der Bestellerin

(a) Problem: Hat diese einen Vermögensschaden erlitten?

Ein Vermögensschaden setzt bei gegenseitigen Verträgen grundsätzlich ein **Missverhältnis von Leistung und Gegenleistung** voraus (vgl. näher *Rn. 705 f.*).

Für die Annahme eines Vermögensschadens reicht es also nicht aus, dass der Käufer ohne die Täuschung den Vertrag nicht abgeschlossen hätte, denn nach zutreffender h.M. schützt § 263 StGB **ausschließlich das Individualvermögen**[284], auch das juristischer Personen des privaten und öffentlichen Rechts. Das Vermögen des deutschen Staates[285], ausländischer Staaten und der EU[286] sind somit ebenfalls vom Schutz des § 263 StGB erfasst. Die Redlichkeit im Geschäftsverkehr oder die Dispositionsfreiheit des Vermögensinhabers sind keine Schutzgüter des Betruges[287].

In vertraglichen Austauschverhältnissen ist ein solches Missverhältnis nicht nur dann gegeben, wenn die Gegenleistung, die der Getäuschte erhält, ihren Preis nicht wert ist, sondern der Getäuschte kann auch bei objektiver Gleichwertigkeit von Leistung und Gegenleistung einen Vermögensschaden erleiden, z.B. dann, wenn die Ge-

689

---

[284] *BGH*, NStZ 2016, 286 (287); *BayObLG*, NJW 1987, 2452 f.; *OLG Düsseldorf*, JZ 1996, 913 f.; *OLG Hamm*, NStZ 1992, 593 f.; BeckOK-StGB-*Beukelmann*, § 263 Rn. 1; L/K/H-*Heger*, § 263 Rn. 2; *Hellmann*, FS-Kühl, 2014, 691 (692 ff.); M/R-*Saliger*, § 263 Rn. 1.
[285] *Fischer*, § 263 Rn. 3; MK-*Hefendehl*, § 263 Rn. 7; Sch/Sch-*Perron*, § 263 Rn. 1/2.
[286] L/K/H-*Heger*, § 263 Rn. 2; *Hellmann*, FS-Kühl, 2014, 691 (694).
[287] M/S/M/H/M-*Momsen*, 41/19 f.; *Mitsch*, BT 2, S. 255 f. A.A. NK-*Kindhäuser/Hoven*, § 263 Rn. 13 ff., die auch die Dispositionsfreiheit des Vermögensinhabers als Schutzgut des Betruges betrachten; dagegen *Hellmann*, FS-Kühl, 2014, 691 (693 f.).

genleistung nach dem Urteil eines objektiven Betrachters für den Getäuschten völlig unbrauchbar, also wertlos ist (dazu näher *Fall 116, Rn. 705 ff.*).
Hier war die Zeitschrift nicht nur nach dem subjektiven Urteil der Besteller, sondern objektiv für sie wertlos, sodass ihrer vertraglichen Verpflichtung kein gleichwertiger Anspruch gegenüberstand[288].

690 Ist der wirtschaftliche Wert des Gegenanspruchs geringer als der Wert der durch den Vertrag eingegangenen Verpflichtung des Getäuschten, so tritt der Schaden nach zutreffender h.M. nicht erst mit dem Austausch der vereinbarten Leistungen ein, sondern bereits mit dem Vertragsabschluss ein[289]. Das Vermögen des Getäuschten – bzw. im Falle des Dreiecksbetruges (*Rn. 642 ff.*) das des Dritten – wird nämlich schon durch den Anspruch vermindert und der Schaden resultiert daraus, dass kein gleichwertiger Gegenanspruch in das Vermögen des Opfers zurückfließt[290].
Diese Konstellation wird als »**Eingehungsbetrug**« bezeichnet. »Bei ihm ist eine Vermögensbeschädigung gegeben, wenn der vertragliche Anspruch auf die Leistung des Täuschenden – hier auf die Lieferung der Zeitschrift – in seinem Wert hinter der Verpflichtung zur Gegenleistung des Getäuschten – hier zur Zahlung des Kaufpreises – zurückbleibt.«[291]

691 Eine **dem Vertragsschluss nachfolgende Erfüllung** des Vertrages durch den Getäuschten bedeutet nach der h.A. also lediglich die **Vertiefung** des bereits mit Vertragsschluss eingetretenen Vermögensschadens[292].
Diese Sicht begründet den Schaden beim Eingehungsbetrug mit dem Vorliegen einer – schadensgleichen – **Vermögensgefährdung**[293]: Bei wirtschaftlicher Betrachtungsweise trete ein Vermögensschaden nicht erst mit dem tatsächlichen Verlust eines Vermögenswertes (»effektiver Schaden«) ein, sondern bereits mit der Gefährdung vermögenswerter Positionen, sofern diese Gefährdung **konkret** ist[294].

692 Die Umschreibung dieser Situation als »Vermögensgefährdung« ist in den Fällen des Eingehungsbetruges jedoch irreführend und überflüssig, was auch der *BGH* inzwischen anerkannt hat[295]. § 263 StGB ist *kein* Vermögensgefährdungs-, sondern ein

---

[288] *BGH* St 23, 300; *OLG Köln*, NJW 1976, 1222 und GA 1977, 188 ff.; M/S/M/H/M-*Momsen*, 41/114 ff., 116; LK[12]-*Tiedemann*, § 263 Rn. 156, 157, 178, 197.

[289] *BGH* St 16, 220 (221); 21, 384 (385 f.); 23, 300 (302); NZWiSt 2020, 322 (323 f.), m. Bespr. *Bode/Koch*; A/W/H/H-*Heinrich*, 20/95 f.; *Mitsch*, BT 2, S. 318 f.; W/H/S-*Schuhr*, Rn. 642 f.

[290] *BGH* St 58, 102 (Rn. 35); 58, 205 (Rn. 13) m. Bespr. *Albrecht*, NStZ 2014, 17 ff., *Bittmann*, wistra 2013, 449 ff., *Ch. Dannecker*, NZWiSt 2015, 173 ff., *Krell*, NZWiSt 2013, 370 ff. und *Sinn*, ZJS 2013, 625 ff.

[291] *BGH* St 23, 300 (302); 45, 1 (4); 58, 205 (Rn. 13); wistra 2008, 149 (150); siehe auch S/S/W-*Satzger*, § 263 Rn. 260 ff. Krit. u.a. *Amelung*, NJW 1975, 625. Diff. SK[9]-*Hoyer*, § 263 Rn. 229 ff.; *Lenckner*, JZ 1971, 322 f.; Sch/Sch-*Perron*, § 263 Rn. 131 f.

[292] *OLG Hamm*, GA 1957, 121; *Otto*, 51/122.

[293] So u.a. *BGH* St 23, 300 (302 f.); NStZ 2004, 264 f.; LK[10]-*Lackner*, § 263 Rn. 153, 222, 225; LK[12]-*Tiedemann*, § 263 Rn. 169, 173.

[294] *BGH* St 21, 112 (113); 48, 331 (346); 51, 165 (174 ff.); JZ 1988, 419 f.; *Lenckner*, JZ 1971, 321; Sch/Sch-*Perron*, § 263 Rn. 143 f.

[295] *BGH* St 53, 199 (Rn. 12): »Der Begriff der konkreten Vermögensgefährdung beschreibt dies nur unzureichend und ist entbehrlich«; zu dieser Entscheidung siehe *Bosch*, JA 2009, 548 ff.; *Hefendehl*, FS-Samson, 2010, S. 295 (307 ff.); *Jahn*, JuS 2009, 756 f.; *Rübenstahl*, NJW 2009, 2392 f.

Vermögens**verletzungs**delikt. Beim Eingehungsbetrug ist bereits mit **Vertragsschluss** ein »echter« Schaden anzunehmen, denn »vom Standpunkt der wirtschaftlichen Vermögenslehre lässt sich nicht bestreiten«, dass der Getäuschte »durch den **Abschluss** des gegenseitigen Vertrages eine (negative) Veränderung in seinem Vermögensbestand erfährt«[296]. Er geht eine Verpflichtung ein, ohne einen gleichwertigen Gegenanspruch zu erlangen. Damit ist sein Vermögen vermindert[297].

Das *BVerfG* akzeptiert den Begriff Vermögensgefährdung, fordert aber zu Recht, dass »der Vermögensschaden der Höhe nach beziffert und dies in wirtschaftlich nachvollziehbarer Weise in den Urteilgründen dargelegt« wird[298]. In der Sache ist dies nichts anderes als die Forderung nach der Feststellung eines »echten« Schadens.

Die **Anfechtbarkeit** des Vertrages wegen arglistiger Täuschung (§ 123 BGB) bleibt dabei außer Betracht[299], denn es kann nicht Sinn des § 123 BGB sein, in seinem Geltungsbereich § 263 StGB »aus den Angeln zu heben«. Die wirksame Anfechtung stellt nur eine nachträgliche Schadensbeseitigung (**reparatio damni**) dar, die den bereits begangenen Eingehungsbetrug nicht mehr (rückwirkend!) entfallen lässt. Es liegt auf der Hand, dass auch ein Schadensersatzanspruch nach § 823 II BGB i.V.m. § 263 StGB irrelevant ist, denn dieser setzt gerade einen Betrug voraus. 693

Ergänzende Hinweise

(1) Wie ausgeführt, kommt es beim **Eingehungsbetrug** für die Schadensermittlung auf den »Vergleich der einander gegenübertretenden Ansprüche« an. Beim »**Erfüllungsbetrug**« ist dagegen maßgeblich, ob die erbrachten oder empfangenen Leistungen jeweils den schuldrechtlichen Verpflichtungen gleichwertig sind[300]. Der Unterschied lässt sich am Beispiel des »**Darlehensbetruges**« aufzeigen: Um einen Eingehungsbetrug handelt es sich i.d.R., wenn der Täter unter Vorspiegelung seiner Bonität einen Darlehensvertrag zu einem entsprechend geringen Zinssatz erschwindelt. Die Bemessung des Marktpreises der Gegenleistung des Darlehensnehmers erfolgt bei Kreditgeschäften, indem das Risiko des völligen oder teilweisen Ausfalls der Rückzahlung des Darlehens bei der Bemessung der Höhe des Darlehenszinses abgewogen wird. Der Darlehensgeber hätte den Darlehensvertrag ohne Täuschung über die Bonität also nur gegen einen höheren Zinssatz abgeschlossen. Der Schaden besteht im Zeitpunkt der Vermögensverfügung – Eingehen des Darlehensvertrages – deshalb in Höhe des erschlichenen Zinsvorteils über die Laufzeit des Darlehensvertrages[301]. Hätte der Darlehensgeber den Kredit in Kenntnis der 694

---

[296] *LK*[10]*-Lackner*, § 263 Rn. 160, 173, 223. Für den Darlehensbetrug: *BGH*, NStZ-RR 2005, 374 f.
[297] Ähnl. *Fischer*, § 263 Rn. 158 ff.: Voraussetzung sei ein »Gefährdungsschaden«.
[298] *BVerfG* E 130, 1 (47 f.).
[299] *BGH* St 21, 112 (113); 22, 88 (89); 23, 300 (302 f.); *Kindhäuser/Nikolaus*, JuS 2006, 293 (297 f.); *Mitsch*, BT 2, S. 321 f.; S/S/W-*Satzger*, § 263 Rn. 263 i.V.m. 225; W/H/S-*Schuhr*, Rn. 616. Krit. SK[9]*-Hoyer*, § 263 Rn. 230; siehe auch M/S/M/H/M-*Momsen*, 41/131: Die Konkretheit der Vermögensgefährdung *könne* bei einem Anfechtungsrecht entfallen.
[300] *BGH*, NStZ 2016, 539 (540), m. Bespr. *Becker*; *OLG Stuttgart*, NStZ 1981, 481 f.; L/K/H-*Heger*, § 263 Rn. 53; HdS 5-*Kindhäuser/Schumann*, § 33 Rn. 242; S/S/W-*Satzger*, § 263 Rn. 265.
[301] *BGH*, NStZ 2012, 698 (699); NStZ 2019, 144 (Rn. 23), m. Bespr. *Kulhanek*; *Hellmann*, FS-Kühl, 2014, 691 (703). Der *BGH* (aaO) zieht zusätzlich einen Vergleich der bilanziellen Bewertung der von der Bank zu Grunde gelegten und der tatsächlichen Vertragsgestaltung heran.

wahren Sachlage nicht einmal gegen Vereinbarung eines hohen Zinssatzes gewährt, so besteht der Schaden in Höhe des Wertes der gesamten vereinbarten Gegenleistung, da der Anspruch auf Rückzahlung des Kredits und der Zinsen keinen oder allenfalls einen geringen Marktwert besitzt[302].

Um einen Erfüllungsbetrug handelt es sich dagegen, wenn der zahlungsfähige Täter die Darlehensforderung mit Falschgeld begleicht.

Verpflichtet der Vertrag zu einer Zug-um-Zug-Leistung, so scheidet ein Schaden dagegen aus, weil das Leistungsverweigerungsrecht den in seiner Bonität beeinträchtigten Gegenanspruch sichert[303].

695 *(2)* Um einen sog. »**unechten Erfüllungsbetrug**« handelt es sich, wenn die schon im Rahmen des Verpflichtungsgeschäfts begangene Täuschung in der Erfüllungsphase fortwirkt, der Täter also die Leistung tatsächlich erlangt, ohne eine neue Täuschung begehen zu müssen, und der Schaden gerade in der Überlassung der Leistung durch den Getäuschten besteht[304].

696 Für unseren *Fall 115 (Rn. 688)* folgt daraus:

Ein Vermögensschaden der H durch den Vertragsschluss und damit ein Eingehungsbetrug könnte wegen der von Anfang an gegebenen Bereitschaft der Verlagswerbefirma, in entsprechenden Fällen den Vertrag zu stornieren, ausscheiden.

Dies soll nach h.M. bei »lebensnaher wirtschaftlicher Betrachtungsweise« jedoch nicht der Fall sein[305]. Im Zeitpunkt des Vertragsschlusses sei nämlich ungewiss, ob der getäuschte Besteller vor Erbringung seiner Leistung die Unbrauchbarkeit der bestellten Sache für seine Zwecke erkennen werde; offen sei auch, ob er mangels Kenntnis der Stornierungsbereitschaft aus irgendwelchen Gründen von einer Beanstandung absehen werde[306]. Ob diese Erwägungen die Annahme eines Schadens tragen oder schon der Sache nach auf eine *abstrakte* Gefährdung abstellen, die als Schaden nicht genügt, ist durchaus umstritten[307].

697 Ist allerdings eine ernst gemeinte Stornierungsbereitschaft für den Fall, dass der getäuschte Besteller reklamiert, dem Besteller gegenüber schon mit dem Angebot an ihn erklärt, ist also von vornherein ein Rücktrittsrecht für den Besteller vereinbart, so soll in dem Vertragsschluss grundsätzlich noch keine Vermögensschädigung liegen, mithin ein Eingehungsbetrug ausscheiden[308].

---

[302] *Hellmann*, FS-Kühl, 2014, 691 (703 f.).

[303] *BGH*, StV 2002, 133 (134); NStZ-RR 2019, 84; *OLG Bamberg*, wistra 2016, 332 (333).

[304] *BayObLG*, NJW 1999, 663 f.: Die Täuschung bei Abschluss des Pachtvertrages über die Fähigkeit zur dauerhaften Zahlung des Pachtzinses führte zur Überlassung des Besitzes an dem gepachteten Objekt; der Schaden ist dann durch einen *Wertvergleich der tatsächlich ausgetauschten Leistungen* (Überlassung des Pachtobjekts und Zahlung bzw. Nichtzahlung des Pachtzinses) zu ermitteln; siehe L/K/H-*Heger*, § 263 Rn. 53. In Betracht kommt auch ein Eingehungsbetrug, dazu *BayObLG* aaO.

[305] *BGH* St 23, 300 (302 ff.); *OLG Hamm*, NJW 1969, 2256; *OLG Köln*, NJW 1976, 1222; *Graba*, NJW 1970, 2221; M/S/M/H/M-*Momsen*, 41/110. Ähnl. LK[12]-*Tiedemann*, § 263 Rn. 166 (i.d.R. werde eine konkrete Vermögensgefährdung und damit ein Schaden vorliegen).

[306] *BGH* St 23, 300 (303 f.).

[307] Gegen die h.M. etwa *Lenckner*, JZ 1971, 320 (324).

[308] *BGH* St 34, 199 (202); *BayObLG*, JZ 1986, 1122 f.; *OLG Köln*, NJW 1976, 1222; *Müller-Christmann*, JuS 1988, 108 (113); siehe auch *Mitsch*, BT 2, S. 321 f.; M/S/M/H/M-*Momsen*, 41/131.

Dagegen hat der *BGH* für Fälle des Verkaufs wirkungsloser Präparate (»Wundermittel«) mittels Nachnahmesendungen einen Vermögensschaden trotz vereinbarten Rücktrittsrechts bejaht, weil es bereits zur Leistung der Käufer durch Aushändigung des Geldes für die Nachnahmesendung an den Postboten gekommen war (Erfüllungsbetrug)[309]. **698**

Etwaige **Widerrufsmöglichkeiten** nach §§ 312 ff., 355 ff. BGB lassen einen nach den dargelegten Grundsätzen der Rechtsprechung anzunehmenden Eingehungsbetrug jedenfalls dann unberührt, wenn der getäuschte Käufer die Widerrufsmöglichkeit nicht kennt[310]. Diese Vorschriften wollen den Zivilrechtsschutz des Bürgers ausdehnen, nicht aber den Strafrechtsschutz durch § 263 StGB verkürzen. Zudem ist anerkannt, dass auch der Abschluss schwebend unwirksamer Verträge einen Eingehungsbetrug begründen kann[311]; dasselbe muss erst recht für Verträge gelten, die automatisch in Kraft treten, wenn sie nicht innerhalb einer bestimmten Frist widerrufen werden[312]. **699**

Nimmt man in *Fall 115* einen Vermögensschaden an, so hat S den objektiven Tatbestand des § 263 StGB erfüllt.

(b) Subjektiver Tatbestand

(aa) Hat S gehandelt, um **sich** einen Vermögensvorteil zu verschaffen (**»eigennütziger Betrug«**)?

S kam es auf die Provision an; er wollte sich also bereichern. Doch scheidet diese Bereicherungsabsicht für den subjektiven Tatbestand eines Betruges zum Nachteil der H aus. Zwischen dem Vermögensschaden und dem angestrebten Vermögensvorteil muss nämlich **»Stoffgleichheit«** bestehen, d.h., der Vorteil muss die »Kehrseite des Schadens« sein[313]. An dieser Stoffgleichheit fehlt es z.B., wenn der Täter einen anderen schädigt, um von Dritten eine Belohnung zu erlangen[314]. **700**

Das Merkmal der Stoffgleichheit hat »vor allem die Funktion, Vorteile auszusondern, die aus dem Vermögen Dritter kommen sollen (Belohnungen). Im Übrigen genügt es, dass Vorteil und Schaden auf derselben Vermögensverfügung beruhen und der Vorteil zu Lasten des geschädigten Vermögens geht; der Höhe nach braucht der erstrebte Vorteil mit dem Schaden nicht identisch zu sein«.[315] Bei einem Sachbetrug wird dagegen »substantielle Identität« vorliegen[316]. **701**

---

[309] *BGH* St 34, 199; zust. *Müller-Christmann*, JuS 1988, 108 (113).
[310] Vgl. *BayObLG*, JZ 1986, 1122 f. (das Gericht meint, i.d.R. sei von Kenntnis der Widerrufsmöglichkeit auszugehen; zweifelhaft) – zu § 1b AbzahlungsG *a.F.* (ersetzt durch § 355 BGB) –; wie hier u.a.: Sch/Sch-*Perron*, § 263 Rn. 131. Für Wegfall des Eingehungsbetrugs bei Bestehen dieser Widerrufsmöglichkeiten u.a.: MK-*Hefendehl*, § 263 Rn. 612 ff.; SK⁹-*Hoyer*, § 263 Rn. 238.
[311] *BayObLG*, NJW 1973, 633; Sch/Sch-*Perron*, § 263 Rn. 131.
[312] Im Ergebnis weitgehend wie hier Sch/Sch-*Perron*, § 263 Rn. 131. Diff. LK¹²-*Tiedemann*, § 263 Rn. 174-176.
[313] *BayObLG*, JZ 1994, 584; M/S/M/H/M-*Momsen*, 41/139 ff.; Sch/Sch-*Perron*, § 263 Rn. 168 m.w.N.; *Rengier* I, 13/310 ff. Eingehend dazu MK-*Hefendehl*, § 263 Rn. 1122 ff. – Vgl. auch *Rn. 751.* –
[314] *BayObLG*, JZ 1994, 584; Sch/Sch-*Perron*, § 263 Rn. 168; *Rengier*, JuS 1989, 802 (804).
[315] *Rengier*, JuS 1989, 802 (804); so u.a. auch *BGH* St 34, 379 (391).
[316] HdS 5-*Kindhäuser/Schumann*, § 33 Rn. 264.

Hier fehlt die Stoffgleichheit, da der von S angestrebte Vorteil (Provision) nicht aus dem Vermögen der Geschädigten H, sondern aus dem der Zeitschriftenwerbefirma stammen sollte; ein eigennütziger Betrug zu deren Nachteil entfällt also[317].

(bb) Fremdnütziger Betrug?

702 S hat die Tat aber begangen, um **einem Dritten** (der Verlagswerbefirma) einen Vermögensvorteil zu verschaffen[318]:
Der erschlichene Vertragsschluss mit H, durch den die Verlagswerbefirma einen Anspruch gegen sie (= *Vorteil*) erlangte, war für S **notwendiges Zwischenziel** zur Erreichung des Endziels Provision. Es kam S also auf die Bereicherung der Firma an, sodass er in der Absicht handelte, einen Dritten zu bereichern. Zwischen dieser Bereicherung und dem Schaden der H besteht auch »Stoffgleichheit«[319] in dem oben (*Rn. 701*) beschriebenen Sinn.
Ergebnis: S hat einen fremdnützigen Betrug zum Nachteil der H begangen[320].

(2) Betrug zum Nachteil der Verlagswerbefirma

703 § 263 StGB zum Nachteil der Werbefirma ist gegeben, wenn S – was nahe liegt – durch die Hereingabe des Vertrages zum Zweck der Auszahlung der Provision ausdrücklich oder stillschweigend vorspiegelte, es handele sich um einen ordnungsgemäßen (nicht anfechtbaren) Vertrag, und deshalb die Provision erhielt[321].

704 *(3)* Dabei wäre zwischen dem Betrug zum Nachteil der Besteller und dem zum Nachteil der Firma natürliche Handlungseinheit anzunehmen, also nur wegen eines Vergehens nach § 263 StGB zu bestrafen[322].

c) Schaden trotz gleichwertiger Gegenleistung?
Fall 116: – *»Melkmaschinen-Fall«* –

705 Kaufmann Haben (H) verkaufte dem Landwirt Bauer (B) eine Melkmaschine zum normalen Listenpreis. Er spiegelte dabei aber dem B vor, die Maschine sei im Rahmen einer Werbeaktion im Preis erheblich herabgesetzt, also ein einmaliges Sonderangebot. B hätte in Kenntnis der wirklichen Sachlage die Maschine nicht gekauft, da er gerade sehr knapp bei Kasse war; das »Sonderangebot« wollte er sich aber nicht entgehen lassen.
Hat B einen Vermögensschaden erlitten?

(1) Saldierungsprinzip

Für die Frage, ob ein Vermögensschaden vorliegt, ist ein Vergleich der Vermögenslage **vor** der Vermögensverfügung mit der Vermögenslage **nach** dieser Verfügung erforderlich[323].

---

[317] Nachw. bei: Sch/Sch-*Perron*, § 263 Rn. 169; LK[12]-*Tiedemann*, § 263 Rn. 259.
[318] Vgl. *BGH* St 21, 384 (386); MK-*Hefendehl*, § 263 Rn. 1138; SK[9]-*Hoyer*, § 263 Rn. 270.
[319] M/S/M/H/M-*Momsen*, 41/141; W/H/S-*Schuhr*, Rn. 668.
[320] Vgl. *BGH* St 21, 384 (386); *OLG Braunschweig*, NJW 1961, 1272 (1273).
[321] Vgl. *BGH* St 21, 384 (385); M/S/M/H/M-*Momsen*, 41/141.
[322] *BGH* St 21, 384 (386).
[323] *BGH* St 53, 199 (Rn. 12); 54, 69 (Rn. 156); wistra 2008, 149 (150); NStZ 2016, 674 (675); NZWiSt 2020, 322 (323); *Fischer*, § 263 Rn. 110; HdS 5-*Kindhäuser/Schumann*, § 33 Rn. 197.

Im Rahmen der Saldierung ist bei wirtschaftlicher Betrachtung zu prüfen, ob Nachteile, die durch die Vermögensverfügung eingetreten sind, durch gleichzeitig erlangte Vorteile ausgeglichen werden (**Prinzip der Kompensation**). Ein solcher, den Vermögensschaden ausschließender Ausgleich erfordert, dass mit dem Eintritt des Nachteils zugleich **unmittelbar** ein Vorteil erwächst, der eine wirtschaftlich vollwertige Kompensation bedeutet[324]. Der Vermögensvergleich ist grundsätzlich nach **objektiven Kriterien** vorzunehmen, die Kenntnis des Getäuschten von der Existenz und Verwertbarkeit der kompensierenden Gegenleistung ist nicht erforderlich[325].

Grundsätzlich sind nur vertraglich erlangte Gegenwerte (Gegenleistungen) zu berücksichtigen, nicht aber aufgrund der Täuschung entstandene gesetzliche Ausgleichsansprüche[326]. Gewährleistungs-, Schadensersatz- und Bereicherungsansprüche (z.B. §§ 123, 142, 812 BGB) bleiben bei der Saldierung unberücksichtigt (siehe *Rn. 693*), denn anderenfalls würde § 263 StGB im Wesentlichen leerlaufen.

Danach ist das Vermögen geschädigt, »wenn sein wirtschaftlicher Gesamtwert durch die Verfügung des Getäuschten vermindert wird« (durch Verlust vermögenswerter Positionen oder Entstehung neuer Verbindlichkeiten, »ohne dass diese Einbuße durch einen **unmittelbaren** Zuwachs voll ausgeglichen wird«)[327]. Erhält der Getäuschte eine gleichwertige Gegenleistung – was bei einem durch Täuschung zustande gekommenen gegenseitigen Vertrag voraussetzt, dass der eingegangenen Verpflichtung ein wirtschaftlich gleichwertiger Gegenanspruch gegenübersteht –, so fehlt es grundsätzlich an einem Vermögensschaden[328].

(2) Persönlicher Schadenseinschlag

(a) Für die Gleichwertigkeit der Gegenleistung, die der Verletzte erlangt hat, kommt es grundsätzlich nicht auf seine persönliche Einschätzung, sondern auf das »vernünftige Urteil eines objektiven Dritten« an[329], die »intersubjektive Wertsetzung« durch die Vertragsparteien ist dabei zu berücksichtigen. Der anzuwendende **objektive Maßstab** bedarf aber einer **Individualisierung** durch Berücksichtigung der jeweiligen wirtschaftlichen Verhältnisse des Verletzten: Es kommt darauf an, ob die Gegenleistung, gemessen an diesen Verhältnissen, als gleichwertig erscheint. Eine Sache, die den vom Getäuschten entrichteten Preis nach der Marktlage wert ist, kann gleichwohl speziell für ihn (den Getäuschten) eine nicht gleichwertige Gegenleistung darstellen. Das ist der Fall, wenn er sie »nicht oder nicht in vollem Umfang zu dem vertraglich vorausgesetzten Zweck oder in anderer zumutbarer Weise verwenden, namentlich nicht ohne besondere Schwierigkeiten wieder veräußern kann«[330].

---

[324] Sch/Sch-*Perron*, § 263 Rn. 106 f.; LK[12]-*Tiedemann*, § 263 Rn. 159, 161, 197.
[325] *BGH*, StV 2018, 34.
[326] SK[9]-*Hoyer*, § 263 Rn. 196; LK[12]-*Tiedemann*, § 263 Rn. 162, 166, 167.
[327] LK[12]-*Tiedemann*, § 263 Rn. 159 m.w.N.
[328] *BGH* St 16, 220 (221); 16, 321; *OLG Hamm*, NStZ 1992, 593 f.; *OLG Köln*, NJW 1979, 1419 f.; *Fischer*, § 263 Rn. 119 f.; Sch/Sch-*Perron*, § 263 Rn. 106 f., 128.
[329] *BGH* St 16, 321 (326); St 54, 69 (Rn. 157); wistra 2008, 149 (150). *BGH*, StV 2020, 754 (755 f.).
[330] *BGH* St 16, 321 (326); StV 2018, 34; NStZ-RR 2018, 283 f.; *Hellmann*, FS-Kühl, 2014, 691 (703 f.); *Mitsch*, BT 2, S. 324 f.; Sch/Sch-*Perron*, § 263 Rn. 108, 121 ff. Ob ein persönlicher Schadeneinschlag bei nicht feststellbarem Marktpreis vorliegt (so *BGH*, NStZ 2010, 700 f.), ist zweifelhaft.

Im vorliegenden Fall läge ein Vermögensschaden z.B. vor, wenn H dem B eine Melkmaschine »angedreht« hätte, die nach dem Sinn des Vertrages für zehn Kühe reichen sollte, tatsächlich aber nur bei einem Bestand von nicht mehr als drei Kühen verwendbar war[331].

Die mangelnde individuelle Verwendbarkeit der Gegenleistung kann also einen Vermögensschaden begründen (sog. »**persönlicher Schadenseinschlag**«)[332].

708 *(b)* Die Rechtsprechung geht in der Berücksichtigung individueller Schadensfaktoren noch weiter. Sie nimmt einen Schaden nämlich an, wenn sich der Getäuschte auf Grund der Täuschung auf ein auch für ihn wirtschaftlich ausgeglichenes Geschäft einlässt, das zu einer »Beeinträchtigung seiner wirtschaftlichen Bewegungsfreiheit« führt. Das gelte allerdings nicht generell, sondern nur, *sofern* »weitere Umstände hinzutreten«.

709 Solche *»weiteren Umstände«* sollen nach Ansicht des *BGH*[333] insbesondere dann vorliegen,
1. wenn der Verletzte gezwungen ist, zur Erfüllung seiner vertraglichen Verpflichtung (hier: Zahlung des Kaufpreises) »vermögensschädigende Maßnahmen« zu ergreifen (etwa Aufnahme eines hoch zu verzinsenden Darlehens; wirtschaftlich ungünstiger Verkauf von Sachwerten);
2. wenn er infolge der eingegangenen Verpflichtung nicht mehr über die Mittel verfügt, »die zur ordnungsgemäßen Erfüllung seiner Verbindlichkeiten oder sonst für eine, seinen persönlichen Verhältnissen angemessene Wirtschafts- oder Lebensführung unerlässlich sind«[334].

710 *(c)* Ein Teil der Literatur lässt sogar die »Beeinträchtigung der wirtschaftlichen Bewegungsfreiheit« als solche zur Begründung eines Vermögensschadens genügen[335]. Es soll aber nicht schon in jeder irrtumsbedingten Vermögensverfügung als solcher eine Beeinträchtigung der wirtschaftlichen Bewegungsfreiheit liegen, sondern es sei eine Verfügung erforderlich, die aus objektiver Sicht »wirtschaftlich sinn- und zweckwidrig« erscheint[336].

Stellungnahme

711 Ein persönlicher Schadenseinschlag darf nicht vorschnell bejaht werden. Zu Recht schließt der *BGH* einen Schaden aus, soweit das von dem Getäuschten Erlangte einen für jedermann ohne größeren Aufwand realisierbaren Geldwert aufweist[337]. Ist das nicht der Fall, so scheidet bei der gebotenen wirtschaftlichen Betrachtung eine Schadenskompensation durch eine objektiv gleichwertige Gegenleistung jedoch aus,

---

[331] *BGH* St 16, 321 (326). I.E. ebso. die Vertreter der personalen Vermögenslehre (dazu *Rn. 673*); vgl. etwa *Otto*, 51/74.
[332] Krit. HdS 5-*Kindhäuser/Schumann*, § 33 Rn. 207, die Lehre vom individuellen Schadenseinschlag sei »kein Korrektiv, sondern tatsächlich eine (fallweise) Preisgabe des Saldierungsprinzips«.
[333] *BGH* St 16, 321 (328 f.); StV 2018, 34.
[334] *BGH* St 16, 321 (328 f.); *OLG Köln*, NJW 1979, 1419 f.; ebso. M/S/M/H/M-*Momsen*, 41/116 f.; *Rengier* I, 13/181; LK[12]-*Tiedemann*, § 263 Rn. 178.
[335] *Eser*, GA 1962, 289 (293 ff.);; krit. LK[10]-*Lackner*, § 263 Rn. 160; LK[12]-*Tiedemann*, § 263 Rn. 180.
[336] *Eser*, Strafrecht 4, Fall 13 A 16.
[337] Vgl. *BGH*, StV 2014, 673 (675); NStZ 2014, 517 (519) m. Bespr. *Schmidt*, NJW 2015, 284 ff.; siehe aber auch *Hellmann*, FS-Kühl, 2014, 691 (700 f.).

wenn das Vermögen des Getäuschten bei ökonomischer Gesamtwertung unter Berücksichtigung der individuellen Vermögensverhältnisse trotz der Gegenleistung als geschädigt erscheint. Das ist zum einen der Fall bei **mangelnder individueller Verwendbarkeit** der Gegenleistung (vgl. *Rn. 689, 707),* zum anderen aber auch dann, wenn die durch Täuschung bewirkte Vermögensverfügung unmittelbar eine **erhebliche Beeinträchtigung der wirtschaftlichen Bewegungsfreiheit**, insbesondere durch gravierende Einschränkung der Liquidität – wie in den vom *BGH* oben, *Rn. 709,* angeführten Fällen – zur Folge hat, sofern die Vermögensverfügung nach den ökonomischen Verhältnissen des Verletzten eine wirtschaftlich sinn- und zweckwidrige Maßnahme darstellt und dieser Charakter der Verfügung dem Verletzten wegen der Täuschung verborgen blieb.

Beispiel: A kauft von B eine Sache, die ihren Preis zwar an sich wert ist, die A aber nicht zu dem gleichen Preis weiterverkaufen kann. Durch die eingegangene Verpflichtung zur Zahlung des Kaufpreises wird die Liquidität und damit die wirtschaftliche Bewegungsfreiheit des A erheblich eingeschränkt; dieses Vermögensopfer hat A nur deswegen auf sich genommen, weil B ihm vorgespiegelt hatte, es handele sich bei dem Kauf um die Ausnutzung eines einmaligen Sonderangebots, bei dem der Kaufpreis erheblich herabgesetzt sei.

Bei wirtschaftlicher Betrachtung liegt hier ein Vermögensschaden des A vor: Die Gleichwertigkeit der Gegenleistung ändert nämlich nichts daran, dass A durch den Abschluss des Kaufvertrages wegen der erheblichen Einschränkung seiner ökonomischen Bewegungsfreiheit einen Vermögensnachteil erlitten hat. Dieser Nachteil war A freilich bewusst und da § 263 StGB eine unbewusste Selbstschädigung erfordert (vgl. *Fall 117, Rn. 716),* ist dieser Nachteil als solcher noch kein Vermögensschaden i.S. des Betrugstatbestandes. Indes hat A das Vermögensopfer der »erheblichen Einschränkung seiner wirtschaftlichen Bewegungsfreiheit« deswegen auf sich genommen, um einen besonders günstigen Kauf (Sonderangebot) zu tätigen, diesen wirtschaftlichen Zweck aber nicht erreicht; folglich wurde A **um den wirtschaftlichen Sinn seines Vermögensopfers betrogen** und darin liegt ein tatbestandsmäßiger Vermögensschaden[338], und zwar in Höhe des zur Erlangung der Gegenleistung Aufgewandten[339].

Konsequenzen für die Lösung von *Fall 116 (Rn. 705)* 712
B wäre i.S. des § 263 StGB geschädigt, falls er die Melkmaschine – was bei dem Kauf einer »fabrikneuen« Sache die Regel ist – nicht zu dem gezahlten Kaufpreis weiterverkaufen konnte und die Maschine für seinen Hof nicht verwendbar war (was sich dem Sachverhalt nicht entnehmen lässt) oder er durch den Abschluss des Kaufvertrags in seiner wirtschaftlichen Bewegungsfreiheit erheblich eingeschränkt wurde; er wurde also um den wirtschaftlichen Sinn (Wahrnehmung eines Sonderangebots) dieses Vermögensopfers betrogen.

Ergänzender Hinweis

Wie oben *(Rn. 706)* ausgeführt, schließen gesetzliche Ausgleichsansprüche, die dem 713
Getäuschten auf Grund der Täuschung erwachsen, einen Vermögensschaden i.S. des

---
[338] Den hier vertretenen Standpunkt hat insbesondere *Eser,* GA 1962, 289 (293 ff.) entwickelt.
[339] *BGH,* NStZ-RR 2018, 283, m. Bespr. *Eisele,* JuS 2018, 1109 f. und *Jäger,* JA 2018, 949 ff.

Dritter Abschnitt: Delikte gegen das Vermögen als Ganzes

§ 263 StGB nicht aus. Das *BayObLG* folgert daraus, dass auch das **gesetzliche Unternehmerpfandrecht** (§ 647 BGB) nicht geeignet sei, der Annahme eines Schadens entgegenzustehen[340]. Wer kostspielige Autoreparaturen in Auftrag gibt, von denen er weiß, dass er sie nicht bezahlen kann, würde danach mit Abschluss des Werkvertrages einen Betrug (»Eingehungsbetrug«) begehen, obwohl der Vergütungsanspruch des Unternehmers durch das gesetzliche Pfandrecht aus § 647 BGB gesichert ist[341].

Dem wird von der h.M. zu Recht widersprochen[342], da die Ansicht des *BayObLG* angesichts der Sicherungsfunktion des § 647 BGB zu einer unnötigen, den subsidiären Charakter des Strafrechts missachtenden Kriminalisierung führt[343].

714 Ähnlich liegt es, wenn der Kaufvertrag zu einer **Zug-um-Zug-Leistung** verpflichtet. Der Getäuschte ist schon dadurch hinreichend gesichert, dass er seine Leistung verweigern kann, wenn der Täter die Gegenleistung nicht gleichzeitig erbringt (siehe *Rn. 694*). Sowohl vollendeter als auch versuchter Betrug scheiden aus[344].

d) Erfordernis der »unbewussten Selbstschädigung«

Fall 117: – *»Bettelbetrug«* –

715 Paule (P) spiegelte als Bettler Passanten ein Gebrechen vor. Aus Mitleid gab Doris (D) ihm ein Almosen. Als sie erfuhr, dass P kerngesund ist, fühlte sie sich geprellt.

Fall 118: –» *Spendenbetrug«* –

Balduin (B) sammelte für das »Rote Kreuz«. Um von Xaver (X) eine Spende zu erhalten, spiegelte er ihm vor, seine Nachbarin Yvonne (Y) habe schon 20 Euro gespendet. X, der aus Prestigegründen nicht hinter Y zurückstehen wollte, spendete daraufhin selbst 20 Euro.

Problem: Sind D und X in ihrem Vermögen geschädigt?

716 Betrug erfordert nach zutreffender Auffassung eine **unbewusste Selbstschädigung**[345] (vgl. bereits *Rn. 514, 711*), d.h., dem Opfer muss infolge der Täuschung der vermögensschädigende Charakter seiner Verfügung verborgen bleiben.

Demnach kann in der Hingabe der Spende (d.h. in der Opferung des betreffenden Betrages) selbst kein Vermögensschaden liegen, da es insoweit an einer unbewussten Selbstschädigung fehlt.

717 Gleichwohl ist in *Fall 117* Betrug anzunehmen[346]:
Das Opfer der Täuschung wird nämlich um den sozialen Sinn der Spende betrogen. Wer auf Grund einer Täuschung Leistungen in der irrigen Annahme erbringt, damit

---

[340] *BayObLG*, JZ 1974, 189.
[341] *BayObLG*, JZ 1974, 189.
[342] *Amelung*, NJW 1975, 624; *Arzt*, JuS 1974, 698 a.E.; *Fischer*, § 263 Rn. 112a; L/K/H-*Heger*, § 263 Rn. 36a; *Lenckner*, JR 1974, 337; M/S/M/H/M-*Momsen*, 41/111.
[343] Dazu näher *Amelung*, NJW 1975, 624.
[344] *BGH*, NStZ 1998, 85.
[345] *OLG Düsseldorf*, NJW 1988, 922 (923); L/K/H-*Heger*, § 263 Rn. 55 f.; SK[9]-*Hoyer*, § 263 Rn. 213; *Mitsch*, BT 2, S. 270 f.; Sch/Sch-*Perron*, § 263 Rn. 41. Abw.: *RG* St 70, 256; *BGH* St 19, 37 (45); *Hilgendorf*, JuS 1994, 466 (469); LK[12]-*Tiedemann*, § 263 Rn. 181-186.
[346] Vgl. M/S/M/H/M-*Momsen*, 41/119 ff.; Sch/Sch-*Perron*, § 263 Rn. 101 f.; *Rengier* I, 13/173 ff. A.A. A/W/H/H-*Heinrich*, 20/111; *Mitsch*, BT 2, S. 270 ff., 276.

einer »moralischen Verpflichtung« nachzukommen oder etwas sozial Sinnvolles zu tun, erleidet bei wirtschaftlicher Betrachtungsweise unter Berücksichtigung der Verkehrsanschauung einen Vermögensschaden; hier begründet also die **soziale** Zweckverfehlung einen Schaden[347].

Demgegenüber scheidet in *Fall 118* Betrug aus[348]: 718
Hier ist das Opfer nicht um den sozialen Sinn der Spende als solcher betrogen worden; eine rechtlich erhebliche Verfehlung des sozialen Zwecks des Vermögensopfers liegt daher nicht vor. Dass die Motivation des X – »Prestigedenken« – auf Täuschung beruhte, ist also unerheblich, da sie im Hinblick auf den Charakter des Betrugs als Vermögensdelikt rechtlich irrelevant war.
Die Funktion der Zweckverfehlungslehre besteht nämlich darin, »nicht jeden Motivirrtum, sondern nur die Verfehlung des der Leistung immanenten Zwecks« (sofern er wirtschaftlich relevant ist) zur Schadensbegründung ausreichen zu lassen[349].
Der *BGH* fordert für die Annahme eines Vermögensschadens in den Fällen des »Spenden-, Bettel- oder Schenkungsbetrugs«, dass das Opfer auf Grund der Täuschung gerade den »sozialen« oder den »indirekt wirtschaftlich relevanten Zweck«, den es mit seiner Spende etc. verfolgt, verfehlt[350].

Fall 119: –*»BAföG-Betrug«*–
Der 20-jährige Jura-Student Markus (M) beantragte bei dem Amt für Ausbildungsförderung 719
Leistungen nach dem Bundesausbildungsförderungsgesetz (BAföG). In seinem Antrag gab er an, er sei vermögenslos sei, obwohl er Anteile an einem Investmentfonds im Wert von 28.000 Euro hielt. Sachbearbeiterin Sina (S) des BAföG-Amtes gewährte M daraufhin eine Förderung in Höhe von 345 Euro. Bei Anrechnung des Vermögens hätte M nur 207 Euro erhalten.
Strafbarkeit des M wegen Betruges?

(1) Täuschung durch positives Tun oder durch Unterlassen?

Obwohl M den Umstand verschwieg, dass er über Vermögen in Höhe von 28.000 Euro verfügte, liegt eine aktive Täuschung vor[351]. Gemäß § 46 II 2 i.V. mit §§ 26 ff. BAföG ist der Antragsteller zur Offenlegung seiner Vermögensverhältnisse verpflichtet[352]. Wer in dem Antragsformblatt sein Vermögen zu niedrig angibt bzw. völlig verschweigt, macht **unrichtige Angaben**, täuscht also über Tatsachen, nämlich sein Vermögen. Es liegt somit keine Täuschung durch Unterlassen vor.

(2) Irrtum, Vermögensverfügung, Kausalität

S glaubte den Angaben des M, erlag folglich einem Irrtum, und verfügte über das 720
Vermögen des Staates (Dreiecksbetrug). Täuschung und Irrtum waren für die Ver-

---

[347] *BGH*, NStZ 1995, 134 f.; *OLG München*, wistra 2014, 33 f.; L/K/H-*Heger*, § 263 Rn. 56; SK⁹-*Hoyer*, § 263 Rn. 221, 223; Sch/Sch-*Perron*, § 263 Rn. 102; LK¹²-*Tiedemann*, in, § 263 Rn. 183.
[348] H.L., so u.a.: Sch/Sch-*Perron*, § 263 Rn. 102; *Rengier* I, 13/153; LK¹²-*Tiedemann*, § 263 Rn. 183 ff., 185; anders *BayObLG*, NJW 1952, 798.
[349] *Fischer*, § 263 Rn. 137; LK¹⁰-*Lackner*, § 263 Rn. 167.
[350] *BGH*, NStZ 1995, 134 f. m. abl. Bespr. *Deutscher/Körner*, JuS 1996, 296; zust. u.a. *Rengier* I, 13/173 ff.
[351] *Bohnert*, NJW 2003, 3611 (3612 m. Fn. 3); *Rau/Zschieschack*, StV 2003, 669.
[352] Siehe dazu *OLG Hamm*, NJW 2005, 2869 f.; *Roth*, NJW 2006, 1707 (1708 ff.).

fügung auch **ursächlich**, da das Vermögen des Antragstellers, der das 30. Lebensjahr noch nicht vollendet hat, oberhalb des Freibetrags von 15.000 Euro angerechnet wird (§§ 26, 29 I Nr. 1 BAföG). S hätte deshalb Ausbildungsförderung jedenfalls nicht in der festgesetzten Höhe gewährt.

(3) Schaden

721 Festzustellen ist zunächst, dass ein Schaden des Staates nur in Höhe des Betrages in Betracht kommt, der die Förderungssumme, die bei zutreffenden Angaben festgesetzt worden wäre, **übersteigt**[353] (hier 138 Euro; zum Anrechnungsmodus siehe § 30 BAföG). Aber auch in dieser Höhe könnte ein Schaden aus zwei Gründen entfallen, und zwar zum einen, weil eine Hälfte des Förderungsbetrages – auch bei zutreffenden Angaben – grundsätzlich als »verlorener Zuschuss« gewährt wird, insoweit also eine »bewusste Selbstschädigung« vorliegt, und zum anderen, weil die andere Hälfte später zurückgezahlt werden muss (§ 17 I, II, III BAföG).

722 Beide Umstände schließen einen Schaden jedoch nicht aus. Jedenfalls hinsichtlich des Zuschusses führen die Grundsätze der Zweckverfehlungslehre zur Annahme eines Schadens, weil der Zweck des BAföG, bedürftige Studenten zu fördern, zum Teil, nämlich in Höhe von 138 Euro, nicht erreicht wird.

723 Das gilt auch für den Darlehensanteil. Die Zweckverfehlungslehre führt zwar i.d.R. nur zu einem Schaden, wenn der Getäuschte einen Vermögensbestandteil in dem Bewusstsein weggibt, keine – gleichwertige – wirtschaftliche Gegenleistung zu erlangen, denn nicht jeder Motivirrtum des Getäuschten begründet einen Schaden.
Wird z.B. bei der Zeitschriftenwerbung ein sozialer Zweck (z.B. Unterstützung entlassener Strafgefangener) vorgetäuscht, so führt dieser Umstand allein noch nicht zur Anwendbarkeit des § 263 (bzw. der §§ 263, 22 f.) StGB, sondern Betrug (bzw. Betrugsversuch) entfällt, wenn die Zeitschrift nicht mehr kostet als sonst, der Getäuschte genügend Geld dafür hat und sie brauchen kann[354].
Bei wirtschaftlichen Austauschgeschäften kann aber ein Schaden gegeben sein, wenn der Abschluss des Geschäfts **entscheidend** durch den sozialen Zweck bestimmt war, dieser aber verfehlt worden ist[355]. Das ist bei der Gewährung von BAföG als Darlehen der Fall[356], sodass auch hinsichtlich dieses Anteils ein Schaden und damit Betrug vorliegt[357].

– Die Ordnungswidrigkeit nach § 58 I Nr. 1 BAföG tritt hinter § 263 StGB zurück (§ 21 I OWiG)[358]. –

---

[353] *Rau/Zschieschack*, StV 2003, 669 (672).
[354] *OLG Köln*, NJW 1979, 1419 f.; abw. *OLG Düsseldorf*, NJW 1990, 2397 m. abl. Bespr. *Küpper/ Bode*, JuS 1992, 642 ff.
[355] *BGH*, wistra 2003, 457 (459); ebso. *OLG* Hamburg, NStZ-RR 2018, 284 f., für die Erschleichung eines »Studienkredits« mittels der wahrheitswidrigen Behauptung, an einer Hochschule immatrikuliert zu sein.
[356] *Rau/Zschieschack*, StV 2004, 669 (672).
[357] Vgl. *BayObLG*, NJW 2005, 309.
[358] *BayObLG*, NJW 2005, 309; *Rau/Zschieschack*, StV 2004, 669 (673 f.). A.A. *Bohnert*, NJW 2003, 3611 (3612 f.), der einen Vorrang des § 58 I Nr. 1 BAföG annimmt.

e) Weitere Einzelfragen zum Vermögensschaden
Fall 120: – *Betrug bei gutgläubigem Erwerb vom Nichtberechtigten?* –
Jo (J) hatte von Fee (F) ein Buch geliehen. Da er es behalten wollte, schrieb er seinen Namen hinein. Er veräußerte es für 20 Euro an den gutgläubigen (§ 932 II BGB) Herbie (H). Strafbarkeit des J?

(a) § 246 II StGB

Als J seinen Namen in das Buch schrieb (Manifestation des Enteignungsvorsatzes durch Aneignung), beging er eine Veruntreuung (Unterschlagung einer »anvertrauten Sache«).

(b) Betrug zum Nachteil des H?

Problem: Hat H einen Vermögensschaden erlitten?

H ist gemäß §§ 929, 932 BGB Eigentümer des Buches geworden (gutgläubiger Erwerb). § 935 BGB steht dem nicht entgegen, da unterschlagene Sachen nicht »abhandengekommen« sind.

Dieser **gutgläubige Erwerb** scheint die Annahme eines Vermögensschadens von vornherein auszuschließen. Die Rechtsprechung behauptet jedoch, der nur gutgläubige Erwerb einer Sache vom Nichtberechtigten, die dieser deliktisch erlangt habe – z.B. durch Betrug oder Unterschlagung –, könne ein Vermögensschaden sein[359]. Wirtschaftlich gesehen sei nämlich die Situation des gutgläubigen Erwerbers gegenüber der des Erwerbers vom Berechtigten grundsätzlich schlechter. Diese These hatte das *RG*[360] insbesondere mit dem »sittlichen Makel« begründet, der dem gutgläubig erworbenen Gegenstand anhafte.

Der *BGH* lässt zwar dahinstehen, ob ein solcher sittlicher Makel anzunehmen sei, und stellt stattdessen auf die dem gutgläubigen Erwerber drohenden **Gefahren** ab[361]. Er sei der Gefahr ausgesetzt, dass der frühere Eigentümer ihm sein Eigentum streitig mache (Prozessrisiko)[362]. Allerdings begründe nicht jedes Prozessrisiko, zur Herausgabe einer gutgläubig erworbenen Sache verurteilt zu werden, eine schadensgleiche Vermögensgefährdung. Erforderlich sei, dass der Erwerber sich eines wenigstens nicht aussichtslosen Angriffes auf seine Rechtsposition ausgesetzt sehen müsse[363]. Zudem bestehe die Gefahr, der Hehlerei bezichtigt zu werden[364] und »Schwierigkeiten mit Aufsichtsbehörden oder Organen des Handelsstandes« zu bekommen oder sonst »an Ansehen zu verlieren«[365]. Auch weist der *BGH* auf den merkantilen Minderwert hin, den die vom Veräußerer durch eine Straftat erlangte Ware regelmäßig habe und der ihre »gewinnbringende Verwertung« durch den gutgläubigen Erwerber

---

[359] *RG* St 73, 61 (gegen *RG* St 49, 16); *BGH* St 1, 92 (94); 3, 370 (372); 15, 83; *OLG Köln*, MDR 1966, 253 f.; weitere Nachw. bei LK[12]-*Tiedemann*, § 263 Rn. 209.
[360] *RG* St 73, 61.
[361] *BGH* St 15, 83 (86 f.). So auch *Mitsch*, BT 2, S. 327 f.
[362] *BGH* St 1, 92 (94); 3, 370 (372); JR 1990, 517 f.
[363] *BGH*, StV 2003, 447 f.
[364] *RG* St 73 61; *BGH* St 15, 83 (86 f.).
[365] *BGH* St 15, 83 (86 f.).

hindere³⁶⁶. Ob unter Berücksichtigung dieser Gesichtspunkte der Getäuschte trotz gutgläubigen Erwerbs einen Schaden erleide, hänge von den »Umständen des Einzelfalles« ab³⁶⁷.

727 Die Literatur lehnt diese Rechtsprechung zu Recht überwiegend ab³⁶⁸. Die Kriterien »sittlicher Makel«, »Gefahr der Bezichtigung der Hehlerei«, »Gefahr behördlicher Maßnahmen oder sonstigen Verlustes an Ansehen« begründen wegen des Charakters des Betrugs als Straftat gegen das **Vermögen** einen Schaden nicht³⁶⁹.

728 Das **Prozessrisiko** wird allenfalls ausnahmsweise einen Schaden begründen können³⁷⁰, da nicht der Erwerber die Beweislast für seine Gutgläubigkeit, sondern umgekehrt der Gegner die Beweislast für die Bösgläubigkeit des Erwerbers hat³⁷¹. Daher kann i.d.R. nur der Gesichtspunkt des **merkantilen Minderwertes** einen Schaden des gutgläubigen Erwerbers begründen, nämlich dann, wenn im Einzelfall die unterschlagene Ware für den Erwerber, der sie (in seinem Geschäft) weiterveräußern will, wegen ihrer »Herkunft« faktisch unverkäuflich ist³⁷².

Ergebnis: In unserem *Fall 120* scheidet § 263 StGB zum Nachteil des H aus.

Fall 121: *– Anstellungsbetrug –*

729 Harald (H) erreichte auf Grund eines gefälschten Zeugnisses über das Bestehen der Hochschulprüfung seine Anstellung als Regierungsrat. Als eines Tages alles herauskam, wurde H entlassen, obwohl seine dienstlichen Leistungen nichts zu wünschen übrigließen.

Strafbarkeit des H wegen Betruges (sog. »**Anstellungsbetrug**«)?

Problem: Liegt ein Vermögensschaden des Dienstherrn vor?

Der sog. »Anstellungsbetrug« ist ein *Eingehungsbetrug*³⁷³ (*Rn. 688 ff.*). Die Vermögensverfügung des Getäuschten liegt nicht erst in der Auszahlung der Vergütung, sondern grundsätzlich bereits im Abschluss des Anstellungsvertrages³⁷⁴.

Was die **Schädigung des Dienstherrn** angeht, wird von der Rechtsprechung zwischen der Begründung eines **privatrechtlichen** Arbeitsverhältnisses und der Erschleichung einer **Beamtenstellung** unterschieden:

(a) Erschwindeln einer Beamtenposition

730 Die Rechtsprechung bejaht bei der Erschleichung einer Beamtenstellung Betrug nicht nur, wenn der eingestellte Beamte mangels *fachlicher* Fähigkeiten und Kenntnisse die von ihm erwarteten Leistungen nicht ordnungsgemäß erbringen kann. Be-

---

³⁶⁶ *BGH* St 15, 83 (86 f.); *Mitsch*, BT 2, S. 327 f.
³⁶⁷ *BGH* St 15, 83 (87 f.).
³⁶⁸ L/K/H-*Heger*, § 263 Rn. 43; SK⁹-*Hoyer*, § 263 Rn. 260; M/S/M/H/M-*Momsen*, Bd. 1, 41/126; Sch/Sch-*Perron*, § 263 Rn. 111; LK¹²-*Tiedemann*, § 263 Rn. 209.
³⁶⁹ *Mitsch*, BT 2, S. 327 f. m.w.N.
³⁷⁰ Vgl. *BGH*, StV 2003, 447 f.
³⁷¹ MK-BGB-*Oechsler*, § 932 Rn. 70.
³⁷² Weitergehend aber *Mitsch*, BT 2, S. 327 f.
³⁷³ *BGH* St 45, 1 (4); NStZ 2024, 291 (Rn. 23 ff.) m. Anm. *Erdogan* und Bespr. *Jahn*, JuS 2023, 981 ff.; L/K/H-*Heger*, § 263 Rn. 52; LK¹²-*Tiedemann*, § 263 Rn. 223.
³⁷⁴ Siehe *BGH* St 45, 1 (4); *Rengier* I, 13/286; S/S/W-*Satzger*, § 263 Rn. 276.

trug soll darüber hinaus trotz ausreichender Leistungen (und disziplinarisch tadelloser Führung) gegeben sein, wenn der Täter entweder auf Grund von Persönlichkeitsmängeln für eine derartige Stelle unwürdig erscheine[375] oder er die **laufbahnrechtlich** erforderliche Vorbildung nicht besitze[376] (was hier der Fall ist).

Dieser Rechtsprechung ist zum Fehlen der laufbahnrechtlichen Voraussetzungen uneingeschränkt, zur Unwürdigkeit aber nur mit der Maßgabe zu folgen, dass allein solche Persönlichkeitsmängel zu berücksichtigen sind, die *rechtliche* Hindernisse für seine Einstellung bedeuten[377]. 731

Die dargelegte Rechtsprechung beruht auf der zutreffenden Erwägung, dass die Dienstbezüge des Beamten beamtenrechtlich kein Entgelt für die Dienstleistungen des Beamten sind, sondern auf Grund der Fürsorgepflicht gewährt werden[378].

Ob der Beamte seine Dienststellung und damit die mit ihr verbundenen Dienstbezüge »verdient«, hängt **beamtenrechtlich** davon ab, ob er bei der Einstellung die persönlichen und laufbahnmäßigen Voraussetzungen erfüllte. Fehlen diese Anstellungsvoraussetzungen, so liegt bei beamtenrechtlicher Betrachtung in der Auszahlung der Dienstbezüge eine Vermögensschädigung des Dienstherrn[379].

Ergebnis: Mangels der **laufbahnrechtlich** erforderlichen Vorbildung des H bedeutete seine Ernennung zum Beamten eine Vermögensschädigung des Dienstherrn.

Zur Vertiefung

Umstritten ist, ob ein *früherer Mitarbeiter des Ministeriums für Staatssicherheit* der DDR (MfS), der diesen Umstand bei seiner Bewerbung um eine Beamtenstelle verleugnet und daraufhin nach der Wiedervereinigung die Einstellung als Beamter erreicht hat, eines Anstellungsbetruges auch dann schuldig ist, wenn er die laufbahnrechtlichen Voraussetzungen erfüllt und nach seiner Einstellung als Beamter – mehrere Jahre lang – fachlich nicht zu beanstandende Leistungen erbracht hatte. 732

Der *BGH*[380] hat unter Anwendung der von ihm in früheren Entscheidungen entwickelten Grundsätze einen (Eingehungs-) Betrug bejaht, wenn die persönliche Zuverlässigkeit im Hinblick auf die versprochene Amtsführung *im Zeitpunkt der Einstellung* fehlt und die Einstellungsbehörde ihn deshalb nach Gesetz oder Verwaltungsvorschriften – auf Grund einer **Ermessensreduzierung auf Null** – nicht hätte einstellen dürfen. Die persönliche Zuverlässigkeit sei – neben der fachlichen Eignung –

---

[375] *RG* St 65, 281; *BGH* St 45, 1 (6 ff.); NStZ 2020, 291 (Rn. 31); die Grundsätze sind verfassungsrechtlich nicht zu beanstanden, *BVerfG*, NJW 1998, 2589 f.; im Wesentlichen zust. Sch/Sch-*Perron*, § 263 Rn. 156. A.A. *LG Berlin*, NStZ 1998, 302 (303) – Stasi-Fall; *KG*, JR 1998, 434 ff.

[376] *BGH* St 5, 358 (360 ff.); NStZ 2020, 291 (Rn. 30); SK[9]-*Hoyer*, § 263 Rn. 258; *Rengier* I, 13/287. A.A. *LG Berlin*, NStZ 1998, 302 (303); *Otto*, 51/134 m.w.N.; siehe auch *Kargl*, wistra 2008, 121 (126 ff.), zum Schaden bei einer »doppelten« Einstellung eines Rechtsreferendars in zwei Bundesländern.

[377] *BGH* St 45, 1 (11 f.); Sch/Sch-*Perron*, § 263 Rn. 156; *Protzen*, NStZ 1997, 525; *Rengier* I, 13/287.

[378] *BGH* St 5, 358 (360 f.); NK-*Kindhäuser/Hoven*, § 263 Rn. 323 f.

[379] I. E. wie hier: A/W/H/H-*Heinrich*, 20/109; SK[9]-*Hoyer*, § 263 Rn. 258; NK-*Kindhäuser/Hoven*, § 263 Rn. 323 f.; *Protzen*, NStZ 1997, 525 ff.; LK[12]-*Tiedemann*, § 263 Rn. 224.
Krit. aber u.a. *LG Berlin*, NStZ 1998, 302 (303); M/S/M/H/M-*Momsen*, 41/125, 127; *Otto*, 51/134.

[380] *BGH* St 45, 1 (10 ff.), mit Bespr. *Geppert*, NStZ 1999, 305, *Jahn*, JA 1999, 628, *Martin*, JuS 1999, 922, *Otto*, JZ 1999, 738, *Prittwitz*, JuS 2000, 335 und *Seelmann*, JR 2000, 164.

ein »maßgeblicher objektiver Faktor für die Bemessung des wirtschaftlichen Wertes der versprochenen Leistung des Beamten«.

Die Gegenmeinung[381] nimmt eine – schadensgleiche – Vermögensgefährdung nur an, wenn der Beamte der erschwindelten Stellung *fachlich* nicht gewachsen ist; die persönliche Zuverlässigkeit sei dagegen kein vermögensbildender Faktor, sodass die Einstellung eines vom Staat nicht gewollten Bewerbers lediglich die Dispositionsfreiheit verletze[382].

Eine solche »grobe wirtschaftliche Betrachtung«[383] wird indes zum einen den beamtenrechtlichen Besonderheiten (*Rn. 731*) nicht gerecht und verkennt zum anderen, dass die persönliche Zuverlässigkeit, soweit sie für die konkrete Position erforderlich ist, generell, also auch bei der Erschleichung einer privatrechtlichen Anstellung (*Rn. 733*), den Wert der vereinbarten Arbeitsleistung mitbestimmt. Erweist der Beamte durch seine untadelige Amtsführung nachträglich seine Lauterkeit, so kann – und muss – dies im Rahmen der Strafzumessung berücksichtigt werden; der bereits mit Einstellung entstandene Vermögensschaden entfällt aber nicht rückwirkend.

(b) Anstellungsbetrug bei privatrechtlichen Arbeitsverhältnissen

733 Hier ist grundsätzlich ein Vermögensschaden des getäuschten Arbeitgebers nur anzunehmen, wenn der Arbeiter oder Angestellte wegen fehlender *fachlicher* Fähigkeiten und Kenntnisse die Leistungen nicht erbringen kann, die von ihm erwartet werden[384].

Ausnahmsweise kann jedoch auch bei Vorliegen der nötigen fachlichen Befähigung Anstellungsbetrug gegeben sein, und zwar zum einen, wenn der Täter mit Rücksicht auf eine besondere *Vertrauensposition* – z.B. als Prokurist, Filialleiter u.ä. – besonders hoch entlohnt wird, aber nicht die für diese Position vorausgesetzte *Zuverlässigkeit* besitzt[385], und zum anderen, wenn die Arbeitsleistung nach der Verkehrsanschauung »nicht nur nach ihrem Effekt, sondern auch im Hinblick auf eine bestimmte Ausbildung« bewertet wird[386].

Fall 122: *– Anstellungsbetrug bei Verschweigen von Vorstrafen –*

734 Redlich (R) bewarb sich bei der »Konsumförderungsbank« (KFB) um eine Anstellung als Kassierer, wobei er seine erheblichen Vorstrafen wegen Vergehen nach §§ 246 II und 266

---

[381] *KG*, JR 1998, 434 ff.; *LG Berlin*, NStZ 1998, 302 f.; *Geppert*, NStZ 1999, 305 f.; *ders.*, FS-Hirsch, 1999, S. 525 ff.; krit. auch L/K/H-*Heger*, § 263 Rn. 52: »Damit dürfte die äußerste Grenze eines noch verständlich zu machenden Vermögensschutzes erreicht sein«.

[382] Plastisch *Geppert*, NStZ 1999, 305 (306): »Auch in Fällen, in denen sein Einstellungsermessen ›auf Null‹ reduziert ist, will der Staat eine in gravierender Weise Stasi-belastete Person nicht als seinen Staatsdiener, und zwar schlechterdings nicht und nicht nur nicht zu einem bestimmten Preis. Damit aber geht es um die Dispositionsfreiheit und nicht um Vermögensschutz!«

[383] A/W/H/H-*Heinrich*, 20/109.

[384] *BGH*, NJW 1978, 2042 f.; NStZ 2020, 291 (Rn. 32); 2024, 291 (Rn. 25 f.); SK^9-*Hoyer*, § 263 Rn. 258; Sch/Sch-*Perron*, § 263 Rn. 154; LK^{12}-*Tiedemann*, § 263 Rn. 225, 227. Für eine Übertragung dieser Kriterien auf Beamte und damit eine Gleichbehandlung von Beschäftigten im öffentlichen Dienst und in der Privatwirtschaft *Kargl*, wistra 2008, 121 (127 f.).

[385] Dazu *BGH*, NJW 1978, 2042 f.; NStZ 2020, 291 (Rn. 33); *Miehe*, JuS 1980, 261 (265); *Mitsch*, BT 2, S. 331 f.; Sch/Sch-*Perron*, § 263 Rn. 154; *Rengier* I, 13/288; LK^{12}-*Tiedemann*, § 263 Rn. 226.

[386] *BGH*, NJW 1978, 2042 f.; A/W/H/H-*Heinrich*, 20/109; Sch/Sch-*Perron*, § 263 Rn. 154.

§ 11: Betrug

StGB verschwieg. R erhielt die gewünschte Position. Als später die KFB von den Vorstrafen erfuhr, erstattete sie Strafanzeige wegen Betrugs.

Strafbarkeit des R?

(1) Beim Anstellungsbetrug durch Verschweigen von Vorstrafen wird regelmäßig allein das Merkmal **Vermögensschaden** erörtert[387]. Das Bestehen einer **Garantenpflicht** zur Offenbarung von (einschlägigen und erheblichen) Vorstrafen wird dabei offenbar vorausgesetzt. Die Annahme einer solchen Garantenpflicht ist aber außerordentlich problematisch:

(a) Sie kommt von vornherein nur insoweit in Betracht, als nicht zugunsten des Vorbestraften §§ 51 I, 53 I Bundeszentralregistergesetz (BZRG) eingreifen[388].

(b) Wenn diese Regelungen nicht entgegenstehen, ist eine Garantenpflicht zur Offenbarung von Vorstrafen dennoch allenfalls dort in Betracht zu ziehen, wo es um die **Anbahnung eines besonderen Vertrauensverhältnisses** geht (vgl. *Rn. 570, 577, 579 f.*).

Doch selbst dann, wenn im Hinblick auf ein solches Vertrauensverhältnis die Offenbarung »einschlägiger und erheblicher« Vorstrafen in Frage kommt, bestehen gegen die Annahme einer Garantenpflicht zu einer solchen Offenbarung Bedenken, und zwar wegen des Interesses an der *Resozialisierung* des Vorbestraften, insbesondere aber unter dem Gesichtspunkt der *Unzumutbarkeit*[389]. Wer als Arbeitgeber »auf Nummer sicher gehen« will, mag von dem Stellenbewerber ein **Führungszeugnis** (§ 30 BZRG) fordern. Erklärt der Täter wahrheitswidrig, nicht vorbestraft zu sein, so liegt selbstverständlich eine Täuschung durch positives Tun vor[390].

(2) Soweit trotz dieser Bedenken im Einzelfall von einer solchen Offenbarungspflicht auszugehen und diese verletzt wäre, stellt sich die Frage nach dem Vermögensschaden des getäuschten Dienstherrn:

(a) Handelt es sich um die Erschleichung einer Beamtenstellung, so liegt ein Vermögensschaden vor, wenn der Beamte wegen der Vorstrafen nicht hätte eingestellt werden dürfen (vgl. *Rn. 730 - 732*).

(b) Geht es um ein privatrechtliches Arbeitsverhältnis, so gelten die Ausführungen zu *Fall 121 (Rn. 729 ff., 733)*: Da die Tätigkeit eines Kassierers in einem Kreditinstitut eine Vertrauensposition ist, R aber als nicht vertrauenswürdig erscheint, wäre hier ein Vermögensschaden der KFB anzunehmen[391].

Ein Betrug des Dienstberechtigten kann jedoch nicht überzeugend damit begründet werden, es bestehe eine Vermögensgefährdung, weil der wegen Vermögensdelikten vorbestrafte Täter »in der für ihn vorgesehenen Stellung über Vermögen des Dienst-

---

[387] *BGH* St 17, 254 (258 f.); NJW 1978, 2042 f.; *LG Berlin*, NStZ 1998, 302; LK[12]-*Tiedemann*, § 263 Rn. 224; anders *Miehe*, JuS 1980, 261 (262, 264); Sch/Sch-*Perron*, § 263 Rn. 154.
[388] *Jescheck/Weigend*, § 87 IV 2, V; *Miehe*, JuS 1980, 261 (262, 264); siehe auch *OLG Düsseldorf*, NStZ 1984, 126.
[389] Vgl. auch *Miehe*, JuS 1980, 261 (262, 264).
[390] *BGH*, NStZ 2020, 291 (Rn. 24 f.).
[391] Ebso. M/S/M/H/M-*Momsen*, 41/127.

berechtigten verfügen könne«³⁹², weil diese Schädigung nicht auf der Verfügung des Einstellenden, der Verpflichtung zur Lohnzahlung, beruht³⁹³.

Ergänzende Hinweise zum Vermögensschaden

1. »Sicherungsbetrug«

739 Wer im Anschluss an eine Vermögensstraftat (z.B. § 242 oder § 246 StGB) durch eine neue, selbstständige Handlung (§ 53 StGB) eine Täuschung begeht, um den **Anspruch des Geschädigten auf Wiedererlangung der Sache zu vereiteln** und sich den Besitz der (gestohlenen oder unterschlagenen) Sache zu sichern, kann nach h.M. den Tatbestand des § 263 StGB erfüllen; denn die Vereitelung des Herausgabeanspruchs des Bestohlenen soll nach h.A. als »Schadensvertiefung« ein Vermögensschaden i.S. des § 263 StGB sein.

Diese Konzeption von der »Schadensvertiefung« als Vermögensschaden erscheint nicht zweifelsfrei (vgl. *Rn. 628*). Doch tritt ein solcher Sicherungsbetrug gegenüber der Vortat als **mitbestrafte Nachtat** zurück³⁹⁴.

2. Erschwindeln einer Aufrechnungslage

740 Kein Betrug liegt vor, wenn sich ein Gläubiger für eine fällige Forderung dadurch Befriedigung verschafft, dass er bei seinem Schuldner ein »Darlehen« in Höhe seines Forderungsbetrages aufnimmt, wobei er plant, dieses nicht zurückzuzahlen, sondern durch Aufrechnung mit seiner Forderung (§ 387 BGB) zu tilgen³⁹⁵. Nach §§ 387 ff. BGB muss es sich der getäuschte Schuldner als Gläubiger der Darlehensforderung gefallen lassen, dass diese nicht durch Zahlung, sondern im Wege der Aufrechnung befriedigt wird³⁹⁶.

Wegen der gesetzlichen Gleichbewertung von Aufrechnung und Zahlung gemäß diesen Vorschriften **fehlt bereits der Vermögensschaden**³⁹⁷, zumindest aber die »**Rechtswidrigkeit der Bereicherung**«³⁹⁸.

Dagegen liegt Betrug vor, wenn die **Aufrechnung rechtlich unzulässig** ist (z.B. bei vereinbarter Barzahlung)³⁹⁹.

3. Täuschung über eine ausbedungene dingliche Sicherung

741 Hat der Darlehensnehmer über das Vorhandensein einer ausbedungenen **dinglichen** Sicherheit getäuscht, kann ein Schaden i.d.R. nicht unter Hinweis auf die von Dritten übernommene persönliche Mithaftung verneint werden⁴⁰⁰. Ein Schaden kann zwar entfallen, wenn der Minderwert des Anspruchs auf Darlehensrückzahlung durch aus-

---

³⁹² So aber *BGH* St 17, 254 (258 f.); NJW 1978, 2042 f.
³⁹³ L/K/H-*Heger*, § 263 Rn. 52; Sch/Sch-*Perron*, § 263 Rn. 154.
³⁹⁴ *Rengier* I, 13/341; LK¹²-*Tiedemann*, § 263 Rn. 325; ebso. im Grundsatz *BGH*, NStZ 1993, 591. – Siehe aber auch *Rn. 59*. –
³⁹⁵ *BGH*, NJW 1953, 1479; Sch/Sch-*Perron*, § 263 Rn. 116 f.; LK¹²-*Tiedemann*, § 263 Rn. 265. A.A. *RG* St 77, 184.
³⁹⁶ *BGH*, NJW 1953, 1479.
³⁹⁷ *BGH*, NJW 1953, 1479.
³⁹⁸ NK-*Kindhäuser/Hoven*, § 263 Rn. 373; LK¹²-*Tiedemann*, § 263 Rn. 265.
³⁹⁹ *BGH*, NJW 1953, 1479; Sch/Sch-*Perron*, § 263 Rn. 117.
⁴⁰⁰ *BGH*, JZ 1986, 407 f.

reichende Sicherheiten wettgemacht wird, die das Risiko der Kreditgewährung für den Gläubiger bei wirtschaftlicher Betrachtungsweise voll abdecken[401]. Solche Sicherheiten können auch in der persönlichen Mithaftung Dritter – etwa durch Bürgschaft[402] oder durch Schuldbeitritt – bestehen. »Ist eine bei der Kreditgewährung ausdrücklich ausbedungene Sicherheit nicht vorhanden, so entfällt aber ein Vermögensschaden im Allgemeinen nur dann, wenn – nach den Verhältnissen zur Zeit der Kreditgewährung – die verbleibenden Sicherheiten es dem Gläubiger ermöglichen, sich ohne Schwierigkeiten wegen seiner Forderungen zu befriedigen ... Fehlen vereinbarte ausreichende *dingliche* Sicherheiten, wird in der Regel eine vorhandene *persönliche* Sicherheit zum vollen Ausgleich nicht hinreichen, da im Wirtschaftsverkehr Kredite, die nur durch persönliche Mithaftung Dritter abgesichert sind, als riskanter gelten.«[403]

4. Vermögensschaden beim Submissionsbetrug – Ausschreibungsabsprachen

Die Submission (= **Ausschreibung eines öffentlichen Bauprojekts**) dient dazu, das wirtschaftlichste Angebot eines Unternehmers herauszufinden. Als Submissionsbetrug werden die Konstellationen bezeichnet, in denen – alle oder jedenfalls einige – Unternehmen, die sich an der Ausschreibung beteiligen, ihre **Angebote untereinander absprechen** und den Auftraggeber dadurch dazu bewegen, den Vertrag mit dem Unternehmen zu schließen, das von den Beteiligten der Absprache bestimmt wurde[404]. Täuschung, Irrtum und Vermögensverfügung liegen dann vor: Durch die Abgabe der abgesprochenen Angebote **täuschen die beteiligten Unternehmen den Auftraggeber zumindest konkludent,** dass es sich um ein reguläres Angebot handelt; zumeist liegt sogar eine **ausdrückliche Täuschung** vor, da die Unternehmer versichern müssen, dass keine Absprache stattgefunden hat. Der Auftraggeber erliegt dem Irrtum, die Angebote seien korrekt, und verfügt durch den Vertragsschluss mit dem Unternehmen über sein Vermögen, u.U. auch über das Vermögen des »ehrlichen« Mitbewerbers, der ohne die Absprache den Zuschlag erhalten hätte.

742

Einen **Vermögensschaden** kann der *Ausschreibende* (Verhinderung eines günstigeren Angebots) und der *Mitbewerber* (Vereitelung seiner Gewinnaussicht) erleiden. Ein Schaden des Ausschreibenden setzt voraus, dass er den **Vertrag zu einem höheren als dem Marktpreis abschließt,** denn der Marktpreis bezeichnet den objektiven Wert der Gegenleistung des Anbieters (Eingehungsbetrug). Die Schwierigkeit bei der Ermittlung des Schadens besteht darin, dass die Absprache die Bildung eines Marktpreises gerade verhindert. Zu Recht folgert der *BGH* aus den üblichen Begleitumständen solcher Absprachen, das abgesprochene Angebot liege über dem hypothetischen Marktpreis[405] und somit sei von einem Vermögensschaden des Ausschreibenden auszugehen.

---

[401] Ebso. *BGH*, wistra 1995, 28 u. 222.
[402] *BGH*, GA 1966, 51.
[403] *BGH*, JZ 1986, 407 f.
[404] Siehe die Schilderung eines typischen Sachverhalts in *BGH* St 38, 186 ff.
[405] *BGH* St 38, 186 (190 ff.); NJW 1995, 737 f.; zum Schaden durch wettbewerbswidrige Preisabsprachen bei *freihändiger Vergabe*. *BGH*, NStZ 2001, 540 (541 f.). Zuvor hatte der *BGH* angenommen, der Schaden sei nicht feststellbar, *BGH* St 16, 367 ff.; ebso. *LG Frankfurt/M.*, NStZ 1991, 86.

Zur Schädigung des *Mitbewerbers* stellt der *BGH* fest[406]:
Der bei einem Wettbewerb (hier nach der VOB) durch Verdrängung des sonst aussichtsreichsten (an der Manipulation durch Absprachen nicht beteiligten) Mitbewerbers erstrebte Vermögensvorteil ist mit dem Nachteil, den dieser Mitbewerber erleidet (und zwar durch Vereitelung seiner Gewinnaussicht), »stoffgleich« i.S. des § 263 StGB.

– Eingehend zum Submissionsbetrug *Hellmann*, WiStR, Rn. 608 ff. –
– Zu **Absprachen bei Ausschreibungen gemäß § 298 StGB** siehe *Rn. 868 ff.* –

5. Prozessbetrug im Strafverfahren?

743 Ein Beschuldigter oder Angeklagter, der sich durch Täuschungshandlungen der **Verhängung einer drohenden Geldstrafe entziehen** will, macht sich nicht des versuchten Betrugs schuldig, ebenso wenig der Verurteilte, der die Vollstreckung einer rechtmäßig verhängten Geldstrafe verhindern will, denn zu dem durch § 263 StGB geschützten Vermögen des Staates gehört nicht die Geldstrafe; zudem greift das Selbstbegünstigungsprivileg des Täters ein[407].

6. »Quotenschaden« beim Wettbetrug

744 Der *BGH* nimmt bei einer Teilnahme an einer Sportwette auf ein manipuliertes Spiel einen vollendeten Betrug an. Dem Angebot auf Abschluss des Wettvertrags könne die stillschweigende Erklärung entnommen werden, **der Wetter selbst habe die Geschäftsgrundlage der Wette nicht durch rechtswidrige Manipulation verändert**; im Abschluss des Wettvertrages unter Verschweigen der Manipulation liege eine konkludente Täuschung[408]. Der *5. Strafsenat* nahm einen »Quotenschaden« an. Bei Sportwetten mit festen Quoten stelle die aufgrund des bestimmten Risikos ermittelte Quote gleichsam den »Verkaufspreis« der Wettchance dar. Bei einem manipulierten Spiel verschiebe sich das Risiko jedoch erheblich zu Gunsten des Wetters, sodass die vorgegebene Quote nicht mehr dem Risiko entspreche, das der Anbieter nach seiner eigenen kaufmännischen Kalkulation ermittelt hat. In dieser »**Quotendifferenz**« bestehe bereits ein nicht unerheblicher Vermögensschaden des Wettanbieters; in den Fällen, in denen es zur Auszahlung eines Wettgewinns auf das manipulierte Spiel kommt, schlage das mit dem Eingehungsbetrug verbundene erhöhte Verlustrisiko in einen endgültigen Vermögensverlust des Wettanbieters in Höhe der Differenz zwischen Wetteinsatz und Wettgewinn um[409]. Der *4. Strafsenat* hat diese Sicht durch die Entwicklung eines Rechenmodells zur Bezifferung der Höhe des Schadens weiterentwickelt[410].

---

[406] BGH St 34, 379 (390 - 392); siehe auch *BGH*, NStZ 1997, 542 f.
[407] *OLG Karlsruhe*, NStZ 1990, 282 f.; *OLG Stuttgart*, MDR 1981, 422; – Siehe auch *BayObLG*, JR 1991, 433 (m. Anm. *Graul*): Abwehr von *Verwarnungsgeld* nach dem OWiG *kein* Vermögensvorteil i.S. des § 263 StGB; zur Abwendung des *Verfalls einer Kaution BGH*, NStZ 1993, 79 ff. –
[408] BGH St 51, 165 (169 ff.); 58, 102 (Rn. 20); siehe auch *BGH* St 29, 165 (167 f.). Ebso. *Bittmann*, ZWH 2013, 137; *Fasten/Oppermann*, JA 2006, 69 (71); *Radtke*, Jura 2007, 445 (447 f.); *Saliger/ Rönnau/Kirch-Heim*, NStZ 2007, 361 (363 ff.). A.A. *Schlösser*, NStZ 2005, 423 (425 f.).
[409] BGH St 51, 165 (174 ff.).
[410] BGH St 58, 102 (Rn. 35 ff.); dazu *Bittmann*, ZWH 2013, 137 ff.; *Greco*, NZWiSt 2014, 334 ff.

Die Sicht des *BGH* verdient sowohl hinsichtlich der Täuschung als auch des Schadens Zustimmung. Es ist auch in anderen Zusammenhängen anerkannt, dass ein unausgesprochener Kommunikationsinhalt Gegenstand der Erklärung des Täters sein kann (siehe *Rn. 742* zum Verschweigen einer Absprache beim Submissionsbetrug). Für den Wettbetrug gilt das ebenfalls, da der Empfänger der Erklärung, also der Wettanbieter, die Erwartung hegt, die Wetter würden zu den vereinbarten – regulären – Bedingungen an der Wette teilnehmen. Die Erwägungen zum »Quotenschaden« stellen – entgegen einer in der Literatur vertretenen Auffassung[411] – eine konsequente Anwendung der Grundsätze des Eingehungsbetruges dar. Die Festlegung der Gewinnquote erfolgt auf der Grundlage der Erwartungen des Wettanbieters von dem Ausgang eines nicht manipulierten Spiels. Die Manipulation verändert die Beurteilungsgrundlage jedoch erheblich. Der Umstand, dass es für Wetten auf manipulierte Spiele keinen – legalen – Markt gibt, ändert nichts daran, dass der Wetter, der das Spiel zu seinen Gunsten manipuliert, durch den Abschluss des Wettvertrages einen Gegenwert erhält, der wegen der erhöhten Gewinnchancen erheblich über dem »Marktpreis« liegt und der Anbieter durch das Versprechen der vereinbarten Quote somit seine Leistung zu einem Preis unter dem Marktpreis erbringt. Die Annahme einer »Verdichtung« dieses Vermögensnachteils zu einem Schaden in Höhe des Gewinns im Falle eines für den Täter günstigen Ausgangs des Spiels entspricht den Grundsätzen des unechten Erfüllungsbetruges, bei dem die Täuschung bei Abschluss des Verpflichtungsgeschäftes in der Erfüllungsphase fortwirkt.

Den 2017 unter der Bezeichnung »**Sportwettbetrug**« in das StGB eingefügten § 265c bezeichnet die Entwurfsbegründung als an den Kreditbetrug (§ 265b StGB) »angelehnte« Vorschrift im »Vorfeld des Betrugstatbestandes«[412]. Dem wird zu Recht entgegengehalten, dass § 265b StGB – wie die vergleichbar gestalteten §§ 264, 264a StGB – bestimmte näher beschriebene Täuschungshandlungen, also Betrugsversuche, mit Strafe bedroht (dazu *Rn. 790*). § 265c StGB verlagert dagegen die Strafbarkeit deutlich weiter in das Vorfeld des Betruges[413]. Die Bezeichnung als Sportwettbetrug ist daher eher irreführend, denn der Struktur nach handelt es sich um ein Korruptionsdelikt[414], bei dem die Erlangung eines rechtswidrigen Vermögensvorteils durch eine auf den manipulierten Wettbewerb bezogene Sportwette Teil der Unrechtsvereinbarung ist[415]. Ob es zu dem Abschluss des Sportwettvertrages tatsächlich kommt, ist für § 265c StGB deshalb irrelevant[416]. Begeht der an § 265c StGB beteiligte Täter einen – ggf. versuchten – Wettbetrug, so steht § 263 StGB

745

---

[411] *Rönnau*, FS-Rissing-van Saan, 2011, S. 517 (544); *Saliger*, FS-Samson, 2010, S. 455 (457 ff.); *Saliger/Rönnau/Kirch-Heim*, NStZ 2007, 362 (356 ff.).
[412] BT-Drucks. 18/3381, 15.
[413] *Krack*, ZIS 2016, 540 (550); *Löffelmann*, Recht + Politik 2/2016, 1 (4), der als amtliche Überschrift „Vorbereitung eines Sportwettbetruges" vorschlägt.
[414] NK-*Hellmann*, § 265c Rn. 30; Sch/Sch-*Perron*, § 265c Rn. 3; S/S/W-*Satzger*, § 265c Rn. 2; MK-*Schreiner*, § 265c Rn. 7; M/R-*Sinner*, § 265c Rn. 6; *Nuzinger/Rübenstahl/Bittmann*, WiJ 2016, 34, halten deshalb die Bezeichnung als „Sportwettkorruption" für sachgerecht.
[415] BeckOK-StGB-*Bittmann/Nuzinger/Rübenstahl/Großmann*, § 265c Rn. 62; S/S/W-*Satzger*, § 265c Rn. 35.
[416] NK-*Hellmann*, § 265c Rn. 37; M/R-*Sinner*, § 265c Rn. 26

– bzw. bei einer elektronischen Wettsetzung § 263a StGB – mit § 265c StGB in Tatmehrheit, weil die Ausführungshandlungen unabhängig voneinander sind und die Tatbestände unterschiedliche Schutzrichtungen aufweisen[417]; § 265c StGB soll – jedenfalls nach der Intention des Gesetzgebers – nicht nur das »Vermögen anderer«, und zwar der Wettanbieter und der Wettteilnehmer, sondern auch die »Integrität des Sports«, d.h. »die Glaubwürdigkeit und Authentizität des sportlichen Kräftemessens« schützen[418].

7. »Betrügerischer« Abschluss einer Risikolebensversicherung

746 Der *BGH* bejaht – unter Bezugnahme auf die erste Entscheidung zur »Sportwette« (*Rn. 744*) – einen Eingehungsbetrug, wenn der Täter bei dem Abschluss einer Risikolebensversicherung fest entschlossen ist, der Versicherungsgesellschaft demnächst den Eintritt des Versicherungsfalls – durch Beschaffung einer unrichtigen Todesbescheinigung im Ausland – vorzuspiegeln. Der Täter täusche konkludent über die innere Tatsache, sich nicht vertragstreu verhalten zu wollen[419]. Ein Schaden trete bei dem Versicherungsunternehmen bereits mit Vertragsabschluss ein, weil die Versicherungsprämie keinen entsprechenden Ausgleich für die eingegangenen Verpflichtungen darstelle, wenn der Täter von vornherein entschlossen ist, den Versicherungsfall zu fingieren und mit den konkreten Vorbereitungen begonnen hat[420].

Auf den ersten Blick scheint es sich bei dem Abschluss des Versicherungsvertrags lediglich um eine Vorbereitungshandlung für den später zu begehenden Betrug durch Geltendmachung des – vermeintlichen – Anspruchs aus dem Vertrag zu handeln, sodass noch nicht einmal die Grenze zum versuchten Betrug überschritten wäre[421]. Die nähere Betrachtung zeigt jedoch, dass die Annahme eines Vermögensschadens durch Abschluss des Versicherungsvertrags zutrifft. Die Berechnung der Prämien für eine Risikolebensversicherung erfolgt unter Berücksichtigung der im konkreten Fall für die Wahrscheinlichkeit des Eintritts des Versicherungsfalls innerhalb der Vertragslaufzeit maßgeblichen Umstände, wie Geschlecht, Alter, Vorerkrankungen, Berufstätigkeit usw. Je höher das individuelle Sterberisiko ist, desto höher fällt die Versicherungsprämie aus. Die von dem Versicherungsnehmer zu zahlende Prämie stellt den Ausgleich für die durch die Versicherungsgesellschaft mit dem Vertrag eingegangenen Verpflichtungen dar[422]. Erschleicht der Versicherungs-

---

[417] NK-*Hellmann*, § 265c Rn. 54; BeckOK-*Bittmann/Nuzinger/Rübenstahl/Großmann*, § 265c Rn. 83; i.E. ebso. S/S/W-*Satzger*, § 265c Rn. 42.

[418] BT-Drucks. 18/8831, 10. Zu den Bedenken gegen das Schutzgut »Integrität des Sports« NK-*Hellmann*, § 265c Rn. 8.

[419] *BGH* St 54, 69 (Rn. 148-152); insoweit zust. *Joecks*, wistra 2010, 179; ebso. *BGH*, NStZ 2022, 409 (Rn. 19 f.) m. Anm. *Hoven* und *Schladitz*, wistra 2022, 111 ff. sowie Bespr. *von Heintschel-Heinegg*, JA 2022, 423 ff.

[420] *BGH* St 54, 69 (Rn. 159). Ebso. schon das *RG* (St 48, 186) für den Abschluss einer Feuerversicherung in der Absicht, die versicherten Sachen alsbald in Brand zu setzen und sich dadurch die Versicherungssumme zu verschaffen. Krit. zum *BGH Joecks*, wistra 2010, 179 (180 f.); *ders.*, FS-Samson, 2010, S. 355 (369); *Saliger*, FS-Samson, 2010, S. 455 (475 ff.); *Thielmann/Groß-Bölting/Strauß*, HRRS 2010, 38 (40 ff.).

[421] So z.B. *Hoven*, NStZ 2022, 412 f.

[422] *BGH* St 54, 69 (Rn. 159).

nehmer durch Täuschung über die konkreten Risiken den Abschluss eines Versicherungsvertrags zu günstigeren Prämien, als er unter Berücksichtigung der tatsächlichen Umstände zu zahlen hätte, so liegt ein Vermögensschaden der Versicherung vor, weil sie den Versicherungsschutz gewährt, ohne dafür die marktmäßige Gegenleistung zu erhalten. Dass in casu die Wahrscheinlichkeit des Eintritts des Versicherungsfalls nicht aufgrund eines höheren objektiven Todesrisikos, z.B. wegen einer nicht offenbarten lebensgefährlichen Erkrankung, sondern aufgrund der geplanten Vortäuschung des Versicherungsfalls erhöht war, ist unerheblich. Der in der Literatur erhobene Vorwurf, der *BGH* ersetze – in verfassungsrechtlich unzulässiger Weise – die wirtschaftliche Bestimmung des Schadens durch normative Erwägungen[423], trifft deshalb nicht zu. Diese Bestimmung des Schadens entspricht im Übrigen den Anforderungen des *BVerfG*, denen die Entscheidung des *BGH* nicht genügte[424].

Daran ändert es nichts, dass der aus dem Risikolebensversicherungsvertrag – vermeintlich – Begünstigte seinerseits einen Betrug gegenüber der Versicherung begehen würde, wenn er unter Vorlage der unrichtigen Todesbescheinigung später die Versicherungssumme geltend macht. Die Versicherungsgesellschaft würde dann einen »anderen« Schaden erleiden, nämlich die Erbringung einer nicht geschuldeten Leistung.

II. Subjektiver Tatbestand

Er verlangt **Vorsatz** bezüglich der Merkmale des objektiven Tatbestandes (Täuschung; Irrtum; Vermögensverfügung; Vermögensschaden) und die **»Absicht, sich oder einem Dritten einen rechtswidrigen Vermögensvorteil zu verschaffen«**. *»Vermögensvorteil«* ist der Gegenbegriff zum Vermögensschaden und ist deshalb auf die gleiche Weise zu bestimmen[425]. Wird – wie hier (*Rn. 675 ff.*) – der wirtschaftliche Vermögensbegriff bei der Feststellung des Schadens befürwortet, so ist der Vermögensvorteil ebenfalls allein nach wirtschaftlichen Kriterien zu ermitteln.   747

1. Tatvorsatz

Es genügt dolus eventualis[426]. Wie bei dem Diebstahlsvorsatz (*Rn. 65*) muss der Täter keine zivilrechtlich korrekte Subsumtion vornehmen, sondern es genügt, dass er in einer **»Parallelwertung in der Laiensphäre«** insbesondere die Verursachung eines Schadens für möglich gehalten hat.   748

2. Bereicherungsabsicht

Für dieses subjektive Tatbestandsmerkmal ist **Absicht im technischen Sinne** erforderlich: Es muss dem Täter auf den Vermögensvorteil ankommen[427]. Dieser braucht   749

---

[423] *Rönnau*, FS-Rissing-van Saan, 2011, S. 517 (543).
[424] *BVerfG* E 130, 1 (48 ff.).
[425] HdS 5-*Kindhäuser/Schumann*, § 33 Rn. 261.
[426] *BGH* St 48, 331 (346 ff.); BeckOK-StGB-*Beukelmann*, § 263 Rn. 73; *Eisele*, BT II, Rn. 634. Allg. M.
[427] *BGH*, NStZ 1989, 22 (dazu *Rn. 500*); M/S/M/H/M-*Momsen*, 41/137; *Mitsch*, BT 2, S. 336 f.; Sch/Sch-*Perron*, § 263 Rn. 176; S/S/W-*Satzger*, § 263 Rn. 312; LK[12]-*Tiedemann*, § 263 Rn. 248 f.

aber weder der einzige noch der in erster Linie verfolgte Zweck zu sein[428]; sondern es genügt, dass der Täter den Vermögensvorteil als **eines von mehreren Zielen** verfolgt, wobei gleichgültig ist, ob jener Vorteil das *Endziel* oder nur ein *notwendiges Zwischenziel* des Täters darstellt[429].

Nicht ausreichend ist dagegen, dass es sich bei dem Eintritt des Vermögensvorteils nur um eine **Nebenfolge** handelte, auf die es dem Täter nicht ankam, deren Eintritt er aber für sicher hielt[430]; dies gilt auch dann, wenn die Nebenfolge dem Täter nicht unerwünscht war[431].

– Siehe *Rn. 116 - 119* (zur Zueignungsabsicht beim Diebstahl) m.w.N. –

750 Ein **Vermögensvorteil** liegt u.U. auch in der Sicherung des Gewahrsams an durch Straftaten erlangten Sachen (*»Sicherungsbetrug«*; vgl. *Rn. 739*), in der Erlangung eines vollstreckbaren Titels (*»Prozessbetrug«*; *Fall 111, Rn. 654 ff. und Fall 112, Rn. 658 ff.*) und in der Ersparnis von Aufwendungen, z.B. durch Nichterfüllung einer Forderung, deren Durchsetzung der Gläubiger aufgrund Täuschung unterlässt[432].

751 Zwischen dem angestrebten Vermögensvorteil und dem vom Täter verursachten Vermögensschaden muss »**Stoffgleichheit**« bestehen (vgl. *Rn. 700 - 702*), d.h.: »Dieselbe Vermögensverfügung des Getäuschten, die der Täter in der Absicht, sich zu Unrecht zu bereichern, veranlasst, muss die Vermögensschädigung unmittelbar herbeiführen.« Der vom Täter erstrebte Vermögensvorteil ... »muss gleichsam die Kehrseite« des Vermögensschadens sein[433] – wofür es freilich genügt, dass der Vorteil »**dem Täter direkt aus dem geschädigten Vermögen zufließt**«[434]. – Siehe bereits *Rn. 701*. –

Fall 123: – *Bereicherungsabsicht* –

752 Prof. Dr. Pardon (P) hatte in seinem Kolleg ironische Bemerkungen über die politischen Parolen einer extremen Studentengruppe gemacht. Dies wollte ihm der Student Max (M) heimzahlen. Um P Unannehmlichkeiten zu bereiten, bestellte M telefonisch unter dem Namen des P Verlobungskarten bei der Druckerei Decker (D) und ließ die Karten an die Adresse des P schicken. Wie von M erwartet, lehnte P die Annahme der Karten ab. D fühlt sich von dem Anrufer betrogen und erstattet Strafanzeige gegen Unbekannt.

Hat M, der lediglich P ärgern wollte, mit »**Bereicherungsabsicht**« gehandelt?

Ein *Vermögensschaden* des D liegt in dem Druck und der Lieferung der Verlobungskarten: Zwar stand D – in analoger Anwendung des § 179 BGB – ein Anspruch auf

---

[428] *BGH* St 16, 1 (6 f.); *OLG Köln*, NJW 1987, 2095; *Sch/Sch-Perron*, § 263 Rn. 176; *S/S/W-Satzger*, § 263 Rn. 312.
[429] *Mitsch*, BT 2, S. 337 f.; *Sch/Sch-Perron*, § 263 Rn. 176; *S/S/W-Satzger*, § 263 Rn. 312.
[430] *BGH*, NStZ 1989, 22; *Otto*, 51/8. A.A. *Rengier*, JZ 1990, 321 (321 ff., 326).
[431] *Gundlach*, MDR 1981, 194; LK[12]-*Tiedemann*, § 263 Rn. 252 f. Insoweit unklar *BGH* St 16, 1 (5 f.); hierzu krit. A/W/H/H-*Heinrich*, 20/132, 133. Das *OLG Köln* (NJW 1987, 2095) scheidet ausdrücklich nur die *unerwünschten* Nebenfolgen aus.
[432] LK[10]-*Lackner*, § 263 Rn. 264; LK[12]-*Tiedemann*, § 263 Rn. 255.
[433] *BGH* St 6, 115 (116); 60, 1 (Rn. 42); *Eisele*, BT II, Rn. 638; *Sch/Sch-Perron*, § 263 Rn. 168 (h.M.); ähnl. MK-*Hefendehl*, § 263 Rn. 895 ff.
[434] *BGH* St 34, 379 (391); 60, 1 (Rn. 42); NStZ 1998, 85; NStZ 2003, 264; *Fischer*, § 263 Rn. 187; SK[9]-*Hoyer*, § 263 Rn. 272; LK[12]-*Tiedemann*, § 263 Rn. 256 ff.

Bezahlung seiner Leistung gegen *M* zu; dieser Anspruch war aber wegen der Anonymität des Anrufers wirtschaftlich weitgehend wertlos[435].

Die Frage, ob der Täter in einem solchen Fall mit Bereicherungsabsicht handelt, bejahte das *BayObLG*, während die Literatur sie unterschiedlich beantwortet[436]. Das Gericht scheint darauf abzustellen, es sei dem Täter auf die Erlangung der Dispositionsbefugnis über die Ware angekommen und diese Verfügungsbefugnis sei ein Vermögensvorteil. Dem ist jedoch entgegenzuhalten, dass es dem Täter allein darum ging, die Ware – ohne sie zuvor seinem eigenen Vermögen zuzuführen – in der Hand des D für seinen immateriellen Zweck (P zu ärgern) dienstbar zu machen[437].

753

Zum Teil[438] wird auf die **Leistung des D** (Druck und Lieferung der Verlobungskarten) als Gegenstand der Bereicherungsabsicht abgestellt: Der Täter (M) habe deswegen einen Vermögensvorteil angestrebt, weil er – für das Endziel, den P zu ärgern – »andere für sich habe arbeiten lassen und damit Leistungen erhalten habe, die im Geschäftsleben Geld kosten«[439]. Dieser Vermögensvorteil sei notwendiges Zwischenziel zur Erreichung jenes Endzieles gewesen und damit i.S. des § 263 StGB beabsichtigt.

754

M.E. besteht ein kriminalpolitisches Bedürfnis, in einem solchen Fall wegen Betruges zu bestrafen. Dieses Ergebnis ist dogmatisch haltbar: Der getäuschte D hat für die Zwecke des M Leistungen erbracht, ohne einen sicheren Anspruch auf Entgelt erlangt zu haben (Schaden), und M wollte sich ohne Entgelt diese Leistungen dienstbar machen, strebte also diese Bereicherung an. Eine solche »Erschleichung von Dienstleistungen« – auch wenn sie zur Erreichung immaterieller Endziele erfolgt – ist noch vom Schutzbereich des § 263 StGB erfasst[440].
Ergebnis: M hat einen Betrug begangen.

755

Fall 124: *– Rechtswidrigkeit der beabsichtigten Bereicherung –*

Freddy (F) hatte gegen Telly (T) einen fälligen Anspruch. Im Zivilprozess gegen T täuschte F den Richter, um dem wegen Beweisschwierigkeiten gefährdeten Klageanspruch zum Erfolg zu verhelfen. Wegen dieser Täuschung obsiegte F.
Hat F einen Betrug (»Prozessbetrug«) begangen?

756

Fraglich ist die **Rechtswidrigkeit** der beabsichtigten Bereicherung. Die Rechtswidrigkeit des angestrebten Vermögensvorteils ist **Tatbestandsmerkmal** und von der Widerrechtlichkeit der Tat zu unterscheiden[441].

---

[435] Vgl. *BayObLG*, JZ 1972, 25; *Krack*, FS-Puppe, 2011, S. 1205 (1208 f.).
[436] I.E. zustimmend *Herzberg*, JuS 1972, 185 ff.; *Rengier* I, 13/303; LK[12]-*Tiedemann*, § 263 Rn. 250. Abl.: Sch/Sch-*Perron*, § 263 Rn. 176. Die Bereicherungsabsicht verneint auch *Krack*, FS-Puppe, 2011, S. 1205 (1215 f.), für vergleichbare Konstellationen.
[437] *Herzberg*, JuS 1972, 185 (188); *Schröder*, JZ 1972, 26.
[438] *Herzberg*, JuS 1972, 185 (188); LK[10]-*Lackner*, § 263 Rn. 262; ebso. M/S/M/H/M-*Momsen*, 41/137; *Rengier* I, 13/303.
[439] *Herzberg*, JuS 1972, 185 (189); ebso. *Rengier* I, 13/303.
[440] Siehe aber auch die Gegenargumente bei *Krack*, FS-Puppe, 2011, S. 1205 (1210 ff.).
[441] BGH St 3, 110 (123); 3, 160 ff.; NStZ 2003, 663 (664); MK-*Hefendehl*, § 263 Rn. 1155; HdS 5-*Kindhäuser/Schumann*, § 33 Rn. 272; M/S/M/H/M-*Momsen*, 41/147; *Rengier* I, 13/336.

757 Hat der Täter einen fälligen (und nicht Einrede behafteten) Anspruch auf die beabsichtigte Bereicherung, ist sie nicht rechtswidrig, sodass der Betrugstatbestand mangels Rechtswidrigkeit des Vermögensvorteils ausscheidet[442]. Zum Teil wird beim Bestehen eines derartigen Anspruchs auf die Bereicherung bereits das Vorliegen eines *Vermögensschadens* geleugnet[443]; dem ist aber vom Standpunkt des rein wirtschaftlichen Vermögensbegriffs zu widersprechen.

758 Will der Täter eine bestehende, fällige Forderung durchsetzen (oder eine zu Unrecht geltend gemachte abwehren), hat er also einen Anspruch auf den verfolgten Vermögensvorteil, so ist dieser Vorteil rechtmäßig. Eine Bereicherung, die dem bürgerlichen Recht entspricht, wird nicht dadurch zu einer rechtswidrigen i.S. des § 263 StGB (bzw. des § 253 StGB), dass sie auf unerlaubtem Wege, nämlich durch Täuschung (bzw. Nötigung) erlangt wird[444]. Dies gilt grundsätzlich auch dann, wenn die Täuschung im Prozess erfolgt[445].

Da F der eingeklagte Anspruch zustand – und er dies wusste –, scheidet hier Betrug aus.

Fall 125: *– Irrtümliche Annahme eines Anspruchs –*

759 Wie *Fall 124*: F hatte aber in Wirklichkeit keinen Anspruch gegen T; er glaubte lediglich, die eingeklagte Forderung bestehe.

Hat F einen Betrug begangen?

Die angestrebte Bereicherung war – objektiv – rechtswidrig.

Der Irrtum des F stellt aber einen **Tatumstandsirrtum** dar, sodass § 263 StGB gemäß § 16 I StGB entfällt: Da – wie ausgeführt – die Rechtswidrigkeit der Bereicherung Tatbestandsmerkmal ist, muss sich der Vorsatz des Täters auf diese Rechtswidrigkeit beziehen (wobei dolus eventualis genügt)[446]. An diesem Vorsatz fehlt es somit, wenn der Täter irrig annimmt, einen fälligen Anspruch auf den angestrebten Vermögensvorteil zu haben[447], wobei grundsätzlich unerheblich ist, ob der Irrtum auf Fehlschlüssen über die Sachlage oder die einschlägigen Regelungen des bürgerlichen Rechts beruht[448].

F hat sich somit mangels Vorsatzes nicht wegen Betruges strafbar gemacht.

760 Um einen »**umgekehrten Tatumstandsirrtum**«, der zur Strafbarkeit wegen eines untauglichen Betrugsversuchs führt, handelt es sich, wenn der erstrebte Vermögensvorteil rechtmäßig ist, der Täter ihn aber fälschlicherweise für rechtswidrig hält[449].

---

[442] *BGH* St 3, 160; 4, 105 (106 f.); 20, 136 (137); bei *Holtz*, MDR 1981, 99 f.; NStZ 1990, 388 f.; MK-*Hefendehl*, § 263 Rn. 1157; NK-*Kindhäuser/Hoven*, § 263 Rn. 369; W/H/S-*Schuhr*, Rn. 664.

[443] *BGH* St 20, 136 (138); M/S/M/H/M-*Momsen*, 41/135, 144-146.

[444] *BGH* St 42, 268 (272).

[445] *BGH* St 3, 160; 20, 136 (137); 42, 268 (271); wistra 1982, 68; *Mitsch*, BT 2, S. 340 f.; W/H/S-*Schuhr*, Rn. 665 f. A.A. *RG* St 72, 133 (136 f.).

[446] *BGH* St 3, 110 (123); 31, 178 (181); 42, 268 (272); *Fischer*, § 263 Rn. 194 f.; MK-*Hefendehl*, § 263 Rn. 1156; NK-*Kindhäuser/Hoven*, § 263 Rn. 371.

[447] *BGH* St 3, 160 (163); 42, 268 (272); 48, 322 (328 f.); HdS 5-*Kindhäuser/Schumann*, § 33 Rn. 276; S/S/W-*Satzger*, § 263 Rn. 329.

[448] *BGH* St 4, 105 (106 f.); LK[12]-*Tiedemann*, § 263 Rn. 268 ff. – Siehe ergänzend *Rn. 522, Rn. 129*. –

[449] *BGH* St 42, 268 (272 f.); *Eisele*, BT II, Rn. 647.

III. Besonders schwerer Fall des Betruges (§ 263 III StGB) und gewerbsmäßiger Bandenbetrug (§ 263 V StGB)

1. Besonders schwere Fälle

§ 263 III 2 StGB beschreibt in Nr. 1 bis 5 unter Verwendung der **Regelbeispielstechnik** besonders schwere Fälle:

Nr. 1: Gewerbsmäßige und bandenmäßige Begehung – von Urkundenfälschung oder Betrug

Die **Bande** setzt mindestens drei Personen voraus[450]. § 263 III Nr. 1 StGB verzichtet – im Gegensatz zu § 244 I Nr. 2 StGB – jedoch auf das Mitwirkungserfordernis, sodass dieses Regelbeispiel schon erfüllt ist, wenn ein Bandenmitglied als Einzeltäter die Urkundenfälschung oder den Betrug begeht. Die Tat muss jedoch in einem inhaltlichen Zusammenhang mit der Bandenabrede stehen[451].

Eine »typische« Konstellation ist der Bandenbetrug zum Nachteil älterer Menschen mit dem Modus operandi »Falscher Polizeibeamter«[452], in der ein in einem i.d.R. im Ausland befindlichen Callcenter tätiges Bandenmitglied (»Keiler«) telefonisch Kontakt mit älteren Personen in Deutschland aufnimmt, sich als Polizeibeamter ausgibt und den Opfern vorspiegelt, Straftäter seien im Begriff, bei ihnen einzubrechen oder in kollusivem Zusammenwirken mit Angestellten ihrer Bank Sparguthaben zu vereinnahmen. Die Angerufenen sollen ihre Wertsachen bereithalten bzw. sich mit einem Polizeibeamten zur Geldabhebung zur Bank zu begeben, um die Wertgegenstände oder das Geld von Polizeibeamten sichern zu lassen. Lässt sich das Opfer darauf ein, erscheinen sich ebenfalls als Polizeibeamte gerierende Personen, nehmen die Gegenstände in Empfang (»Abholer«) und geben die Beute an »Logistiker« weiter, die ihrerseits die »Abholer« aus dem Erlangten entlohnten und die verbleibenden Taterträge an die Hintermänner transferieren. Die Beteiligten werden i.d.R. Mittäter des Bandenbetruges sein[453]. Mit Erlangung der Tatbeute durch den »Abholer« ist der Betrug beendet, sodass eine *erst nach diesem Zeitpunkt* in das Geschehen eingeschaltete Person weder Mittäter noch Gehilfe des (Banden-)Betruges ist, selbst wenn sie als Bandenmitglied einzustufen ist[454].

Die Begriffe Betrug und Urkundenfälschung sind in einem weiten Sinne zu verstehen. Als Betrug i.S. dieser Regelung gelten auch Subventionsbetrug (§ 264 StGB), Kapitalanlagebetrug (§ 264a StGB) und Kreditbetrug (§ 265b StGB)[455]. Urkundenfälschung sind Taten nach §§ 267, 268 - 281 StGB[456].

761

---

[450] *BGH*, wistra 2002, 21; NJW 2004, 2840 ff. (zu § 263 V StGB).
[451] MK-*Hefendehl*, § 263 Rn. 969.
[452] So die Bezeichnung des *BGH*, NStZ 2022, 95; NZWiSt 2023, 101 (Rn. 12); 381 (Rn. 3).
[453] *BGH*, NStZ 2022, 95 (Rn. 10 ff.) m. Anm. *Hanetha*; *BGH*, NZWiSt 2023, 381 (Rn. 13 ff.).
[454] *BGH*, NZWiSt 2023, 101 (Rn. 25 f.).
[455] *Fischer*, § 263 Rn. 212; Sch/Sch-*Perron*, § 263 Rn. 188a; S/S/W-*Satzger*, § 263 Rn. 386. A.A. L/K/H-*Heger*, § 263 Rn. 66: nur § 263 StGB.
[456] *Fischer*, § 263 Rn. 212; NK-*Kindhäuser/Hoven*, § 263 Rn. 392; S/S/W-*Satzger*, § 263 Rn. 386; LK^{12}-*Tiedemann*, § 263 Rn. 297. A.A. (nur § 267 StGB) MK-*Hefendehl*, § 263 Rn. 1217.; L/K/H-*Heger*, § 263 Rn. 66; SK^9-*Hoyer*, § 263 Rn. 281.

762 Die **Gewerbsmäßigkeit** i.S. dieser Vorschrift liegt vor, wenn sich der Täter durch wiederholte Begehung von Betrugstaten eine nicht nur vorübergehende Einnahmequelle von einigem Umfang verschaffen will[457]. Es handelt sich also um ein subjektives Merkmal (siehe *Rn. 170*). Es setzt zwar eigennütziges Handeln, d.h. die Absicht der Erzielung tätereigener Einnahmen voraus[458]. Es genügt aber, dass sich der Täter mittelbare Vorteile verspricht, wenn er auf die dem Dritten zufließenden Vorteile ohne weiteres zugreifen kann, wie es z.B. der Fall ist, wenn der Täter die bereicherte Gesellschaft beherrscht[459], oder wenn er durch das Gehalt einen Teil der Einnahmen aus betrügerischen Geschäften erlangen will[460].

763 **Nr. 2: Vermögensverlust großen Ausmaßes oder Absicht, eine große Zahl von Menschen in die Gefahr des Verlustes von Vermögenswerten zu bringen**

Ein großes Ausmaß ist bei einem Schaden von mehr als 50.000 Euro gegeben[461]. Nach zutreffenden Ansicht des *BGH* ist bei einem *Eingehungsbetrug* das Regelbeispiel erst anzunehmen, wenn der Geschädigte seine vertraglich geschuldete Leistung erbracht hat[462]. Eine bloße »schadensgleiche Vermögensgefährdung« genüge nicht, sondern es müsse ein »endgültiger« Schaden in entsprechender Höhe eingetreten sein[463]. Der Vermögensverlust muss nicht von Dauer sein[464]. Konsequenterweise scheidet dieses Regelbeispiel bei einem Betrugsversuch aber generell aus[465].

764 Die **Absicht, eine große Zahl von Menschen in die Gefahr des Verlustes von Vermögenswerten zu bringen**, bedeutet den Plan, mindestens zwanzig[466] – natürliche[467] – Personen auf ähnliche Weise betrügerisch zu schädigen.

765 **Nr. 3: Wirtschaftliche Not einer anderen Person**

In **wirtschaftliche Not** gerät das Opfer, wenn es in seiner wirtschaftlichen Lebensführung so eingeengt ist, dass es auch lebenswichtige Aufwendungen nicht mehr bestreiten kann[468]. Strittig ist, ob auch juristische Personen vom Schutzbereich des Regelbeispiels umfasst sind. Dies wird überwiegend unter Berufung auf den Wort-

---

[457] HdS 5-*Kindhäuser/Schumann*, § 33 Rn. 288.
[458] *BGH*, StV 2008, 357.
[459] *BGH*, wistra 2008, 379; 2009, 351.
[460] BGH, wistra 2015, 356 (Rn. 11).
[461] *BGH* St 48, 360 ff.; dazu *Hannich/Röhm*, NJW 2004, 2061 ff. und *Krüger*, wistra 2005, 247 ff.; BeckOK-*Beukelmann*, § 263 Rn. 103; M/R-*Saliger*, § 263 Rn. 320; zweifelnd *Fischer*, § 263 Rn. 215a.
[462] *BGH* St 48, 354 ff.; krit. *Stam*, NStZ 2013, 144 f. A.A. *Peglau*, wistra 2004, 7 (8).
[463] *BGH*, wistra 2007, 111; *Klesczewski*, S. 106.
[464] *BGH*, StV 2004, 16 f. m. Anm. *Joecks*.
[465] *BGH*, NStZ-RR 2009, 206 f.; NStZ-RR 2018, 109 (101).
[466] Ebso. MK-*Hefendehl*, § 263 Rn. 1227. A.A. Mindestens 10 Menschen: *Klesczewski*, S. 106; mehr als 3 Personen: L/K/H-*Heger*, § 263 Rn. 66. Für eine Festlegung im Einzelfall HdS 5-*Kindhäuser/Schumann*, § 33 Rn. 293.
[467] Die Absicht, eine große Zahl von *juristischen Personen* zu schädigen, genügt folglich nicht; *BGH*, NStZ 2001, 319 f.; HdS 5-*Kindhäuser/Schumann*, § 33 Rn. 292; *Mitsch*, BT 2, S. 346 f. A.A. *Eisele*, BT II, Rn. 654.
[468] *Eisele*, BT II, Rn. 654; MK-*Hefendehl*, § 263 Rn. 1229; L/K/H-*Heger*, § 283a Rn. 2.

§ 11: Betrug

laut (Person statt Mensch in Nr. 2) angenommen[469]. Dieses Wortlautargument überzeugt jedoch nicht[470], zumal nicht überzeugend begründet werden kann, dass Kapitalgesellschaften, die als Personengesellschaften organisiert sind, z.B. die GmbH & Co. KG nicht erfasst wären, obwohl in der Sache keine wesentlichen Unterschiede zu juristischen Personen bestehen.

Nr. 4: Missbrauch der Befugnisse oder der Stellung als Amtsträger oder Europäischer Amtsträger 766

Ein Missbrauch der Befugnisse liegt vor, wenn der Amtsträger (§ 11 I Nr. 2 StGB) oder Europäische Amtsträger (§ 11 I Nr. 2a StGB) grundsätzlich innerhalb seiner Zuständigkeit handelt; seine **Stellung** missbraucht er, wenn er die ihm durch das Amt gegebenen Handlungsmöglichkeiten außerhalb seiner Zuständigkeit anwendet[471]. Die Amtsträgerschaft ist ein besonderes persönliches Merkmal, weshalb § 28 II StGB anwendbar ist[472].

Nr. 5: Vortäuschen eines Versicherungsfalls 767

Dieses Regelbeispiel ist von zweiaktiger Struktur[473]:
Zunächst (*1. Akt*) muss der Täter »eine Sache von bedeutendem Wert in Brand gesetzt oder durch eine Brandlegung ganz oder teilweise zerstört«[474] bzw. »ein Schiff zum Sinken oder Stranden gebracht« haben, und zwar zu dem Zweck, einen Versicherungsfall vorzutäuschen. Dieser 1. Akt liegt im Vorfeld des Betruges[475].

Anschließend (*2. Akt*) folgt die Betrugshandlung »Vortäuschen eines Versicherungs- 768 falles«. Sie verlangt, dass das vorangegangene Ereignis (›Brand‹ der Sache, ›Sinken‹ des Schiffes etc.) in Wirklichkeit kein Versicherungsfall ist, also keinen Anspruch des Versicherungsnehmers auf die Versicherungsleistung begründet[476].
Der Täter muss also in der Absicht handeln, durch Täuschung über den Eintritt eines Versicherungsfalls für sich oder einen anderen einen **rechtswidrigen** Vermögensvorteil in Gestalt der Versicherungssumme zu erlangen.
Dabei ist der angestrebte Vermögensvorteil (Versicherungssumme) dann **rechtswidrig**, wenn dem Versicherten **kein Anspruch** darauf zusteht, dagegen fehlt es an der »Vortäuschung eines Versicherungsfalles« bzw. an einem Handeln »zu diesem Zweck«, wenn es dem Täter nur darum geht, dem Versicherungsnehmer »eine ihm von Rechts wegen zustehende Brandentschädigung zu verschaffen«[477].

---

[469] *Eisele*, BT II, Rn. 654; Sch/Sch-*Perron*, § 263 Rn. 188e; M/R-*Saliger*, § 263 Rn. 324.
[470] *Mitsch*, BT 2, S. 346 f.
[471] *Fischer*, § 263 Rn. 221; Sch/Sch-*Perron*, § 263 Rn. 188f.
[472] SK⁹-*Hoyer*, § 263 Rn. 288; S/S/W-*Satzger*, § 263 Rn. 399. Analoge Anwendung *Klesczewski*, S. 106.
[473] MK-*Hefendehl*, § 263 Rn. 1232.
[474] Vgl. *Mitsch*, BT 2, S. 348 f.; *Rengier* I, 15/11. – Zur »Sache von bedeutendem Wert« siehe Krey/Hellmann/*Heinrich*, BT 1, Rn. 1324; zum »Inbrandsetzen« u. zur »Zerstörung« (»Teilzerstörung«) durch eine »Brandlegung« vgl. dort, Rn. 1253 f., 1258 u. 1247-1251.
[475] *Mitsch*, BT 2, S. 348.
[476] MK-*Hefendehl*, § 263 Rn. 985 ff.; *Mitsch*, BT 2, S. 348; *Otto*, 51/111, 112.
[477] *Mitsch*, BT 2, S. 348.

769 Mangels eines entsprechenden Anspruchs auf die Versicherungssumme kommt eine »Vortäuschung eines Versicherungsfalles« namentlich in Frage, wenn der Versicherte selbst Täter oder Teilnehmer der Brandstiftung ist (§ 81 I VVG)[478].

770 Dasselbe gilt, wenn sich der Versicherte die Brandstiftung des Täters wie eine eigene zurechnen lassen muss, weil dieser als sein **»Repräsentant«** anzusehen ist[479]. Dabei ist als *Repräsentant* nach h.M. jeder zu behandeln, der »in dem Geschäftsbereich, zu dem das versicherte Risiko gehört«, befugt ist, »selbständig in einem gewissen, nicht ganz unbedeutenden Umfang für den Betriebsinhaber zu handeln und dabei auch dessen Rechte und Pflichten als Versicherungsnehmer wahrzunehmen«[480].

771 Das Merkmal »Vortäuschen eines Versicherungsfalles« kommt bei einem Inbrandsetzen durch einen Dritten zudem in Betracht, wenn
(a) der Versicherungsnehmer den Versicherungsfall *grob fahrlässig mitverursacht* hat und die Versicherung deshalb ihre Leistung kürzen darf (§ 81 II VVG)[481] *oder*
(b) die Sache *überversichert* war (§ 74 VVG *n.F.*).

2. Gewerbsmäßiger Bandenbetrug

772 Bei dem schweren Betrug nach § 263 V StGB handelt es sich um einen – zum **Verbrechen** – qualifizierten Tatbestand bei dem **Zusammentreffen von banden- und gewerbsmäßiger Begehung**.

IV. Haus- und Familienbetrug/Bagatellbetrug

773 Zum **Haus- und Familienbetrug** siehe § 263 IV i.V.m. § 247 StGB[482].

Zum **Bagatellbetrug**:

Fall 126: *– Relatives Antragserfordernis –*

774 Stefan (S) bestellte in der Kneipe »Zur letzten Hoffnung« Essen und Trinken für 15 Euro, obwohl er nicht vorhatte, die Zeche zu bezahlen. Als er sich nach dem Essen unauffällig davonmachen wollte, wurde er vom Wirt Walter (W) ertappt. W erstattete Strafanzeige gegen S. Durch flehentliches Bitten der Ehefrau des S gerührt, schrieb W später an die Staatsanwaltschaft, man möge seine Strafanzeige »in den Papierkorb werfen und S laufen lassen«.
Kann die Staatsanwaltschaft gleichwohl Anklage gegen S erheben?
S hat den Tatbestand des § 263 StGB erfüllt (zur »Zechprellerei« vgl. *Fall 91, Rn. 552 ff.*); seine Tat war auch rechtswidrig und schuldhaft.
Für die **Verfolgbarkeit** der Tat ist aber § 263 IV i.V.m. § 248a StGB zu beachten.
Die Verfolgungsprivilegierung für »Bagatellbetrug« ist nicht etwa auf *Sachbetrug* beschränkt: Zwar spricht § 248a StGB nur von »Sachen«, aber bei der »entsprechen-

---

[478] *BGH*, NStZ 2024, 360 (Rn. 8); *Mitsch*, BT 2, S. 348; *Otto*, 51/111, 112; LK[12]-*Tiedemann*, § 263 Rn. 302.
[479] *BGH*, NStZ 2024, 360 (Rn. 11); *Mitsch*, BT 2, S. 348; *Otto*, 51/112; *Rengier* I, 15/15; LK[12]-*Tiedemann*, § 263 Rn. 302.
[480] *BGH*, NStZ 1992, 181 f.; zu § 265 StGB *a.F.*; *Rengier* I, 15/15.
[481] *Rengier* I, 15/14.
[482] Zu § 247 StGB siehe auch *Rn. 212 ff.*

den« Anwendung auf den Betrug kommt es allein darauf an, ob der **Schaden** geringwertig ist[483].

Die Vermögenseinbuße des Verletzten war hier »geringwertig« i.S. des § 248a StGB (vgl. *Rn. 216*). W hat aber den zunächst gestellten Strafantrag, der in der Strafanzeige zu sehen ist, wirksam zurückgenommen (§ 77d I StGB).

Trotz fehlenden Antrags kann S aber verfolgt werden, wenn die Staatsanwaltschaft »wegen des besonderen öffentlichen Interesses an der Strafverfolgung ein Einschreiten von Amts wegen für geboten hält« (§§ 263 IV i.V.m. 248a StGB – sog. »**eingeschränktes Antragsdelikt**«). Bejaht die StA dieses »besondere öffentliche Interesse«, so ist der Strafrichter daran gebunden[484]. Hierfür sprechen Wortlaut und Zweck des Gesetzes, das der StA zwar **kein** *Ermessen*[485], aber einen nicht nachprüfbaren **Beurteilungsspielraum** einräumt.

§ 263 IV StGB gilt nicht für den **qualifizierten Betrugstatbestand des § 263 V StGB**.

V. Versuch

Fall 127: – *Unmittelbares Ansetzen bei einer »gestreckten Täuschung«* –

Gabi (G) wollte der 87jährigen Chlothilde (C) einen möglichst hohen Geldbetrag abschwindeln. G sprach C vor deren Haustür an und spiegelte ihr vor, dass sie (G) die Urenkelin der C sei. C plante, dadurch das Vertrauen der C zu gewinnen, von ihr in deren Wohnung eingeladen zu werden und C dort wahrheitswidrig zu erklären, an einer seltenen schweren Krankheit zu leiden und dringend 10.000 Euro für eine lebensrettende Operation, die von der Krankenversicherung der G nicht übernommen werde, zu benötigen. G wollte C bitten, ihr das Geld zu »leihen«, da G nicht über eine solche Summe verfüge; sie (G) müsse sterben, wenn C ihr nicht helfen würde. G hatte den »Urenkelin-Trick« bereits früher angewendet, wurde deshalb von der Polizei beobachtet und noch vor Betreten der Wohnung der C festgenommen.

Hat sich G wegen versuchten Betruges zum Nachteil der C strafbar gemacht?

(1) Die Vollendung des Betruges blieb aus, da es nicht zur Zahlung der 10.000 Euro kam. Der Betrugsversuch ist gemäß § 263 II StGB strafbar.

(2) Der Vorsatz der G war auf eine Täuschung der C über ihre verwandtschaftliche Beziehung zu G und die Notwendigkeit einer lebensrettenden Operation, einen entsprechenden Irrtum der C, deren Vermögensverfügung und einen Schaden der C gerichtet. G hatte zudem die Absicht einer rechtswidrigen, »stoffgleichen« Bereicherung.

(3) In der Praxis sind nicht selten – wie auch in unserem Fall – mehrere aufeinander aufbauende Täuschungsakte (hier: Vorspiegelung der Verwandtschaftsbeziehung, um in C ein Gefühl der persönlichen Verbundenheit zu wecken, wahrheitswidrige Behauptung des Vorliegens einer lebensbedrohlichen Erkrankung, Bitte um Überlassung der Geldsumme zur Durchführung der angeblich notwendigen lebensrettenden Operation) erforderlich, um die Getäuschte zu der vermögensschädigenden Verfügung zu veranlassen. In einer solchen als »**gestreckte Täuschung**« bezeichneten

---

[483] LK[10]-*Lackner*, § 263 Rn. 338; LK[12]-*Tiedemann*, § 263 Rn. 305.
[484] H.M., so u.a.: *BVerfG* E 51, 176; *BGH* St 16, 225. Abw. u.a.: Sch/Sch-*Sternberg-Lieben*, § 230 Rn. 3 m.w.N.
[485] *Krey/Pföhler*, NStZ 1985, 145 (148 f. m.w.N. pro und contra). A.A. aber die h.M.

Situation[486] wird die Grenze zur Versuchsstrafbarkeit nicht schon mit dem ersten Teilakt des Täuschungsgeschehens überschritten, obwohl der Täter dadurch auf den ersten Blick schon einen Teil der Täuschungshandlung verwirklicht zu haben scheint. Abzustellen ist für den Versuchsbeginn jedoch auf den – einzelnen – Täuschungsakt, der nach der Vorstellung des Täters den für die Vermögensverfügung und damit den Schadenseintritt ursächlichen Irrtum herbeiführen soll[487].

In casu war die Erschleichung des Vertrauens der C nach dem Tatplan der G zwar eine für die Erlangung des Geldes unabdingbare Voraussetzung. Erst die Vorspiegelung, das Leben der G hänge davon ab, dass C ihr das Geld für die lebensrettende Operation gebe, sollte C aber zu der Vermögensverfügung bewegen. Das Ansprechen der C auf der Straße war deshalb noch eine – straflose – Vorbereitungshandlung.

778 Diese Grundsätze gelten auch bei einer Begehung in mittelbarer Täterschaft. Soll der – gutgläubige – Tatmittler den relevanten Täuschungsakt vornehmen, so ist für den Versuchsbeginn nicht die Einwirkung auf das Werkzeug maßgeblich, sondern dessen verfügungsrelevante Täuschungshandlung[488].

---

[486] MK-*Hefendehl*, § 263 Rn. 1177; LK[12]-*Tiedemann*, § 263 Rn. 276.
[487] *BGH* St 37, 294 (296); NStZ 1997, 31 f.; NK-*Kindhäuser/Hoven*, § 263 Rn. 376; M/R-*Saliger*, § 263 Rn. 301.
[488] *BGH*, StV 2020, 658 (659); M/R-*Saliger*, § 263 Rn. 301. Ebso. für den Prozessbetrug in mittelbarer Täterschaft durch Manipulation eines zu begutachtenden Beweisstücks MK-*Hefendehl*, § 263 Rn. 1198.

§ 12 Versicherungsmissbrauch (§ 265 StGB)

§ 265 StGB erhielt durch das 6. StRG eine völlig neue Fassung. Er wurde erst auf Anregung des Bundesrates[1], der auf das Problem der organisiert begangenen internationalen Kraftfahrzeugverschiebungen, bei denen der Eigentümer nicht selten mit professionellen Tätern zusammenarbeitet[2], hingewiesen hatte, – quasi im letzten Moment[3] – in das Gesetz aufgenommen. Die Tathandlungen der alten Fassung des § 265 StGB übernahm das 6. StRG in modifizierter Form als Regelbeispiele für einen besonders schweren Fall des Betrugs in § 263 III 2 StGB als Nr. 5[4] (*Rn. 767 - 771*). § 265 StGB *n.F.* ist nicht mehr auf Objekte beschränkt, die gegen Feuergefahr versichert oder Objekte der Schiffsversicherung sind, sondern gilt grundsätzlich für versicherte Sachen und für Tathandlungen jeder Art[5]. 779

Zwar wird § 265 StGB *n.F.* – wie die Vorgängerregelung – zum Teil als **Vorfeldtatbestand zum Betrug** bezeichnet[6]. Diese Charakterisierung ist aber missverständlich, denn der Versicherungsmissbrauch erfasst auch Fälle, in denen die Geltendmachung des durch die tatbestandsmäßigen Manipulationen verursachten Schadens durch den Versicherungsnehmer keine Täuschung darstellt, weil der Versicherte einen Anspruch auf die Versicherungssumme hat[7]. 780

Geschütztes Rechtsgut ist nach zutreffender Auffassung – ausschließlich – das Vermögen der betroffenen Versicherung[8]; hierfür spricht schon die Subsidiarität des Versicherungsmissbrauchs gegenüber dem Betrug (*Rn. 789*). 781

Der Versicherungsmissbrauch ist ein **abstraktes Gefährdungsdelikt**, da der Tatbestand bereits durch die Manipulation der versicherten Sache erfüllt ist[9]. 782

Fall 128: – *Ein »fürsorglicher« Freund –*

Freddy (F) hatte sich von seiner Freundin Bernadette (B) deren Renault Twingo geliehen. F meinte ein verdächtiges »Klopfen« des Motors zu vernehmen und vermutete einen irreparablen Schaden. Um B die hohen Kosten zu ersparen, fuhr F den Pkw in einen stillgelegten Steinbruch und »fackelte« das Auto dort ab. F wusste, dass B eine Kaskoversicherung für das Fahrzeug abgeschlossen hatte. 783
Strafbarkeit des F?

---

[1] Vgl. BT-Drs. 13/8587, 65; BR-Drs. 164/2/97, 28 f.; BR-Drs. 164/97, 23.
[2] Dazu *Sieber/Bögel*, Logistik der Organisierten Kriminalität, 1993, S. 90, 299; *Werle*, Kriminalistik 1995, 78 ff., 153 ff.
[3] Vgl. BT-Drucks. 13/8587, 85; 13/8991, 21; 13/9064, 19 f.; krit. zu dem als übereilt empfundenen Gesetzgebungsverfahren *Zopfs*, VersR 1999, 265.
[4] MK-*Kasiske*, § 265 Rn. 1; krit. dazu *Rönnau*, JR 1998, 441 (442, Fn. 15).
[5] Näher dazu NK-*Hellmann*, § 265 Rn. 18 ff.
[6] *Fischer*, § 265 Rn. 1.
[7] *Mitsch*, BT 2, S. 426; W/H/S-*Schuhr*, Rn. 754; *Zopfs*, VersR 1999, 265.
[8] *Bussmann*, StV 1999, 613 (617); NK-*Hellmann*, § 265 Rn. 15; SK[9]-*Hoyer*, § 265 Rn. 6 f.; *Rengier* I, 15/2. A.A. AnwK-*Gercke/Hembach*, § 265 Rn. 2; *Klesczewski*, S. 128: Auch die Leistungsfähigkeit des Versicherungswesens werde geschützt; *Otto*, 61/1, hält allein dieses Interesse für geschützt.
[9] NK-*Hellmann*, § 265 Rn. 16; MK-*Kasiske*, § 265 Rn. 5; HdS 5-*Kindhäuser/Schumann*, § 34 Rn. 132. A.A. (Vorbereitungs-)Kumulationsdelikt: *Wohlers*, Deliktstypen des Präventionsstrafrechts – zur Dogmatik »moderner« Gefährdungsdelikte, S. 310, 328 ff.; *ders.*, GA 2002, 15 (19).

1. § 265 I StGB

a) Objektiver Tatbestand

Als **Tatobjekte** kommen alle – beweglichen und unbeweglichen – Sachen, auch Tiere, die gegen Untergang, Beschädigung, Beeinträchtigung der Brauchbarkeit, Verlust oder Diebstahl versichert sind, in Betracht. Die Eigentumsverhältnisse sind unmaßgeblich, sodass der Versicherungsmissbrauch an eigenen und fremden Sachen begangen werden kann[10]. § 265 StGB gilt jedoch ausschließlich für Sachversicherungen, also nicht für andere versicherte Gegenstände, z.B. den Betrieb im Falle einer Feuer-Betriebsunterbrechungsversicherung, selbst wenn der Versicherungsfall – auch – durch die Einwirkung auf eine Sache herbeigeführt werden kann. Sog. verbundene Versicherungen, die mehrere Risiken abdecken, unterfallen dagegen dem Tatbestand, wenn sie wenigstens auch eine Sachversicherung zum Gegenstand haben[11].

Der kaskoversicherte Renault war somit ein taugliches Tatobjekt.

784   **Tathandlungen** sind Beschädigung, Zerstörung, Beeinträchtigung der Brauchbarkeit, Beiseiteschaffen oder Überlassen der versicherten Sache.

F hat den Pkw zerstört.

b) Subjektiver Tatbestand

785   Der subjektive Tatbestand erfordert **Vorsatz** und die **Absicht, »sich oder einem Dritten Leistungen aus der Versicherung zu verschaffen«**. Erforderlich ist Absicht im technischen Sinne, die Leistungsverschaffung muss also das (End-)Ziel des Täters sein[12], dolus eventualis oder sicheres Wissen genügt somit nicht[13]. Erst die Leistungsverschaffungsabsicht gibt dem Versicherungsmissbrauch sein besonderes Gepräge, denn ohne diese Voraussetzung würde jede vorsätzliche Herbeiführung eines einer Sachversicherung abgedeckten Schadens, z.B. der „schlichte" Autodiebstahl, nach § 265 StGB strafbar sein[14].

786   Anders als § 265 StGB *a.F.*, der eine »betrügerische Absicht« forderte, und anders als § 263 III 2 Nr. 5 StGB, ist aber bei § 265 StGB keine **Rechtswidrigkeit** der angestrebten Bereicherung nötig. Der Tatbestand greift folglich – wie dargelegt (*Rn. 780*) – auch ein, wenn der Versicherte durch die Tat eines zu seinen Gunsten handelnden Dritten einen Anspruch auf die Versicherungsleistung erlangt und der Dritte dies auch weiß[15].

F handelte vorsätzlich und mit der geforderten Absicht, denn es kam ihm darauf an, dass B die Leistung aus der Kaskoversicherung erlangte.

c) Rechtswidrigkeit und Schuld liegen ebenfalls vor, sodass F des Versicherungsmissbrauchs schuldig ist.

---

[10] *Rönnau*, JR 1998, 441 (442 f.); S/S/W-*Saliger* § 265 Rn. 3; BeckOK-StGB-*Wittig*, § 265 Rn. 3..
[11] L/K/H-*Heger*, § 265 Rn. 2; ebso. *BGH* St 35, 325 (327) zu § 265 StGB *a.F.*
[12] A.A. W/H/S-*Schuhr*, Rn. 757.
[13] *Fischer*, § 265 Rn 9; *Mitsch*, BT 2, S. 431; Sch/Sch-*Perron*, § 265 Rn. 13; *Rengier* I, 15/5; *Rönnau* JR 1998, 441 (444). A.A. *Bröckers*, Versicherungsmissbrauch (§ 265 StGB), 1999, S. 155.
[14] Ähnl. Sch/Sch-*Perron*, § 265 Rn.13.
[15] NK-*Hellmann*, § 265 Rn. 7 f.; *Kreß*, NJW 1998, 633 (643); S/S/W-*Saliger*, § 265 Rn. 13.

2. § 306 I Nr. 4 StGB

Bei dem Pkw handelt es sich um ein fremdes, nämlich im Eigentum der B stehendes Kraftfahrzeug, sodass F durch das vorsätzliche Inbrandsetzen des Autos zudem eine Brandstiftung nach § 306 I Nr. 4 StGB (»Brandsachbeschädigung«) begangen hat. **787**

3. § 306a I Nr. 3 StGB

Eine schwere Brandstiftung scheidet dagegen aus, da ein Pkw kein »Aufenthaltsraum« i.S.d. Tatbestandes ist (dazu Krey/Hellmann/*Heinrich*, BT 1, *Rn. 1245*). **788**

4. Konkurrenzen

Die Subsidiaritätsklausel des § 265 StGB *n.F.* gegenüber § 263 StGB gilt auch im Falle des strafbaren Betrugs*versuchs*[16]. **789**

Für das Konkurrenzverhältnis des Versicherungsmissbrauchs zu anderen Delikten gelten die allgemeinen Regeln. In Tateinheit (§ 52 StGB) steht § 265 StGB insbesondere mit Tatbeständen, die durch die Einwirkung auf die versicherte Sache verwirklicht werden, z.B. §§ 242, 244, 244a, 246, 303 ff., 306 ff., 315, 315b StGB[17].

F ist somit wegen Versicherungsmissbrauchs in Tateinheit mit Brandstiftung strafbar; § 306 StGB ist gegenüber § 303 StGB lex specialis[18].

5. Tätige Reue?

§ 265 StGB enthält – anders als §§ 264 II, 264a III, 265b II StGB – keine Regelung der tätigen Reue. Zum Teil wird jedoch eine analoge Anwendung dieser Vorschriften auf den Versicherungsmissbrauch befürwortet[19]. Diese Sicht wird zu Recht abgelehnt[20]. Die Parallele zur tätigen Reue bei anderen Tatbeständen verfängt nicht. Anders als §§ 264, 264a, 265b StGB bedroht § 265 StGB nicht bestimmte Betrugshandlungen mit Strafe (*Rn. 790*), sondern § 265 StGB wurde wegen der besonderen Gefährlichkeit der inkriminierten Handlungen für das Vermögen der Versicherung geschaffen. Das nach § 265 StGB strafbare Verhalten ist deshalb ein völlig anderes als das des – versuchten – Betrugs, zumal die Neufassung auch für Konstellationen gilt, in denen der Versicherte einen Anspruch auf die Versicherungssumme hat und die Geltendmachung des Schadens somit keinen Betrug darstellt. § 265 StGB liefe zudem weitgehend leer, wenn die Möglichkeit der tätigen Reue anerkannt würde. Bei einer Entdeckung der Tat vor der Inanspruchnahme der Versicherung könnte sich der Versicherte nahezu immer darauf berufen, er habe den Plan, den Schaden geltend zu machen, aufgegeben. Hat er jedoch seine Schadensmeldung bereits erstattet, ist das Stadium des versuchten Betrugs erreicht, sodass § 265 StGB wegen der angeordneten Subsidiarität nicht zur Anwendung kommt[21]. **789a**

---

[16] HdS 5-*Kindhäuser/Schumann*, § 34 Rn. 142.
[17] SK⁹-*Hoyer*, § 265 Rn. 30; MK-*Kasiske*, § 265 Rn. 33; Sch/Sch-*Perron*, § 265 Rn. 16.
[18] MK-*Radtke*, § 306 Rn. 69.
[19] Z.B. M/R-*Gaede*, § 265 Rn. 9; HdS 5-*Kindhäuser/Schumann*, § 34 Rn. 144.
[20] L/K/H-*Heger*, § 265 Rn. 5; *Rengier* I, 15/8; *Rönnau* JR 1998, 441 (446); S/S/W/*Saliger*, § 265 Rn. 14; W-H/S-*Schuhr* Rn. 758; BeckOK-StGB-*Wittig* Rn 14.1.
[21] NK-*Hellmann*, § 265 Rn. 42.

§ 13 Subventions-, Kredit- und Kapitalanlagebetrug (§§ 264, 265b, 264a StGB)

790 §§ 264, 265b wurden durch das *1. Gesetz zur Bekämpfung der Wirtschaftskriminalität* (WiKG) in das StGB eingefügt, § 264a 1986 durch das 2. WiKG.
Die drei Tatbestände im »**Vorfeld« des Betruges** sind vergleichbar strukturiert, indem sie bestimmte Betrugshandlungen mit Strafe bedrohen und auf die weiteren objektiven Merkmale des § 263 StGB sowie die Bereicherungsabsicht verzichten.

I. Subventionsbetrug (§ 264 StGB)

– Siehe *Hellmann*, WiStR, Rn. 879 ff. –

791 *(1)* **Geschütztes Rechtsgut** soll nach h.M. ausschließlich oder jedenfalls in erster Linie das »Allgemeininteresse an einer wirksamen staatlichen Wirtschaftsförderung durch Subventionen« sein; sie solle vor missbräuchlicher Inanspruchnahme bewahrt werden. Den Unrechtskern des Subventionsbetrugs bilde »die Verfehlung der mit der Subventionierung angestrebten wirtschaftspolitischen Zwecke«[1]. *Zugleich* schütze § 264 StGB auch das *Vermögen* des Subventionsgebers, denn in der zweckwidrigen Subventionsgewährung sei i.S. der oben dargelegten Zweckverfehlungslehre (*Fälle 117, 118, Rn. 715 ff.,* m.w.N.) grundsätzlich ein Vermögensschaden zu sehen[2].
Nach anderer Auffassung ist *ausschließlich das Vermögen* – des Staates bzw. der EU – Schutzgut der Vorschrift[3].
Zutreffend erscheint die zuletzt genannte Meinung: Die Schaffung des § 264 StGB bezweckte[4], die **prozessualen Probleme**, die der Nachweis sämtlicher Merkmale des § 263 I StGB im Falle der betrügerischen Erlangung einer Subvention nicht selten bereitet, kurzerhand dadurch zu beseitigen, dass die objektiven Tatbestandsmerkmale des Betruges – bis auf näher umschriebene Täuschungshandlungen – und die Bereicherungsabsicht »gekappt« wurden und – in der Leichtfertigkeitsalternative, § 264 V StGB – sogar auf den Täuschungsvorsatz verzichtet wurde (siehe *Rn. 793, 794*). Um einen solcherart »verstümmelten« Sondertatbestand des Betrugs, der schon das bloß leichtfertige Machen unrichtiger Angaben unter Strafe stellt und mit § 263 StGB deshalb eigentlich unvereinbar erscheint[5], zu rechtfertigen, wurde ein weiteres Schutzgut »erfunden«.

---

[1] Z.B. *OLG Hamburg*, NStZ 1984, 218; L/K/H-*Heger*, § 264 Rn. 1; A/W/H/H-*Heinrich*, 21/55; *Mitsch*, BT 2, S. 404; W/H/S-*Schuhr*, Rn. 727; LK[12]-*Tiedemann*, § 264 Rn. 11; ähnl. MK-*Ceffinato*, § 264 Rn. 9 ff. („gesamthänderisches Interesse an der Funktionsfähigkeit der für das Subventionswesen relevanten Funktionszusammenhänge").

[2] MR-*Gaede*, § 264 Rn. 4; L/K/H-*Heger*, § 264 Rn. 1; Sch/Sch-*Perron*, § 264 Rn. 4; W/H/S-*Schuhr*, Rn. 727. A.A. LK[12]-*Tiedemann*, § 264 Rn. 17, 18 m.w.N.

[3] *Gössel*, 23/31; NK-*Hellmann*, § 264 Rn. 10; *ders.*, WiStR, Rn. 880; M/S/M/H/M-*Momsen*, 41/173.

[4] Vgl. BT-Drs. 7/3441, 16 f.; siehe *Rn. 794*.

[5] Die – vergleichbare – *leichtfertige Erlangung indirekter (Steuer-) Subventionen* (siehe *Rn. 794*) ist gemäß § 378 AO lediglich eine Ordnungswidrigkeit.

(2) Der Subventionsbetrug ist ein **abstraktes Gefährdungsdelikt**[6], denn anders als § 263 StGB verlangt § 264 StGB *weder einen Vermögensschaden noch eine konkrete Gefährdung* des geschützten Rechtsguts. So bedroht § 264 I Nr. 1 StGB die dort genannten – vorsätzlichen – Täuschungen wegen ihrer »generellen Gefährlichkeit« für das Schutzgut mit Strafe und greift auch ein, wenn der Subventionsgeber den wahren Sachverhalt erkennt, d.h. die Täuschung durchschaut[7]. Das Machen unrichtiger, d.h. objektiv nicht der Wirklichkeit entsprechender[8], (Tatsachen-)Angaben lässt sich als ausdrückliche Täuschung, das Machen unvollständiger Angaben, die einen einheitlichen Lebenssachverhalt nur zum Teil richtig darlegen, z.B. indem wesentliche Tatsachen nicht mitgeteilt werden, sodass ein falscher Gesamteindruck entsteht[9], als konkludente Täuschung verstehen[10].

792

(3) Ungeachtet der gesetzlichen Deliktsbezeichnung »Subventionsbetrug« und des Umstandes, dass § 264 StGB dem Vermögensschutz dient, bestehen – wie bereits angedeutet – **bedeutsame Unterschiede zu § 263 StGB**:

793

(a) »Irrtumserregung«, »Vermögensverfügung des Getäuschten«, »Vermögensschaden« und »Absicht, sich oder einem Dritten einen rechtswidrigen Vermögensvorteil zu verschaffen«, setzt § 264 StGB nicht voraus. Der Tatbestand stellt bereits **allein die Vornahme der Täuschungshandlung** unter Strafe, sodass die bloße – im Rahmen eines Subventionsvergabeverfahrens vorgenommene – folgenlose Täuschungshandlung den Tatbestand erfüllt[11]. Daher steht – wie dargelegt (*Rn. 792*) – die Kenntnis des Subventionsgebers von der Unrichtigkeit der Angaben, also das Fehlen eines Irrtums, der Strafbarkeit wegen Subventionsbetrugs nicht entgegen[12].

(b) Nach Maßgabe des § 264 V StGB ist auch die **leichtfertige** Tatbegehung mit Strafe bedroht. Ein Teil der Literatur sieht in dieser Bestimmung »das strafrechtliche Kernstück der Reform, da der bloße Verzicht auf Schadenseintritt und Absicht rechtswidriger Bereicherung die **Nachweisprobleme** beim Subventionsbetrug i.S. des § 263 nicht gelöst hätte«[13]. Die Strafwürdigkeit des Leichtfertigkeitstatbestandes ist jedoch mindestens zweifelhaft[14]; z.T. wird gefordert, den leichtfertigen Subventionsbetrug *de lege ferenda* zu einer Ordnungswidrigkeit herabzustufen[15].

794

---

[6] So die h.M., *BGH* St 34, 265 (269); MK-*Ceffinato*, § 264 Rn. 13; *Fischer*, § 264 Rn. 4; NK-*Hellmann*, § 264 Rn. 11; HdS 5-*Kindhäuser/Schumann*, § 34 Rn. 55; *Mitsch*, BT 2, S. 403;. A.A. BT-Drs. 7/5291, 5: »konkretes Gefährdungsdelikt«; SK[9]-*Hoyer*, § 264 Rn. 19: »abstrakt-konkretes Gefährdungsdelikt«; M/R-*Gaede*, § 264 Rn. 5; S/S/W-*Saliger*, § 264 Rn. 2: »abstrakt-konkretes Gefährdungsdelikt bzw. Eignungsdelikt«; *Walter*, GA 2001, 131 (140): »Erfolgsdelikt«.
[7] *BGH*, StV 2019, 28; L/K/H-*Heger*, § 264 Rn. 2; Sch/Sch-*Perron*, § 264 Rn. 5.
[8] *BGH* St 34, 111 (115); *BayObLG*, MDR 1989, 1014; L/K/H-*Heger*, § 264 Rn. 17; SK[9]-*Hoyer*, § 264 Rn. 52; LK[12]-*Tiedemann*, § 264 Rn. 78; *Wittig*, 17/39.
[9] *AG Alsfeld*, NJW 1981, 2588.
[10] *BGH*, NStZ 2006, 625 (627); SK[9]-*Hoyer*, § 264 Rn. 51.
[11] *BGH* St 34, 265 (267 f.), unter Berufung auf den Bericht des Sonderausschusses für die Strafrechtsreform, BT-Drs. 7/5291, 4, 6.
[12] *BGH*, StV 2019, 28.
[13] LK[12]-*Tiedemann*, § 264 Rn. 101.
[14] Näher dazu NK-*Hellmann*, § 264 Rn. 151 ff.
[15] Z.B. .MK-*Ceffinato*, § 264 Rn. 108; *Fischer*, § 264 Rn. 3a; MR-*Gaede*, § 264 Rn. 7; siehe auch *Fn. 5*.

795 *(4)* Die **Subventionsbegriffe** definiert § 264 VIII StGB. Das Gesetz hat sich für einen *materiellen* Subventionsbegriff entschieden, sodass die Etikettierung der Leistung nicht maßgeblich ist; das Wort »Subvention« wird in der Praxis sogar »eher vermieden«[16].
Unter »**Leistung aus öffentlichen Mitteln**« i.S. dieser Regelung ist nur eine direkte Zuwendung zu verstehen, sodass indirekte Subventionen in Form von Steuerermäßigungen und sonstige auf Grund steuerrechtlicher Vorschriften gewährte Leistungen nicht § 264 StGB, sondern § 370 AO (Steuerhinterziehung) oder § 378 AO (leichtfertige Steuerverkürzung; Ordnungswidrigkeit!) unterfallen[17].
Eine Subvention nach *Bundes- oder Landesrecht* (§ 264 VIII 1 Nr. 1 StGB) setzt drei Merkmale voraus: Die Leistung muss einem **Betrieb oder Unternehmen** wenigstens zum Teil zum Zweck der **Förderung der Wirtschaft** und zumindest teilweise **ohne marktmäßige Gegenleistung** gewährt werden, sodass »Sozialsubventionen« nicht erfasst sind. Die überwiegende Meinung in der Literatur[18] legt – unter Berufung auf den vermeintlichen gesetzgeberischen Willen – § 264 VIII 1 Nr. 1 StGB so aus, dass eine nationale Subvention nur vorliege, wenn ausschließlich Betriebe oder Unternehmen Empfänger der Zuwendung sein können. Nach zutreffender Auffassung[19] ist § 264 StGB auch anwendbar, wenn die Subvention zwar sowohl Betrieben bzw. Unternehmen als auch Privatpersonen gewährt werden kann, im konkreten Fall aber ein Betrieb oder Unternehmen Subventionsnehmer ist. Im Wortlaut des § 264 VIII 1 Nr. 1 StGB findet die überwiegende Meinung jedenfalls keine eindeutige Stütze; der Bericht des Sonderausschusses[20] ist zumindest nicht eindeutig.
Der Begriff der nach dem *Recht der Europäischen Union* gewährten Subventionen (§ 264 VIII 1 Nr. 2 StGB) ist erheblich weiter, da er auch **Leistungen ohne Wirtschaftsförderungszweck an Privatpersonen** umfasst.

796 *(5)* § 264 IX StGB enthält die Legaldefinition des Begriffs »**subventionserhebliche Tatsachen**«. § 2 Subventionsgesetz (SubvG), der allerdings nur für Subventionen *nach Bundesrecht* bzw. für *durch Bundesbehörden* nach EU-Recht vergebene Subventionen gilt, schreibt vor, welche Tatsachen von dem Subventionsgeber als subventionserheblich zu bezeichnen sind. Die Bundesländer haben für Subventionen *nach Landesrecht* die Anwendbarkeit der §§ 2 ff. SubvG angeordnet[21].
Im Zusammenhang mit der Beantragung von »**Corona-Soforthilfen**«, die dem Subventionsbegriff des § 264 VIII Nr. 1 StGB unterfallen[22], ist im Einzelfall festzustel-

---

[16] LK[12]-*Tiedemann*, § 264 Rn. 26.
[17] L/K/H-*Heger*, § 264 Rn. 4; *Mitsch*, BT 2, S. 404 f.
[18] Z.B. Sch/Sch-*Perron*, § 264 Rn. 21; LK[12]-*Tiedemann*, § 264 Rn. 54; wohl auch AnwK-*Gercke/Hembach*, § 264 Rn. 10.
[19] *BGH* St 59, 244 (Rn. 12) m. zust. Anm. *Hellmann*, JZ 2015, 724 (725 f.) und insoweit abl. Anm. *Asholt*, ZWH 2014, 467 (468).
[20] BT-Drs. 7/5291, 12.
[21] Vgl. L/K/H-*Heger*, § 264 Rn. 11; LK[12]-*Tiedemann*, § 264 Rn. 85.
[22] *BGH* St 66, 115 (Rn. 5) m. Anm. *Dihlmann*, NJW 2021, 2056 f., und *Peukert/Püschel*, NZWiSt 2021, 474 ff.; *KG*, NZWiSt 2022, 446 (Rn. 12) m. Anm. *Hänle*.; *LG Hamburg*, NJW 2021, 707 (Rn. 2 ff.) m. Anm. *Habetha*, *Höpfner/Bednarz*, ZWH 2021, 91 (93), *Rau/Sleimann*, NZWiSt 2020, 373 (374), *Tolksdorf/Schellhaas*, NZWiSt 2021, 344 (345 f.) und *Trompke/Wortmann*, COVuR 2020, 401 (402).

len, ob die für die Gewährung der Beihilfe materiell maßgeblichen Umstände (z.B. Sitz und Größe des Unternehmens, unmittelbar infolge der Corona-Virus-Pandemie eingetretener Liquiditätsengpass oder Umsatzeinbruch, erhaltene oder beantragte vergleichbare staatliche Hilfe) subventionserhebliche Tatsachen i.S. des § 264 IX StGB sind[23].

(6) § 264 I Nr. 1 StGB ist kein Sonderdelikt. **Täter** kann nicht nur der Subventionsnehmer, sondern jedermann sein, der für sich oder einen anderen Angaben macht. Deshalb verwirklicht nach h.M. diese Tatalternative auch ein **Amtsträger** (§ 11 I Nr. 2 StGB), der falsche Angaben eines Subventionsnehmers gegenüber einem Vorgesetzten, der befugt ist, die Subvention zu bewilligen und zur Auszahlung anzuweisen, als zutreffend bestätigt[24]. Als Täter des Subventionsbetrug ausgenommen sind jedoch behördeninterne Amtsträger, die über die Subventionsvergabe entscheidungsbefugt sind und deshalb nicht täuschen, sondern nur getäuscht werden können[25]. »Für den Einbezug sonstiger ›behördeninterner‹ Amtsträger in den möglichen Täterkreis besteht auch ein kriminalpolitisches Bedürfnis.«[26]
Die Gegenmeinung, nach der § 264 I Nr. 1 StGB nur Taten »gegenüber dem Subventionsgeber *von außen*« meine, nicht aber »*interne Vorgänge* innerhalb der Organisation des Subventionsgebers«[27], ist abzulehnen. Der Wortlaut dieser Vorschrift fordert sie nicht, sie ist mit der Regelung des § 264 II Nr. 2 StGB »nur schwer vereinbar« und wird der Entstehungsgeschichte des § 264 I Nr. 1 StGB nicht gerecht[28].

797

(7) »**Vorteilhaft**« i.S. des § 264 I Nr. 1 StGB sind die Angaben, wenn sie die Aussichten auf Bewilligung oder Belassung der Subvention verbessert haben[29].
Die Rechtsprechung[30] folgert unter teilweiser Billigung der Literatur[31] aus dem Wortlaut und der Entstehungsgeschichte des § 264 StGB, der »schon allein die (vorsätzliche oder auch nur leichtfertige) Verletzung der Pflicht des Antragstellers zu wahrheitsgemäßen und vollständigen Angaben mit Strafe bedrohe«, dass die Vorteilhaftigkeit der Angaben auch dann gegeben sei, wenn ein anderer als der im Subventionsantrag wahrheitswidrig behauptete Sachverhalt einen Anspruch auf Subvention begründet.
Die h.L.[32] hält dem überzeugend entgegen, dass nur solche Angaben vorteilhaft sind, die sich auf die Gewährung oder Belassung einer Subvention auswirken, da das Ver-

798

---

[23] Näher dazu *Hellmann*, WiStR, Rn. 894a.
[24] *BGH* St 32, 203 ff.; *OLG Hamburg*, NStZ 1984, 218; *Fischer*, § 264 Rn. 22; M/R-*Gaede*, § 264 Rn. 28; Sch/Sch-*Perron*, § 264 Rn. 49, 76, 77; *Ranft*, JuS 1986, 445 (450); LK[12]-*Tiedemann*, § 264 Rn. 18, 70, 124.
[25] NK-*Hellmann*, § 264 Rn. 89; Sch/Sch-*Perron*, § 264 Rn. 77; S/S/W-*Saliger*, § 264 Rn. 27; LK[12]-*Tiedemann*, § 264 Rn. 148; krit. *Lührs*, wistra 1999, 89 (92).
[26] *Ranft*, JuS 1986, 445 (450).
[27] *Otto*, 61/20.
[28] *BGH* St 32, 203 (205).
[29] *Hellmann*, WiStR, Rn. 892; *Wittig*, 17/43.
[30] *BGH* St 34, 265 ff.; NStZ 1990, 336 m.w.N.
[31] *Achenbach*, JR 1988, 251 (254); *Meine*, wistra 1988, 13 (16); *Otto*, 61/19.
[32] L/K/H-*Heger*, § 264 Rn. 18; NK-*Hellmann*, § 264 Rn. 95; *Ranft*, NJW 1986, 3163 (3164); S/S/W-*Saliger*, § 264 Rn. 26; *Wittig*, 17/45.

mögen des Subventionsgebers nicht einmal abstrakt gefährdet ist, wenn die Subvention aus anderen Gründen ohnehin hätte gewährt werden müssen.

799 *(8)* Da es keinen leichtfertigen Betrug nach § 263 StGB gibt, erfasst der **Leichtfertigkeitstatbestand** des § 264 V StGB Konstellationen, die ansonsten straflos wären. Leichtfertig handelt, wer die erforderliche Sorgfalt in besonders hohem Maße außer Acht lässt, wobei auf die individuellen Fähigkeiten und Kenntnisse des Täters abzustellen ist[33].

800 *(9)* Den Versuch des Subventionsbetruges bedroht § 264 IV StGB nur in der Alternative der Verwendung eines subventionierten Gegenstandes oder Geldbetrages entgegen einer Verwendungsbeschränkung (§ 264 I Nr. 2 StGB) mit Strafe. Die Einfügung der Regelung erfolgte 2019 in Umsetzung der EU-Richtlinie 2017/1371[34], die in Art. 5 II die Mitgliedstaaten zur Sicherstellung der Versuchsstrafbarkeit bei Betrug zum Nachteil der EU verpflichtet. Da die übrigen Tatalternativen des § 264 I StGB in der Vornahme einer Täuschungshandlung i.S. des § 263 I StGB bestehen und der Versuch des allgemeinen Betrugtatbestandes nach § 263 II StGB strafbar ist, bedurfte es einer generellen Versuchsregelung für § 264 StGB nicht. Die Verwendung eines nach EU-Recht subventionierten Gegenstandes oder Geldbetrages unter Verstoß gegen eine Verwendungsbeschränkung erfüllt dagegen nicht notwendig den allgemeinen Betrugtatbestand (siehe *Hellmann*, WiStR, Rn. 900), sodass eine Anordnung der Versuchsstrafbarkeit für diese Alternative notwendig war.

801 *(10)* Der *gewerbs- und bandenmäßig begangene Subventionsbetrug* ist nach § 264 III i.V.m. § 263 V StGB ein **Qualifikationstatbestand**.

802 *(11)* § 264 VI StGB enthält eine Regelung der »**tätigen Reue**«, nach der ein Täter **Straffreiheit** erlangt, wenn er *freiwillig verhindert*, dass die Subvention, die er durch Täuschung erlangen wollte, gewährt wird, bzw. wenn er sich *freiwillig und ernsthaft bemüht*, die Gewährung zu verhindern, falls die Subvention aus anderen Gründen ohnehin nicht gewährt wird.
Diese Regelung erhält dem Täter den Anreiz, sich durch die Verhinderung des Schadenseintritts Straffreiheit zu verschaffen. Da mit der Vornahme einer Tathandlung des § 264 StGB dieses Delikt bereits vollendet ist, der Betrug nach § 263 StGB jedoch häufig erst versucht ist (*Rn. 800*), würde der Täter ohne § 264 VI StGB zwar vom Betrugsversuch nach Maßgabe des § 24 StGB mit strafbefreiender Wirkung zurücktreten können, die Strafbarkeit wegen des vollendeten Subventionsbetrugs bliebe aber bestehen.

803 *(12)* Das **Konkurrenzverhältnis** des § 264 StGB zu § 263 StGB ist strittig:
Die h.M. betrachtet den Subventionsbetrug als *abschließende Sonderregelung*, sodass bei seinem Vorliegen § 263 StGB zurücktrete (Gesetzeskonkurrenz)[35]. Nach

---

[33] *BGH*, ZWH 2013, 228 f. m. Anm. *Bittmann*; NK-*Hellmann*, § 264 Rn. 153.
[34] Richtlinie (EU) 2017/1371 des Europäischen Parlaments und des Rates vom 5. Juli 2017 über die strafrechtliche Bekämpfung von gegen die finanziellen Interessen der Union gerichtetem Betrug, ABl. L 198/29 ff. vom 29.07.2017.
[35] *BGH*St 32, 203 (206 f.); 44, 233 (243); NStZ-RR 2020, 349; *Mitsch*, BT 2, S. 404 f.; BeckOK-StGB-*Momsen/Laudien*, § 264 Rn. 56; Sch/Sch-*Perron*, § 264 Rn. 87; LK[12]-*Tiedemann*, § 264 Rn. 134.

der Gegenmeinung stehen Subventionsbetrug und allgemeiner Betrug in *Tateinheit*[36]. Zutreffend ist zu **differenzieren**: Folgt man der hier vertretenen Auffassung, dass auch § 264 StGB ausschließlich das Vermögen des Subventionsgebers schützt, so tritt der Subventionsbetrug als abstraktes Gefährdungsdelikt nach allgemeinen Grundsätzen[37] hinter das Verletzungsdelikt des vollendeten Betruges im Wege der Gesetzeskonkurrenz (Subsidiarität) zurück. Bleibt der Betrug im Versuch stecken, so stehen § 264 StGB und §§ 263, 22 StGB in Tateinheit; dadurch wird klargestellt, dass der Betrugsversuch im Anwendungsbereich des § 264 StGB nicht milder bestraft wird als die vollendete Tat[38].

Entfällt § 264 StGB, z.B. weil es sich um eine gemäß § 264 VIII 1 Nr. 1 StGB nicht erfasste staatliche Förderungsleistung nach Bundes- oder Landesrecht an Privathaushalte (sog. »Sozialsubventionen«) bzw. zur Unterstützung reiner Grundlagenforschung oder kultureller Einrichtungen handelt[39], so greift auch nach h.M. § 263 StGB ein, sofern die Voraussetzungen des Betrugstatbestandes erfüllt sind[40].

Steuerhinterziehung und (Subventions-) Betrug besitzen unterschiedliche Anwendungsbereiche, sodass sie nicht konkurrieren. Nur § 370 AO – bzw. im Falle der leichtfertigen Begehung § 378 AO – liegt deshalb vor, wenn eine direkte Zuwendung nach Steuerrecht gewährt wird[41] (*Rn. 795*).

II. Kreditbetrug (§ 265b StGB)

– Siehe *Hellmann*, WiStR, Fälle 12 bis 14 (Rn. 189 ff.). –

§ 265b StGB spielt in der Praxis der Strafverfolgungsorgane keine nennenswerte Rolle, was u.a. auf das notorische Desinteresse der Kreditwirtschaft »an einem strafrechtlichen Vorgehen gegen Kreditbetrüger« zurückzuführen ist[42]. **804**

Das *Bedürfnis nach einem solchen Straftatbestand* im Vorfeld des Betrugs ist auch im Gesetzgebungsverfahren nicht ausreichend dargetan worden[43]. Selbst die Kreditwirtschaft hat auf die Strafvorschrift, die doch ihrem Schutz dienen soll (*Rn. 805*), im Wesentlichen keinen Wert gelegt.

(1) **Geschütztes Rechtsgut** ist jedenfalls das Vermögen des jeweiligen – auch ausländischen (*Rn. 812*) – Kreditgebers[44]. Darüber hinaus wird zum Teil das im Allgemeininteresse liegende Funktionieren der Kreditwirtschaft als solche als weiteres Schutzgut betrachtet[45]. **805**

---

[36] *Achenbach*, JR 1988, 251 (254); *Berz*, BB 1976, 1438; M/S/M/H/M-*Momsen*, 41/183.
[37] Vgl. *BGH* St 8, 243 (244); W/B/S-*Beulke/Satzger*, Rn. 1268.
[38] NK-*Hellmann*, § 264 Rn. 173.
[39] Dazu u.a.: *Otto*, 61/13; LK[12]-*Tiedemann*, § 264 Rn. 32, 36.
[40] So u.a. *BGH* St 44, 233 (243); Sch/Sch-*Perron*, § 264 Rn. 87 (h.M.).
[41] NK-*Hellmann*, § 264 Rn. 169; *Mitsch*, BT 2, S. 404 f.; HWSt-*Wattenberg*, 6. Teil 2. Kap Rn. 101. A.A. *Fischer*, § 264 Rn. 54a: § 370 AO sei »lex specialis« gegenüber § 264 StGB.
[42] *Fischer*, § 265b Rn. 4; LK[12]-*Tiedemann*, § 265b Rn. 5.
[43] Dazu *Heinz*, GA 1977, 210 ff.; *Schubarth*, ZStW 92 (1980), 80 ff.
[44] *BGH* St 36, 130 (131); NK-*Hellmann*, § 265b Rn. 9; HdS 5-*Kindhäuser/Schumann*, § 34 Rn. 120.
[45] *BGH* St 60, 15 (Rn. 42); ZWH 2015, 17 (18); L/K/H-*Heger*, § 265b Rn. 1; S/S/W-*Saliger*, § 265b Rn. 1. Gegen das Rechtsgut »Vertrauens in die Funktionsfähigkeit« *Beckemper*, ZIS 2011, 318 ff.

Dritter Abschnitt: Delikte gegen das Vermögen als Ganzes

806 M.E. ist die Kreditwirtschaft als solche nicht einmal in zweiter Linie geschützt; § 265b StGB stellt also allein ein Delikt gegen das **Vermögen des Kreditgebers** dar. Neben den oben (*Rn. 791*) bei § 264 StGB genannten Argumenten, die hier sinngemäß gelten, spricht gegen die Auffassung, die Vorschrift wolle im Allgemeininteresse den Schutz der Kreditwirtschaft als solche erreichen, dass dann nicht nur der unredliche Kredit*nehmer* hätte kriminalisiert werden müssen, sondern in gewissem Umfang auch der wirtschaftlich unvertretbar handelnde Kredit*geber*[46].

807 *(2)* Der Kreditbetrug ist ein **abstraktes Gefährdungsdelikt**[47]: Eine Schädigung bzw. konkrete Gefährdung des geschützten Rechtsguts ist nicht erforderlich.

808 *(3)* Anders als § 263 StGB verlangt § 265b StGB keine Irrtumserregung, keine Vermögensverfügung, keinen Vermögensschaden und keine Bereicherungsabsicht, sondern ist bereits mit der **Vornahme der Tathandlungen**[48] vollendet.

809 *(4)* Der Anwendungsbereich des § 265b StGB ist auf **Betriebskredite**, d.h. Kreditgeschäfte beschränkt, bei denen **sowohl Kreditgeber als auch Kreditnehmer Betriebe oder Unternehmen** (Abs. 3) sind; dabei muss der Betrieb/das Unternehmen z.Z. der Antragstellung grundsätzlich bereits bestehen[49]. Gemäß § 265b I StGB genügt es allerdings, wenn auf der Seite des Nehmers ein Betrieb oder Unternehmen nur **vorgetäuscht** wird.
Folglich wird die **Privatperson**, die als solche einen Kredit gewährt, nicht durch § 265b StGB, sondern allein durch § 263 StGB geschützt[50].
§ 265b StGB entfällt zudem bei der Erschleichung eines Kredites zu **privaten** Zwecken[51].
Beispiel: Die KFB (Konsumförderungsbank) gewährte dem Unternehmer Rheinvall auf Grund von ihm vorgelegter unrichtiger Unterlagen einen Kredit für die Finanzierung seines Einfamilienhauses. Hier scheidet § 265b StGB aus und es kommt nur § 263 StGB in Betracht.

810 *(5)* § 265b II StGB enthält eine § 264 VI StGB entsprechende Regelung der »**tätigen Reue**« (vgl. *Rn. 802*).

811 *(6)* Gegenüber § 263 StGB ist § 265b *subsidiär*[52]. Dies folgt zum einen daraus, dass der Kreditbetrug, wie dargelegt (*Rn. 805 f.*), ein Vermögensdelikt ist, zum anderen – und vor allem – aber daraus, dass § 265b StGB sonst eine Privilegierung des Kreditbetrügers darstellen würde, weil der Tatbestand einen geringeren Strafrahmen aufweist als § 263 StGB.

---

[46] *BGH* St 36, 130 (131); NK-*Hellmann*, § 265b Rn. 9; *Mitsch*, BT 2, S. 454.
[47] H.M., *BGH*, NStZ 2011, 279; AnwK-*Gercke/Hembach*, § 265b Rn. 2; L/K/H-*Heger*, § 265b Rn. 1; Sch/Sch-*Perron*, § 265b Rn. 4; S/S/W-*Saliger*, § 265b Rn. 2; *Wittig*, 19/3; Nachw. der abw. Auff., die auch für § 265b StGB vertreten werden, in *Fn. 6*.
[48] Siehe dazu eingehend *Hellmann*, WiStR, Rn. 196 ff., 205 ff.
[49] *BayObLG*, NStZ 1990, 439 f.; näher *Hellmann*, WiStR, Rn. 191 f.
[50] Siehe auch *Hellmann/Beckemper*, ZJS 2008, 60 (62). Bedenken hiergegen – unter dem Gesichtspunkt des Gleichheitssatzes – etwa bei *Fischer*, § 265b Rn. 5.
[51] Dazu Sch/Sch-*Perron*, § 265b Rn. 5.
[52] H.M.: *BGH* St 36, 136; *Fischer*, § 265b Rn. 41; L/K/H-*Heger*, § 265b Rn. 10; *Heinz*, GA 1977, 216 (226); *Hellmann*, WiStR, Rn. 207; *Hellmann/Beckemper*, ZJS 2008, 60 (68). Abw. – für *Idealkonkurrenz* – u.a.: Sch/Sch-*Perron*, § 265b Rn. 51; LK[12]-*Tiedemann*, § 265b Rn. 13, 89.

(7) § 265b StGB erfasst auch im Inland begangene Kreditbetrügereien gegen ausländische Kreditgeber (§ 9 I StGB)[53]. 812

III. Kapitalanlagebetrug (§ 264a StGB)

– Siehe *Hellmann*, WiStR, Rn. 1 ff. –

Geschützte Rechtsgüter sollen nach h.M. das Vermögen der Anleger und zudem das Allgemeininteresse an der Funktionsfähigkeit des Kapitalmarktes sein[54]. Für § 264a StGB gilt jedoch – wie für §§ 264, 265b StGB –, dass **allein das Vermögen**, hier das der Anleger, Schutzgut des Tatbestandes ist[55] (vgl. *Rn. 791, 805 f.*). Der Kapitalanlagebetrug ist ebenfalls ein **abstraktes Gefährdungsdelikt** im Vorfeld des Betruges. 813

Wie bei § 265b StGB – dem § 264a StGB tatbestandstechnisch nachgebildet ist[56] – verlangt das Gesetz abweichend von § 263 StGB keinen Irrtum, keine Vermögensverfügung, keinen Vermögensschaden und keine Bereicherungsabsicht. 814

Der Kapitalanlagebetrug erfordert unrichtige Angaben **»gegenüber einem größeren Kreis von Personen«** in Prospekten etc. Bloße Täuschungen in Verhandlungen mit Einzelpersonen erfasst der Tatbestand also nicht; bei ihnen kommt allein Betrug bzw. Betrugsversuch (§ 263 bzw. §§ 263, 22 f. StGB) in Betracht[57]. 815

Der »Kapitalanlagebetrüger« kann gemäß § 264a III StGB durch **»tätige Reue«** Straffreiheit erlangen. Von §§ 264 VI, 265b II StGB (siehe *Rn. 802, 810*) unterscheidet sich die tätige Reue nach § 264a III StGB allerdings. Da der Kapitalanlagebetrug Täuschungshandlungen »gegenüber einem größeren Kreis von Personen« erfordert, genügt es nicht, dass der Täter die Leistungserbringung in einem einzelnen Fall verhindert bzw. er sich darum bemüht[58]. Die abstrakte Gefährlichkeit des »noch im Umlauf befindlichen« Werbeträgers wird dadurch nämlich nicht beseitigt. Zu fordern ist deshalb, dass der Täter »den gesamten Personenkreis, an den sich die Täuschung richtete, vor Vermögensverlusten bewahren muss«[59] (siehe auch *Hellmann*, WiStR, Rn. 25a). 815a

---

[53] BGH St 60, 15 (Rn. 43 ff.); *Warnecke/Thienhaus*, WM 2015, 1929, 1930 f. A.A. OLG Stuttgart, NStZ 1993, 545; S/S/W-*Saliger*, § 265b StGB Rn. 2.
[54] L/K/H-*Heger*, § 264a Rn. 1 m.w.N.; *Rengier* I, 17/18; M/R-*Schröder/Bergmann*, § 264a Rn. 1; allein auf das Funktionieren des Kapitalmarktes abstellend *Otto*, 61/38. Gegen das Rechtsgut »Vertrauen in die Funktionsfähigkeit« *Beckemper*, ZIS 2011, 318 ff.; *Wendrich*, ZJS 2013, 238 ff.
[55] *Joecks*, wistra 1986, 142 (143); NK-*Hellmann*, § 264a Rn. 9; HdS 5-*Kindhäuser/Schumann*, § 34 Rn. 100.
[56] Sch/Sch-*Perron*, § 264a Rn.1.
[57] W/H/S-*Schuhr*, Rn. 739.
[58] *Mitsch*, BT 2 S. 425, bemängelt deshalb zu Recht, dass die Verwendung des Singulars (»die Leistung«) gesetzestechnisch »unsauber« ist, da § 264a StGB »die Gefahr einer Vielzahl von möglicherweise vermögensschädigenden Leistungen begründet«.
[59] *Mitsch*, BT 2 S. 425. Ähnlich MK-*Ceffinato*, § 264a Rn. 89: »Der Täter muss vielmehr verhindern, dass sich die von ihm begründete Gefahr in irgendeiner Weise realisieren kann, was mit absoluter Sicherheit nur dadurch gewährleistet werden kann, dass keine einzige Leistung erbracht wird.«

§ 14 Erschleichen von Leistungen (§ 265a StGB)

816 § 265a StGB ist ein Vermögensverletzungsdelikt[1], das als **Auffangtatbestand** § 263 StGB ergänzt[2]. Der Tatbestand schließt insbesondere Strafbarkeitslücken, die dadurch entstehen, dass der Täter in bestimmten Konstellationen durch täuschungsähnliche Verhaltensweisen das Vermögen eines anderen schädigen kann, ohne einen Menschen zu täuschen[3]. Die in der Praxis bedeutsamste Tatalternative ist die »Beförderungserschleichung« (§ 265a I Alt. 3 StGB).

Diese Funktion des § 265a StGB erfordert eine **betrugsnahe Auslegung**. Zwar verlangt er ausdrücklich keinen Schaden, denn objektiv genügt das Erschleichen der Leistung. Da der subjektive Tatbestand – über den Vorsatz hinaus – aber die Absicht erfordert, das Entgelt für die Leistung nicht zu entrichten, ist der objektive Tatbestand um das ungeschriebene Tatbestandsmerkmal der Entgeltlichkeit zu ergänzen[4], sodass die Tat auf die Zufügung eines Vermögensschadens und die Erlangung eines entsprechenden Vermögensvorteils gerichtet sein muss.

§ 265a StGB ist ein **Dauerdelikt**, das mit dem Beginn der Inanspruchnahme der Leistung usw. formell vollendet, aber erst mit deren vollständiger Erbringung materiell beendet ist[5].

I. Beförderungserschleichung

Fall 129: – *Kundgabe der Nichtzahlung des Fahrpreises* –

817 Student Henry (H) bestieg die U-Bahn, ohne einen Fahrschein gelöst zu haben. Er führte ein Transparent bei sich mit der Aufschrift: »Bürger, fahrt zum Nulltarif!«. Während der Fahrt versuchte H mittels eines Megaphons, die anderen Fahrgäste von der Notwendigkeit des Nulltarifs zu überzeugen.

Hat sich H nach § 265a StGB strafbar gemacht?

Die Frage ist zu verneinen, da es am Merkmal »Erschleichen« fehlt: Dieses Merkmal scheidet nämlich aus, wenn der Täter die fragliche Leistung (hier: Beförderung) **demonstrativ** unentgeltlich in Anspruch nimmt[6], denn von »Erschleichen« kann nicht die Rede sein, wenn der Täter von vornherein ostentativ darauf verzichtet, den Anschein zu erwecken, er habe ordnungsgemäß gezahlt[7].

---

[1] Näher dazu NK-*Hellmann*, § 265a Rn. 8 f. Die vereinzelt vertretene These, der Tatbestand schütze in der Alternative der Beförderungserschleichung auch das dem Benutzer durch die Gewährung unkontrollierten Zugangs zu dem Verkehrsmittel entgegengebrachte Vertrauen, so *OLG Hamburg*, NStZ 1991, 597 (598); *OLG Stuttgart*, NJW 1990, 924, findet keine Grundlage im Gesetzestext.

[2] *OLG Düsseldorf*, StV 2001, 112; *Bock*, JA 2017, 357; MK-*Hefendehl*, § 265a Rn. 2; HdS 5-*Kindhäuser/Schumann*, § 34 Rn. 145; *Mitsch*, BT 2, S. 434; *ders.*, NZV 2019, 70 (71); S/S/W-*Saliger*, § 265a Rn. 1; LK[12]-*Tiedemann*, § 265a Rn. 1.

[3] Plastisch *Mitsch*, BT 2, S. 434: »technifizierte« Täuschung.

[4] *Bock*, JA 2017, 357; *Hellmann*, JuS 2001, 353 (356); *Mitsch*, BT 2, S. 432 f.; *Rengier* I, 16/2; W/H/S-*Schuhr*, Rn. 713; LK[12]-*Tiedemann*, § 265a Rn. 17.

[5] NK-*Hellmann*, § 265a Rn. 10.

[6] *BayObLG*, NJW 1969, 1042 (1043); *Fischer*, § 265a Rn. 4 ff.; M/S/M/H/M-*Momsen*, 41/218; *Otto*, 52/20; Sch/Sch-*Perron*, § 265a Rn. 8.

[7] *BayObLG*, NJW 1969, 1042 (1043); *Putzke/Putzke*, JuS 2012, 500 (504 f.).

Ein nicht für alle Fahrgäste erkennbares, auf der Kleidung angebrachtes Schild in Scheckkartengröße, mit dem die Zahlungsunwilligkeit zum Ausdruck gebracht wird, sei jedoch nicht geeignet, den äußeren Anschein der rechtmäßigen Inanspruchnahme der Beförderungsleistung zu erschüttern oder zu beseitigen[8].

Strittig ist, ob die bloße unentgeltliche Benutzung eines öffentlichen Verkehrsmittels **818** – »**Schwarzfahren**« – den Tatbestand erfüllt.

Der *BGH*[9], zahlreiche Oberlandesgerichte[10] und ein Teil der Literatur[11] vertreten den Standpunkt, dass die Beförderung durch ein Verkehrsmittel auch erschleiche, wer zwar keine Kontrollen umgeht, aber die Fahrt antritt, ohne die gegebene Gelegenheit zu nutzen, den erforderlichen Fahrausweis zu erwerben. Um dem Vorwurf zu entgehen, diese Sicht sei mit dem Tatbestandsmerkmal »erschleichen« unvereinbar, wird behauptet, den »**Anschein ordnungsgemäßen Verhaltens**« erwecke derjenige, der ein Verkehrsmittel benutzt, ohne einen Fahrausweis erworben zu haben, auch dann, wenn er zuvor keine Sperren oder sonstige Kontrolleinrichtungen zu passieren brauchte. Es genüge zum Erschleichen einer Beförderungsleistung, dass der Täter ein Verkehrsmittel unberechtigt benutzt und sich dabei allgemein – also nicht unbedingt gegenüber dem Beförderungsbetreiber oder dessen Bediensteten – mit dem Anschein umgibt, er erfülle die nach den Geschäftsbedingungen des Betreibers erforderlichen Voraussetzungen[12].

Diese Auslegung verstößt nach Auffassung des *BVerfG* nicht gegen das GG[13].

Die h.L.[14] verlangt dagegen ein **täuschungsähnliches Verhalten**, das in einer bloß unbefugten Inanspruchnahme nicht zu sehen sei, oder die **Umgehung oder Ausschaltung** vorhandener **Kontrollmaßnahmen**.

Stellungnahme **819**

Die Auslegung des Merkmals »Erschleichen« durch die Rechtsprechung bedient sich letztlich eines »Tricks«, um ein Verhalten, das eigentlich als Unterlassen einzu-

---

[8] *OLG Frankfurt a.M.*, FD-StrafR 2017, 386894; *KG*, NJW 2011, 2600 m. krit. Bespr. *Jahn*, JuS 2011, 1042 ff.; *OLG Köln*, NStZ-RR 2016, 92.
[9] *BGH* St 53, 122 (Rn. 11 ff.) m. Bespr. *Bosch*, JA 2009, 469 (470); krit. *Alwart*, JZ 2009, 478 ff.; *Zschieschack/Rau*, JR 2009, 244 f.; abl. *Gaede*, HRRS 2009, 69 ff.
[10] *OLG Hamburg*, NJW 1987, 2688 (2689); NStZ 1991, 587 f. m. krit. Anm. *Alwart*; *OLG Stuttgart*, NStZ 1991, 41 m. abl. Anm. *Fischer*; *OLG Düsseldorf*, NJW 2000, 2120; *OLG Frankfurt*, NStZ-RR 2001, 269; *BayObLG*, StV 2002, 428 f. m. abl. Anm. *Ingelfinger*; *OLG Celle*, BeckRS 2009, 05373; *OLG Hamm*, FD-StrafR 2019, 416989. A.A. *AG Hamburg*, NStZ 1988, 221.
[11] Z.B. M/S/M/H/M-*Momsen*, 41/230; *Otto*, 52/19; *Rengier* I, 16/15.
[12] *BGH* St 53, 122 (Leitsatz und Rn. 21); dem folgen u.a. *OLG Frankfurt*, NJW 2010, 3107 (3108) m. Anm. *Krumm*; *OLG Naumburg*, BeckRS 2010, 20570; *KG*, NJW 2011, 2600 m. Bespr. *Jahn*, JuS 2011, 1042 ff.; *OLG Hamm*, NStZ-RR 2011, 206; *OLG Koblenz*, NStZ-RR 2011, 246 (247); *KG*, NJW 2011, 2600 m. Bespr. *Jahn*, JuS 2011, 1042 ff.
[13] *BVerfG*, NJW 1998, 1135 f.
[14] *Bock*, JA 2017, 357 (358); *Eidam*, NJW 2009, 1052 (1053 f.); *Exner*, JuS 2009, 990 (992 f.) – mit Hinweisen zur klausurtechnischen Herleitung –; *Fischer*, § 265a Rn. 4 ff.; HdS 5-*Kindhäuser/Schumann*, § 34 Rn. 158; L/K/H-*Heger*, § 265a Rn. 6a; A/W/H/H-*Heinrich*, 21/17 ff.; *Hinrichs*, NJW 2001, 932 ff.; SK⁹-*Hoyer*, § 265a Rn. 7 f.; *Klesczewski*, S. 126; *Mitsch*, BT 2, S. 441 ff.; *ders.*, JuS 2012, 500 (504) – mit ausführlicher methodischer Herleitung, aaO, 500 (501 ff.); *ders.*, NZV 2019, 70 (72); *Mosbacher*, NJW 2018, 1069; Sch/Sch-*Perron*, § 265a Rn. 11; *Putzke/Putzke*, JuS 2012, 500 (501 ff.); S/S/W-*Saliger*, § 265a Rn. 7; *Schall*, JR 1992, 1 ff.; W/H/S-*Schuhr*, Rn. 717.

stufen ist, als positives Tun zu deklarieren. Die bloße Benutzung des Verkehrsmittels kann schon deshalb nicht als Erschleichen bezeichnet werden, weil sonst auch die ehrlichen Fahrgäste den objektiven Tatbestand des § 265a I StGB verwirklichen würden. Der Tatvorwurf würde sich darin erschöpfen, dass der – vermeintliche – Täter die Beförderungsleistung in Anspruch nimmt, ohne zuvor einen Fahrschein erworben zu haben. Das Unterlassen – des Erwerbs eines Fahrscheins –, das mangels Garantenstellung des »Schwarzfahrers« gemäß § 13 I StGB die Strafbarkeit nicht begründen kann, wird kurzerhand zur Kundgabe der Entscheidung, den Kauf einer Fahrkarte unterlassen zu haben, erklärt.

Gegen die Auffassung der Rechtsprechung spricht zudem, dass sie bei der Beförderungserschleichung einen anderen Begriff des Erschleichens benutzt als bei den anderen Alternativen des § 265a I StGB: Für die Erlangung der Leistung eines Telekommunikationsnetzes oder des Zutritts zu einer Veranstaltung verlangt die ganz h.M., dass sich der Täter diese durch eine täuschungsähnliche Handlung oder die Umgehung von Sicherungsvorkehrungen verschafft[15].

Die besseren Argumente sprechen deshalb für die h.L. Den »äußeren Anschein der Ordnungsmäßigkeit« erweckt der Schwarzfahrer somit nicht schon dadurch, dass er das Verkehrsmittel in Anspruch nimmt, sondern er muss entweder Zugangskontrollen ausschalten oder umgehen, z.B. indem er einen dem Zugpersonal vorbehaltenen Zugang benutzt, oder verschleiernde Handlungen vornehmen, z.B. indem er einen ungültigen Fahrschein zum Schein »entwertet«. Will der Gesetzgeber das schlichte Schwarzfahren dennoch sanktioniert wissen, so ist es an ihm, einen entsprechenden Tatbestand zu schaffen, der das bloße unentgeltliche Benutzen eines öffentlichen Verkehrsmittels unter Strafe stellt[16].

Ergänzende Hinweise

820 *(1)* Beförderungserschleichung begeht im Übrigen nicht, wer eine (Wochen- oder Monats-) Fahrkarte erworben hat, sie aber bei der Fahrt nicht bei sich führt und deshalb bei einer Kontrolle nicht vorzeigen kann[17]. Das gilt grundsätzlich unabhängig davon, ob es sich um eine personengebundene oder übertragbare Monatskarte[18] handelt; die bloße Möglichkeit, dass eine übertragbare Karte zur gleichen Zeit von einem anderen benutzt werden kann, vermag den Tatvorwurf nicht zu begründen (Verdachtsstrafe?), anders liegt es, wenn dem Beförderungsunternehmen der Nachweis einer gleichzeitigen Nutzung gelingt[19].

---

[15] Z.B. *BayObLG*, NJW 1969, 1042 (1043); L/K/H-*Heger*, § 265a Rn. 6, 6a; *Hellmann/Beckemper*, JuS 2001, 1095 (1097); *Mosbacher*, NJW 2018, 1069; siehe auch *Rengier* I, 16/20, der eine engere Sicht bei der Zutrittserschleichung damit begründet, bei seien – anders als im Fall des Schwarzfahrens – Zugangskontrollen üblich. A.A. *OLG Stuttgart*, MDR 1963, 236: Unentgeltliche Erlangung der Leistung eines Telekommunikationsnetzes sei »Erschleichen«.

[16] A/W/H/H-*Heinrich*, 21/20 fordert einen Bußgeldtatbestand für die bloße Schwarzfahrt. Für eine ersatzlose Streichung siehe den Gesetzentwurf der Fraktion DIE LINKE, BT-Drs. 20/2081, 2.

[17] *OLG Koblenz*, NJW 2000, 86; *AG Nördlingen*, NStZ-RR 2011, 43 (44); *Mitsch*, BT 2, S. 442 f.

[18] *BayObLG*, FD-StrafR 2020, 431028. A.A. *Kudlich*, NStZ 2001, 90 f.: Nur bei einer *nicht übertragbaren* Fahrkarte scheide § 265a StGB aus, da eine übertragbare zur gleichen Zeit von einem anderen benutzt werden könne. Offengelassen vom *KG*, BeckRS 2013, 04197, unter 1.

[19] Überzeugend *Preuß*, ZJS 2013, 257 (266 f.).

(2) § 265a StGB scheidet ebenfalls aus, wenn der Fahrgast lediglich vergessen hat, einen erworbenen Fahrschein zu entwerten. Es fehlt nach zutreffender Auffassung bereits an dem Erschleichen, zudem handelt ein solcher Fahrgast ohne Vorsatz und ohne die Absicht, das Entgelt nicht zu entrichten[20].

(3) Die entgeltliche Mitnahme Dritter auf Zeitkarten der Deutschen Bahn AG stellt ebenfalls keine Beförderungserschleichung dar[21].

(4) Eine Beförderungserschleichung begeht nach der weiten Auslegung, wer eine von einem anderen Fahrgast entwertete und schon benutzte, jedoch noch nicht vollständig »abgefahrene« Fahrkarte entgegennimmt und sodann das Verkehrsmittel benutzt, da es gemäß den Beförderungsbedingungen i.d.R. unzulässig ist, nach Antritt der Fahrt ein gültiges entwertetes Ticket an einen Dritten weiterzugeben[22].

(5) Selbst auf der Grundlage der Rechtsprechung überzeugt es nicht, dass ein Fahrgast, der ohne zuvor eine Fahrkarte erworben zu haben, einen ICE der Deutschen Bahn benutzt, eine Beförderungserschleichung begehe[23]. Da in den Fernzügen der DB Kontrollen stattfinden und ein Nachlösen des Fahrscheins im Zug – online bis 10 Minuten nach Fahrtbeginn – möglich ist, erweckt der Fahrgast jedenfalls nicht generell den Anschein, bereits einen Fahrschein erworben zu haben.

(6) Formell vollendet ist die Beförderungserschleichung mit dem Beginn der Beförderungsleistung, beendet mit Verlassen des Verkehrsmittels[24].

II. Automatenmissbrauch

§ 265a I Alt. 1 StGB bedroht die **Erschleichung der Leistung eines Automaten** mit Strafe. Automaten sind technische Geräte, bei denen durch die Entrichtung des vorgesehenen Entgelts ein mechanisches oder elektronisches Steuerungssystem in Gang gesetzt wird, das selbsttätig bestimmte Verrichtungen vornimmt[25] oder den unmittelbaren Zugang zu diesen eröffnet[26].

821

Nach der Art des »Erfolgs« lassen sich Waren- und Leistungsautomaten unterscheiden. **Warenautomaten** geben Gegenstände (z.B. Zigaretten, Getränke oder Geld) oder Verkörperungen eines Rechts auf Leistung (z.B. Gutscheine, Parkscheine, Eintritts- oder Fahrkarten) ab. **Leistungsautomaten** erbringen sonstige Leistungen, zu ihnen gehören z.B. Spiel-, Wiege-, Musikautomaten, auch Ladeterminals für die Barauflädung von Prepaid-Karten für Mobiltelefone[27]. Glücksspielautomaten vereinen beide Funktionen. Sie sind Leistungsautomaten, soweit sie dem Benutzer das

---

[20] *LG Bonn*, StV 2017, 683.
[21] Dazu *Eidam*, NJW 2009, 1052 (1053 f.).
[22] *Mitsch*, NZV 2014, 545 (550 f.), der § 256a StGB auch nach der h.L. für möglich hält, wenn der Fahrgast die Karte in der Hand hält; dies sei ein »objektiv täuschendes Verhalten«.
[23] So aber *OLG Köln*, BeckRS 2015, 16686.
[24] *OLG Frankfurt*, NJW 2010, 3107 (3108); *OLG Koblenz*, NStZ-RR 2011, 246 (247); NK-*Hellmann*, § 265a Rn. 10.
[25] *Fischer*, § 265a Rn. 10; HdS 5-*Kindhäuser/Schumann*, § 34 Rn. 159; *Mitsch*, BT 2, S. 437.
[26] *OLG Karlsruhe*, StV 2009, 474 (475): Nicht bei Start durch bloße Eingabe des Passworts; *Fischer*, § 265a Rn. 10.
[27] Näher dazu *LG Freiburg*, CR 2009, 716 (718).

»Spielvergnügen« mit Gewinnchance vermitteln, als Warenautomat ist dagegen die Geldausgabefunktion einzustufen[28].

822 Strittig ist, ob § 265a I Alt. 1 StGB nur auf Leistungsautomaten anwendbar ist[29] oder auch Warenautomaten erfasst[30]. Der gesetzliche Terminus Erschleichung der »Leistung« eines Automaten spricht eher dafür, den Tatbestand nicht auf Warenautomaten anzuwenden. Mit dem Wortlaut ist die Erstreckung auf Warenautomaten dennoch vereinbar, da die Bereitstellung und Lieferung, z.B. der Auswurf von Waren zivilrechtlich eine Leistung darstellt[31]. Für die Beschränkung auf Leistungsautomaten streiten jedoch systematische Erwägungen. Da die Erlangung von Sachen durch »Überlistung« eines Warenautomaten jedenfalls i.d.R. nach § 242 StGB strafbar ist (*Fall 8, Rn. 32 ff.; Fall 10, Rn. 41*), § 265a StGB aber Lücken in der Betrugsstrafbarkeit schließen soll (*Rn. 816*), bedarf es der Anwendung der Leistungserschleichung nicht[32]. Nach der Gegenmeinung träte § 265a StGB wegen formeller Subsidiarität hinter § 242 StGB zurück[33].

III. Erschleichen von Telekommunikationsleistungen

823 Der Begriff **Telekommunikationsnetz** i.S. des § 265a I Alt. 2 StGB erfasst alle derzeit bekannten Datenübertragungssysteme und ist für künftige Entwicklungen offen (siehe § 3 Nr. 65 Telekommunikationsgesetz – TKG). Die Art der Nachrichtenübermittlung – über Kabel oder per Funk – ist unerheblich[34]. Ob ein **Telekommunikationsnetz** *öffentlichen Zwecken dient*, ist nach dem Zweck des Netzes insgesamt, nicht nach dem des einzelnen Anschlusses zu bestimmen; Funknetze fallen ebenfalls unter diesen Begriff[35].

824 Der Täter »erschleicht« sich die Leistung eines solchen Netzes, wenn er sie sich durch die **Umgehung von Sicherungsvorkehrungen** verschafft, z.B. indem er den Zählmechanismus eines öffentlichen Fernsprechers ausschaltet, in die Gebührenerfassung eingreift oder sich unbefugt an das Netz anschließt; die bloße unbefugte Benutzung eines fremden Anschlusses genügt nicht[36].
Die Nutzung von Online-Streaming-Diensten durch die unbefugte Eingabe weitergeleiteter Passwörter kann § 265a I Alt. 2 StGB erfüllen[37].

---

[28] NK-*Hellmann*, § 265a Rn. 18.
[29] *BGH*, MDR 1952, 563; *OLG Celle*, NJW 1997, 1580; *OLG Düsseldorf*, NJW 2000, 518; M/R-*Gaede*, § 265a Rn. 5; NK-*Hellmann*, § 265a Rn. 19 ff.
[30] *Biletzki*, NStZ 2000, 424 f.; *Bock*, JA 2017, 357 (358); SK⁹-*Hoyer*, § 265a Rn. 11 ff.; *Mitsch*, BT 2, S. 437; *Rengier* I, 16/6; S/S/W-*Saliger*, § 265a Rn. 8.
[31] *Mitsch*, BT 2, S. 437.
[32] Näher dazu NK-*Hellmann*, § 265a Rn. 19 ff.
[33] HdS 5-*Kindhäuser/Schumann*, § 34 Rn. 161.
[34] *Fischer*, § 265a Rn. 16; *Hellmann/Beckemper*, JuS 2001, 1095 (1096); Sch/Sch-*Perron*, § 265a Rn. 5.
[35] *Hellmann/Beckemper*, JuS 2001, 1095 (1096); Sch/Sch-*Perron*, § 265a Rn. 5. A.A. *Stimpfig*, MDR 1991, 709 (710).
[36] MK-*Hefendehl*, § 265a Rn. 162; *Hellmann/Beckemper*, JuS 2001, 1095 (1097); HdS 5-*Kindhäuser/Schumann*, § 34 Rn. 164.
[37] Näher dazu MK-*Hefendehl*, § 265a Rn. 155 ff.

IV. Zutrittserschleichung

Veranstaltungen i.S. es. § 265a I Alt. 4 StGB sind einmalige oder zeitlich begrenzte Aufführungen, die einer Vielzahl von Menschen offenstehen, z.B. Konzerte, Vorträge, Sportveranstaltungen, Feiern oder Filmvorführungen[38], **Einrichtungen** sind auf Dauer zu einem bestimmten Zweck angelegte Personen- und Sachgesamtheiten[39], z.B. Bibliotheken, Museen, Kuranlagen, Schwimmbäder, Tiergärten oder Parkhäuser. 825

Zutrittserschleichung erfordert ein **täuschungsähnliches Verhalten** (z.B. unbemerkter Anschluss an eine Personengruppe, die freien Eintritt hat oder bereits kontrolliert wurde[40], Vorzeigen einer gefälschten Eintrittskarte[41]) oder die **Umgehung bzw. Überwindung von Kontrollmaßnahmen**[42] (z.B. Überklettern eines Zauns, Benutzung eines Notausgangs, Personaleingangs oder Fensters). Wird das Entgelt erst bei Verlassen der Einrichtung fällig, wie dies i.d.R. bei Parkplätzen oder Parkhäusern der Fall ist, so erschleicht sich der Autofahrer den Zutritt bzw. die Zufahrt nicht, auch wenn er plant, das später fällige Entgelt nicht zu entrichten[43]. 826

V. Subjektiver Tatbestand

§ 265a StGB erfordert über den Tatvorsatz (dolus eventualis genügt[44]) hinaus die Absicht im technischen Sinne, das Entgelt für die Leistung bzw. Zutritt nicht zu entrichten. Das ist auch der Fall, wenn der Täter nicht über die finanziellen Mittel zur Bezahlung der Leistung oder des Zutritts verfügt[45]. 827

Ergänzende Hinweise

(1) Der **Versuch** der Leistungserschleichung ist nach § 265a II StGB strafbar. Das Delikt ist jedoch bereits mit dem Beginn der Leistungserbringung bzw. mit dem Betreten des Veranstaltungsorts bzw. der Einrichtung vollendet und – wegen des Dauerdeliktscharakters (*Rn. 816*) – mit dem Ende der Inanspruchnahme der Leistung, dem Verlassen des Beförderungsmittels oder des Veranstaltungsorts bzw. der Einrichtung beendet. 828

(2) Die **Subsidiaritätsklausel** des § 265a I StGB (a.E.) gilt nach zutreffender Auffassung nur für Eigentums- und Vermögensdelikte, die mit schwererer Strafe bedroht sind[46]. 829

---

[38] *Fischer,* § 265a Rn. 22; HdS 5-*Kindhäuser/Schumann,* § 34 Rn. 167.
[39] M/R-*Gaede,* § 265a Rn. 10.
[40] Sch/Sch-*Perron,* § 265a Rn. 11.
[41] S/S/W-*Saliger,* § 265a Rn. 19.
[42] HdS 5-*Kindhäuser/Schumann,* § 34 Rn. 167.
[43] *Fischer,* § 265a Rn. 24; SK⁹-*Hoyer,* § 265a Rn. 25; S/S/W-*Saliger,* § 265a Rn. 19. A.A. L/K/H-*Heger,* § 265a Rn. 5; *Rinio,* DAR 1998, 297 ff.
[44] SK⁹-*Hoyer,* § 265a Rn. 33; HdS 5-*Kindhäuser/Schumann,* § 34 Rn. 168; S/S/W-*Saliger,* § 265a Rn. 20.
[45] *Mitsch,* BT 2, S. 452.
[46] SK⁹-*Hoyer,* § 265a Rn. 38; *Misch,* BT 2, S. 435; S/S/W-*Saliger,* § 265a Rn. 22. A.A. M/R-*Gaede,* § 265a Rn. 23; L/K/H-*Heger,* § 265a Rn. 8.

§ 15 Computerbetrug (§ 263a StGB)

830 Dieser Tatbestand gehört – zusammen mit Bestimmungen wie §§ 202a, 269, 270, 303a, 303b StGB – zum sog. »Computer-Strafrecht«.
§ 263a StGB schützt – wie der Betrug (§ 263 StGB) – allein das **Vermögen**[1]. Die aus § 263a StGB »erwachsene Schutzwirkung zugunsten des Allgemeininteresses an der Funktionstüchtigkeit der in Wirtschaft und Verwaltung eingesetzten Computersysteme« bedeutet nur einen »Schutzreflex«[2].

831 Der Straftatbestand gegen Computerbetrug hat in erster Linie die Funktion, als »**Parallelvorschrift zum Betrug**« Strafbarkeitslücken zu schließen: Der Betrugstatbestand erfasst nämlich solche Verhaltensweisen nicht, bei denen eine in Bereicherungsabsicht herbeigeführte Vermögensschädigung nicht auf der Vermögensverfügung einer getäuschten Person beruht, sondern auf **Computermanipulation ohne Täuschung** einer **Kontrollperson**[3].

832 In zweiter Linie soll § 263a StGB den **Missbrauch von Codekarten** (Kennkarten) für Geldauszahlungsautomaten der Kreditinstitute erfassen (dazu *Rn. 835 ff.*). Diesem Zweck dient die Tatbestandsmodalität »unbefugte Verwendung von Daten«[4].

833 *Zur Tatbestandsstruktur des Computerbetruges*
Er verlangt wie der Betrug eine **Vermögensschädigung** sowie **Bereicherungsabsicht**. An die Stelle der Betrugsmerkmale Täuschung, Irrtumserregung und Vermögensverfügung des getäuschten Menschen tritt beim Computerbetrug die »**Beeinflussung des Ergebnisses eines Datenverarbeitungsvorgangs**« durch eine der im Gesetz genannten Tathandlungen (Computermanipulationen), nämlich:

1. durch **unrichtige Gestaltung des Programms** (sog. »Programm-Manipulation«)[5];

Beispiel: Der Täter manipuliert das Programm zur elektronischen Bescheidung von Sozialleistungen mit der Folge, dass auf von ihm eingerichtete Konten Kindergeld-, Gehalts- oder Rentenbeträge für nicht existierende Personen überwiesen werden[6];

2. durch **Verwendung unrichtiger oder unvollständiger Daten** (»Input-Manipulationen«)[7];

---

[1] *BGH* St 40, 331 (334); L/K/H-*Heger*, § 263a Rn. 1; A/W/H/H-*Heinrich*, 21/31; HdS 5-*Kindhäuser/Schumann*, § 34 Rn. 7; *Kraatz*, Jura 2010, 36 (37); W/H/S-*Schuhr*, Rn. 688; LK^{12}-*Tiedemann/Valerius*, § 263a Rn. 13; S/S/W-*Zimmermann*, § 263a Rn. 6.

[2] L/K/H-*Heger*, § 263a Rn. 1; HdS 5-*Kindhäuser/Schumann*, § 34 Rn. 7.

[3] *Fischer*, § 263a Rn. 2; *Haft*, NStZ 1987, 6 (7); SK^9-*Hoyer*, § 263a Rn. 3; *Klesczewski*, S. 114; *Möhrenschlager*, wistra 1986, 128 ff.; Sch/Sch-*Perron*, § 263a Rn. 1 f.

[4] BT-Drs. 10/5058, 29, 30; *BGH* St 38, 120 (124); *Haft*, NStZ 1987, 6 (8); *Möhrenschlager*, wistra 1986, 128 (133); Sch/Sch-*Perron*, § 263a Rn. 7.

[5] Hierzu u.a.: *BGH* NStZ-RR 2016, 371 (372); *Fischer*, § 263a Rn. 6; MK-*Hefendehl/Noll*, § 263a Rn. 33 ff.; SK^9-*Hoyer*, § 263a Rn. 22 ff.; NK-*Kindhäuser/Hoven*, § 263a Rn. 13 ff.; *Wittig*, 15/10 f.; S/S/W-*Zimmermann*, § 263a Rn. 10 ff.

[6] Vgl. MK-*Hefendehl/Noll*, § 263a Rn. 43.

[7] Dazu *Fischer*, § 263a Rn. 7; *Haft*, NStZ 1987, 6 (8); MK-*Hefendehl/Noll*, § 263a Rn. 48 ff.; NK-*Kindhäuser/Hoven*, § 263a Rn. 16 ff.; *Lenckner/Winkelbauer*, CR 1986, 654 (656 f.); S/S/W-*Zimmermann*, § 263a Rn. 14 ff.

ob durch diese Modalität falsche Angaben in *Anträgen* auf *Erlass von Mahnbescheiden*, die im automatisierten Mahnverfahren (*Rn. 640*) ergehen, erfasst werden, ist strittig; nach zutreffender Auffassung scheidet § 263a StGB aus, weil der Schutzzweck des § 263a StGB solche Daten mangels Schlüssigkeitsprüfung im Mahnverfahren nicht erfasst[8];

3. durch **unbefugte Verwendung von Daten** (siehe *Rn. 835 f.*);
erfasst werden sollte nach dem Willen des Gesetzgebers durch diese dritte Tatmodalität auch der unbefugte Anschluss an das Bildschirmtextsystem Btx[9]; oder

4. sonst durch **unbefugte Einwirkung auf den Ablauf** [10];
Beispiele: Verhinderung des Ausdrucks von Daten[11] oder der Abbuchung des fälligen Gebührenaufkommens für ein Telefongespräch durch Abziehen der vorausbezahlten Telefonkarte unmittelbar nach Herstellung der Verbindung[12]; Ausnutzen eines Defekts einer vollautomatischen Selbstbedienungstankstelle zum kostenlosen Tanken mittels einer Bankkarte[13].

Die beiden ersten Tatmodalitäten sind am ehesten mit dem Betrug vergleichbar[14] und in ihren Anwendungsbereichen hinreichend bestimmt. Die Betrugsähnlichkeit der dritten und vierten Begehungsalternative ist dagegen weniger offensichtlich und die Tathandlungen sind zudem bedenklich unbestimmt[15]. **834**

Fall 130: – »*Codekartenmissbrauch*« *ohne Einverständnis des Karteninhabers –*

Balduin (B) hütete am Wochenende das Haus seines Onkels Ludwig (L). In einer Schreibtischschublade entdeckte er eine ec-Karte (»electronic cash«), in einer anderen einen Zettel, auf dem eine Nummer stand, und zwar – wie B zu Recht vermutete – die »PIN« (= Personal Identification Number) des Karteninhabers L. B eilte zur Stadtsparkasse, steckte die Codekarte in den Geldausgabeautomaten und tippte die PIN sowie den vom Automaten zu Lasten des Kontos des L auszuzahlenden Betrag von 200 Euro ein. Der Automat zahlte daraufhin den Betrag in Banknoten aus und belastete das Konto des L in dieser Höhe. B freute sich über das ergaunerte Geld. Die ec-Karte legte er wieder in den Schreibtisch des L, wie er es von vornherein beabsichtigt hatte. **835**

Als L die unerwartete Lastschrift auf seinem Konto entdeckte, erstattete er zum Kummer des B Strafanzeige gegen diesen.

Strafbarkeit des B?

a) Strafbarkeit des B aus § 242 StGB bezüglich der Kennkarte
Der objektive Diebstahlstatbestand ist erfüllt, es fehlt aber die **Zueignungsabsicht**:

---

[8] MK-*Hefendehl/Noll*, § 263a Rn. 68 f.; SK[9]-*Hoyer*, § 263a Rn. 30; *Kraatz*, Jura 2010, 36 (40 f.); *Rengier* I, 14/13. Bejahend u.a. *BGH* St 59, 68 (Rn. 16 ff.) m. krit. Bespr. *Heghmanns*, ZJS 2014, 323 (325 ff.) und *Trüg*, NStZ 2014, 157 f.; *Haft*, NStZ 1987, 6 (8); *Otto*, 52/37.
[9] BT-Drs. 10/5058, 30; L/K/H-*Heger*, § 263a Rn. 11.
[10] Dazu m.w.N. *Fischer*, § 263a Rn. 18 f.; MK-*Hefendehl/Noll*, § 263a Rn. 141 ff.; L/K/H-*Heger*, § 263a Rn. 15; SK[9]-*Hoyer*, § 263a Rn. 46 f.; NK-*Kindhäuser/Hoven*, § 263a Rn. 28 ff.; Sch/Sch-*Perron*, § 263a Rn. 16 ff.; *Rengier* I, 14/59 ff.; S/S/W-*Zimmermann*, § 263a Rn. 62 ff.
[11] L/K/H-*Heger*, § 263a Rn. 15; *Möhrenschlager*, wistra 1986, 128 (133).
[12] OLG *München*, wistra 2007, 477 ff. m. krit. Anm. *Schönauer*, wistra 2008, 445 ff.
[13] OLG *Braunschweig*, NJW 2008, 1464 m. abl. Anm. *Niehaus/Augustin*, JR 2008, 435 (436 ff.).
[14] Vgl. u.a.: *Haft*, NStZ 1987, 6 (8); siehe auch Sch/Sch-*Perron*, § 263a Rn. 4.
[15] LG *Köln*, NJW 1987, 667 (669); L/K/H-*Heger*, § 263a Rn. 11, 15; *Kleb-Braun*, JA 1986, 249 (259); ebso., allerdings nur für die vierte Modalität, Sch/Sch-*Perron*, § 263a Rn. 16. Anders *BGH* St 38, 120 (121 f.).

Das ist nach der *Substanztheorie* der Fall, da B die Kennkarte von vornherein wieder zurückbringen wollte, sodass die *Enteignungs*komponente entfällt.
Aber auch nach der *Sachwerttheorie* erscheint die Zueignungsabsicht zweifelhaft[16]: Wie ausgeführt, ist der Sachwertgesichtspunkt bei der Prüfung der Zueignungsabsicht restriktiv zu handhaben, weil § 242 StGB ein Eigentums-, kein Bereicherungsdelikt ist; »Sachwert« ist daher nur der **in der Sache selbst unmittelbar verkörperte Wert** (lucrum ex re) – dazu *Fälle 16, 19 ff. (Rn. 64 ff., 85 ff.)* –.
Danach mag zwar ein Sparbuch als Legitimationspapier (§ 808 I BGB) das Sparguthaben unmittelbar verkörpern *(Fall 16)*[17]. Dagegen ist aber bei einem **Schlüssel** zum Safe das in diesem verschlossene Geld keineswegs der »im Schlüssel selbst unmittelbar verkörperte Wert«. Bei einer Wegnahme des Schlüssels lässt sich folglich Diebstahl an ihm nicht mit der Sachwerttheorie (bezogen auf den Safe-Inhalt) begründen (unstrittig). Da die Kennkarte hinsichtlich des auszuzahlenden Geldes ihrem Wesen nach einem **Safe-Schlüssel** näher als einem Sparbuch steht[18], entfällt Diebstahl mangels Zueignungsabsicht.

836 *Zur Klarstellung:* Zueignungsabsicht und damit Diebstahl der Codekarte entfallen nur, wenn der Täter von vornherein plant, die Karte an den Inhaber zurückgelangen zu lassen. Will der Täter sie ihm **auf Dauer vorenthalten**, so liegt Diebstahl vor. Strittig ist **dann** das Konkurrenzverhältnis der §§ 263a, 242 StGB: Eine Auffassung nimmt Gesetzeskonkurrenz an; der Diebstahl der Karte sei **mitbestrafte Vortat des Computerbetrugs**[19]. Diese Sicht berücksichtigt aber nicht, dass der Diebstahl der Codekarte Rechtsgüter des Inhabers der Karte, nämlich dessen Eigentum, falls ihm die Karte übereignet wurde, jedenfalls aber seinen Gewahrsam, der nach zutreffender Meinung ebenfalls Schutzgut des § 242 StGB ist *(Rn. 14)*, verletzt, der Computerbetrug dagegen das Vermögen der Bank *(Rn. 840)*. »Da die Taten sich nach allem gegen verschiedene Rechtsgüter unterschiedlicher Rechtsgutsträger richten, würde eine Verurteilung nur unter dem einen rechtlichen Gesichtspunkt des Computerbetrugs den Unwert des Gesamtgeschehens nicht abgelten.«[20]
§§ 242, 263a StGB stehen in dieser Konstellation daher in **Tatmehrheit**.

b) § 263a I Alt. 3 StGB – »unbefugte Verwendung von Daten« –

837 Nach ganz h.M. erfüllt die **Benutzung einer fremden Codekarte ohne Einverständnis des Karteninhabers** den Tatbestand des Computerbetruges, und zwar in der Begehungsform der **unbefugten Verwendung von Daten**[21].

---

[16] Verneinend u.a. *BGH* St 35, 152 (156 ff.) m. Anm. *Huff*, NJW 1988, 981 und *Schmitt/Ehrlicher*, JZ 1988, 364; *OLG Hamburg*, NJW 1987, 336 f.; *Dencker*, NStZ 1982, 155 f. Dagegen bejaht *Schroth*, NJW 1981, 729 ff., die Zueignungsabsicht.
[17] *Schroth*, NJW 1981, 729 ff.; W/H/S-*Schuhr*, Rn. 180; *Wiechers*, JuS 1979, 847 ff.
[18] *BGH* St 35, 152 (156 ff.); *Dencker*, NStZ 1982, 155 f.; W/H/S-*Schuhr*, Rn. 186; *Wiechers*, JuS 1979, 847 ff. A.A. *Schroth*, NJW 1981, 729 (731).
[19] SK[9]-*Hoyer*, § 263a Rn. 64; *Kühl*, AT, 21/67; Sch/Sch-*Perron*, § 263a Rn. 23.
[20] *BGH*, NStZ 2001, 316 (317); zust. W/H/S-*Schuhr*, Rn. 706.
[21] *BGH* St 38, 120 ff.; 47, 160 (162); *OLG Köln*, NStZ 1991, 586 f.; *Achenbach*, NJW 1986, 1835 (1838); *Fischer*, § 263a Rn. 12a; AnwK-*Gaede*, § 263a Rn. 13; MK-*Hefendehl/Noll*, § 263a Rn. 93; *Mitsch*, BT 2, S. 396 f.; LK[12]-*Tiedemann/Valerius*, § 263a Rn. 49. A.A. u.a.: *Kleb-Braun*, JA 1986, 249 (259); *Ranft*, wistra 1987, 79 (83). Dahingestellt von *BGH*, JZ 1988, 361 (363 f.).

B hat jedenfalls »*Daten verwendet*«, nämlich die in dem Magnetstreifen der Codekarte gespeicherten Informationen[22].

Fraglich ist, ob B diese Daten »*unbefugt*« verwendet hat. Über den Inhalt dieses Merkmals besteht heftiger Streit: **838**

Die h.M. versteht darunter nur ein **täuschungsähnliches Verhalten**[23].

Ein Teil der Literatur nimmt eine subjektive Deutung vor; unbefugt ist danach jedes Handeln des Täters, »wenn es dem **Willen desjenigen widerspricht, der das Recht zur Verwendung der Daten**, also die Verfügungsbefugnis bezüglich der Daten und ihrer Verwendung, hat«[24]. Andere befürworten eine »**computerspezifische Auslegung**«, welche die Besonderheiten der Datenverarbeitung berücksichtigt[25]. Vereinzelt wird sogar jede Datenverwendung, der eine **vertragliche Rechtsgrundlage fehlt**, als unbefugt angesehen[26].

Zutreffend erscheint die h.M., da nur sie die erforderliche Eingrenzung des § 263a StGB zu leisten vermag. Wäre allein der Wille des zur Verfügung über die Daten Berechtigten maßgeblich, so würde die Strafbarkeit in bestimmten Fällen allein von der technischen Ausgestaltung eines Vorgangs abhängig sein. Das lässt sich z.B. an der Benutzung eines fremden Telefonanschlusses gegen den Willen des Berechtigten zeigen (siehe auch *Rn. 862*): Wird die Verbindung »mechanisch« hergestellt, so bleibt der Benutzer straflos, handelt es sich dagegen um ein computergestütztes Telefonsystem, so würde § 263a StGB eingreifen. Da sich heute nahezu jeder technische Vorgang »computerisieren« lässt, wäre der Anwendungsbereich des Computerbetrugs uferlos[27]. Das gilt in ähnlicher Weise für die »computerspezifische Auslegung«, die eine unbefugte Verwendung von Daten annimmt, wenn der Täter »durch Benutzung einer Identifikationsnummer, eines Passworts oder raffinierter elektronischer Kontrolldaten vorgibt, zu einem Datenverarbeitungsvorgang einen Zugang zu haben, der ihm nicht zukommt«[28]. Benutzt der Täter z.B. eine fremde PIN, die dem Benutzer eines Telefonanschlusses zugeteilt ist, so wäre das Telefonat als Computerbetrug strafbar, während das Telefonieren nach Überwindung eines mechanischen Hindernisses (z.B. eines »altmodischen« Wählscheibenschlosses mit einem entwendeten Schlüssel) straflos bliebe. Für das Erfordernis einer täuschenden Einwirkung spricht zudem, dass sich in der Praxis bisweilen nicht klären lässt, ob – ausschließlich – eine automatisierte Prüfung der Daten stattfand (dann läge § 263a StGB vor) oder ein Bankmitarbeiter noch eine persönliche Kontrolle durchführte (dann wäre § 263 StGB einschlägig)[29].

---

[22] Siehe W/H/S-*Schuhr*, Rn. 699: Auch die Geheimnummern seien »Daten«.
[23] *BGH* St 47, 160 (163); StV 2014, 684 (685); NStZ-RR 2019, 45 (46); ZWH 2022, 253 (Rn. 12); *OLG Karlsruhe*, StV 2009, 474 (475); *OLG Koblenz*, StV 2016, 371 (372); *Fischer*, § 263a Rn. 11; AnwK-*Gaede*, § 263a Rn. 11; MK-*Hefendehl/Noll*, § 263a Rn. 85 ff.; *Klesczewski*, S. 118; *Kraatz*, Jura 2010, 36 (41); *ders.*, JR 2016, 312 (317 f.); *Mühlbauer*, wistra 2003, 244 (245 ff.).
[24] *Mitsch*, BT 2, S. 398; siehe auch *Hilgendorf*, JuS 1997, 130 (132).
[25] Eingehend *Achenbach*, FS-Gössel, 2002, S. 481 (486 ff., 497).
[26] M/S/M/H/M-*Momsen*, 41/240.
[27] Siehe auch *Achenbach*, FS-Gössel, 2002, S. 481 (492 ff.).
[28] So *Achenbach*, FS-Gössel, 2002, S. 481 (494) und JR 1994, 293 (295).
[29] Vgl. *BGH*, NJW 2008, 1394 f. zur Verwendung gefälschter Überweisungsträger.

In unserem *Fall 130* hätte B die Daten also unbefugt verwendet, wenn die Benutzung des Bank-Geldauszahlungsautomaten (Bankomaten) **täuschungsähnlich** war. Denkt man sich an die Stelle des Gerätes einen Bankmitarbeiter, dem gegenüber sich B mittels der Karte als Kontoinhaber ausgegeben hätte, so läge darin eine Täuschung über seine (des B) Identität[30]. B hat also die Tathandlung des § 263a StGB in der Alternative »unbefugte Verwendung von Daten« verwirklicht.

839 Durch diese Computermanipulation erfolgte auch eine »Beeinflussung des Ergebnisses eines Datenverarbeitungsvorganges« i.S. dieser Vorschrift[31].
Dem kann nicht überzeugend entgegengehalten werden, § 263a StGB greife nicht ein, wenn der Täter den Datenverarbeitungsvorgang erst selbst in Gang setzt[32]. Der betriebsbereite Bankomat ist nämlich »bereits durch die Bank in Gang gesetzt, bevor er durch das Einführen der Karte zu einem Datenverarbeitungsvorgang veranlasst wird«[33]. Zumindest aber liegt in der Eingabe der Codenummer die vom Tatbestand verlangte »Beeinflussung des Ergebnisses eines Datenverarbeitungsvorganges«[34]. Daher kann hier dahinstehen, ob bereits das Ingangsetzen der Computeranlage »die stärkste Form einer solchen Beeinflussung ist«[35].
Nach der Tatbestandsfassung des § 263a StGB ist die unbefugte Verwendung von Daten ein Beispielsfall für die »unbefugte Einwirkung auf den Ablauf« eines Datenverarbeitungsvorganges, denn das Gesetz formuliert: »*oder sonst* durch unbefugte Einwirkung auf den Ablauf«. Die unbefugte Einführung der Codekarte in den Bankomaten – zumindest aber die unbefugte Eingabe der Codenummer – ist deshalb ohne weiteres als »unbefugte Einwirkung auf den Ablauf des Datenverarbeitungsvorganges« im Bankcomputer zu behandeln.

840 Der **Vermögensschaden** tritt nicht bei L, sondern bei der Stadtsparkasse ein[36]. Der Zahlungsvorgang war nach § 675j I 1 BGB gegenüber L nicht wirksam, weil er seine Zustimmung nicht erteilt hatte.
Die Sparkasse könnte gemäß § 675v I BGB lediglich einen Ersatz des Schadens bis zu einem Betrag von 50 Euro verlangen. Eine Haftung hinsichtlich des gesamten Betrages nach § 675v III Nr. 2a BGB wegen einer grob fahrlässigen Verletzung einer Pflicht i.S. des § 675l I BGB dürfte ausscheiden, weil L Karte und PIN nicht zusammen aufbewahrte[37]. Im Übrigen würde es sich bei diesen Haftungsansprüchen ohnehin nur um eine – ggf. teilweise – nachträgliche Kompensation des Schadens der Sparkasse handeln (*Rn. 843*).

---

[30] A.A. *Stam*, NZWiSt 2017, 238 (240).
[31] Dazu u.a.: *BGH* St 38, 120 (121); *Fischer*, § 263a Rn. 20; W/H/S-*Schuhr*, Rn. 691: »Beeinflusst im Sinne des § 263a wird das Ergebnis eines Datenverarbeitungsvorgangs, wenn eine der im Gesetz genannten Tathandlungen in den Verarbeitungsvorgang des Computers Eingang findet, seinen Ablauf irgendwie mitbestimmt und eine Vermögensdisposition auslöst abhängt.«.
[32] So u.a.: *Kleb-Braun*, JA 1986, 249 (259); *Ranft*, wistra 1987, 79 (83).
[33] Sch/Sch-*Perron*, § 263a Rn. 10, 18.
[34] So etwa *Bühler*, MDR 1987, 448 (449).
[35] Diese Frage bejahen etwa: *BayObLG*, NStZ 1990, 595 (597 m.w.N.); *Fischer*, § 263a Rn. 20.
[36] So *BGH*, NStZ 2001, 316; NStZ 2008, 396 (397); vgl. auch *BGH* [Z], NJW 2001, 286. Die Entscheidungen ergingen vor Einfügung der §§ 675c ff. BGB auf der Grundlage der §§ 665, 670, 675 I BGB.
[37] Siehe BeckOK-BGB-*Schmalenbach*, § 675v Rn. 12.

Ergebnis: Da B vorsätzlich und mit Bereicherungsabsicht, rechtswidrig und schuldhaft handelte, ist er eines Computerbetrugs zum Nachteil der Stadtsparkasse schuldig.

c) Strafbarkeit aus anderen Vorschriften – §§ 242, 246, 265a StGB –
Das Ansichnehmen der von dem Automaten ausgeworfenen Geldscheine stellt nach zutreffender Auffassung schon keinen Gewahrsamsbruch dar (*Rn. 851*). Dessen ungeachtet scheidet die Strafbarkeit nach § 242 StGB jedenfalls in unserem *Fall 130* aus, weil Computerbetrug und Diebstahl nach zutreffender Auffassung in einem Exklusivitätsverhältnis stehen[38]. 841

Für § 265a StGB und § 246 StGB ergibt sich ihr Zurücktreten bereits aus der ausdrücklich angeordneten, nur subsidiären Anwendbarkeit.

Deshalb meine ich, dass in *Klausuren* bei Fällen wie dem vorliegenden nach Bejahung des § 263a StGB grundsätzlich die Feststellung genügt:

»Ob auch § 242 StGB wegen der Erlangung der Geldscheine erfüllt ist, kann dahinstehen, da Diebstahl wegen der tatbestandlichen Exklusivität des § 263a StGB ausscheidet oder jedenfalls hinter § 263a StGB, der für Fälle des Codekartenmissbrauchs lex specialis wäre, zurücktreten würde. § 246 StGB sowie § 265a StGB bedürfen schon wegen ihrer Subsidiaritätsklauseln hier keiner Prüfung«.

Fall 131: *– »Codekartenmissbrauch« mit Einverständnis des Karteninhabers –*
Hero (H) hatte der mit ihm befreundeten Sonja (S) seine Maestro-Karte überlassen, ihr die PIN mitgeteilt und S erlaubt, hiermit 800 bis 1.000 Euro von seinem Bankkonto abzuheben. S hatte ihm wahrheitswidrig erklärt, dringend Geld für eine Reise zu ihrer in Alicante lebenden Schwester zu benötigen. Tatsächlich sollte eine Reise nicht stattfinden. S überschritt die ihr erteilte Erlaubnis und hob unter Einsatz der ihr überlassenen Bankkarte bei acht Gelegenheiten Geldbeträge in Höhe von insgesamt 5.430 Euro an Geldautomaten vom Konto des H ab, ohne dass dieser einverstanden war. 842

Strafbarkeit der S?

a) § 263 I StGB wegen der Erlangung der Bankkarte
Täuschung über Tatsachen und Irrtum des H liegen vor.
Fraglich ist, ob die Herausgabe von Bankkarte und PIN eine Vermögensverfügung darstellt.
Der *BGH* betrachtet die erschlichene Erlangung eine Bankkarte mit Geheimzahl – ohne nähere Begründung – als Betrug[39].
Dem ist zu widersprechen: Die Herausgabe der Bankkarte nebst Mitteilung der PIN müsste unmittelbar zu einer Vermögensminderung bei H geführt haben. Ein endgültiger Schaden träte erst mit dem Abheben des Geldes unter Einsatz von Bankkarte und PIN ein, sodass allenfalls eine »schadensgleiche Vermögensgefährdung« in Betracht käme. Diese träfe aber nicht H, sondern die Bank. 843

---

[38] HdS 5-*Kindhäuser/Schumann*, § 34 Rn. 47; W/H/S-*Schuhr*, Rn. 706; wohl auch *BGH* St 38, 120 (124 f.); für Gesetzeskonkurrenz mit Vorrang des § 263a StGB Sch/Sch-*Perron*, § 263a Rn. 23, 42.
[39] *BGH*, NStZ 2016, 149 (Rn. 8) m. krit. Anm. *Piel*; StV 2016, 359. Zust. *Ceffinato*, NZWiSt 2016, 464 (465 f.); *Fischer*, § 263a Rn. 13. Krit. *Berster*, wistra 2016, 71 (73 f.); *Böse*, ZJS 2016, 663 ff.; *Brand*, StV 2016, 359 (362 ff.); *Jäger*, JA 2016, 152 f.; *Kraatz*, JR 2016, 312 ff.; *Laadiges*, wistra 2016, 180 ff. Siehe *Mühlbauer*, NStZ 2003, 650 ff.

Zum Teil wird zwar vertreten, ein Kontoinhaber müsse Zahlungsaufträge, die ein Dritter unter missbräuchlicher Verwendung eines Authentifizierungsinstruments erteilt hat, nach Rechtsscheingrundsätzen gegen sich gelten lassen, wenn ihm das Handeln des Nichtberechtigten bekannt war oder er es hätte erkennen können[40]. Der endgültige Schaden würde danach bei H eintreten. Der *BGH* hat jedoch Zweifel an der Richtigkeit dieser Sicht geäußert und scheint der Auffassung zuzuneigen, dass das Handeln eines Dritten bei der formalen Authentifizierung nach § 675j I 4 BGB mit den personalisierten Sicherheitsmerkmalen des Kontoinhabers unwirksam ist und den Zahlungsauftrag mittels des betreffenden Authentifizierungsverfahrens auch dann nicht autorisieren könne, wenn die persönlichen Sicherheitsmerkmale vom Dritten mit Zustimmung des Kontoinhabers eingesetzt werden sollten[41]. Der Schaden würde danach bei der Bank eintreten.

H ist zwar gem. § 675v III Nr. 2 BGB seiner Bank zum Ersatz des gesamten Schadens verpflichtet, da er sowohl eine Pflicht gem. § 675l I BGB (§ 675v III Nr. 2a BGB) verletzt hat, indem er seiner Anzeigepflicht wegen einer nicht autorisierten Nutzung durch S nicht nachgekommen ist, und durch die Weitergabe der Bankkarte auch gegen eine vereinbarte Bedingung für die Nutzung des Zahlungsinstruments (§ 675v III Nr. 2b BGB) verstoßen hat. Dabei würde es sich allerdings um eine bloße – für den Schadenseintritt bei der Bank unerhebliche – nachträgliche Schadenskompensation handeln.

Wenn der Schaden durch das Abheben des Geldes bei der Bank eintritt, verfügt der Bankkunde durch die Herausgabe von Karte und PIN nicht über sein eigenes Vermögen, da dieses Verhalten nicht zu einer unmittelbaren »schadensgleichen Vermögensgefährdung« führt. Ein »Dreiecksbetrug« durch Täuschung des Kunden zum Nachteil der Bank dürfte ausscheiden, da der Kunde nicht zu einer Verfügung über das Vermögen der Bank berechtigt ist und nicht in deren »Lager« steht.

b) § 263a I Alt. 3 StGB zu Lasten der Bank durch Abheben des Geldes

844 Strittig ist die Anwendbarkeit des § 263a StGB auf den Fall, dass der Karteninhaber einem Dritten die Bankkarte gibt und die Geheimzahl mitteilt, der Dritte die Karte jedoch **abredewidrig einsetzt** und das abgehobene Geld behält.

Das Verhalten des Karteninhabers ist gegenüber dem Kreditinstitut zwar vertragswidrig. Diese vertragswidrige Benutzung der Karte durch den Dritten begründet aber nach zutreffender Auffassung keinen Computerbetrug[42], weil sein Verhalten nicht »täuschungsähnlich«, »betrugsnah«, sondern eher untreueähnlich ist[43]. Der *4. Strafsenat des BGH* hat an dieser – bisher auch von der Rechtsprechung geteilten Auffassung[44] – in einem obiter dictum Zweifel angemeldet[45], die den Eindruck erwe-

---

[40] Z.B. *KG*, WM 2012, 493 (494).
[41] *BGHZ* 208, 331 (Rn. 67 ff.).
[42] *BGH*, NStZ 2016, 149 (Rn. 9 ff.); *OLG Düsseldorf*, StV 1998, 266; AnwK-*Gaede*, § 263a Rn. 13; SK[9]-*Hoyer*, § 263a Rn. 38 f. *Oğlakcıoğlu*, JA 2018, 338 (339 f.); LK[12]-*Tiedemann/Valerius*, § 263a Rn. 50; Abw. u.a. NK-*Kindhäuser/Hoven*, § 263a Rn. 50; *Mitsch*, BT 2, S. 398 f.; *Otto*, 52/44.
[43] *OLG Düsseldorf*, StV 1998, 266; SK[9]-*Hoyer*, § 263a Rn. 39.
[44] Eingehend *BGH*, NStZ 2016, 149 (Rn. 9 ff.); weitere Nachweise in *Fn. 23*.
[45] *BGH*, NZWiSt 2017, 238.

cken, dass das Gericht ohne ausdrückliche Aufgabe der betrugsspezifischen Auslegung der subjektiven Deutung (*Rn. 838*) zuneigt[46]. Diese Bedenken überzeugen jedoch nicht, sodass § 263a StGB hier ausscheidet.

– Ein vergleichbarer Fall liegt vor, wenn der Täter absprachewidrig die von einem Dritten ausgestellte **Tankkarte** verwendet. Auch hier scheidet Computerbetrug mangels Täuschungsähnlichkeit aus[47]. –

c) *§ 265a I Alt. 1 StGB*

§ 265a StGB in der Alternative des Erschleichens der Leistung eines Automaten scheidet aus mehreren Gründen aus[48]: **845**

(1) Der Tatbestand erfasst nach zutreffender Auffassung nur den Missbrauch von Leistungsautomaten, nicht aber von Warenautomaten (*Rn. 822*). Ein Geldauszahlungsautomat ist als **Warenautomat** und nicht als Leistungsautomat einzuordnen[49].

(2) Es fehlt zudem die »**Absicht, das Entgelt nicht zu entrichten**«[50]: Der ausgeworfene Betrag lässt sich nicht als »Benutzungsentgelt« bezeichnen, sodass allenfalls – soweit gefordert – die Gebühr für den Abhebungsvorgang als Entgelt in Betracht kommt. An sich wird das Kundenkonto damit belastet, doch scheidet eine Belastungsbuchung im Falle der Benutzung einer gestohlenen oder missbräuchlich verwendeten Bankkarte aus (*Rn. 840, 843*). Diese Gebühr wird im Übrigen nicht für die Benutzung des Automaten erhoben, sondern für den mit dem Buchungsvorgang insgesamt verbundenen Aufwand[51]. **846**

(3) Auf jeden Fall ist aber das Tatbestandsmerkmal des »**Erschleichens**« der Leistung nicht erfüllt, denn es erfordert eine ordnungswidrige Benutzung der technischen Vorrichtungen, z.B. durch Betätigung des Mechanismus mittels Falschgeldes o.ä.[52]. Nicht ausreichend ist dagegen, wenn der Automat wie hier verbotswidrig, aber an sich technisch ordnungsgemäß in Tätigkeit gesetzt wird[53]. **847**

d) *§ 266b I Alt. 1 StGB*

§ 266b StGB ist ein Sonderdelikt und kann nur von dem berechtigten Karteninhaber als Täter verwirklicht werden (*Rn. 949*). S wurde die Bankkarte nicht von der Bank überlassen, sodass der Tatbestand ausscheidet. **848**

e) *§ 263 I StGB* scheidet **mangels Täuschung und Irrtumserregung** aus, da keine täuschende Einwirkung auf einen Menschen vorliegt. **849**

---

[46] Eingehend dazu *Eibach*, NStZ 2020, 704 ff., der trotz »zivilrechtsakzessorischer« Auslegung bei einer – auch durch Täuschung bewirkten – freiwilligen Übergabe von Karte und PIN kein täuschungsähnliches Verhalten gegenüber der Bank annimmt (aaO, 707 f.); *Stam*, NZWiSt 2017, 238 (240).
[47] AG Eggenfelden, NStZ-RR 2009, 139 (140).
[48] Ebso. *OLG Hamburg*, NJW 1987, 336 f.; *Fischer*, § 265a Rn. 14; *Schroth*, NJW 1981, 729 (730 f.).
[49] *Fischer*, § 265a Rn. 14; NK-*Hellmann*, § 265a Rn. 18.
[50] *Fischer*, § 265a Rn. 14; es fehle die »Entgeltlichkeit«; S/S/W-*Saliger*, § 265a Rn. 3.
[51] A.A. MK-*Hefendehl*, § 265a Rn. 93: Werde eine Gebühr für das Abheben von Geld erhoben, stelle diese ein »Entgelt für die Automatenleistung« dar.
[52] Sch/Sch-*Perron*, § 265a Rn. 9; W/H/S-*Schuhr*, Rn. 719; vgl. auch *OLG Karlsruhe*, StV 2009, 474 (475).
[53] So die h.M., siehe nur Sch/Sch-*Perron*, § 265a Rn. 9.

f) § 242 I StGB hinsichtlich des ausgezahlten Geldes

850 *(1)* Strittig ist, ob die ausgeworfenen Geldscheine im Falle der Verwendung einer »echten« Bankkarte und der dazugehörigen PIN durch einen Nichtberechtigten an diesen übereignet werden und deshalb mangels Fremdheit kein **taugliches Diebstahlsobjekt** sind. Zum Teil wird angenommen, dass in der Auszahlung an den mit Codekarte und PIN formal ausgewiesenen Benutzer entsprechend dem in der Programmierung des Automaten zum Ausdruck kommenden Willen der Bank eine Übereignung (§ 929 BGB) zu sehen sei[54]. Der *BGH* verneint dagegen eine Übereignung mit der Begründung, dass Adressat des mit dem Ausgabevorgang verbundenen Einigungsangebots nach den vertraglichen Beziehungen zwischen Kontoinhaber und Geldinstitut und der Interessenlage der Kontoinhaber, nicht aber ein unberechtigter Benutzer des Geldautomaten sei[55] (siehe auch *Fall 9a, Rn. 39a*).

Die zivilrechtliche Interessenlage dürfte dafürsprechen, dass die Bank das Übereignungsgebot – nur – an den berechtigten Karteninhaber richtet, weil der Einsatz des Authentifizierungsverfahrens den Zahlungsauftrag auch dann nicht autorisiert, wenn ein Dritter die persönlichen Sicherheitsmerkmale mit Zustimmung des Kontoinhabers verwendet (*Rn. 843*). Der Kontoinhaber muss die Auszahlung deshalb nicht gegen sich gelten lassen. Dass die Bank einen Schadensersatzanspruch gegen den Kontoinhaber wegen der pflichtwidrigen Überlassung der Karte hat, ändert daran nichts, zumal die Durchsetzung dieses Anspruchs scheitern kann.

851 *(2)* Diebstahl scheidet dennoch aus, weil es an einer **Wegnahme** fehlt. »Wird der Geldautomat technisch ordnungsgemäß bedient, erfolgt die tatsächliche Ausgabe des Geldes mit dem Willen des Geldinstituts«[56]; damit entfällt ein Gewahrsamsbruch. Darin ist kein Widerspruch zur Ablehnung der Übereignung zu sehen, weil der tatsächliche Vorgang der Gewahrsamspreisgabe von dem rechtsgeschäftlichen Angebot an den Kontoinhaber auf Übereignung zu unterscheiden ist[57].

g) § 246 I StGB

852 Die Geldscheine waren – mangels Übereignung – für S fremde bewegliche Sachen (*Rn. 850*). Diese hat sie sich zugeeignet[58]. Da sie vorsätzlich, rechtswidrig und schuldhaft handelte, ist sie wegen Unterschlagung in acht Fällen strafbar.

---

[54] *OLG Hamburg*, NJW 1987, 336 (337); *Löhnig*, JR 1999, 362 (364 f.); *Wiechers*, JuS 1979, 847 ff.
[55] *BGH* St 35, 152 (161); NJW 2018, 245 (Rn. 9 f.) m. Anm. *Brand*; ebso. *OLG Stuttgart*, NJW 1987, 666; *Ranft*, JA 1984, 1 (7 ff.); W/H/S-*Schuhr*, Rn. 188. Siehe auch BeckOK-BGB-*Kindl*, § 929 Rn. 19.
[56] *BGH*, NJW 2018, 245 (Rn. 12). Ebso. schon *BGH* St 35, 152 (158 ff.); 38, 120 (122 ff.); *OLG Hamburg*, NJW 1987, 336 f.; *Wiechers*, JuS 1979, 847 ff.; Fall des tatbestandsausschließenden Einverständnisses (dazu *Fall 8, Rn. 32 ff.*). Dagegen bejaht *Gropp*, JZ 1983, 487 ff., Diebstahl des Geldes, »da die Banken nur mit der Wegnahme des Geldes durch den Berechtigten einverstanden seien«; ebso. etwa: *BayObLG*, NJW 1987, 663 und 665; *OLG Koblenz*, wistra 1987, 261 f.
[57] *BGH*, NJW 2018, 245 (Rn. 12).
[58] Vgl. *BGH* St 35, 152 (161); ebso. *OLG Stuttgart*, NJW 1987, 666; *Gropp*, JZ 1983, 487 ff.; *Ranft*, JA 1984, 1 (7 ff.), der § 246 StGB annimmt. A.A. *OLG Hamburg*, NJW 1987, 336 (337); *Löhnig*, JR 1999, 362 (364 f.); *Otto*, JR 1987, 221; *Wiechers*, JuS 1979, 847 ff.

Ergänzende Hinweise

(1) Nach h.M. ist die Benutzung einer (Scheck- oder) Kreditkarte zur **vertragswidrigen Geldentnahme an Bankomaten durch den Berechtigten**, der seinen vertraglich eingeräumten Überziehungskredit bereits ausgeschöpft hatte, nicht nach § 263a StGB, sondern nach § 266b StGB zu bestrafen[59]. 853

– Nach der Beendigung des Euroschecksystems zum 31.12.2001 ist die heute gebräuchliche »ec-Karte« keine Scheckkarte i.S. des § 266b StGB[60]; »ec« steht nunmehr für »electronic cash«. § 266b StGB ist in diesen Konstellationen deshalb nur noch für die **vertragswidrige Benutzung von Kreditkarten an Bankomaten** einschlägig. –

Der *BGH* differenziert: § 266b StGB sei gegeben, wenn der Täter den Bankomaten eines fremden Geldinstituts benutzt. Da die Vorschrift ein »Drei-Partner-System« voraussetze (siehe *Rn. 954*), bleibe der bloße vertragswidrige Einsatz der Karte an eigenen Geldautomaten des kartenausgebenden Kreditinstituts in vielen Fällen **straflos**. Allerdings komme Strafbarkeit wegen **Betruges** gemäß § 263 StGB in Betracht, wenn der Täter durch Täuschung die Errichtung des Kontos und damit die Einräumung eines Verfügungsrahmens (»Überziehungskredit«) erreiche[61].

Nach der Gegenauffassung erfasst § 263a StGB nicht nur den Codekartenmissbrauch durch Nichtberechtigte, sondern auch durch den Berechtigten, der seinen vertraglich eingeräumten Überziehungskredit bereits ausgeschöpft hat[62].

Die h.M. verkennt, dass die **Codekartenfunktion** von der eigentlichen Funktion der (Scheck- oder) Kreditkarte unabhängig ist, sodass § 266b StGB nicht eingreift. Das zeigt sich z.B. daran, dass nach Beendigung des Euroschecksystems die »ec-Karte« weiterhin zur Abhebung von Bargeld an Bankomaten verwendet werden konnte. Offen bleibt zudem, wie zu entscheiden ist, wenn der Täter eine schlichte Codekarte, die nur Abhebungen an Geldautomaten ermöglicht, benutzt. Der Wortlaut des § 266b StGB steht der Anwendung dieser Vorschrift dann – m.E. unzweifelhaft – entgegen. Einen sachlichen Grund für diese Ungleichbehandlung sehe ich nicht.

Ob § 263a StGB in der Alternative der »unbefugten Verwendung von Daten« vorliegt, hängt davon ab, welches Verständnis des Begriffs »unbefugt« zugrunde gelegt wird (siehe dazu *Rn. 838*). Betrachtet man den Willen des zur Verfügung über die Daten Berechtigten als maßgeblich, so ließe es sich vertreten, die Benutzung des Geldautomaten als unbefugt im Verhältnis zu der kartenherausgebenden Bank zu bezeichnen[63]. Täuschungsähnlich ist das Geldabheben durch den Karteninhaber dagegen nicht: Will er Geld an einem **Bankomaten »seines« Geldinstituts** abheben, so zahlt das Gerät – wenn kein Defekt vorliegt – den Betrag erst aus, wenn es die

---

[59] *OLG Stuttgart*, NJW 1988, 981 f.; *BayObLG*, StV 1997, 596; *Achenbach*, NStZ 1989, 497 (501); *Mühlbauer*, wistra 2003, 244 (245 ff.); Sch/Sch-*Perron*, § 263a Rn. 11.
[60] HWSt-*Hellmann*, 11. Teil 2. Kap. Rn. 88.
[61] *BGH* St 47, 160 (167 ff.) m. insofern zust. Bespr. *Mühlbauer*, wistra 2003, 244 ff., und Anm. *Zielinski*, JR 2002, 342; ebso. *Brand*, JR 2008, 496 ff.; ähnl. Sch/Sch-*Perron*, § 266b Rn. 10, der wie der *BGH* unterscheidet, aber erwägt, missbräuchliche Abhebungen durch den Karteninhaber als Diebstahl oder Unterschlagung zu bestrafen; siehe auch *Berghaus*, JuS 1990, 981 ff. und *Meier*, JuS 1992, 1017 (1021).
[62] So m.w.N. L/K/H-*Heger*, § 263a Rn. 14; *Otto*, 52/44; W/H/S-*Schuhr*, Rn. 702.
[63] *Hilgendorf*, JuS 1997, 130 (134); *Mitsch*, BT 2, S. 398 f.

Einhaltung des Verfügungsrahmens abgefragt hat. Von einem täuschungsähnlichen Verhalten des Kunden kann in diesem Fall daher keine Rede sein. Benutzt der Karteninhaber einen **Geldautomaten einer fremden Bank**, erfolgt online eine Abfrage bei einer Autorisierungszentrale (dazu *Rn. 859*). Wird die richtige PIN eingegeben, so erstattet das kartenherausgebende Geldinstitut der auszahlenden Bank die abgehobene Summe. Denkt man sich an die Stelle des Gerätes einen Bankmitarbeiter, so würde dieser ebenfalls nur die »elektronische Unterschrift« prüfen und sich keine Gedanken über die Einhaltung des Verfügungsrahmens machen. Folglich würde der Kunde auch nicht behaupten, diesen einzuhalten.

Mangels Täuschungsähnlichkeit scheidet somit – auch – § 263a StGB aus[64]. Da eine Unterschlagung in dieser Konstellation – anders als im Fall der Benutzung der Karte durch einen Nichtberechtigten (siehe *Rn. 852*) – wegen der Übereignung der Geldscheine nicht eingreift, bleibt der Codekartenmissbrauch durch den Inhaber m.E. nach derzeitiger Rechtslage straflos.

Dieses Ergebnis mag unbillig erscheinen, der Gesetzgeber hat es aber in der Hand, einen entsprechenden Tatbestand zu schaffen bzw. § 266b StGB so umzugestalten, dass er diese Konstellation erfasst, zumal die Vorschrift ohnehin nach Wegfall des Euroschecksystems geändert werden müsste, da die Alternative des Scheckkartenmissbrauchs leerläuft.

854 *(2)* **»Leerspielen eines Geldspielautomaten«** unter Benutzung der Programmkenntnis

Geldspielautomaten sind computergesteuert, um die Ausschüttung des vorgeschriebenen Anteils der Einsätze als Gewinn sicherzustellen. Der Ablauf des Computerprogramms lässt sich durch die Betätigung der »Risikotaste« beeinflussen. Die Täter verschafften sich auf nicht bekannte Weise Kenntnis von dem Programmablauf[65] und konnten so erkennen, wie dieser zu steuern war, um einen Gewinn zu erzielen. Ob dieses Verhalten die Voraussetzungen des § 263a StGB erfüllt, ist strittig:

855 Das *OLG Celle* lehnte Computerbetrug in der Alternative der *unbefugten Verwendung von Daten* ab. Die Täter würden zwar »Daten verwenden« und »auf den Ablauf eines Datenverarbeitungsvorgangs einwirken«, dies geschehe aber **nicht »unbefugt«**. Das Gestatten der Benutzung des Geldspielautomaten durch einen Spieler mit Programmkenntnis beruhe zwar auf einer Täuschung, es liege aber ein bloßer Motivirrtum vor, der für § 263a StGB nicht genüge[66]. Das *BayObLG* widersprach dem und legte den Begriff »unbefugt« *subjektiviert* aus. Unbefugt handele auch, wer den erkennbaren, ausdrücklichen oder mutmaßlichen Willen des Verfügungsberechtigten missachte[67].

---

[64] A.A. W/H/S-*Schuhr*, Rn. 702; LK[12]-*Tiedemann/Valerius*, § 263a Rn. 51.
[65] Zur Strafbarkeit wegen »Betriebsspionage« nach § 17 II Nr. 1a UWG a.F. – seit 2019 in § 23 I Nr. 1 i.V.m. § 4 I Nr. 1 Gesetz zum Schutz von Geschäftsgeheimnissen (GeschGehG) geregelt – durch Beschaffung des Programms und »Geheimnishehlerei« durch Nutzung des unbefugt verschafften Programms nach § 17 II Nr. 2 UWG a.F. – nun § 23 I Nr. 2 i.V.m. § 4 II Nr. 1a, § 4 I Nr. 1 GeschGehG – siehe *BayObLG*, NStZ 1990, 595 (596 ff.); *OLG Celle*, NStZ 1989, 367 (368).
[66] *OLG Celle*, NStZ 1989, 367 f. (dazu *Neumann*, JuS 1990, 535 ff.); *Flum/Wieland*, JuS 1991, 947 ff.
[67] *BayObLG*, NStZ 1990, 595 (597 f.).

Der *BGH*[68] lässt es dahinstehen, ob in solchen Fällen eine »Verwendung von Daten« **856** i.S. des § 263a I Alt. 3 StGB gegeben ist. Zumindest erfülle der Täter aber die – einen Auffangtatbestand bildende – vierte Alternative (»**oder sonst durch unbefugte Einwirkung auf den Ablauf**«) des § 263a I StGB. Das Drücken der Risikotaste bedeute nämlich eine solche »Einwirkung auf den Ablauf«. Das Verhalten des Täters sei auch **unbefugt** i.S. dieser Bestimmung. Da der Computerbetrug das Vermögen des Einzelnen schütze, sei der Wille des Automatenbetreibers maßgeblich dafür, ob der Täter befugt oder unbefugt handele. Beim »unfairen Leerspielen« von Geldspielautomaten werde das Gerät gegen den Willen jenes Betreibers benutzt.

Das Ergebnis des *BGH* trifft m.E. zu: Die Begründung erweckt zwar den Anschein, **857** als habe sich das Gericht in diesem Beschluss von der »betrugsnahen« Auslegung des § 263a StGB (*Rn. 838*) abgewandt und das Merkmal »unbefugt« gänzlich subjektiviert. Die Benutzung des Geldspielgerätes bei Kenntnis des Programmablaufs ist aber ein täuschungsähnliches Verhalten, denn es entspricht dem **Abschluss eines Spielvertrages unter Ausschaltung des Zufalls**, der nach zutreffender Auffassung als Betrug zu werten ist, weil der Spieler konkludent darüber täuscht, dass er die »Spielregeln« einhält[69] (siehe auch *Rn. 744*). Deshalb bejaht der *BGH* zu Recht, dass im Falle des »Sportwettenbetruges« durch Abschluss von Wetten auf manipulierte Fußballspiele im Internet oder an Automaten Computerbetrug vorliegt[70].

§ 263a StGB scheidet mangels Täuschungsäquivalenz aus, wenn der Täter lediglich **858** einen Defekt[71] oder eine bestehende technische Unzulänglichkeit[72] des Gerätes ausnutzt.

(3) Missbräuchliche Benutzung einer Codekarte im Point-of-Sale-Verfahren **859**

Bei der Bezahlung von Waren mittels der »ec-Karte« im sog. POS-Verfahren (point of sale), auch als »**electronic cash**« bezeichnet, ist die Kasse des Händlers mit einer Autorisierungszentrale des betreffenden Bankinstituts verbunden, die einen Abgleich der Zahlung mit dem aktuellen Kontostand sowie dem individuellen Verfügungsrahmen vornimmt. Die Strafbarkeit von Missbräuchen dieses Verfahrens, das selbstverständlich computerisiert abläuft, ist ebenso zu beurteilen wie der Codekartenmissbrauch zum Abheben von Geld vom Bankomaten, d.h.:
Entwendet der Täter die Codekarte samt PIN, so begeht er durch die Benutzung der Karte einen Computerbetrug (*Rn. 837 ff.*), u.U. in Tatmehrheit mit Diebstahl (vgl. *Rn. 836*).
Die Strafbarkeit des **Inhabers der Karte**, der diese missbräuchlich benutzt, weil er durch andere, im Zentralcomputer noch nicht erfasste Buchungsvorgänge seinen Kontostand bzw. den Verfügungsrahmen bereits ausgeschöpft hat, ist strittig:

---

[68] *BGH* St 40, 331; ebso. u.a.: L/K/H-*Heger*, § 263a Rn. 14a; *Mitsch*, BT 2, S. 399 f.; *Otto*, 52/43; *Ranft*, JuS 1997, 19; W/H/S-*Schuhr*, Rn. 704; abw. bzw. krit. etwa: *Achenbach*, NStZ 1996, 538; *Neumann*, StV 1996, 37; Sch/Sch-*Perron*, § 263a Rn. 9.
[69] Näher dazu Sch/Sch-*Perron*, § 263 Rn. 16e m.w.N.
[70] *BGH*, NStZ 2013, 281 f.; NJW 2016, 1336 (1337).
[71] *AG Karlsruhe*, CR 2013, 642 f.
[72] *KG*, wistra 2015, 244 (245) m. Bespr. *Hecker*, JuS 2015, 756 ff. Zu dieser Problematik auch *Obermann*, NStZ 2015, 197 ff.

Würde man – wie dies beim Bankomatenmissbrauch zum Teil geschieht – darauf abstellen, dass der Täter seine ec-Karte in einem Dreiparteienverhältnis missbräuchlich benutzt, so wäre § 266b StGB einschlägig[73]. Nach anderer Auffassung erfüllt dieses Verhalten die Voraussetzungen des § 263a StGB[74]. Konsequenterweise scheidet jedoch mangels Täuschungsähnlichkeit des Verhaltens auch Computerbetrug aus[75] (näher *Rn. 853*).

860 *(4) Missbräuchliche Benutzung einer Codekarte zur NFC-Zahlung*

Maestro- und Kreditkarten sowie Smartphones können u.U. zur kontaktlosen Bezahlung geringer Beträge (bis 50 Euro) ohne Eingabe einer PIN mittels **NFC-Technologie** (near field communication) eingesetzt werden. Die Buchung erfolgt im POS-Verfahren, das Lesegerät fragt bei dem Computer der Bank aber lediglich ab, ob die Voraussetzungen für das Absehen einer PIN-Abfrage vorliegen, die Karte in keine Sperrdatei eingetragen und der Verfügungsrahmen nicht überschritten ist. Ist der Vorgang in Ordnung, autorisiert der Computer den entsprechenden Umsatz.

Benutzt der Täter eine gefundene Codekarte zur NFC-Zahlung, so scheidet § 263a I Alt. 3 StGB aus, weil die Daten mangels Täuschungsähnlichkeit des Verhaltens nicht »unbefugt« verwendet werden, zumal auf die Überprüfung der Berechtigung zur Zahlung durch Eingabe einer PIN verzichtet wird[76].

861 *(5) Fälschung von Überweisungsträgern eines fremden Kontos*

Fälscht der Täter Überweisungsträger eines fremden Kontos und verschafft sich Gelder von diesen Konten, indem er die Überweisungsträger verwendet, ist bei automatischer Echtheitsprüfung § 263a StGB gegeben. Da das Verhalten täuschungsähnlich ist, liegt ein unbefugtes Verwenden von Daten vor[77].

862 *(6) Unbefugtes Telefonieren mit einem fremden Mobiltelefon*

Benutzt der Täter einen fremden Mobiltelefonanschluss, so verwendet er zwar Daten, nämlich die auf der »SIM-Karte« gespeicherten Informationen sowie den Sicherheitscode (PIN). Dies geschieht jedoch nicht unbefugt i.S. des § 263a StGB, da dies ein täuschungsähnliches Verhalten voraussetzt (*Rn. 838*). Würde anstelle des Computers ein Mensch (»Operator«) das Gespräch vermitteln, so wäre für diesen nur von Belang, von welchem Anschluss das Gespräch geführt würde, nicht dagegen, ob der Benutzer dazu berechtigt ist[78].

---

[73] Dafür LK[12]-*Möhrenschlager*, § 266b Rn. 15; unentschieden *Altenhain*, JZ 1997, 758 ff. A.A. L/K/H-*Heger*, § 266b Rn. 3 f.; Sch/Sch-*Perron*, § 266b Rn. 4.

[74] *Altenhain*, JZ 1997, 758 ff.; *Bernsau*, Der Scheck- und Kreditkartenmissbrauch durch den berechtigten Karteninhaber 1990, S. 217 ff.; L/K/H-*Heger*, § 263a Rn. 14.

[75] HWSt-*Hellmann*, 11. Teil 2. Kap. Rn. 93.

[76] OLG Hamm, NStZ 2020, 673 (Rn. 19 ff.) m. Bespr. *Kudlich*, JA 2020, 710 ff. und *Christoph/Dom-Haag*, NStZ 2020, 697 (700 ff.), die eine Strafbarkeit wegen Fälschens beweiserheblicher Daten nach §§ 269 Abs. 1 i.V.m. § 270 StGB annehmen (S. 699). Zur Strafbarkeit wegen Urkundenunterdrückung (§ 274 I Nr. 2 StGB) und Datenveränderung (§ 303a I StGB) siehe OLG Hamm, aaO (Rn. 33 ff.).

[77] BGH, NJW 2008, 1394 f. m. Bespr. *Heintschel-Heinegg*, JA 2008, 660 ff. (insbesondere zur Wahlfeststellung zwischen § 263 und § 263a StGB bei Unaufklärbarkeit).

[78] *Hellmann/Beckemper*, JuS 2001, 1095 (1096); i.E. ebso. LK[12]-*Tiedemann*, § 263a Rn. 59.

§ 265a StGB scheidet ebenfalls aus, da die bloße Benutzung des Telefons kein »Erschleichen« der Leistung darstellt (siehe auch *Rn. 824*).

Hat der Täter das »Handy« entwendet, will er es aber nach der Benutzung an den Eigentümer zurückgelangen lassen, so scheidet Diebstahl mangels Zueignungsabsicht aus; die bloße Benutzung stellt folglich auch keine Unterschlagung dar[79].

Die Inanspruchnahme von Telekommunikationsleistungen ohne Bezahlung[80] und die missbräuchliche Benutzung fremder Telefonkarten[81] erfüllen §§ 263a, 265a StGB nicht.

(7) »**Schwarzsurfen**« **in einem unverschlüsselt betriebenen Funknetzwerk** 863

Beim Einwählen in ein unverschlüsselt betriebenes WLAN-Funknetzwerk, in der Absicht einen fremden Internetanschluss unentgeltlich zu nutzen, scheidet nach zutreffender Auffassung mangels Täuschungsähnlichkeit eine unbefugte Datenverwendung aus[82].

(8) **Phishing, Pharming und Skimming:** 864

Eine unbefugte Verwendung von Daten liegt bei der Eingabe von Zugangscodes (z.B. PIN, TAN) vor, wenn diese durch Phishing[83], Pharming, Skimming[84] oder widerrechtlichen Ankauf[85] erlangt wurden. Phishing meint generell das »Fischen« nach Online-Kontozugangsdaten[86]. Pharming bedeutet, dass die Nutzer unmittelbar durch Manipulationen an Domain-Name-Servern (DNS) auf gefälschte Web-Seiten umgeleitet werden, z.B. um eine TAN zu erhalten[87]. Unter Skimming ist das Ausspähen von Daten auf Zahlungskarten (ec-Karte, Kreditkarte) durch verschiedene technische Mittel zu verstehen, z.B. durch Anbringen eines Lesegerätes in Form eines kleinen Kunststoffrahmens auf dem Einschiebeschacht für die Karte am Geldautomaten[88].

I.d.R. wird die unbefugte Verwendung fremder Konto- und Kreditkartendaten die Voraussetzungen des Computerbetruges erfüllen, es sind aber die Umstände des konkreten Falles (z.B. Stornierungen, Rückzahlung bereits überwiesener Beträge) zu berücksichtigen[89].

(9) Die »**Manipulation**« **einer Selbstbedienungskasse** erfüllt die Voraussetzungen 865 des § 263a StGB nicht (dazu *Rn. 39*).

---

[79] *Hellmann/Beckemper*, JuS 2001, 1095 (1097).
[80] *OLG Karlsruhe*, NStZ 2004, 333 f.
[81] *BGH*, NStZ 2005, 213.
[82] *LG Wuppertal*, MMR 2011, 65 (66). Näher zu den strafrechtlichen Fragen im Zusammenhang mit WLAN: *Bär*, MMR 2005, 434 ff.
[83] *BGH*, NZWiSt 2015, 195 f. m. Anm. *Floeth*; *KG*, StV 2013, 515 f. m. Bespr. *Jahn*, JuS 2012, 1135 ff.; *Fischer*, § 263a Rn. 11a; *Goeckenjan*, wistra 2008, 128 (131 f.); NK-*Kindhäuser/Hoven*, § 263a Rn. 60a; zum »analogen Phishing« *Ladiges*, wistra 2016, 180 (183 f.).
[84] *Feldmann*, wistra 2015, 41 (43).
[85] *BGH*, NStZ 2021, 214.
[86] Näher dazu *Goeckenjan*, wistra 2008, 128 ff.; *dies.*, wistra 2009, 47 ff.
[87] Dazu *Pfeiffer*, CR 2022, R89.
[88] Näher dazu *Eisele*, CR 2011, 131 ff.; *Feldmann*, wistra 2015, 41 ff.
[89] *BGH*, CR 2023, 357 (Rn. 13 ff.).

865a *(10)* Nimmt der Täter an dem **SEPA-Lastschriftverfahren**, bei dem der Zahlungsvorgang nicht vom Zahlungspflichtigen, sondern vom Zahlungsempfänger ausgelöst wird, teil und reicht er seiner Bank auf elektronischem Wege einen Lastschriftauftrag unter Verwendung der Eingabemaske der Banking-Software ein, obwohl ein solcher Auftrag tatsächlich nicht existiert, so verwirklicht der Täter einen Computerbetrug durch Verwendung unrichtiger Daten (§ 263a I Alt. 2 StGB)[90].

866 *(11)* § 263a III StGB bedroht bestimmte Handlungen zur **Vorbereitung eines Computerbetruges** selbstständig mit Strafe, nämlich die Herstellung, die Sich- oder Drittverschaffung, das Feilhalten, das Verwahren oder das Überlassen eines Computerprogramms, dessen Zweck die Begehung eines Computerbetrugs ist[91].

Da § 263a III StGB die Strafbarkeit in den Bereich der Vorbereitung des eigentlichen Computerbetruges vorverlagert, eröffnet § 263a IV StGB durch den Verweis auf § 149 II, III StGB die Möglichkeit der »**tätigen Reue**«.

---

[90] *BGH*, CR 2023, 14 (Rn. 9 ff.).
[91] Dazu *Fischer*, § 263a Rn. 29 ff.; AnwK-*Gaede*, § 263a Rn. 32 ff.; *Heger*, ZIS 2008, 496 (498); BeckOK-StGB-*Schmidt*, § 263a Rn. 47 ff.; S/S/W-*Zimmermann*, § 263a Rn. 92 ff.

§ 16 Wettbewerbsdelikte

Das Gesetz zur Bekämpfung der Korruption vom 13.08.1997 fügte den 26. Abschnitt **867**
»Straftaten gegen den Wettbewerb« in das StGB ein. Da die Straftatbestände häufig einen Vermögensbezug aufweisen, zum Teil wird das Vermögen sogar als Schutzgut neben dem Wettbewerb betrachtet, und sie nicht selten mit Vermögensdelikten zusammentreffen, werden die Tatbestände hier behandelt.

I. Wettbewerbsbeschränkende Absprachen bei Ausschreibungen (§ 298 StGB)

– Siehe *Hellmann*, WiStR, Rn. 559 f., 617 ff. –

§ 298 StGB schützt den **freien Wettbewerb**[1]. Die Vorschrift ist insofern eine Be- **868**
sonderheit, als sonstige wettbewerbsbeschränkende Maßnahmen gemäß § 81 I - III des Gesetzes gegen Wettbewerbsbeschränkungen (GWB) lediglich Ordnungswidrigkeiten sind. Der Gesetzgeber hat ein einzelnes wettbewerbsbeschränkendes Verhalten aus dem umfangreichen Katalog herausgegriffen und zur Straftat hochgestuft[2].
Nach h.M. soll das **Vermögen** des Ausschreibenden und der – möglichen – Mitbewerber **mitgeschützt** sein[3]. Es handelt sich jedoch um einen bloßen »Schutzreflex«. Absprachen führen zwar in der Regel zu überhöhten Angeboten, die Tatbestandsmerkmale des § 298 StGB greifen den vermögensschützenden Aspekt aber nicht auf. Der Tatbestand ist deshalb auch kein *»betrugsähnliches Vermögensdelikt«*[4]. Im Gegensatz zu §§ 264, 264a, 265b StGB, die jeweils näher bezeichnete Täuschungshandlungen unter Strafe stellen, verzichtet § 298 StGB auf eine Täuschung, denn der Tatbestand ist auch erfüllt, wenn der Täter nicht vorspiegelt, dass sein Angebot unter Wettbewerbsbedingungen zustande gekommen ist[5].
§ 298 StGB hat die *Probleme bei der Schadensfeststellung* im Zusammenhang mit der Strafbarkeit von Submissionsabsprachen als Betrug (siehe *Rn. 742*) daher nicht beseitigt[6], denn § 263 StGB ist gegenüber § 298 StGB nicht speziell[7]. Zwar weist § 298 StGB den gleichen Strafrahmen auf wie § 263 I StGB, auf die Prüfung des Betrugs kann dennoch häufig schon deshalb nicht verzichtet werden, weil gerade bei

---

[1] BT-Drs. 13/5584, 13; S/S/W-*Bosch*, § 298 Rn. 1; *Fischer*, Vor § 298 Rn. 6; *Hellmann*, WiStR, Rn. 559; *Korte*, NStZ 1997, 513 (516); *Rotsch*, ZIS 2014, 579 (580 f.), geschützt sei der Wettbewerb als Institution. A.A. MK-*Hohmann*, § 298 Rn. 1 (»Vertrauen des Einzelnen in die Funktionsfähigkeit des freien und fairen Wettbewerbs«).
[2] L/K/H-*Heger*, § 298 Rn. 1; *Korte*, NStZ 1997, 513 (516).
[3] BT-Drs. 13/5584, 13; *Achenbach*, WuW 1997, 958 (959); *Fischer*, Vor § 298 Rn. 6; L/K/H-*Heger*, § 298 Rn. 1; Sch/Sch-*Heine/Eisele*, Vorbem §§ 298 ff. Rn. 5; M/S/M-*Maiwald*, 68/2 (»abstraktes Vermögensgefährdungsdelikt«); *Rotsch*, ZIS 2014, 579 (581 f.).
[4] Sch/Sch-*Heine/Eisele*, § 298 Rn. 1; *Wittig*, 25/7.
[5] A/W/H/H-*Heinrich*, 21/109.
[6] Anders *Otto*, 61/142.
[7] So aber *Wolters*, JuS 1998, 1100 (1102). Anders zu Recht die h.M. (*Tateinheit* von §§ 263, 298 StGB): *Achenbach*, WuW 1997, 958 (959); *Fischer*, § 298 Rn. 22; L/K/H-*Heger*, § 298 Rn. 9; Sch/Sch-*Heine/Eisele*, § 298 Rn. 29; *König*, JR 1997, 397 (402).

Submissionsabsprachen ein besonders schwerer Fall nach § 263 III StGB in Betracht kommen wird (insbesondere »Vermögensverlust großen Ausmaßes«, Nr. 2, und der »Missbrauch der Befugnisse oder Stellung als Amtsträger«, Nr. 4).

869 Die h.M. betrachtet § 298 StGB als *abstraktes Gefährdungsdelikt*[8]. Diese Sicht berücksichtigt jedoch nicht, dass der freie Wettbewerb bereits durch die Absprache beeinträchtigt, somit verletzt wird; der Tatbestand ist also ein **Verletzungsdelikt**[9].

870 Der **objektive Tatbestand** des § 298 StGB setzt voraus, dass der Täter im Rahmen einer »Ausschreibung« (Abs. 1)[10] oder eines »Teilnahmewettbewerbs« (Abs. 2)[11] ein Angebot über Waren oder Dienstleistungen abgibt, das auf einer rechtswidrigen Absprache mit anderen Unternehmen, zu denen der Täter im Wettbewerb steht[12], beruht, die den Veranstalter zur Annahme eines bestimmten Angebots veranlassen soll. Die **Rechtswidrigkeit** einer Absprache bestimmt sich zwar grundsätzlich nach dem Kartellrecht, nach zutreffender Auffassung erfasst aber der Straftatbestand nur horizontale Absprachen, nicht dagegen vertikale[13]. Strafbar macht sich jeder an der Absprache Beteiligte, der ein Angebot abgibt, also auch derjenige, der den »Zuschlag« nicht erhalten soll.

Der Tatbestand erfasst nicht nur Vergabeverfahren der öffentlichen Hand, sondern auch Ausschreibungen durch private Veranstalter[14].

Subjektiv ist Vorsatz erforderlich.

§ 298 III StGB enthält eine §§ 264 VI, 264a III, 265b II StGB entsprechende Regelung der »**tätigen Reue**« (vgl. *Rn. 802, 810, 814*).

II. Bestechlichkeit und Bestechung im geschäftlichen Verkehr (§§ 299, 300, 301 StGB)

– Siehe *Hellmann*, WiStR, Rn. 785 ff. –

871 § 299 StGB ersetzte § 12 UWG *a.F.* Die Verlagerung in das StGB soll in der Bevölkerung das Bewusstsein schärfen, dass es um allgemeine Kriminalität geht[15]. Das Gesetz zur Bekämpfung der Korruption vom 20.11.2015 erweiterte § 299 I, II StGB um eine weitere Alternative. § 299 I Nr. 1 StGB bedroht – wie zuvor – die Bestechlichkeit eines Angestellten oder Beauftragten eines Unternehmens mit dem Ziel der *unlauteren Bevorzugung* eines anderen bei dem Bezug von Waren oder Dienstleistungen *im in- oder ausländischen Wettbewerb* (»Wettbewerbsvariante«) mit Strafe.

---

[8] S/S/W-*Bosch*, § 298 Rn. 2; *Fischer*, § 298 Rn. 3; L/K/H-*Heger*, § 298 Rn. 1; Sch/Sch-*Heine/Eisele*, § 298 Rn. 2; *Rotsch*, ZIS 2014, 579 (582 f.); M/R-*Schröder/Bergmann*, § 298 Rn. 4.

[9] NK-*Dannecker/Schröder*, § 298 Rn. 21; *Hellmann*, WiStR, Rn. 560; LK[13]-*Lindemann*, § 298 Rn. 9; LK[12]-*Tiedemann*, § 298 Rn. 8 ff.; *Walter*, GA 2001, 131 (140).

[10] Näher dazu *BGH* St 59, 34 (Rn. 11 ff.) m. Anm. *Bosch*, ZWH 2014, 275 f. und *Greeve*, NStZ 2014, 403 f.; siehe auch *Conrad*, ZfBR 2015, 132 (135); Sch/Sch-*Heine/Eisele*, § 298 Rn. 4 ff.; *Kretschmer*, ZWH 2013, 355 f.; *Möckel*, NJW 2012, 3270 (3271 f.).

[11] Siehe dazu L/K/H-*Heger*, § 298 Rn. 4.

[12] *BGH*, wistra 2004, 387 (388 ff. m.w.N.); str.

[13] Näher dazu *Hellmann*, WiStR, Rn. 617; *Portner*, wistra 2021, 1 (3). A.A. *BGH*, NStZ 2013, 41 (42).

[14] *BGH*, NStZ 2003, 548 f. m. Anm. *Greeve*.

[15] *Otto*, 61/153.

Die Unrechtsvereinbarung des § 299 I Nr. 2, II Nr. 2 StGB besteht dagegen in der *Verletzung von Pflichten gegenüber dem Unternehmen* bei dem Bezug von Waren oder Dienstleistungen (»Geschäftsherrenvariante«). § 299 II StGB stellt die Bestechung eines Angestellten oder Beauftragten eines Unternehmens in beiden Alternativen unter Strafandrohung.

Schutzgüter der »Wettbewerbsvariante« sind nach zutreffender Auffassung die Lauterkeit des Wettbewerbs, die Interessen der Mitbewerber und des Geschäftsherrn[16]. Bestechlichkeit und Bestechung im geschäftlichen Verkehr nach § 299 I Nr. 1, II Nr. 1 StGB sind – entgegen der h.M.[17], die sie als abstrakte Gefährdungsdelikte betrachtet – **Verletzungsdelikte**, weil zwar die Interessen der Mitbewerber und des Geschäftsherrn erst durch die Bevorzugung im Wettbewerb verletzt werden, die Lauterkeit des Wettbewerbs aber bereits durch die Unrechtsvereinbarung beeinträchtigt wird[18]. 872

Schutzgut der »Geschäftsherrenvariante« ist allein das Interesse des Geschäftsherrn an der loyalen Wahrnehmung der Geschäfte durch die Angestellten und Beauftragten des Unternehmens im Wirtschaftsverkehr[19]. Da die Interessen des Geschäftsherrn nicht schon durch die Unrechtsvereinbarung beeinträchtigt werden, sondern erst durch deren Umsetzung, sind Bestechlichkeit und Bestechung in der Geschäftsherrnvariante **abstrakte Gefährdungsdelikte**[20]. 873

§ 299 I StGB ist ein Sonderdelikt, das nur Angestellte oder Beauftragte eines Unternehmens als **Täter** begehen können, also nicht der Geschäftsherr selbst[21]. Der *BGH* folgert daraus zu Recht, dass sich der Angestellte, der mit dem **Einverständnis der Anteilseigner** des Unternehmens einen Vorteil fordert, sich versprechen lässt oder annimmt, nicht wegen Bestechlichkeit im geschäftlichen Verkehr strafbar macht[22]. 874

§ 299 II StGB enthält hingegen keine ausdrückliche Beschränkung des Täterkreises. Da allerdings ein Handeln im geschäftlichen Verkehr erforderlich ist, können *faktisch* nur Mitbewerber oder Personen, die nach außen hin für diese auftreten, den Tatbestand verwirklichen[23]. 874a

Die **Tathandlungen des § 299 I StGB** sind Fordern (einseitiges Verlangen), Sichversprechenlassen (Annahme des Angebots) und Annehmen (tatsächliche Entgegen- 875

---

[16] NK-*Dannecker/Schröder*, § 299 Rn. 12; *Gercke/Wollschläger*, wistra 2008, 5; MK-*Krick*, § 299 Rn. 18 f.
[17] Sch/Sch-*Eisele*, § 299 Rn. 4; *Krack*, NStZ 2001, 505 (507); *Nöckel*, ZJS 2013, 50 (55); *Wittig*, 26/8.
[18] *Hellmann*, WiStR, Rn. 785; LK[13]-*Lindemann*, § 299 Rn. 7; LK[12]-*Tiedemann*, § 299 Rn.7.
[19] NK-*Dannecker/Schröder*, § 299 Rn. 23; MK-*Krick*, § 299 Rn. 25; M/R-*Sinner*, § 299 Rn. 4. Näher *Hellmann*, WiStR, Rn. 787.
[20] NK-*Dannecker/Schröder*, § 299 StGB Rn. 29.
[21] BGH St 57, 202 (211); NZWiSt 2014, 346 (347) m. Anm. *Lindemann/Hehr*; LG Frankfurt a.M., ZWH 2015, 352; MK-*Krick*, § 299 StGB Rn. 36; *Pragal*, ZIS 2006, 63, 73; krit. *Bürger*, wistra 2003, 130, 132.
[22] BGH, NJW 2021, 3606 (Rn. 19) m. zust. Anm. *Costen/Reichling* sowie *Brand*, GmbHR 2021, 1340 ff., *Gehm*, NZWiSt 2022, 16 und *Oesterle*, NStZ 2022, 415 f. Abl. *Pavlokos*, NStZ 2022, 457 ff. Krit. *Krack*, wistra 2022, 165 ff. – Näher dazu *Hellmann*, WiStR, Rn. 790a.
[23] *Hellmann*, WiStR, Rn. 804 m.w.N.

nahme) eines Vorteils für sich oder einen Dritten. **Vorteil** ist jede Besserstellung der wirtschaftlichen, rechtlichen oder persönlichen Lage des Empfängers; sie kann sowohl materieller als auch immaterieller Art sein[24]. Es besteht zwar keine ausdrücklich im Gesetz genannte Geringwertigkeits- oder Bagatellgrenze. *Sozialadäquate* Zuwendungen, ohne objektive Eignung zur Beeinflussung einer konkreten Entscheidung, erfüllen aber den Tatbestand nicht[25].

Die **Tathandlungen des § 299 II StGB** – Anbieten, Versprechen, Gewähren – entsprechen im Wesentlichen »spiegelbildlich« denen des § 299 I StGB.

876 Kern des § 299 StGB ist eine **Unrechtsvereinbarung** des Inhalts, dass der Vorteil die »Gegenleistung« für eine künftige unlautere Bevorzugung im Wettbewerb (I Nr. 1, II Nr. 2) bzw. Verletzung von Pflichten gegenüber dem Unternehmen (I Nr. 2, II Nr. 2) ist (*Rn. 871*). Beim Fordern bzw. Anbieten muss die Unrechtsvereinbarung nicht zustande kommen, sondern es genügt, dass der Täter diese anstrebt (Absicht im technischen Sinne)[26].

Da die Absicht der Bevorzugung die Unrechtsvereinbarung kennzeichnet, handelt es sich um ein im objektiven Tatbestand zu erörterndes Merkmal. Die Bevorzugung selbst muss nicht objektiv eingetreten sein, sondern es genügt, dass sie Gegenstand der Unrechtsvereinbarung – also beabsichtigt – ist.

877 »**Bevorzugung**« (dazu auch *Rn. 887*) bedeutet eine Besserstellung, auf die der Begünstigte keinen Anspruch hat[27]. Das Merkmal der Unlauterkeit hat nach zutreffender Auffassung keine eigene Bedeutung, da eine Bevorzugung, die auf einer Unrechtsvereinbarung beruht, immer sachwidrig und daher unlauter ist[28].

878 In § 300 StGB sind unter Verwendung der Regelbeispielstechnik **besonders schwere Fälle** der Bestechlichkeit und Bestechung im geschäftlichen Verkehr geregelt. Es handelt sich bei den Tatbeständen des § 299 StGB um **relative Antragsdelikte** (§ 301 StGB).

879 Das Konkurrenzverhältnis der beiden Tatvarianten des § 299 I Nr. 1 und 2 bzw. § 299 II Nr. 1 und 2 StGB zueinander ist noch ungeklärt. Zutreffend ist, Tateinheit (§ 52 StGB) anzunehmen, wenn eine Wettbewerbsbeeinträchtigung und eine Pflichtverletzung vorliegen[29].

Begeht der Täter durch die Erfüllung der Unrechtsvereinbarung eine Untreue zum Nachteil des »Geschäftsherrn«, so stehen § 299 und § 266 StGB in Tatmehrheit[30].

880 Bestechlichkeit und Bestechung im geschäftlichen Verkehr sind in der Wettbewerbsvariante von § 299 I Nr. 1, II Nr. 1 StGB auch erfasst, wenn die **Handlungen**

---

[24] Näher – auch zu der Frage, ob Vorteile, die dem Unternehmen, für das der Täter handelt, erfasst sind – *Hellmann*, WiStR, Rn. 793 f.
[25] H.M., z.B. L/K/H-*Heger*, § 299 Rn. 4. – Vgl. Krey/Hellmann/*Heinrich*, BT 1, Rn. 1083. –
[26] Sch/Sch-*Eisele*, § 299 Rn. 23, 48.
[27] NK-*Dannecker/Schröder*, § 299 Rn. 79; L/K/H-*Heger*, § 299 Rn. 5; MK-*Krick*, § 299 Rn. 233.
[28] LK¹³-*Lindemann*, § 299 Rn. 43; *Tiedemann*, ZStW 86 (1974), 990, 1030. Eingehend zum Streit bzgl. einer eigenständigen Bedeutung des Begriffs Unlauterkeit *Fomferek*, wistra 2017, 174, 177 ff.
[29] NK-*Dannecker/Schröder*, § 299 Rn. 137; *Hellmann*, WiStR, Rn. 802, 808.
[30] *BGH*, NJW 2006, 925 (932); MK-*Krick*, § 299 Rn. 524.

im ausländischen Wettbewerb begangen wurden. Voraussetzung ist die Anwendbarkeit des deutschen Strafrechts nach §§ 3 - 9 StGB[31]. Ausschließlich im Ausland begangene Taten sind deshalb gem. § 7 StGB strafbar, wenn sie dort von einem oder gegen einen Deutschen vorgenommen werden und die Tat am Tatort mit Strafe bedroht ist[32].

III. Bestechlichkeit und Bestechung im Gesundheitswesen
(§§ 299a, 299b, 300 StGB)

– Siehe *Hellmann*, WiStR, Rn. 815 ff. –

§ 299a und § 299b StGB, die durch das **Gesetz zur Bekämpfung der Korruption im Gesundheitswesen** vom 04.06.2016 eingefügt wurden, schließen Lücken im Korruptionsstrafrecht, die dadurch entstanden waren, dass der Große Senat für Strafsachen des BGH 2012 entschieden hatte, der niedergelassene Vertragsarzt sei weder Amtsträger im Sinne der §§ 331 ff. StGB[33] noch Beauftragter der Krankenkassen im Sinne des § 299 StGB[34]. 881

Nach dem Willen des Gesetzgebers schützen §§ 299a, 299b StGB sowohl den fairen Wettbewerb im Gesundheitswesen als auch das Vertrauen der Patienten in die Integrität heilberuflicher Entscheidungen[35]. Das Vertrauen der Patienten in die Integrität heilberuflicher Entscheidungen kann allerdings schon deshalb nicht Schutzgut der §§ 299a, 299b StGB sein, weil dieses Vertrauen nicht durch die Korruptionstat verletzt werden kann, sondern erst durch das Bekanntwerden der Tat und das Fehlen einer (straf-)rechtlichen Reaktion[36]. **Schutzgüter der §§ 299a, 299b StGB** sind deshalb – neben der Lauterkeit des Wettbewerbs im Gesundheitswesen – die Vermögensinteressen der Mitbewerber und der Krankenkassen[37]. 882

§§ 299a, 299b StGB sind – wie §§ 299 I Nr. 1, II Nr. 1 StGB – keine *abstrakten Gefährdungsdelikte*, sondern wegen der Beeinträchtigung des lauteren Wettbewerbs bereits durch die Unrechtsvereinbarung **Verletzungsdelikte**[38] (vgl. *Rn. 872*). § 299a StGB regelt die Bestechlichkeit im Gesundheitswesen, die dazu »spiegelbildliche« Bestechung im Gesundheitswesen bedroht § 299b StGB mit Strafe. 883

§ 299a StGB ist ein **Sonderdelikt**[39], dass nur ein »Angehöriger eines Heilberufs, der für die Berufsausübung oder die Führung der Berufsbezeichnung eine staatlich geregelte Ausbildung erfordert«, als Täter begehen kann. Bei § 299b StGB handelt es sich um ein **Allgemeindelikt**, denn tauglicher Täter kann jedermann sein. 884

---

[31] NK-*Dannecker/Schröder*, § 299 Rn. 144 ff.; HWSt-*Rönnau*, 5. Teil 2. Kap. Rn. 108 ff.
[32] Näher *Hellmann*, WiStR, Rn. 809 f.
[33] BGHSt 57, 202 (204 ff.).
[34] BGHSt 57, 202 (206 ff.).
[35] BT-Drs. 18/6446, 12, 13, 16; 18/8106, 17.
[36] NK-WSS-*Gaede*, § 299a StGB Rn. 12 ff.
[37] Näher zum geschützten Rechtsgut der §§ 299a, 299b StGB *Hellmann*, WiStR, Rn. 816.
[38] A.A. (Abstraktes Gefährdungsdelikt) BT-Drs. 18/6446, 21; *Kraatz*, Arztstrafrecht, 3. Aufl. 2023, Rn. 365; diff. NK-*Dannecker/Schröder*, § 299a Rn. 91.
[39] Statt vieler *Hellmann*, WiStR, Rn. 819 m.w.N.

885 Die **Tathandlungen der §§ 299a, 299b StGB** entsprechen denen des § 299 I, II StGB (dazu *Rn. 875*). *Sozialadäquate* Zuwendungen ohne objektive Eignung zur Beeinflussung einer konkreten heilberuflichen Entscheidung erfüllen – wie bei § 299 StGB (*Rn. 875*) – den Tatbestand nicht[40]. Nachträgliche Zuwendungen, z.B. ein Geschenk von einem Patienten, das dieser dem Arzt als Dank für eine bereits durchgeführte Behandlung zukommen lässt, sind ebenfalls nicht vom Tatbestand erfasst[41]. Die Tathandlung muss **im Zusammenhang mit der Ausübung des Heilberufs** erfolgen.

886 Der Vorteil muss eine Gegenleistung *für eine künftige unlautere Bevorzugung im in- oder ausländischen Wettbewerb bei einer der in § 299a Nr. 1 bis 3 StGB abschließend aufgezählten heilberuflichen Entscheidungen* darstellen. Es muss – wie bei § 299 StGB – ein Zusammenhang zwischen der Tathandlung und der von den Beteiligten erwarteten Bevorzugung bestehen (sog. **Unrechtsvereinbarung**)[42]. Die Absicht der Bevorzugung als Element der Unrechtsvereinbarung ist ein im objektiven Tatbestand zu erörterndes Merkmal (*Rn. 876*).

887 Eine **Bevorzugung** liegt bei einer sachfremden Entscheidung zwischen mindestens zwei Konkurrenten vor[43]. Erfasst sind nur *künftige* Bevorzugungen, es sei denn, die vergangenen Handlungen beruhen auf vorangegangenen Unrechtsvereinbarungen und der Täter hat sich den Vorteil bereits vorab versprechen lassen[44]. Die Bevorzugung hat sich auf einen **Wettbewerb** zu beziehen[45]. Das Merkmal Unlauterkeit hat – wie bei § 299 StGB – keine eigenständige Bedeutung, da eine Bevorzugung, die auf einer Unrechtsvereinbarung beruht, immer sachwidrig und daher unlauter ist[46].

888 Die in § 300 StGB geregelten **besonders schwere Fälle** gelten auch für die Bestechlichkeit und Bestechung im Gesundheitswesen. Da § 301 StGB nur auf § 299 StGB Bezug nimmt, handelt es sich bei §§ 299a, 299b StGB nicht um relative Antragsdelikte (vgl. *Rn. 878*), sondern um **Offizialdelikte**.

889 §§ 299a, 299b StGB können mit § 299 StGB und/oder §§ 331 ff. StGB zusammentreffen, wenn der Heilberufsangehörige Angestellter oder Beauftragter eines Unternehmens, z.B. eines privaten Krankenhauses, oder Amtsträger, z.B. Beamter einer Universitätsklinik, ist. Nach zutreffender Auffassung stehen die Tatbestände wegen der unterschiedlichen Schutzgüter in Tateinheit (§ 52 StGB)[47].

---

[40] BT-Drs. 18/6446, 17 f.
[41] BT-Drs. 18/6446, 18.
[42] *Hellmann*, WiStR, Rn. 825.
[43] BT-Drs. 18/6446, 21.
[44] BT-Drs. 18/6446, 20; NK-*Dannecker/Schröder*, § 299 StGB 156; *Fischer*, § 299a StGB Rn. 9.
[45] *Fischer*, § 299a StGB Rn. 10.
[46] Ähnlich *Fischer*, § 299a StGB Rn. 12, nach dem das Merkmal nur selten eigenständige Bedeutung habe. A.A. *Schroth/Hofmann*, medstra 2017, 259 (260 ff.).
[47] NK-*Dannecker/Schröder*, § 299a StGB Rn. 266 ff.; *Fischer*, § 299a StGB Rn. 28; *Kraatz*, Arztstrafrecht, 3. Aufl. 2023, Rn. 371. A.A. *Tsambikakis*, medstra 2016, 131, 139 f.: §§ 299a, 299b StGB seien lex specialis für das Gesundheitswesen und würden somit §§ 299, 331 ff. StGB verdrängen; *Seifert*, medstra 2017, 280 ff.: Sperrwirkung der §§ 299a, 299b StGB gegenüber § 299 StGB, jedoch Tateinheit mit §§ 331 ff. StGB.

§ 17 Wucher (§ 291 StGB)

Geschütztes Rechtsgut dieser Strafvorschrift ist das Vermögen[1]. 890
Seinem Wesen nach handelt es sich bei diesem Vergehen um ein **Vermögensgefährdungsdelikt**, da eine Vermögenseinbuße beim »Bewucherten« nicht nötig ist[2]. Obwohl Wucher, namentlich *Mietwucher* sowie *Kreditwucher,* aber auch *Lohnwucher,* wie ihn der *BGH* im Falle der Unterbezahlung ausländischer Arbeitskräfte (*Rn.* 898) versteht, ein durchaus häufig begangenes Delikt ist, führt dieser Tatbestand in der Verurteiltenstatistik ein »Schattendasein«, und zwar namentlich wegen der geringen Anzeigebereitschaft der Opfer[3]. Gerade für den *Kreditwucher* (§ 291 I 1 Nr. 2 StGB) ist seit Langem ein weitestgehender »Stillstand« seiner Bekämpfung mittels Strafverfolgung festzustellen[4], was auch auf den strengen Anforderungen beruhen dürfte, die der *BGH* an die zentralen Tatbestandsmerkmale der *»Unerfahrenheit«* sowie des *»auffälligen Missverhältnisses«* stellt[5].

Fall 132: *– Mietwucher –*

Hanno (H) brauchte Geld. Daher beschloss er, das Obergeschoss seines Einfamilienhauses, 891 das seit der Heirat seiner Töchter nicht mehr benutzt wurde, als möblierte Wohnung zu vermieten. Nach einer Reihe von Kontakten mit Interessenten und auf Grund sonstiger Informationen stellte H fest, dass die ortsübliche Miete für die Wohnung ca. 400 Euro betrug. Dies war H jedoch viel zu wenig. Da ihm bekannt war, dass in seiner Stadt zahlreiche Arbeiter aus Rumänien eine preiswerte Wohnung benötigten und viele von ihnen angesichts monatelanger erfolgloser Suche schon völlig verzweifelt waren, bot er die Wohnung für 650 Euro dem rumänischen Staatsbürger Ionescu (I) und dessen Kollegen an. I hielt die Miete zu Recht für skandalös hoch, war aber, was H wusste, durch die Fehlschläge bei der Wohnungssuche so entmutigt, dass er das Angebot annahm.

Strafbarkeit des H?

H hat sich gemäß § 291 I 1 Nr. 1 StGB strafbar gemacht:

(1) I befand sich i.S. dieser Vorschrift in einer **»Zwangslage«**[6]. Hierfür ist keine Existenz bedrohende wirtschaftliche Bedrängnis nötig[7], sondern es besteht für einen

---

[1] A/W/H/H-*Heinrich*, 24/2; Sch/Sch-*Heine/Hecker*, § 291 Rn. 2; Joecks/*Jäger*, § 291 Rn. 1; *Mitsch*, BT 2, S. 922; AnwK-*Putzke*, § 291 Rn. 1; h.M. Abw. *Otto*, 61/124; a.A. auch – für den »Zwangslagenwucher« – SK⁹-*Hoyer*, § 291 Rn. 3; nach *Kindhäuser*, NStZ 1994, 105 ff.; NK-*ders.*, § 291 Rn. 2 ff., dient die Vorschrift dem »Vermögensschutz durch Sicherung der Vertragsfreiheit«; MK-*Pananis*, § 291 Rn. 2, betrachtet das Vertrauen auf Unterbindung der Ausbeutung einer Schwächesituation als Schutzgut.
[2] *Fischer*, § 291 Rn. 3; Sch/Sch-*Heine/Hecker*, § 291 Rn. 2; NK-*Kindhäuser*, § 291 Rn. 9; MK-*Pananis*, § 291 Rn. 3; diff. S/S/W-*Saliger*, § 291 Rn. 2; M/S/M/H/M-*Schroeder*, 43/10. A.A. SK⁹-*Hoyer*, § 291 Rn. 3: Vermögens*verletzungs*delikt.
[3] A/W/H/H-*Heinrich*, 24/7 f.; S/S/W-*Saliger*, § 291 Rn. 2.
[4] *Nack*, NStZ 1984, 23 f.
[5] Siehe BGH, NStZ 1984, 23 m. krit. Anm. von *Nack*; vgl. auch OLG Karlsruhe, NJW 1988, 1154 m. krit. Bespr. *Achenbach*, NStZ 1989, 497 (505).
[6] Näher zum Begriff Zwangslage *Bechtel*, JR 2019, 503 ff.
[7] BT-Drucks. 7/3441, S. 40; *BGH*, NStZ-RR 2020, 213 (214); OLG Köln, NJ 2017, 158; L/K/H-*Heger*, § 291 Rn. 8; NK-*Kindhäuser*, § 291 Rn. 19; *Mitsch*, BT 2, S. 925 f.; *Otto*, 61/134; MK-*Pananis*, § 291 Rn. 14; S/S/W-*Saliger*, § 291 Rn. 8.

Wohnungssuchenden schon dann eine Zwangslage, »wenn er eine Wohnung an einem bestimmten Ort benötigt und dort mangels weiterer Angebote auf ein bestimmtes Mietobjekt angewiesen ist«[8]. Ob die Zwangslage selbstverschuldet ist, spielt im Übrigen keine Rolle[9].

892 Dass hier die Zwangslage »*Wohnungsnot*« nicht nur für den Betroffenen als Einzelnen, sondern zugleich für einen größeren Personenkreis (sonstige rumänische Arbeiter, die Wohnungen benötigten) bestand, ist unerheblich[10]. Zwar gilt § 291 StGB nur für den sog. »**Individualwucher**«, d.h. für die Ausbeutung der »Schwächesituation von *Einzelpersonen*«, nicht für den sog. »*Sozialwucher*«, bei dem »eine allgemeine Mangellage zu übermäßigen Gewinnen ausgenutzt wird«[11].

Zum Sozialwucher bei der Wohnungsvermietung vgl. § 5 Wirtschaftsstrafgesetz 1954 (*»Mietpreisüberhöhung«* – Ordnungswidrigkeit –).

Ein gemäß § 291 StGB tatbestandsmäßiger »**Individualwucher**« wird aber nicht dadurch ausgeschlossen, dass sich außer dem Bewucherten zugleich ein größerer Personenkreis (z.B. ausländische Arbeitnehmer und Studierende) in der gleichen Zwangslage befindet. Dies ist namentlich beim Mietwucher bedeutsam[12].

893 *(2)* Diese Zwangslage des I hat H »dadurch ausgebeutet, dass er sich für die Vermietung von Räumen zum Wohnen Vermögensvorteile (Mietzins) versprechen ließ, die in einem **auffälligen Missverhältnis** zu seiner Leistung standen«: Ein »auffälliges Missverhältnis« i.S. des § 291 StGB ist gegeben, »wenn der Kundige nach Aufklärung des Sachverhalts ohne weiteres erkennen kann, dass die Leistung im Verhältnis zur Gegenleistung nach den Umständen *völlig unangemessen* ist«[13].

894 Beim Mietwucher dient als Vergleichsbasis grundsätzlich die *ortsübliche Miete* für entsprechende Mietobjekte[14]. Ortsübliche Mieten können allerdings »nur insoweit berücksichtigt werden, als sie nicht selbst unangemessen hoch sind«[15]. Als »Faustformel« dient dabei das Abstellen auf eine mehr als 50-prozentige Überschreitung: Ein auffälliges Missverhältnis liegt i.d.R. vor, wenn der (grundsätzlich nach der Ortsüblichkeit zu bestimmende) angemessene **Mietzins** um mehr als 50 % überschritten wird[16]. Das war hier der Fall.

---

[8] *Fischer*, § 291 Rn. 10; Sch/Sch-*Heine/Hecker*, § 291 Rn. 23.
[9] *OLG Köln*, NJ 2017, 158; Sch/Sch-*Heine/Hecker*, § 291 Rn. 24.
[10] Vgl. *BGH* St 11, 182 (183); *Fischer*, § 291 Rn. 3; Sch/Sch-*Heine/Hecker*, § 291 Rn. 2; MK-*Pananis*, § 291 Rn. 15.
[11] *BGH* St 11, 182 (183); A/W/H/H-*Heinrich*, 24/1, 33 (mit Hinweis auf das Problem einer scharfen Unterscheidung namentlich beim Mietwucher); *Wittig*, 24/19.
[12] *BGH* St 11, 182 (183); *Fischer*, § 291 Rn. 3; Sch/Sch-*Heine/Hecker*, § 291 Rn. 2; MK-*Pananis*, § 291 Rn. 15. Wohl auch *BGH* St 30, 280 (Mietwucher gegenüber Asylbewerbern).
[13] L/K/H-*Heger*, § 291 Rn. 3; ähnl. AnwK-*Putzke*, § 291 Rn. 13.
[14] *BGH* St 11, 182 (184); 30, 280 (282); *OLG Köln*, NJW 1976, 119 f.; L/K/H-*Heger*, § 291 Rn. 4; Sch/Sch-*Heine/Hecker*, § 291 Rn. 13; A/W/H/H-*Heinrich*, 24/19; *Mitsch*, BT 2, S. 934; krit. SK⁹-*Hoyer*, § 291 Rn. 51; S/S/W-*Saliger*, § 291 Rn. 14.
[15] *BGH* St 11, 182 (184).
[16] L/K/H-*Heger*, § 291 Rn. 4; NK-*Kindhäuser*, § 291 Rn. 33; MK-*Pananis*, § 291 Rn. 30; S/S/W-*Saliger*, § 291 Rn. 14; *Wittig*, 24/38. Siehe auch *BGH*, NStZ 1982, 287.

Ob und wie weit bei der Beurteilung der Frage nach dem Vorliegen eines auffälligen **895** Missverhältnisses ein etwaiges »erhöhtes Risiko des Vermieters, das sich aus der Person des Mieters und der Art der Benutzung ergeben kann«, in Ansatz zu bringen ist[17], kann hier dahinstehen, da dafür keine Anhaltspunkte bestehen.

(3) H hatte **Vorsatz**, da er die den objektiven Tatbestand begründenden Tatsachen bei lebensnaher Sachverhaltsinterpretation mit der entsprechenden »Parallelwertung in der Laiensphäre« erfasste[18].
Rechtswidrigkeit und Schuld liegen ebenfalls vor, sodass sich H wegen Wuchers strafbar gemacht hat.

Ergänzende Hinweise

(1) Für den **Kreditwucher** (§ 291 I 1 Nr. 2 StGB) hat der *BGH* bislang keinen »fes- **896** ten Richtwert für die Überschreitung der Strafbarkeitsschwelle« festgesetzt[19].

(2) Die Bestimmung des Wertes von Leistung und Gegenleistung bei dem **Leis- 897 tungswucher** (§ 291 I 1 Nr. 3 StGB) bereitet keine Probleme, wenn ein *Marktpreis* vorhanden ist; dann ist dieser zugrunde zu legen. Es sind allerdings die konkreten Verhältnisse zu berücksichtigen (Eine Flasche Sekt ist im Supermarkt erheblich billiger als in einer Nachtbar!). Fehlt ein Markt, so wird zum Teil vorgeschlagen, den »gerechten Preis« festzulegen[20]. Dem ist jedoch entgegenzuhalten, dass § 291 StGB das Vermögen schützt, nicht dagegen bezweckt, »wirtschaftlich ideale oder gerechte Austauschverhältnisse zu schaffen«[21], sodass Wucher deshalb nach zutreffender Auffassung ausscheidet, wenn es für die Leistung – ausnahmsweise – keinen Markt gibt[22]. Existiert ein illegaler »Markt« (z.B. Betäubungsmittel), so scheidet Wucher aus, da das »Opfer« nicht durch § 291 StGB, sondern die Vorschriften, die den »Markt« verbieten, geschützt wird[23]. Strafrechtlich ohne Bedeutung ist jedoch, ob die zugrundeliegenden Rechtsgeschäfte zivilrechtlich wirksam sind[24].

(3) »Sonstige Leistungen« sind bei dem **Lohnwucher** als Fall des Leistungswuchers **898** i.S. des § 291 I 1 Nr. 3 StGB *Lohnzahlungen*[25]. Die geleistete Arbeit des Wucheropfers stellt grundsätzlich einen »Vermögensvorteil« i.S. des § 291 I StGB dar.

---

[17] Vgl. *BGH* St 11, 182 (184), der »die verhältnismäßig starke Abnutzung von Räumen und Möbeln sowie die Misshelligkeiten, welche die Vermietung an Soldaten mit sich zu bringen pflegt« und die »die gute Besoldung der amerikanischen Truppen« als in Rechnung zu stellende Umstände akzeptierte.
[18] Dazu Sch/Sch-*Heine/Hecker*, § 291 Rn. 35.
[19] *BGH*, NStZ 1984, 23; *BGH* [Z], NJW 1988, 818; *OLG Karlsruhe*, NJW 1988, 1154; *Mitsch*, BT 2, S. 934; MK-*Pananis*, § 291 Rn. 33 ff. zu den zu berücksichtigenden Kriterien siehe *Heizer*, S. 210 ff.
[20] Z.B. *Mitsch*, BT 2, S. 934.
[21] *Kindhäuser*, NStZ 1994, 105 (109).
[22] *Kindhäuser*, NStZ 1994, 105 (110); NK-*ders*., § 291 Rn. 38, der jedoch zu Recht darauf hinweist, dass solche Fälle »realitätsfern« sind, weil es da es »für alle möglichen Liebhabereien Sammlermärkte gibt«.
[23] *Kindhäuser*, NStZ 1994, 105 (110); ebso. Sch/Sch-*Heine/Hecker*, § 291 Rn. 18. A.A. *Fischer*, § 291 Rn. 19a.
[24] *Fischer*, § 291 Rn. 19a; *Metz*, NZA 2011, 782 (785).
[25] *BGH* St 43, 53 (59) m. abl. Anm. *Bernsmann*, JZ 1998, 632 f.; *OLG Dresden*, NStZ 2013, 361 (362); Sch/Sch-*Heine/Hecker*, § 291 Rn. 7; *Metz*, NZA 2011, 782 (784 f.); MK-*Pananis*, § 291 Rn. 37.

Bei der Feststellung des »**auffälligen Missverhältnisses**« ist nach zutreffender Auffassung des *BGH*[26] nur auf den tarifvertraglich vorgesehenen Stundenlohn (»Marktpreis«), der in dem entschiedenen Fall 19,05 DM betrug, abzustellen und mit dem tatsächlich gezahlten Lohn – in casu 12,70 DM – zu vergleichen; da der Täter den beiden tschechischen Arbeitnehmern, die als Grenzgänger bei ihm beschäftigt waren, nur **zwei Drittel des Tariflohns** zahlte, lag ein auffälliges Missverhältnis vor. Es trifft auch zu, dass der *BGH* die »Kaufkraft, die mit dem ausbezahlten Lohn für die beiden Arbeitnehmer an ihrem Wohnort in Tschechien verbunden war, in Relation zur Kaufkraft des Tariflohnes für einen in Deutschland wohnhaften Arbeitnehmer« nicht berücksichtigt hat[27], da zur Bemessung des Wertes von Leistung und Gegenleistung der Marktwert (*Rn. 897*) – hier in Form des Tariflohns – heranzuziehen ist.

899 *(4)* Bei der Inanspruchnahme von Schlüsselnotdiensten (Ausgesperrtsein als Zwangslage) liegt ein **auffälliges Missverhältnis** zwischen Werk- und Gegenleistung vor, »wenn der Werklohn den üblichen Marktpreis der Schlüsseldienstleistung um **mehr als das Doppelte** übersteigt«[28].

900 *(5)* Die sog. **Additionsklausel** des § 291 I 2 StGB führt dazu, dass der Gesamtpreis der Gegenleistung, die das Opfer zu erbringen hat, dem Wertvergleich auch dann zugrunde gelegt wird, wenn mehrere Personen an deren Erbringung beteiligt sind[29]. Das wird insbesondere bei Kreditgeschäften relevant, z.B. wenn ein Kreditvermittler eingeschaltet ist, der für seine Tätigkeit eine Provision erhält: Diese Provision, der an den Darlehensgeber zu zahlende Zins, Bearbeitungsgebühren usw. werden zusammengerechnet, um den effektiven Zinssatz zu ermitteln.
§ 291 I 2 StGB ist eine Sonderbestimmung für den Fall der Nebentäterschaft, die ergänzend eingreift, wenn die Voraussetzungen der Tatbeteiligung nach § 291 I 1 StGB nicht vorliegen oder nicht nachgewiesen werden können[30].

901 *(6)* § 291 II 2 StGB nennt drei Regelbeispiele für **besonders schwere Fälle des Wuchers**. Der erhöhte Strafrahmen wird i.d.R. anwendbar sein, wenn der Täter das Wucheropfer durch die Tat in wirtschaftliche Not bringt (Nr. 1; vgl. *Rn. 765*), die Tat gewerbsmäßig begeht (Nr. 2; vgl. *Rn. 170, 762*) oder sich durch Wechsel wucherische Vermögensvorteile versprechen lässt (Nr. 3). Ein unbenannter besonders schwerer Fall kommt z. B. bei sehr langer Dauer der wucherischen Belastungen oder bei einem außergewöhnlichen Ausmaß des erstrebten Vermögensvorteils in Betracht[31].

---

[26] *BGH* St 43, 53 (60).
[27] Ebso. *Wittig*, 24/34. Dies fordert aber *Bernsmann*, JZ 1998, 632 f.
[28] *BGH*, StV 2020, 746 (750); vgl. auch *Bechtel*, JR 2019, 503 (507). Zur Ausnutzung der Zwangslage im Zeichen der Covid-19-Pandemie näher *Hein*, NZWiSt 2022, 147 ff., *Hoven/Hahn*, JA 2020, 481 (485) und *Kuhn*, GesR 2020, 353 ff.
[29] Vertiefend zur Additionsklausel *Heizer*, S. 317 ff.
[30] BT-Drs. 7/5291, 20; *Heizer*, S. 339 ff.; *Wittig*, 24/43.
[31] *Fischer*, § 291 Rn. 28; NK-*Kindhäuser*, § 291 Rn. 51.

§ 18 Untreue (§§ 266 StGB) sowie **Missbrauch von Scheck- und Kreditkarten** (§ 266b StGB)

I. Untreue (§ 266 StGB)

§ 266 StGB enthält zwei Tatbestände, den *Missbrauchstatbestand* und den *Treubruchstatbestand*. Beide sind reine **Vermögensdelikte**[1]. Die Ansicht, geschütztes Rechtsgut sei neben dem Vermögen das besondere »Vertrauensverhältnis« zwischen Täter und Geschädigtem[2], ist unzutreffend, da dieses nicht als solches, sondern nur in seiner Vermögensbeziehung geschützt wird.

§ 266 StGB ist ein so genanntes »**Pflichtdelikt**«[3], denn die Tathandlungen – Missbrauch einer Verfügungs- oder Verpflichtungsbefugnis und Verletzung der Pflicht zur Wahrnehmung fremder Vermögensinteressen – können sowohl durch positives Tun als auch durch Unterlassen verwirklicht werden[4]. Nach zutreffender Auffassung bedarf es deshalb der Anwendung des § 13 I StGB nicht, wenn der Missbrauch bzw. die Pflichtverletzung in einem Unterlassen besteht[5], da der Tatbestand bereits Tun und Unterlassen gleichsetzt und die Vermögensbetreuungspflicht (*Rn. 907 f., 921 ff.*) die Voraussetzungen einer Garantenpflicht erfüllt. Strittig ist, ob die fakultative Strafmilderung des § 13 II StGB gilt; der *BGH* bejaht dies[6], die h.M. lehnt es – zu Recht – wegen der Gleichsetzung von Tun und Unterlassen im Tatbestand ab[7].

1. Missbrauchsuntreue (§ 266 I 1. Alt. StGB)

Fall 133: *– Wesen des Missbrauchstatbestandes –*

Xaver (X) hatte Theo (T), der im Außendienst für ihn Kunden werben sollte, Inkassovollmacht erteilt und ihn mit Quittungsformularen seiner (X) Firma versehen. Dabei wurden T hohe Summen anvertraut. Als X dem T kündigte und die Vollmacht widerrief, behielt T einige Quittungsformulare, was X infolge Fahrlässigkeit entging. T zog bei einem gutgläubigen Schuldner des X dessen Forderungen ein.

Strafbarkeit des T, der das Geld für sich verbrauchte, aus § 266 StGB?

a) Missbrauchstatbestand

(1) § 266 StGB ist ein **Sonderdelikt**[8]; **Täter** – sowohl des Missbrauchs- als auch des Treubruchstatbestandes – kann nach zutreffender h.M. nur ein Treupflichtiger (Treu-

---

[1] *BVerfG* E 126, 170 (200); *BGH* St 43, 293 (297); NJW 2017, 578 (582); NStZ 2018, 105 (107) m. Anm. *Schlösser*; *Hellmann*, FS-Kühl, 2013, 691 (694 f.); *Jahn/Ziemann*, ZIS 2016, 552; *Mitsch*, BT 2, S. 357 f.; S/S/W-*Saliger*, § 266 Rn. 1; M/G-*Schramm*, § 19 Rn. 2; *Wittig*, 20/1.
[2] *Dunkel*, GA 1977, 329 (334 f.).
[3] Roxin/*Greco*, AT I, 10/129; siehe auch *Rn. 475*.
[4] *BGH*, wistra 2022, 382; L/K/H-*Heger*, § 266 Rn. 2; M/S/M/H/M-*Momsen*, 45/24.
[5] *Güntge*, wistra 1996, 84 (88 f.); *Rudolphi*, ZStW 86 (1974), 68 (69). A.A. *BayObLG*, JR 1989, 299 m. abl. Anm. *Seebode*; offengelassen von *BGH* St 36, 227 (228).
[6] *BGH* St 36, 227 (228); NStZ-RR 1997, 357 f.; NStZ 2015, 517 (Rn. 19).
[7] *Güntge*, wistra 1996, 84 (89); W/H/S-*Schuhr*, Rn. 828. Für eine analoge Anwendung des § 13 II StGB LK[12]-*Schünemann*, § 266 Rn. 161.
[8] *BGH* St 13, 330 ff.; NZG 2016, 703 (Rn. 132); HWSt-*Lindemann*, 7. Teil 2. Kap. Rn. 63; *Mitsch*, JuS 2011, 97 (98); S/S/W-*Saliger*, § 266 Rn. 1; *Satzger*, NStZ 2009, 297 (299); *Wittig*, 20/7.

nehmer) sein, den gegenüber dem Vermögensinhaber eine **Vermögensbetreuungspflicht** trifft[9]. **Missbrauchs-** und **Treubruchstatbestand** sind nicht etwa zwei einander selbstständig gegenüberstehende Tatbestände[10], sondern Ersterer ist ein Unterfall, eine präziser gestaltete Erscheinungsform des Treubruchstatbestandes[11]. Die Missbrauchsuntreue ist also **lex specialis**[12].

– In der **Fallbearbeitung** ist deshalb der Missbrauchs- vor dem Treubruchtatbestand zu prüfen. Liegt Erster vor, genügt der Hinweis, dass der Treubruchtatbestand ebenfalls erfüllt ist, jedoch im Wege der Spezialität zurücktritt. –

Beide Tatbestände verlangen nach zutreffender Auffassung die Verletzung der Pflicht, »fremde Vermögensinteressen zu betreuen« (**Vermögensbetreuungspflicht**). Die Gegenmeinung, die für die Missbrauchsalternative auf eine Vermögensbetreuungspflicht verzichtet[13], ist mit dem Wortlaut des § 266 I StGB schwer vereinbar, da er darauf hindeutet, dass diese Pflicht auf beide Tathandlungen bezogen ist. Vor allem steht dieser Sicht die Einfügung des § 266b StGB entgegen, der gerade geschaffen wurde, um die Strafbarkeitslücken beim Scheck- und Kreditkartenmissbrauch, die aus dem Fehlen einer Pflicht des Karteninhabers zur Betreuung des Vermögens des Kartenherausgebers resultieren, zu schließen (*Rn. 941 ff.*).

904 Die h.M.[14] stellt an die Vermögensbetreuungspflicht in beiden Alternativen die gleichen Anforderungen. – Näher zur Vermögensbetreuungspflicht *Rn. 907 ff., 921 ff.* – Nach der Gegenmeinung genügt für den Missbrauchstatbestand »schon die mit der Verleihung der Befugnis verbundene Verpflichtung, von dieser Befugnis im Interesse des Vermögensinhabers Gebrauch zu machen«[15]; zum Teil wird für die Treubruchsalternative eine über die Vermögensbetreuungspflicht hinausgehende »Vermögenswahrnehmungspflicht« gefordert[16].

905 In der Sache liegen beide Auffassungen nahe beieinander, denn i.d.R. wird im Falle der Einräumung einer Verpflichtungs- oder Verfügungsbefugnis eine Vermögensbetreuungspflicht gegeben sein. Dennoch ist der h.M. zuzustimmen, da die Untreue, und zwar auch in der Missbrauchsalternative, ihr besonderes Gepräge erst durch das Bestehen einer gewissen Dispositionsmacht des Täters erhält. Die Einräumung einer Verpflichtungs- oder Verfügungsbefugnis genügt dafür nicht notwendig, selbst wenn der Täter sie nur im Interesse des Vermögensinhabers ausüben darf. Beauftragt dieser den Täter mit der Vornahme eines einzelnen Geschäfts – und stattet ihn mit

---

[9] *BGH*, NZG 2015, 703 (Rn. 132); NK-*Kindhäuser/Hoven*, § 266 StGB Rn. 28 f.
[10] So aber *BGH,* NJW 1954, 1616; Sch/Sch-*Perron*, § 266 Rn. 2; M/G-*Schramm*, § 19 Rn. 13.
[11] *BGH* St 50, 331 (342); L/K/H-*Heger*, § 266 Rn. 21; A/W/H/H-*Heinrich*, 22/79; HdS 5-*Saliger*, § 35 Rn. 19; W/H/S-*Schuhr*, Rn. 812.
[12] *OLG Hamm,* NJW 1968, 1940; L/K/H-*Heger*, § 266 Rn. 21; NK-*Kindhäuser/Hoven*, § 266 Rn. 11 ff., 26; *Mitsch*, JuS 2011, 97 (98); S/S/W-*Saliger*, § 266 Rn. 7.
[13] So die ältere Rechtsprechung z.B. *BGH* St 1, 186 (188); 13, 315 (316); ebso. ein Teil der Literatur, z.B. LK[12]-*Schünemann*, § 266 Rn. 17 ff.
[14] *BGH* St 24, 386 (387); *OLG Hamm,* NJW 1977, 1834 f.; *OLG Köln,* NJW 1978, 713 f.; L/K/H-*Heger*, § 266 Rn. 4; A/W/H/H-*Heinrich*, 22/68; M/S/M/H/M-*Momsen*, 45/13, 20; *Schreiber/Beulke*, JuS 1977, 656 ff.; *Vormbaum*, JuS 1981, 18 (20 f.).
[15] *Mitsch*, BT 2, S. 363 f.; ebso. Sch/Sch-*Perron*, § 266 Rn. 11.
[16] M/G-*Schramm*, § 19 Rn. 13.

den erforderlichen Befugnissen aus –, so würde ein Missbrauch dieser Befugnis lediglich ein einmaliges vertragswidriges Verhalten darstellen, das für § 266 StGB nicht genügt (näher *Rn. 921 ff.*).

Die besondere Pflichtenstellung ist ein *strafbarkeitsbegründendes besonderes persönliches Merkmal* i.S. des § 28 I StGB[17]. Umstritten ist, ob die Strafe doppelt – nach § 27 II und § 28 I StGB – zu mildern ist, wenn der an der Untreue Mitwirkende an sich einen täterschaftlichen Beitrag erbringt, aber nur als Gehilfe bestraft werden kann, weil ihm die Vermögensbetreuungspflicht fehlt. Die h.M.[18] lehnt eine doppelte Strafmilderung zutreffend ab, wenn die Gehilfenstellung allein auf dem Fehlen der Vermögensbetreuungspflicht beruht, denn sonst würde derselbe Umstand zweifach mildernd herangezogen. **906**

Um tauglicher Täter zu sein, müsste T eine Vermögensbetreuungspflicht haben. Die Vermögensbetreuungspflicht i.S. des § 266 StGB setzt voraus: Zum einen eine nicht ganz untergeordnete oder rein mechanische Tätigkeit, sondern eine **Fürsorgepflicht von einiger Bedeutung**[19]. **907**
Anhaltspunkte hierfür sind »der Grad der *Selbstständigkeit*, der wirtschaftlichen Bewegungsfreiheit und der Verantwortlichkeit der Verpflichteten, die Dauer, der Umfang und die Art der Tätigkeit« des Täters[20]. Liegt ein *Geschäftsbesorgungsvertrag* i.S. des § 675 BGB vor, so wird i.d.R. eine Vermögensbetreuungspflicht anzunehmen sein[21].
An einer solchen »Fürsorgepflicht von einiger Bedeutung« soll es dagegen namentlich fehlen, wenn die Befugnis, über fremdes Vermögen zu verfügen, dem Täter im eigenen Interesse und nicht im Interesse des Treugebers eingeräumt ist[22]. Ebenso fehle es an einer »qualifizierten Vermögensbetreuungspflicht« beim Tankkarteninhaber gegenüber seinem Dienstherrn oder Arbeitgeber, auf dessen Kosten er an Vertragstankstellen Benzin zu dienstlichen Zwecken mit der Karte erwerben kann[23].

Zum anderen muss die Vermögensbetreuungspflicht »*wesentliche*, nicht nur beiläufige Vertragspflicht« sein (**»Hauptpflicht«**)[24]. **908**

---

[17] BGH St 26, 53 f.; NStZ-RR 2009, 102; wistra 2015, 146; NK-*Kindhäuser/Hoven*, § 266 Rn. 127; S/S/W-*Saliger*, § 266 Rn. 136. A.A. Sch/Sch-*Perron*, § 266 Rn. 52.
[18] BGH St 26, 53 ff.; NStZ 2019, 525 (526); *Hotz*, ZWH 2016, 355 (359); S/S/W-*Murmann*, § 27 Rn. 16. A.A. HWSt-*Lindemann*, 7. Teil 2. Kap. Rn. 65.
[19] BGH St 24, 386 (387); GA 1979, 143; NStZ 1983, 455 (Sortenkassierer-Fall); NStZ 2006, 38 (39); OLG Hamm, NJW 1972, 298 (301); NJW 1973, 1810; OLG Köln, NJW 1978, 714; L/K/H-*Heger*, § 266 Rn. 9 i.V.m. Rn. 4; *Mitsch*, BT, 2, S. 375 ff.; W/H/S-*Schuhr*, Rn. 815, 832 ff.
[20] BGH St 13, 315; 60, 94 (105); 61, 305 (310 f.); 62, 288 (299 f.); NStZ 1983, 455; NStZ 1986, 455; NStZ 1991, 489 f.; NStZ 2006, 38 (39); OLG Köln, NJW 1978, 714; L/K/H-*Heger*, § 266 Rn. 9.
[21] A/W/H/H-*Heinrich*, 22/60; LK[12]-*Schünemann*, § 266 Rn. 74.
[22] BGH St 13, 315; NStZ 1989, 72 f.; OLG Hamm, NJW 1977, 1834 f.; Sch/Sch-*Perron*, § 266 Rn. 12.
[23] OLG Celle, NStZ 2011, 218 (219); OLG Koblenz, StV 2016, 371 (373); AG Eggenfelde, NStZ-RR 2009, 139 (140); Sch/Sch-*Perron*, § 266 Rn. 12, 26. A.A. LG Dresden, NStZ 2006, 633.
[24] BGH St 5, 61 (64); 13, 315 (317); 24, 386 (388); 33, 244 (250 f.); 61, 305 (310 f.); 62, 288 (299 f.); NStZ 2023, 351 (Rn. 9); OLG Köln, NJW 1978, 714; L/K/H-*Heger*, § 266 Rn. 11; *Mitsch*, BT 2, S. 374 f.; M/S/M/H/M-*Momsen*, 45/16, 32 f.; W/H/S-*Schuhr*, Rn. 833; *Vormbaum*, JuS 1981, 18 ff. – Krit. zur herrschenden Deutung des Merkmals »Vermögensbetreuungspflicht« äußern sich u.a.: A/W/H/H-*Heinrich*, 22/46 ff., 64 - 67; Sch/Sch-*Perron*, § 266 Rn. 23 ff. –

Eine Vermögensbetreuungspflicht besitzt der Geschäftsführer einer GmbH selbst wenn er Alleingesellschafter ist, denn die juristische Person besitzt ein eigenes Vermögen, auch wenn sie dem Gesellschafter-Geschäftsführer wirtschaftlich gehört[25].

– Zur »Geschäftsführeruntreue« siehe *Hellmann*, WiStR, Rn. 363 ff. –

T hatte ursprünglich wegen der Inkassovollmacht kraft Rechtsgeschäftes die Pflicht, Vermögensinteressen des X wahrzunehmen, d.h. zu betreuen. Das Gesetz verwendet die Begriffe »wahrnehmen« und »betreuen« hier synonym[26]. Für das Vorliegen einer Vermögensbetreuungspflicht spricht zudem, dass T hohe Summen anvertraut waren und ein geordnetes Abrechnungsverfahren (Erteilen der Quittungen) stattfand (näher zur Vermögensbetreuungspflicht *Rn. 924 ff.*).

909 Fraglich ist jedoch, ob diese noch zur **Zeit der Tathandlung** vorlag, da T zu diesem Zeitpunkt bereits gekündigt worden war. Die Vermögensbetreuungspflicht erlischt grundsätzlich, wenn das zugrunde liegende Rechtsgeschäft beendet ist[27]. Ausnahmsweise kann sie allerdings über diesen Zeitpunkt hinaus bestehen, etwa wenn – wie in unserem Fall – der Treunehmer seine Tätigkeit tatsächlich fortführt[28].

T besaß also eine Vermögensbetreuungspflicht und war somit tauglicher Täter.

910 *(2)* § 266 I 1. Alt. StGB verlangt den Missbrauch einer »durch Gesetz, behördlichen Auftrag oder Rechtsgeschäft eingeräumten Befugnis, über fremdes Vermögen zu verfügen oder einen anderen zu verpflichten«.

Die *»gesetzliche«* Befugnis kann auf bürgerlichem Recht beruhen (u.a. §§ 1626 I, 1793 BGB), aber auch auf öffentlich-rechtlichen Normen (z.B. §§ 814, 817 ZPO) oder solchen des Sozialrechts[29].

Kraft *»behördlichen Auftrags«* besitzt diese Befugnis etwa ein Bürgermeister oder Landrat[30].

»Rechtsgeschäftliche« Befugnisse resultieren aus Vollmacht zum Handeln in fremdem Namen (z.B. §§ 164 ff. BGB, §§ 48 ff. HGB, §§ 76 ff. AktG[31], §§ 35 ff. GmbHG) oder Ermächtigung zum Handeln in eigenem Namen (§§ 183, 185 BGB).

---

[25] *BGH* St 34, 379 ff.; 35, 333 ff.; AnwK-*Esser*, § 266 Rn. 434; *Hellmann*, wistra 1989, 214 ff. Zur Vermögensbetreuungspflicht bei der »Konzernuntreue« siehe *BGH*, NJW 2004, 2248 (2250 ff.) m. Bespr. *Beckemper*, GmbHR 2005, 592 ff.; *Fleischer*, NJW 2004, 2867 (2868 ff.).

[26] LK[12]-*Schünemann*, § 266 Rn. 71 m.w.N.

[27] *RG* St 75, 75 (82); *OLG Stuttgart*, NStZ 1985, 365 (366); HWSt-*Lindemann*, 7. Teil 2. Kap. Rn. 141; Sch/Sch-*Perron*, § 266 Rn. 34.

[28] *BGH* St 8, 149 (150 f.); Sch/Sch-*Perron*, § 266 Rn. 30, 34.

[29] Zur Befugnis des Vertragsarztes (»Kassenarztes«) durch seine Verordnungen den gesetzlichen Leistungsanspruch des Versicherten gegenüber der Krankenkasse zu konkretisieren und dadurch über deren Vermögen zu verfügen bzw. diese zu verpflichten *BGH* St 49, 17 (23 f.); dazu z.B. Hellmann/ *Herffs*, Der ärztliche Abrechnungsbetrug, 2006, Rn. 328 ff; *BGH*, NJW 2016, 3253 ff. m. zust. Anm. *Hoven*, NJW 2016, 3213; krit. *Schneider*, HRRS 2017, 232 und *Kraatz*, Arztstrafrecht, 3. Aufl. 2023, Rn. 377; *BGH*, NZWiSt 2018, 74 (78). Siehe auch *Schneider*, NZWiSt 2020, 10 ff.

[30] *Fischer*, § 266 Rn. 17, siehe auch die dort angeführten weiteren Beispiele.

[31] Zur Vermögensbetreuungspflicht des Vorstandes einer AG aus § 93 I AktG im Falle der Gewährung eines überhöhten Arbeitsentgeltes für ein Betriebsratsmitglied *BGH* St 67, 225 (Rn. 199 ff.). Zur Vermögensbetreuungspflicht der Mitglieder des Aufsichtsrates einer AG aus §§ 84 I, 87 I 1, 107 III 1, 2, 112 AktG siehe *BGH* St 50, 331 (335 f.); 61, 48 (62 ff.); *LG Düsseldorf*, NJW 2004, 3275 f. (Fall »Mannesmann«); dazu *Hellmann*, WiStR, Rn. 1012 ff. m.w.N.

Die Annahme eines solchen Befugnismissbrauchs setzt voraus, dass der Täter sich 911
im Rahmen des ihm im **Außenverhältnis** zu Dritten eingeräumten »*rechtlichen Könnens*« hält, aber die ihm im **Innenverhältnis** zum Vertretenen gezogenen Grenzen seines »*rechtlichen Dürfens*« überschreitet. Der Missbrauchstatbestand schützt also solche Rechtsbeziehungen, »durch die einem Beteiligten ein rechtliches Können gewährt wird, das über das rechtliche Dürfen hinausgeht«[32].
»*Typisches*« *Beispiel* ist die Rechtsstellung des Prokuristen, dessen Vertretungsmacht gem. §§ 49, 50 HGB im Außenverhältnis unbeschränkt ist (Ausnahme: § 49 II HGB). Dieses rechtliche **Können** des Prokuristen im Außenverhältnis reicht daher weiter als sein rechtliches **Dürfen** im Innenverhältnis zum vertretenen Kaufmann, wenn ihm bestimmte Geschäfte untersagt sind. Handelt der Prokurist einem solchen Verbot zuwider, so liegt ein Befugnismissbrauch i.S. des § 266 StGB vor.

Da der Vermögensinhaber die Befugnisse im Innenverhältnis bestimmt, schließt sein 912
Einverständnis bereits den Tatbestand aus[33]. Wegen der »Verweisung auf normativ geprägte außerstrafrechtliche Rechtsverhältnisse« genügt ein faktisches Einverstandensein jedoch nicht, sondern es muss auch rechtlich wirksam sein, sodass ein durch Täuschung oder Zwang bewirktes Einverständnis den Missbrauch nicht ausschließt[34].

Nach zutreffender h.M. liegt ein Missbrauch der Verpflichtungs- bzw. Verfügungs- 913
befugnis nur vor, wenn das vom Täter getätigte Rechtsgeschäft **im Außenverhältnis wirksam** ist[35]. Die Gegenmeinung befürwortet zur Schließung – vermeintlicher – Strafbarkeitslücken eine »strafrechtsautonome« Bestimmung des Missbrauchs, wonach alle vorsätzlichen Schädigungen fremden Vermögens genügen, die der Täter im Zusammenhang mit seiner besonderen Machtstellung begeht[36]. Selbst wenn Strafbarkeitslücken bestünden, würden der Wortlaut des § 266 I StGB und der systematische Zusammenhang der beiden Tathandlungen der Untreue dieser Sicht entgegenstehen. Der Täter, der unwirksame Rechtsgeschäfte tätigt, missbraucht nicht die ihm eingeräumten – rechtlichen – Befugnisse, wie es § 266 I 1. Alt. StGB voraussetzt, sondern die aus der Einräumung der besonderen Rechtsmacht resultierende – faktische – Möglichkeit zur Einwirkung auf das fremde Vermögen; darin besteht allerdings gerade die Tathandlung der Treubruchsalternative. Deshalb sind Überschreitungen der Vertretungsmacht, die zu einem unwirksamen Rechtsgeschäft führen, nicht der Missbrauchs-, sondern der Treubruchsalternative zu subsumieren[37].

---

[32] *BGH* St 5, 61 (63); wistra 1988, 191 f. – dazu *Achenbach*, NStZ 1989, 497 (499) –; *BGH*, wistra 2006, 307; *Mitsch*, BT 2, S. 366 ff.; M/G-*Schramm*, § 19 Rn. 49; LK[12]-*Schünemann*, § 266 Rn. 32 ff., 50 ff.; *Wittig*, 20/18. A.A. *Arzt*, FS-Bruns, 1977, S. 365 ff.; *Seier/Martin*, JuS 2001, 874 (876).
[33] *BGH* St 55, 266 (278 f.); 60, 94 (Rn. 31); NStZ-RR 2018, 214 (215); eingehend zum Gesellschaftereinverständnis bei der GmbH-Untreue *Anders*, NZWiSt 2017, 13 ff.
[34] Näher dazu – und zum »mutmaßlichen Einverständnis« *Dehne-Niemann*, ZStW 131 (2019), 363 (366 ff.).
[35] *BGH* St 5, 61 (62 f.); 50, 299 (313); wistra 1990, 305; HWSt-*Lindemann*, 7. Teil 2. Kap. Rn. 114 f; MG-*Schramm*, § 19 Rn. 44 ff.
[36] *Arzt*, FS-Bruns, 1977, S. 365 (368, 370, 375); LK[12]-*Schünemann*, § 266 StGB Rn. 50.
[37] *BGH* St 50, 331 (341 f.).

914 Strittig ist, ob die Untreuestrafbarkeit eine »**gravierende**« **Pflichtverletzung** voraussetzt[38]. Der *BGH* bejaht dies seit einer Entscheidung des 1. Strafsenats zur Vergabe von Spenden aus dem Vermögen einer Aktiengesellschaft durch deren Vorstand; ein Befugnismissbrauch bestehe nicht schon in jeder Verletzung einer gesellschaftsrechtlichen Pflicht im Innenverhältnis zur AG[39]. Das bedeutet allerdings nicht, dass generell nach der Feststellung der Pflichtverletzung – gewissermaßen in einem zweiten Schritt – deren besonderes Gewicht zu bemessen sei, sondern bei gewichtigen Pflichten könne bereits deren Verletzung als Untreue strafbar sein[40].

Dieser Rechtsprechung ist jedoch zu widersprechen, da für den Missbrauch der Verpflichtungs- oder Verfügungsbefugnis die im Innenverhältnis gezogenen gesellschaftsrechtlichen Grenzen maßgeblich sind und der Gesetzeswortlaut keine Beschränkung auf gravierende Pflichtverletzungen enthält[41]. Der *3. Senat des BGH* lehnte deshalb im »Mannesmann-Fall«[42] das Erfordernis einer gravierenden Pflichtverletzung zutreffend ab. Überzeugender erscheint es, den insbesondere im Wirtschaftsleben bestehenden Handlungsspielraum zu berücksichtigen und nicht jede »Fehlentscheidung« vorschnell als Pflichtverletzung einzustufen, sondern nur evident unvertretbare bzw. willkürliche, den Interessen des Vermögensinhabers widersprechende Entscheidungen[43]. Handelt es sich um einen geringfügigen Pflichtenverstoß, so kann dies im Übrigen prozessual (Einstellung wegen Geringfügigkeit nach §§ 153, 153a StPO) oder bei der Strafzumessung berücksichtigt werden.

915 Die bloße **tatsächliche** Möglichkeit, auf Grund von Gutglaubensvorschriften auf fremdes Vermögen einzuwirken oder kraft Rechtsscheins einen anderen zu verpflichten, begründet die Missbrauchsuntreue im Übrigen nicht, denn § 266 I 1. Alt. StGB verlangt den Missbrauch einer »durch Gesetz, behördlichen Auftrag oder Rechtsgeschäft eingeräumten **Befugnis**«. Das **rechtliche** Können muss folglich auf einer rechtlich wirksamen Verfügungs- bzw. Verpflichtungsbefugnis und nicht etwa nur – wie z.B. bei §§ 170-173 BGB – auf Rechtsscheinregeln beruhen[44].

---

[38] Eingehend zum Meinungsstand *Wagner*, ZStW 131 (2019), 319 ff.
[39] *BGH* St 47, 187 (197 f.) m. zust. Anm. *Kubiciel*, NStZ 2005, 353 (357 ff.); ebso. *BGH* St 47, 148 ff.; NStZ 2006, 221 (222) (»Kinowelt«). Bei Ermessensentscheidungen der öffentlichen Verwaltung fordert der *BGH* eine gravierende Pflichtverletzung, die bei einem evidenten und schwerwiegenden Pflichtverstoß vorliege, vgl. *BGH*, NStZ 2020, 422 (Rn. 17) m. krit. Anm. *Becker*.
[40] *BGH* St 61, 48 (65), m. Anm. *Hotz*, ZWH 2016, 355 (»Nürburgring-Verfahren«); *BGH*, NJW 2017, 578 (579), m. krit. Anm. *Brand* sowie *Kubiciel*, JZ 2017, 587 ff. und *Stam*, JR 2017, 439 ff. (»HSH-Nordbank-Fall«); bei einer Verletzung der in § 93 I AktG geregelten Grenzen unternehmerischen Ermessens liege eine gravierende Verletzung gesellschaftsrechtlicher Pflichten vor, die zugleich die Pflichtwidrigkeit i.S.v. § 266 StGB begründe, sodass für die Prüfung einer »gravierenden« Pflichtverletzung kein Raum sei.
[41] *Beckemper*, NStZ 2002, 324 (325 f.); *Schünemann*, NStZ 2005, 473 ff.; *ders.*, ZIS 2012, 183 (191 ff.); dem *BGH* zust. *BVerfG*, NJW 2010, 3209 (Rn. 112); M/G-*Schramm*, § 19 Rn. 56, betrachtet die gravierende Pflichtverletzung ebenfalls »als ein verfassungsrechtlich gebotenes allgemeines Restriktionskriterium nicht nur im Rahmen unternehmerischer Entscheidungsfreiheit«.
[42] *BGH* St 50, 331 (335 f.); *LG Düsseldorf*, NJW 2004, 3275 f. (Fall »Mannesmann«); dazu *Hellmann*, WiStR, Rn. 1012 ff. m.w.N.
[43] HdS 5-*Saliger*, § 35 Rn. 61, der nur solche Entscheidungen als gravierend betrachtet.
[44] *BGH* St 5, 61; *Mitsch*, BT 2, S. 366 f.; Sch/Sch-*Perron*, § 266 Rn. 4; *Rengier* I, 18/7 f.

Daraus ergibt sich für unseren *Fall 133*: 916
War die Einziehung der Forderungen des X im Verhältnis zwischen diesem und seinem Schuldner kraft Rechtsscheines wirksam (»**Anscheinsvollmacht**«) – wovon hier ausgegangen werden soll –, so beruht die Wirksamkeit der Verfügung über die fremde Forderung nicht auf *rechtlichem* Können, sondern auf einer tatsächlichen Möglichkeit. Ein solcher »Missbrauch einer Anscheinsvollmacht« reicht für den Missbrauchstatbestand des § 266 StGB nicht[45].

b) Treubruchstatbestand (§ 266 I 2. Alt. StGB)

(1) Wie oben festgestellt (*Rn. 908*), war T tauglicher Täter, weil er trotz der Kündi- 917
gung eine Vermögensbetreuungspflicht innehatte.

(2) Diese Pflicht bestand auf Grund eines »**Treueverhältnisses**«: Mit dem Begriff des Treueverhältnisses wollte das Gesetz vornehmlich »jenen Fällen Rechnung tragen, in denen aus irgendwelchen Gründen das Innenverhältnis zwischen Täter und Vermögensinhaber *rechtlich nicht (oder nicht mehr) wirksam ist*«[46], aber bei unterstellter Rechtswirksamkeit des Innenverhältnisses eine »Pflicht zur Wahrnehmung fremder Vermögensinteressen« i.S. des § 266 StGB anzunehmen wäre[47].

Ein solcher Fall liegt vor, soweit ein entlassener Vertreter weiterhin, und zwar auf Grund des Rechtsscheins fortbestehender Inkassovollmacht (nach §§ 170-173 BGB oder sonst kraft »Anscheinsvollmacht«), das Inkasso betreiben kann[48].

Da T nicht mehr berechtigt war, die Forderungen einzuziehen, verletzte er seine Vermögensbetreuungspflicht; ein Vermögensnachteil (siehe dazu *Rn. 926 ff.*) des X liegt vor. Er hat vorsätzlich, rechtswidrig und schuldhaft gehandelt. Er also nach § 266 I 2. Alt. StGB strafbar.

2. Treubruchsuntreue (§ 266 I 2. Alt. StGB)

Die Behauptung, der Treubruchstatbestand zerfalle in »zwei Untertatbestände«, 918
nämlich einen, bei dem die Treuepflicht rechtlich begründet sei, und einen, bei dem sie sich aus einem rein tatsächlichen Treueverhältnis ergebe[49], ist missverständlich, denn das tatsächliche Verhältnis muss rechtlich eine Pflicht zur Vermögensbetreuung begründen[50]. Dafür kann sogar ein zu *sitten- oder gesetzeswidrigen Zwecken* begründetes Vertrauensverhältnis ausreichen[51].

Fall 134: – »*Untreue durch Kassierer*« –

Amanda (A) war im Selbstbedienungsladen des Cäsar (C) als Kassiererin beschäftigt. Mor- 919
gens erhielt sie 300 Euro Wechselgeld, abends hatte sie abzurechnen. Eines Tages entnahm A der Kasse 4.000 Euro und verschwand mit dem Geld auf Nimmerwiedersehen.
Strafbarkeit der A aus § 266 StGB?

---

[45] Ebso. A/W/H/H-*Heinrich*, 22/21 f.; *Mitsch*, BT 2, S. 366 f.; Sch/Sch-*Perron*, § 266 Rn. 4. A.A. etwa: OLG Stuttgart, NStZ 1985, 365 f.
[46] Sch/Sch-*Perron*, § 266 Rn. 30, 31; *Rengier* I, 18/40; *Seier/Martin*, JuS 2001, 874 (877 f.).
[47] *Rengier* I, 18/31.
[48] A/W/H/H-*Heinrich*, 22/21; *Rengier* I, 18/41; vgl. auch S/S/W-*Saliger*, § 266 Rn. 28.
[49] Sch/Sch-*Schröder*, 17. Aufl. 1974, § 266 Rn. 2.
[50] M/S/M/H/M-*Momsen*, 45/29; ebso. L/K/H-*Heger*, § 266 Rn. 10.
[51] BGH St 8, 254 (FDJ-Urteil) m. zust. Anm. *Bruns*, NJW 1956, 151; *Fischer*, § 266 Rn. 44; *Rengier* I, 18/42. A.A. *RG* St 70, 9; SK^9-*Hoyer*, § 266 Rn. 41 f.; *Mitsch*, BT 2, S. 371 f.

Mangels Missbrauchs einer Verfügungs- oder Verpflichtungsbefugnis (*Rn. 910 ff.*) hinsichtlich des Geldes kommt nur der *Treubruchstatbestand* in Betracht. Er verlangt die Verletzung einer dem Täter obliegenden Pflicht, »fremde Vermögensinteressen wahrzunehmen«, d.h. *zu betreuen*; das Gesetz verwendet die Begriffe »wahrnehmen« und »betreuen« synonym[52].

920 Das *BVerfG* hat – trotz gewichtiger Bedenken im Schrifttum[53], insbesondere hinsichtlich der Treubruchsalternative – die Verfassungsmäßigkeit des § 266 StGB bestätigt: Er ist mit dem Bestimmtheitsgrundsatz (Art. 103 II GG) vereinbar[54], denn den Bedenken kann eine restriktive Handhabung Rechnung tragen[55].

921 Die Vermögensbetreuungspflicht ist der Ansatzpunkt für eine sachgerechte **restriktive Auslegung** des § 266 StGB, da nicht jede vertragliche Verpflichtung, das Vermögen eines anderen nicht durch Leistungsstörungen (Unmöglichkeit, Verzug, positive Vertragsverletzung) zu schädigen, eine solche Pflicht begründet. Die Pflicht, einen Vertrag ordnungsgemäß zu erfüllen, ist als solche somit noch keine Pflicht zur Wahrnehmung fremder Vermögensinteressen[56]. Deshalb sind z.B. die Rückzahlungspflicht des Darlehensnehmers und die Übereignungspflicht des Verkäufers keine Vermögensbetreuungspflichten i.S. des § 266 StGB[57]. Anderenfalls wäre jede vorsätzliche Schädigung eines Vertragspartners als Untreue (Treubruchstatbestand) strafbar. Eine derartige Extension des Bereichs des Strafbaren wäre kriminalpolitisch höchst unerwünscht, denn das StGB ist nicht der »Büttel des Zivilrechts«. Ein bloßer Verstoß gegen die Grundsätze von »Treu und Glauben« (§ 242 BGB) vermag deshalb die Pflichtwidrigkeit nicht zu begründen[58].

922 Zudem sprechen auch verfassungsrechtliche Erwägungen für die herrschende restriktive Interpretation des Merkmals der Vermögensbetreuungspflicht: Ohne diese Begrenzung würde § 266 StGB Fälle erfassen, in denen unter Berücksichtigung des subsidiären Charakters des Strafrechts (vgl. dazu *Rn. 222*) die Strafwürdigkeit und das Strafbedürfnis fehlt, was unter dem Gesichtspunkt des Verfassungsprinzips der **Verhältnismäßigkeit** fragwürdig wäre[59].

923 Für die Annahme einer Vermögensbetreuungspflicht i.S. des § 266 StGB ist deshalb – wie bereits in *Rn. 907 f.,* dargelegt – eine **Fürsorgepflicht von einiger Bedeutung**

---

[52] LK[12]-*Schünemann*, § 266 Rn. 72.
[53] Z.B. MK-*Dierlamm/Becker*, § 266 Rn. 3 ff.; HWSt-*Lindemann*, 7. Teil 2. Kap. Rn. 18 ff.; LK[12]-*Schünemann*, § 266 Rn. 29 ff.
[54] *BVerfG* E 126, 170 (194 ff.) m. Bespr. *Bittmann*, NStZ 2012, 57 ff.; *Dierlamm*, ZJS 2011, 88 ff.; *Krüger*, NStZ 2011, 369 ff.; *Safferling*, NStZ 2011, 376 ff.; *Saliger*, NJW 2010, 3195 ff.; *BVerfG*, NJW 2009, 2370 ff. (für das Merkmal des Vermögensnachteils) m. Bespr. *Fischer*, StV 2010, 95 ff.; *Jahn*, JuS 2009, 859 (860 f.).
[55] *BVerfG* E 126, 170 (200 ff.).
[56] M/S/M/H/M-*Momsen*, 45/33.
[57] BGH, GA 1977, 18 f.; NStZ 2020, 35 (36) m. Anm. *Brand*; MK-*Dierlamm/Becker*, § 266 Rn. 85, 105.
[58] *R. Hamm*, NJW 2005, 1993 ff. Siehe auch *Rn. 578 f.* zur Unzulässigkeit der Herleitung einer Garantenstellung aus Treu und Glauben.
[59] *Dunkel*, Erfordernis und Ausgestaltung des Merkmals »Vermögensbetreuungspflicht« im Rahmen des Missbrauchstatbestandes der Untreue, 1976, S. 215 ff., 229 ff., 235 f.; *ders.*, GA 1977, 337 ff.

§ 18: Untreue sowie Missbrauch von Scheck- und Kreditkarten

erforderlich, sodass bloße Botendienste[60], Schreibarbeiten[61], die Dienste von »einfachen Arbeitern«[62] u.ä. ausscheiden.

Eine solche Fürsorgepflicht setzt grundsätzlich zudem voraus, dass dem Täter die ihm übertragene Tätigkeit nicht durch ins Einzelne gehende Weisungen vorgezeichnet ist, sondern ihm **Raum für eigenverantwortliche Entscheidungen** und eine **gewisse Selbstständigkeit** belässt[63]. 924
Diese Voraussetzungen sind nach zutreffender Ansicht beim **eigenverantwortlichen Alleinkassierer** – also auch hier – erfüllt[64].

Zudem muss die Vermögensbetreuungspflicht »*wesentliche*, nicht nur beiläufige Vertragspflicht« sein **(Hauptpflicht)**. 925
Dafür genügt nicht, dass ein Angestellter (z.B. Verkäufer in Ladengeschäften) mit Eigentum des Dienstherrn umzugehen hat[65].
Auch diese Voraussetzung liegt hier vor: Zwar ist dies m.E. noch nicht der Fall, wenn ein Verkäufer neben anderen die Kasse bedienen darf. A war aber die Ladenkasse zur selbstständigen Führung anvertraut. Damit war die Vermögensbetreuungspflicht (ordnungsgemäßes Führen der Kasse) wesentlicher Vertragsinhalt und nicht nur beiläufige Vertragspflicht[66]. A war demnach taugliche Täterin.

Die Annahme von Untreue ist mit der Entscheidung des *BGH* im **Sortenkassierer-Fall**[67] vereinbar: Der *BGH* hatte bei einem in einer Zentralbank tätigen Angestellten eine Vermögensbetreuungspflicht mit der Begründung verneint, dass der »Sortenkassierer« *erstens* lediglich das »von *anderen* vereinnahmte Geld einzusortieren und das von *anderen* herauszugebende Geld bereitzulegen hatte« und dass *zweitens* eine abendliche »Abstimmung« der Kasse unter seiner Mitwirkung nicht stattfand. Es handelte sich also **nicht** um einen eigenverantwortlichen Alleinkassierer.
In unserem *Fall 134* hat A dagegen i.S. des § 266 StGB die ihr kraft Rechtsgeschäfts obliegende Pflicht, fremde Vermögensinteressen wahrzunehmen, verletzt.

Der Tatererfolg des § 266 StGB besteht in einem »Nachteil«, d.h. einem (Vermögens-) **Schaden**. Er ist grundsätzlich zu verstehen wie bei § 263 StGB[68]; der Stand des betreuten Vermögens muss folglich nach der Untreuehandlung einen negativen Saldo aufweisen. Eine »schadensgleiche Vermögensgefährdung« soll ausreichen[69]. Das 926

---

[60] NK-*Kindhäuser/Hoven*, § 266 Rn. 57; LK[12]-*Schünemann*, § 266 Rn. 103 (auch zum »Kassenboten«).
[61] *Otto*, 54/27.
[62] BGH St 5, 187; *Otto*, 54/27; LK[12]-*Schünemann*, § 266 Rn. 103.
[63] BGH St 61, 305 (311); 62, 288 (300, 302); NJW 2016, 2585 (2590 f.); NStZ 2018, 105 (107); StV 2019, 29 (31); 2020, 35 (36); *Fischer*, § 266 Rn. 37; krit. *Kargl*, ZStW 113 (2001), 565 (585).
[64] BGH St 13, 315 (318 f.); *OLG Hamm*, NJW 1973, 1810; L/K/H-*Heger*, § 266 Rn. 13; W/H/S-*Schuhr*, Rn. 835. Krit. bzw. abl. aber: MK-*Dierlamm/Becker*, § 266 Rn. 62; NK-*Kindhäuser/Hoven*, § 266 Rn. 57; Sch/Sch-*Perron*, § 266 Rn. 26; LK[12]-*Schünemann*, § 266 Rn. 32, 36.
[65] BGH St 4, 170.
[66] Dazu BGH St 13, 315 (318 f.); *OLG Hamm*, NJW 1973, 1810; W/H/S-*Schuhr*, Rn. 835.
[67] BGH, NStZ 1983, 455.
[68] BGH St 40, 287 (294 ff.); 43, 293 (297); NStZ 2004, 205 (206); *Ginou*, NZWiSt 2017, 138; *Mitsch*, BT 2, S. 380 f. Krit. *Mansdörfer*, JuS 2009, 114 ff.
[69] BGH, wistra 1999, 268 (270); 2001, 218 (219) m. krit. Anm. *Bosch*, wistra 2001, 257; BGH, StV 2006, 31 (32); NStZ-RR 2018, 378; NStZ 2020, 294 (296). Krit. auch *Matt*, NJW 2005, 389 (391).

BVerfG hat dies zwar bestätigt[70]. Es ist aber darauf hinzuweisen, dass § 266 StGB – wie § 263 StGB (siehe dort *Rn. 692*) – kein Vermögensgefährdungs-, sondern ein Vermögensverletzungsdelikt ist. Zu weit geht deshalb die Annahme des *BGH*, eine für den »Untreuetatbestand relevante Vermögensgefährdung« könne schon in der mangelhaften Dokumentation von Zahlungen liegen, wenn »im Einzelfall mit einer doppelten Inanspruchnahme zu rechnen und auf Grund der unzureichenden Buchhaltung eine wesentliche Erschwerung der Rechtsverteidigung zu besorgen ist«[71]. Eine effektive Verminderung des betreuten Vermögens ist durch die mangelhafte Buchführung noch nicht eingetreten, sondern hängt von Umständen ab, die in dem maßgeblichen Zeitpunkt, bei Vornahme der Tathandlung, ungewiss sind.

Eine gewisse Begrenzung nimmt der *BGH* jedoch im subjektiven Tatbestand vor, indem das Gericht für bedingten Vorsatz über die Kenntnis des Täters von der konkreten Möglichkeit eines Schadenseintritts und das Inkaufnehmen dieser konkreten Gefahr hinaus eine »Billigung der Realisierung dieser Gefahr, und sei es auch nur in der Form, dass der Täter sich mit dem Eintritt des ihm unerwünschten Erfolgs abfindet«, fordert[72].

927 Ein Schaden kann bei § 266 StGB in dem Ausbleiben einer Vermögensmehrung bestehen[73], da ein Befugnismissbrauch bzw. eine Treuepflichtverletzung dadurch begangen werden kann, dass der Täter eine vermögenssteigernde Handlung unterlässt, z.B. ein günstiges Kaufangebot nicht wahrnimmt oder einen unberechtigten Anspruch gegen den Vermögensinhaber nicht abwehrt.

928 Trotz Vermögensminderung im Zeitpunkt der Untreuehandlung scheidet ein Schaden jedoch aus, wenn der Täter uneingeschränkt bereit und in der Lage ist, den Nachteil auszugleichen[74].

In *Fall 134* liegt unproblematisch ein Nachteil (= Schaden) des C vor. Da A vorsätzlich, rechtswidrig und schuldhaft gehandelt hat, ist sie nach § 266 I 2. Alt. StGB strafbar.

Ergänzende Hinweise zum Treubruchtatbestand des § 266 StGB

929 *(1)* Untreue setzt i.d.R. voraus, dass die verletzte Rechtsnorm wenigstens auch – mittelbar oder unmittelbar – dem Schutz des zu betreuenden Vermögens dient[75].

930 *(2)* Die **Sicherungsübereignung** begründet für den *Sicherungsgeber*, selbst wenn er den Besitz der übereigneten Sache behält (vgl. § 930 BGB), eine »Pflicht zur Wahrnehmung fremder Vermögensinteressen« nur bei Hinzutreten besonderer Umstände[76]. Das ist z.B. der Fall, wenn der Sicherungsnehmer berechtigt sein soll, demnächst die übereigneten Sachen selbst in Besitz zu nehmen und zu verwerten[77].

---

[70] *BVerfG*, NJW 2009, 2370 ff. m. Bespr. *Fischer*, StV 2010, 95 ff.; *Jahn*, JuS 2009, 859 (860 f.).
[71] BGH St 47, 8 ff. m. abl. Bespr. *Mosenheuer*, NStZ 2004, 179 ff.
[72] BGH St 51, 100 (118 ff.) – Fall »Kanther« –; ebso. wistra 2007, 306 f.; NStZ 2007, 704 (705).
[73] BGH St 31, 232 ff.; wistra 1989, 224 (225); MK-*Dierlamm/Becker*, § 266 Rn. 240.
[74] BGH St 15, 342 (344); StV 2004, 80 (81); wistra 2020, 127; NStZ 2023, 105 (Rn. 16).
[75] BGH St 55, 288 (Rn. 34 ff.) m. Bespr. *Jahn*, JuS 2011, 183 ff.; BGH St 56, 203 (Rn. 24 f.) m. Bespr. *Wagner*, ZIS 2012, 28 ff.; BGH St 62, 288 (301).
[76] BGH St 5, 61 (63); *Eser*, Strafrecht 4, Fall 17 A 61; *Otto*, 54/27 m.w.N.
[77] BGH St 5, 61 (63).

Den *Sicherungsnehmer*, dem die Sache übergeben wird, trifft gegenüber dem Sicherungsgeber grundsätzlich ohne Hinzutreten besonderer Umstände ebenfalls keine Pflicht zur Wahrnehmung fremder Vermögensinteressen[78].

(3) Den **Eigentumsvorbehalt-Käufer** (§ 449 BGB) trifft auch nach Übergabe der Sache nicht ohne weiteres die Pflicht, Vermögensinteressen des Verkäufers wahrzunehmen[79].

931

(4) Die *Rechtsprechung* hat z.B. **in folgenden Fällen** Treubruchsuntreue bejaht: Der Täter hatte gegen *Gewährung eines Baukostenzuschusses* die Herstellung und Vermittlung einer Wohnung versprochen, diese dann aber an Dritte vermietet, ohne den Zuschuss zurückzuzahlen[80].
Bei einer *Tippgemeinschaft*, deren Mitglieder sich zur Leistung gleicher Beiträge zum Wetteinsatz verpflichtet hatten, und die daher als »Innengesellschaft« zu behandeln ist, verschwieg der »Geschäftsführer« einen gemeinsamen Gewinn und verwendete diesen für sich[81].
Der 1. Vorsitzende eines Fußball-Bundesligavereins, der Vereinsgelder an Spieler eines anderen Bundesligavereins *zur Beeinflussung des Spielausgangs* zahlte, verletzt i.S. des § 266 StGB die ihm obliegende Pflicht, die Vermögensinteressen seines Vereins (»fremde Vermögensinteressen«) wahrzunehmen[82].
Der Geschäftsführer einer GmbH hob die der Gesellschaft zustehenden Gelder von ihrem Konto ab und *verwendete sie für sich*[83].
Untreue kann auch durch »Verfügung über zweckgebundene Geldmittel durch Mitglieder des Allgemeinen Studierendenausschusses (AStA), die sich auf ein ›allgemein-politisches Mandat‹ berufen«, begangen werden[84].
Rechtlich ausgeschlossene Sonderbonuszahlungen an Betriebsräte erfüllen ebenfalls die Voraussetzungen der Untreue[85].

932

(5) Ein **Rechtsanwalt** begeht eine Untreue, wenn er für seinen Mandanten in Empfang genommene Gelder nicht einem »Anderkonto« zuführt, sondern für sich verwendet[86], und nicht bereit und in der Lage ist, den Betrag zu ersetzen (*Rn. 928*).
Das *OLG Karlsruhe* hat – zwar teilweise vom *BGH* abweichend, aber überzeugend, jedenfalls zumindest plausibel und gut vertretbar – entschieden, dass die Treuepflicht eines Rechtsanwalts, der anlässlich eines Verkehrsunfalls von seinem Mandanten mit der Geltendmachung von Schadensersatz- und Schmerzensgeldansprü-

933

---

[78] *Otto,* 54/27; Sch/Sch-*Perron*, § 266 Rn. 26; LK[12]-*Schünemann*, § 266 Rn. 118.
[79] Sch/Sch-*Perron*, § 266 Rn. 26; *Wittig/Reinhart*, NStZ 1996, 467 (469).
[80] BGH St 8, 271.
[81] *BGH*, NJW 1971, 1664 f.
[82] *BGH*, NJW 1975, 1234; einen »Befugnismissbrauch« ließ das Gericht offen. Zur Vermögensschädigung in solchen Fällen siehe auch *Bringewat*, JZ 1977, 667 f.; *Schreiber/Beulke*, JuS 1977, 656 ff.
[83] BGH St 28, 271 (273); 30, 127 (128); 34, 379 (382 ff.); NStZ 1984, 118 f.
[84] BGH St 30, 247 ff.
[85] BGH St 54, 148 (»VW-Affäre« bzw. »Lustreisen-Affäre«) m. krit. Bespr. *Corsten*, wistra 2010, 206 ff.; siehe auch *Zwiehoff*, FS-Puppe, 2011, S. 1337 ff.
[86] *BGH*, StV 2004, 80 ff.; NJW 2007, 3366 f.; NStZ 2015, 277; NJW 2015, 1190 (1191); wistra 2016, 152 (153); NStZ 2020, 418 (Rn. 13); wistra 2022, 382 (Rn. 6) m. Anm. *Rolletschke*, NZWiSt 2023, 156 f.; *BGH*, NStZ 2023, 105 (Rn. 29); *OLG Hamm*, wistra 2010, 76 (77).

chen beauftragt wurde, sowohl seine Tätigkeit gegenüber dem Schädiger und dessen Versicherung als auch seine Verpflichtung, empfangene Zahlungen umgehend an seinen Auftraggeber weiterzuleiten, umfasst. Eine Aufspaltung in ein Tätigwerden nach außen als eine nach § 266 StGB strafbewehrte Treuepflicht und eine die alsbaldige Auskehr erhaltener Gelder an seinen Mandanten umfassende bloße Schuldnerpflicht sei in derartigen Fällen nicht möglich[87].

934 *(6)* Der *BGH* bejahte die Verletzung einer Vermögensbetreuungspflicht beim Eigenverbrauch von **Wohnungseigentümergeldern** entgegen § 27 IV 1 Wohnungseigentumsgesetz *a.F.* durch den Verwalter der Wohnungseigentumsanlage sowie beim Eigenverbrauch der **Mieterkaution** entgegen § 551 III BGB durch den Vermieter bzw. Wohnungsverwalter, der es vertraglich übernommen hat, die Vermieterpflichten aus dieser Vorschrift zu erfüllen[88]. Die aktuelle Fassung des § 27 WEG enthält zwar eine solche Regelung nicht mehr, an dem Bestehen einer Vermögensbetreuungspflicht des Verwalters dürfte dies aber nichts geändert haben.
Keine gesetzlich begründete Vermögensbetreuungspflicht liegt nach Auffassung des *BGH* hingegen bei Gewerberaummietverhältnissen vor, da sich § 551 III BGB nur auf Mietverhältnisse über Wohnraum bezieht[89]. Allein die bloße Vereinbarung einer Kaution als solche begründe noch keine Vermögensbetreuungspflicht[90].

935 *(7)* Die Rechtsprechung stützt die Anwendbarkeit des Treubruchstatbestandes vielfach auf eine »Vermögensbetreuungspflicht kraft Treueverhältnis« des »**faktischen Geschäftsführers**«[91]. Dagegen ist grundsätzlich nichts einzuwenden, wenn die faktische Geschäftsführung nach klar umrissenen Kriterien bestimmt wird[92].
Bedenklich weit geht der *BGH* jedoch, indem er ganz allgemein die »tatsächliche Verfügungsmacht«, die »faktische Herrschaft« über Vermögensinteressen eines anderen, zur Begründung einer Vermögensbetreuungspflicht kraft Treueverhältnisses genügen lässt[93]. Damit wird § 266 StGB zu einem konturenarmen Auffangtatbestand im Bereich der Wirtschaftskriminalität[94]. Dies steht im Widerspruch zum rechtsstaatlichen Bestimmtheitsgebot und zur fragmentarischen Natur des Strafrechts.

936 *(8)* Mangels Verletzung einer Vermögensbetreuungspflicht scheidet Untreue beim sog. **Factoring** aus, weil ein (echter oder unechter) Factoring-Vertrag für die hieran Beteiligten grundsätzlich keine Pflichten begründet, deren Verletzung den Tatbestand des § 266 StGB verwirklichen würde[95].

---

[87] *OLG Karlsruhe*, NStZ 1990, 82 ff. Einschränkung von *BGH*, NStZ 1986, 361. – Zu § 266 I 2. Alt. StGB durch *Notare* vgl. *BGH*, NStZ 1990, 437 f. –
[88] *BGH* St 41, 224; 52, 182 m. Anm. *Rönnau*, NStZ 2009, 632 (633 ff.).
[89] *BGH* St 52, 182 (Rn. 12).
[90] *BGH* St 52, 182 (Rn. 14).
[91] Dazu mwN. *Dierlamm*, NStZ 1996, 153 ff. Zur faktischen Übernahme einer Vorstandstätigkeit *BGH*, NStZ-RR 2020, 145 (146).
[92] Zu diesen Kriterien siehe *Hellmann*, WiStR, Rn. 358.
[93] *BGH*, NStZ 1996, 540 f.; NStZ 1997, 124 f.; dazu u.a.: *Achenbach*, NStZ 1997, 536 (537); *Dierlamm*, NStZ 1997, 534 (535).
[94] Dazu *Dierlamm*, NStZ 1997, 534 ff.
[95] *BGH*, NStZ 1989, 72 f.

(9) Eine strafbare **»Haushaltsuntreue«** begeht nach Auffassung des *BGH* nicht schon, wer öffentliche Mittel entgegen ihrer sachlichen oder zeitlichen Bindung verwendet, denn Untreue schütze nicht die Dispositionsfreiheit des Vermögensinhabers (hier des Bundes, des Bundeslandes, der Kommune usw.), sondern dessen Vermögen; Untreue erfordere deshalb einen zweckwidrigen oder sonst dem betreuten Vermögen nachteiligen Einsatz der – öffentlichen – Haushaltsmittel[96]. Haushaltsuntreue liegt dagegen – trotz zweckentsprechendem Einsatz von Haushaltsmitteln – bei Gewährung von Subventionen vor, wenn der Täter die Zuwendung unter Verstoß gegen die Vergaberichtlinien ausreicht[97]. 937

(10) Bei dem Abschluss sog. **»Risikogeschäfte«**, also Rechtsgeschäften, denen von vornherein die Gefahr eines Vermögensverlustes innewohnt, ist zu differenzieren[98]: Der Täter missbraucht seine Verpflichtungs- bzw. Verfügungsbefugnis, wenn er im Innenverhältnis nicht zum Abschluss des Geschäfts berechtigt ist[99]. Gehören solche Geschäfte dagegen zu dem Aufgabenbereich des Vermögensbetreuungspflichtigen, so verletzt er seine Befugnisse bzw. Pflichten nicht, wenn er die Vorgaben im Innenverhältnis beachtet und eine sorgfältige Abwägung der Chancen und Risiken vorgenommen hat. Das gilt insbesondere für die *Kreditvergabe*: Hält der (Kredit-) Vorstand einer Bank die zu beachtenden Vorschriften ein und nimmt er eine umfassende Einschätzung der Risiken vor, scheidet Untreue aus, selbst wenn der bewilligte Kredit später notleidend wird[100]. 938

– Zur Untreue durch Kreditgewährung *Hellmann*, WiStR, Rn. 224 ff. –

Aus dem Abschluss – nicht vom Einverständnis des Vermögensinhabers (*Rn. 912*) gedeckter – riskanter Geschäfte darf aus der Pflichtverletzung im Falle der Realisierung der Gefahr des Vermögensverlustes nicht ohne weiteres auf einen Vermögensnachteil geschlossen werden, da der Taterfolg nicht mit der Tathandlung »verschliffen« werden darf (sog. **»Verschleifungsverbot«**)[101]. Erwirbt der Vermögensbetreuungspflichtige durch sein pflichtwidriges Risikogeschäft eine Gegenleistung, die im Zeitpunkt der Tathandlung dem Marktpreis bzw. -wert entspricht, so scheidet Untreue mangels Nachteils aus[102].

An die **subjektive Tatseite** bei Risikogeschäften im Wirtschaftsleben sind zudem erhöhte Anforderungen zu stellen, da die bewusste Eingehung eines gewissen Risikos vielen Geschäften immanent ist. Der bloße Umstand, dass der Vermögensbetreuungspflichtige das Risiko erkannt und gebilligt hat, genügt für den Tatbestands-

---

[96] *BGH* St 43, 293 (296 f.); wistra 2002, 300 (301); zu Verstößen gegen den Grundsatz der Wirtschaftlichkeit und Sparsamkeit *BGH* St 61, 48 (Rn. 81 ff.); NStZ 2020, 422 (Rn. 17 ff.).
[97] *BGH*, NJW 2003, 2179 (2180 f.) m. Bespr. *Rübenstahl/Wasserburg*, NStZ 2004, 521 ff.
[98] Näher zur Untreue bei Risikogeschäften *Hellmann*, ZIS 2007, 433 ff.; *Hillenkamp*, NStZ 1981, 161 ff.; *Ransiek*, ZStW 116 (2004), S. 634 ff.
[99] Vgl. *BGH*, NJW 2019, 378 (Rn. 18 ff.) zum Abschluss von Spekulationsgeschäften (»Zinssatzswaps«), die gegen kommunalrechtliche Haushaltsgrundsätze verstoßen; der *BGH* bejaht allerdings offensichtlich die Treubruchsalternative.
[100] *BGH* St 46, 30 (32) m. Anm. *Dierlamm/Links*, NStZ 2000, 656 f., und *Otto*, JR 2000, 517 f.; siehe auch *BGH*, wistra 2000, 60 f.
[101] *BVerfG* E 126, 170 (Rn. 113); *BGH* St 55, 288 (Rn. 43); NJW 2019, 378 (Rn. 24).
[102] Siehe z.B. *BGH*, NJW 2019, 378 (Rn. 27 ff.).

vorsatz deshalb nicht, sondern der Täter muss sich mit dem Eintritt des unerwünschten Erfolges abfinden[103].

939 *(11)* Das Einrichten und Unterhalten »**schwarzer Kassen**« erfüllt i.d.R. die Voraussetzungen des § 266 StGB[104]. Ob die Missbrauchs- oder Treubruchsalternative vorliegt, hängt davon ab, ob die Verlagerung der Vermögensbestandteile zur »Befüllung« der schwarzen Kassen durch wirksame Verpflichtungs- oder Verfügungsgeschäfte erfolgt (dann Missbrauch) oder durch unwirksame Rechtsgeschäfte bzw. rein tatsächliches Verhalten (dann Treubruch). Nach Auffassung des *BGH* liegt das »Schwergewicht der Pflichtwidrigkeit« regelmäßig »in dem Unterlassen der Offenbarung durch ordnungsgemäße Verbuchung der Geldmittel«[105]. Der Schaden tritt nicht erst mit der Verwendung der treuwidrig entzogenen Mittel, sondern schon mit der Entziehung selbst, also dem Einrichten/Unterhalten der verdeckten Kasse, ein. In diesem Zeitpunkt besteht nicht nur eine schadensgleiche Vermögensgefährdung, sondern es ist bereits ein endgültiger Vermögensschaden eingetreten[106]. Auf die Absicht, das Geld im wirtschaftlichen Interesse des Treugebers zu verwenden, kommt es nicht an[107].

– Zur Untreue durch Bildung schwarzer Kassen *Hellmann*, Fälle zum Wirtschaftsstrafrecht, Fall 1 Rn. 1 ff. –

940 *(12)* Fraglich ist, ob die **Entgegennahme anonymer Parteispenden** als Untreue strafbar ist. Das *LG Bonn* hatte dies für die verdeckte Parteienfinanzierung (»Fall Helmut Kohl«) als »nicht generell ausgeschlossen« bezeichnet, freilich ohne sich endgültig festzulegen[108].

Nach zutreffender Auffassung des *BGH* stellt die Abgabe eines falschen Rechenschaftsberichts einer Partei an den Bundestagspräsidenten, in den rechtswidrig erlangte Parteispenden aufgenommen wurden, eine pflichtwidrige Handlung dar[109]. Das Vermögen der Partei werde dadurch geschädigt, weil § 31c S. 1 ParteienG einen Anspruch gegen die Partei in Höhe des Dreifachen des Betrages der Spende begründet, wenn eine verbotene Spende angenommen und nicht an den Bundestagspräsidenten abgeführt wird, bzw. nach § 31c S. 2 ParteienG ein Anspruch in Höhe des

---

[103] *BGH*, NStZ 2013, 715 ff. m. Anm. *Trüg* und *Jahn*, JuS 2014, 82 ff.
[104] *BGH* St 52, 323 ff. (»Siemens«) m. zust. Anm. *Ransiek*, NJW 2009, 95 f. Krit. bis abl. *Jahn*, JuS 2009, 173 (175 f.); *Knauer*, NStZ 2009, 151 ff.; *Rönnau*, FS-Tiedemann, 2008, S. 713 ff.; *Satzger*, NStZ 2009, 297 ff. – Das *BVerfG* hat die auf die Verletzung des Art. 103 II GG gestützte Verfassungsbeschwerde zurückgewiesen, *BVerfG* E 126, 170 (200 ff., 212 ff.) m. Bespr. *Krüger*, NStZ 2011, 369 ff.; *Safferling*, NStZ 2011, 376 ff.; *Saliger*, NJW 2010, 3195 ff.
[105] *BGH*, NZWiSt 2020, 318 (320) m. Anm. *Schneider*. Belässt der Täter die Gegenstände im Herrschaftsbereich des Vermögensinhabers, sodass dieser von ihnen, z.B. durch Inventur Kenntnis erlangen kann, so scheidet allerdings ein Schaden aus, *BGH*, NStZ 2018, 105 (107 f.) m. Anm. *Schlösser*.
[106] *BGH* St 52, 323 (Rn. 42 ff.) unter ausdrücklicher Aufgabe von *BGH* St 51, 100 (Rn. 43 f.); siehe auch *BGH*, NStZ 2014, 646 m. Anm. *Hoven* und *Becker*, NZWiSt 2015, 38 ff.; *BGH*, NZWiSt 2020, 318 (320). A.A. *Saliger*, FS-Samson, 2010, S. 455 (460 ff., 480); *Satzger*, NStZ 2009, 297 (302 ff.).
[107] *BGH* St 52, 323 (Rn. 39); 55, 266 (284); *BGH*, wistra 2019, 190 (194).
[108] Siehe dazu *LG Bonn*, NStZ 2001, 426 ff. m. Anm. *Beulke/Fahl*; *Hellmann*, ZIS 2007, 433 (441 f.); *Maier*, NJW 2000, 1006 ff.; *Schwind*, NStZ 2001, 349 ff.; *Velten*, NJW 2000, 2852 ff.
[109] *BGH* St 56, 203 (Rn. 58) m. Bespr. *Wagner*, ZIS 2012, 28 ff.; *BGH* St 60, 94 (Rn. 40 ff.) m. Anm. *Altenburg*, NJW 2015, 1624 f.

zweifachen Spendenbetrages im Falle eines Verstoßes gegen die Pflicht zur Offenlegung des Spenders bei Zuwendungen über 10.000 Euro (§ 25 III 1 ParteienG) gegen die Partei entsteht[110]. Diese Sicht trifft zu. Zwar tritt in den »Sanktionsfällen« ein Schaden nicht bereits ein, wenn die Verhängung einer nachteiligen Rechtsfolge möglich, allerdings noch unsicher ist; ist das betreute Vermögen aber – wie hier – schon mit einem bestehenden Anspruch belastet, so mindert dieser Anspruch das Vermögen[111].

II. Missbrauch von Scheck- und Kreditkarten (§ 266b StGB)

1. Zweck des § 266b StGB

Der durch das 2. WiKG in das StGB eingefügte § 266b sollte für den Missbrauch von Kreditkarten eine Strafbarkeitslücke schließen[112] und für den Missbrauch von Scheckkarten für *Rechtsklarheit* sorgen. **941**

Die Banken und Sparkassen haben das Euroschecksystem zum 31.12.2001 eingestellt, sodass die Alternative des Scheckkartenmissbrauchs inzwischen leerläuft. Dennoch werden im Folgenden einige Gesichtspunkte des Scheckkartenmissbrauchs angesprochen, falls dies für das Verständnis des § 266b StGB erforderlich ist.

Bei Vorlage der Scheckkarte und Eintragung der Scheckkartennummer auf dem Euroscheck kam zwischen dem Empfänger des Schecks und dem Kreditinstitut, das die Scheckkarte ausgegeben hatte, ein *Garantievertrag* zustande, der dieses zur Einlösung des Schecks verpflichtete, und zwar unabhängig davon, ob das Konto des Scheckausstellers über eine entsprechende Deckung verfügte.

a) Anwendbarkeit des § 266 StGB auf den Scheck- und Kreditkartenmissbrauch

Vor Einfügung des § 266b StGB bestand weitgehend Einigkeit, dass der Täter in Fällen des »**Kreditkartenmissbrauchs**« (*Fall 135, Rn. 950 ff.*) zwar i.S. des § 266 I StGB »die ihm durch Rechtsgeschäft eingeräumte Befugnis, einen anderen (die Bank) zu verpflichten, missbraucht«[113], aber keine Vermögensbetreuungspflicht vorliegt. Der Kreditkarteninhaber hat keine »eigenverantwortliche Vermögensbetreuungspflicht« i.S. des § 266 I StGB, weil die vertragliche Verpflichtung, die Kreditkarte nur dann zu verwenden, wenn der Karteninhaber in der Lage ist, die monatlichen Abrechnungen zu begleichen, nicht »zu den Hauptpflichten aus dem Vertrag« gehört, d.h. nicht seinen »wesentlichen Inhalt« ausmacht[114]. **942**

Ob den *Scheckkarteninhaber im Verhältnis zum Kreditinstitut* als Kartenausteller eine Vermögensbetreuungspflicht traf und deshalb der »**Scheckkartenmissbrauch**« vor Inkrafttreten des § 266b StGB als Untreue bestraft werden konnte, war streitig. Der *BGH*[115] verneinte diese Frage mit der zutreffenden Begründung, bei einem gewöhnlichen Girovertrag nehme allein das Kreditinstitut Vermögensinteressen des **943**

---

[110] *BGH* St 56, 203 (Rn. 60); 60, 94 (48 ff.).
[111] Vgl. *Hellmann*, ZIS 2007, 433 (441 f.).
[112] BT-Drs. 10/5058, 32.
[113] Dazu m.w.N. *Krey*, BT 2, 6. Aufl. 1985, Rn. 550 ff.
[114] *BGH* St 33, 244 (250 f.).
[115] *BGH* St 24, 386 (387 f. m.w.N.). Zust. u.a. *OLG Köln*, NJW 1978, 714.

Kunden wahr und nicht umgekehrt der Kunde Vermögensinteressen der Bank oder Sparkasse.

b) Scheck- und Kreditkartenmissbrauch als Betrug (§ 263 StGB)?

944 Der *BGH* lehnte für die Fälle des **Scheckkartenmissbrauchs** zwar Untreue ab, nahm aber Betrug an[116], weil der Täter dem Schecknehmer konkludent vorspiegele, der Scheck sei gedeckt; dadurch errege er bei diesem einen entsprechenden Irrtum. Durch Annahme des Schecks komme der Garantievertrag Schecknehmer/Bank zustande, sodass der Schecknehmer durch die Annahme eine die Bank schädigende *Vermögensverfügung* treffe. Die h.L. verneinte zu Recht das Vorliegen des § 263 StGB[117]. Wegen der Einlösungsgarantie sei die Annahme einer **irrtumsbedingten Vermögensverfügung** des Schecknehmers (in aller Regel) eine unzulässige *Unterstellung*[118].

945 Anders als im Scheckkartenmissbrauch sah der *BGH* im **Kreditkartenmissbrauch** zutreffend keinen Betrug[119]. Da für das Entstehen der Forderung des Vertragsunternehmens gegen die Kreditkartengesellschaft die Zahlungsfähigkeit des Kreditkarteninhabers irrelevant ist, enthält die Vorlage der Kreditkarte schon keine konkludente Erklärung über die Zahlungsfähigkeit. Jedenfalls fehlt ein Irrtum des Vertragsunternehmens, d.h. des für dieses tätigen Mitarbeiters. Dieser musste nur prüfen, ob die Unterschriften auf der Kreditkarte und dem Kreditkartenbeleg übereinstimmen, und machte sich deshalb keine Gedanken darüber, ob der Kreditkarteninhaber die Rechnung der Kreditkartengesellschaft würde ausgleichen können.

c) Resümee

946 **Strafbedürfnis** und **Strafwürdigkeit** des Missbrauchs von (Scheck- und) Kreditkarten werden zwar z.T. bestritten[120]. Grundsätzliche Bedenken gegen diesen Straftatbestand bestehen aber nicht[121], da sich der Gesetzgeber mit der Schaffung des § 266b StGB sicher noch im Rahmen seines kriminalpolitischen Normierungsermessens bewegt hat. Gäbe es § 266b StGB nicht, so wäre der Kreditkartenmissbrauch grundsätzlich straflos, da nach zutreffender Auffassung § 266 StGB – mangels Vermögensbetreuungspflicht des Kreditkarteninhabers – und § 263 StGB – mangels Täuschung und Irrtums – ausscheiden.

---

[116] *BGH* St 24, 386 (388 ff.); ebso. *OLG Köln*, NJW 1978, 714.
[117] *Giehring*, GA 1973, 13 ff.; *Gössel*, MDR 1973, 177 ff.; *Gross*, NJW 1973, 600 ff.; LK[10]-*Lackner*, § 263 Rn. 320-326; *D. Meyer*, JuS 1973, 214; *Steinhilper*, Jura 1983, 401 (404).
[118] Dazu eingehend *Vormbaum*, JuS 1981, 18 (21 ff.). Zu weiteren Einwänden gegen die Annahme des § 263 StGB siehe u.a. LK[10]-*Lackner*, § 263 Rn. 320-326; *Steinhilper*, Jura 1983, 401 (404); *Vormbaum*, JuS 1981, 18 ff.
[119] *BGH* St 33, 244 (250 f.).
[120] So etwa von: *Schubarth*, ZStW 92 (1980), 92 ff.; *Vogler*, ZStW 90 (1978), 145 ff.
[121] Dazu u.a.: *BGH* St 33, 244 (251) – Kreditkartenmissbrauch –; Sch/Sch-*Perron*, § 266b Rn. 1. Krit. MK-*Radtke*, § 266b Rn. 3.

2. Voraussetzungen des § 266b StGB

Fall 135: – »Kreditkarten-Untreue« –

Tina (T) kaufte in dem Kaufhaus »Gut und Billig« Waren im Wert von 200 Euro. Sie bezahlte mittels ihrer »Euro Express«-Kreditkarte, obwohl ihr Konto bei der X-Bank, von dem die Kreditkartengesellschaft einmal im Monat die Umsätze abbuchte, bereits einen erheblichen Minus-Saldo aufwies und T den ihr eingeräumten Spielraum für Überziehungen ihres Kontos durch weitere noch nicht verbuchte Zahlungen längst deutlich überschritten hatte. »Euro Express« erstattete dem Kaufhaus 186 Euro (Kaufpreis abzüglich einer Gebühr in Höhe von 7 % für den Einsatz der Kreditkarte). 947

Strafbarkeit der T wegen § 266b StGB, die bei dem Einsatz der Kreditkarte wusste, dass die Bank die Kreditkartenabrechnung nicht ausgleichen würde?

Geschütztes Rechtsgut ist wie bei § 266 StGB allein das **Vermögen**; die mit § 266b StGB verbundene »Schutzwirkung auch für die Sicherheit und Funktionsfähigkeit des bargeldlosen Zahlungsverkehrs« ist lediglich ein »Schutzreflex«[122]. 948

§ 266b StGB ist ein **Sonderdelikt**; Täter kann nur der berechtigte Karteninhaber sein[123], d.h. die Person, der vom Aussteller die Karte überlassen worden ist[124]. Auf die – zivilrechtlich – wirksame Begründung der vertraglichen Beziehung zwischen Kartenherausgeber und -inhaber kommt es dabei ebenso wenig an wie auf das Fortbestehen zum Zeitpunkt des Gebrauchs der Karte[125]. Die erforderliche Sonderbeziehung zwischen Täter und Opfer (Kartenemittent) entsteht deshalb auch dann, wenn der Täter die Überlassung erreicht, indem er unter einem falschen Namen und unter Angabe unrichtiger Personalien auftritt[126]. 949

Die Tätereigenschaft als berechtigter Karteninhaber ist **ein besonderes persönliches Merkmal** i.S. des § 28 I StGB[127], sodass dieser beim Teilnehmer Anwendung findet. Der Nichtberechtigte kann möglicherweise gem. §§ 263, 263a StGB bestraft werden[128] (vgl. *Rn. 956*).

In unserem *Fall 135* war T taugliche Täterin, denn die Kreditkartengesellschaft hatte ihr durch die *Überlassung der Kreditkarte* die Möglichkeit eingeräumt, »den Aussteller (den Kreditkartenherausgeber) zu einer Zahlung zu veranlassen«: 950

Zur Erläuterung des Kreditkartenverfahrens: Der Kreditkartenherausgeber schließt mit Betreibern von Kaufhäusern, Ladengeschäften, Restaurants, Hotels, Tankstellen usw. Verträge, in denen er sich verpflichtet, Umsätze, die ein Kreditkarteninhaber bei einem solchen »Ver-

---

[122] HWSt-*Hellmann*, 11. Teil 2. Kap. Rn. 39; NK-*Kindhäuser/Hoven*, § 266b Rn. 1; *Mitsch*, BT 2, S. 478 f.; *Otto*, wistra 1986, 150 (152); Sch/Sch-*Perron*, § 266b Rn. 1; MK-*Radtke*, § 266b Rn. 1; HdS 5-*Saliger*, § 36 Rn. 36. A.A. etwa: BT-Drs. 10/5058, 32; *BGH* St 47, 160 (168); NStZ 1993, 283; L/K/H-*Heger*, § 266b Rn. 1; *Rengier* I, 19/1.

[123] Einhellige Meinung, z.B. *BGH*, NStZ 1992, 278 (279); AnwK-*Esser*, § 266b Rn. 3; *Oglakcioglu*, JA 2018, 338 (339); S/S/W-*Zimmermann*, § 266b Rn. 2, 20.

[124] *BGH*, StV 2018, 35; HWSt-*Hellmann*, 11. Teil 2. Kap. Rn. 44; HdS 5-*Saliger*, § 36 Rn. 40; *Wittig*, 21/8.

[125] HWSt-*Hellmann*, 11. Teil 2. Kap. Rn. 44, 59.

[126] *BGH*, NStZ 1993, 283; StV 2018, 35; *Ranft*, JuS 1988, 673 (677).

[127] HWSt-*Hellmann*, 11. Teil 2. Kap. Rn. 71; S/S/W-*Hilgendorf*, § 266b Rn. 23; W/H/S-*Schuhr*, Rn. 795; *Wittig*, 21/7. A.A. Sch/Sch-*Perron*, § 266b Rn. 13.

[128] L/K/H-*Heger*, § 266b Rn. 2; *Wittig*, 21/7.

tragsunternehmen« tätigt, diesem – abzüglich einer Gebühr – zu erstatten, wenn – früher – die Unterschriften des Kunden auf der Kreditkarte und dem Zahlungsbeleg übereinstimmen bzw. – heute – die zugeteilte PIN von dem Inhaber der Karte eingegeben wird. Er ist damit in der Lage, die Kreditkartengesellschaft zu einer Zahlung an das Vertragsunternehmen in der entsprechenden Höhe zu verpflichten. Der Kreditkartenherausgeber muss sich dann die jeweiligen Beträge von dem Kreditkarteninhaber »zurückholen«. Das geschieht i.d.R. durch eine – monatliche – Abbuchung von dessen Girokonto. Die kontoführende Bank wird diese Abbuchung aber nur vornehmen, wenn das Konto über eine hinreichende Deckung verfügt; der Kreditkartenherausgeber trägt also das Risiko, die den Vertragsunternehmen gezahlten Beträge von dem Kreditkarteninhaber zu erlangen. Das Vertragsunternehmen geht dagegen kein Risiko ein, da es mit der Kreditkartengesellschaft einen solventen Vertragspartner hat, der – unabhängig von der Zahlungsfähigkeit des Kunden – die Umsätze erstattet. Der Inhaber darf seine Kreditkarte nur benutzen, wenn er in der Lage ist, die Rechnung des Kartenherausgebers zu begleichen. Erfasst sind auch die Universalkreditkarten in **Vier-Personen-Verhältnissen**, bei denen ein „Acquirer" den Rahmenvertrag mit den Vertragsunternehmen schließt und diesem die Zahlung garantiert[129]. In diesen Fällen bestehen die vertraglichen Beziehungen des Vertragsunternehmens nicht zu dem Kartenemittenten, sondern zu dem Acquirer[130].

951 Diese Möglichkeit zur Verpflichtung der Kreditkartengesellschaft hat T i.S. des § 266b StGB »**missbraucht**«, da sie sich zwar *nach außen* – im Verhältnis zu dem Vertragsunternehmen – im Rahmen ihres rechtlichen Könnens gehalten, *im Innenverhältnis* zur Kreditkartengesellschaft aber die Grenzen ihres rechtlichen Dürfens überschritten hat. Das Tatbestandsmerkmal des Missbrauchs i.S. des § 266b StGB ist also dem »Missbrauch« i.S. des § 266 StGB (hierzu *Rn. 911*) gleichzusetzen; hier wie dort geht es um die »Ausnutzung des rechtlichen Könnens nach außen unter Überschreitung des rechtlichen Dürfens im Innenverhältnis«[131].

– Näher zur Tathandlung HWSt-*Hellmann*, 11. Teil 2. Kap. Rn. 46 ff. –

952 Der Missbrauch der Karte muss den Aussteller schädigen, d.h. bei ihm einen **Vermögensschaden** herbeiführen. Da es sich bei dem (Scheck- und) Kreditkartenmissbrauch in der Sache um einen Untreuefall handelt, sind die Kriterien, die in Rechtsprechung und Literatur zum Schadensbegriff des § 266 StGB entwickelt worden sind (*Rn. 926 ff.*), – jedenfalls im Grundsatz – auf § 266b StGB zu übertragen[132].

– Näher zum Vermögensschaden HWSt-*Hellmann*, 11. Teil 2. Kap. Rn. 64 ff. –

Durch diesen Missbrauch der Kreditkarte hat T die Kreditkartengesellschaft als Ausstellerin der Kreditkarte »**geschädigt**«. Diese war auf Grund des erwähnten Vertrages mit dem Kaufhaus (*Rn. 950*) diesem gegenüber zahlungspflichtig und hat den Kaufpreis (abzüglich der Kreditkartengebühr) auch erstattet. Dabei war der Spielraum, den die X-Bank der T zur Überziehung ihres Kontos eingeräumt hatte, überschritten, sodass bei lebensnaher Sachverhaltsinterpretation davon auszugehen ist, dass T nicht bereit und in der Lage war, die Kreditkartenabrechnung auszugleichen.

Der Schaden trat mit dem Zustandekommen des »Garantievertrages« *Kaufhaus/Kreditkartengesellschaft*, dem kein gleichwertiger Ausgleichsanspruch gegen T gegenüberstand, ein.

---

[129] Näher dazu MK-*Radtke*, § 266b Rn. 22, 43; HdS 5-*Saliger*, § 36 Rn. 41.
[130] MK-*Radtke*, § 266b StGB Rn. 43.
[131] Vgl. etwa: *BGH*, NStZ 1992, 278 f.; NK-*Kindhäuser/Hoven*, § 266b Rn. 12; Sch/Sch-*Perron*, § 266b Rn. 9; MK-*Radtke*, § 266b Rn. 42; HdS 5-*Saliger*, § 36 Rn. 44.
[132] NK-*Kindhäuser/Hoven*, § 266b Rn. 23; *Otto*, wistra 1986, 150 (152); HdS 5-*Saliger*, § 36 Rn. 45.

Ergebnis: T hat den objektiven Tatbestand des Kreditkartenmissbrauchs erfüllt. Da von Vorsatz – dolus eventualis genügt[133] –, Rechtswidrigkeit und Schuld auszugehen ist, hat sich T nach § 266b StGB strafbar gemacht.

Ergänzende Hinweise

(1) Nach zutreffender h.M. fungiert § 266b StGB im Verhältnis zu § 266 und § 263 StGB als **lex specialis**, d.h., Betrug und Untreue werden im Falle des Missbrauchs von (Scheck- und) Kreditkarten von § 266b StGB verdrängt[134]. Die Bedeutung des § 266b StGB als lex specialis folgt aus seiner *Entstehungsgeschichte*[135], zudem aus seiner gegenüber §§ 263, 266 StGB *milderen Strafdrohung*, deren Privilegierungswirkung bei Annahme von Idealkonkurrenz leer laufen würde. In der Fallbearbeitung kann es deshalb m.E. bei Fällen des Missbrauchs von (Scheck- und) Kreditkarten nach Bejahung des § 266b StGB grundsätzlich mit der Feststellung sein Bewenden haben: »Ob auch § 266 oder § 263 StGB erfüllt sind, kann dahinstehen, da beide Delikte hinter § 266b StGB zurücktreten würden: dieser ist nämlich für solche Taten lex specialis«.

953

(2) Als Kreditkarten werden zum Teil auch **Kundenkarten** bezeichnet, die es dem Karteninhaber ermöglichen, bis zu einem bestimmten Limit bei dem kartenherausgebenden Unternehmen Waren zu kaufen oder Dienstleistungen in Anspruch zu nehmen, ohne diese sofort bezahlen zu müssen. Die Abrechnung erfolgt zu einem späteren Zeitpunkt, i.d.R. dadurch, dass die Beträge – meist monatlich – vom Girokonto des Karteninhabers abgebucht werden. In die Zahlung ist hier zwar ebenfalls eine dritte Partei einbezogen; der *Unterschied zu den »regulären« Kreditkarten* ist aber evident: Die Kundenkarte eröffnet dem Inhaber nicht die Möglichkeit, den Aussteller zu einer Zahlung zu verpflichten – der Aussteller ist schließlich zugleich Gläubiger der Forderungen gegen den Kunden –, und die Bank des Karteninhabers ist nur zum Ausgleich verpflichtet, wenn sein Konto über ausreichende Deckung verfügt. § 266b StGB erfasst deshalb nach zutreffender Auffassung nur Kreditkarten im sog. **»Drei-Partner-System«** (z.B. American Express) bzw. **»Vier-Partner-System«** (z.B. Mastercard, Visa)[136]. Die missbräuchliche Benutzung einer »Kreditkarte« im sog. »Zwei-Partner-System« *(Kundenkarte)* erfüllt § 266b StGB nicht[137], i.d.R. wird jedoch Betrug vorliegen, da der Karteninhaber zumeist konkludent darüber täuscht, zum Ausgleich der Abrechnung bei Fälligkeit in der Lage zu sein[138].

954

---

[133] HdS 5-*Saliger*, § 36 Rn. 46.
[134] *BGH*, NStZ 1987, 120; *KG*, JR 1987, 257 f.; Sch/Sch-*Perron*, § 266b Rn. 14; MK-*Radtke*, § 266b Rn. 78; *Wittig*, 21/26.
[135] *Geppert*, Jura 1987, 162 (165); *Otto*, 54/53; *Weber*, JZ 1987, 215 (216).
[136] HdS 5-*Saliger*, § 36 Rn. 41.
[137] *BGH* St 38, 281 (282 ff.); *BGH*, NJW 2002, 905 (906 f.); *Fest/Simon*, JuS 2009, 798 (801); L/K/H-*Heger*, § 266b Rn. 4; HWSt-*Hellmann*, 11. Teil 2. Kap. Rn. 98 ff.; NK-*Kindhäuser/Hoven*, § 266b Rn. 8; *Kleszewski*, S. 121 f.; *Mitsch*, BT 2, S. 480 f.; *ders.*, JZ 1994, 877 (885); *Oglakcioglu*, JA 2018, 338 (342); Sch/Sch-*Perron*, § 266b Rn. 5b; MK-*Radtke*, § 266b Rn. 25.; W/H/S-*Schuhr*, Rn. 863. A.A. A/W/H/H-*Heinrich*, 23/48; *Otto*, JZ 1992, 1139 f.; *Ranft*, JuS 1988, 673 (680 f.); *ders.*, NStZ 1993, 185 f.
[138] *BGH* St 38, 281 (284); *Mitsch*, JZ 1994, 877 (885).

955 *(3)* Die Benutzung einer Kreditkarte zum **Abheben an einem Geldautomaten** erfüllt nach zutreffender Auffassung nicht die Voraussetzungen des § 266b StGB, da die Karte dann nicht in ihrer Funktion als Kreditkarte, sondern als *Codekarte* verwendet wird; anders die h.M. (siehe dazu *Rn. 853*).

956 *(4)* § 266b StGB liegt nur vor, wenn der **berechtigte Karteninhaber** die ihm durch die Überlassung der Kreditkarte eingeräumte Möglichkeit, den Aussteller zu einer Zahlung zu verpflichten, missbraucht[139]. Benutzt ein Dritter die Kreditkarte, so scheidet Kreditkartenmissbrauch also von vornherein aus (*Rn. 949*).
Der Dritte wird aber einen Betrug begehen, da er vortäuschen muss, der Karteninhaber zu sein. Wessen Vermögen in dieser Konstellation geschädigt wird, hängt von den Umständen ab.
In dem ursprünglichen Verfahren, in dem der Kreditkartenbeleg unterschrieben werden musste, kam es darauf an, wie geschickt der Täter die Unterschrift des Karteninhabers fälschte: Stimmten die Unterschriften auf der Kreditkarte und dem Zahlungsbeleg offensichtlich überein, so erstattete die Kreditkartengesellschaft dem Vertragsunternehmen den Betrag auch dann, wenn die Unterschrift auf dem Beleg nicht von dem Karteninhaber stammte; in diesem Fall lag ein »Dreiecksbetrug« zum Nachteil des Kartenherausgebers vor[140]. Handelte es sich dagegen um eine »plumpe« Fälschung, die dem Mitarbeiter des Vertragsunternehmens nur deshalb nicht auffiel, weil er nicht sorgfältig geprüft hatte, so trat der Schaden bei dem Vertragsunternehmen ein.
Wird der Einsatz der Kreditkarte – wie heute üblich – durch die Eingabe einer PIN autorisiert, so erlangt das Vertragsunternehmen einen Anspruch gegen den Kartenherausgeber, wenn nicht erkennbar ist, dass nicht der Karteninhaber, sondern ein Dritter die Karte verwendet. Da ein Mensch für das Vertragsunternehmen die Karte akzeptiert, dürfte ein Dreiecksbetrug vorliegen. Die Situation ist der – nicht offensichtlichen – Fälschung der Unterschrift vergleichbar.

---

[139] *BGH*, NStZ 1992, 279 m. Bespr. *Mitsch*, JZ 1994, 887; *BGH*, StV 2018, 35; L/K/H-*Heger*, § 266b Rn. 2; HdS 5-*Saliger*, § 36 Rn. 44.
[140] *Hellmann/Beckemper*, JuS 2001, 1095 (1098).

§ 19 Hehlerei (§§ 259, 260, 260a; 262 StGB)

I. Der Grundtatbestand der Hehlerei (§ 259 StGB)

1. Der Gegenstand der Hehlerei

Taugliches **Tatobjekt** der Hehlerei kann nach den klaren Worten des Gesetzes stets nur »**eine Sache**« sein, und zwar eine solche, »die ein anderer *gestohlen* oder sonst durch eine *gegen fremdes Vermögen gerichtete rechtswidrige Tat erlangt* hat«. 957

Fall 136: – *Keine Strafbarkeit der »Ersatzhehlerei«* – 958
Dagobert (D) hat eine Geldbörse gestohlen, in der sich u.a. zwei 20-Euro-Scheine und ein 100-Euro-Schein befanden. Mit den beiden 20-Euro-Scheinen kauft er einen Strauß Blumen, den er seiner Freundin Helga (H) schenkt, der er zuvor von seiner Tat erzählt hat. Den 100-Euro-Schein wechselt er in der nächsten Bank gegen zwei 50-Euro-Scheine und gibt einen davon ebenfalls der H.
Ist H aus § 259 StGB strafbar?

a) Als »Sache« kommen nur **körperliche Gegenstände** i.S. der §§ 90, 90a BGB in Betracht, nicht aber *Forderungen* und *sonstige Rechte*,[1] ebenso wenig *Daten*.[2] 959

> Sehr wohl gehehlt werden können jedoch **Papiere, die Rechte verkörpern**, wie Sparkassenbücher, Schuld-, Pfand- und Gepäckaufbewahrungsscheine oder Grundschuldbriefe.[3] Entsprechendes gilt für **Datenträger**, wie z.B. CD-ROMs oder USB-Sticks.[4]

So fällt denn auch der Ankauf einer sog. **Steuer-CD** durch staatliche Behörden nicht unter § 259 StGB: Hat der Informant die Daten auf eine eigene CD-ROM kopiert, stammt *diese* aus keiner Vortat, und *die Daten selbst* sind keine Sachen.[5] 960

> – Zur Lückenschließung (gerade auch in diesen Fällen) ist freilich mittlerweile mit § 202d StGB der Tatbestand der »**Datenhehlerei**« geschaffen worden.[6] –

b) § 259 StGB fordert dabei *nicht*, dass die Sache für den Hehler »fremd« ist; Hehlerei ist auch an Sachen möglich, die **im Eigentum des Hehlers** stehen. 961
So liegt es etwa, wenn der Vortäter die Sache dem Pfandgläubiger zugunsten des Eigentümers wegnimmt und dadurch Pfandkehr gem. § 289 StGB (dazu *Rn. 455 ff.*) begeht; § 289 StGB schützt fremdes Vermögen, nämlich das des Pfandgläubigers, ist also geeignete Vortat des § 259 StGB (vgl. *Rn. 987*). Verschafft sich der Eigentümer seine Sache von dem Vortäter, so begeht er Hehlerei.[7]

---

[1] MK-*Maier*, § 259 Rn. 15; Sch/Sch-*Hecker*, § 259 Rn. 4; *Rengier* I, 22/23.
[2] Sch/Sch-*Hecker*, § 259 Rn. 4; L/K/H-*Heger*, § 259 Rn. 2; *Fischer*, § 259 Rn. 3.
[3] Vgl. nur *BGH*, NJW 1978, 710; MK-*Maier*, § 259 Rn. 15 mwN.
[4] So etwa MK-*Maier*, § 259 Rn. 15; NK-*Altenhain*, § 259 Rn. 8; Sch/Sch-*Hecker*, § 259 Rn. 4.
[5] Vgl. *OLG Düsseldorf*, NStZ-RR 2011, 84 f.; *Ostendorf*, ZIS 2010, 301 (303); *Satzger*, FS-Achenbach, 2011, 447 (455); *Benkert*, FS-Schiller, 2014, 27 (29); MK-*Maier*, § 259 Rn. 18; zur Gesamtproblematik aufschlussreich auch *Schünemann*, NStZ 2008, 305 (308); *Sieber*, NJW 2008, 881 (883).
[6] Ausf. dazu Krey/Hellmann/*Heinrich*, BT 1, Rn. 706 ff. (zum Ankauf v. »Steuer-CDs« Rn. 707).
[7] *Kudlich*, JA 2002, 672 (673); NK-*Altenhain*, § 259 Rn. 8; MK-*Maier*, § 259 Rn. 17; *Rengier* I, 22/23.

962 c) Die Sache muss **unmittelbar** durch ein rechtswidriges Vermögensdelikt erlangt sein (Diebstahl, Betrug etc.; s.a. *Rn. 987 ff.*). Nur mittelbar durch eine solche Vortat erlangte »**Ersatzsachen**« scheiden dagegen als Tatobjekt der Hehlerei aus.

Kauft der Dieb mit gestohlenem Geld ein Geschenk für seine Freundin, so begeht diese mit der Annahme des Geschenks auch bei Bösgläubigkeit keine Hehlerei, da der Vortäter *die Sache selbst* (in unserem **Fall 136**: den Blumenstrauß) weder gestohlen, noch sonst durch eine gegen fremdes Vermögen gerichtete rechtswidrige Tat erlangt hat.

Hehlerei an dergestalt bloß mittelbar durch ein Vermögensdelikt – letztlich also nur *im Nachgang zu einem vorherigen Vermögensdelikt* – erlangten Sachen (sog. **Ersatzhehlerei**) gibt es also nicht[8]

– es sei denn, die »Ersatzsache« ist ihrerseits unmittelbar »durch eine gegen fremdes Vermögen gerichtete Handlung erlangt« worden,[9] z.B. mittels Betrugs (s. § 935 I BGB), was aber auf den Einkauf mit gestohlenem Geld nicht zutrifft (s. §§ 932, 935 II BGB).

963 Hierfür spricht schon der Wortlaut der Norm: »Gestohlen« sind nur die *unmittelbar* durch einen Diebstahl erlangten Sachen, nicht aber die erst mittels der Diebesbeute erworbenen. Wenn aber beim Diebstahl als Vortat der Hehlerei eine »Ersatzhehlerei« nach dem klaren Normtext ausscheidet, kann für sonstige Vermögensdelikte als Vortat nichts anderes gelten.

964 Zudem folgt die Straflosigkeit der »Ersatzhehlerei« aus der *ratio legis* des § 259 StGB: Nach der heute herrschenden, bereits vom Gesetzgeber zugrundegelegten »**Perpetuierungstheorie**« liegt »das Wesen der Hehlerei nicht in der Beteiligung an dem verwerflichen, durch die Vortat erlangten Gewinn, sondern **in der Aufrechterhaltung der durch die Vortat geschaffenen rechtswidrigen Vermögenslage**, die durch das Weiterschieben der durch die Vortat erlangten Sache im Einverständnis mit dem Vortäter erreicht wird«.[10]

– Zum zweiten Unrechtsaspekt des § 259 StGB, dem Schutz des *allgemeinen Sicherheitsinteresses*, vgl. noch *Rn. 997.* –

Dabei muss es sich allerdings um die Aufrechterhaltung einer auf einem Vermögensdelikt beruhenden rechtswidrigen **Besitzposition** handeln, denn Gegenstand der Hehlerei kann nur eine Sache sein (*Rn. 959*).[11] Diese »rechtswidrige Besitzlage« besteht aber nicht an den mittels der Vortatbeute vom Vortäter erworbenen Ersatzsachen.

965 Eine dergestalt nur mittelbar durch strafbares Handeln erlangte **Ersatzsache** ist in *Fall 136* nicht nur der Blumenstrauß (vgl. *Rn. 962*), sondern auch der an H übergebene 50-Euro-Schein, da auch er nicht unmittelbar durch den Diebstahl, sondern erst durch das anschließende Geldwechseln in die Hände des Vortäters geriet.

Dabei ist, wie der Kauf der Blumen, auch das Geldwechseln nicht als *Betrug* strafbar; ein solcher scheidet jedenfalls mangels *Schädigung* der Bank aus, vgl. §§ 932, 935 II BGB.

Demnach liegt in **Fall 136** in beiderlei Hinsicht eine straflose »Ersatzhehlerei« vor.

---

[8] Vgl. nur (in casu: zur Beuteverteilung per Banküberweisung) *BGH*, NStZ-RR 2019, 379; *Rengier* I, 22/24; A/W/H/H-*B. Heinrich*, 28/6 f.; M/S/M/H/M-*Maiwald/Momsen*, 39/8–10; L/K/H-*Heger*, § 259 Rn. 8; NK-*Altenhain*, § 259 Rn. 14; SK[9]-*Hoyer*, § 259 Rn. 18; Sch/Sch-*Hecker*, § 259 Rn. 13.

[9] *Fischer*, § 259 Rn. 7; *Mitsch*, BT 2, S. 794 f.; HK-GS-*Momsen*, § 259 Rn. 12; *Rengier* I, 22/24.

[10] So BT-Drucks. 7/550, S. 252; i.d.S. auch *RG* St 72, 146; *BGH (GS)* St 7, 134 (137); *Berz*, Jura 1980, 57; A/W/H/H-*B. Heinrich*, 28/1, 6; M/S/M/H/M-*Maiwald/Momsen*, 39/7 ff.; *Rengier* I, 22/2; S/S/W-*Jahn*, § 259 Rn. 1; krit. *Hruschka*, JR 1980, 221 ff; ausf. LK[13]-*Walter*, § 259 Rn. 2 ff.

[11] Eine »Werthehlerei« gibt es nicht, vgl. *Küper*, JuS 1975, 633 (635 f. mit Fn. 20); *Stree*, JuS 1976, 137 (142); MK-*Maier*, § 259 Rn. 2; HK-GS-*Momsen*, § 259 Rn. 1; LK[13]-*Walter*, § 259 Rn. 2.

d) Mitunter wird freilich bei **Geld** unter Heranziehung der »**Wertsummentheorie**« (dazu oben *Rn. 60–63*) eine Ausnahme von der Straflosigkeit der »Ersatzhehlerei« vertreten: Wenn der Vortäter – wie in *Fall 136* – gestohlene Geldscheine gewechselt habe, sei eine »materiale Identität« zwischen dem gestohlenen und dem eingewechselten Geld anzunehmen und daher auch an Letzterem Hehlerei möglich.[12] 966

Dem ist jedoch mit der h.M. zu widersprechen:[13] Der Wertsummengedanke findet sich schon dort Bedenken ausgesetzt, wo er den Bereich des Strafbaren **einschränkt** (oben *Rn. 62*); jedenfalls aber ist es im Hinblick auf das strafrechtliche Analogieverbot (Art. 103 II GG) verfehlt, die Strafbarkeit der nach dem Gesetzestext straflosen »Ersatzhehlerei« in den betreffenden Fällen mittels des Wertsummengedankens **begründen** zu wollen. Tatobjekt des § 259 StGB kann nur eine *Sache* sein, nicht aber ein Geldbetrag als rechnerische Einheit (Wertsumme). 967

> Diese Straflosigkeit der »Ersatzhehlerei« auch in der Form der »Werthehlerei« bei Geld ist im Übrigen einer der Gründe dafür, dass die Fälle der **Geldwäsche** (§ 261 StGB, *Rn. 1036 ff.*) zumeist nicht auch vom Hehlereitatbestand erfasst werden (vgl. *Rn. 1050*).[14]

2. Zur Frage der Vortatbeteiligung

Fall 137: – *Beteiligte an der Vortat als Hehler?* – 968

Dagobert (D) hat zwei 50-Euro-Scheine gestohlen. Als Dank dafür, dass sie ihm dabei geholfen hat, gibt er seiner Freundin Helga (H) einen der Scheine.
Ist H bei Annahme des Geldscheins aus § 259 StGB strafbar?

Hier geht es um die Frage, ob ***der an der Vortat Beteiligte*** überhaupt Hehler der aus der Vortat erlangten Sache sein kann.

(a) **Allein-, Mit- oder mittelbare Täter der Vortat** können keine Hehlerei an der aus der Vortat erlangten Beute begehen;[15] insb. für den **Alleintäter** folgt das ganz offenkundig schon aus dem klaren Wortlaut des § 259 I StGB: »ein anderer«. 969

Aber auch der **Mittäter** der Vortat kann die erlangte Beute nicht »hehlen«, weil die i.S. des § 25 II StGB gemeinschaftlich begangene Vortat für keinen der Mittäter die Tat »eines anderen«, sondern eben eine »gemeinschaftliche« ist, die beiden gleichermaßen als eigene zuzurechnen ist. § 259 StGB verlangt aber, dass *»ein anderer«* die Sache gestohlen oder durch ein sonst einschlägiges Delikt erlangt hat. 970

> Auch im Falle der Beuteteilung kann ein an der Vortat beteiligter Mittäter keine Hehlerei an den *Anteilen der anderen* begehen,[16] da diese unverändert auch nach der Beuteteilung für ihn keine Sachen sind, die »ein anderer« gestohlen hat.[17]

---

[12] *Roxin*, FS-H. Mayer, 1966, S. 472 f.; *Meyer*, MDR 1970, 377; *Rudolphi*, JA 1981, 1 (4).
[13] A/W/H/H-*B. Heinrich*, 28/7; M/S/M/H/M-*Maiwald/Momsen*, 39/10; *Mitsch*, BT 2, S. 796; *Otto*, BT, 58/10; *Rengier* I, 22/27; SK⁹-*Hoyer*, § 259 Rn. 18; Sch/Sch-*Hecker*, § 259 Rn. 13.
[14] Eingehend *Krey/Dierlamm*, JR 1992, 353 (354) mwN; s.a. A/W/H/H-*B. Heinrich*, 28/7.
[15] BT-Drucks. 7/550, S. 252; *BGH (GS)* St 7, 134 (137); 33, 50 (52); HK-GS-*Momsen*, § 259 Rn. 40; L/K/H-*Heger*, § 259 Rn. 18; MK-*Maier*, § 259 Rn. 57 f.; Sch/Sch-*Hecker*, § 259 Rn. 50 mwN.
[16] Anders noch die h.M. zu § 259 StGB a.F., vgl. *BGH* St 3, 194; *Maurach*, BT, 5. Aufl. 1969, S. 376.
[17] *BGH* St 33, 50 (52 f.); SK⁹-*Hoyer*, § 259 Rn. 7; L/K/H-*Heger*, § 259 Rn. 18; *Mitsch*, BT 2, S. 778 f.; *Otto*, BT, 58/2 f.; Sch/Sch-*Hecker*, § 259 Rn. 50.

971 (b) Die These, der (Mit-)Täter der Vortat könne an der durch sie erlangten Beute keine Hehlerei begehen, soll allerdings nach einer noch immer verbreiteten Ansicht dann nicht gelten, wenn er die **Beute vom Hehler zurück erwirbt**.[18]

Dem steht zwar der Wortlaut des § 259 StGB nicht entgegen (der »erste« Hehler ist für den Rückerwerber »ein anderer« i.S. dieser Vorschrift),[19] doch fehlt es hier an einer **strafwürdigen** »Perpetuierung der rechtswidrigen Besitzposition«, da »die erlangte Sache hierdurch eher wieder näher an das Vortatopfer heranrückt, als dass sie sich noch weiter von ihm entfernt«.[20] Daher erscheint die Annahme von Hehlerei höchst zweifelhaft;[21] zumindest aber wäre – unter Ablehnung von Realkonkurrenz[22] – § 259 StGB als **mitbestrafte Nachtat** zu behandeln.[23]

972 (c) In *Fall 137* (*Rn. 968*) hat H zu dem Diebstahl des D allerdings nur *Beihilfe* geleistet. Anders als der **Täter der Vortat** (*Rn. 969 f.*) kann nun der **Teilnehmer an der Vortat** (der Anstifter nach § 26 StGB bzw. der Gehilfe gem. § 27 StGB) durchaus Täter einer sich anschließenden Hehlerei sein, da der Vortäter »im Verhältnis zum Anstifter und Gehilfen ebenfalls ›ein anderer‹ ist«.[24]

Das bedeutet: Wird **die Beute** unter den Tatbeteiligten **verteilt**, so begehen die Teilnehmer an der Vortat bei Erwerb ihres Anteiles Hehlerei, und zwar auch dann, wenn die Teilung von vornherein abgesprochen war.[25]

Somit hat sich H in unserem *Fall 137* der Hehlerei schuldig gemacht in der Alternative des »Sich-Verschaffens«.

973 (d) Die Rechtsprechung nimmt zwischen *Teilnahme an der Vortat* und *Hehlerei* grundsätzlich **Tatmehrheit** (§ 53 StGB) an.[26] Nur ausnahmsweise könne eine »natürliche Handlungseinheit« und damit Idealkonkurrenz (§ 52 StGB) in Betracht kommen.[27] Dies gelte auch dann, wenn der Teilnehmer von vornherein den hehlerischen Erwerb der Beute plante.[28]

---

[18] LPK-*Hilgendorf*, § 259 Rn. 6; L/K/H-*Heger*, § 259 Rn. 18; *Rengier* I, 22/73; Sch/Sch-*Hecker*, § 259 Rn. 50; LK[13]-*Walter*, § 259 Rn. 90; *Geisler/Meyer*, Jura 2010, 392 f.

[19] Vgl. *Eisele* II, Rn. 1156; ebso. LPK-*Hilgendorf*, § 259 Rn. 6; *Rengier* I, 22/73; Sch/Sch-*Hecker*, § 259 Rn. 50; LK[13]-*Walter*, § 259 Rn. 90; schon hiergegen jedoch W/H/S-*Schuhr*, Rn. 1017.

[20] So zu Recht SK[9]-*Hoyer*, § 259 Rn. 7; dagegen LPK-*Hilgendorf*, § 259 Rn. 6 und *Rengier* I, 22/73 mit den Argumenten: *Verlängerung der Hehlereikette* bzw. *Förderung des Schwarzmarkts*.

[21] Gegen Hehlerei mit den besseren Gründen daher: SK[9]-*Hoyer*, § 259 Rn. 7; *Eisele* II, Rn. 1156; *Otto*, BT, 58/3; W/H/S-*Schuhr*, Rn. 1016 f.; *Zöller/Frohn*, Jura 1999, 384.

[22] Gerade dafür aber: LPK-*Hilgendorf*, § 259 Rn. 34; *Rengier* I, 22/73; LK[13]-*Walter*, § 259 Rn. 90.

[23] Wie hier auch *Eisele* II, Rn. 1156; W/H/S-*Schuhr*, Rn. 1017; von vornherein für mitbestrafte Nachtat: Sch/Sch-*Hecker*, § 259 Rn. 50; L/K/H-*Heger*, § 259 Rn. 18.

[24] BT-Drucks. 7/550, S. 252; BGH St 7, 134; BGH St 13, 403; 22, 206; 33, 50 (52); NStZ 2022, 219 f.; *Berz*, Jura 1980, 57 (67); *Fischer*, § 259 Rn. 31 sowie die in *Fn. 25* Genannten; für Hehlerei beim Gehilfen, nicht beim Anstifter: LK[13]-*Walter*, § 259 Rn. 93; gegen beides: SK[9]-*Hoyer*, § 259 Rn. 8 f.

[25] BGH St 13, 403 (405); MK-*Maier*, § 259 Rn. 61; NK-*Altenhain*, § 259 Rn. 6; S/S/W-*Jahn*, § 259 Rn. 51; M/S/M/H/M-*Maiwald/Momsen*, 39/45; Sch/Sch-*Hecker*, § 259 Rn. 51; *Rengier* I, 22/72.

[26] BGH St 13, 403; 22, 206; *Rengier* I, 22/72; *Fischer*, § 259 Rn. 31; Sch/Sch-*Hecker*, § 259 Rn. 51.

[27] BGH St 22, 206; StV 2015, 117 (118); *Fischer*, § 259 Rn. 31; MK-*Maier*, § 259 Rn. 179 f.; NK-*Altenhain*, § 259 Rn. 85; Sch/Sch-*Hecker*, § 259 Rn. 51; S/S/W-*Jahn*, § 259 Rn. 53.

[28] BGH St 22, 206; *Fischer*, § 259 Rn. 31; MK-*Maier*, § 259 Rn. 179**;** a.A. *Welzel*, S. 399: Tateinheit.

Die Annahme von Teilnahme an der Vortat in **Tatmehrheit** zur Hehlerei ist m.E. unbillig, was gerade im Fall der Anstiftung sehr deutlich wird: Hätte der an der Vortat Beteiligte statt Anstiftung zu ihr (§§ 242, 26 StGB) sie in Mittäterschaft (§§ 242, 25 II StGB) begangen, würde er *nur* aus §§ 242, 25 II StGB bestraft, statt nunmehr *sowohl* aus §§ 242, 26 StGB (also gleich dem Dieb!), *als auch* zusätzlich (§ 53 StGB) aus § 259 StGB. Dass der Mittäter des Diebstahls am Ende besser dastehen soll, als der Teilnehmer an dieser Vortat, ist nicht akzeptabel. Tatmehrheit zwischen §§ 242, 26 bzw. 242, 27 StGB einerseits und § 259 StGB andererseits ist also eine sachwidrige Lösung des Konkurrenzproblems, was für **Tateinheit** (§ 52 StGB) oder, besser, für Teilnahme am Diebstahl als **mitbestrafte Vortat** spricht.[29]

974

3. Das Vorzeitigkeits-Erfordernis

a) Fall 138: – *Notwendigkeit einer abgeschlossenen Vortat?* –

975

Gottlieb (G) hat Eva (E) einen Stapel Film-DVDs geliehen. Nach einem gemeinsamen Heimkino-Abend mit ihrem Freund Adam (A) fordert E diesen auf, sich eine der DVDs herauszusuchen und als »Freundschaftsgeschenk« mitzunehmen; sie geht dabei davon aus, G werde das Fehlen einer einzelnen DVD schon nicht bemerken. In Kenntnis der wahren Eigentumslage sucht A sich eine DVD heraus und nimmt sie mit.
Strafbarkeit des A aus § 259 StGB?

Problem: Hat A sich durch An- bzw. Mitnahme des »Geschenks« eine Sache verschafft, die ein anderer – hier E – durch eine Vortat erlangt *hat*?

Die Beurteilung der Fälle, in denen die Vortatbegehung und der Erwerb der Sache durch einen Dritten **zeitlich zusammenfallen**, ist heftig umstritten.

976

Um eine solche Konstellation handelt es sich hier, denn die im Verschenken der DVD liegende veruntreuende Unterschlagung (§ 246 I, II StGB) durch E gelangt erst mit dem (das Tatobjekt ja überhaupt erst individualisierenden) Heraussuchen der DVD durch A zur Vollendung[30] – zeitgleich also mit der in eben diesem Heraussuchen liegenden Verschaffenshandlung des A im Sinne des § 259 StGB. Ist nun die Mitwirkung des A am Geschehen, also das »Sich-Verschaffen«, *Beteiligung an dieser Vortat* oder *hehlerischer Erwerb*?

(1) Nach einer in der Literatur vertretenen Mindermeinung kann die Begehung der Vortat zeitlich mit der Hehlereihandlung zusammentreffen.[31] Danach läge hier in der Unterschlagung der DVD durch E eine taugliche »Vortat«, so dass das »Sich-Verschaffen« durch A als hehlerischer Erwerb zu qualifizieren wäre.

977

(2) Die h.M. verlangt hingegen eine bei Vornahme der Hehlerei-Handlung bereits »**abgeschlossene**« **Vortat**,[32] sie müsse zu diesem Zeitpunkt schon **vollendet** sein.[33]

978

---

[29] Für Hehlerei als mitbestrafte Nachtat hingegen *Roth*, JA 1988, 200; für Tateinheit *Welzel*, S. 399.
[30] Erst damit konnte sich ja der Zueignungswille der E auf eine bestimmte Sache konkretisieren und damit manifestieren; vgl. *Rengier* I, 5/10, 22/19 (m. Bsp. in Fall 1b).
[31] *Küper*, FS-Stree/Wessels, 1993, 467 ff.; L/K/H-*Heger*, § 259 Rn. 6; *Otto*, BT, 58/8; *ders.*, Jura 1985, 148 (151); s.a. *OLG Stuttgart*, JZ 1960, 289 m. krit. Anm. *Maurach*.
[32] BT-Drucks. 7/550, S.252; *BGH* St 13, 403 (405); StV 2002, 542; NStZ-RR 2011, 245 (dazu *Hecker*, JuS 2011, 1040); NJW 2012, 3736 (dazu *Kudlich*, JA 2013, 392); NStZ 2012, 510; *Geppert*, Jura 1994, 100 (101 f.); LPK-*Hilgendorf*, § 259 Rn. 15; Sch/Sch-*Hecker*, § 259 Rn. 14; LK[13]-*Walter*, § 259 Rn. 31; W/H/S-*Schuhr*, Rn. 964; *Zöller/Frohn*, Jura 1999, 378 (380).
[33] *RG* St 67, 70 (72); *BGH* St 13, 403 (405); NJW 1959, 1377; NStZ 1994, 486; s.a. *Berz*, Jura 1980, 57 (67), M/S/M/H/M-*Maiwald/Momsen*, 39/20 f.; *Rengier* I, 22/14.

Es genüge nicht, dass erst in der Übertragung der Sache an den »Hehler« seitens des »Vortäters« für diesen ein rechtswidriges Vermögensdelikt liege.[34]

– Dabei kann freilich mitunter die Annahme einer »logischen Sekunde« den Streit entschärfen: Lässt Tankwart T den A kostenlos tanken, ist T's Unterschlagung schon mit Einlaufen des Benzins in den Schlauch gegeben, A's Verschaffen dagegen erst beim Auslaufen aus ihm.[35] –

979 (3) *Stellungnahme:* Angesichts des Wortlauts »gestohlen oder ... erlangt *hat*« lässt sich das Erfordernis einer bereits vollendeten Vortat nicht ernstlich bezweifeln. Hinzu kommt, dass nur diese Auslegung den Charakter der Hehlerei als Perpetuierungsdelikt wahrt: Die Aufrechterhaltung einer rechtswidrigen Besitzlage (vgl. *Rn. 964*) setzt deren vorheriges Bestehen voraus;[36] nicht von ungefähr schließlich spricht man bei der Hehlerei auch von einem *»Anschlussdelikt«*. Die Gegenauffassung hingegen »verwischt die Grenzen zwischen Vortatbeteiligung und Anschlussstat«.[37]

Eine Ausnahme vom Erfordernis der Vortatvollendung besteht nur, wenn der Vortäter die Sache schon im Rahmen einer nur versuchten Tat – auch hier wieder: – erlangt *hat*.[38]

980 Das bedeutet allerdings nicht, dass in derlei Fällen fehlender Vorzeitigkeit der Erwerber der Sache nur wegen Beihilfe zur Unterschlagung strafbar wäre,[39] denn durch die Entgegennahme eignet er sich die Sache mit Enteignungsvorsatz zu, d.h., **er begeht seinerseits eine Unterschlagung**. Es besteht also in unserer Konstellation nicht etwa die Alternative Hehlerei oder *Beihilfe* zur Unterschlagung, die Frage ist vielmehr, ob der Erwerb als Hehlerei oder als Unterschlagung strafbar ist.[40]

Ergebnis: Nach der hier vertretenen Auffassung hat A in **Fall 138** zwar keine Hehlerei, aber immerhin – täterschaftlich – eine Unterschlagung begangen.

981 **b) Fall 139:** *– Abwandlung von Fall 138 (Rn. 975) –*

Nach Betrachten des Films legte E die DVD mit den Worten: »Wenn Du sie für 5 Euro haben willst, kannst Du sie nachher mitnehmen«, neben den DVD-Player. Bei der späteren Verabschiedung übergab sie dem bösgläubigen A dann gegen Zahlung der 5 Euro die DVD. Wie sich später herausstellt, litt E an einer krankhaften seelischen Störung und war deshalb bei Tatbegehung schuldunfähig (§ 20 StGB). Strafbarkeit des A aus § 259 StGB?

982 (1) In dieser Konstellation ergibt sich als Erstes das Problem, ob die gem. § 246 I StGB erforderliche Zueignung der DVD durch E und damit die Vollendung der als Vortat in Frage kommenden Unterschlagung *erst mit Übergabe* der DVD an A erfolgte oder *bereits zuvor*, als E sie dem A zum Kauf anbot. Je nach hierzu vertretener Auffassung kommen die – eine »abgeschlossene« Vortat verlangenden – Vertreter der h.M. (vgl. *Rn. 978*) zu unterschiedlichen Ergebnissen auch im Hinblick auf eine möglicherweise von A begangene Hehlerei:

---

[34] *BGH* St 13, 403 (405); *OLG Stuttgart*, JZ 1990, 1144; *Berz*, Jura 1980, 57 (67); *Fischer*, 52. Aufl. 2004, § 259 Rn. 10; *Rengier* I, 22/15, 17; ähnl. SK[9]-*Hoyer*, § 259 Rn. 15 f.
[35] So die Lösung bei *BGH*, NJW 1959, 1377; s.a. M/S/M/H/M-*M/Momsen*, 39/21; *Rengier* I, 22/22.
[36] So etwa *Rengier* I, 22/15; i.d.S. auch NK-*Altenhain*, § 259 Rn. 15; s.a. SK[9]-*Hoyer*, § 259 Rn. 15.
[37] W/H/S-*Schuhr*, Rn. 967; ebso. *Rengier* I, 22/15: »Verwässerung der Konturen«.
[38] *BGH*, StV 1996, 81 f.; M/S/M/H/M-*M/Momsen*, 39/21; *Rengier* I, 22/14; W/H/S-*Schuhr*, Rn. 964.
[39] So aber BT-Drucks. 7/550, S. 252; LK[11]-*Ruß*, § 259 Rn. 12.
[40] *Rengier* I, 22/20; s.a. *Stree*, NStZ 1991, 285 f.; *Küper*, FS-Stree/Wessels, 1993, S. 467 (480 ff.).

§ 19: Hehlerei

983 Für diejenigen, die behaupten, das bloße Verkaufsangebot könne »bei der gebotenen engen Auslegung des Zueignungsbegriffs« noch nicht als hinreichende »Manifestation des Zueignungswillens« angesehen werden,[41] ergibt sich, dass

– nicht anders als in *Fall 138* (vgl. *Rn. 980*) –

das »Erlangen« i.S. des § 259 I StGB durch E mit dem »Sich-Verschaffen« des A zusammenfalle und somit eine für die Hehlerei nicht ausreichende Gleichzeitigkeit von »Vortat« und »Verschaffenshandlung« anzunehmen sei.

984 Demgegenüber können diejenigen, die davon ausgehen, dass jene Manifestation und damit die Zueignung sehr wohl bereits in der Verkaufsofferte liege,[42] ohne Weiteres die für die Hehlerei erforderliche Vorzeitigkeit konstatieren.

Mit letzterer, m.E. vorzugswürdiger, Auffassung ergibt sich für *Fall 139*, dass bereits mit der – anders als in *Fall 138* – auf eine ganz bestimmte DVD gerichteten Verkaufsofferte die Zueignung der DVD erfolgte, das »Erlangen« i.S.d. § 259 I StGB dem »Sich-Verschaffen« also zeitlich vorgelagert war und damit eine Hehlerei des A zu bejahen ist.

985 (2) Die Vortat (hier: die veruntreuende Unterschlagung gemäß § 246 I, II StGB durch E) muss eine *rechtswidrige* Tat sein, nicht aber eine *schuldhaft* begangene.[43]

»**Rechtswidrig**« ist die Vortat gemäß § 11 I Nr. 5 StGB nur, wenn sie auch tatbestandsmäßig ist, wenn also sämtliche objektiven und subjektiven Tatbestandsmerkmale vorliegen. Unterliegt der Vortäter einem *Tatbestandsirrtum* (§ 16 I StGB),

– glaubt etwa E in unserem Fall, die an A verkaufte DVD gehöre ihr selbst, –

fehlt es mangels Vorsatzes an einer tatbestandlichen und damit tauglichen Vortat.[44]

Nicht übersehen werde sollte dabei aber, dass durchaus auch ein *Fahrlässigkeitsdelikt* (wie etwa der *leichtfertig* begangene Subventionsbetrug gem. § 264 V StGB) geeignete Vortat sein kann, wenn es sich denn gegen fremdes Vermögen richtet und (vgl. *Rn. 964*) zu einer rechtswidrigen Besitzlage führt.[45]

986 In unserem *Fall 139* ist eine tatbestandsmäßige und rechtswidrige Vortat gegeben; das Eingreifen des § 20 StGB bei E ist demgegenüber unerheblich.

Ergebnis zu Fall 139: A hat sich nach § 259 StGB (»Ankauf«) strafbar gemacht.

(c) Ergänzende Hinweise zur Vortat:

987 (1) Für das Merkmal »**gegen fremdes Vermögen gerichtete rechtswidrige Tat**« ist kein Vermögensdelikt im technischen Sinne erforderlich; vielmehr sind alle

---

[41] So insb. *Eser*, Strafrecht 4, Fall 18 A 31 sowie noch *Hellmann* in der 15. Aufl. dieses Lehrbuchs (Rn. 583) unter Bezugnahme u.a. auf *Zöller/Frohn*, Jura 1999, 378 (380).

[42] *Maurach*, JZ 1960, 290 f.; *Otto*, Jura 1985, 148 (151); *ders.*, BT, 58/8; *Hecker.*, JuS 2011, 1040 (1041); *Gössel*, Bd. 2, 27/19; *Rengier* I, 22/17; Sch/Sch-*Hecker*, § 259 Rn. 14. – Vgl. auch *Mitsch*, BT 2, S. 786: Vollendung der Unterschlagung erst in der Übergabe, für die Hehlerei genüge aber schon der vorgelagerte Unterschlagungsversuch.

[43] BGH St 4, 76 (78); NK-*Altenhain*, § 259 Rn. 9; Sch/Sch-*Hecker*, § 259 Rn. 9 mwN.

[44] A/W/H/H-B. *Heinrich*, 28/9; L/K/H-*Heger*, § 259 Rn. 4; Sch/Sch-*Hecker*, § 259 Rn. 9; – ebso. zu § 259 StGB *a.F.*: BGH St 4, 76; OLG Hamburg, NJW 1966, 2226.

[45] Vgl. nur L/K/H-*Heger*, § 259 Rn. 4; Sch/Sch-*Hecker*, § 259 Rn. 9.

Taten ausreichend, die »im Einzelfall fremdes Vermögen verletzen und dadurch eine rechtswidrige Besitzlage herbeiführen«[46]

– wie z.B. Pfandkehr (§ 289 StGB, s. schon *Rn. 961*), Wilderei (§ 292 StGB, s. *Rn. 451*), Urkundsdelikte (§§ 267, 274 StGB) oder auch eine vermögensschädigende Nötigung.[47] Neben Vorsatz- kommen auch Fahrlässigkeitsdelikte in Frage (vgl. schon *Rn. 985*).

988 (2) Auch eine Hehlerei kann geeignete Vortat sein[48] (sog. **Kettenhehlerei**). Dies gilt jedoch nur, wenn der »Zwischenhehler« die Sache in *eigene Verfügungsgewalt* erlangt hat, er also nicht lediglich Absetzer bzw. Absatzhelfer ist;[49] denn es fehlte dann die Perpetuierung der rechtswidrigen Besitzlage (dazu *Rn. 964*).

989 (3) Andererseits sind Vermögensdelikte, soweit sie *nicht* zu einer rechtswidrigen Besitzlage führen (s. *Rn. 964*), wie z.B. der Versicherungsmissbrauch (§ 265 StGB) im Hinblick auf die versicherte Sache (etwa das als gestohlen gemeldete Auto), keine geeigneten Vortaten.[50]

4. Die Ausführungshandlungen der Hehlerei

990 Fall 140: – *Grund zum Feiern* –

Haushaltshilfe Hilda (H) hat bei ihren Arbeitgebern eine Flasche Sekt, einige hundert Euro Bargeld und einen goldenen Ring entwendet. Nach einem von dem gestohlenen Geld bezahlten Restaurantbesuch mit ihrem Freund Franz (F), dem sie von der Vortat berichtet hatte, leeren die beiden bei ihr zu Hause gemeinsam die Flasche Sekt. In einem unbeobachteten Moment nimmt F heimlich das verbliebene Geld aus ihrer Handtasche heraus, um es für sich zu behalten; den Ring lässt er sich von H aushändigen, indem er ihr erzählt, er könne ihn für sie bei einem Bekannten »zu Geld machen«, wobei er aber – was er freilich nicht erwähnt – den Gewinn daraus für sich behalten möchte. Strafbarkeit des F aus § 259 StGB?

991 Als *Tathandlungen* des Hehlers nennt § 259 StGB:

a) »Ankaufen oder sonst sich oder einem Dritten verschaffen«

Erforderlich dafür ist die *Begründung tatsächlicher eigener oder fremder Verfügungsgewalt im Einverständnis mit dem Vortäter*,[51]

– Das »Ankaufen« stellt dabei lediglich einen Unterfall des »Sich-Verschaffens« dar.[52] –

Der Täter muss in der Weise Verfügungsgewalt über die Sache erlangen, »dass er über sie *zu eigenen Zwecken verfügen* kann und dies auch will. ... Allein der abgeleitete Erwerb ... mit der Folge, dass man mit der Sache wie ein Eigentümer verfahren kann, genügt noch nicht«.[53]

---

[46] *Rengier* I, 22/10; ebso. NK-*Altenhain*, § 259 Rn. 10; S/S/W-*Jahn*, § 259 Rn. 8 f.; *Fischer*, § 259 Rn. 3a.
[47] SK⁹-*Hoyer*, § 259 Rn. 6; *Rengier* I, 22/11 (mit Bsp.); weitere Delikte: Sch/Sch-*Hecker*, § 259 Rn. 6.
[48] BGH St 27, 45 (52); 33, 44 (48); NStZ 1999, 351; W/H/S-*Schuhr*, Rn. 963.
[49] BGH, NStZ 1999, 351, dazu *Kudlich*, JA 2002, 672 (675); MK-*Maier*, § 259 Rn. 29; NK-*Altenhain*, § 259 Rn. 10; S/S/W- *Jahn*, § 259 Rn. 8; LK¹³-*Walter*, § 259 Rn. 17 mwN.
[50] BGH, NStZ 2005, 447 (dort ebso. für **Versicherungsbetrug**) m. zust. Anm. *Rose*, JR 2006, 109 (112); BGH, StraFo 2012, 369; NStZ-RR 2013, 78; NStZ 2014, 373; *Rengier* I, 22/8; *Fischer*, § 259 Rn. 3b.
[51] BT-Drucks. 7/550, S. 252; *BGH*, NStZ 1988, 271 f.; wistra 2005, 27 (28); L/K/H-*Heger*, § 259 Rn. 10; HK-GS-*Momsen*, § 259 Rn. 16, 30; *Rengier* I, 22/40 ff.
[52] BGH, NStZ-RR 2005, 236; M/S/M/H/M-*Maiwald/Momsen*, 39/23; W/H/S-*Schuhr*, Rn. 990; MK-*Maier*, § 259 Rn. 100; Sch/Sch-*Hecker*, § 259 Rn. 26: »besonders praxisrelevanter Spezialfall«.
[53] BGH, NStZ 2022, 480 m. zu Recht krit. Anm. *Bock*; ergänzend *BGH*, NStZ 2024, 171: »... über die Sache *in ihrem wirtschaftlichen Wert* als eigene oder zu eigenen Zwecken verfügen kann ...«.

§ 19: Hehlerei

(1) Dazu nicht nötig ist die Erlangung unmittelbaren Besitzes; die Erlangung bspw. eines unbemakelten Pfandscheins oder eines Schließfachschlüssels kann bereits genügen.[54] **992**

(2) Unter dem Aspekt der »Begründung fremder Verfügungsgewalt« kann Täter des § 259 StGB daher z.b. auch der für den Geschäftsherrn einkaufende Gewerbegehilfe sein, sofern er »nach den Umständen des Einzelfalles selbständig« (d.h., als Täter) und nicht nur als Gehilfe des Geschäftsherrn tätig wird.[55] **993**

(3) Demgegenüber ist der bloße **Mitverzehr** erbeuteter Nahrungs- oder Genussmittel – in *Fall 140* das Mittrinken des Sektes durch F – kein »Sich-Verschaffen«. Es fehlt nämlich an der Erlangung einer (vom Gastgeber unabhängigen) **eigenen tatsächlichen Verfügungsgewalt**.[56] Zudem ist ein Pönalisierungsbedürfnis hier nicht ersichtlich. **994**

– Nichts anderes muss i.E. auch für den bloßen Mitkonsum von Rauschgift gelten.[57] –

(4) *Von zentraler Bedeutung für das Verständnis der Hehlerei ist:* Die Begründung der tatsächlichen (eigenen oder fremden) Verfügungsgewalt muss stets im **Einvernehmen mit dem Vortäter** erfolgen (sog. **abgeleiteter Erwerb**); Hehlerei ist – in all ihren Begehungsformen! – durch das ungeschriebene Tatbestandsmerkmal des *einverständlichen Zusammenwirkens* von Vortäter und Hehler gekennzeichnet.[58] **995**

(a) Verbreitet ist dabei die Ansicht, es bedürfe nicht notwendig eines einverständlichen Zusammenwirkens gerade zwischen *Vortäter* und Hehler, es genüge vielmehr auch das Zusammenwirken des Täters mit einem *gutgläubigen Vorbesitzer*[59] **996**

– etwa dem Opfer eines betrügerischen Beuteverkaufs, bei dem mangels Eigentumserwerbs (vgl. § 935 I BGB!) die rechtswidrige Besitzposition fortbestand.

Dies überzeugt jedoch nicht, wenn man bedenkt, dass doch der Hehler »besonders gefährlich« ist, »weil seine Bereitschaft zur Abnahme strafbar erlangter Sachen einen ständigen Anreiz zur Verübung von Vermögensdelikten bildet«,[60] und deshalb von der mittlerweile h.M. »neben dem Vermögen (kumulativ) auch *das allgemeine Sicherheitsinteresse* als [durch § 259 StGB] geschützt angesehen« wird.[61] **997**

Um mit *Hoyer* zu sprechen: »Das Einvernehmen ... eines gutgläubigen Vorbesitzers, der ohne bzw. gegen den Willen des Vortäters handelt, trägt generell nicht dazu bei,

---

[54] *BGH* St 27, 160 (zum Pfandschein); *Berz*, Jura 1980, 62 f.; *Rudolphi*, JA 1981, 91; *Rengier* I, 22/45.
[55] BT-Drucks. 7/550, S. 252 in Festschreibung der Rspr. von *BGH* St 2, 262; 355; ebso. *Fischer*, § 259 Rn. 14; MK-*Maier*, § 259 Rn. 98; Sch/Sch-*Hecker*, § 259 Rn. 24; s.a. SK⁹-*Hoyer*, § 259 Rn. 38.
[56] BT-Drucks. 7/550, 252; *BGH*, StV 1999, 604; *Eisele* II, Rn. 1155; *Mitsch*, BT 2, 13.2.1.5.1; *Rengier* I, 22/43; W/H/S-*Schuhr*, Rn. 986; LK¹³-*Walter*, § 259 Rn. 48; SK⁹-*Hoyer*, § 259 Rn. 28; ausf. MK-*Maier*, § 259 Rn. 90–92; a.A. NK-*Altenhain*, § 259 Rn. 34; Sch/Sch-*Hecker*, § 259 Rn. 22.
[57] So auch *BGH*, NStZ 1992, 36; *Rengier* I, 22/43; LPK-*Hilgendorf*, § 259 Rn. 21.
[58] *BGH* St 7, 134 (137); 27, 45 (45 f.); 42, 196 (198); *Paeffgen*, JR 1978, 466; *Rudolphi*, JA 1981, 1 (6); *Seelmann*, JuS 1988, 40; *Mitsch*, BT 2, S. 801 ff.; M/S/M/H/M-*Maiwald/Momsen*, 39/22; *Rengier* I, 22/2; SK⁹-*Hoyer*, § 259 Rn. 32; LPK-*Hilgendorf*, § 259 Rn. 19; a.A. aber *Hruschka*, JR 1980, 221 ff.
[59] *BGH* St 15, 53 (57); *OLG Düsseldorf*, NJW 1978, 713; NK-*Altenhain*, § 259 Rn. 25; S/S/W-*Jahn*, § 259 Rn. 17; MK-*Maier*, § 259 Rn. 40; HK-GS-*Momsen*, § 259 Rn. 30; LK¹³-*Walter*, § 259 Rn. 34, 36; *Eisele* II, Rn. 1152; *Otto*, BT, 58/16; W/H/S-*Schuhr*, Rn. 980.
[60] *BGH* (GS) St 7, 134 (142); s.a. *Rudolphi*, JA 1981, 1 (1 f., 4 ff.) sowie die in *Fn. 61* Genannten.
[61] LPK-*Hilgendorf*, § 259 Rn. 1; ebso. *BGH* St 7, 134 (142); 42, 196 (199 f.); SK⁹-*Hoyer*, § 259 Rn. 2 f.; Sch/Sch-*Hecker*, § 259 Rn. 3; *Eisele* II, Rn. 1135; *Rengier* I, 22/3; abl. S/S/W-*Jahn*, § 259 Rn. 2 mwN.

weitere Deliktsentschlüsse des Vortäters oder Dritter zu befördern«.[62] Was für den Erwerber bleibt, ist freilich die Strafbarkeit wegen Unterschlagung gem. § 246 I StGB.

998 (b) Aufgrund fehlenden einverständlichen Zusammenwirken mit dem Vortäter stellt es keine Hehlerei dar, wenn sich jemand die aus der Vortat – etwa durch Diebstahl – erlangte Sache seinerseits durch **Diebstahl** oder **Raub** verschafft.[63] In unserem *Fall 140* liegt somit in dem Herausnehmen des Geldes aus der Handtasche der H kein »Verschaffen« i.S. des § 259 StGB. Es handelt sich somit insoweit nicht um eine Hehlerei, sondern einfach nur um einen Diebstahl des Geldes gem. § 242 StGB.

999 (c) Eine ganz andere Frage ist, ob ein im hiesigen Sinne abgeleiteter Erwerb vom Vortäter angenommen werden kann, wenn diesem der Besitz vom Täter durch **Erpressung** abgenötigt wird.[64] Während man dies früher noch bejahte,[65] hat sich insoweit mittlerweile ein Wandel vollzogen: Erlangt der Täter die Sache mittels **Nötigung (Erpressung)** des Vortäters, scheidet nach ganz h.M. Hehlerei aus.[66]

So auch der *BGH*, der zur Begründung überzeugend feststellt, dass es hier am »Sich-Verschaffen« fehlt, da dieses eben ein einverständliches Zusammenwirken des Hehlers mit dem Vortäter verlangt (*Rn. 995*).[67] Der durch Gewalt oder Drohung zur Weitergabe veranlasste Vortäter wirkt gerade *nicht* einverständlich mit dem Erwerber der Sache zusammen.

Ob für dieses Ergebnis zusätzlich spricht, dass durch die Bestrafung aus §§ 253, 255 StGB in solchen Fällen der Unrechtsgehalt der Tat hinreichend erfasst werde,[68] mag dagegen zweifelhaft sein, da Hehlerei das Vermögen des durch die Vortat Geschädigten schützt, während der Erpresser Rechtsgüter des Vortäters verletzt.

1000 (d) Keine Einigkeit besteht dagegen im Hinblick auf den **Betrug**, den Fall also, dass der Vortäter (in *Fall 140* die H hinsichtlich des goldenen Ringes) mittels **Täuschung** zur Weitergabe der Sache bewogen wird.

An sich ist die soeben in *Rn. 999* angeführte Argumentation des *BGH* zu Erpressung und Nötigung auch auf diesen Fall übertragbar: *Auch der Betrüger* ist »nicht der Helfer, dem § 259 StGB Strafe androht, weil er durch sein einverständliches Zusammenwirken mit dem Vortäter die Bereitschaft zur Begehung von Vermögensstraftaten fördert und dadurch die allgemeinen Sicherheitsinteressen gefährdet«[69] (zu diesem zweiten Schutzzweck des § 259 StGB bereits oben *Rn. 997*); denn auch die Aussicht für den Vortäter, die erhoffte Beute durch *Betrug* zu verlieren, »schafft keinen Anreiz zu Vermögensstraftaten«.[70]

---

[62] So überzeugend SK⁹-*Hoyer*, § 259 Rn. 33; i.E, ebso. *Rengier* I, 22/39: »fehlt jedes Zusammenwirken mit dem Vortäter«; s.a. die in *Fn. 58* Genannten, insb. das Bsp. bei LPK-*Hilgendorf*, § 259 Rn. 19.

[63] h.M.; vgl. *BGH* St 42, 196 (198); *Rengier* I, 22/31; W/H/S-*Schuhr*, Rn. 987.

[64] Ausf. zum »erpresserischen« (sowie zum »betrügerischen«) Hehler *Küper*, FS-Dencker, 2012, 203 ff.

[65] *RG* St 35, 278; *Waider*, GA 1963, 321 (324 f.); *Berz*, Jura 1980, 57 (61); LK¹¹-*Ruß*, § 259 Rn. 17.

[66] Vgl. *Jahn*, NJW 2019, 1542 (1543); *Mitsch*, JA 2020, 32 (35); *ders.*, JuS 2023, 57 (62); MK-*Maier*, § 259 Rn. 71; NK-*Altenhain*, § 259 Rn. 28; SK⁹-*Hoyer*, § 259 Rn. 32; S/S/W-*Jahn*, § 259 Rn. 18.

[67] *BGH* St 42, 196 (198) m. Anm. *Hruschka*, JZ 1996, 1133; a.A. Sch/Sch-*Stree*, 27. Aufl. 2006, § 259 Rn. 42 (auch der genötigte Vortäter sei bereit, dem Hehler zu helfen).

[68] So *Eisele* II, Rn. 1151; *Rengier* I, 22/36; s.a. MK-*Maier*, § 259 Rn. 74.

[69] So *BGH* St 42, 196 (200) zu *Nötigung* und *Erpressung*; i.d.S. ganz richtig aber auch zum *Betrug*: *Zöller/Frohn*, Jura 1999, 378 (381 f); LPK-*Hilgendorf*, § 259 Rn. 18; Sch/Sch-*Hecker*, § 259 Rn. 37; SK⁹-*Hoyer*, § 259 Rn. 32; *Eisele* II, Rn. 1151; A/W/H-*B. Heinrich*, 28/12; Kindhäuser/*Böse*, 48/19; *Mitsch*, BT 2, S. 802 f.; *Rengier* I, 22/34 f.; W/H/S-*Schuhr*, Rn. 988 mwN.

[70] Wiederum *BGH* St 42, 196 (200) zu *Nötigung* und *Erpressung*; ebso. zum Betrug *Rengier* I, 22/34.

Erst jüngst aber hat der *BGH* überraschend die Gegenposition bezogen:[71] Es liege **1001** »das zur Erfüllung des Tatbestands der Hehlerei erforderliche einvernehmliche Handeln zwischen Vortäter und Hehler ... auch in Fällen vor, in denen das Einverständnis des Vortäters auf einer Täuschung beruht«. Denn »anders als in Fällen des Diebstahls oder der Nötigung« erfolge hier trotz Täuschung die Weitergabe der Sache an den Hehler »gleichwohl mit dem Willen des Vortäters«.[72]

Des Weiteren heißt es:[73] »Das zur Erfüllung des Tatbestands der Hehlerei erforderliche Einvernehmen zwischen Vortäter und Hehler ist auf die Übertragung der Verfügungsgewalt über die deliktisch erlangte Sache bezogen. Ein darüber hinaus gehendes kollusives Zusammenwirken zwischen Vortäter und Hehler oder ein Handeln im Interesse des Vortäters ist jedenfalls für die Tatbestandsvariante des Sich-Verschaffens nicht erforderlich.«

Danach wäre mit dem *BGH* also in **Fall 140** hinsichtlich des Ringes von einem **1002** »Verschaffen« i.S. des § 259 StGB und damit von Hehlerei des F auszugehen. Zu überzeugen vermag dies freilich nicht.[74] Denn das Charakteristikum der Hehlerei ist gerade das Miteinander von Vortäter und Hehler, woran es beim Betrug nicht minder fehlt, als bei Diebstahl und Raub bzw. Erpressung und Nötigung. Auch der Einwand, dass dem Vortäter bei Weitergabe der Sache die betrügerische Absicht des Erwerbers gerade verborgen bleibe,[75] verfängt demgegenüber nicht.

(5) Zur Ergänzung und Vertiefung:

*(a) »Sich-Verschaffen« bei Erwerb bloßer **Mitverfügungsgewalt**?* **1003**

Zwar kann ein »Sich-Verschaffen« auch bei der Erlangung lediglich von Mitbesitz und Mitverfügungsgewalt an der Sache gegeben sein

– z.B. wenn der Vortäter die Sache mehreren Personen überträgt.[76]

Behält jedoch *der Vortäter selbst* Mitbesitz und Mitverfügungsgewalt, so scheidet Hehlerei in der Form des Sich-Verschaffens jedenfalls in jenen Fällen aus, in denen eine Verfügung nur gemeinschaftlich erfolgen kann.[77]

Denn ist ein Sich-Verschaffen laut *BGH* nur zu bejahen, wenn der Hehler die Sache zu eigener tatsächlicher Herrschaft und Verfügungsgewalt vom Vortäter dergestalt erwirbt, *dass dieser jede Möglichkeit verliert, auf die Sache einzuwirken*,[78] verbleibt jedoch eine gemeinsame Berechtigung, so hat nicht nur der Vortäter sich der Sache infolge des ihm verbliebenen Mitspracherechts nicht im eigentlichen Sinne entäu-

---

[71] *BGH* St 63, 274 (277, Zitat 278) m. abl. Anm. *Altenhain* (StV 2019, 674), *Eidam* (NStZ 2019, 477), *Jahn* (NJW 2019, 1542); s.a. *Bosch*, JA 2019, 826, 832 f.; *Jäger*, JA 2019, 548.
[72] *BGH* St 63, 274 (278, Rn. 12); i.d.S. auch NK-*Altenhain*, § 259 Rn. 29 (anders als der *BGH* nicht aber für den Fall, dass »sich die Täuschung auf die Preisgabe der Sache als solche bezieht«; entsprechend differenzierend auch *Jahn*, NJW 2019, 1542 f.; S/S/W-*Jahn*, § 259 Rn. 17 mwN).
[73] *BGH* St 63, 274 (280 f., Rn. 18); zu den massiven Begründungsdefiziten dieser Entscheidung eindringlich *Altenhain*, StV 2019, 674 ff.; *Bosch*, JA 2019, 826 (833); *Jahn*, NJW 2019, 1542 f.
[74] So noch immer die h.L., vgl. *Fn. 71* sowie W/H/S-*Schuhr*, Rn. 988 (mwN); *Rengier* I, 22/35 ff. (mwN); dem BGH folgend hingegen *Heger/Weiss*, JR 2019, 644 ff.; *Fischer*, § 259 Rn. 13a.
[75] So noch *Hellmann* in der 15. Aufl. dieses Lehrbuchs; ebso. *Roth*, JA 1988, 206 f.
[76] *BGH*, NStZ-RR 2005, 236 f.; ebso. MK-*Maier*, § 259 Rn. 80; LK[13]-*Walter*, § 259 Rn. 40.
[77] *BGH*, StV 2005, 87 f.; diff., aber insofern zust. S/S/W-*Jahn*, § 259 Rn. 21; LK[13]-*Walter*, § 259 Rn. 47.
[78] *BGH* St 27, 160 (163); NStZ-RR 2005, 236; 373 (374); dies abl. *Jahn* und *Walter* (wie *Fn. 77*).

ßert, sondern (und dies ist letztlich entscheidend) auch der Täter sie nicht zu eigener Verfügungsgewalt erworben, da der andere Teil mitspracheberechtigt bleibt.

1004 *(b) »Sich-Verschaffen« durch* **Entsorgung** *(Vernichtung)?*

Nach der Rechtsprechung scheidet Hehlerei in der Form des Sich-Verschaffens aus, »wenn der Vortäter einen anderen lediglich damit beauftragt, die rechtswidrig erlangte Sache der Entsorgung und damit der Vernichtung zuzuführen, und wenn der andere diesen Auftrag annimmt und gegen Entgelt ausführt«.[79]

Dem ist zu folgen, da der Entsorger die Sache nicht zu eigener tatsächlicher Verfügungsgewalt erhält, sie also nicht ihrem wirtschaftlichen Wert nach übernimmt.

1005 *(c) Zur Abgrenzung von »sich verschaffen« und »einem Dritten verschaffen«:*

Die Sache wird einem Dritten verschafft, »wenn die wirtschaftliche Verfügungsgewalt ... nicht – und zwar auch nicht übergangsweise ... – auf den Täter übergeht, sondern durch das Handeln des Täters unmittelbar vom Vorbesitzer an einen dritten Erwerber weitergeleitet wird«.[80] Sonst ist ein »Sich-Verschaffen« gegeben.

– Zum Zeitpunkt des Versuchsbeginns bei beiden Begehungsarten vgl. *Rn. 1020.* –

Da § 259 I StGB zwischen dem »anderen« und dem »Dritten« unterscheidet, fällt das *Verschaffen an den Vortäter* (zB im Zuge der Beuteverteilung) nicht unter den Tatbestand.[81]

b) »Absetzen oder absetzen helfen«

1006 *(1)* Anders als heute sprach § 259 StGB *a.F.* noch vom »Mitwirken beim Absatz«.

Damit war »jede *im Interesse des Vortäters* ausgeübte Tätigkeit zur wirtschaftlichen Verwertung der Sache durch Veräußerung« gemeint, mit der Folge, dass mangels tätiger Förderung des Absatzes *im Interesse des Vortäters* das bloße Mitverprassen gestohlenen Geldes nach damals h.A. kein »Mitwirken beim Absatz« sein konnte.[82]

1007 Demgegenüber stellt § 259 StGB *n.F.* mit der Formel »*absetzt oder absetzen hilft*« klar, dass Hehler nicht nur ist, wer dem Vortäter **beim Absetzen hilft**, sondern »auch derjenige ..., der die Sache zwar im Einverständnis mit dem Vortäter, aber sonst völlig **selbständig** auf dessen Rechnung **absetzt**«.[83] Dabei sollte aber am Erfordernis des Handelns **»im Interesse des Vortäters«** nichts geändert werden.

Danach ist sowohl für die »Absatzhilfe«, wie auch für das »Absetzen« ein Handeln des Hehlers *im Interesse des Vortäters* an der wirtschaftlichen Verwertung der Sache erforderlich, woran es beim bloßen **Mitverprassen** gestohlenen Geldes fehlt.[84]

Somit hat F in *Fall 140* im Hinblick auf den Restaurantbesuch und das dabei geschehene Verausgaben des von H gestohlenen Geldes keine Hehlerei begangen.

---

[79] *BGH*, NStZ 1995, 544; ebso. NK-*Altenhain*, § 259 Rn. 33; S/S/W-*Jahn*, § 259 Rn. 23.
[80] *BGH*, NStZ-RR 2012, 247 (248); ebso. *BGH*, NStZ-RR 2019, 379 (380); NK-*Altenhain*, § 259 Rn. 44.
[81] *BGH*, NStZ-RR 2019, 379 (380); BeckRS 2022, 9956 (Rn. 7).
[82] *BGH* St 9, 137; anders aber *BGH* St 10, 1 für den Fall, dass die Täterin dem Vortäter durch Aussuchen und Anprobieren beim Kauf eines für sie bestimmten Kleides von dem gestohlenen Geld hilft.
[83] BT-Drucks. 7/550, S. 253; s.a. MK-*Maier*, § 259 Rn. 101; NK-*Altenhain*, § 259 Rn. 48; ein Bsp. dafür findet sich in *BGH*, BeckRS 2023, 37478 (Rn. 36).
[84] *BGH* St 9, 137; *Mitsch*, BT 2, 13.2.1.6.1; LK[13]-*Walter*, § 259 Rn. 63; MK-*Maier*, § 259 Rn. 123.

§ 19: Hehlerei

(2) Hinweis: Erfolgt die Hilfeleistung erst *nach* dem Absetzen der Sache (man denke an die Durchsetzung von Zahlungsforderungen des Absetzenden gegenüber dem Erwerber), erfüllt sie mangels Einflusses auf die hinsichtlich der gehehlten Sache bestehende rechtswidrige Besitzlage nicht den Tatbestand der »Absatzhilfe«.[85]   **1008**

(3) Zum Vollendungserfordernis des Absatzerfolges

Fall 141: – Zu den Merkmalen »absetzen« und »absetzen helfen« –   **1009**

Talliatella (T) hat eine Armbanduhr gestohlen. Ihr Freund Fettucino (F) will ihr helfen, die Uhr »zu Geld zu machen«. Beide begeben sich zu Bruschetto (B), einem Bekannten des F, und bieten ihm die Uhr zum Kauf an. B zeigt jedoch kein Interesse.

Strafbarkeit des F aus § 259 StGB?

F könnte sich der *Absatzhilfe* i.S. des § 259 StGB schuldig gemacht haben.

(a) Wie bereits erwähnt (*Rn. 1006*) haben die Worte »absetzt oder absetzen hilft«   **1010**
in § 259 StGB *n.F.* das Merkmal »Mitwirken beim Absatz« in § 259 *a.F.* ersetzt.

> Dabei ging es der Neufassung nur um die »Klarstellung, dass Hehler auch derjenige ist, der die Sache zwar im Einverständnis mit dem Vortäter, aber sonst völlig *selbständig* auf dessen Rechnung absetzt«[86] (s. *Rn. 1007*); einen weiteren Zweck verfolgte sie nicht.[87]

Für ein »Mitwirken beim Absatz« war nach damals h.M. kein Bewirken des Absatzes nötig, es genügte die **auf den Absatz hinzielende Tätigkeit**.[88]

(b) Dies übertrugen der *BGH*[89] und ein Teil der Literatur[90] auf § 259 StGB *n.F.*:   **1011**
Nicht anders, als beim ehemaligen »Mitwirken beim Absatz« müsse auch für das Merkmal »absetzt oder absetzen hilft« die auf den Absatz hinzielende Tätigkeit genügen. **Vollendete Hehlerei** begehe folglich, wer eine den Absatz bezweckende Tätigkeit entfalte, unabhängig vom Erfolg oder Misserfolg dieser Tätigkeit.

(c) Die h.L.[91] widersprach dem jedoch zu Recht. Nach Wortlaut und ratio legis des   **1012**
§ 259 StGB setzen die Tatmodalitäten »absetzen« und »absetzen helfen« voraus, **dass es tatsächlich zum Absatz kommt**; vorher kann nur *Versuch* vorliegen:

So bedeutet es eine dem **Analogieverbot** (Art. 103 II GG) widersprechende Missachtung der Auslegungsschranke des »möglichen Wortsinns des Gesetzes«, für das Merkmal des »Absetzens« bereits den *Versuch* des Absetzens genügen zu lassen.[92]   **1013**

---

[85] *BGH*, StV 2009, 411 f.; NK-*Altenhain*, § 259 Rn. 57; Sch/Sch-*Hecker*, § 259 Rn. 34.
[86] BT-Drucks. 7/550, S. 253; s.a. MK-*Maier*, § 259 Rn. 101; NK-*Altenhain*, § 259 Rn. 48.
[87] Dazu mwN *Küper*, JuS 1975, 633 ff.; s.a. MK-*Maier*, § 259 Rn. 101; LK[13]-*Walter*, § 259 Rn. 55.
[88] Vgl. *BGH* St 22, 206 (207) sowie *Dreher*, StGB, 34. Aufl. 1974, § 259 Anm. 3) B. c): »Mitwirken ist jede ... helfende Tätigkeit zum Zwecke des Absatzes, selbst wenn dieser nicht erzielt wird«;.
[89] *BGH* St 22, 207; 26, 358; 27, 45; 29, 239; NJW 1978, 2042; 1979, 2621; NStZ 1983, 455; einschränkend aber insb. *BGH*, NStZ 1989, 319 und *BGH* St 43, 110; s.a. *BGH*, NStZ 1993, 282; 2008, 152.
[90] A/W/H/H-*B. Heinrich*, 2. Aufl. 2009, 28/19; *Gössel*, Bd. 2, 27/42; *D. Meyer*, MDR 1975, 721; *ders.*, JR 1977, 126; s.a. *Fezer*, NJW 1975, 1982; *Schünemann*, Nulla poena sine lege?, 1978, S. 22 f.
[91] Vgl. nur *Küper*, JuS 1975, 633 ff.; *Schall*, JuS 1977, 179 (181); *Lackner/Werle*, JR 1980, 214; *Krey*, ZStW 101 (1989), 838 (848 f.); *Otto*, BT, 58/22.
[92] Ebso. *Küper*, JuS 1975, 633 ff.; L/K/H-*Heger*, § 259 Rn. 13; M/S/M/H/M-*Maiwald/Momsen*, 39/30; *Rengier* I, 22/58; i.d.S. nun auch *BGH* St 59, 40 (Rn. 10); s.a. *Jahn*, JuS 2013, 1044 (1046).

Auch ein (angesichts nur begrenzter Änderungsbereitschaft, s. *Rn. 1010*) womöglich anderslautender »Wille des Gesetzgebers« vermag daran nichts zu ändern: Im Geltungsbereich des Art. 103 II GG rechtfertigt weder die Berufung auf die ratio legis, noch auf den Willen des historischen Gesetzgebers eine Missachtung jener Auslegungsschranke.

1014 Zudem spricht für das Erfordernis eines wirklich erfolgten Absatzes der **Zusammenhang mit den anderen Handlungsmodalitäten** des § 259 StGB: Das Merkmal »sich oder einem Dritten verschafft« lässt deutlich erkennbar den bloßen Versuch des Erwerbs der Beute gerade nicht genügen, sondern erfordert,[93] dass der Hehler tatsächlich die eigene Verfügungsgewalt über die Beute erlangt (bzw. die entsprechende Verfügungsgewalt eines Dritten herstellt). Es ist nun kein überzeugender Grund dafür ersichtlich, dass demgegenüber beim »Absetzen« schon der bloße Versuch den Tatbestand des § 259 StGB erfüllen soll.[94]

1015 Für das Vollendungserfordernis streitet schließlich auch die **ratio legis**:[95] Wenn das **Wesen der Hehlerei** in der »Aufrechterhaltung der durch die Vortat geschaffenen rechtswidrigen Besitzlage« besteht (vgl. *Rn. 964*), lässt sich dies an Hand des Gesetzestextes dahingehend präzisieren, dass es gerade darum geht, dass die Vortatbeute weiter verschoben wird, indem der Hehler »sich oder einem Dritten die Beute verschafft« oder sie »absetzt oder absetzen hilft«; stets geht es um die **vollendete**, nicht nur die versuchte **Weiterverschiebung**.

1016 *(d)* Dessen ungeachtet ging jedoch die Rechtsprechung, die keinen Absatzerfolg verlangte, z.T. so weit, für die »Absatzhilfe« sogar bloße **Vorbereitungshandlungen** genügen zu lassen, so dass etwa schon das Anbringen unechter Autokennzeichen am gestohlenen Pkw genügen sollte, den Tatbestand der Hehlerei zu erfüllen.[96] Dies ist schlicht inakzeptabel.

1017 *(e)* Einem Paukenschlag gleich hat dann aber (mit Beschluss v. 22.10.2013) der *BGH* – zumindest im Hinblick auf die Begehungsform des **»Absetzens«** – eine geradezu **historische Kehrtwende** vollzogen[97] – mit den lapidaren Worten:[98]

»Eine Verurteilung wegen vollendeter Hehlerei durch Absetzen setzt die Feststellung eines Absatzerfolges voraus«; und demgemäß: »Bleiben die Absatzbemühungen ohne Erfolg, kommt nur eine Verurteilung wegen versuchter Hehlerei in Betracht.«

Zur Begründung nennt der *BGH* im Kern die Argumente aus *Rn. 1013–1015*.[99]

1018 *(f)* Erstreckte sich der Beschluss v. 22.10.2013 – jedenfalls in seinen tragenden Entscheidungsgründen – noch lediglich auf die Tatmodalität des **»Absetzens«**, nicht aber auch die der »Absatzhilfe«, so wurde der längst fällige, abschließende Schritt dann schließlich vom *BGH* mit Beschluss v. 31.10.2018 unternommen:[100]

»Beide Tatbestandsmerkmale setzen einen Absatzerfolg voraus.«

---

[93] Einhellige Meinung, s. nur *Zieschang*, GS-Schlüchter, 2002, 403 (409); L/K/H-*Heger*, § 259 Rn. 10.

[94] Vgl. *Küper*, JuS 1975, 633 ff.; *Stree*, JuS 1976, 137 (143); nach *BGH* St 59, 40 (Rn. 11) läge hierin ein »systematischer Bruch« mit daraus folgendem »Leerlaufen der Versuchsstrafbarkeit« (Rn. 12).

[95] *Küper*, JuS 1975, 633 ff.; *Stree*, JuS 1976, 137 (143); *Rengier* I, 22/58; s.a. *BGH* St 59, 40 (Rn. 13).

[96] *BGH*, NJW 1978, 2042; enger aber die neuere Rspr., die immerhin *Handlungen nach Beginn des Absatzvorganges* forderte: vgl. *BGH*, NStZ 1989, 319; 1993, 282 f.; 1994, 395 f.; 2008, 152 f.

[97] *BGH* St 59, 40 ff. m. zust. Bespr. *Jahn*, JuS 2013, 1044 ff.; *Jäger*, JA 2013, 951 ff.; *Theile*, ZJS 2014, 458 ff.; ausf. *Küper*, GA 2015, 129 ff.; **mittlerweile gängige Rspr.**, s. *BGH*, NStZ 2022, 480.

[98] Dieses und nachf. Zitat: *BGH* St 59, 40 (Rn. 5); nicht minder knapp *BGH*, NStZ 2022, 480 (Rn. 11).

[99] Vgl. *BGH* St 59, 40 (Rn. 10–14); zu den einzelnen Argumenten vgl. bereits oben, *Fn. 92, 93, 94, 95*.

[100] *BGH* St 63, 228 (231, Rn. 15, 16); i.d.S. erkennbar (in einem *obiter dictum*) *BGH* St 59, 40 (Rn. 10 ff.) sowie i.A. daran *OLG Köln*, BeckRS 2017, 117610 m. zust. Bespr. *Jahn*, JuS 2017, 1128.

§ 19: Hehlerei

Ergebnis somit in **Fall 141:** 1019

Mangels Absatzerfolges hat F keine »Absatzhilfe« begangen und ist er deswegen auch nicht der vollendeten Hehlerei schuldig; doch liegt immerhin ein nach § 259 III StGB strafbarer Versuch vor.[101]

(4) Der Zeitpunkt des Versuchsbeginns

(a) Während der Versuchsbeginn beim **Absetzen** unstreitig durch das unmittelbare Ansetzen des Hehlers zur Übertragung der Verfügungsgewalt gekennzeichnet ist,[102] 1020

– und beim **Verschaffen** durch das unmittelbare Ansetzen zur Übernahme eigener Verfügungsgewalt bzw. zu deren Übertragung auf einen Dritten[103] (wofür die bloße Aufnahme von – möglicherweise dann ja scheiternden – Verkaufsgesprächen ebenso wenig genügt, wie die Vereinbarung mit dem Vortäter, die Sache abnehmen zu wollen)[104] –

sind sich Literatur und Rechtsprechung bei der **Absatzhilfe** insoweit uneins.

Fall 142: – *Wie gewonnen, so zerronnen* – 1021

Herbert (H) stellt dem Detlev (D) über Nacht seine Garage zur Unterstellung des von D gestohlenen Sportwagens zur Verfügung. Dadurch will er den D bei einer anschließenden gewinnbringenden Verschiebung des Fahrzeugs ins Ausland unterstützen. Das Auto wird jedoch am nächsten Morgen bei einer polizeilichen Durchsuchung der Garage sichergestellt. Strafbarkeit des H wegen Hehlerei in der Variante der Absatzhilfe?

Geht man – nach nunmehr allseits vertretener Auffassung (*Rn. 1012 ff., 1017 f.*) – davon aus, dass nicht nur das »Absetzen« einen Absatzerfolg voraussetzt, sondern auch die mittels »Absatzhilfe« begangene Hehlerei erst mit Eintritt des Absatzerfolges vollendet ist, ergibt sich letztlich zwanglos, dass auch der Versuch der Absatzhilfe-Hehlerei sich am *Absatzbeginn des Vortäters* orientieren muss, also nicht bereits mit dem Hilfeleisten, sondern erst dann beginnt, wenn **der Vortäter** zur Übertragung der Verfügungsgewalt auf den Erwerber unmittelbar ansetzt[105] 1022

– denn nur dann »gesellt sich zu der für den Versuch erforderlichen Handlungsunmittelbarkeit die für den Versuchsbeginn zugleich notwendige und durch sie herzustellende Gefahr der Deliktsvollendung hinzu.«[106]

Demgegenüber will der *BGH* gerade in jener Entscheidung, in der er das Erfordernis des Absatzerfolges auch für die Absatzhilfe und damit den entsprechenden Gleichlauf zwischen den beiden Begehungsvarianten endgültig festschreibt (*Rn. 1018*), bereits *das unmittelbare Ansetzen des Absatzhelfers* zur Hilfeleistung für den Versuch einer Absatzhilfe-Hehlerei genügen lassen[107] – womit er jenen Gleichlauf in sachwidriger Weise wieder zunichte macht. 1023

---

[101] Nunmehr ganz h.M., vgl. nur L/K/H-*Heger*, § 259 Rn. 13; MK-*Maier*, § 259 Rn. 112 ff.; NK-*Altenhain*, § 259 Rn. 49 f., 55; Sch/Sch-*Hecker*, § 259 Rn. 29, 31; SK⁹-*Hoyer*, § 259 Rn. 20 ff.; *Eisele* II, Rn. 1163; M/S/M/H/M-*Maiwald/Momsen*, 39/30; *Rengier* I, 22/55 f.; s.a. *Mitsch*, BT 2, S. 812 f.

[102] *Rengier* I, 22/64; W/H/S-*Schuhr*, Rn.1011; MK-*Maier*, § 259 Rn.169; NK-*Altenhain*, § 259 Rn. 73.

[103] *Rengier* I, 22/64; W/H/S-*Schuhr*, Rn. 1010; MK-*Maier*, § 259 Rn. 165; NK-*Altenhain*, § 259 Rn. 73.

[104] KG, NStZ 2021, 175; S/S/W-*Jahn*, § 259 Rn. 46; diff. zum Verhandeln NK-*Altenhain*, § 259 Rn. 73.

[105] So ganz richtig OLG Köln, BeckRS 2017, 117610 m. zust. Bespr. *Jahn*, JuS 2017, 1128; *Küper*, JZ 2015, 1032 ff.; *Dehne-Niemann*, wistra 2016, 216 ff.; *Rengier* I, 22/65 f.; W/H/S-*Schuhr*, Rn. 1011.

[106] W/H/S-*Schuhr*, Rn. 1011; s.a. MK-*Maier*, § 259 Rn. 172; NK-*Altenhain*, § 259 Rn. 75.

[107] BGH St 63, 228 (Rn. 21 ff., insb. Rn. 23 ff.); ebso. BGH, NStZ-RR 2019, 180.

1024 Dies ist denn auch zu Recht auf Ablehnung gestoßen,[108] wird damit doch der Absatzhelfer
– obgleich mit geringerer krimineller Energie agierend –
schlechter gestellt, als der die Tatobjekte selbst Absetzende: Tritt Letzterer erst mit dem unmittelbaren Ansetzen zur Übertragung der Verfügungsgewalt an den Dritten, also erst kurz vor Eintritt des Absatzerfolges, ins strafbare Versuchsstadium ein (s. *Rn. 1020*), läge laut *BGH* bei dem Absatzgehilfen der Versuchsbeginn bereits weit früher, u.U. schon lange vor dem Erfolgseintritt.[109]

1025 *Ergebnis in* **Fall 142**:
Nach Auffassung des *BGH* (*Rn. 1023*) wäre H wegen Versuchs der Hehlerei durch Absatzhilfe strafbar.[110] Zu überzeugen vermag das freilich nicht.

1026 *(5) Versuchte Hehlerei durch Absatzhilfe vs. Beihilfe zur versuchten Hehlerei*[111]
– Einen täterschaftlichen **Versuch der Absatzhilfe** i.S.d. § 259 StGB begeht, wer den Vortäter bei seinen nicht erfolgreichen Verwertungsbemühungen unterstützt.
– Bloße **Beihilfe zur versuchten Hehlerei** leistet hingegen, wer nicht dem Vortäter, sondern einem Absatzhelfer bei dessen erfolglosen Bemühungen behilflich ist.

5. Ergänzende Hinweise

1027 *a) Zum objektiven Tatbestand:* Eine gestohlene (bzw. aus sonstiger Vortat erlangte) Sache verliert ihre Tauglichkeit als Hehlereiobjekt, sobald der Vortäter unanfechtbares Eigentum an ihr erlangt,[112] etwa durch **Verarbeitung** gem. § 950 BGB[113]
– oder wenn er das Opfer der Vortat als **Alleinerbe** beerbt.[114]

Denn hier fehlt es nunmehr an der »rechtswidrigen Besitzlage«, an deren Aufrechterhaltung die Hehlereistrafbarkeit ihrem Wesen nach geknüpft ist[115] (vgl. *Rn. 964*).

1028 *b) Zum subjektiven Tatbestand:* Der Täter muss **vorsätzlich** handeln und die Tat begehen, »**um sich oder einen Dritten zu bereichern**«:
(1) Auch *hinsichtlich der Vortat* ist **Vorsatz** erforderlich, und zwar dahingehend, »dass die Sache durch eine *gegen fremdes Vermögen gerichtete* rechtswidrige Vortat erlangt ist«;[116]
– nicht genügt hingegen das Bewusstsein, die Sache stamme nur einfach aus *irgendeiner* rechtswidrigen Tat, denn eine solche könnte ja z.B. auch ein (nicht als Vortat der Hehlerei tauglicher, vgl. *Rn. 989*) Versicherungsmissbrauch sein.[117] –
Es genügt insoweit aber **dolus eventualis**, eines sicheren Wissens bedarf es nicht.[118]

---

[108] *Eisele*, JuS 2019, 915; *Mitsch*, NJW 2019, 1258; W/H/S-*Schuhr*, Rn. 1011; *Rengier* I, 22/65a mwN.
[109] Ganz i.d.S. *Rengier* I, 22/65a mit Hinw. auf *BGH*, NStZ-RR 2019, 180; MK-*Maier*, § 259 Rn. 172.
[110] So denn auch *BGH*, NStZ-RR 2019, 180, dem unser **Fall 142** nachgebildet ist
[111] Vgl. *BGH*, StV 2019, 676 (677) i.A.a. *BGH*, NStZ 1999, 351; 2009, 161 sowie NStZ 2008, 215.
[112] Allg. Meinung, vgl. nur *BGH* St 15, 53 (57); MK-*Maier*, § 259 Rn. 38 ff.; *Rengier* I, 22/30.
[113] *BayObLG*, NJW 1979, 2218 f.; *Fischer*, § 259 Rn. 5; MK-*Maier*, § 259 Rn. 39; *Rengier* I, 22/30.
[114] MK-*Maier*, § 259 Rn. 39; Sch/Sch-*Hecker*, § 259 Rn. 7 (mit weiteren Erlangungsmöglichkeiten).
[115] Vgl. MK-*Maier*, § 259 Rn. 38: »nicht aus dem Wortlaut, sondern aus dem Wesen der Hehlerei«.
[116] *BGH*, NStZ-RR 2000, 106 (Hervorhebung von mir); Sch/Sch-*Hecker*, § 259 Rn. 39.
[117] Vgl. *BGH*, NStZ-RR 2013, 78 (79); MK-*Maier*, § 259 Rn. 128; Sch/Sch-*Hecker*, § 259 Rn. 39.
[118] So explizit *BGH*, NStZ-RR 2000, 106 f.; ebso. *BGH*, NStZ-RR 2013, 78 (79).

(2) § 259 StGB erfasst auch die »altruistische« Tat (»*einen Dritten* zu bereichern«). **1029**
Ob »**Dritter**« auch der Vortäter sein kann, war lange Zeit strittig, der *BGH* verneint diese Frage jedoch mittlerweile überzeugend.[119]

(3) Eine Bereicherungsabsicht des Erwerbers der Sache scheidet aus, wenn er sie **zum Marktpreis erwirbt**,[120] z.B. weil es ihm nur darauf ankommt, die Sache (z.B. ein Kunstwerk) zu erlangen, die er legal nicht erwerben könnte.

(4) **Rechtswidrigkeit** der angestrebten Bereicherung sowie **Stoffgleichheit** zwischen dem Hehlereiobjekt und der Bereicherung sind *nicht* erforderlich.[121]

c) Zu den Konkurrenzen: **1030**

(1) Wirkt der Hehler beim **Absatz von Beute aus mehreren Vortaten** mit, so liegt nur *eine* Hehlerei vor.[122]

(2) Die **Beteiligung des Vortäters** an der Hehlerei ist – als *mitbestrafte Nachtat* – straflos.

(3) Gegenüber dem Ankauf gestohlener Gegenstände zum Zwecke ihres Weiterverkaufs ist der dann tatsächlich erfolgende Weiterverkauf ebenfalls eine bloße *mitbestrafte Nachtat*.[123]

II. Gewerbsmäßige Hehlerei, Bandenhehlerei (§ 260 StGB)

1. **Gewerbsmäßigkeit** (Abs. 1 Nr. 1) als Absicht, sich durch weitere Hehlereien **1031** »eine fortlaufende Einnahmequelle von einiger Dauer und einigem Umfang zu verschaffen«,[124] kann schon beim erstmaligen Sichverschaffen von Diebesgut gegeben sein und bedarf nicht des Plans, ein »kriminelles Gewerbe« zu betreiben[125]

– darf aber nicht daraus geschlossen werden, dass die aus dieser einmaligen Tat erlangten Gegenstände anschließend sukzessive nur einzeln verkauft werden (sollen).[126]

Sie ist nach h.A. ein **besonderes persönliches Merkmal** i.S. des § 28 II StGB.[127]

Das ist zwar nicht zweifelsfrei, da die Strafschärfung für die gewerbsmäßige Hehlerei auch auf ihrer besonderen *Gefährlichkeit* als Nährboden für die Diebstahlskriminalität beruht,[128] dennoch erscheint die Gewerbsmäßigkeit eher *täterbezogen*, als tatbezogen.

---

[119] *BGH*, NStZ 1995, 595; ebso. HK-GS-*Momsen*, § 259 Rn. 35; NK-*Altenhain*, § 259 Rn. 70; L/K/H-*Heger*, § 259 Rn. 17; SK⁹-*Hoyer*, § 259 Rn. 46; a.A. Sch/Sch-*Hecker*, § 259 Rn. 44 mwN.

[120] *OLG Hamm*, NStZ-RR 2003, 237 (238); NK-*Altenhain*, § 259 Rn. 66; *Fischer*, § 259 Rn. 23; HK-GS-*Momsen*, § 259 Rn. 34; LK¹³-*Walter*, § 259 Rn. 77; Sch/Sch-*Hecker*, § 259 Rn. 41.

[121] *Eisele* II, Rn. 1167; L/K/H-*Heger*, § 259 Rn. 17; *Otto*, BT, 58/27, 28; h.M.; abw. *Arzt*, NStZ 1981, 10 ff; für ein Erfordernis rechtswidriger Bereicherung LK¹³-*Walter*, § 259 Rn. 78.

[122] *BGH*, StV 2003, 396 f.; S/S/W-*Jahn*, § 259 Rn. 53; Sch/Sch-*Hecker*, § 259 Rn. 57.

[123] *BGH*, NJW 1975, 2109 (2010) m. abl. Anm. *Hübner*; NStZ 2014, 577; LK¹³-*Walter*, § 259 Rn. 107.

[124] Vgl. nur *BGH*, wistra 2016, 307 f.; NStZ 2022, 219 (Rn. 10); s.a. *Fischer*, vor § 52 Rn.61 mwN.

[125] *BGH*, wistra 2016, 307 (308); NK-*Altenhain*, § 260 Rn. 3; s.a. *Fischer*, vor § 52 Rn. 61, 61a.

[126] *BGH*, NStZ 2014, 271 i.A.a. *BGH*, NStZ 2010, 148; 2011, 515 (zu § 146); s.a. *BGH*, wistra 2016, 307 mwN; *Fischer*, vor § 52 Rn.61a; NK-*Altenhain*, § 260 Rn. 4; S/S/W-*Jahn*, § 260 Rn. 3.

[127] *BGH*, NStZ 2020, 273 (274 mwN) m. krit. Anm. *Hinderer*; NK-*Altenhain*, § 260 Rn. 24; *Fischer*, § 260 Rn. 2a; SK⁹-*Hoyer*, § 260 Rn. 2; Sch/Sch-*Hecker*, § 260 Rn. 5; LK¹³-*Walter*, § 260 Rn. 3.

[128] Sch/Sch-*Hecker*, § 260 Rn. 1; i.d.S. auch *Hinderer*, NStZ 2020, 276 (277).

1032 2. Auch die **Bandenmitgliedschaft** (Abs. 1 Nr. 2) ist nach zutreffender Ansicht ein besonderes »persönliches« Merkmal i.S. des § 28 II StGB.[129]

Zum Bandenbegriff siehe bereits oben *Rn. 199*: mindestens drei Personen.

Erfasst werden von § 260 I Nr. 2 StGB nur Taten im Rahmen einer Verbindung mehrerer Täter zu einer **reinen Hehlerbande** sowie solche, in denen ein Hehler als Mitglied einer Diebes- oder Räuberbande handelt; ebenso Hehlereitaten in sog. gemischten Banden, die aus Dieben bzw. Räubern und Hehlern bestehen.[130]

– Gruppierungen aus Hehlern und Betrügern werden demgegenüber nicht erfasst.[131] –

1033 3. Aufgrund der Einstufung als besonderes persönliches Merkmal (*Rn. 1032*) ergibt sich aus § 28 II StGB auch, dass der das entspr. Merkmal aufweisende *Teilnehmer* auch dann wegen Anstiftung bzw. Beihilfe zu § 260 StGB bestraft werden kann, wenn *der Hehler selbst* weder Bandenmitglied ist bzw. gewerbsmäßig handelt (und für ihn damit § 259 StGB gilt).[132]

III. Gewerbsmäßige Bandenhehlerei (§ 260a StGB)

1034 § 260a StGB erfasst – als *lex specialis* gegenüber §§ 259, 260 StGB – die Kumulation von gewerbsmäßiger und bandenmäßiger Hehlerei.

– Das zu beidem in *Rn. 1031–1033* Gesagte gilt also auch hier. –

Es handelt sich um eine zum **Verbrechen** i.S.d. § 12 I StGB hochgestufte nochmalige Qualifikation des schon als solchem die einfache Hehlerei des § 259 StGB qualifizierenden § 260 StGB.

Der Versuch ist deshalb gem. § 23 I StGB auch ohne ausdrückliche Anordnung strafbar.

1035 Ob allerdings eine solche Verschärfung auch nur ansatzweise angemessen ist, darf bezweifelt werden.[133] Denn während sie laut Gesetzesbegründung gerade mit Blick auf die **im Bereich der organisierten Kriminalität** anzutreffende wesentlich erhöhte Gefährlichkeit beim Zusammentreffen von Bandentätigkeit und Gewerbsmäßigkeit ihre Wirksamkeit entfalten soll,[134] ist festzustellen, dass sie auch im Bereich »normaler« Bandenkriminalität *in nahezu jedem Fall* zur Anwendung gelangt: »Da schon § 259 StGB eine Bereicherungsabsicht voraussetzt, führt das bei einer Bandenabrede hinzutretende Moment der (beabsichtigten) wiederholten Begehung fast notwendig dazu, dass jedes Bandenmitglied auch in eigener Person gewerbsmäßig i.S.d. § 260 I Nr. 1 StGB handelt«[135]

– womit § 260a StGB die Strafbarkeit nach § 260 I Nr. 2 StGB **nahezu gänzlich verdrängt** bzw. auf den wohl eher seltenen Fall »des überwiegend altruistisch handelnden Bandenmitglieds« zusammenschrumpfen lässt.[136]

---

[129] *BGH*, NStZ 2020, 273 (274 mwN) m. gerade insoweit krit. Anm. *Hinderer*; NK-*Altenhain*, § 260 Rn. 24; S/S/W-*Jahn*, § 260 Rn. 7; vgl. für den Bandendiebstahl (§ 244 I Nr. 2 StGB) als Parallele die Nachw. oben in *Rn. 201 Fn. 495*; a.A. z.B. *Mitsch*, BT 2, 13.3.2.; Sch/Sch-*Hecker*, § 260 Rn. 5.

[130] *BGH*, BeckRS 2022, 9956 (Rn. 12); *Erb*, NStZ 1998, 537 (539); Sch/Sch-*Hecker*, § 260 Rn. 3.

[131] *BGH*, BeckRS 2022, 9956 (Rn. 12); 2023, 37478 (Rn. 38).

[132] So – in casu zu § 260a StGB – *BGH*, NStZ 2020, 273 (274) m. krit. Anm. *Hinderer*.

[133] I.d.S. NK-*Altenhain*, § 260a Rn. 1; MK-*Maier*, § 260a Rn. 2: »ist die Abstufung wenig überzeugend«.

[134] BT-Drucks. 12/989, 25; SK⁹-*Hoyer*, § 260a Rn. 1; S/S/W-*Jahn*, § 260a Rn. 1; MK-*Maier*, § 260a Rn. 1.

[135] So ganz richtig die Analyse bei NK-*Altenhain*, § 260a Rn. 1.

[136] NK-*Altenhain*, § 260a Rn. 1; ebso. MK-*Maier*, § 260a Rn. 2: »eine Konstellation, die sich im Bereich eines erdachten Prüfungsfalls erschöpfen dürfte«.

§ 20 Geldwäsche (§§ 261, 262 StGB)

Durch das Gesetz zur Bekämpfung des illegalen Rauschgifthandels und anderer Erscheinungsformen der Organisierten Kriminalität (OrgKG)[1] wurde 1992 die **Geldwäsche** (erstmals) unter Strafe gestellt, erachtete man doch deren wirksamere Bekämpfung mit den Mitteln des Strafrechts als besonders effektive **Waffe im »Krieg gegen die organisierte Kriminalität«**.[2] **1036**

Im Laufe seiner kurzen, aber dafür umso bewegteren Geschichte[3] musste der Tatbestand dann nicht nur eine (zweifache) Überschriftsänderung hin zu »Geldwäsche; Verschleierung unrechtmäßig erlangter Vermögenswerte«[4] und wieder zurück zu »Geldwäsche«[5] über sich ergehen lassen, sondern auch eine Unzahl inhaltlicher Änderungen und Erweiterungen[6] bis hin zu einer vollständigen **Neufassung im Jahre 2021**[7] – welche nicht zuletzt deswegen auf harsche Kritik und Ablehnung im Schrifttum gestoßen ist,[8] weil sie im Wesentlichen geprägt ist[9] durch eine endgültige Abkehr von einem Instrument zur Bekämpfung der Organisierten Kriminalität hin zu einem ausufernden **»Konzept flächendeckender Kriminalisierung«**,[10] – was bei diesem »endgültig außer Kontrolle geratenen e*nfant terrible des StGB*« wohl bestenfalls als »rechtsstaatlich gerade noch vertretbar« hinzunehmen sein dürfte.[11] – Einzelheiten (auch) hierzu finden sich in der nachfolgenden Darstellung des Tatbestandes.[12] **1037**

Ob damit freilich ein (zumindest vorübergehender) Ruhepunkt in der »wenig ruhmreichen Geschichte«[13] des Tatbestands erreicht ist, darf angesichts bereits im Raume stehender weiterer »Verbesserungs«-Ideen bezweifelt werden. Um insoweit in die Glaskugel zu blicken: **1038**

> »Die – jedenfalls nach heutigen Vorstellungen – maximalpunitive Ausdehnung des Geldwäschetatbestands wird ein Ende rechtspolitischer Begehrlichkeiten ... nicht zu begründen vermögen. Insbesondere Rufe nach der Einführung einer Beweislastumkehr für Vermögen unklarer Herkunft ... weisen den Weg in eine dystopische Zukunft.«[14]

---

[1] v. 15.7.1992, BGBl. I, 1302; s. *Krey/Dierlamm*, JR 1992, 353 ff.; *Krey/Haubrich*, JR 1992, 309 ff.
[2] BT-Drucks. 12/6853, S. 26 ff.; zu »Geldwäsche und Korruption« *Teichmann*, ZfiStW 2023, 377 ff.; zur »Bekämpfung der Terrorismusfinanzierung« *Saliger/Schweiger*, ZfiStW 2024, 239 ff.; rechtsvergleichend (Deutschland, Schweiz, UK, USA) *Hauler/Dittmer/Höffler*, ZfiStW 2024, 246 ff.
[3] Ausf. zu ihr S/S/W-*Jahn*, § 261 Rn. 1 ff.; *Fischer*, § 261 Rn. 1; BeckOK-*Ruhmannseder*, § 261 Rn. 1 ff.
[4] Art. 1 Nr. 17 VerbrBG v. 28.10.94, BGBl. I, 3186 (3188); Art. 1 Nr. 1 OrgKBVG v. 4.5.98, BGBl. I, 845. Mit der Ergänzung wollte man klarstellend darauf hinweisen, »dass Gegenstand einer Geldwäsche nicht nur Geld, sondern jeder andere Vermögenswert ... sein kann« (BT-Drucks. 12/6853, 28).
[5] Im Zuge d. Neufassung v. 2021; zu d. Gründen f. diese »Rückbesinnung« BT-Drucks. 19/24180, 28.
[6] NK-*Altenhain*, § 261 Rn. 1 zählt 27 (!) Änderungen; näher zu den wichtigsten *Fischer*, § 261 Rn. 1.
[7] Durch Art. 1 Nr. 3 des Gesetzes zur Verbesserung der strafrechtlichen Bekämpfung der Geldwäsche v. 9.3.2021, BGBl. I, 327 unter Umsetzung der EU-Richtlinie 2018/1673/EU v. 23.10.2018.
[8] Vgl. nur L/K/H-*Heger*, § 261 Rn. 2: »mehr denn je ernste Bedenken erweckt«; reformpolitische Kritik u.a. bei *Gazeas*, NJW 2021, 1041 ff.; *Gercke/Jahn/Paul*, StV 2021, 330 ff.; *Schiemann*, KriPoZ 2021, 151 ff.; *Neumann*, ZJS 2022, 682 ff.; W/H/S-*Schuhr*, Rn. 1030.
[9] Zu den zentralen Elementen der Neuausrichtung des § 261 StGB *Böhme/Busch*, wistra 2021, 169 ff.
[10] NK-*Altenhain*, § 261 Rn. 8; s.a. *Bittmann*, NStZ 22, 577: »Von der Organisierten zur Alltagskriminalität«; *Gazeas*, NJW 21, 1043 (Allerweltsdelikt); W/H/S-*Schuhr*, Rn. 1028 (universelles Kontaktdelikt).
[11] Erstes Zitat: S/S/W-*Jahn*, § 261 Rn. 1; zweites Zitat: L/K/H-*Heger*, § 261 Rn. 2.
[12] S.a. den »Überblick« über den neuen § 261 StGB bei *Reisch*, JuS 2023, 207 ff.; ausf. zu ihm *Neumann*, ZJS 2022, 682 ff., 820 ff.; 2023, 74 ff.; *Nestler*, JA 2022, 169 ff, 814 ff., 1145 ff.; zu seinen »Folgewirkungen« (Kontaminierung – Vermischung – Abschöpfung) *Bittmann*, NStZ 2022, 577 ff.
[13] NK-*Altenhain* § 261 Rn.8; s.a. S/S/W-*Jahn* § 261 Rn.9 (am häufigsten geänderte Vorschrift des StGB).
[14] So düster in der Prognose, so realistisch im Blick auf die Kriminalpolitik: NK-*Altenhain*, § 261 Rn. 8.

1039 Fall 143: *– Geldwäsche durch Verteidiger –*

Strafverteidiger Sebastian Star (S) verteidigt seinen Mandanten Harry Hirsch (H), gegen den wegen Handeltreibens mit Heroin in nicht geringen Mengen ermittelt wird. S ist von der Unschuld seines Mandanten fest überzeugt. Als S einen Vorschuss auf die Anwaltsgebühren in Höhe von 10.000 Euro verlangt, übergibt ihm H den Betrag in kleinen Scheinen, die er in einer Plastiktüte mitgebracht hat. Nachdem H rechtskräftig wegen Handelns mit Betäubungsmitteln verurteilt worden ist, erfährt Staatsanwalt Jürgen Jäger (J) von der Zahlung und leitet gegen S ein Ermittlungsverfahren wegen Geldwäsche ein. Zu Recht?

I. Grundlegendes

1040 Die Geldwäsche (hier nicht gemeint als Tatbestand, sondern als der tatsächliche **Vorgang des Geldwaschens**)[15] stellt den Schnittpunkt von illegalen Erlösen aus Straftaten und legalem Finanzkreislauf dar,[16] war aber bis 1992 weitgehend straflos gewesen. Die Analyse der bis dahin allein in Frage kommenden Straftatbestände (§§ 257, 258, 259 StGB) hat dann eine kriminalpolitisch nicht länger tolerable **Strafbarkeitslücke** ergeben,[17] die durch § 261 StGB geschlossen werden sollte.[18]

Zunächst auf einen engen Kreis relevanter Vortaten beschränkt, ist im Laufe der Zeit durch den immer weiter ausgedehnten Vortatenkatalog des damaligen § 261 I 2 StGB der Bezug zur organisierten Kriminalität zunehmend in den Hintergrund gerückt.[19] Seit der dem umstrittenen ***All-Crimes*-Ansatz**[20] verpflichteten Neufassung 2021 (s. *Rn. 1037*) kann Vortat der Geldwäsche nunmehr ausnahmslos **jede »rechtswidrige Tat«** sein (vgl. *Rn. 1046*).

1041 Sinnvoll ergänzt wurde § 261 StGB schon früh durch das *Gesetz über das Aufspüren von Gewinnen aus schweren Straftaten* (**Geldwäschegesetz**),[21] das (in §§ 43, 44) v.a. Kreditinstituten Identifizierungs- und Meldepflichten auferlegt,[22] was i.V.m. § 261 VI StGB (Leichtfertigkeit) ein nicht unerhebliches Strafbarkeitsrisiko (u.a. auch) für Bankmitarbeiter begründet.

1042 Die (gerade auch) in ihrer heutigen Fassung (s. *Rn. 1037*) umstrittene Vorschrift des § 261 StGB enthält mehrere sich zum Teil überschneidende Tatbestände,

– wobei die frühere Unterscheidung in *Verschleierungshandlungen* (Abs. 1 a.F.) und *Isolierungshandlungen* (Abs. 2 a.F.) in dieser Form nicht beibehalten wurde. –

Abs. 1 betrifft Formen des Handeln im direkten Umgang mit dem Gegenstand:[23]

– in Nr. 1 das **Verbergen** des Gegenstands;

– in Nr. 2 sein in Vereitelungsabsicht erfolgendes **Umtauschen/Übertragen/Verbringen**;

---

[15] Vgl. L/K/H-*Heger*, § 261 Rn. 2; zum »Konzept des Geldwaschens« *Fischer*, § 261 Rn. 5; zu den »drei Phasen der Geldwäsche« BeckOK-*Ruhmannseder* § 261 Rn. 4; S/S/W-*Jahn*, § 261 Rn. 11.
[16] BT-Drucks. 12/989, 26; Sch/Sch-*Hecker*, § 261 Rn. 1; zum tatsächl. Umfang *Fischer*, § 261 Rn. 5.
[17] Ausf. *Krey/Dierlamm*, JR 1992, 353 (354 f.); *Otto*, Jura 1993, 329 f.; s.a. *Rengier* I. 23/5 ff. m. Bsp.
[18] W/H/S-*Schuhr*, Rn. 1031; BeckOK-*Ruhmannseder* § 261 Rn. 1 a.E.; zu Ziel und Zweck des § 261 StGB LK[13]-*Krause*, § 261 Rn. 2 f.; *Rengier* I, 23/3.
[19] Vgl. nur *Schittenhelm*, FS-Lenckner, 1998, 519 (526 ff.); *Bülte*, NZWiSt 2017, 276 (278 f.).
[20] Krit. zu ihm W/H/S-*Schuhr*, Rn. 1030; zu den Gründen des Gesetzgebers NK-*Altenhain*, § 261 Rn. 4.
[21] v. 25.10.1993, BGBl. I, 1770; zum Inhalt W/H/S-*Schuhr*, Rn. 1032 ff.; Sch/Sch-*Hecker*, § 261 Rn. 2; BeckOK-*Ruhmannseder* § 261 Rn. 4; S/S/W-*Jahn*, § 261 Rn. 19 f.; MK-*Neuheuser*, § 261 Rn. 2.
[22] Ausf. zu den dafür vorgesehenen zentralen Meldestellen *Meyer/Hachmann*, ZStW 2022, 391 ff.
[23] So der Strukturierungsvorschlag bei W/H/S-*Schuhr*, Rn. 1047.

– in Nr. 3 das Sich- oder-einem-Dritten-*Verschaffen* des Gegenstands und
– in Nr. 4 sein bösgläubiges **Verwahren** oder Für-sich-oder-einen-Dritten-*Verwenden*.

Abs. 2 fügt dem noch das *Verheimlichen* oder *Verschleiern* von Tatsachen, die für die Auffindung, Einziehung oder Herkunftsermittlung relevant sind, hinzu.

Wenn somit Handlungen unter Strafe stehen, welche die Rechtspflege dadurch beeinträchtigen, dass der Gegenstand verborgen wird (Abs. 1 Nr. 1), bzw. durch welche die Überführung des Gegenstands in die Hand der Strafverfolgungsorgane 1043
– sprich: das Auffinden, die Einziehung oder die Herkunftsermittlung, –
vereitelt wird (Abs. 2) oder doch zumindest vereitelt werden soll (Abs. 1 Nr. 2), erweist dies, dass es sich bei § 261 StGB um eine **Straftat gegen die Rechtspflege** handelt.[24] Und wenn demgegenüber Abs. 1 Nr. 3 und Nr. 4
– entspr. dem unverändert in ihnen fortlebenden *Isolierungstatbestand* des Abs. 2 a.F. –
zwei weitere tatbestandsverwirklichende Verhaltensweisen benennen, von denen **Nr. 3** der **Hehlerei** des § 259 StGB und **Nr. 4** der **Begünstigung** des § 257 StGB entspricht, so ergibt sich daraus, dass § 261 StGB in diesen beiden Varianten außer der **Rechtspflege**[25] *auch* das **durch die Vortat verletzte Rechtsgut** schützt.[26]

II. Objektiver Tatbestand

In *Fall 143* (*Rn. 1039*) kommt § 261 I Nr. 3, VI StGB in Betracht. Dabei gelten 1044
neben den besonderen Voraussetzungen der Nr. 3 (s. *Rn. 1057 f.*) auch die für alle vier Handlungsvarianten des Abs. 1 relevanten gemeinsamen Grunderfordernisse:

1. Der Täterkreis

Täter des § 261 StGB kann **jeder** sein, auf Tatbestandsebene auch *Vortatbeteiligte* 1045
(Täter und Teilnehmer der Vortat). Für diese gilt jedoch § 261 VII StGB,[27] wonach
– mit Ausnahme der dort genannten Fälle eben doch *strafbarer* »**Selbstgeldwäsche**« –
in allen Tatbestandsvarianten Vortatbeteiligte aus der Strafbarkeit ausgenommen und damit am Ende eben doch *keine tauglichen Täter* einer Geldwäsche sind.

2. Der Gegenstand der Geldwäsche

a) Zunächst verlangt § 261 I StGB als **Vortat der Geldwäsche**, aus welcher der 1046
kontaminierte Gegenstand herrührt – entgegen der vorherigen Gesetzesfassung, s. *Rn. 1040* – (nur) eine (beliebige) rechtswidrige Tat i.S.d. § 11 I Nr. 5 StGB,
was immerhin bedeutet, dass es sich zumindest um eine **Straftat** (ggf. auch »exotischer« Natur, wie § 34 KCanG)[28] handeln muss und nicht nur um eine Ordnungswidrigkeit.

---

[24] L/K/H-*Heger*, § 261 Rn. 1; *Otto*, BT, 96/27; *Rengier* I, 23/8; W/H/S-*Schuhr*, Rn. 1026.
[25] ... die natürlich ebenfalls geschützt ist, vgl. Sch/Sch-*Hecker*, § 261 Rn. 2; *Rengier* I, 23/8.
[26] Joecks/*Jäger*, § 261 Rn. 1; L/K/H-*Heger*, § 261 Rn. 1; W/H/S-*Schuhr*, Rn. 1026; *Mitsch*, BT 2, 14.1.2; *Rengier* I, 23/8; a.A. *Otto*, BT, 96/27: nur Rechtspflege; s.a. NK-*Altenhain*, § 261 Rn. 10.
[27] Näher *Teixeira*, NStZ 2018, 634; S/S/W-*Jahn*, § 261 Rn. 114 f.; NK-*Altenhain*, § 261 Rn. 111 ff.; zur Abgrenzung von Vortat- und Geldwäschestrafbarkeit BGH, NZWiSt 2024, 180; NStZ 2024, 90.
[28] Vgl. *Weiß*, wistra 2024, 225 ff. zu Erwerb und Besitz geringer Mengen Cannabis als Geldwäsche.

Dritter Abschnitt: Delikte gegen das Vermögen als Ganzes

1047 b) Als »**Gegenstand**« erfassbar ist nicht nur Geld, sondern sind es (gemäß der früheren Überschrift des § 261 StGB: »Verschleierung unrechtmäßig erlangter Vermögenswerte«, s. *Rn. 1037*) **alle Arten von Vermögenswerten**,

– Sachen (auch Immobilien), Rechte, Forderungen, Wertpapiere, Kontodaten (und andere Daten, auch solche illegalen Inhalts); ebso. Kryptowerte und natürlich Bar- und Buchgeld jeder Währung;[29] *nicht aber* durch Steuerhinterziehung ersparte Aufwendungen.[30]

Der Kreis tauglicher Tatobjekte ist also erheblich weiter als bei § 259 StGB (s. *Rn. 959 f.*).

1048 c) Auch der Begriff des »**Herrührens**« ist außerordentlich weit zu verstehen.[31]
(1) Erfasst werden damit zunächst einmal die aus der Vortat ganz unmittelbar hervorgegangenen sog. »**Ursprungsgegenstände**«, worunter fallen:[32]

– die aus der Vortat unmittelbar erlangte *eigentliche Beute* (in **Fall 143** die Geldscheine)
– sowie ggf. der *Verbrechenslohn* oder auch ein etwaiges *Lösegeld*,
– **aber auch** etwaige *Erzeugnisse der Tatbegehung* (»producta sceleris«, z.B. das bei der Geldfälschung gedruckte Falschgeld),
– **nicht aber**, jedenfalls i.d.R. (zum Bestechungslohn gleich nachfolgend), die *Tatwerkzeuge* (»instrumenta sceleris«, z.B. die zur Geldfälschung verwendeten Druckplatten).

1049 Bei §§ 332, 334 StGB ist auch »**der bezahlte Bestechungslohn** ein inkriminierter Gegenstand, der der Geldwäsche unterfällt«,[33] und zwar nicht nur im Hinblick auf die Vortat der **Bestechlichkeit** (§ 332 StGB) sondern auch auf die der **Bestechung** (§ 334 StGB), anders gesagt: Der Bestechungslohn rührt aus **beiden** der dem Geschehen zugrundeliegenden Delikte her, aus dem der Bestechlichkeit *und* aus dem der Bestechung.[34] Dies ist v.a. dann von Bedeutung, wenn auf Bestechlichkeit als Vortat nicht zurückgegriffen werden kann.[35]

1050 (2) Mit dem Begriff des »**Herrührens**« erfasst werden darüber hinaus aber – und zwar in weitem Umfang – auch an die Stelle des Ursprungsgegenstandes tretende **Surrogate** (etwa mit dem geraubten Geld gekaufte Waren, aber auch durch bloße Kontoverschiebung im bargeldlosen Zahlungsverkehr erlangte Vermögenswerte).[36]

Dabei ist ein Gegenstand schon dann »**bemakelt**«, »wenn er sich bei wirtschaftlicher Betrachtungsweise im Sinne eines Kausalzusammenhangs auf die Vortat zurückführen lässt«.[37]

1051 Auf diese Weise können von § 261 StGB ganze **Ketten aufeinanderfolgender Verwertungshandlungen** erfasst sein,[38] die dann auch – gem. dem Grundsatz der

---

[29] *Rengier* I, 23/11; W/H/S-*Schuhr*, Rn. 1036; s.a. *Otto*, BT, 96/29 (»auch know how und Computerprogramme«); ausf. S/S/W-*Jahn*, § 261 Rn. 29 ff.; *Voß*, Die Tatobjekte der Geldwäsche, 2007.
[30] OLG Saarbrücken, NStZ 2021, 622 f.
[31] Ausf. zum »Herrühren« *Barton*, NStZ 1993, 159 ff.; *Jahn/Ebner*, JuS 2009, 597 (599 f.).
[32] Sowohl zum Begriff, wie auch zu den Kategorien: MK-*Neuheuser*, § 261 Rn. 55; *Rengier* I, 23/14 f.; s.a. Sch/Sch-*Hecker*, § 261 Rn. 9; **speziell zum Lösegeld** vgl. *BGH*, NJW 1999, 436 (Fall *Zlof*).
[33] *BGH* St 53, 205 (209) mit im Ergebnis zust. Anm. *Kuhlen*, JR 2010, 271 (272 f.).
[34] Letzteres ist str.; wie hier *BGH* St 53, 205 (208 ff.); *Kuhlen*, JR 2010, 271 (272 f.); *Rengier* I, 23/15; wohl auch L/K/H-*Heger*, § 261 Rn. 5; a.A. *Fahl*, JZ 2009, 745 (748); NK-*Altenhain*, § 261 Rn. 31.
[35] Was insb. bei Auslandstaten der Fall sein kann; vgl. hierzu die Fallgestaltung in *BGH* St 53, 205.
[36] Vgl. MK-*Neuheuser*, § 261 Rn. 56 ff.; S/S/W-*Jahn*, § 261 Rn. 49 ff.; *Rengier* I, 23/16 ff.
[37] *BGH* St 53, 205 (209); 63, 268 (Rn. 18); NStZ-RR 2010, 109 (111); wistra 2022, 341; *Rengier* I, 23/16.
[38] MK-*Neuheuser*, § 261 Rn. 54, 68; *Mitsch*, BT 2, 14.2.1.4.2; *Otto*, BT, 96/31; W/H/S-*Schuhr*, Rn. 1040; s.a. *BGH*, NStZ-RR 2010, 109 zu mitunter langen Ketten bei sog. »**Umsatzsteuerkarussells**«.

»Totalkontamination«[39] – nicht dadurch abgebrochen werden, dass der Erwerb eines Gegenstandes *nur zu einem Teil* mit bemakeltem Geld erfolgt,[40]

– zB Autokauf mit nur teilweise geraubtem Geld: Herrühren des Autos aus dem Raub[41], –

wobei eine solche »Vergiftung« des erworbenen Gegenstands nur anzunehmen sein wird bei einem »nicht völlig unerheblichen« Anteil bemakelten Geldes.[42]

– was allerdings nach Auffassung des *BGH* bereits bei 5,9 % (!) der Fall sein soll.[43]

Ob demgemäß auch bei **Einzahlung bemakelten Geldes** (1000 € Diebstahlsbeute) auf ein Bankkonto eine solche den gesamten Kontobestand (20.000 €) betreffende **»Totalkontamination«** anzunehmen ist, ist str., aber richtigerweise zu bejahen.[44]

(3) Ein »Herrühren« ist jedoch nicht mehr gegeben, die Geldwäsche-Kette mithin **unterbrochen**, wenn der Wert des Gegenstandes »durch Weiterverarbeitung im Wesentlichen auf eine selbständige spätere Leistung Dritter zurückzuführen ist«,[45]

wie etwa bei den Produkten, die in einem mittels Drogengeldern gekauften Unternehmen aufgrund der Arbeitsleistung der dort Beschäftigten hergestellt werden.[46]

Auch unter Einsatz bemakelten Geldes erzielte Lotterie- oder Wettgewinne sollen aufgrund des Eingreifens bloßen Zufalls nicht mehr aus der Vortat herrühren,[47]

es sei denn, der Täter verschafft sich durch planmäßigen Einsatz größerer Summen bemakelten Geldes bei Glücksspielen eine signifikant gesteigerte Gewinnchance.[48]

– Zum **Abbruch** der Geldwäsche-Kette (bei Nr. 3, 4) gem. Abs. 1 S. 2, wenn den Gegenstand »ein Dritter zuvor erlangt hat, ohne hierdurch eine rechtsw. Tat zu begehen«, s. *Rn. 1064.* –

(4) In **Fall 143** ist bei lebensnaher Betrachtung davon auszugehen, dass die Geldscheine, die H dem S als Vorschuss gab, aus dem Betäubungsmitteldelikt **herrühren**. Dafür spricht insb. auch, dass Rauschgift im »Straßenhandel« üblicherweise mit kleinen Scheinen bezahlt wird.

3. Die Tathandlungen (vgl. schon den Überblick in *Rn. 1042*)

a) Abs. 1 S. 1 Nr. 1: Verbergen

Wie schon beim gleichlautenden Merkmal der vorherigen Gesetzesfassung ist unter **Verbergen** eine Tätigkeit zu verstehen, die – ggf. auch ohne Ortsveränderung –

– mittels einer nicht üblichen örtlichen Unterbringung (zB *Verstecken*, *Vergraben*) oder
– mittels einer den Gegenstand verdeckenden Handlung (zB auch *Unkenntlichmachen*)

1052

1053

1054

---

[39] Im Gegensatz zu bloßer *Teilkontamination* (explizit für diese S/S/W-*Jahn*, § 261 Rn. 53 f.); eingehend zu beidem NK-*Altenhain*, § 261 Rn. 41.
[40] *Otto*, BT, 96/31; Sch/Sch-*Hecker*, § 261 Rn. 10 a.E.; s.a. MK-*Neuheuser*, § 261 Rn. 62 ff.
[41] Dieses Beispiel findet sich schon in BT-Drucks. 12/3533, S. 12; s.a. *Rengier* I, 23/19.
[42] *BGH*, NStZ 2015, 703 (704); ebso. L/K/H-*Heger*, § 261 Rn. 5; Sch/Sch-*Hecker*, § 261 Rn. 10 a.E.
[43] *BGH*, NJW 2015, 3254; s.a. *Barton*, NStZ 1993, 159 (163); *Rengier* I, 23/19; gegen jegliche »Makelquote« NK-*Altenhain*, § 261 Rn. 42; MK-*Neuheuser*, § 261 Rn. 65; Sch/Sch-*Hecker*, § 261 Rn. 10.
[44] So bspw. *BGH*, NJW 2015, 3254 (3255); MK-*Neuheuser*, § 261 Rn. 63; NK-*Altenhain*, § 261 Rn.42; *Rengier* I, 23/21; a.A. etwa Sch/Sch-*Hecker*, § 261 Rn. 11; S/S/W-*Jahn*, § 261 Rn. 53 f.
[45] BT-Drucks. 12/989, 27; 12/3533, 12; *BGH* St 63, 268 (Rn. 17); *Otto*, BT, 96/31; *Rengier* I, 23/17.
[46] Bsp. bei MK-*Neuheuser*, § 261 Rn. 60; s.a. *Rengier* I, 23/17 (Fall 1).
[47] MK-*Neuheuser*, § 261 Rn. 60; Sch/Sch-*Hecker*, § 261 Rn. 10; S/S/W-*Jahn*, § 261 Rn. 50.
[48] *Barton*, NStZ 1993, 159 (162); Sch/Sch-*Hecker*, § 261 Rn. 10; *Eisele* II, Rn. 1176; *Rengier* I, 23/18.

den **Zugang zum Tatobjekt tatsächlich erschwert** und damit die Gefahr des Nichtauffindens des Vermögensgegenstandes erhöht.[49]

– Relevant sind auch Falschbuchungen oder das Überweisen von Geld ins Ausland.[50] –

*b) Abs. 1 S. 1 Nr. 2: **Umtauschen/übertragen/verbringen** in Vereitelungsabsicht*

1055 »Vereiteln« von Auffinden, Einziehung oder Herkunftsermittlung bedeutet, dass den Strafverfolgungsbehörden der Zugriff auf den bemakelten Gegenstand unmöglich gemacht wird und zwar **endgültig** und nicht bloß, wie vereinzelt angenommen, »für geraume Zeit«.[51]

Nun ist freilich nach neuer Gesetzesfassung kein tatsächlich stattfindendes Vereiteln mehr von Belang, geht es lediglich um eine entsprechende Absicht des Täters, was aus Nr. 2 ein die Strafbarkeit vorverlagerndes *abstraktes Gefährdungsdelikt* macht.[52]

Die eigentlichen (von Vereitelungsabsicht getragenen) **Tathandlungen** sind[53] die

– des *Umtauschens* (Weggabe unter Erlangung einer Gegenleistung),
– des *Übertragens* (schwerpunktmäßig von Rechten) und
– des *Verbringens* (überwiegend von körperlichen Gegenständen).

1056 *Hinweis:* Das völlige **Vernichten** oder **Zerstören** eines bemakelten Gegenstands – etwa das Verbrennen des aus einer BtM-Straftat stammenden Cannabis – fällt, ohne dass es darauf ankommt, ob auch im Zerstören ein Vereiteln zu erblicken ist,[54] nicht unter § 261 StGB[55] – weder unter Abs. 1 S. 1 Nr. 2 (mangels Vorliegens der dort genannten Tathandlungen), noch unter Abs. 2 (da bei vollständiger Vernichtung die dem Tatbestand zugrunde liegende Sorge um ein Einschleusen in den Finanz- und Wirtschaftskreislauf von vornherein nicht gegeben ist)[56].

*c) Abs. 1 S. 1 Nr. 3: Sich oder einem Dritten **verschaffen***

1057 (1) Das (sich oder einem Dritten) »**Verschaffen**« der Nr. 3 knüpft bewusst an die entspr. Formulierung des § 259 StGB an und ist von daher im Grunde auch wie dort zu verstehen[57] – allerdings mit einer nicht unwesentlichen Abweichung:

Zwar ist auch bei § 261 StGB erforderlich, dass der Täter »die Verfügungsgewalt über den inkriminierten Gegenstand im Einvernehmen mit dem Vortäter erlangt«,[58]

so dass die Wegnahme durch Diebstahl oder Raub (wie bei § 259 StGB, s. *Rn.* 998) auch hier kein tatbestandliches »Verschaffen« darstellt.[59]

---

[49] Vgl. S/S/W-*Jahn*, § 261 Rn. 57 f.; MK-*Neuheuser*, § 261 Rn. 73; W/H/S-*Schuhr*, Rn. 1048.
[50] *Neuheuser*, NStZ 2008, 492 (495); MK-*Neuheuser*, § 261 Rn. 73; S/S/W-*Jahn*, § 261 Rn. 58.
[51] Wie hier LK[13]-*Krause*, § 261 Rn. 16; NK-*Altenhain*, § 261 Rn. 55; a.A. *Rengier* I, 23/25.
[52] *El-Ghazi/Laustetter*, NZWiSt 2021, 209 (213); W/H/S-*Schuhr*, Rn. 1049.
[53] Näher NK-*Altenhain*, § 261 Rn. 51 ff.; BeckOK-*Ruhmannseder* § 261 Rn. 24.1; *Rengier* I, 23/24.
[54] Ja: LK[13]-*Krause*, § 261 Rn. 16; nein: Sch/Sch-*Hecker*, § 261 Rn. 15; SK[9]-*Hoyer*, § 261 Rn. 19.
[55] OLG Oldenburg, NZWiSt 2022, 492 (Rn. 11 ff.) m. Anm. *Neuheuser*; zust. *Hecker*, JuS 2023, 373.
[56] OLG Oldenburg, NZWiSt 2022, 492 (Rn. 18); diese Argumentation abl. *Neuheuser*, a.a.O., S. 495, i.E. aber zust., denn zum »Kern des § 261 StGB« gehöre »der Erhalt des Gegenstandswertes«.
[57] Vgl. BT-Drucks. 12/989, S. 27; 12/3533, S. 12; *Otto*, BT, 96/34; *Rengier* I, 23/28; NK-*Altenhain*, § 261 Rn. 58; S/S/W-*Jahn*, § 261 Rn. 63; L/K/H-*Heger*, § 261 Rn. 8.
[58] BGH St 55, 36 (48 f. mwN); zust. *Jahn*, JuS 2010, 650 (652); ebso. die h.M. (s. die Nennungen hier in *Fn.* 59, 60 sowie NK-*Altenhain*, § 261 Rn. 59, 63; S/S/W-*Jahn*, § 261 Rn. 63 f.
[59] So auch BGH St 55, 36 (53); NStZ 2010, 222 (223); MK-*Neuheuser*, § 261 Rn. 82; *Rengier* I, 23/28.

Ein »Verschaffen« fordert jedoch ob der besonderen Zwecksetzungen des § 261 StGB **»kein kollusives Zusammenwirken von Geldwäscher und Vortäter«**.[60]   **1058**

Das Einvernehmen zwischen ihnen setzt, so der *BGH*, mithin »nicht voraus, dass das Einverständnis des Vortäters frei von Willensmängeln ist«;[61] somit ist es »ohne Bedeutung, wenn der Vortäter infolge von Täuschung oder Nötigung in die Übertragung der Verfügungsgewalt ›einwilligt‹« – so dass (insoweit nun anders als bei § 259 StGB,[62] s. *Rn. 999 ff.*) bei § 261 StGB ein Erlangen sowohl mittels Betrugs (§ 263 StGB), als auch mittels Nötigung bzw. Erpressung (§§ 240, 253 StGB) zur Tatbestandsverwirklichung genügt.[63]

d) Abs. 1 S. 1 Nr. 4: Bösgläubig *verwahren* oder *für sich oder Dritte verwenden*

Mit **»Verwahren«** meint Nr. 4 das bewusste Innehaben von tatsächlicher Sachherrschaft (bei Sachen) bzw. von Verfügungsgewalt (bei Forderungen),[64] während das ebenfalls in Nr. 4 erwähnte **»Verwenden«** sowohl Verfügungen über den Gegenstand erfasst, wie nach h.M. auch den bestimmungsgemäßen Gebrauch.[65]   **1059**

> Dabei setzen beide Varianten voraus, dass der Verwahrer bzw. Verwender die Herkunft des Gegenstands bereits **bei Erlangung gekannt** hat, wofür *dolus eventualis* genügt.[66]

e) Abs. 2: *Verheimlichen* oder *Verschleiern* bedeutsamer Tatsachen

Es geht hier laut Gesetzesbegründung[67] um »konkret irreführende und aktiv unterdrückende Machenschaften bezogen auf alle Tatsachen, die den Ermittlungsbehörden bei den Ermittlungen und der Einziehung von Bedeutung sein können«.   **1060**

Das **manipulative Verhalten** muss sich dabei auf **Tatsachen** beziehen

> – im Sinne von *dem Beweis zugänglichen Vorgängen oder Zuständen*, –

die *für das Auffinden, die Einziehung oder die Herkunftsermittlung* eines aus einer rechtswidrigen Tat erlangten Gegenstands relevant erscheinen.

Dabei soll **»Verheimlichen«** ein Handeln sein, durch das Tatsachen der Kenntnisnahme durch die Strafverfolgungsorgane entzogen werden, und **»Verschleiern«** ein Handeln, das konkret geeignet ist, bei diesen einen Irrtum über Tatsachen hervorzurufen.[68] Das ist jedoch alles andere als trennscharf auseinanderzuhalten.   **1061**

– Die Frage, ob, inwieweit und ggf. wodurch sich die beiden – recht unreflektiert aus Art. 3 I lit. b der für die Neufassung 2021 anlassgebenden Richtlinie 2018/1673/EU (*Rn. 1037 Fn. 7*) herausgedeuteten[69] – Merkmale wirklich zu unterscheiden vermögen, ist ein gutes Beispiel für die beständig an Beliebtheit gewinnende Disziplin juristischen Rätselratens. Und ob und

---

[60] *BGH* St 55, 36 (47 ff., 51 f.); zust. MK-*Neuheuser*, § 261 Rn. 82; LK[13]-*Krause*, § 261 Rn. 16; a.A. *Jahn*, JuS 2010, 650 (652); *Putzke*, StV 2011, 176 (178 ff.); SK[9]-*Hoyer*, § 261 Rn. 19.
[61] Hier und nachfolgend *BGH* St 55, 36 (48).
[62] Krit. W/H/S-*Schuhr*, Rn. 1052: Aufgabe des Gleichklangs ohne überzeugende Begründung.
[63] *BGH* St 55, 36 (48); MK-*Neuheuser*, § 261 Rn. 82; *Rengier* I, 23/28; a.A. W/H/S-*Schuhr*, Rn. 1052: SK[9]-*Hoyer*, § 261 Rn. 19 (keines der drei Delikte); S/S/W-*Jahn*, § 261 Rn. 64 (nur Betrug genügt).
[64] *BGH*, NJW 2013, 1158; NStZ 2017, 167 (169); *Rengier* I, 23/29; W/H/S-*Schuhr*, Rn. 1053.
[65] Vgl. BT-Drucks. 12/3533, 13; *BGH*, NJW 2015, 3255; NStZ 2017, 167 (169); *Rengier* I, 23/30.
[66] NK-*Altenhain*, § 261 Rn. 79; Sch/Sch-*Hecker*, § 261 Rn. 20 a.E.; *Rengier* I, 23/32.
[67] BT-Drucks. 19/24180, S. 33; s.a. *Rengier* I, 23/39; S/S/W-*Jahn*, § 261 Rn. 69.
[68] So die Begriffsumschreibungen bei NK-*Altenhain*, § 261 Rn. 84, 86.
[69] Vgl. BeckOK-*Ruhmannseder*, § 261 Rn. 31.1; kit. auch NK-*Altenhain*, § 261 Rn. 81.

Dritter Abschnitt: Delikte gegen das Vermögen als Ganzes

wie am Ende die **mangelnde Erkennbarkeit von Unterschieden**[70] bzw. die Einschätzung, dass »die beiden Verben synonym gebraucht werden«[71] am Ende mit dem Bestimmtheitsgrundsatz des Art. 103 II GG in Einklang zu bringen ist,[72] mag hier einmal dahinstehen. –

1062 Nur soviel: Das hier v.a. wichtige **Verschleiern der Herkunft** umfasst »alle zielgerichteten, irreführenden Machenschaften mit dem Zweck, einem Tatobjekt den Anschein einer anderen (legalen) Herkunft zu verleihen oder zumindest seine wahre Herkunft zu verbergen«.[73]

Im Wesentlichen geht es dabei um das Einschleusen von »bemakeltem« Geld in den Wirtschaftskreislauf, sei es nun durch Barzahlung, Überweisung oder Umtausch.[74] Zur Nicht-Einschlägigkeit des Zerstörens eines bemakelten Gegenstands s. bereits *Rn. 1056*.

f) Zwischenergebnis zu **Fall 143** *(Rn. 1039)*

1063 Als S die Verfügungsgewalt über das Geld im Einverständnis mit H begründete, ***verschaffte er es sich***. Der obj. Tatbestand des § 261 I Nr. 3 StGB ist damit erfüllt.

4. Die Tatbestandsbeschränkung des § 261 I 2 StGB

1064 Nach dieser Vorschrift, bei der es sich schon dem klaren Wortlaute nach in systematischer Hinsicht um eine Einschränkung bereits des Tatbestands handelt,[75]

– in der Sache geht es um einen **Abbruch der »Herrührens«-Kette** (vgl. *Rn. 1052*), –

ist **keine Strafbarkeit nach Abs. 1 S. 1 Nr. 3, 4** gegeben, wenn den Gegenstand »ein Dritter zuvor erlangt hat, ohne hierdurch eine rechtswidrige Tat zu begehen«.

Beispiel: H verkauft dem D einen Pkw, ohne zu wissen, dass D das Geld dafür gestohlen hat (womit mangels Vorsatzes eine Strafbarkeit des H nach Nr. 3 entfällt), und kauft mit diesem Geld bei V ein Schmuckstück, das er seiner Freundin F schenkt. Selbst wenn er noch vor dem Kauf des Schmuckes von dem Diebstahl erfahren und dies auch von Anfang an V und F mitgeteilt hat, ist weder H wegen des »Verwendens« des Geldes nach Nr. 4 strafbar (wiederum mangels des in Nr. 4 verlangten Vorsatzes bei Annahme des Geldes), noch sind dies, ungeachtet ihrer Bösgläubigkeit, V und F nach Nr. 3 (aufgrund nunmehr des § 261 I 2 StGB).

1065 Fraglich ist freilich, ob in solchen Fällen ggf. eine **Strafbarkeit nach Nr. 1, 2** in Betracht kommt – was schon nach bisherigem Recht zu Abs. 6 a.F. von der (sich auf Gesetzestext und Willen des Gesetzgebers berufenden) h.M. bejaht wurde,[76] während es die Gegenauffassung, um ein Leerlaufen der gesetzten Vorerwerbsregelung zu vermeiden, verneinte.[77]

Mit dieser ergäbe sich im *Bsp.* der *Rn. 1064*, dass V und F auch bei Vornahme von Tathandlungen i.S.d. Nr. 1, 2 straflos blieben (während die h.M. sie strafbar sähe, was aber dem Ziel des Abs. 1 S. 2, dem Schutz des allg. Rechtsverkehrs zu dienen,[78] entgegenliefe).

---

[70] S. *Rengier* I, 23/40 (i.A.a. *Gercke/Jahn/Paul*, StV 2021, 337 f): »Inwieweit sich das Verheimlichen vom Verschleiern unterscheidet, ist nicht erkennbar«; ebso. BeckOK-*Ruhmannseder*, § 261 Rn. 31.1.
[71] S/S/W-*Jahn*, § 261 Rn. 71 mit der Folgerung der »Irrelevanz des Verheimlichungstatbestands«.
[72] Verf.rechtl. Bedenken auch bei BeckOK- *Ruhmannseder*, § 261 Rn. 31.1 m.w.N.
[73] BGHSt 63, 268 (273); ebso. *BGH*, NStZ 2017, 28; *Rengier* I, 23/25, 40; MK-*Neuheuser*, § 261 Rn. 74.
[74] *Rengier* I, 23/26; BeckOK- *Ruhmannseder*, § 261 Rn. 33.1;.zum Umtausch *BGH*, NStZ 1995, 500.
[75] NK-*Altenhain*, § 261 Rn. 65; S/S/W-*Jahn*, § 261 Rn. 73; *Rengier* I, 23/33.
[76] BGHSt 47, 68 (80); NStZ 2017, 28 (29); SK⁹-*Hoyer*, § 261 Rn. 38; MK-*Neuheuser*, § 261 Rn. 89.
[77] M/S/M-*Maiwald*, 101/38: »befremdliche Wertungswidersprüche«; Sch/Sch-*Hecker*, § 261 Rn. 21; zur Gefahr des Leerlaufens jetzt auch im Hinblick auf die Neufassung NK-*Altenhain*, § 261 Rn. 65.
[78] *Rengier* I, 23/33; LK¹³-*Krause*, § 261 Rn. 17; s.a. Sch/Sch-*Hecker*, § 261 Rn. 21.

Nachdem nun aber der Gesetzgeber bei der Neufassung 2021 erklärtermaßen eine Erstreckung auf die Tathandlungen aus Abs. 1 S.1 Nr. 1, 2 verworfen hat,[79] wird sich die – überzeugendere – Gegenauffassung nicht mehr vertreten lassen.[80]

Hinweis: Bestand bislang Streit darüber, auf welche Taten die Straflosigkeit des Vorerwerbs sich erstrecken muss, ob nur auf solche nach § 261 StGB oder auf überhaupt jedwedes Delikt,[81] ist mit der Ersetzung des Merkmals »Straftat« des § 261 VI a.F. durch »rechtswidrige Tat« in Abs. 1 S. 2 n.F. klargestellt,[82] dass nunmehr Letzteres gelten soll. Damit auch (der Strafbarkeit nach Nr. 3 nicht unterfallende, vgl. *Rn. 1057*) Diebstahls- und Raubtaten hier mit zu erfassen, erscheint denn auch in der Sache evident richtig, nachdem letztlich Abs. 1 S. 2 doch allein dem *redlichen* Erwerber eine Weiterveräußerung ermöglichen soll.[83]

1066

III. Subjektiver Tatbestand

1. Der subjektive Tatbestand erfordert grundsätzlich **Vorsatz**, wobei *dolus eventualis* genügt.[84] Da nun in ***Fall 143** (Rn. 1039)* S von der Unschuld seines Mandanten überzeugt war, scheint eine Strafbarkeit wegen Geldwäsche damit auszuscheiden. § 261 VI 1 StGB ordnet aber die Strafbarkeit auch für Fälle an, in welchen der Geldwäscher ***leichtfertig verkennt***, dass der Gegenstand aus einer rechtswidrigen Vortat stammt.

1067

2. Die (gegenüber Abs. 1, 2 geringere) Strafdrohung in § 261 VI 1 StGB für Fälle bloßer **Leichtfertigkeit** im Hinblick auf die bemakelte Herkunft des Gegenstandes
– wichtig: unter Aufrechterhaltung des Vorsatzerfordernisses im Übrigen –
wird, ganz offen aus Gründen der Beweiserleichterung,[85] als *sachlich geboten* erachtet, da § 261 StGB anderenfalls mangels Nachweisbarkeit des Vorsatzes weitgehend leer laufen würde. Als Kriminalisierung *groben Handlungsunrechts und groben Verschuldens (grober Fahrlässigkeit)* sei sie auch verfassungskonform.[86]

1068

Ob dies zutrifft, ist aber zu bezweifeln:[87] Auch Schwierigkeiten beim Vorsatznachweis rechtfertigen es nicht, zur Beweiserleichterung auf den Vorsatz als Tatbestandsmerkmal zu verzichten und dadurch gewissermaßen eine »Verdachtsstrafe« zu verhängen.

Leichtfertigkeit ist anzunehmen, wenn sich die bemakelte Herkunft des Gegenstandes »geradezu aufdrängt und der Täter gleichwohl handelt, weil er dies aus besonderer Gleichgültigkeit oder grober Unachtsamkeit außer Acht lässt«.[88]

1069

– Damit ermöglicht § 261 VI 1 StGB eine Strafbarkeit wegen Geldwäsche auch in Fällen, in welchen eine *Hehlerei*-Strafbarkeit nur mangels Vorsatznachweises entfällt.[89] –

---

[79] Vgl. RAuschuss, BT-Drucks. 19/26602, S. 8: eines weitergehenden Strafausschlusses bedürfe es nicht.
[80] S/S/W-*Jahn*, § 261 Rn. 73 (»eindeutig«); *Rengier* I, 23/36; LK[13]-*Krause*, § 261 Rn. 17.
[81] Näher zu diesem Streit S/S/W-*Jahn*, § 261 Rn. 75, der sich für *Rengier* I, 23/33 nun »erledigt« hat.
[82] *Rengier* I, 23/33; NK-*Altenhain*, § 261 Rn. 67; s. aber S/S/W-*Jahn*, § 261 Rn. 75: »offener Wortlaut«.
[83] BT-Drucks. 12/3533, S. 14; S/S/W-*Jahn*, § 261 Rn. 75: »entspricht der Wertung des § 935 II BGB«.
[84] Zur Frage, **wie konkret** der Vorsatz sein muss, vgl. BGH, StV 2019, 678 (680); NStZ-RR 2020, 80.
[85] BT-Drucks. 12/989, 27; 19/24180, 34; krit. *Steinberg*, ZStW 2019, 888 (965); s.a. *Rengier* I, 23/46.
[86] *BGH* St 43, 158 (165 ff.); *Krey/Dierlamm*, JR 1992, 353; *Lampe*, JZ 1994, 123 (129).
[87] Vgl. nur *Travers/Michaelis*, NZWiSt 2021, 125 (131); *Schiemann*, KriPoZ 2021, 151 (155); *Gazeas*, NJW 2021, 1041 (1045); weniger streng S/S/W-*Jahn*, § 261 Rn. 101: nicht generell verf.widrig.
[88] *BGH* St 43, 158 (168); 50, 347 (351); NStZ-RR 2015, 13 (14); s.a. *OLG Karlsruhe*, wistra 2016, 372.
[89] *BGH* St 50, 347 (352 ff.); näher zum Verhältnis Geldwäsche – Hehlerei *Stam*, wistra 2016, 143 ff.

1070 In **Fall 143** dürfte von Leichtfertigkeit auszugehen sein,[90] da die Geldscheine ganz offensichtlich aus dem Verkauf von Betäubungsmitteln stammen. Eine andere einleuchtende Erklärung dafür, dass H über eine solch große Geldsumme in kleinen Scheinen und verstaut in einer Plastiktüte verfügte, ist jedenfalls nicht ersichtlich.

IV. Geldwäsche und Strafverteidigung (§ 261 I 3, VI 2 StGB)

1071 Obwohl damit in **Fall 143** *(Rn. 1039)* die Voraussetzungen der Geldwäsche erfüllt zu sein scheinen, schließt sich noch die Frage an, ob und unter welchen Voraussetzungen S denn auch **als Strafverteidiger** hier wegen Geldwäsche strafbar ist. Dies war vor Schaffung des § 261 I 3, VI 2 StGB (vgl. *Rn. 1078*) höchst strittig:

1072 (1) Einige Autoren schlugen unter Berufung auf das Recht des Beschuldigten auf effektive Verteidigung eine **teleologische Reduktion des Tatbestandes** vor oder sahen in dem Recht auf freie Verteidigerwahl einen **strafprozessualen Rechtfertigungsgrund**.[91]

Dem wurde entgegnet, der Gesetzgeber habe sich bewusst gegen eine Privilegierung bestimmter Berufsgruppen entschieden, und der Verteidiger werde nur an der rechtswidrigen Entgegennahme des Honorars, nicht an der Übernahme des Mandats, gehindert.[92]

Andere suchten die Lösung im **subjektiven Tatbestand**: Der Verteidiger mache sich nur strafbar, wenn er sicher wisse, dass das Honorar aus einer Vortat stamme (direkter Vorsatz), nicht dagegen bei dolus eventualis oder leichtfertiger Verkennung der Herkunft.[93]

1073 (2) Das *OLG Hamburg* hat § 261 StGB wie folgt **verfassungskonform ausgelegt**: Der Tatbestand beeinträchtige im Falle der Strafverteidigung Art. 12 I GG, weil die Pflichtverteidigung zur Regel gemacht werde, und Art. 20 III GG, der das Recht des Beschuldigten auf Verteidigerbeistand garantiere; diesen Grundrechtsbeeinträchtigungen stehe bei einem Verteidigungshonorar mangels täterbegünstigender oder opferschädigender Auswirkungen kein überwiegendes Interesse gegenüber, da ein Verhalten bestraft würde, das nicht zu dem eigentlich von § 261 StGB zu schützenden Bereich der organisierten Kriminalität gehöre.[94]

1074 (3) Der *BGH* lehnte jedoch ein solches **Verteidigerprivileg** durch Einschränkung schon des objektiven Tatbestands der Geldwäsche ab und bejahte stattdessen mit Blick auf den konkret zu entscheidenden Fall (jedenfalls) die Strafbarkeit des Verteidigers, der ein Honorar entgegennimmt, *von dem er weiß*, dass es aus einer geldwäscherelevanten Vortat herrührt[95] – *ohne* dabei aber die Strafbarkeit auf allein eben den Fall sicherer Kenntnis beschränken zu wollen. Einen Verstoß gegen höherrangiges Recht vermochte das Gericht nicht zu erkennen.

1075 Dem *BGH* ist nun zwar darin zuzustimmen, dass das Berufsausübungsrecht des Rechtsanwalts durch das Verbot, ein Honorar in Kenntnis seiner bemakelten Herkunft, anzunehmen, nur mittelbar beeinflusst wird.[96] Rechtsanwälte haben – wie andere Berufsgruppen auch – keinen Anspruch darauf, mit Mitteln bezahlt zu werden, die aus einer Straftat stammen.

---

[90] Zur Leichtfertigkeit bei der Annahme von Mandantengeldern *Sauer*, wistra 2004, 89 ff.
[91] *Salditt*, StraFo 1992, 121 (122, 132); *Barton*, StV 1993, 156 (162 ff.); *Bernsmann*, StV 2000, 40 (44).
[92] Zu Ersterem *Bernsmann*, StV 2000, 40 (42); *Hetzer*, wistra 2000, 281 (284); *Katholnigg*, NJW 2001, 2041 (2042); zu Letzterem *Grüner/Wasserburg*, GA 2000, 430 (435 ff).
[93] *Bottke*, wistra 1995, 121 (124); *Hamm*, NJW 2000, 636 (638 ff.); dagegen *Barton* StV 1993, 156 (159).
[94] *OLG Hamburg*, NJW 2000, 673 (676 ff.) m. abl. Anm. *Reichert*, NStZ 2000, 317 ff.
[95] *BGH* St 47, 68 ff.; dazu *Neuheuser*, NStZ 2001, 647; *Matt*, GA 2002, 137; *Nestler*, StV 2001, 641.
[96] Vgl. *BGH* St 47, 68 (73); dazu, dass aber schon dies nicht hinnehmbar sei, *BVerfG* E 110, 226 (263).

Bedauerlicherweise aber nimmt das Gericht die negativen Auswirkungen seiner Entscheidung auf das Verteidigungsrecht des Beschuldigten *nicht hinreichend ernst*: Geradezu naiv mutet es an, wenn der *BGH* behauptet, die Pflichtverteidigung sei »keine Verteidigung minderer Güte«.[97] Gewiss, *de jure* nicht, und: Die Mehrzahl der Pflichtverteidiger wird die ihnen auferlegte Tätigkeit mit großer Gewissenhaftigkeit und in qualitativ nicht zu beanstandender Weise angehen. Doch wie in allen Berufen gibt es auch im Anwaltsberuf neben Guten auch weniger Befähigte, und »Gutes hat bekanntlich seinen Preis«. Da erscheint es als durchaus berechtigtes Anliegen eines Beschuldigten, hier selbst eine Wahl treffen zu können. Es steht nun aber zu befürchten, dass bei drohender Geldwäschestrafbarkeit Personen, die einer Geldwäschevortat beschuldigt werden, keinen Wahlverteidiger mehr finden.

1076 Zudem kann die Gefahr, sich ggf. als Verteidiger durch Honorar-Annahme strafbar zu machen, zu einer *Belastung des Vertrauensverhältnisses zum Mandanten* führen. Die Leichtfertigkeitsstrafbarkeit bedeutet nämlich, dass der Verteidiger selbst dann, wenn er von der Unschuld seines Mandanten ausgeht, doch damit rechnen muss, wegen Geldwäsche verfolgt zu werden, falls sich wider Erwarten dessen Schuld herausstellt (vgl. *Fall 143*). Auf dieser Basis kann der Verteidiger seinem Mandanten schwerlich unvoreingenommen begegnen.

1077 (4) Das *BVerfG* hat dann (auf Verfassungsbeschwerde gegen das eben besprochene Urteil *BGH* St 47, 68 hin) einen Schlussstrich unter die Debatte gezogen[98] und

– unter Stützung des vom *BGH* in concreto gefundenen Ergebnisses, unter Zurückweisung jedoch dessen grundsätzlich ablehnender Haltung zum Verteidigerprivileg –

die Anwendbarkeit des damaligen § 261 II Nr. 1 StGB (heute: des § 261 I 1 Nr. 3 StGB), soweit es den Strafverteidiger betrifft, mittels *verfassungskonformer Reduktion* auf Fälle beschränkt, in denen der Anwalt **sicher weiß**, dass sein Honorar aus einer Geldwäschevortat stammt.[99] Die Strafnorm des § 261 StGB greife in die **Berufsausübungsfreiheit** (Art. 12 I GG) des Strafverteidigers ein: Zwar diene § 261 StGB wichtigen Gemeinschaftsbelangen, die uneingeschränkte Anwendung auch auf Strafverteidiger verstieße aber gegen das Übermaßverbot.[100]

1078 Mittels Güterabwägung gelangte das *BVerfG* damit in restriktiver Auslegung (zu Recht) zu der – gem. § 31 II 2 BVerfGG in Gesetzeskraft erwachsenen – Formel:

»§ 261 II Nr. 1 StGB [a.F.] ist mit dem Grundgesetz vereinbar, soweit Strafverteidiger nur dann mit Strafe bedroht werden, wenn sie im Zeitpunkt der Annahme ihres Honorars sichere Kenntnis von dessen Herkunft hatten«.[101]

Dieses **Strafverteidigerprivileg** hat nunmehr mit der Neufassung des Jahres 2021 seine ihm zustehende Berücksichtigung in § 261 I 3, VI 2 StGB gefunden.[102]

– Zur Übertragbarkeit auf andere Berufsgruppen (Notare, Ärzte etc.) vgl. *Rn. 1082*. –

1079 *Ergebnis für Fall 143* (*Rn. 1039*): Nachdem S dieses sichere Wissen nicht hatte, hat er sich gem. § 261 I 3, VI 2 StGB nicht der Geldwäsche schuldig gemacht.

---

[97] *BGH* St 47, 68 (75 f.); a.A. *Lüderssen*, StV 2000, 205 (207); *Nestler*, StV 2001, 641 (644 f.).
[98] Dennoch nochmals eingehend zur Problematik *Fernandez/B. Heinrich*, ZStW 2014, 382 (421 ff.).
[99] *BVerfG* E 110, 226 ff.; zust. *Barton*, JuS 2004, 1033 ff.; *Dahs/Krause/Widmaier*, NStZ 2004, 261; *Matt*, JR 2004, 321; *Wohlers*, JZ 2004, 678; ebso. *BVerfG*, NJW 2005, 1707 f.; 2015, 2949 (2952).
[100] *BVerfG* E 110, 226 (263); krit.dazu NK-*Altenhain*, § 261 Rn. 74; s.a. S/S/W-*Jahn*, § 261 Rn. 97.
[101] BGBl. I 2004, 715; s. *BVerfG* E 110, 226 (265 ff); krit. zur Vorsatzlösung NK-*Altenhain*, § 261 Rn. 74.
[102] Zur Vert.-GW nach neuem Recht *Beulke/Hallweger*, FS-Barton 2023, 209; *Jahn*, FS-Kempf 2023, 65.

1080 (5) Während sich jenes Judikat des *BVerfG* (*Rn. 1077*) nur auf § 261 II Nr. 1 StGB a.F. bezog, ergänzte das Gericht in einer späteren Entscheidung, dass »eine einschränkende Auslegung ... auch des ... Vereitelungs- und Gefährdungstatbestands aus § 261 I StGB [a.F.] ..., die den Besonderheiten bei der Honorierung von Strafverteidigern Rechnung trägt,« nach denselben Maßstäben wie den für § 261 II Nr. 1 StGB [a.F.] dargelegten, »geboten« sei.[103]

1081 Dabei hat das Gericht aber offen gelassen, auf welche Weise dies geschehen solle. Es meint: »So könnte eine Übertragung der Lösung aus BVerfGE 110, 226 (Strafbarkeit nur bei sicherer Herkunftskenntnis im Tatzeitpunkt) in Erwägung gezogen werden, aber auch ... der Ansatz, durch das Erfordernis eines ›finalen Elements‹ oder einer ›manipulativen Tendenz‹ ... ein verfassungskonformes Verständnis der möglichen Strafbarkeit des Strafverteidigers herzustellen. Insofern obliegt die nähere Prüfung und Bestimmung ... den Fachgerichten.«[104] Leider hat sich angesichts dieses damit gewährten »Freiraums« der Gesetzgeber der Neufassung des § 261 StGB nicht dazu entschieden, das Strafverteidigerprivileg aus Abs. 1 S. 3 und Abs. 6 S. 2 schlicht auf *alle* Tatbestandsvarianten des Abs. 1 zu erstrecken
– sodass es den Gerichten obliegt, den Anforderungen des BVerfG gerecht zu werden.

V. Straflosigkeit bei sonstigem sozialadäquatem Verhalten?

1082 Auch jenseits des Strafverteidigerprivilegs (*Rn. 1071 ff.*) erscheint es sachgerecht, dieses auch auf **Rechtsanwälte** zu erweitern, die *in concreto* nicht als Strafverteidiger tätig sind, – was auch durch den Wortlaut von § 261 I 3, VI 2 StGB nicht ausgeschlossen ist.[105] Ebenso ist zu erwägen, ob es nicht auf Angehörige bestimmter anderer Berufsgruppen auszudehnen wäre. So fragt sich insb. bei *Geschäften zur Deckung des existenziell notwendigen Lebensbedarfs* sowie bei *erforderlichen ärztlichen Behandlungen*, ob die Annahme bemakelten Geldes durch **Verkäufer** und **Ärzte** nicht von der Strafbarkeit nach § 261 I 1 Nr. 3, 4 StGB auszunehmen wäre. Um nur über bemakeltes Geld Verfügende nicht vollends in die Illegalität abzudrängen bzw. sie gnadenlos sich selbst zu überlassen, ist dies zu bejahen.[106]

VI. Weitere Regelungen in § 261 StGB

1083 – Nach Abs. 3 ist *der Versuch* strafbar.
– Abs. 4 enthält eine *Qualifikation* für nach § 2 GwG Verpflichtete (zum GwG s. *Rn. 1041*). Sie greift nur, wenn der Verpflichtete gerade in Ausübung seiner verpflichtungsbegründenden Tätigkeit und nicht etwa nur privat die Geldwäschehandlung vornimmt.[107]
– Abs. 5: Strafverschärfung für *bes. schwere Fälle* (gewerbs- u. bandenmäßige Begehung).
– Abs. 7 enthält eine Straffreistellung für *Vortatbeteiligte* (s. schon *Rn. 1045*).
– Abs. 8 regelt Fälle der *tätigen Reue* (mit Selbstanzeigeprivileg in Nr. 1[108]).
– Abs. 9 betrifft Gegenstände, die aus einer *im Ausland begangenen Tat* herrühren.[109]
– Abs. 10 betrifft Fragen der *Einziehung* (ausf. hierzu *Fleckenstein*, wistra 2023, 45).

---

[103] BVerfG, NJW 2015, 2949 (Rn. 47) m. Anm. *Raschke*, NZWiSt 2015, 476 ff.
[104] Für ein allg. »Vorsatzprivileg« *Raschke*, NZWiSt 2015, 476 (480); Sch/Sch-*Hecker*, § 261 Rn. 24.
[105] Wie hier S/S/W-*Jahn*, § 261 Rn. 80 und BeckOK-*Ruhmannseder*, § 261 Rn. 40/41 (beide zu Recht sogar für Ausweitung auf alle Rechtsberatungsberufe); **a.A.** NK-*Altenhain*, § 261 Rn. 71.
[106] Ebso. *Rengier* I, 23/43; W/H/S-*Schuhr*, Rn. 1060: Gefahr der »Verkürzung elementarer Lebenschancen des Vortäters«; noch weitergehend M/S/M-*Maiwald*, 101/37; **a.A.** NK-*Altenhain*, § 261 Rn. 71.
[107] BGH St 67, 130 m. Anm. *Raschke*, NZWiSt 2023, 263; NK-*Altenhain*, § 261 Rn. 105.
[108] Zu *Risiken für Rechtsanwälte Spatscheck*, FS-Ignor, 2023, 361; *Spatscheck/Spilker*, NJW 2024, 1557.
[109] Vgl. etwa *OLG Koblenz*, wistra 2024, 249 ff. zu Geldwäsche bei **Cum/Ex-Geschäften** im Ausland.

§ 21 Unerlaubtes Entfernen vom Unfallort (§ 142 StGB)

§ 142 StGB wird in manchen Lehrbüchern im Rahmen der Straßenverkehrsdelikte dargestellt, gehört aber – trotz Einordnung bei den »Straftaten gegen die öffentliche Ordnung« – seinem Wesen nach zu den **Vermögensdelikten** (s. *Rn. 1085*).[1] **1084**

I. Grundlegendes und Aufbau des Tatbestands

1. § 142 StGB ist ein abstraktes Vermögensgefährdungsdelikt.[2] Geschütztes Rechtsgut ist allein das ***Feststellungsinteresse der anderen Unfallbeteiligten bzw. Geschädigten*** (§ 142 I Nr. 1 StGB).[3] Der Tatbestand soll »Feststellungen zur Klärung der durch einen Unfall entstandenen zivilrechtlichen Ansprüche sichern, d.h. die Durchsetzung berechtigter oder die Abwehr unberechtigter Ansprüche ermöglichen«.[4] **1085**

– Das hat zur Folge, dass der Tatbestand bei fehlendem Feststellungsinteresses entfällt, wie etwa bei sofortiger Befriedigung bzw. Schadensbehebung, bei einem Schuldanerkenntnis oder einem Verzicht der Berechtigten auf Feststellung (vgl. *Rn. 1108*).[5] –

§ 142 StGB schützt also *weder* das Interesse der Allgemeinheit an der »Ausschließung betriebsunsicherer Kraftfahrzeuge und ungeeigneter Personen« vom Straßenverkehr,[6] *noch* das öffentliche Interesse an der Strafverfolgung.[7] Auch das Feststellungsinteresse von Unfallbeteiligten bezüglich der *strafrechtlichen* Verantwortlichkeit (um unbegründeten Strafverfolgungsmaßnahmen zu entgehen) ist *nicht* geschütztes Rechtsgut des § 142 StGB.[8] **1086**

2. Ergänzt wird § 142 StGB durch § 34 StVO, der im Wesentlichen dieselben Pflichten enthält. Ein Verstoß gegen diese ist gem. § 49 I Nr. 29 StVO in den meisten Fällen (auch bei Fahrlässigkeit) eine *Ordnungswidrigkeit*. Bei vorsätzlicher Begehung tritt gem. § 21 OWiG die Ordnungswidrigkeit hinter § 142 StGB zurück. **1087**

3. **§ 142 I StGB** will sicherstellen, dass nach einem Unfall im Straßenverkehr die soeben in *Rn. 1085* beschriebenen Feststellungen ermöglicht werden, und statuiert demgemäß in **Nr. 1** eine ***Feststellungsermöglichungspflicht*** der Unfallbeteiligten (näher *Rn. 1100 ff.*) bzw. – falls (noch) keine feststellungsbereiten Personen vor Ort sind – ergänzend dazu in **Nr. 2** eine ***Wartepflicht*** (vgl. *Rn. 1124 ff.*), um dann beim Eintreffen solcher Personen der Verpflichtung aus **Nr. 1** nachzukommen. Für den Fall, dass der Unfallbeteiligte sich ***erlaubterweise*** vom Unfallort entfernt, ohne zuvor die entsprechenden Feststellungen ermöglicht zu haben, zielt **§ 142 II StGB** darauf, die Feststellungen unverzüglich nachträglich zu ermöglichen (*Rn. 1133 ff.*). **1088**

---

[1] Ausf. zur Entstehungsgeschichte *Meurer*, Unerlaubtes Entfernen vom Unfallort – § 142 StGB, 2014.
[2] *Fischer*, § 142 Rn. 2; LK[13]-*Herb*, § 142 Rn. 1; Sch/Sch-*Sternberg-Lieben*, § 142 Rn. 1a; MK-*Zopfs*, § 142 Rn. 4; SK[9]-*Stein*, § 142 Rn. 5; *Rengier* II, 46/1; abw. NK-*Kretschmer*, § 142 Rn. 14; statistische Erkenntnisse zu *Strafen* u. *Rechtsmitteln* bei Verurteilungen nach § 142 bei *Kruse*, NJW 2023, 1786.
[3] Ganz h.M., vgl. nur *Fischer*, § 142 Rn. 2; *Rengier* II, 46/1; Sch/Sch-*Sternberg-Lieben*, § 142 Rn. 1a.
[4] BT-Drucks. 7/2434, S. 4 f.; s.a. *Otto*, BT, 80/45; LK[13]-*Herb*, § 142 Rn. 1; SK[9]-*Stein*, § 142 Rn. 5.
[5] *Rengier* II, 46/1; s.a. SK[9]-*Stein*, § 142 Rn. 22: ***auch bei Alleinbeteiligung ohne Schädigung anderer***.
[6] BT-Drucks. 7/2434, S. 4, 5; LK[13]-*Herb*, § 142 Rn. 1; s.a. MK-*Zopfs*, § 142 Rn. 2.
[7] LK[13]-*Herb*, § 142 Rn. 1; MK-*Zopfs*, § 142 Rn. 2; *Rengier* II, 46/1; W/H/E-*Engländer*, Rn. 1013.
[8] *Rengier* II, 46/1; Sch/Sch-*Sternberg-Lieben*, § 142 Rn. 1a; SK[9]-*Stein*, § 142 Rn. 5.

1089 Besteht bereits eine Strafbarkeit nach Abs. 1, ist eine Strafbarkeit nach Abs. 2 ebenso ausgeschlossen, wie in dem Fall, dass die Feststellungen bereits pflichtgemäß ermöglicht wurden.[9]

Für die **Prüfungsreihenfolge** ergibt sich damit: Abs. I Nr. 1→ggf. Abs. I Nr. 2 →ggf. Abs. 2.

II. Die Strafbarkeit nach Abs. 1

1. Der Tatbestand des § 142 I Nr. 1 StGB

1090 **Fall 144:** – *Feststellungs- und Vorstellungspflichten der Unfallbeteiligten* –

Der angetrunkene Fußgänger Franz Fusel (F) torkelt nachts unversehens auf die Fahrbahn, so dass der Pkw-Fahrer Peter Presch (P) scharf bremsen muss. Der Wagen rutscht dabei gegen ein Verkehrsschild, das abknickt. Während ein Passant telefonisch die Polizei benachrichtigt, gibt F dem P für dessen Schaden (Beschädigung der Stoßstange) 100 Euro. P erklärt daraufhin, F könne sich »trollen«. Beide entfernen sich rasch von der Unfallstelle.

Strafbarkeit von F und P aus § 142 StGB?

a) Strafbarkeit des F (§ 142 I Nr. 1 StGB)

1091 Einschlägig ist hier allein § 142 I *Nr. 1* StGB, da **feststellungsbereite Personen am Unfallort anwesend** waren (sowohl P, als offenkundig auch der Passant).

Sind solche feststellungsbereite Personen (d.h. andere Unfallbeteiligte und Geschädigte als **»Berechtigte«** i.S.d. Abs. 3, aber auch *zu deren Gunsten handelnde Dritte*, wie insb. die Polizei) nicht anwesend, ist allein § 142 I *Nr. 2* StGB anwendbar. Die beiden Modalitäten des Abs. 1 (Nr. 1 und Nr. 2) stehen also in einem Entweder/Oder-Verhältnis.

– Wer zunächst die Polizei hinzuziehen möchte, ist i.d.R. nicht feststellungsbereit, womit den Verpflichteten bis zu deren Eintreffen die Wartepflicht aus Nr. 2 trifft.[10] –

1092 *(1)* Ein **Unfall im Straßenverkehr** ist ein »plötzliches Ereignis im öffentlichen Verkehr, das zur Tötung oder Verletzung eines Menschen oder zu einer nicht völlig belanglosen Sachbeschädigung führt«,[11] wobei aber die Annahme eines Verkehrsunfalls einen *straßenverkehrsspezifischen Gefahrenzusammenhang* voraussetzt:[12]

– er fehlt bei spinnenphobiebedingtem Türaufreißen beim Parken im Parkhaus,[13] u. ist str. für die beim Be- oder Entladen eines Lkw durch unsachgemäßen Umgang mit der Ladung verursachten Beschädigung eines daneben parkenden Kfz.[14] – Vgl. noch *Rn. 1097*. –

1093 *(a)* Erfasst wird nur der **öffentliche Straßenverkehr**. Auf die Widmung i.S. des öffentlichen Straßenrechts kommt es aber nicht an; es genügt, wenn die betreffende Fläche der Allgemeinheit zur Benutzung offen steht und der Verfügungsberechtigte die Benutzung durch einen nicht näher bestimmten Personenkreis duldet.[15]

---

[9] Vgl. *Rengier* II, 46/18; W/H/E-*Engländer,* Rn. 1015; ausf. auch NK-*Kretschmer,* § 142 Rn. 27, 119.
[10] *Rengier* II, 46/22; näher hierzu MK-*Zopfs,* § 142 Rn. 54; Sch/Sch-*Sternberg-Lieben,* § 142 Rn. 27.
[11] *BGH* St 8, 263 (264 f.); entspr. *Fischer,* § 142 Rn. 7; *Rengier* II, 46/2; W/H/E-*Engländer,* Rn. 1048.
[12] *BGH* St 47, 158 (159); *OLG Köln,* NStZ-RR 2011, 354; s.a. NK-*Kretschmer,* § 142 Rn. 39 f.
[13] Ausgesprochen gründlich und lehrreich hierzu *AG Calw,* NJW 2024, 1283.
[14] Dagegen *AG Berlin-Tiergarten,* NJW 2008, 3728 (krit. Bspr. *Kudlich,* JA 2009, 230); *Zopfs,* ZIS 2016, 426 (431); L/K/H-*Heger,* § 142 Rn. 6; dafür *OLG Köln,* NStZ-RR 2011, 354 (abl. Bspr. *Hecker,* JuS 2011, 1038); LK[13]-*Herb,* § 142 Rn. 17; *Rengier* II, 46/5; einen »Unfall« bejahend, aber ggf. den Vorsatz in Frage stellend *LG Aachen,* NZV 2013, 305 m. abl. Bespr. *Hecker,* JuS 2013, 851.
[15] Näher L/K/H-*Heger,* § 142 Rn. 6 mit § 315c Rn. 2 mwN; *Rengier* II, 46/3 mit 43/7 f.

Mithin zählen zum öffentlichen Verkehrswesen u.a. auch allgemein zugängliche Parkhäuser und Universitätsparkplätze, Kaufhaus-, Supermarkt- und Wirtshausparkplätze sowie Tankstellen, nicht hingegen ein nur Werksangehörigen oder individuell zugelassenen Personen zugängliches Werksgelände,[16] der zu einem Wohnhaus gehörende (ggf. mit Mieterparkplätzen ausgestattete) Hof[17] oder eine vereinzelt als Abkürzung benutzte Rasenfläche.[18]

(b) Auch Unfälle mit Radfahrern, Pferdefuhrwerken, Inline-Skatern, Skateboard- und Tretrollerfahrern oder auch (wie in *Fall 144*) mit **Fußgängern** genügen, **1094**

> ja sogar solche mit *ausschließlicher* Beteiligung von Fußgängern (str.)[19] bzw. Unfälle zwischen Inline-Skatern und Fußgängern (str.);[20] ebso. »die Kollision eines Einkaufswagens mit einem parkenden Pkw auf einem öffentlich zugänglichen Parkplatz«.[21]

(c) Die Fülle der den Unfallbeteiligten durch § 142 StGB auferlegten Pflichten und die Höhe der Strafdrohung gebieten unter dem Aspekt von *Strafwürdigkeit und Strafbedürfnis*, **Bagatellunfälle** mit nur geringfügigem Schaden **1095**

> (leichte Hautabschürfungen, gar nur das bloße Berühren des Knies mit der Stoßstange[22])

aus dem Unfallbegriff des § 142 StGB herauszunehmen.[23] Dabei würde ich bei Sachschäden die **Wertgrenze wie bei § 248a StGB** ziehen, derzeit also bei 50 Euro (*Rn. 216*),[24] obwohl sie zumeist geringer angesetzt wird.[25]

Begründung: Da § 142 StGB ein reines Vermögensdelikt ist (*Rn. 1085 f.*), wäre an sich in gleicher Weise wie bei §§ 242, 246, 259, 263, 263a, 265a, 266, 266b StGB eine Privilegierung für Bagatellfälle (§§ 248a, 259 II, 263 IV, 263a II, 265a III, 266 II, 266b II StGB) zu erwarten. Deren Fehlen erscheint allein deswegen als vertretbar, weil ganz belanglose Sachbeschädigungen bereits das **Tatbestandsmerkmal** »Unfall« ausschließen. Dann sollten aber konsequenterweise auch *alle* nach dem Maßstab jener Bagatellregelungen »geringwertigen« Sachschäden aus dem Schutzbereich des § 142 StGB ausgeschieden werden (anderenfalls müsste bei solchen »geringwertigen« Schädigungen § 248a StGB analog angewendet werden).[26] **1096**

In *Fall 144* war die Bagatellgrenze sowohl hinsichtlich des Pkw des P als auch des Verkehrsschildes überschritten, so dass ein Unfall im Straßenverkehr vorliegt.

(d) Exkurs: Ob ein »Verkehrsunfall« auch dann anzunehmen ist, wenn ein Unfallbeteiligter den Schaden **vorsätzlich** herbeiführt, ist strittig. Die Frage ist mit dem BGH zu bejahen, wenn nur immerhin »einem anderen ein von ihm ungewollter Schaden entstanden ist« und das Ereignis immer noch »mit den im Straßenverkehr typischen Gefahren im unmittelbaren **1097**

---

[16] *BGH* St 49, 128 sowie die in *Fn. 15* Genannten; s.a. Sch/Sch-*Sternberg-Lieben*, § 142 Rn. 15.
[17] *BayObLG*, VRS 73 (1987), 57; *OLG Hamm*, NZV 2008, 257; L/K/H-*Heger*, § 315c Rn. 2.
[18] *BGH*, NStZ 2004, 625; L/K/H-*Heger*, § 315c Rn. 2; *Rengier* II, 46/3 mit 43/8.
[19] L/K/H-*Heger*, § 142 Rn. 6; *Rengier* II, 46/4; MK-*Zopfs*, § 142 Rn. 33 (m. Fn. 123); a.A. LK[13]-*Herb*, § 142 Rn. 17; NK-*Kretschmer*, § 142 Rn. 39; Sch/Sch-*Sternberg-Lieben*, § 142 Rn. 17.
[20] *Rengier* II, 46/4; a.A. NK-*Kretschmer*, § 142 Rn. 39; Sch/Sch-*Sternberg-Lieben*, § 142 Rn. 17.
[21] *OLG Düsseldorf*, NStZ 2012, 326 mwN; Sch/Sch-*Sternberg-Lieben*, § 142 Rn. 17; *Rengier* II, 46/4.
[22] Zu Letzterem *BGH*, BeckRS 2021, 25733; zu Ersterem *Rengier* II, 46/10.
[23] *Fischer*, § 142 Rn. 11; *Rengier* II, 46/2; MK-*Zopfs*, § 142 Rn. 26; abw. *Sturm*, JZ 1975, 406 (407).
[24] Wie hier Joecks/*Jäger*, § 142 Rn. 6; ebenfalls für 50 € SK[9]-*Stein*, § 142 Rn. 9 sowie (dabei allerdings eine Anlehnung an § 248a StGB explizit ablehnend) *OLG Nürnberg*, NStZ-RR 2008, 56 (57).
[25] 25 €: *Fischer*, § 142 Rn. 11; *Rengier* II, 46/10; dagegen 150 €: Sch/Sch-*Sternberg-Lieben*, § 142 Rn. 9.
[26] Gegen eine solche »Harmonisierung« mit § 248a StGB aber *Fischer*, § 142 Rn. 11; s.a. oben *Fn. 24*.

Zusammenhang steht«, das Fahrzeug also zumindest *auch* »als Mittel der Fortbewegung und nicht etwa (ausschließlich) als Tatwaffe benutzt« wird.[27] Dies sei nicht der Fall, »wenn das Schadensereignis im Straßenverkehr schon nach seinem äußeren Erscheinungsbild nicht die Folge des allgemeinen Verkehrsrisikos, sondern einer deliktischen Planung ist«.[28]

So nimmt die Rspr. einen Verkehrsunfall an, wenn der Täter »im Rahmen eines Verkehrsvorgangs aus verkehrsfremden Zwecken bewusst Straßenbegrenzungspfosten umfährt«,[29] ein »Fußgänger aus der Verärgerung über ein entgegenkommendes Kraftfahrzeug gegen dessen Windschutzscheibe schlägt und diese vorsätzlich beschädigt«[30] oder ein »Kraftfahrer das ihn wegen anderer Straftaten verfolgende Polizeifahrzeug vorsätzlich beschädigt und weiterfährt«[31] bzw. umgekehrt der verfolgende Polizeibeamte den Fluchtwagen von hinten rammt, um den Fliehenden »zum Anhalten zu bewegen«.[32]

1098 *(2)* In *Fall 144* war F **Unfallbeteiligter** (s. § 142 V StGB), da auch Fußgänger dies sein können – wie auch Radfahrer, Reiter, Lenker bespannter Fuhrwerke, Einweiser, Rollstuhlfahrer, Skateboarder, Einkaufswagenbenutzer usw. (s.a. *Rn. 1094*).[33]

– Auch der **Beifahrer** kann ggf. Unfallbeteiligter sein (näher *Rn. 1114, 1120 ff.* mit *Fall 145*), nicht jedoch der nicht in das Unfallgeschehen involvierte *bloße Unfallzeuge.* –

1099 *(3)* F hat sich auch vom Unfallort **entfernt**.

Ein »Sich-Entfernen« liegt nicht vor beim **Verstecken am Tatort**[34] und setzt überdies ein **willensgetragenes Verhalten** voraus, so dass ein bloßes »Entfernt-Werden« nicht genügt.[35] Täter *des § 142 I StGB* ist also nicht, wer bewusstlos ins Krankenhaus gebracht, von Dritten mit Gewalt weggeschafft oder aufgrund staatlicher Zwangsmaßnahmen abgeführt wird.[36]

– Zur Frage der Anwendbarkeit des § 142 II StGB in solchen Fällen vgl. *Rn. 1149.* –

1100 *(4)* Soweit es um den **Schaden des P** geht, entfällt § 142 I Nr. 1 StGB jedoch:

Diese Tatbestandsvariante statuiert die *Pflicht zur Ermöglichung der Feststellung der Person* des Unfallbeteiligten, *seines Fahrzeugs* und der *Art seiner Beteiligung.*

Exkurs: Ist keine feststellungsbereite Person anwesend, muss der Unfallbeteiligte gemäß § 142 I Nr. 2 StGB eine den Umständen nach angemessene Zeit warten (sog. **Wartepflicht**).

– Näher zur Wartepflicht und ihrem Umfang siehe unten, *Fall 146* (*Rn. 1124 ff.*). –

Erscheint nun während der Wartezeit eine feststellungsbereite Person (etwa die Polizei), rückt der bislang gem. Abs. 1 Nr. 2 Wartende in die Pflichtenstellung aus Abs. 1 Nr. 1 ein.[37]

---

[27] BGH St 24, 382 (383, 384); ebso. *BGH* St 47, 158 (159); 48, 233 (235, 239); *Rengier* II, 46/6 f. mit Bsp. in Rn. 8; s.a. NK-*Kretschmer*, § 142 Rn. 40; dagegen *Roxin*, NJW 1969, 2038; diff. SK[9]-*Stein*, § 142 Rn. 13 f.; Sch/Sch-*Sternberg-Lieben*, § 142 Rn. 19; MK-*Zopfs*, § 142 Rn. 35.

[28] BGH St 47, 158 (Leitsatz sowie S. 159); s.a. *Rengier* II, 46/6 f. mit Bsp. in Rn. 9.

[29] BayObLG, JZ 1985, 855 f.; a.A. LK[13]-*Herb*, § 142 Rn. 19: keine bes. Rolle als Fortbewegungsmittel.

[30] BayObLG, JZ 1986, 912; a.A. LK[13]-*Herb*, § 142 Rn. 19; NK-*Kretschmer*, § 142 Rn. 40.

[31] BGH St 24, 382; LK[13]-*Herb*, § 142 Rn. 19 (ebso. zum Abschütteln sich am Kfz Festhaltender).

[32] BGH St 48, 233 (235, 239); hier mit guten Gründen a.A. LK[13]-*Herb*, § 142 Rn. 19 mwN.

[33] Sch/Sch-*Sternberg-Lieben*, § 142 Rn. 21a; *Rengier* II, 46/12; diff. LK[13]-*Herb*, § 142 Rn. 17.

[34] OLG Hamm, NJW 1979, 438; LPK-*Hilgendorf*, § 142 Rn. 16; *Rengier* II, 46/29.

[35] NK-*Kretschmer*, § 142 Rn. 85; *Rengier* II, 46/29; abw. SK[9]-*Stein*, § 142 Rn. 42.

[36] Vgl. *OLG Köln*, VRS 57 (1979), 406 (Krankenhaus); *OLG Düsseldorf*, VRS 65 (1983), 364 (365) (Gewalt); *OLG Hamm*, NJW 1979, 438 (439); 1985, 445 (vorläufige Festnahme); *BayObLG*, NJW 1993, 410 (Blutentnahme gem. § 81a StPO); s.a. *Rengier* II, 46/29; NK-*Kretschmer*, § 142 Rn. 85.

[37] *Rengier* II, 46/17, 32; vgl. auch MK-*Zopfs*, § 142 Rn. 6, 46; NK-*Kretschmer*, § 142 Rn. 74.

Die Wartepflicht soll es dem Unfallbeteiligten offen halten, seiner Ermöglichungspflicht aus Abs. 1 Nr. 1 bei Eintreffen feststellungsbereiter Personen noch genügen zu können.[38]

(a) Dabei beschränkt das Gesetz die **Feststellungsermöglichungspflicht** auf »zwei elementare Basispflichten«: Die Ermöglichung ist vom Unfallbeteiligten lediglich **in zweierlei Hinsicht** zu leisten, nämlich zum einen *»durch seine Anwesenheit«* und zum anderen *»durch die Angabe, dass er an dem Unfall beteiligt ist«*. Wichtig: »Weitergehende Verpflichtungen hat er nach § 142 I Nr. 1 StGB nicht«.[39] **1101**

– Somit ist etwa die Weigerung des Unfallbeteiligten, Namen und Anschrift zu nennen sowie sich durch Ausweispapiere auszuweisen, *nicht* nach § 142 I Nr. 1 StGB strafbar. –

(b) Demgemäß besteht die Feststellungsermöglichungspflicht *zum einen* aus der Pflicht des Unfallbeteiligten, »durch seine Anwesenheit« am Unfallort der ebenfalls anwesenden feststellungsbereiten Person (i.d.R. der Unfallgegner) die in der Vorschrift genannten Feststellungen zu ermöglichen, sog. **»passive Feststellungspflicht«** des Unfallbeteiligten (oder auch: **»Feststellungsduldungspflicht«**). **1102**

Nochmals: Gemäß dem insoweit klaren Gesetzestext erschöpft sich diese Pflicht in einer bloßen **Pflicht zur Anwesenheit am Unfallort**, § 142 I Nr. 1 StGB statuiert *keine Pflicht zur aktiven Mitwirkung* an den erforderlichen Feststellungen.[40] **1103**

Wenn freilich Angaben zur Person etc. verweigert werden, sind damit die in dieser Vorschrift genannten Feststellungen noch nicht getroffen – mit der Folge, dass der Unfallbeteiligte den Unfallort ohne Einwilligung des Geschädigten nicht verlassen darf und »gegebenenfalls das Eintreffen der Polizei abwarten muss«.[41] Der **Polizei** steht nun grundsätzlich die Befugnis zu, von den Unfallbeteiligten Angaben zur Person zu verlangen;[42] diese Befugnis folgt allerdings nicht aus § 142 I Nr. 1 StGB, sondern aus §§ 111 i.V.m. 53 OWiG, § 163 I 1 StPO, ggf. auch aus der polizeilichen Generalklausel.[43]

Auch wenn hinsichtlich der laut Gesetz zu ermöglichenden Feststellungen gelogen wird, liegt in diesen Lügen als solchen noch keine Verletzung der »passiven Feststellungspflicht«, solange nur der Unfallbeteiligte sich nicht vor dem endgültigen Abschluss der am Unfallort laufenden Feststellungen von diesem entfernt.[44]

(c) Die (passive) Feststellungsduldungspflicht des Unfallbeteiligten wird in § 142 I Nr. 1 StGB *zum anderen* noch ergänzt um seine Verpflichtung zu der »Angabe, dass er an dem Unfall beteiligt ist«, sog. (aktive) **»Vorstellungspflicht«**. **1104**

Auch die Verpflichtung zur Angabe der Beteiligung setzt natürlich voraus, dass feststellungsbereite Personen anwesend sind. Ist das nicht der Fall, verbleibt es zunächst bei der bloßen Wartepflicht nach § 142 I Nr. 2 StGB; beim etwaigen Eintreffen feststellungsbereiter Personen (bspw. der Polizei) lebt die »Vorstellungspflicht« jedoch wieder auf.

---

[38] MK-*Zopfs*, § 142 Rn. 6; NK-*Kretschmer*, § 142 Rn. 74.
[39] H.M., vgl. nur (mwN) *Küper*, JZ 1988, 473 ff.; *ders.*, JZ 1990, 510 (510); SK^9-*Stein*, § 142 Rn. 34.
[40] Sch/Sch-*Sternberg-Lieben*, § 142 Rn. 29; LPK-*Hilgendorf*, § 142 Rn. 12; MK-*Zopfs*, § 142 Rn. 65.
[41] *BayObLG*, NJW 1984, 66 (67); ebso. *OLG Stuttgart*, NJW 1982, 2267; *Küper*, NJW 1981, 853 (854 f.); *ders.*, JZ 1988, 473 (476 mit Fn. 20 mwN); *Rengier* II, 46/26; LK^{13}-*Herb*, § 142 Rn. 95; SK^9-*Stein*, § 142 Rn. 27; MK-*Zopfs*, § 142 Rn. 69.
[42] *Rengier* II, 46/26; MK-*Zopfs*, § 142 Rn. 66; LPK-*Hilgendorf*, § 142 Rn. 12.
[43] Dazu *Küper*, JZ 1988, 473 (476); *Rengier* II, 46/26; s.a. LPK-*Hilgendorf*, § 142 Rn. 12.
[44] W/H/E-*Engländer*, Rn. 1021; ebso. *Fischer*, § 142 Rn. 26, 29; s.a. *Klesczewski*, 15/89.

1105 Diese Pflicht zur Angabe, man sei an dem Unfall beteiligt, ist bereits erfüllt, wenn der Unfallbeteiligte (ausdrücklich oder durch schlüssiges Verhalten) zum Ausdruck bringt, es sei ein Unfall passiert und »nach den Umständen könne er zur Verursachung des Unfalls beigetragen haben« (§ 142 V StGB). Weitere Angaben (etwa über den eigenen Namen oder die Frage, in welcher Rolle – als Fußgänger oder Fahrer o.ä. – man an dem Unfall beteiligt sei) sind nicht nötig;[45] ja mehr noch: Selbst wer *insoweit lügt*, verstößt noch nicht gegen die Vorstellungspflicht.[46]

– Daran ändert auch die wesentlich weitergehende Auskunftspflicht in § 34 I Nr. 5 b StVO nichts, da diese Regeln nicht einfach auf § 142 StGB übertragbar sind.[47] –

1106 Insbesondere die Verweigerung von Angaben zur Person verletzt die »Vorstellungspflicht« aus § 142 I Nr. 1 StGB nicht;[48] ebenso wenig die Angabe falscher Personalien oder die bewusst falsche Darstellung des Unfallhergangs, sofern die Unfallbeteiligung als solche nicht geleugnet wird[49] – und selbst ein solches Leugnen ist noch tatbestandlich unschädlich, solange kein »Sich-Entfernen« i.S. einer **räumlichen Trennung vom Unfallort** erfolgt.[50]

Auch sonstige **Verdunkelungshandlungen**, wie Spurenbeseitigung oder Nachtrunk zur Verschleierung des Blutalkoholgehalts u.ä. fallen nicht unter § 142 I Nr. 1 StGB.[51]

– Zur Beseitigung von Unfallspuren als Ordnungswidrigkeit §§ 34 III, 49 I Nr. 29 StVO. –

1107 Dagegen verletzt die Vorstellungspflicht, wer es unternimmt, den Unfallhergang »so zu schildern, als habe er ihn zwar miterlebt, als könne sein Verhalten nach den Umständen aber gerade *nicht* zur Verursachung des Unfalles beigetragen haben«[52] – mit der Folge, sich bei Verlassen des Unfallorts nach § 142 I Nr. 1 StGB strafbar zu machen.

Es nutzt ihm auch nichts, bis zuletzt am Unfallort zu bleiben, denn: Wenn jemand seiner Vorstellungspflicht nicht nachkommt, ist er auch dann nach § 142 I Nr. 1 StGB strafbar, wenn er »den Unfallort erst nach der feststellungsberechtigten Person verlässt«,[53] – ungeachtet dessen, dass zu diesem Zeitpunkt kein Feststellungsbereiter mehr anwesend ist.

1108 *(d)* Die Verpflichtungen des Unfallbeteiligten nach § 142 I Nr. 1 StGB erfordern aber ein **Feststellungsinteresse** eines anderen Unfallbeteiligten oder Geschädigten.

– Zu Fallkonstellationen fehlenden Feststellungsinteresses s. schon Rn. 1085 mit Fn. 5. –

Soweit es in **Fall 144** um die Beziehung F/P geht, haben beide auf nähere Feststellungen ihres Beitrags zum Unfallgeschehen verzichtet. Wenn nun die Feststellungsinteressenten auf die entsprechenden Feststellungen keinen Wert legen, entfällt die Bleibepflicht.[54] Das durch

---

[45] *Fischer*, § 142 Rn. 28; LK[13]-*Herb*, § 142 Rn. 92 f. (93); L/K/H-*Heger*, 142 Rn. 18; *Rengier* II, 46/26; SK[9]-*Stein*, § 142 Rn. 31; W/H/E-*Engländer*, Rn. 1021 f.; ausf. *Küper*, JZ 1988, 473 (474, 481).

[46] OLG Karlsruhe, MDR 1980, 160; s.a. *Küper*, JZ 1988, 473 (481); *ders.*, JuS 1988, 213 ff., 286 ff.

[47] So explizit NK-*Kretschmer*, § 142 Rn. 59 (m. ausf. Erläuterungen auch in Rn. 14).

[48] MK-*Zopfs*, § 142 Rn. 65; *Rengier* II, 46/17, 26; s.a. ausf. LK[13]-*Herb*, § 142 Rn. 92 f. (93).

[49] W/H/E-*Engländer*, Rn. 1021; s.a. *Fischer*, § 142 Rn. 28; Sch/Sch-*Sternberg-Lieben*, § 142 Rn. 30.

[50] BGH St 30, 160 (163); OLG Hamm, JZ 1979, 74 f.; LK[13]-*Herb*, § 142 Rn. 94; SK[9]-*Stein*, § 142 Rn. 31; S/S/W-*Ernemann*, § 142 Rn. 25; *Rengier* II, 46/27; i.d.S. auch W/H/E-*Engländer*, Rn. 1021.

[51] *Fischer*, § 142 Rn. 29; LK[13]-*Herb*, § 142 Rn. 96; L/K/H-*Heger*, § 142 Rn. 17 a.E.; MK-*Zopfs*, § 142 Rn. 65; Sch/Sch-*Sternberg-Lieben*, § 142 Rn. 29; *Rengier* II, 46/25; a.A. SK[9]-*Stein*, § 142 Rn. 35.

[52] OLG Karlsruhe, MDR 1980, 160, i.A.a. OLG Frankfurt, NJW 1977, 1833; s.a. BGH St 63, 121 ff.

[53] BGH St 63, 121 (123 f.) i.A.a. OLG Hamm, NJW 1979, 438; zust. *Eisele*, JuS 2018, 1011 ff.; *Moldenhauer*, JA 2019, 592; *Rengier* II, 46/31; MK-*Zopfs*, § 142 Rn 62; abl. *Mitsch*, NZV 2022, 548.

[54] BT-Drucks. 7/2434, S. 5; SK[9]-*Stein*, § 142 Rn. 23; LK[13]-*Herb*, § 142 Rn. 70 ff.

§ 142 StGB geschützte Feststellungsinteresse der Unfallbeteiligten und Geschädigten ist ein disponibles Rechtsgut, sodass bei einem solchen »**Verzicht**«[55] der Tatbestand entfällt;[56] – um es abstrakt zu überhöhen: »mangels unrechtskonstituierender Substanz«.[57] –

Hinweis: Ein durch **Täuschung** erschlichener Verzicht ist unwirksam.[58] Beispiele: **1109**
– Der Unfallgeschädigte erlaubt einem Unfallbeteiligten, sich zu entfernen, da dieser *vorspiegelt*, ernstlich verletzt zu sein und daher einen Arzt aufsuchen zu müssen.
– Nach einem Auffahrunfall auf der Autobahn vereinbaren Unfallgeschädigter A und Unfallbeteiligter B, der auf A's Pkw aufgefahren war, sich vom Unfallort zu entfernen und an der nächsten Tankstelle zu treffen; dort soll A die Personalien des B aufnehmen. Dabei hat B indes den A *getäuscht*: Er hatte von vornherein vor, das Weite zu suchen, was er auch tut. Hier hat sich B aus § 142 I Nr. 1 StGB strafbar gemacht, denn der vereinbarte Verzicht des A auf Feststellungen noch am Unfallort war durch Täuschung erschlichen.

Ob aufgrund täuschungsbedingt unwirksamen Verzichts § 142 I StGB auch dann vorliegt, **1110**
wenn der Unfallbeteiligte dem Geschädigten falsche Angaben zur Person macht und dieser ihm auf Grund seiner Personalangaben erlaubt, sich vom Unfallort zu entfernen, ist strittig.[59]

In unserem *Fall 144* handelt es sich um einen wirksamen Verzicht des P, so dass § 142 I Nr. 1 StGB für F entfällt, soweit es um die *Beschädigung des Autos* geht.

(5) Es bestand aber wegen der **Beschädigung des Verkehrsschildes** ein Feststel- **1111**
lungsinteresse der öffentlichen Hand, die ebenfalls »Geschädigter« i.S. des § 142 I Nr. 1 StGB war. Die Vereinbarung des F mit P konnte die Wartepflicht des F im Hinblick auf dieses *Feststellungsinteresse der öffentlichen Hand* nicht berühren.

F hatte daher die Verpflichtung, die Feststellungen zu ermöglichen, da mit dem Passanten offensichtlich eine feststellungsbereite Person anwesend war.
– Ansonsten hätte er seine Wartepflicht aus § 142 I Nr. 2 StGB verletzt, da mit der Ankunft Feststellungsbereiter (nämlich der bereits verständigten Polizei) zu rechnen war. –
Der objektive Tatbestand des § 142 I Nr. 1 (ggf. Nr. 2) StGB ist also erfüllt.

(6) F hat auch **vorsätzlich** gehandelt. Die etwaige irrige Annahme, bezüglich der **1112**
Beschädigung des Verkehrsschildes bestehe keine Wartepflicht, wäre ein bloßer
– vermeidbarer – Verbotsirrtum (§ 17 S. 2 StGB), nicht etwa ein Tatbestandsirrtum (§ 16 I StGB), da F die Umstände kannte, die seine Wartepflicht begründeten.[60]
(7) Ergebnis: In *Fall 144* (*Rn. 1090*) ist F aus § 142 I Nr. 1 StGB strafbar.

---

[55] Anders bei *fehlender Feststellungsfähigkeit* des Berechtigten, s. *Zopfs*, FS-Küper, 2007, 747 (755).
[56] *BayObLG*, VRS 71, 191; *OLG Köln*, NJW 1981, 2367 (2368); *Fischer*, § 142 Rn. 30 ff.; Sch/Sch-*Sternberg-Lieben*, § 142 Rn. 30a; NK-*Kretschmer*, § 142 Rn. 94 ff., 106; s.a. MK-*Zopfs*, § 142 Rn. 55; für *rechtfertigende Einwilligung* aber *OLG Düsseldorf*, JZ 1985, 543 f.; L/K/H-*Heger*, § 142 Rn.33 f.; instruktiv auch *OLG Hamburg*, StV 2018, 438 ff. zum *Verzicht auf Hinzuziehung der Polizei*.
[57] So sehr treffend Sch/Sch-*Sternberg-Lieben*, § 142 Rn. 30a; ebso. LK[13]-*Herb*, § 142 Rn. 70.
[58] *BayObLG*, VRS 61 (1981), 120; NJW 1984, 1365; so auch *Horn/Hoyer*, JZ 1987, 965 (971 ff., 972 f.); *Fischer*, § 142 Rn. 31a; *Rengier* II, 46/30; Sch/Sch-*Sternberg-Lieben*, § 142 Rn. 30c.
[59] Bejahend *OLG Stuttgart*, NJW 1982, 2266 f.; *Rengier* II, 46/30; verneinend *Küper*, JZ 1988, 473 (481); *ders.*, JZ 1990, 510 ff.; MK-*Zopfs*, § 142 Rn. 58; **diff.** W/H/E-*Engländer*, Rn. 1033.
[60] Vgl. SK[9]-*Stein*, § 142 Rn. 59; zur irrigen Annahme, es sei keine feststellungsbereite Person anwesend, bzw., eine tatsächlich nicht feststellungsbereite Person sei in der Lage, die Feststellungen zu treffen, *Mitsch*, GS-Keller, 2003, 165 (168 ff.); zum *»Wartezeitirrtum« Mitsch*, NZV 2005, 347 ff.

b) Strafbarkeit des P

1113 In *Fall 144* (Rn. 1090) war auch P »Unfallbeteiligter« (s. § 142 V StGB). Dass er den Unfall nicht verschuldet hat, ist unerheblich (siehe dazu unten, Rn. 1117).

P war demnach ebenfalls hinsichtlich des Feststellungsinteresses des Fiskus *wegen der Beschädigung des Schildes* passiv feststellungs- und wartepflichtig.

Da er sich vorsätzlich entfernte, hat auch er eine »Verkehrsunfallflucht« begangen.

2. § 142 StGB als Sonderdelikt des Unfallbeteiligten

1114 **Fall 145:** – *Der Beifahrer als Unfallbeteiligter?* –

Autofahrer Adalbert (A) hatte durch verkehrswidriges Fahren den Fahrradfahrer Frank (F) zum Bremsen genötigt. Dabei war F gestürzt und hatte sich leicht verletzt. Diesen Unfall hatte A nicht bemerkt, wohl aber seine Ehefrau Elvira (E). A hatte zwar gehört, dass jemand schimpfte; E versicherte ihm aber, es sei nichts passiert, was A auch glaubte. Er fuhr daher guten Gewissens weiter.

Strafbarkeit von A und E aus § 142 StGB?

a) Strafbarkeit des A

1115 *(1)* Er hat den objektiven Tatbestand des § 142 I StGB erfüllt.

(2) Er hatte den Unfall aber nicht bemerkt, sich nicht **vorsätzlich** »nach einem Unfall vom Unfallort entfernt«. Daher scheidet § 142 StGB gem. § 16 I StGB aus.

Am Vorsatz fehlt es auch dann,[61] wenn sich der Unfallbeteiligte eine Sachlage vorstellt, bei der er am Unfall in keiner Weise beteiligt bzw. als Einziger am Unfall beteiligt und geschädigt oder der entstandene Schaden völlig belanglos wäre (s. Rn. 1095); ebenso, wenn er glaubt, die Feststellungen seien schon getroffen oder der Feststellungsberechtigte verzichte auf sie.

b) Strafbarkeit der E

1116 *(1)* Obwohl sie nur Beifahrerin war, könnte E – mittels der Irreführung des A – den Tatbestand des § 142 I StGB in **mittelbarer Täterschaft** verwirklicht haben (vgl. § 25 I 2. Alt. StGB: »durch einen anderen«). **Täter** – auch mittelbarer Täter oder Mittäter – des § 142 StGB kann jedoch stets nur ein »Unfallbeteiligter« sein;[62] insoweit ist das »unerlaubte Entfernen vom Unfallort« ein echtes **Sonderdelikt**.[63]

1117 *(a)* Nach § 142 V StGB ist allerdings **Unfallbeteiligter** »jeder, dessen Verhalten nach den Umständen zur Verursachung des Unfalls beigetragen haben kann«,

– womit in nicht unbedenklicher, da sehr weitgehender Weise auch *der nur hypothetisch ins Unfallgeschehen Involvierte* miteinbezogen ist.[64] –

Dabei genügt es, dass »nach dem äußeren Anschein der nicht ganz unbegründete Verdacht einer irgendwie gearteten - **nicht notwendig schuldhaften** - Mitverursa-

---

[61] Vgl. nur SK⁹-*Stein*, § 142 Rn. 59; *Rengier* II, 46/66; ausf. zur Kasuistik LK¹³-*Herb*, § 142 Rn. 167 ff.
[62] BGH St 15, 1 (3); NJW 1961, 325; SK⁹-*Stein*, § 142 Rn. 63; sowie die in *Fn. 63* Genannten.
[63] *Rengier* II, 46/11; L/K/H-*Heger*, § 142 Rn. 39; Sch/Sch-*Sternberg-Lieben*, § 142 Rn. 20, 82; LK¹³-*Herb*, § 142 Rn. 29, 183; insofern noch a.A. LK¹²-*Geppert*, § 142 Rn. 182: eigenhändiges Delikt.
[64] Äußerst krit. hierzu insb. NK-*Kretschmer*, § 142 Rn. 21 (mwN), 46 ff., 53 ff.

chung des Unfalls gegen einen zur Unfallzeit am Unfallort Anwesenden erhoben werden kann«.[65]

– Zu Recht ist demgemäß mit der h.M. zu verlangen, dass die betreffende Person schon *zur Unfallzeit* am Unfallort war und nicht erst nachträglich hinzugekommen ist.[66] –

Ist nun die **Verschuldensfrage** auch **unerheblich**, muss doch die (mögliche) Mitverursachung in unmittelbarem Zusammenhang mit der aktuellen Unfallsituation stehen.[67] Die Möglichkeit einer nur »mittelbaren, für die Haftung offensichtlich unerheblichen Kausalität« genügt grundsätzlich nicht.[68] Ein lediglich »*mittelbar* am Unfall Beteiligter« kann Täter des § 142 StGB nur sein, »wenn er sich zumindest *regel- oder verkehrswidrig* verhalten hat«.[69] Wer also beispielsweise sein Kfz ordnungsgemäß zum Linksabbiegen angehalten hat, ist deshalb nicht aus § 142 I StGB wartepflichtig, wenn es zwischen zwei nachfolgenden Fahrzeugen zu einem Auffahrunfall kommt. Doch muss m.E. die Einhaltung der Verkehrsvorschriften, die beim nur mittelbaren Unfallverursacher den § 142 StGB entfallen lässt, **evident** sein; anderenfalls würde Schutzbehauptungen Tür und Tor geöffnet und § 142 V StGB missachtet. **1118**

Der bloße **Verdacht der Unfallbeteiligung** reicht im Übrigen nicht aus, so dass derjenige, der bei einem Verkehrsvorgang – vermeintlich – einen Schaden verursacht, der in Wirklichkeit schon vorhanden gewesen war, nicht aus § 142 StGB verpflichtet ist.[70] **1119**

(b) **Beifahrer** sind nicht schon per se aufgrund ihres Mitfahrens unfallbeteiligt, sondern nur dann, wenn es nach den Umständen möglich erscheint, dass sie den Unfall – etwa durch einen Griff ins Lenkrad, das Ziehen der Handbremse oder ein Ablenken des Fahrers – zumindest mitverursacht haben.[71] **1120**

Die (nie auszuschließende) **rein theoretische Möglichkeit**, ein Mitfahrer könne sich dergestalt verhalten haben, ist indes für § 142 V StGB nicht genügend, da sonst bei einem Unfall jeden Mitfahrer als Unfallbeteiligten die in § 142 StGB normierten Pflichten träfen.[72]

Auch der Umstand allein, dass der Mitfahrer **Halter** des Kfz ist, begründet diese Pflichten nicht;[73] anders ist es freilich, wenn es möglich erscheint, dass er sein Fahrzeug einem angetrunkenen Fahrer oder einem Fahrer ohne Fahrerlaubnis überlassen und dadurch möglicherweise ein unfallrelevantes zusätzliches Gefahrenmoment geschaffen hat.[74] Ebenso wenig ist ein erst *nach* dem Unfall eintreffender Halter eines an dem Unfall beteiligten Kfz Unfallbeteiligter, wenn der Fahrer noch nicht festgestellt ist;[75] er scheidet als Täter schon allein deswegen aus, weil er zum Unfallzeitpunkt nicht am Unfallort anwesend war (s. Rn. *1117*). **1121**

---

[65] *OLG Köln*, NStZ-RR 1999, 251; ebso. *BayObLG*, NZV 2000, 133; *OLG Stuttgart*, NStZ-RR 2003, 278; ähnl. L/K/H-*Heger*, § 142 Rn. 3; MK-*Zopfs*, § 142 Rn. 36, 40; S/S/W-*Ernemann*, § 142 Rn. 16.
[66] *OLG Stuttgart*, NStZ 1992, 384; *Bosch*, Jura 2011, 595 f.; SK⁹-*Stein*, § 142 Rn. 19; *Rengier* II, 46/14 ff.
[67] *BayObLG*, VRS 42 (1972), 200; L/K/H-*Heger*, § 142 Rn. 3; SK⁹-*Stein*, § 142 Rn. 19; Sch/Sch-*Sternberg-Lieben*, § 142 Rn. 21a; s.a. LK¹³-*Herb*, § 142 Rn. 37 f.; MK-*Zopfs*, § 142 Rn. 39; str.
[68] *BayObLG*, VRS 42 (1972), 200; L/K/H-*Heger*, § 142 Rn. 3; s.a. LK¹³-*Herb*, § 142 Rn. 37; str.
[69] Sch/Sch-*Sternb.-Lieben*, § 142 Rn. 21a; SK⁹-*Stein*, § 142 Rn. 18; krit. S/S/W-*Ernemann*, § 142 Rn. 16.
[70] *BayObLG*, JZ 1989, 1132; s.a. Sch/Sch-*Sternberg-Lieben*, § 142 Rn. 21a; LK¹³-*Herb*, § 142 Rn. 39.
[71] *BGH* St 15, 1 (5); *OLG Stuttgart*, NStZ-RR 2003, 278; *Fischer*, § 142 Rn. 17; *L/K/H-Heger*, § 142 Rn. 4; *Rengier* II, 46/12; SK⁹-*Stein*, § 142 Rn. 18; s.a. MK-*Zopfs*, § 142 Rn. 42.
[72] Sch/Sch-*Sternberg-Lieben*, § 142 Rn. 21a; s.a. *Rengier* II, 46/12; weiter HK-GS-*Pflieger/Quarch*, § 142 Rn. 8: »wobei die bloße Möglichkeit bzw ein nicht völlig unbegründeter Verdacht ausreicht«.
[73] H.M., vgl. nur Sch/Sch-*Sternberg-Lieben*, § 142 Rn. 21a; a.A. *BGH* St 15, 1 (5).
[74] *Rengier* II, 46/12; *Fischer*, § 142 Rn. 16 (**zu Unrecht** aber auch bei Eintreffen erst *nach* dem Unfall).
[75] So aber *BayObLG*, NJW 1993, 410; NStZ-RR 2000, 140 f.; zu Recht a.A. L/K/H-*Heger*, § 142 Rn. 4.

1122 *(c)* Der Mitfahrer ist stets dann Unfallbeteiligter, wenn nach den Umständen des Einzelfalles **der Verdacht nahe liegt**, er könne selbst der Fahrer gewesen sein.

Zu weit geht jedoch der *BGH*,[76] der meint, der Verdacht, der »Mitfahrer« habe in Wirklichkeit selbst gesteuert oder er habe den Fahrer durch Gespräche abgelenkt, sei beim mitfahrenden Ehegatten praktisch stets gegeben. Diese Sicht wird in der Literatur zu Recht kritisiert,[77] denn es handelt sich um eine »extensive Zweckkonstruktion mit dem Ziel, bei Unfällen stets beide Ehegatten als Beteiligte haftbar zu machen und den Pflichten des § 142 StGB zu unterwerfen, obwohl regelmäßig nur einer von ihnen Unfallbeteiligter sein kann«.[78]

Ergebnis: An Umständen, die auf eine Unfallbeteiligung der E hindeuten, fehlt es in unserem *Fall 145*. Sie hat sich somit nicht nach § 142 StGB strafbar gemacht.[79]

1123 *(2)* Mangels *vorsätzlicher* Haupttat des A (vgl. *Rn. 1115*) ist das Verhalten der E auch nicht (gem. § 26 StGB) als Anstiftung zu § 142 StGB zu ahnden.[80]

(3) Die damit im vorliegenden Fall deutlich werdende **Strafbarkeitslücke**[81] beruht auf dem Versäumnis des Gesetzgebers, nicht nach Art bspw. der §§ 160, 271 StGB

– vgl. hierzu ausführlich Krey/Hellmann/*Heinrich*, Bd. 1, Rn. 863 ff., 1218 ff. –

einen *Auffangtatbestand* für eben solche Fälle geschaffen zu haben, in denen *zum einen* mittelbare Täterschaft mangels Täterqualität entfällt und *zum anderen* auch Teilnahme mangels Haupttat ausscheidet.

3. Der Tatbestand des § 142 I Nr. 2 StGB

1124 **Fall 146:** – *Wartepflicht und Wartezeit (§ 142 I Nr. 2, II, III StGB)* –

Boris Blecher (B) hatte in der Innenstadt gegen 3.00 Uhr Nachts beim Verlassen einer wenig geräumigen Parklücke den hinter ihm parkenden Pkw angefahren und dessen Stoßstange beschädigt. Er blieb zunächst mit seinem Kfz am Unfallort und wartete geduldig auf das Erscheinen feststellungsbereiter Personen. Als jedoch nach ca. 30 Minuten noch immer niemand erschienen war, wurde ihm die Sache zu dumm und er fuhr nach Hause. Gleich am nächsten Morgen meldete er dann den Vorfall bei der Polizei. Strafbarkeit des B?

a) § 142 I Nr. 2 StGB

1125 Welche Wartezeit »**nach den Umständen angemessen**« ist (§ 142 I Nr. 2 StGB), hängt »von der Art und Schwere des Unfalls, der Verkehrsdichte, Tageszeit, Witterung, Interessenlage der Beteiligten« u.ä. Umständen des Einzelfalles ab.[82]

Für die im Einzelfall notwendige **Konkretisierung der Angemessenheitsklausel** sind insbesondere der Grad des Feststellungsinteresses und der Gesichtspunkt der **Zumutbarkeit** von Bedeutung.[83] Bei größeren Sachschäden beträgt die Wartezeit

---

[76] *BGH* St 15, 1 (4 f.); ebso. *OLG Celle*, NJW 1966, 557 (558); s.a. S/S/W-*Ernemann*, § 142 Rn. 18.
[77] Vgl. u.a.: *Küper*, JuS 1988, 286 (287); MK-*Zopfs*, § 142 Rn. 41; s.a. SK^9-*Stein*, § 142 Rn. 18.
[78] So in begrüßenswerter Deutlichkeit *Küper*, JuS 1988, 286 (287).
[79] So auch *Rengier* II, 46/11 in seinem ganz entspr. gelagerten Fall 2.
[80] Vgl. nur LK^{13}-*Herb*, § 142 Rn. 186; NK-*Kretschmer*, § 142 Rn. 115.
[81] Vgl. NK-*Kretschmer*, § 142 Rn. 115: straflos, da keine Strafbarkeit als »Urheber« normiert.
[82] BT-Drucks. 7/2434, S. 7; *Rengier* II, 46/33; *Fischer*, § 142 Rn. 36; LK^{13}-*Herb*, § 142 Rn. 108 f.; L/K/H-*Heger*, § 142 Rn. 19; S/S/W-*Ernemann*, § 142 Rn. 35; MK-*Zopfs*, § 142 Rn. 81 ff.
[83] *Otto*, BT, 80/60; LK^{13}-*Herb*, § 142 Rn. 108; *Rengier* II, 46/33; W/H/E-*Engländer*, Rn. 1024.

wenigstens eine Stunde, sie kann aber bei geringeren Schäden auch sehr viel kürzer sein (ggf. nur 10–15 Minuten).[84]

1126 Es ist jedoch zu beachten, dass der Gesichtspunkt der Unzumutbarkeit nicht eingreift, wenn der Unfallbeteiligte die in § 142 StGB statuierten Pflichten **aus Furcht vor Strafverfolgung** verletzt,[85] mag diese Furcht dabei darauf beruhen, dass er ein gesuchter Verbrecher ist, oder darauf, dass er sich durch sein Verkehrsverhalten strafbar gemacht hat (etwa aus §§ 222, 229, 315c oder 316 StGB). Für den letzteren Fall ist allerdings zu berücksichtigen, dass nach einer verbreiteten, wenn auch umstrittenen, Lehrmeinung die Pflichten aus § 142 StGB mangels »Unfalls im Straßenverkehr« entfallen können, wenn der Täter den »Unfall« vorsätzlich **mittels »verkehrsatypischen Verhaltens«** herbeigeführt hat; dazu oben *Rn. 1097*.

1127 Ist mit dem Erscheinen feststellungsbereiter Personen innerhalb angemessener Zeit wegen besonderer Umstände des Einzelfalles mit an Sicherheit grenzender Wahrscheinlichkeit überhaupt nicht zu rechnen, so entfällt die Wartepflicht völlig.[86]

In *Fall 146* (*Rn. 1124*) war eine Wartezeit von ca. 15 (allenfalls 30) Minuten zumutbar.[87] B hat sich also nicht gem. § 142 I Nr. 2 StGB strafbar gemacht.

b) § 142 II Nr. 1 StGB

1128 In *Fall 146* könnte B jedoch aus § 142 II Nr. 1 StGB strafbar sein, weil er die Feststellung nicht »**unverzüglich**« nachträglich ermöglicht hat, was er gem. § 142 III 1 StGB durch Mitteilung an den Berechtigten oder an eine nahe gelegene Polizeidienststelle hätte tun können.

Beim nächtlichen Unfall mit Bagatellschaden darf der Unfallverursacher aber ggf. bis zum nächsten Morgen mit der Meldung warten (s. *Rn 1150*), womit B auch insoweit straflos bleibt.

c) Ergänzende Hinweise zu § 142 I Nr. 2 StGB:

1129 *(1)* U.a. im Hinblick auf Fälle wie unseren *Fall 146* wurde unter der Geltung des § 142 StGB *a.F.* zum Teil angenommen, dass sich der Unfallbeteiligte bei Unfällen mit leichterem Sachschaden von seiner Wartepflicht durch andere der Aufklärung dienende Handlungen befreien könne, z.B. durch **Anbringen eines Zettels** mit den notwendigen Angaben über seine Person, sein Fahrzeug und die Art seiner Unfallbeteiligung am beschädigten Kfz.[88]

Diese Sicht ist nach der **Neufassung** des § 142 StGB nicht mehr haltbar; das folgt aus § 142 I Nr. 1 (»durch seine Anwesenheit«) und Nr. 2 i.V.m. II Nr. 1, III StGB.[89] Ein solches Anbringen von Zetteln kann u.U. allenfalls zu einer *Verkürzung* der Wartezeit führen.[90]

Wer also, anstatt seiner Wartepflicht zu genügen, bei einem Unfall wie dem in *Fall 146* beschriebenen hinter den Scheibenwischer des beschädigten Pkw einen Zettel mit den notwendigen Angaben steckt und dann wegfährt, erfüllt den Tatbestand des § 142 I StGB.

---

[84] Vgl. *OLG Köln*, NJW 2002, 1359 (1360); zur vollkommen unübersichtlichen Kasuistik der Strafgerichte z.B. *Fischer,* § 142 Rn. 36; NK-*Kretschmer,* § 142 Rn. 80 (m. ausf. »Wartezeit-Katalog«).
[85] BGH St 24, 382 (386); *BayObLG, JZ* 1985, 855; *Berz,* JuS 1973, 558; W/H/E-*Engländer,* Rn. 1024.
[86] *Dornseifer,* JZ 1980, 299 ff.; *Fischer,* § 142 Rn. 35; Sch/Sch-*Sternberg-Lieben,* § 142 Rn. 35 f.; a.A. LK^{13}-*Herb,* § 142 Rn. 107; SK^9-*Stein,* § 142 Rn. 37; i.d.S. auch *Rengier* II, 46/33.
[87] Vgl. *OLG Stuttgart,* NJW 1981, 1107; *Fischer,* § 142 Rn. 36; s.a. *Rengier* II, 46/34.
[88] Vgl. Sch/Sch-*Schröder,* 17. Aufl. 1974, § 142 Rn. 35 mwN.
[89] *BayObLG,* JZ 1981, 241; *Küper,* JZ 1981, 209 (211 f.); Sch/Sch-*Sternberg-Lieben,* § 142 Rn. 34; s.a. LK^{13}-*Herb,* § 142 Rn. 111; abw. offenbar *Jagusch,* NJW 1975, 1631 (1632).
[90] SK^9-*Stein,* § 142 Rn. 39; Sch/Sch-*Sternberg-Lieben,* § 142 Rn. 40 mwN; s.a. *Rengier* II, 46/33; zu weitgehend L/K/H-*Heger,* § 142 Rn. 19: Verkürzen auf die Zeit des Anbringens des Zettels.

1130 (2) Doch ist in solchen Fällen ggf. an eine Rechtfertigung durch **mutmaßliche Einwilligung** zu denken.[91] Sie kommt allerdings nur ganz ausnahmsweise in Betracht,[92] denn:

Ganz allg. kann eine mutmaßliche Einwilligung unter zwei Gesichtspunkten eingreifen,[93] nämlich *zum einen* dem des **Handelns im materiellen Interesse** des Betroffenen – das Rechtsgut wird im Interesse des Rechtsgutsträgers selbst verletzt – und *zum anderen* dem des (offensichtlich) **mangelnden Interesses** des Betroffenen – das Fehlen eines Interesses des Rechtsgutsinhabers an der Unterlassung der Rechtsgutsbeeinträchtigung wird vermutet, etwa wegen ihrer Bagatellnatur oder wegen persönlicher Verbundenheit mit dem Täter.[94]

1131 Unter beiden Aspekten ist (grundsätzlich) *nicht* davon auszugehen, dass die Missachtung der Wartepflicht (§ 142 I Nr. 2 StGB) durch mutmaßliche Einwilligung erlaubt ist, auch wenn der Täter vorher einen Zettel mit den erforderlichen Angaben i.S. des § 142 I Nr. 1 StGB am Pkw des Geschädigten angebracht hat. Denn die Missachtung der Wartepflicht liegt (grundsätzlich) weder im »wohlverstandenen Interesse des Verletzten«, noch ist von seinem »mangelnden Interesse« auszugehen, zumal derartige Zettel leicht verschwinden können. Im Übrigen würde die Gegenmeinung **Schutzbehauptungen** Tür und Tor öffnen, da sich der Täter nahezu immer darauf berufen könnte, einen solchen Zettel hinterlassen zu haben.

1132 Aber auch, falls *ausnahmsweise* eine Rechtfertigung aus mutmaßlicher Einwilligung anzunehmen ist, wie insb. bei *Bagatellschäden* oder *enger persönlicher Beziehung* zum Geschädigten,[95] bleibt § 142 II Nr. 2 StGB (»berechtigt entfernt hat«) zu beachten: Der Unfallbeteiligte hat die Feststellungen unverzüglich nachträglich zu ermöglichen (§ 142 II, III StGB).[96]

Die Annahme, eine mutmaßliche Einwilligung in die Vernachlässigung der Wartepflicht erlaube auch noch die Verletzung der § 142 II Nr. 2, III StGB, ist unvertretbar. Sie wird den dargelegten Erscheinungsformen der mutmaßlichen Einwilligung (*Rn. 1130*) nicht gerecht, zumal jene *Zettel* verschwinden können und oft auch nur Schutzbehauptung sind (*Rn. 1131*).

III. Die Strafbarkeit nach § 142 II StGB

1133 Fall 147: – *Entschuldigtes Entfernen (§ 142 II Nr. 2 StGB)* –

Albert (A) fuhr mit einer landwirtschaftlichen Zugmaschine nebst zwei Anhängern an einem rechts der Fahrbahn gelegenen Gärtnereianwesen vorbei, als Beate (B) gerade im Begriff war, rückwärts mit einem Kleinbus aus diesem Anwesen herauszufahren. Obwohl B bremste, kam es zu einer Berührung zwischen dem zweiten Anhänger und der Stoßstange des Kleinbusses. Dieser wurde dabei leicht beschädigt. A, der den Unfall nicht bemerkt hatte, fuhr weiter. B folgte ihm, stellte ihn ca. 1 km von der Unfallstelle entfernt und wies ihn auf das Unfallgeschehen hin. Beide besichtigten die Schäden an der Stoßstange des Kleinbusses und am Anhänger. Dem Verlangen der B, bis zum Eintreffen der Polizei an Ort und Stelle zu bleiben, kam A nicht nach, sondern setzte seine Fahrt fort. Auch nachträglich ermöglichte er die Unfallfeststellungen nicht. Strafbarkeit des A? (Fall nach *BayObLG*, NJW 1978, 282)

---

[91] Dazu *BayObLG*, JZ 1983, 268 f.; *Küper*, JZ 1981, 209 (212); *Rengier* II, 46/34; Sch/Sch-*Sternberg-Lieben*, § 142 Rn. 53, 78; SK[9]-*Stein*, § 142 Rn. 24; MK-*Zopfs*, § 142 Rn. 100.

[92] Kein Wort zu ihr bei *BayObLG*, JZ 1981, 209 ff.; für Zurückhaltung in den »Zettel-Fällen« *Küper*, JZ 1981, 209 (212); *BayObLG*, JZ 1983, 268 f.; *Rengier* II, 46/34; W/H/E-*Engländer,* Rn. 1034.

[93] Dazu *Krey/Esser*, Rn. 679 ff.; *Roxin*, FS-Welzel, 1974, S. 447 ff.; W/B/S-*Satzger*, AT, Rn. 585 ff.

[94] Vgl. *OLG Köln*, NJW 2002, 2334: mangelndes Interesse des (Allein-)Geschädigten, weil er sein Fahrzeug einem Fahrer, der keine Fahrerlaubnis besaß, überlassen hatte.

[95] *BayObLG*, JZ 1983, 268 f. (enge persönl. Beziehung); *Rengier* II, 46/34; W/H/E-*Engländer,* Rn. 1034.

[96] *BayObLG*, JZ 1983, 268 f.; *Küper*, JZ 1981, 212; Sch/Sch-*Sternberg-Lieben*, § 142 Rn. 53, 78.

§ 21: Unerlaubtes Entfernen vom Unfallort

1. § 142 I Nr. 1 StGB?

a) Als A nach dem Unfall an der Gärtnerei *weiterfuhr*, erfüllte er zwar durch *Sich-Entfernen vom Unfallort* den objektiven Tatbestand des § 142 I Nr. 1 StGB. Da er den Unfall aber nicht bemerkt hatte, handelte er **unvorsätzlich** (vgl. *Rn. 1115*);[97] die erst nachträglich »in der Beendigungsphase« erlangte Kenntnis genügt nicht (siehe *Rn. 1142*).

1134

b) § 142 I Nr. 1 StGB kommt auch nicht unter dem Gesichtspunkt zur Anwendung, dass A sich von dem Ort entfernte, an dem B *ihn gestellt hatte*, denn § 142 I StGB erfasst nach seinem klaren Wortlaut **nur das Sich-Entfernen vom »***Unfallort***«**.
Zum »*Unfallort*« zählt zwar außer der Stelle, an der sich der Unfall ereignet hat, noch deren »**unmittelbarer Umkreis**«,[98] worunter letztlich zu fassen ist:

1135

> »der Bereich, in dem feststellungsbereite Personen einen Unfallbeteiligten vermuten und gegebenenfalls durch Befragen ermitteln würden«.[99]

Zu diesem »unmittelbaren Umkreis« gehörte jedoch der vom Unfallgeschehen ca. 1 km entfernte Ort, an dem A von B zum Halten gebracht wurde, nicht mehr.[100]

Weiteres Beispiel: Die Unfallbeteiligten begeben sich zur Regelung des Schadensfalles in eine in der Nähe gelegene Wohnung, die einer der beiden dann fluchtartig verlässt.[101]

In solchen Fällen, in denen sich der Täter von einer **anderen Stelle als dem »Unfallort«** entfernt, ist der Tatbestand des § 142 I StGB nicht erfüllt.[102]

1136

– Auch eine *Rückkehrpflicht zum Unfallort* wird durch diese Norm nicht statuiert.[103] –

Denn Täter des § 142 I StGB kann nur sein, wer sich **als Unfallbeteiligter zur Unfallzeit am Unfallort** befindet (*Rn. 1117*) und sich **von dort** vorzeitig entfernt.[104]

§ 142 I StGB verwirklicht somit weder derjenige, der – selbst wenn er Unfallbeteiligter ist – erst nach dem Unfall an den Unfallort kommt,

– man denke etwa an den Fahrer eines gerammten parkenden Fahrzeugs oder den Halter eines am Unfall beteiligten Fahrzeugs in dem in *Rn. 1121* beschriebenen Fall, –

noch eben derjenige, der sich von einem anderen Ort als dem Unfallort entfernt. In *Fall 147* kommt somit eine Anwendung des § 142 I Nr. 1 StGB nicht in Betracht.

2. § 142 II Nr. 2 (i.V.m. III) StGB?

§ 142 II StGB greift *nicht* ein, wenn sich der Unfallbeteiligte bereits nach Abs. 1 strafbar gemacht hat (s. *Rn. 1089*), sondern *nur dann*, wenn er sich – nach Abs. 1 *straflos* – entweder **(Nr. 1)** erst nach (fruchtlosem) Verstreichen der Wartefrist des Abs. 1 Nr. 2 oder **(Nr. 2)** »berechtigt oder entschuldigt« vom Unfallort entfernt hat (zu Letzterem noch *Rn. 1144 ff.*).

1137

---

[97] *BayObLG* NJW 1978, 282 (283); s.a. S/S/W-*Ernemann*, § 142 Rn. 51; MK-*Zopfs*, § 142 Rn. 118.
[98] *BayObLG* NJW 1978, 282 (283); *OLG Düsseldorf*, JZ 1985, 543 f.; *Fischer*, § 142 Rn. 20; HK-GS-*Pflieger/Quarch*, § 142 Rn. 9; Sch/Sch-*Sternberg-Lieben*, § 142 Rn. 42.
[99] *OLG Köln*, NJW 1981, 2367 (2368); ebso. S/S/W-*Ernemann*, § 142 Rn. 19; s.a. *OLG Karlsruhe*, NStZ 1988, 409 (410): Radius »*eher eng als weit zu ziehen*«; ebso. *Fischer*, § 142 Rn. 20.
[100] *BayObLG*, NJW 1978, 282; NJW 1979, 436 f.; s.a. die Bsp. bei S/S/W-*Ernemann*, § 142 Rn. 19.
[101] Vgl. *OLG Köln*, NJW 1981, 2367; dort auch zur Anwendbarkeit des § 142 II Nr. 2 StGB, die hier aufgrund des einvernehmlichen und damit »**berechtigten**« Entfernens vom Unfallort gegeben ist.
[102] *BayObLG*, NJW 1978, 282; *OLG Köln*, NJW 1981, 2367; Sch/Sch-*Sternberg-Lieben*, § 142 Rn. 47.
[103] *OLG Köln*, NJW 1977, 2275; s.a. LK[13]-*Herb*, § 142 Rn. 114, 135.
[104] *OLG Stuttgart*, NStZ 1992, 384 f.; s.a. SK[9]-*Stein*, § 142 Rn. 19, 40.

1138 In **Fall 147** hat A sich zwar *straflos* vom Unfallort entfernt, aber weder »nach Ablauf der Wartefrist«, noch im engeren Sinne »berechtigt oder entschuldigt«, sondern ohne Kenntnis vom Vorliegen eines Unfalls und damit **unvorsätzlich** (Rn. 1134).

Damit stellt sich im Rahmen des § 142 II StGB die Frage, ob auch der dort nicht explizit genannte Fall des **unvorsätzlichen** Sich-Entfernens unter § 142 II Nr. 2 StGB in der Alternative »entschuldigt« subsumiert werden kann.

1139 Schon bisher wurde dies von Teilen der Rechtsprechung und des Schrifttums verneint: Wer sich ohne Vorsatz seinen Pflichten aus § 142 I StGB entzogen habe, sei nicht gemäß § 142 II StGB verpflichtet, nach Kenntnis von dem Unfall »die Feststellungen nachträglich zu ermöglichen«, denn: »Unvorsätzliches« Sich-Entfernen könne nicht als »entschuldigtes« i.S. des § 142 II Nr. 2 StGB behandelt werden.[105]

Demgegenüber setzte eine Gegenauffassung das »unvorsätzliche« Sich-Entfernen dem »entschuldigten« gleich, wenn auch mit der Einschränkung, dass dies jedenfalls dann gelte, wenn der Täter von dem Unfall nachträglich Kenntnis erlange und »solange noch ein zeitlich und räumlich enger Zusammenhang mit dem Unfall bestehe«.[106]

1140 Für die Gleichbehandlung von unvorsätzlichem und entschuldigtem Entfernen vom Unfallort streiten zwar kriminalpolitische Erwägungen: Dass gerade Fahrer eines Kfz mit Anhänger häufig einen Unfall, den sie mit dem Anhänger verursachen, nicht bemerken, entspricht der Lebenserfahrung. Wird in einem solchen Fall der Fahrer bald nach dem Unfall zum Anhalten veranlasst und über seine Unfallbeteiligung informiert, so erscheint es im Hinblick auf schutzwürdige und schutzbedürftige Feststellungsinteressen des geschädigten Unfallbeteiligten wünschenswert, eine Verpflichtung zu statuieren, die Feststellungen unverzüglich **nachträglich** zu ermöglichen. Zudem wird durch das einschränkende Erfordernis eines »zeitlich und räumlich engen Zusammenhangs zwischen Unfall und nachträglicher Kenntnis« eine unangemessene Ausdehnung des § 142 II StGB vermieden; und schließlich spricht für diesen Standpunkt, dass die Gegenmeinung Schutzbehauptungen begünstigt.

1141 Die Gleichsetzung unvorsätzlichen und entschuldigten Handelns ist aber, wie nunmehr auch – in einem »beinahe revolutionär anmutenden Befreiungsschlag«[107] – das *BVerfG*[108] verbindlich festgestellt hat, nicht mehr vom möglichen Wortsinn des Gesetzes gedeckt und verletzt deshalb das **Analogieverbot** (Art. 103 II GG). Denn der Vorsatz ist keine Schuldform, sondern subjektives **Tatbestandsmerkmal**.[109]

1142 Nur ergänzend sei noch angefügt, dass das *BVerfG* dessen ungeachtet »nun doch noch ein ‚Hintertürchen' zur Strafbarkeitsbegründung aufgestoßen« hat,[110] indem es in einem obiter

---

[105] *BayObLG*, NJW 1978, 282 (283); 1978, 392; *OLG Koblenz*, VRS 53, 339; *OLG Stuttgart*, MDR 1977, 773; *Beulke*, NJW 1979, 400 (403); *Rudolphi*, JR 1979, 210; *Dornseifer*, JZ 1980, 299 ff.; *Mitsch*, NZV 2005, 347 (349); *Otto*, BT, 80/65; s.a. die Nachw. bei LK^{13}-*Herb*, § 142 Rn. 132 f.
[106] *BGH* St 28, 129 (135); *BGH*, JZ 1981, 756 (757 a.E.); *BayObLG*, NJW 1979, 436 ff.; *OLG Köln*, NJW 1977, 2275; *Janiszewski*, JR 1978, 116 f.; s.a. *Laschewski*, NZV 2007, 446.
[107] *Beulke*, FS-Maiwald, 2010, S. 21 f.; – ders., aaO, S. 24 ff. sowie *Kudlich*, FS-Stöckel, 2010, S. 93 (100 ff.) auch zust. zur Methodik des *BVerfG* bei der Ermittlung der Wortlautgrenze.
[108] *BVerfG*, NJW 2007, 1666 m. Anm. *Simon*; dazu *Brüning*, ZIS 2007, 317; *Jahn*, JuS 2007, 689; *Kudlich*, JA 2007, 549; *Laschewski*, NZV 2007, 444; *Küper*, NStZ 2008, 597; *Mitsch*, NZV 2008, 217; NZV 2009, 105; JuS 2010, 303; *Beulke*, FS-Maiwald, 2010, S. 21; *Kraatz*, NZV 2011, 321.
[109] Näher zu den Gründen dafür *Krey/Esser*, AT, Rn. 373 f.
[110] *Beulke* FS-Maiwald, 2010, S. 21 (26); so schon *Jahn*, JuS 2007, 689 (691); s.a. *Rengier* II, 46/51.

dictum den Fachgerichten die Möglichkeit aufzeigt, entweder mittels einer *Erweiterung des Begriffs »Unfallort«* oder aber der Annahme eines *Vorsatzes in der Beendigungsphase* – also bei Kenntniserlangung zwischen Verlassen des Unfallorts (Vollendung) und Aufhören, sich noch weiter zu entfernen,[111] (Beendigung) – doch zu einer Strafbarkeit gemäß § 142 I StGB zu gelangen.[112] Dem ist jedoch mit der ganz h.M. entschieden zu widersprechen.[113]

Mithin gilt: Bei unvorsätzlichem Sich-Entfernen entfällt bereits der Tatbestand des § 142 I StGB. Zudem findet in diesem Fall auch der Tatbestand des § 142 II StGB keinen Ansatzpunkt, ist insbesondere ein »unvorsätzliches« Sich-Entfernen einem »entschuldigten« nicht unterzuordnen bzw. gleichzustellen.

1143

Die dadurch entstehende Strafbarkeitslücke[114] ist im Übrigen nicht allzu groß, da ein Unfall – jedenfalls wenn er sich im fließenden Verkehr ereignet – in aller Regel bemerkt und eine gegenteilige Schutzbehauptung häufig zu widerlegen sein wird. Verbleibende Lücken zu schließen, ist Aufgabe des Gesetzgebers (Art. 103 II GG).

Ergebnis: In unserem **Fall 147** (*Rn. 1133*) kommt somit auch eine Anwendung des § 142 II Nr. 2 StGB nicht in Betracht.

3. Ergänzende Hinweise zu § 142 II, III StGB:

a) Ein »**berechtigtes**« Sich-Entfernen kommt – neben den Fällen der mutmaßlichen Einwilligung (s. hierzu bereits *Rn. 1130 ff.*) – u.a. in Betracht, wenn eine Notstandssituation (§ 34 StGB) vorliegt, z.B. weil der Täter einen Verletzten ins Krankenhaus bringen[115] oder sich selbst wegen sofort behandlungsbedürftiger Verletzungen zum Arzt begeben muss.[116]

1144

b) Mitunter wird »**entschuldigt**« (zu Unrecht) so eng interpretiert, dass die vorübergehende (etwa schockbedingte) Schuldunfähigkeit, § 20 StGB, nicht erfasst sein soll.[117]

1145

Umstritten ist insb. der Fall, dass der Täter im **Vollrausch** (§ 20 StGB) eine rechtswidrige Tat (vgl. § 11 I Nr. 5 StGB) gem. § 142 I Nr. 1 StGB begangen hat – was jedenfalls zur Bejahbarkeit des Tatbestands des **§ 323a StGB** (i.V.m. § 142 I StGB als Rauschtat) führt.[118] Hier stellt sich die Frage, ob daneben auch § 142 II Nr. 2 StGB (»entschuldigt«) eingreift[119]

– und damit als unrechtsschwereres Verletzungsdelikt das bloße Gefährdungsdelikt des § 323a StGB gesetzeskonkurrierend verdrängt (Subsidiarität)[120] –

---

[111] Wohl zu Recht erblickt *Mitsch*, NZV 2009, 105 (108) hierin den Beendigungszeitpunkt.
[112] *BVerfG*, NJW 2007, 1666 (1668); zust. *Laschewski*, NZV 2007, 444 (447 f.); diese Option aufgreifend *OLG Düsseldorf*, NStZ-RR 2008, 88 (»Unfallort« noch bei räumlichem u. zeitlichem Zusammenhang mit Unfallgeschehen); *Blum*, NZV 2008, 495; ders., SVR 2010, 210.
[113] *OLG Hamburg*, NJW 2009, 2074; jetzt auch *BGH* NStZ 2011, 209 f. (dazu *Jahn*, JuS 2011, 274); *Brüning*, ZIS 2007, 317 (320 ff.); *Küper*, NStZ 2008, 597 (601 ff.); *Mitsch*, NZV 2009, 105 ff.; *ders.*, JuS 2010, 303 (305 f.); *Beulke*, FS-Maiwald, 2010, S. 21 (26 ff.); *Kraatz*, NZV 2011, 321 (322 ff.); *Rengier* II, 46/52; ausf. auch Sch/Sch-*Sternberg-Lieben*, § 142 Rn. 42, 55.
[114] Ausf. zu ihr und zu Möglichkeiten, sie zu schließen, *Hillenkamp*, FS-Beulke, 2015, S. 449.
[115] *LG Zweibrücken*, NZV 1998, 172; *Fischer*, § 142 Rn. 45; *Rengier* II, 46/41.
[116] *BGH*, NStZ 2015, 265; *Fischer*, § 142 Rn. 45; MK-*Zopfs*, § 142 Rn. 98; *Eisele* I, Rn. 1209.
[117] So *Beulke*, NJW 1979, 400 (404); SK⁹-*Stein*, § 142 Rn. 49; a.A. die h.M., etwa: L/K/H-*Heger*, § 142 Rn. 24; *Rengier* II, 46/58; NK-*Kretschmer*, § 142 Rn. 134; Sch/Sch-*Sternberg-Lieben*, § 142 Rn. 54.
[118] Vgl. statt vieler nur LK¹³-*Herb*, § 142 Rn. 127 (»weithin unbestritten«).
[119] Dafür *Berz*, Jura 1979, 125 (127 Fn. 11); *Dornseifer*, JZ 1980, 299 (303).
[120] Vgl. LK¹³-*Herb*, § 142 Rn. 127; a.A. NK-*Kretschmer*, § 142 Rn. 134, der gerade vom umgekehrten Verhältnis der beiden Tatbestände zueinander ausgeht, s. noch unten *Fn. 122*.

Dritter Abschnitt: Delikte gegen das Vermögen als Ganzes

oder ob § 142 II Nr. 2 StGB zu verneinen und deswegen (nur) aus **§ 323a StGB** zu bestrafen ist.[121] Für Letzteres *(Verneinung des § 142 II Nr. 2 StGB)* spricht, dass diese ohnehin nicht unproblematische Vorschrift eher eng als extensiv interpretiert werden sollte.[122]

1146 c) Fraglich ist, ob § 142 II Nr. 2 StGB auch im Falle eines Verbotsirrtums sowie bei irriger Annahme von Umständen, welche das gemäß § 142 I StGB tatbestandliche Sich-Entfernen rechtfertigen oder entschuldigen würden, anwendbar ist.[123] Dazu ist anzumerken:

(1) Akzeptabel erscheint es, im Falle des – gemäß § 17 StGB mangels Unrechtsbewusstseins die Schuld ausschließenden – **unvermeidbaren** Verbotsirrtums (nicht aber des die Schuld bestehen lassenden *vermeidbaren*) ein »entschuldigtes« Sich-Entfernen anzunehmen.[124]

1147 *(2)* Auch die **irrige Annahme entschuldigender Umstände** (§ 35 II StGB) kann zur Anwendbarkeit des § 142 II Nr. 2 StGB führen, wenn der Irrtum *unvermeidbar* war,[125]

– mit der Begründung, dass § 35 II StGB diesen Fall dem entschuldigenden Notstand des § 35 I StGB im Ergebnis (Straflosigkeit) gleichstellt[126] – und unter Beiseiteschieben dessen, dass es eben doch einen Unterschied macht, ob eine entschuldigende Situation nach § 35 I StGB *tatsächlich vorliegt* oder nach Abs. 2 bloß *irrig angenommen* wird. –

Die Einbeziehung auch des weder Schuld noch Strafe ausschließenden *vermeidbaren* Entschuldigungsirrtums wäre dagegen ein klarer Fall verbotener Analogie – und kriminalpolitisch auch alles andere als unverzichtbar, da hier ja (ungeachtet der Strafmilderung nach § 35 II StGB) § 142 I StGB eingreift.[127]

1148 *(3)* Problematisch ist die Einbeziehung der **irrigen Annahme rechtfertigender Umstände**: Geht man mit der *rechtsfolgenverweisenden Schuldtheorie*[128] davon aus, dass ein solcher **Erlaubnistatbestandsirrtum** in analoger Anwendung des § 16 StGB unter Bestehenlassen des Vorsatzes lediglich zum Wegfall der Vorsatz*schuld* führt, so mag eine Behandlung als »entschuldigtes« Sich-Entfernen noch akzeptabel sein;[129] nimmt man hingegen mit der *eingeschränkten Schuldtheorie*[130] das Entfallen bereits des Vorsatzes selbst an, ist die Begehung des § 142 I StGB als unvorsätzlich zu behandeln und – gerade angesichts der Rechtsprechung des *BVerfG* zum unvorsätzlichen Sich-Entfernen (vgl. *Rn. 1141*) – eine Gleichsetzung mit den Fällen »*entschuldigten*« Sich-Entfernens kaum mehr vertretbar.[131]

Auf jeden Fall aber stellte es eine verbotene Analogie dar, den Fall des Erlaubnistatbestandsirrtums mit dem der tatsächlichen *Rechtfertigung* gleichzusetzen.

---

[121] So *BayObLG*, NStZ 1990, 392 (Bespr. *Paeffgen*, NStZ 1990, 365); *Küper*, NJW 1990, 209; *Fischer*, § 142 Rn. 48; SK⁹-*Stein*, § 142 Rn. 49; Sch/Sch-*Sternberg-Lieben*, § 142 Rn. 54; *Otto*, BT, 80/64; *Rengier* II, 46/58; W/H/E-*Engländer*, Rn. 1028; ebso. LK¹³-*Herb*, § 142 Rn. 127 ff. (130).

[122] Im Ergebnis ebso. *(Bestrafung nur aus § 323a StGB)* NK-*Kretschmer*, § 142 Rn. 134, obwohl er das Vorliegen von § 142 II Nr. 2 StGB bejaht: »Wenn § 323a (i.V.m. § 142 Abs. 1) anzunehmen ist, tritt § 142 II Nr. 2 StGB zurück, da dieser … subsidiär ist« (vgl. hierzu bereits oben *Fn. 120*).

[123] Dafür L/K/H-*Heger*, § 142 Rn. 24; mit guten Gründen abl. SK⁹-*Stein*, § 142Rn. 48; ebso. (wenn auch ohne Nennung des Verbotsirrtums) *Mitsch*, NZV 2008, 217 (219 f.); *ders.*, JuS 2010, 303 (306).

[124] So etwa *Fischer*, § 142 Rn. 49 f.; *Rengier* II, 46/43; s.a. NK-*Kretschmer*, § 142 Rn. 132.

[125] *Berz*, Jura 1979, 125 (127); *Fischer*, § 142 Rn. 50; LK¹³-*Herb*, § 142 Rn. 124; auch insoweit abl. aber SK⁹-*Stein*, § 142 Rn. 48; *Mitsch*, NZV 2008, 219 f.; 2009, 105 (107); JuS 2010, 306.

[126] Dies einräumend *Mitsch*, NZV 2005, 347 (350).

[127] I.d.S. *Fischer*, § 142 Rn. 50; diese Fälle miteinbeziehend aber offenbar L/K/H-*Heger*, § 142 Rn. 24.

[128] Zu ihr *Krey/Esser*, AT, Rn. 742, 743 ff. sowie mwN Krey/Hellmann/*Heinrich*, BT 1, Rn. 612.

[129] So denn auch *Rengier* II, 46/44; dagegen jedoch *Mitsch*, NZV 2008, 219 f.; 2009, 105 (107).

[130] Zu ihr Krey/*Esser*, AT, Rn. 740 f. und mwN Krey/Hellmann/*Heinrich*, BT 1, Rn. 611, 621 f.

[131] Vgl. Sch/Sch-*Sternberg-Lieben*, § 142 Rn. 55a; NK-*Kretschmer*, § 142 Rn. 133.

d) Die Rechtsprechung wandte § 142 II Nr. 2 StGB bislang auch an, »wenn die Entfernung des Täters von der Unfallstelle nicht auf seinem eigenen willensgetragenen Handeln, sondern auf dem seinem Willen widersprechenden gewaltsamen Eingreifen von Dritten beruht«.[132] Diese Extension des § 142 II Nr. 2 StGB ist jedoch ebenfalls nicht mehr als zulässige Auslegung zu bewerten, sondern als Fall verbotener Analogie[133] – was angesichts der Entscheidung des *BVerfG* zum unvorsätzlichen Sich-Entfernen (s. *Rn. 1141*) nunmehr wohl als klargestellt erscheinen darf.[134] – Vgl. überdies schon *Rn. 1099* zum »Sich-Entfernen«. –

1149

e) § 142 II StGB statuiert die Pflicht, »**unverzüglich**« die nachträglichen Feststellungen zu ermöglichen. Hierdurch wird die Wahlmöglichkeit des § 142 III StGB (»dem Berechtigten *oder* einer nahe gelegenen Polizeidienststelle«) eingeschränkt: Die Befugnis, statt der Polizei den Unfallgeschädigten zu verständigen, entfällt zwar noch nicht stets dann, wenn dies mehr Zeit in Anspruch nimmt, als die Benachrichtigung der Polizei, denn anderenfalls liefe § 142 III StGB weitgehend leer. Ist jedoch der Unfallgeschädigte nicht alsbald erreichbar, so muss die Mitteilung gegenüber der Polizei erfolgen, wenn anderenfalls eine im Hinblick auf das Feststellungsinteresse des Geschädigten *erhebliche* Verzögerung droht.[135]

1150

Bei einem zu nächtlicher Zeit geschehenen Unfall darf der Unfallverursacher ggf. bis zum nächsten Morgen mit der Meldung warten, wenn nur (leichtere) Sachschäden zu verzeichnen, i.d.R. aber nicht, wenn auch Personenschäden in Rechnung zu stellen sind.[136]

IV. Die »tätige Reue« gem. § 142 IV StGB

Nach dem 1998 durch das 6. StrRG eingefügten § 142 IV StGB *(»tätige Reue«)* kann das Gericht nunmehr im Falle **binnen 24 Stunden** erfolgender nachträglicher Ermöglichung der Feststellungen die Strafe mildern oder gar von Strafe absehen.[137] Die Norm ist auf Unfälle »**außerhalb des fließenden Verkehrs**«, d.h. auf solche im ruhenden Verkehr (»Parkunfälle«) beschränkt.[138] Dies mag eine übervorsichtige, sachwidrige Restriktion sein, der Rechtsanwender hat sie freilich als abschließende Regelung zu respektieren, ohne sie mittels Analogie ausweiten zu können.

1151

Für den »**nicht bedeutenden Sachschaden**« liegt die Grenze derzeit bei 1.300 €.[139] Die »**Freiwilligkeit**« verlangt wie bei § 24 StGB eine autonome Motivation.[140]

1152

– Siehe ergänzend § 153b StPO. –

---

[132] *BGH St* 30, 160 ff.; *BayObLG*, NJW 1980, 1712; NJW 1982, 1059 f.; NJW 1993, 410.
[133] Zu Recht abl. denn auch die h.M., vgl. *OLG Hamm*, NJW 1985, 445; LK[13]-*Herb*, § 142 Rn. 120; L/K/H-*Heger*, § 142 Rn. 25; NK-*Kretschmer*, § 142 Rn. 124; *Otto*, BT, 80/66; *Rengier* II, 46/56; Sch/Sch-*Sternberg-Lieben*, § 142 Rn. 55b; MK-*Zopfs*, § 142 Rn. 106.
[134] S. *BVerfG*, NJW 2007, 1666; auch *Rengier* II, 46/56 f. hält die bisherige Rspr. für »überholt«.
[135] Strittig; wie hier *Rengier* II, 46/62; s.a. *BayObLG*, JR 1977, 427 m. krit. Anm. *Rudolph*; *BGH*, NJW 1980, 896 m. Anm. *Beulke*, JR 1980, 523 ff.; aber s.a. NK-*Kretschmer*, § 142 Rn. 148 ff. (150).
[136] *LG Zweibrücken*, NZV 1998, 172; *Rengier* II, 46/61; LK[13]-*Herb*, § 142 Rn. 157 f.
[137] Krit. dazu *Schulz*, NJW 1998, 1440; zu Überlegungen de lege ferenda LK[13]-*Herb*, § 142 Rn. 213.
[138] *Fischer*, § 142 Rn. 63; *Rengier* II, 46/69; für die Erstreckung *auf Streifschäden an parkenden Autos beim Vorbeifahren*: LK[13]-*Herb*, § 142 Rn. 202; MK-*Zopfs*, § 142 Rn. 130; dagegen: *Fischer*, aaO.
[139] *OLG Dresden*, NJW 2005, 2633; *OLG Hamm*, NZV 2011, 356 (357); *Fischer*, § 142 Rn. 64; HK-GS-*Pflieger/Quarch*, § 142 Rn. 30; *Rengier* II, 46/69; Sch/Sch-*Sternberg-Lieben*, § 142 Rn. 88b.
[140] *Fischer*, § 142 Rn. 65; s.a. Sch/Sch-*Sternberg-Lieben*, § 142 Rn. 88d; *Rengier* II, 46/69.

Aufbaumuster

1153 Die nachstehenden Aufbaumuster wollen und können nicht mehr sein als *Empfehlungen* in dem Sinne: Wer so aufbaut, macht jedenfalls nichts falsch. Bisweilen gibt es mehrere – gleichermaßen – vertretbare Wege.
Die Beispiele wurden teils – so bei §§ 242 und 263 StGB – wegen der Bedeutung der fraglichen Delikte gewählt, teils – so bei §§ 244 und 251 StGB – deswegen, weil Studierende nach unseren Erfahrungen bei qualifizierten Tatbeständen und erfolgsqualifizierten Delikten häufig Unsicherheit in Aufbaufragen zeigen.

1154 Beispiel I: Diebstahl, § 242 StGB

1. Tatbestand

   a) Objektiver Tatbestand:
   Fremde bewegliche Sache (Tatobjekt); Wegnahme (Tathandlung)

   b) Subjektiver Tatbestand
   (1) Vorsatz (bzgl. der Wegnahme einer fremden beweglichen Sache)
   (2) »Absicht, die Sache sich oder einem Dritten rechtswidrig zuzueignen«:
      (a) Zueignungsabsicht;
      (b) Rechtswidrigkeit der beabsichtigten Zueignung (dazu *Fall 28, Rn. 121 ff.*);
      (c) Vorsatz bzgl. *dieser* Rechtswidrigkeit (dazu *Fall 28, Rn. 121 ff.*).

2. Rechtswidrigkeit
   (Sie liegt vor, wenn kein Rechtfertigungsgrund eingreift.)

3. Schuld
   (Sie ist gegeben, wenn kein Schuldausschließungsgrund – §§ 19, 20 sowie § 17 S. 1 StGB – bzw. Entschuldigungsgrund – namentlich § 35 StGB – vorliegt.)

4. Falls der Sachverhalt dazu Anlass gibt, sind dann § 247 (Antragsdelikt) bzw. § 248a (eingeschränktes Antragsdelikt) StGB zu erörtern.

1155 Beispiel II: Diebstahl in einem besonders schweren Fall, §§ 242, 243 StGB

Da § 243 StGB eine **Strafzumessungsregel** ist, empfiehlt sich folgender Aufbau:

1. Tatbestand (des § 242 StGB; vgl. oben)

2. Rechtswidrigkeit

3. Schuld

4. § 243 StGB
   – Abs. 2 dieser Vorschrift beachten! –
   a) Prüfung, ob ein Regelbeispiel (§ 243 I 2 Nr. 1-7) eingreift und
   b) »Quasi-Vorsatz« bzgl. der Umstände vorliegt, die es begründen.
   Fällt diese Prüfung positiv aus, ist *grundsätzlich* ein besonders schwerer Fall anzunehmen; ist kein Regelbeispiel gegeben, so scheidet § 243 StGB i.d.R. aus (dazu *Rn. 132 - 134, 175, 178*).

In Klausuren und Hausarbeiten ist nicht gefordert, einen »*atypischen einfachen Fall*« (trotz Vorliegens eines Regelbeispiels wird der Strafrahmen des § 242 StGB angewendet; *Rn. 133*) oder einen »*atypischen besonders schweren Fall*« (Anwendung des Strafrahmens des § 243 StGB, obwohl kein Regelbeispiel erfüllt ist; *Rn. 134*) zu erörtern.

Beispiel III: Diebstahl mit Waffen, § 244 I Nr. 1 (hier: lit. b) StGB 1156

Kommt § 244 StGB in Betracht, so empfiehlt es sich in der Regel, sogleich diesen Tatbestand und in dessen Rahmen die Voraussetzungen des Grundtatbestandes § 242 StGB zu prüfen. Aus »*klausurökonomischen*« *Gründen* kann es allerdings angebracht sein, zuerst § 242 StGB zu erörtern, z.B. weil der Wegnahmevorsatz oder die Zueignungsabsicht fehlt, bzw. weil ein Rechtfertigungs- oder Entschuldigungsgrund usw. eingreift. Wenn schon die Strafbarkeit aus dem Grundtatbestand scheitert, erübrigt sich die – u.U. mit erheblichem Aufwand verbundene – Erörterung eines Qualifikationsmerkmals.

1. Tatbestand
a) Objektiver Tatbestand
(1) § 242 StGB: Wegnahme einer fremden beweglichen Sache (vgl. Beispiel I, 1 a)
(2) Qualifizierende Tatbestandsmerkmale des § 244 I Nr. 1b StGB: »Beisichführen eines sonstigen Werkzeugs oder Mittels«

b) Subjektiver Tatbestand
(1) Diebstahlsvorsatz und Zueignungsabsicht (vgl. Beispiel I, 1b)
(2) Vorsatz bzgl. des »Beisichführens« und Absicht, das Werkzeug oder Mittel notfalls einzusetzen (»um den Widerstand ... zu überwinden«).

2. Rechtswidrigkeit

3. Schuld

Beispiel IV: Raub mit Todesfolge, § 251 StGB 1157

§ 251 StGB kann als »*reines*« *Vorsatzdelikt* auftreten (der Täter handelt mit Tötungsvorsatz; vgl. *Rn. 336*) oder als »*Vorsatz-Fahrlässigkeits-Kombination*« (Raub gem. § 249 StGB ist ein Vorsatzdelikt, die »leichtfertige«, d.h. grob fahrlässige Todesverursachung genügt für § 251 StGB). Im ersten Fall könnte das in *Rn. 1140* empfohlene Aufbaumuster des qualifizierten Delikts angewendet werden. Bei Vorsatz-Fahrlässigkeits-Kombinationen bereitet die Zuordnung der Merkmale zum objektiven und subjektiven Tatbestand dagegen Schwierigkeiten, weil das Fahrlässigkeitsdelikt nach h.M. keinen subjektiven Tatbestand aufweist. Unser Vorschlag für den *Aufbau erfolgsqualifizierter Delikte* geht generell dahin, zunächst den Tatbestand des Grundtatbestandes und dann die Voraussetzungen der Erfolgsqualifikation zu erörtern.

I. Tatbestand
1. § 249 StGB
a) Objektiver Tatbestand: »Wegnahme einer fremden beweglichen Sache mit Gewalt gegen eine Person oder unter Anwendung von Drohungen mit gegenwärtiger Gefahr für Leib oder Leben« (zur »Zweck-Mittel-Beziehung« zwischen Wegnahme und Raubmittel *Rn. 290 ff.*)

b) Subjektiver Tatbestand
(1) Vorsatz;
(2) Absicht, die Sache sich oder einem Dritten rechtswidrig zuzueignen (dazu oben, Beispiel I, 1 b).

2. § 251 StGB
a) Verursachung des Todes »*durch den Raub*«
   (dazu Rn. 332):
(1) Eintritt des Todeserfolgs
(2) Kausalität
(3) Objektive Zurechenbarkeit des Erfolges
(4) »Unmittelbarkeitszusammenhang« (der Tod muss *unmittelbar* durch die fragliche Raubhandlung herbeigeführt sein[1]).
b) *Leichtfertigkeit*
   (= *erhöhter Grad von Fahrlässigkeit*, »grobe« Fahrlässigkeit[2]):
(1) Grobe Verletzung der *objektiv* gebotenen Sorgfalt
(2) *Objektive* Vorhersehbarkeit des Erfolges
   (dabei ist ein erhöhter Grad an Vorhersehbarkeit zu fordern)
   oder
c) *Vorsatz*

II. Rechtswidrigkeit

III. Schuld

Hier ist im Falle *leichtfertiger* Todesverursachung außer der Frage, ob Schuldausschließungs- oder Entschuldigungsgründe vorliegen, die *individuelle (subjektive) Leichtfertigkeit nach dem Maßstab der individuellen Fähigkeiten und Kenntnisse des Täters*
– die hinter denen eines Normalbürgers zurückbleiben können –
zu prüfen.

1158 Beispiel V: Betrug, § 263 StGB

1. Tatbestand

a) Objektiver Tatbestand:
Täuschung über Tatsachen; Irrtumserregung; Vermögensverfügung; Vermögensschaden.

b) Subjektiver Tatbestand
(1) Vorsatz
(2) »Absicht, sich oder einem Dritten einen rechtswidrigen Vermögensvorteil zu verschaffen«:
   (a) Bereicherungsabsicht;
   (b) Rechtswidrigkeit der beabsichtigten Bereicherung (dazu *Fall 124; Rn. 756 ff.*);
   (c) Vorsatz bzgl. *dieser* Rechtswidrigkeit.

---

[1] So u.a.: *Eser/Bosch*, in: Sch/Sch, § 251 Rn. 5.
[2] Zur Leichtfertigkeit siehe *Rn. 334.* – Zur Frage der Einbeziehung des Vorsatzes siehe *Rn. 336 bis 339.* –

2. Rechtswidrigkeit
3. Schuld

Beispiel VI: Erpressung, § 253 StGB   1159

1. Tatbestand
a) Objektiver Tatbestand:
(1) Nötigungshandlung: »mit Gewalt oder durch Drohung mit einem empfindlichen Übel« zu einer Handlung, Duldung oder Unterlassung (Nötigungserfolg)
(2) Nötigungserfolg: Entweder **jedes vermögensrelevante Tun, Dulden oder Unterlassen** oder *Vermögensverfügung* (zu dem Streit siehe *Rn. 482 - 491*).

– *Hinweis:* Liegt eine Verfügung vor, kann der Streit, dahingestellt werden. Fehlt es an einer Vermögensverfügung, so ist er zu entscheiden, und zwar mit Begründung. –

(3) Nachteil (= Vermögensschaden)
b) Subjektiver Tatbestand
(1) Vorsatz
(2) Absicht, sich oder einen Dritten zu Unrecht zu bereichern:
   (a) Bereicherungsabsicht;
   (b) Rechtswidrigkeit der angestrebten Bereicherung (siehe *Rn. 520 f.*);
   (c) Vorsatz bzgl. *dieser* Rechtswidrigkeit.

2. Rechtswidrigkeit der Tat (§ 253 II StGB)
Sie entfällt:
Erstens, wenn ein Rechtfertigungsgrund eingreift; denn eine erlaubte Tat ist nicht »verwerflich«.
Zweitens, wenn es sonst an der *Verwerflichkeit* der Anwendung der Gewalt oder der Androhung des Übels zu dem angestrebten Zweck fehlt.

3. Schuld

Beispiel VII: Schwere räuberische Erpressung, §§ 255/250 *(hier: »Waffe«,* 1160
***§ 250 I Nr. 1a)* StGB**
Die Bemerkungen zu Beispiel III (*Rn. 1140*) gelten sinngemäß.

1. Tatbestand
a) Objektiver Tatbestand
(1) §§ 253, 255 StGB
   (a) Nötigungshandlung: Gewalt gegen eine Person oder Drohung mit gegenwärtiger Gefahr für Leib oder Leben;
   (b) Nötigungserfolg (siehe *Rn. 1143*);
   (c) Nachteil (= Vermögensschaden).
(2) Qualifizierende Tatbestandsmerkmale des **§ 250 I Nr. 1 a StGB**: Beisichführen einer **Waffe** (siehe *Rn. 196 f.*)

b) Subjektiver Tatbestand
(1) § 255 StGB
  (a) Vorsatz
  (b) Absicht, sich oder einen Dritten zu Unrecht zu bereichern (siehe *Rn. 1143*)
(2) § 250 I Nr. 1a: Vorsatz bzgl. des Beisichführens einer Waffe

2. Rechtswidrigkeit (siehe *Rn. 1143*)

3. Schuld

Ergänzender Hinweis:
Da § 250 **II** als besonders schwere Qualifikation die leichtere des § 250 **I** StGB verdrängt (Gesetzeskonkurrenz, *Rn. 323*), ist allein Abs. 2 zu prüfen, wenn er vorliegt.

1161 Beispiel VIII: Untreue, § 266 StGB

Bei der Untreue ist in der Fallbearbeitung deutlich zwischen dem Missbrauchstatbestand (§ 266 I 1. Alt. StGB) und dem Treubruchstatbestand (§ 266 I 2. Alt. StGB) zu unterscheiden. Wegen der Spezialität des Missbrauchs- gegenüber dem Treubruchstatbestand ist die Prüfung mit dem Missbrauchstatbestand zu beginnen, wenn er in Betracht kommt. Das ist i.d.R. der Fall, wenn das Verhalten in einem rechtsgeschäftlichen Handeln besteht. Liegt § 266 I 1. Alt. StGB vor, genügt der Hinweis, dass § 266 I 2. Alt. StGB im Wege der Gesetzeskonkurrenz (Spezialität) zurücktritt. Der Treubruchstatbestand ist ausführlich zu prüfen, wenn der Missbrauchstatbestand nicht erfüllt ist. Da nach zutreffender Auffassung Täter der Untreue – sowohl in der Missbrauchs- als auch der Treubruchsalternative – nur sein kann, wer eine Vermögensbetreuungspflicht innehat (*Rn. 903 ff.*), ist dies jeweils als erstes zu prüfen:

I. Missbrauchstatbestand, § 266 I 1. Alt. StGB

1. Tatbestand

a) Objektiver Tatbestand
(1) Tauglicher Täter: Vorliegen einer Vermögensbetreuungspflicht
(2) Verfügungs- oder Verpflichtungsbefugnis über fremdes Vermögen kraft rechtlicher Bindung
  durch Gesetz, behördlichen Auftrag oder Rechtsgeschäft
(3) Missbrauch der Befugnis
(4) Vermögensnachteil

b) Subjektiver Tatbestand
  Vorsatz
  (Es genügt Schädigungsvorsatz. Bereicherungsabsicht ist also nicht erforderlich!)

2. Rechtswidrigkeit

3. Schuld

II. Treubruchstatbestand, § 266 I 2. Alt. StGB

1. Tatbestand

a) Objektiver Tatbestand
(1) Tauglicher Täter: Vorliegen einer Vermögensbetreuungspflicht
(2) Vermögensbetreuungsverhältnis kraft rechtlicher oder tatsächlicher Bindung
(3) Verletzung der Vermögensbetreuungspflicht
(4) Vermögensnachteil

b) Subjektiver Tatbestand
– wie Missbrauchstatbestand –

2. Rechtswidrigkeit

3. Schuld

Kombiniertes Gesetzes- und Sachregister

Die Zahlenangaben beziehen sich auf Randnummern des Buches; Hauptfundstellen sind durch Hervorhebung kenntlich gemacht.

BGB
§ 241a BGB
strafrechtliche Bedeutung 6

StGB
§ 16 StGB
analoge Anwendung 160

§ 123 StGB
Verhältnis zu
– §§ 242, 243 I 2 Nr. 1 StGB 140, 146
– §§ 242, 243 I 2 Nr. 1/22 StGB 146

§ 136 StGB
Verhältnis zu
– § 288 StGB 462
– § 289 StGB 462

§ 142 StGB
Anbringen eines Zettels 1129 ff.
Anwesenheitspflicht 1101–1103
Bagatellunfall, nicht bedeutender Schaden 1095 f., 1128, 1129, 1130 ff., 1150, 1151 f.
– mutmaßliche Einwilligung 1130 ff.
– tätige Reue 1151 f.
– Wartepflicht 1129, 1130 ff.
– Wertgrenze 1095 f.
Beifahrer 1098, **1114 ff., 1120 ff.**
Berechtigter 1091
Deliktsnatur 1085
Ermöglichung der Feststellungen 1085, 1088, **1100 ff.**, 1111, 1128, 1132, **1133 ff.**, 1150
– Anwesenheitspflicht 1101–1103
– Feststellungsduldungspflicht 1102 f.
– passive Feststellungspflicht 1102 f.
– Verdunkelungshandlungen 1106
– Vorstellungspflicht 1104 ff.
Feststellungsermöglichungspflicht 1100 ff.
Feststellungsinteresse 1085 f., **1108 ff.**, 1111
– Feststellungsverzicht 1108 ff.
– der öffentlichen Hand 1111, 1113
– Täuschung 1109 f.
Fußgänger 1090, 1094, 1098, 1113
Gefahrenzusammenhang, straßenverkehrsspezifischer 1092
geschütztes Rechtsgut 1085 f.
irrige Annahme
– entschuldigender Umstände 1147
– rechtfertigender Umstände 1148
Mitfahrer 1098, **1114 ff., 1120 ff.**
mittelbare Täterschaft 1116, 1123
nachträgliche Ermöglichung der Feststellung 1128, 1132, **1137 ff.**
– bei Bagatellschäden 1128, 1132, 1150
– bei Parkunfällen 1151 f.
– s.a. Sich-Entfernen
– Strafmilderung nach Abs. 4 1151 f.
– unverzüglich 1128, **1150**
Ornungswidrigkeiten 1087
Parkunfälle 1151
passive Feststellungspflicht 1102 f.
Personenschäden, nicht bedeutende 1095, s.a. Bagatellunfall
Prüfungsreihenfolge 1089
Rechtfertigung 1130 ff., 1144
– mutmaßliche Einwilligung 1130 ff.
– Notstand 1144
Rechtsgut, geschütztes 1085 f.
Sachschäden, nicht bedeutende 1152, s.a. Bagatellunfall

Sich-Entfernen 1099, 1133 ff.
- Anbringen eines Zettels 1129 ff.
- berechtigtes 1144
- entschuldigtes 1133, 1145 ff.
- Entschuldigungsirrtum 1147
- Erlaubnistatbestandsirrtum 1148
- im Vollrausch 1145
- nach Ablauf der Wartepflicht 1137
- trotz Wartepflicht 1129-1132
- unvorsätzliches 1134, **1138 ff.**, 1143
- Verbotsirrtum 1146
- Verstecken am Unfallort 1099
- von anderer Stelle als dem Unfallort 1136
- zwangsweises Entfernen 1149
Sonderdelikt 1114 ff., **1116**
Strafmilderung nah Abs. 4 1151 f.
Straßenverkehr, öffentlicher 1093
tätige Reue 1151 f.
Unfall **1092 ff.**, 1151
- außerhalb des fließenden Verkehrs 1151
- Bagatellunfall 1095 f,. s.a. dort
- Parkunfall 1151
- im Straßenverkehr 1093 f.
- vorsätzliche Herbeiführung 1097, 1126
Unfallbeteiligter 1098, 1114 ff., **1117 ff.**
- Beifahrer 1098, **1114 ff., 1120 ff.**
- Fußgänger 1090, 1094, 1098, 1113
- Halter des Kfz 1121
- Mitverursachung 1117 f.
- Verdacht der Unfallbeteiligung 1119
- Verschuldensfrage 1113, **1117 f.**
Unfallort **1135 f.**, 1142
- Sich-Entfernen s. dort
- unmittelbarer Umkreis 1135
- Verstecken am Unfallort 1099
Verdunkelungshandlungen 1106
Verhältnis zu
- § 323a StGB 1145
- § 34 StVO 1087
Verstecken am Unfallort 1099
Verzicht auf Feststellungen 1108 ff.
Vorstellungspflicht 1104 ff.
Vorsatz 1112, 1115, 1138 ff.
Wartepflicht 1088, 1100, **1124 ff.**
- Anbringen eines Zettels 1129 ff.
- Bagatellschäden 1129, 1130 ff.

- mutmaßliche Einwilligung in vorzeitiges Entfernen 1130-1132
- Wartezeit 1125 ff.
- Zumutbarkeit 1125 ff.

§ 168 StGB
geschütztes Rechtsgut 10 f.
Organtransplantationen 13
Gewahrsam 13
Wegnahme fremder Leichen 11

§ 202d StGB
Ankauf von Steuer-CDs 960
Verhältnis zu § 259 StGB 960

§§ 211, 212 StGB
Verhältnis zu § 251 StGB 337

§ 224 StGB
Auslegungskriterium des gefährlichen Werkzeugs 181, **186**
Konkurrenz 354, 372
Pistole 352

§ 226 StGB
schwere Körperverletzung 321, 329

§ 239a StGB
Ausnutzungsabsicht 537
Deliktscharakter 528
im Drei-Personen-Verhältnis 529 ff.
entführen 529, 532
Erpressungsabsicht 534 f.
- Absicht hinsichtlich einer räuberischen Erpressung 535
- Absicht hinsichtlich eines Raubes 535
Ersatzgeisel 532
Sich-Bemächtigen 530 ff., 543 ff.
Sorge um das Wohl 534
tätige Reue 536
mit Todesfolge 537
Unterschied zu § 239b StGB 538
Verhältnis zu
- § 239 StGB 537
- § 239b StGB 539
- § 240 StGB 537
- §§ 253, 255 StGB 537, 543 ff.
zeitlicher Anwendungsbereich 537
im Zwei-Personen-Verhältnis 543 ff.

405

Kombiniertes Gesetzes- und Sachregister

§ 239b StGB
Deliktsnatur 538
im Drei-Personen-Verhältnis 540 ff.
geschütztes Rechtsgut 538
Sich-Bemächtigen 540 ff., 543 ff.
tätige Reue 539
Unterschied zu § 239a StGB 538
Verhältnis zu
– §§ 177, 178 StGB 544 ff.
– § 239a StGB 539
im Zwei-Personen-Verhältnis 543 ff.

§ 240 StGB
Gewaltbegriff 279 ff.
– Divergenz zum Gewaltbegriff beim Raub 284 f.
Sicherungsnötigung 627 ff.
Verhältnis zu
– § 239a StGB 537
– § 253 StGB 504
– § 255 StGB 504
– § 259 StGB 987
– § 261 StGB 1058

§ 242 StGB
Abgrenzung
– Diebstahl/Betrug 58 f., 616 ff., 638 ff.
– Gebrauchsanmaßung/ Zueignung 78 ff.
– Sachentziehung/ Zueignung 72 ff., **76**
– Sachzerstörung/ Zueignung 76
Ablationstheorie 52
Absicht
– bei erwünschter Nebenfolge 117 ff.
– Rechtswidrigkeit der Zueignung 121 ff.
– im technischen Sinne 74, 107
– bei unerwünschter Nebenfolge 116
– Zueignungsabsicht 61 f., 72 ff., 78 ff., 85 f., 90 f., 94 ff., 304 ff.
agent provocateur 46
Aneignung **74**, 107
– Drittzueignung 107
– bei Sachzerstörung **76**
– durch Veräußerung 91
Apprehensionstheorie 51
Aufbaumuster 1154
Automatendiebstahl 32 ff.
Beendigung 355
Benzindiebstahl 81, 479

Beobachtung der Tat 51 ff.
Betäubungsmittel 5
Bewusstlose 18 f.
Codekarten 71, 850 f.
Containern 4
Diebesfalle 44 f.
Dienstmützenfall 87 ff.
Drittzueignung 100 ff.
– Aneignung 107
– Enteignung 106
– erwünschte Nebenfolge 117 ff.
– Rechtswidrigkeit der Zueignung 127 f.
– unerwünschte Nebenfolge 116
eigenmächtiges Geldwechseln 60 ff.
Eigentumsanmaßung 61 ff.
Eigentumstheorie 67
Einverständnis **33 ff.**, 44, 48, 55, 59, **232 ff.**, 638 f.
– bedingtes 36, 40
elektromagnetische Sicherungsetikette **54**, 166
Enteignung **73**, 272
– Bedeutung 75
– Drittzueignung 106
– bei Rückerwerb des Berechtigten 85 f., **90 f.**
– bei Rückführungswillen 70, **79 f.**, 88 f., 479
– durch Veräußerung 91
– durch Verbrauch **79**, 81
– durch Verschleierung von Ersatzansprüchen **87 f.**, 271
– durch Wertminderung 79, 99
Erbenbesitz 17
falsche Zahlungsmittel, Verwendung 32 ff.
Finderlohn 85 ff.
furtum usus 75, **79**, 490
Gänsebuchtfall 120
Gebrauchsanmaßung 75, 78, 490
Geldwechselautomaten, Überlisten eines computergesteuerten 40 ff.
genereller Gewahrsamswille 21
geschütztes Rechtsgut 14, 61
Gewahrsam **14 ff.**, 436
– Alleingewahrsam 29 ff.
– Begründung von 51 ff.
– Bewusstlose 18 f.
– Bruch fremden 32 ff.

406

Kombiniertes Gesetzes- und Sachregister

- generell beherrschter Raum 20, 22 ff.
- genereller Gewahrsamswille 21
- Gewahrsamslockerung 23, 620, 622, 624, 631 f., 637
- Gewahrsamsübertragung 620, 633 f.
- Herrschaftswille 18
- Mitgewahrsam **27 ff.**, 650 f.
- Schlafende 18
- sperrige Sachen 53
- vergessene Sachen 25
- verlegte Sachen 20 f.
- verlorene Sachen 24 ff.
- versteckte Sachen 23

Gewahrsamshüter 642 ff., **648 ff.**
Gewahrsamslockerung 23, 620, 622, 624, 631 f., 637
Gewahrsamsvertreter 642 ff., **648 ff.**
Heizdampf-Fall 79
Herrschaftswille 18
Illationstheorie 52
Kassiererin
- Alleingewahrsam 31
- Täuschung 58 f.

Kinder 35
Konkretisierungstheorie 52
Labello-Fall 194, 316
lucrum ex negotio cum re **70**, 107
lucrum ex re **70**, 74, 86 f., 95, 107
mittelbare Täterschaft 105, 120, 645
Moos-raus-Fall 121 ff.
Müllfischen 4
Parallelwertung in der Laiensphäre 65, 129
Personalausweis 70
Plastikrohr Fall 194, 316
Prepaid-Karten 71
Pseudoboten-Fall 94 ff.
Rauschgift 5
Rechtswidrigkeit der Zueignung 122 ff.
- Drittzueignung 127 f.
- Irrtum 130 f.
- Vorsatz 128 f.

Rückerwerb des Berechtigten 85 f., **90 f.**
Rückführungswille 70, **79 f.**, 88 f., 479
Sache **1**, 9
- Aggregatzustand 1
- Beweglichkeit 2
- Datenträger 1
- elektrische Energie 1

- Elektronen 1
- elektronische Daten 1
- Fremdheit **3 ff.**, 10 f., 65, 436 f.
- herrenlose 4
- kleine 53
- Leiche 9 ff.
- sperrige 53
- Tiere 1
- unbestellte 6
- vergessene 25
- verlegte 20 f.
- verlorene 24 ff.
- versteckte 23
- wertlose 1
- Zahngold 12

Sachwert
- enger 70
- Fundwert 86
- weiter **70**

Sachwerttheorie **67 f.**, 94 ff.
- Grenzen 70, 85 f., 87 f., 90 ff., 95 f., 99

Sachzerstörung 76 ff.
Sammelgaragen-Fall 642 ff.
Schlafende 18
Schließfach-Fall 637
Schutzbereich der Norm 61 f.
Selbstbedienungskasse 38 f.
Selbstbedienungsladen 51 ff., 57 ff.
se ut dominum gerere 66 f.
SIM-Karte 71
Sparbuchfall 64 ff.
Sparcards 71
Substanztheorie **67 ff.**, 71, 95
tatsächliche Sachherrschaft 15 ff.
Telefonkarten 71
Tiere 1
Trickdiebstahl 616 ff.
unbestellte Sachen 6
Unterlassen 116
Veräußerung der weggenommenen Sache an deren Eigentümer 90 f.
Vereinigungslehre **67 ff.**, 85
Verhältnis des § 242 StGB zu
- § 243 StGB 141
- § 244 StGB 207
- § 248b StGB 80 f.
- § 249 StGB 211
- § 252 StGB 211, 349
- § 259 StGB 974, 998

407

Kombiniertes Gesetzes- und Sachregister

– § 261 StGB   1057
– § 263 StGB   49, 58 f., 92 f., **616 ff.**, **642 ff.**
– § 263a StGB   841, 836
– § 292 StGB   436 ff., 444 ff.
Verletzte des Diebstahls   14
Verschleierung von Ersatzansprüchen   **87 f.**, 271
Versuch
– besonders schwerer Fall   142 ff.
Vorsatz
– Fremdheit der Sache   437 ff.
– Rechtswidrigkeit der Zueignung   128 f.
– Zeitpunkt   65
weglocken   631
Wegnahme   14 ff.
– am Geldautomaten   39a ff.
– Begriff   14, **32 f.**, 44, 457
– beobachtete   54 ff.
– bei Beschlagnahme   47 f., 639 f.
– Duldung   47 ff.
– Einverständnis   **33 ff.**, 44, 48, 58, **232 ff.**, 638 f.
– kleine Sachen   53
– Selbstbedienungsladen   51 ff.
– sperrige Sachen   **53**
– Täuschung von Gewahrsamshütern   642 ff., 645 ff.
– Verkaufsflächen im Freien   57
– versteckte Ware   58 f.
– Vollendung   51 ff.
Wertsummentheorie   61 f., 125 f.
Zueignung   64 ff.
– Abgrenzung zur Gebrauchsanmaßung   78 ff.
– Abgrenzung zur Sachentziehung   72 ff., **76**
– Abgrenzung zur Sachzerstörung   76
– Drittzueignung   100 ff.
– entgeltliche   101
– Rückführungswille   70, **79 f.**, 88 f., 479
– Sachzerstörung   76
– unentgeltliche   102 ff.
– Weitergabe an Dritte   100 ff., 114 ff.
Zueignungsabsicht   64 ff., 72 ff., 78 ff., 85 f., 90 f., 94 ff., 304 ff.

§ 243 StGB
allgemein zugängliche Sammlung   172
analoge Anwendung des § 243 II StGB
– andere nicht zur ordnungsgemäßen Öffnung bestimmte Werkezeuge   157
– bei § 244 StGB   136, 207, 211
– bei § 249 StGB   343
Aufbaumuster   1155
Bedeutung   132 ff.
Behältnis   168
Deliktscharakter   132
elektromagnetische Sicherheitsetikette   54, **166**
einbrechen   **137 f.**
einsteigen   139 f.
geringwertiges Objekt   **147 ff.**, 178
gewerbsmäßig   170
Hilflosigkeit   173
Regelbeispiel   132 ff.
– Indizwirkung   133
Religionsstätte   177
Schlüssel
– falscher   155 ff.
– richtiger   169
Schmarotzerdiebstahl   173
Schutzvorrichtung   169
Sicherungsetikett   166
Sicherungsspinne   166
umschlossener Raum   135 f.
verborgen halten   164
Verhältnis des §§ 242, 243 I 2 Nr. 1 StGB zu
– § 123 StGB   140, 146
– § 303 StGB   140
– § 244 StGB   136, 207
– § 248a StGB   152, 219
– § 252 StGB   201, 349
Versuch
– bei unvollendetem Regelbeispiel   161 ff.
– bei vollendetem Regelbeispiel   142 ff.
Vorsatz   158 **ff.**
Wechsel des Entwendungsobjektes   148 ff.
Zählwerk   167

§ 244 StGB
Aufbaumuster   1156
Bagatellfälle   210, 217
Bande   199

– besonderes persönliches Merkmal 201
Baseballschläger 191
Beisichführen 196 f.
Beteiligung 198 ff.
Deliktscharakter 179
Dienstwaffe 188, 218
Gaspistole 183 f.
gefährliches Werkzeug 180 ff.
Geringwertigkeitsklausel 206
Gewalt 195
Handwerkszeug 191
Mitwirkung eines anderen Bandenmitglieds 200
– besonderes persönliches Merkmal 201
Privatwohnung 204 f.
Scheinwaffe 192 ff.
Schreckschusspistole 184
Schusswaffe 180, 183, 217
Taschenmesser 191
teleologische Reduktion 182, **187 ff.**
Verhältnis von § 244 I Nr. 1a StGB zu § 244 I Nr. 1b StGB 184
Verhältnis zu
– § 242 StGB 207
– §§ 242, 243 StGB 136, 207, 211
– § 244a StGB 211
– § 248a StGB 152, 217
– § 249 StGB 211
– § 252 StGB 211, 349
Waffe 179 ff., 192, 217 f.
Wohnungseinbruch 136, 203 ff.

§ 244a StGB
Bagatellklausel 210
Deliktscharakter 208
schwerer Bandendiebstahl 208
Verhältnis zu
– § 244 StGB 211
– § 249 StGB 211
– § 252 StGB 211

§ 246 StGB
Alleingewahrsam von Kassierern 31
Antragserfordernis 277
Diebesfalle 46
durch Diebstahlsangebot 248
Drittzueignung 229, 256 ff.
Eigentumsvorbehalt 255

fremde Sache 3
Fundunterschlagung 17, 26, **244**
geschütztes Rechtsgut 14, 230
Gewahrsam 14, 243
durch Herausgabeklage 249
Herrschaftsbeziehung des Täters 246 ff.
»Impfdrängler« 259a ff.
Manifestierung des Zueignungswillens 82, 84, 261 ff., 724, 983 f.
mittelbarer Besitz 243, 257 f.
– durch Nichtrückgabe einer Sache 247
objektive Zueignung 241
Rechtswidrigkeit der Zueignung 243, 253
Selbsttanken ohne zu zahlen **231 ff.**, 627 ff.
Sicherungsübereignung 252 ff.
Subsidiarität des Unterschlagungstatbestandes **260 ff.**, 276
Subsidiaritätsklausel 263, 266, 276
Übereignung an einen gutgläubigen Dritten 245
Verdeckung von Fehlbeträgen 270 ff.
Verhältnis zu
– § 259 StGB 976 ff., 980, 981 ff. 997
– § 263 StGB 98
– § 263a StGB 841
Verpfändung 250
Veruntreuung 254, 270 ff.
Vollendung 238
wiederholte Zueignungshandlungen 246
Zueignung **239 ff.**, 261 ff., 271 ff.
– Drittzueignung 229

§ 247 StGB
absolutes Antragsdelikt 212
Antragsberechtigte 212 ff.
Antragserfordernis 23, 70, 277
häusliche Gemeinschaft 23
Mitgewahrsam 213

§ 248a StGB
analoge Anwendung
– bei § 142 StGB 1095 f.
– bei § 292 StGB 435
Antragserfordernis 277
Diebstahlsqualifikation 215 ff.
geringwertige Sachen 36, 215 f.

Verhältnis zu
- §§ 242, 243 StGB   152, 219
- § 244 StGB   152, 217
- § 249 StGB   219, 343, 345
- § 252 StGB   219, 345
Verhältnismäßigkeitsgrundsatz   222

§ 248b StGB
absolutes Antragsdelikt   225
Benzindiebstahl   81, 479
Einverständnis   223
bloße Gebrauchsanmaßung   78 ff.
in Gebrauch nehmen   220 ff.
Sinn und Zweck   221
strafbare Gebrauchsanmaßung   75, 490
Verhältnis zu § 242 StGB   80 f.

§ 248c StGB
absolutes Antragsdelikt   227
Deliktscharakter   227
Sinn und Zweck   226
Tathandlung   226a f.
unbefugtes Aufladen eines Smartphones   226b

§ 249 StGB
Abgrenzung zu
- § 252 StGB   290 ff., **344**, 351 f., **355**
- § 255 StGB   482 ff.
Beendigung   355
Dreiecksnötigung   283
Drohung   289
- Gegenwärtigkeit der Gefahr   289, 505
- Realisierbarkeit   193
- Vorhalten einer Waffe   282
Finalität   291 ff.
geringwertiges Objekt   210, 343
Gewalt   279 ff.
- gegenüber Betrunkenen   307
- Divergenz zum einfachen Gewaltbegriff   284 f.
- gegen Dritte   283
- fortdauernde   294 f.
- fortwirkende   293
- gegenüber Schlafenden   307
- Tod des Opfers   308
- durch Unterlassen   295
- vis absoluta   281
- vis compulsiva   281

- Vorhalten einer Waffe   282
Handtaschenraub   278 ff.
Mittäterschaft   305
pflichtwidriges Unterlassen   295
Raubmittel   279 ff.
Rechtwidrigkeit der beabsichtigten Zueignung   305
Verhältnis zu
- § 242 StGB   211
- §§ 242, 243 StGB   211
- § 244 StGB   211
- § 244a StGB   211
- § 248a StGB   219, 343, 345
- § 250 StGB   323
- §§ 252, 250 StGB   353
- § 255 StGB   478 ff.
- § 261 StGB   1057
- § 316a StGB   **372**, 374
Vorhalten einer Waffe   282
Zueignungsabsicht   304
- Mobiltelefon   304
- Rechtwidrigkeit der beabsichtigten Zueignung   305
Zweck-Mittel-Beziehung zwischen Wegnahme und Raubmittel   290 ff.

§ 250 StGB
Alternativen   310
Anwendung
- bei § 252 StGB   351 ff., 355
- bei § 255 StGB   492
- nach Vollendung des § 249 StGB   350, 355
- (Teil-)Rücktritt   319
Bandenraub   320, 328
Beisichführen   311, 318
Beutesicherungsabsicht   331
Deliktscharakter   310, 322 f.
gefährliches Werkzeug   311, 318, 324 ff., 627
- ungeladene Schusswaffe   311, 324 f.
Gefahr des Todes   330
Hiebwaffe   350, 352
körperlich schwer misshandelt   329
KO-Tropfen   326
Scheinwaffe   312 ff., 324 ff., 350
schwere Gesundheitsschädigung   321 f.
Teilrücktritt   319
Verhältnis Abs. 1 zu Abs. 2   323
Verhältnis zu

– § 249 StGB   323
– § 251 StGB   349
Verwendung   324, 352, 627
Waffe   318, 325
– Hiebwaffe   350, 352
– ungeladene   311, 324
– Scheinwaffe   312 ff., 324 ff., 350
– Schreckschusswaffe   327

§ 251 StGB
Anwendung bei § 252 StGB   349
Aufbaumuster   1157
Beendigungsphase, Gewaltanwendung während   333
Deliktscharakter   334
durch den Raub   332 f.
grobe Fahrlässigkeit   334
Leichtfertigkeit   334 ff.
Mittäterschaft   340
Sukzessive Mittäterschaft   341
Tötungsvorsatz   334, 336 f.
Versuch   338 f.
– Rücktritt vom   338
Verhältnis zu
– §§ 211, 212 StGB   337
– § 222 StGB   349
– § 250 StGB   349
wenigstens leichtfertig   334 ff.

§ 252 StGB
Abgrenzung zu § 249 StGB   290 ff., **344**, 351 f., **355**
Absicht der Beutesicherung   348
Anwendung der §§ 250 f. StGB   351 ff., 355
auf frischer Tat betroffen   331, 344, **346 f.**
Beendigung der Vortat   331, 344, 355
Deliktscharakter   342
Drohung
– Realisierbarkeit   193
Gehilfe der Vortat   356 f.
Geringwertigkeit der Beute   210, 345
Konkurrenzen   354
Mittäter der Vortat   358
Qualifikationen   349
sukzessive Mittäterschaft   358
Verhältnis zu
– § 242 StGB   211, 349

– §§ 242, 243 StGB   211, 349
– § 244 StGB   211, 349
– § 244a StGB   211
– § 248a StGB   219, 345
– § 249 StGB   290 ff., 344, 351 f.
– § 316a StGB   367
Vollendung der Vortat   344
Vortat   350 ff.

§ 253 StGB
Aufbaumuster   1159
Bereicherungsabsicht   498 ff.
Chantage   527
Dauergefahr   505
Dreieckserpressung   494 f.
Drohung   504
– Abgrenzung zur Warnung   506
– finaler Zusammenhang   502
– fortdauernde   502
– konkludente   502
– Realisierung durch Dritten   506
– mit Übel für Dritte   510 f.
– mit einem Unterlassen   503 ff.
»Erpressungstrojaner«   509
finaler Zusammenhang   469a
Gefahr
– Dauergefahr   505
– gegenwärtige   505
geschütztes Rechtsgut   477
Gewalt   480
Kausalität   496a
Mittel-Zweck-Relation   508
Nachteil   481, 489, 497
Notwehr   527
offener Tatbestand   508
Preisgabe
– des Beuteverstecks   496
– der Zahlenkombination   496
Rechtswidrigkeit der Bereicherung   520
Regelbeispiele   525
Schutzgelderpressung   525, 527
Sicherungserpressung   527, 630
Unterschied zu § 255 StGB   480
Verhältnis zu
– § 239a StGB   537, 543 ff.
– § 240 StGB   504
– § 255 StGB   480, 526
– § 259 StGB   999
– § 261 StGB   1058
– § 263 StGB   512 ff.

411

vermögensminderndes Verhalten 482 ff.
– Preisgabe des Beuteverstecks 496
– Preisgabe der Zahlenkombination 496
Vermögensschaden
– siehe Nachteil
Vermögensverfügung 483 ff.
Verwerflichkeit 508

§ 255 StGB
Abgrenzung zu § 249 StGB 478 ff.
Aufbaumuster 1160
Banküberfall 510
Dauergefahr 505
Drohung 502 ff.
– fortdauernde 502
– Gegenwärtigkeit der Gefahr 505
– mit einem Unterlassen 503 ff., 509
„Richter-Fall" 509
Unterschied zu § 253 StGB 480
Verhältnis zu
– § 239 a StGB 537, 543 ff.
– § 240 StGB 504
– § 249 StGB 478 ff.
– § 253 StGB 480, 526
– § 316 a StGB 372
Vermögensverfügung 483 ff.

§ 259 StGB
abgeleiteter Erwerb 995 ff.
Absetzen 1006 ff.
– Absatzerfolg 1009 ff., **1017**
– Mitverprassen 1006 f.
– Versuchsbeginn 1020
Absatzhilfe 1007 ff.
– Absatzerfolg 1009 ff., **1018**
– vs. Beihilfe zum Hehlereiversuch 1026
– Versuchsbeginn 1021 ff.
– Vorbereitungshandlungen 1016
altruistische Hehlerei 1029
Ankauf 991 ff.
Anschlussdelikt 979
Ausführungshandlungen 990 ff.
Bereicherungsabsicht 1028, 1029
– Drittbereicherung 1029
– Erwerb zum Marktpreis 1029
Datenhehlerei 960
Ersatzhehlerei 962 ff.
– Sonderfall: Geld 966 ff.

Gegenstand der Hehlerei 957 ff.
Kettenhehlerei 988
Konkurrenzen 1030
Perpetuierungstheorie 964, 971, 979
ratio legis 964, 997, 1015
Tatobjekte 451, **957 ff.**
– eigene Sachen 961
– Eigentumserwerb des Vortäters 1027
– körperliche Gegenstände 959 f.
– Steuer-CDs 960
Tathandlungen 990 ff.
Verhältnis zu
– § 202d StGB 960
– § 240 StGB 987
– § 242 StGB 974, 998
– § 246 StGB 976 ff., 980, 981 ff., 997
– § 261 StGB 967, 1040, 1043, 1047, 1057 f., 1069
– § 263 StGB 1000 ff.
– § 264 V StGB 985
– § 265 StGB 989
– §§ 267, 274 StGB 987
– § 289 StGB 961, 987
– § 292 StGB 451, 987
Verschaffen 991 ff.
– abgeleiteter Erwerb 995 ff.
– durch Betrug 1000 ff.
– durch Diebstahl 998
– einem Dritten verschaffen 1005
– durch Entsorgung 1004
– durch Erpressung 999
– Erwerb bloßen Mitbesitzes 1003
– durch Mitkonsum 994
– durch Nötigung 999
– durch Raub 998
– Sich-Verschaffen 991 ff.
– durch Vernichtung 1004
– Verfügungsgewalt erlangen 991 ff.
– Vollendung 1011 ff., **1017, 1018**
– dem Vortäter verschaffen 1005
Vorsatz 1028
Vortat 975 ff., 987 ff.
– abgeschlossene 978 ff.
– fahrlässige 985
– geg. fremdes Vermögen gerichtet 987
– Hehlerei als Vortat 988
– Pfandkehr als Vortat 961, 987
– rechtswidrige 985
– Unterschlagung als Vortat 976 ff., 981 ff.

412

– vorsätzliche 985
Vortatbeteiligung 968 ff.
– als Mittäter 970 f.
– als Teilnehmer 972 ff.
Vorzeitigkeits-Erfordernis **975 ff.**, 983 f.
Werthehlerei 966 f.
Wertsummentheorie 966 f.

§ 260 StGB
Bandenmitgliedschaft 1032, 1033
besond. persönliches Merkmal 1031 ff.
Gewerbsmäßigkeit 1031, 1033

§ 260a StGB
gewerbsmäßige Bandenhehlerei 1034 f.
Verhältnis zu § 259 1034
Verhältnis zu § 260 1034, 1035

§ 261 StGB
All-Crimes-Ansatz 1040
alte Fassung des § 261 StGB [überholt]
– a.F.: Isolierungstatbestand 1042 f.
– a.F.: Vereitelungs- und Gefährdungstatbestand 1080
– a.F.: Verschleierungstatbestand 1042
– a.F.: Vortatenkatalog 1040
Auslandstaten 1083
besonders schwere Fälle 1083
Einziehung 1083
Gegenstand 1047, 1048 ff.
– Bemakelung 1050 f.
– Geld **1047**, 1051, 1082
– Herrühren s. dort
– Surrogate 1050 ff.
– Vermögenswerte 1047
– Vortat s. dort
Geldwäschegesetz 1041
Geldwaschen (als Vorgang) 1040
Gesetzgebungsgeschichte 1036 ff., 1040 f.
– Neufassung 2021 1037, 1040, 1061
– Zukunftsprognose 1038
Herrühren 1048 ff.
– Arbeitsleistung, Einsatz von 1052
– Bestechungslohn 1049
– Glücksspielgewinne 1052
– Kontoverschiebungen 1050
– Surrogate 1050 ff.
– Totalkontamination 1051

– Ursprungsgegenstände 1048 f.
– Verwertungsketten s. dort
Kritik an der Neufassung 1037 f., 1061, 1081
Leichtfertigkeit 1067 ff.
Organisierte Kriminalität, Bezug zur **1036 f., 1040**, 1073
Qualifikation (Abs. 4) 1083
Schutzgut 1043, 1065
Selbstanzeige 1083
Selbstgeldwäsche 1045
sozialadäquates Verhalten 1082
strafloser Vorerwerb (§ 261 I 2 StGB) 1064 ff.
Strafverteidiger 1039, **1071 ff.**, 1078
Tatbestandsbeschränkung des Abs. I S. 2 1064 ff.
– Anwendungsbereich 1065, 1066
Täterkreis 1045
tätige Reue (Abs. 8) 1083
Tathandlungen 1042, **1054 ff.**
– Überblick 1042
– Übertragen 1055
– Umtauschen 1055
– Verbergen 1054
– Verbringen 1055
– Vereitelungsabsicht 1055
– Verschaffen 1057, s.a. dort
– Verheimlichen v. Tatsachen 1060 f.
– Verschleiern v. Tatsachen 1060 ff.
– Verwahren 1059
– Verwenden 1059
– Zerstören 1056
Totalkontamination 1051
Verhältnis zu
– § 240 StGB 1058
– §§ 242, 249 StGB 1057
– § 253 StGB 1058
– § 257 StGB 1040
– § 258 StGB 1040, 1043
– § 259 StGB 967, 1040, 1043, 1047, 1057 f., 1069
– § 263 StGB 1058
– §§ 332, 334 StGB 1049
Verschaffen 1057 ff.
– abgeleiteter Erwerb 1057 f.
– durch Betrug 1058
– durch Diebstahl und Raub 1057
– durch Nötigung und Erpressung 1058
– Einvernehmen mit Vortäter 1057 f.

– Erlangen der Verfügungsgewalt 1057
Verteidigerprivileg 1071 ff., **1078**
Verwertungsketten 1051 ff.
– Abbruch 1052, 1064 ff.
– Entmakelung 1064 ff.
– Teilbemakelung 1051
– strafloser Vorerwerb 1064 ff.
– Unterbrechung 1052
– § 261 I 2 StGB 1064 ff.
Vorsatz 1064, **1067**
– beim Strafverteidiger 1039, **1077 f.**
Vorsatznachweis 1068, 1069
Vortat 1040, 1046
– All-Crimes-Ansatz 1040
– Bestechlichkeit/Bestechung 1049
– kein Vortatenkatalog 1040
Vortatbeteiligte 1045, 1083
– als Täter 1045
– Straffreistellung gem. Abs. 7 1083
Zweck 1036 f., 1040

§ 263 StGB
Abgrenzung Betrug/Diebstahl 58 f., 616 ff., 638 ff.
»AGG-Hopping« 566a
Anstellungsbetrug 729 ff.
– Beamtenposition 730 ff.
– bei privatrechtlichen Verhältnissen 733 ff.
– bei Verschweigen von Vorstrafen 734 ff.
Aufbaumuster 1158
BAföG-Betrug 719 ff.
Bagatellbetrug 774
Bereicherungsabsicht 752 ff.
– Absicht 747 ff.
– eigennütziger Betrug 700
– fremdnütziger Betrug 702
– Rechtswidrigkeit 756 ff.
– Stoffgleichheit 700 ff., 751
Bettelbetrug 715 ff.
bewusste Selbstschädigung 513, 711, **715 ff.**
Darlehensbetrug 694
Deliktscharakter **616**, 646, 652
Dinar-Fall 584 ff.
Dreiecksbetrug 97, 642 ff.
eigennütziger Betrug 700
Eingehungsbetrug **688 ff.**, 713, 729, 742, 744 f., 763

Entsprechensklausel des § 13 StGB 582 ff.
Erfüllungsbetrug 694
– unechter 695
Erregen eines Irrtums 607
Fehlbuchung 590 ff.
Fehlüberweisung 590 ff.
Forderungsbetrug 619, 654
Freiwilligkeit der Vermögensverfügung 48, **513 ff.**, 638 ff.
fremdnütziger Betrug 702
Fremdschädigung 616
funktionaler Zusammenhang 551
Geldwechsel-Betrug 634 ff.
geschütztes Rechtsgut 551, 688
gewerbsmäßiger Bandenbetrug 772
Gutachten, falsches 562 ff.
Haushälterin-Fall 644 ff.
Identität von
– Getäuschtem und Verfügendem 645
– Verfügendem und Geschädigtem 645, 654
ignorantia facti 613 ff.
Irrtum 600 ff., 658
– bei Abnahmeverpflichtung 615
– erregen 607
– ignorantia facti 613 ff.
– beim Kreditkarten-Betrug 945
– Motivirrtum 718
– beim Scheckkarten-Betrug 944 f.
– als positive Vorstellung 609 ff.
– umgekehrter Tatumstandsirrtum 760
– unterhalten 607
– Vorlage von Sparbüchern 69, 615
– Zweifel 600 ff.
Kausalzusammenhang
– allgemein 551
– zwischen Irrtum und Verfügung 656, 661
– zwischen Verfügung und Schaden 617
Kostenfallen im Internet 558
Kreditbetrug 560, **595 ff.**, 741
Kreditkarten-Betrug 944 ff.
Makeltheorie 726 ff.
Melkmaschinen-Fall 705 ff.
persönlicher Schadenseinschlag 707 ff.
Ping-Anrufe 559
Prozessbetrug
– im Strafprozess 743

414

– in mündlicher Verhandlung 654 ff.
– im Versäumnisverfahren 658 ff.
Quotenschaden 744
Rechtswidrigkeit der Bereicherung 756 ff.
– irrtümliche Annahme eines Anspruchs 759 f.
Regelbeispiele 761 ff.
– Versicherungsbetrug **767 ff.**
reparatio damni 693
Risikolebensversicherung 746
Sachbetrug 619
Sammelgaragen-Fall 642 ff.
Scheck-Fall 587 ff.
Schließfach-Fall 637
Selbstbedienungskasse 38 f.
Selbstbedienungsladen 58 f.
Selbstschädigung 616 ff., 646, 652
Selbsttanken ohne zu zahlen 231 f., 627 f.
Sicherungsbetrug 92, 739
Sicherungserpressung 630
Sicherungsnötigung 627 ff.
Sparbuch 69, 615
Spendenbetrug 715 ff.
Sportwette 744 f.
Stoffgleichheit 700 ff., 751
Submissionsbetrug 742, 775
Tatsachen **560**, 562
– Gutachten 563 f.
– innere 560, 595
– zukünftige 560, 595
Tatvorsatz 748
Täuschung 552 ff.
– ausdrückliche 553, 599
– Dinar-Fall 584 ff.
– Entsprechensklausel des § 13 StGB 582 ff.
– durch falsches Gutachten 562 ff.
– Garantenstellung **569 ff.**, 586
– durch konkludentes Verhalten 232, **554**, 561, 567, 584 ff., 587, 590 ff., 595 ff., 599, 610, 613, 742, 744
– Scheck-Fall 587 ff.
– Straßenreinigungsentgelt 599
– überhöhtes Entgelt 566
– durch Unterlassen **555**, **569 ff.**, 582 ff., 586, 588, 593, 598 ff., 614, 734
– durch „wahre" Angaben 557

Unterhalten eines Irrtums 607
Unterlassen
  siehe Täuschung durch Unterlassen
Unterschied zu § 264 StGB 792 ff.
Verfügungsbewusstsein 619
Verhältnis zu
– § 242 StGB 49, 58 f., 92 f., **616 ff.**, **642 ff.**
– § 246 StBG 98
– § 253 StGB 450 ff.
– § 259 StGB 1000 ff.
– § 261 StGB 1058
– § 263a StGB 831
– § 265 StGB 779 f.
– § 265 a StGB 612 ff.
– § 265b StGB 804, **811**
– § 266 StGB 953
– § 298 StGB 775
Vermögensbegriff 662 ff.
– juristisch-ökonomischer 672
– personaler 673
– rein wirtschaftlicher 669
Vermögensgefährdung 659, **688 ff.**
Vermögensschaden 668 ff.
– Abonnementswerbung 688 ff.
– Anstellungsbetrug 729 ff.
– Aufrechnungslage 740
– beim Auftragsmord 663 ff.
– bewusste Selbstschädigung 513, 711, **715 ff.**
– bei Gleichwertigkeit der Gegenleistung 689, **705 ff.**
– gutgläubiger Erwerb 724 ff.
– Kompensation 705 f.
– Kreditbetrug 741
– Makeltheorie 726 ff.
– persönlicher Schadenseinschlag 707 ff.
– Quotenschaden 744
– bei Rechtmäßigkeit der Bereicherung 758
– Saldierung 705 f.
– Schadensbeseitigung 693
– Schadensfeststellung 705 f.
– Schadensvertiefung 739
– Sicherungsbetrug 739
– Submissionsbetrug 742, 775
– trotz Unternehmerpfandrecht 713
– Verfehlung des sozialen Zwecks 455, **717 f.**

415

– Vermögensgefährdung 659, **688 ff.**
– trotz gesetzlichen Widerrufsrechts 699
– wirtschaftliche Bewegungsfreiheit 710
Vermögensverfügung 617
– Freiwilligkeit 48, **513 ff.**, 638 ff.
– von Gewahrsamshütern 642 ff., **648 ff.**
– Gewahrsamsübertragung auf Grund einer Täuschung 633
– Unmittelbarkeit 618 ff.
– Verfügungsbewusstsein 619
Vermögensverlust großen Ausmaßes 608
Vermögensvorteil 750
Versicherungsbetrug 767 ff.
Versicherungsvertrag 746
Versuch 776 f.
weglocken 631
Wettbetrug 744 f.
Zechprellerei 552 ff.
Zimmerwirtin-Fall 643 ff.
Zumutbarkeit/Unzumutbarkeit 573 ff., 736
Zweckverfolgung, illegale 664 f.
Zweckverfehlungslehre 455, 711, 717 ff.

§ 263a StGB
Bankomat 835 ff.
Codekartenmissbrauch 832, 837 ff., 842 f.
Computermanipulation 833
Electronic Cash 859
Fälschung von Überweisungsträgern 861
Geldauszahlungsautomat 835 ff.
Geldspielautomaten 854 ff.
Geldwechselautomat 43
geschütztes Rechtsgut 853
Mobiltelefon, unbefugtes Telefonieren 862
NFC-Zahlung 860
Pharming 864
Phishing 864
Point-of-Sale-Verfahren 859
Schwarzsurfen 863
Selbstbedienungskasse 38 f., 865
SEPA-Lastschriftverfahren 865a

Skimming 864
Sportwettenbetrug 745 f., 857
Tankkarte 844
Tatbestandsstruktur 833 f.
tätige Reue 866
unbefugte Verwendung von Daten 833, 837 f., 854 ff.
Vorbereitungshandlungen 866
Verhältnis zu
– § 242 StGB 841, 836
– § 246 StGB 841
– § 263 StGB 831
– § 265a StGB 841
– § 266b StGB 853
Vermögensschaden 840

§ 264 StGB
Corona-Soforthilfen 796
Gefährdungsdelikt, abstraktes 792
geschütztes Rechtsgut 791, 803
Leichtfertigkeit 799
Qualifikation 801
Sozialsubvention 795
Subvention 795
subventionserhebliche Tatsachen 796
Tätereigenschaft 797
tätige Reue 802
Täuschungshandlungen 792
Unterschied zu § 263 StGB 792 ff.
Verhältnis zu
– § 259 StGB 985
– § 263 StGB 803
– § 370 AO 803
Versuch 800
Vorfeldtatbestand 790
vorteilhaft 798

§ 264a StGB
Gefährdungsdelikt, abstraktes 813
geschütztes Rechtsgut 813
Tatbestandsmerkmale 814 f.
tätige Reue 815a
Vorfeldtatbestand 790

§ 265 StGB
Deliktsnatur 780, 782
Gefährdungsdelikt, abstraktes 782
geschütztes Rechtsgut 781
Konkurrenzen 789

Leistungsbeschaffungsabsicht 785
Sachversicherungen 783
Subsidiaritätsklausel 789
Tätige Reue 789a
Tatobjekte 783
verbundene Versicherungen 783
Verhältnis zu § 259 StGB 989
Vorfeldtatbestand 780

§ 265a StGB
Absicht, im technischen Sinne 827
Automatenmissbrauch 821
Beförderungserschleichung 817 ff.
Deliktscharakter 816
erschleichen 613, **817 ff.**, 847
– Beförderungsleistung 817 ff.
– Telekommunikationsleistungen 823 f.
– Zutritt zu Veranstaltungen 825 ff.
Geldauszahlungsautomaten 821, 845
Geldwechselgerät 42
Leistungsautomaten 37, 821 f., 845
Schwarzfahrt 817 ff.
Subsidiaritätsklausel 829
Tankanlage 233
Telekommunikationsnetz 823
Verhältnis zu
– § 263 StGB 612, 816
– § 263a StGB 841
Versuch 828
Warenautomaten 36 f., **821**, 845
Zeitkarten der Deutschen Bahn AG 820
Zutrittserschleichung 825 f.

§ 265b StGB
Betriebskredite 809
Gefährdungsdelikt, abstraktes 807
geschütztes Rechtsgut 805 f.
Kreditgeber, ausländische 812
tätige Reue 810
Verhältnis zu § 263 StGB 804, **811**
Vollendung 808
Vorfeldtatbestand 790, 804

§ 266 StGB
Anscheinsvollmacht 916
AStA 932
Aufbaumuster 1161
Bundesligaskandal 932
Eigentumsvorbehalt 931
Factoring 936

faktischer Geschäftsführer 935
Fehlbuchung 594
Fehlüberweisung 594
Geschäftsführeruntreue 908, 932
geschütztes Rechtsgut **902**, 929
Gewährung eines Baukostenzuschusses 932
gravierende Pflichtverletzung 914
Haushaltsuntreue 937
durch Kassierer 919 ff.
Kreditkarten-Untreue 947 ff.
Missbrauchstatbestand 903 ff.
Nachteil 926 ff.
Parteispenden 940
Pflichtdelikt 902
Prokura 911
Rechtsanwalt 933
Risikogeschäfte 938
schwarze Kassen 939
Sicherungsübereignung 930
Sonderbonuszahlungen 932
Sonderdelikt 903, 906
Sortenkassierer-Fall 925
Strafmilderung beim Teilnehmer 906
Tankkarteninhaber **907**
Täter 903
tatsächliche Herrschaft über fremde
  Vermögensinteressen 935
Tippgemeinschaft 932
Treubruchstatbestand 903 ff., **918 ff.**
Treueverhältnis 917 f.
Unterlassen 902
Verdeckung von Fehlbeträgen 255 ff.
Verfassungsmäßigkeit **920** f.
Verhältnis
– Missbrauchs-/Treubruchstatbestand 903
– § 299 StGB 879
– § 266 StGB zu § 266b StGB 953 f.
Vermögensbetreuungspflicht 903 ff., 921 ff.
Verfügungs-, Verpflichtungsbefugnis
– Einverständnis 912
– rechtliche 911 ff.
– tatsächliche 915
– Wirksamkeit des Rechtsgeschäfts im Außenverhältnis 913
Verschleifungsverbot 938
Wohnungseigentümergelder 934

§ 266b StGB
Codekartenmissbrauch 853
Drei-Partner-System 853, 954
geschütztes Rechtsgut 948
Kreditkarten-Untreue 947 ff.
Kreditkartenverfahren 950
Kundenkarte 954
Missbrauch 951
Sonderdelikt 949
Strafmilderung beim Teilnehmer 949
Täter 949
Verhältnis zu
– § 263 StGB 944 ff.; **953**
– § 263a StGB 853
– § 266 StGB 942 ff.; **953**
Vermögensschaden 952
Vier-Partner-System 954
Zweck 941 ff.
Zwei-Partner-System 954

§ 288 StGB
Bestandteil seines Vermögens 470
Deliktscharakter 475
drohende Zwangsvollstreckung 461, 470
geschütztes Rechtsgut 469
mittelbare Täterschaft 473 ff.
Pflichtdelikt 475
Sonderdelikt 469
Strafbarkeitslücke 476
Tatbestandsmerkmale 470 ff.
Vereitelungsabsicht 472
Verhältnis zu
– § 136 StGB 462
– § 289 StGB 462
Vollstreckungsschuldner 469

§ 289 StGB
geschützte Rechte 456, 462
Mittäterschaft 463
Pfändungspfandrecht 461 f.
Pfandflaschen 464 ff.
rechtswidrige Absicht 460
Tatobjekt 455
Verhältnis zu
– § 136 StGB 462
– § 259 StGB 961, 987
– § 263 StGB 468
– § 288 StGB 462
Wegnahme 457 f.

§ 290 StGB
strafbare Gebrauchsanmaßung 75

§ 291 StGB
Additionsklausel 900
auffälliges Missverhältnis 890, **893** ff.
besonders schwerer Fall 901
Deliktscharakter 890
geschütztes Rechtsgut 890
Individualwucher 892
Kreditwucher 890, 896
Lohnwucher 898
Mietwucher 891 ff.
– ausbeuten 892 f.
– Individualwucher 892
– Sozialwucher 892
– Vorsatz 895
– Zwangslage 891
Nebentäterschaft 790
Sozialwucher 783

§ 292 StGB
analoge Anwendung des § 248a StGB 435
Deliktscharakter 443
Geringwertigkeitsklausel 434
geschütztes Rechtsgut 435
Gleichartigkeitstheorie 438, 446
Irrtum 436 ff., 444 ff.
Jagdrecht 432, 441 f.
Rechtfertigung 452
Tathandlungen 431
Unternehmensdelikt 443
Verhältnis zu
– § 242 StGB 436 ff., 444 ff.
– § 259 StGB 451, 987
Vorsatz 437 ff.
weidmännische Art 433
Wild 430
Zueignung 431, 450

§ 293 StGB
fischen 454
Tatobjekt 454

§ 298 StGB
Gefährdungsdelikt, abstraktes 869
geschütztes Rechtsgut 868
rechtswidrige Absprache 870

tätige Reue 870
Verhältnis zu § 263 StGB 868
Verletzungsdelikt 869

§ 299 StGB
ausländischer Wettbewerb 871, 880
besonders schwerer Fall 878
Bevorzugung 877
Konkurrenzen 879
relatives Antragsdelikt 878
Schutzgut 872 f.
– Geschäftsherrenvariante 873
– Wettbewerbsvariante 872
Sonderdelikt 874
Täter 874
Tathandlungen 875
unlautere Bevorzugung 876
Unrechtsvereinbarung 876 ff.
Verhältnis zu § 266 StGB 879
Vorteil 875
Zweck 871

§ 299a StGB
besonders schwerer Fall 888
Bevorzugung 887
Deliktscharakter 883
Konkurrenzen 889
Offizialdelikt 888
Schutzgut 882
Sonderdelikt 884
Tathandlungen 885
Unrechtsvereinbarung 886

§ 299b StGB
Allgemeindelikt 884
besonders schwerer Fall 888
Bevorzugung 887
Deliktscharakter 883
Konkurrenzen 889
Offizialdelikt 888
Schutzgut 882
Tathandlungen 885
Unrechtsvereinbarung 886

§ 303 StGB
Ablassen von Luft aus Reifen 391
Ankleben von Plakaten 400 ff.
äußeres Erscheinungsbild,
 Beeinträchtigung 392 ff.

beschädigen 386 ff.
geschütztes Rechtsgut 385 ff., 406
Graffiti 385 ff., 404
Löschen von Tonbändern 407 ff.
reverse graffiti 404
Sachzerstörung 76 ff., 397, 409
Sinn und Zweck 386 ff.
Substanzverletzung 388 ff.
unbefugt 403
Übersprühen/Übermalen von verbotenen
 Kennzeichen 390
Veränderung des Erscheinungsbildes
 385, 399, 403
Verbesserung der Sache 387, 406
Verhältnis zu
– §§ 242, 243 I 2 Nr. 1 140
– § 303a StGB 415
– § 303b StGB 420
– § 304 StGB 422, 424
– § 305 StGB 426
– § 305a StGB 427
Zerstörung
– siehe Sachzerstörung 409
Zustandsveränderungstheorie **387**, 393

§ 303a StGB
Datenbegriff 412
geschütztes Rechtsgut 411
Rechtswidrigkeit 414
SIM-Lock 411
Sinn und Zweck 410
Tathandlungen 413
Rechtswidrigkeit 414
Verhältnis zu
– § 303 StGB 415
– § 303b StGB 420

§ 303b StGB
Deliktscharakter 419 ff.
geschütztes Rechtsgut 417
qualifizierende Merkmale 419
Verhältnis zu
– § 303 StGB 420
– § 303 a StGB 420

§ 304 StGB
geschütztes Rechtsgut 422
Tatbestandsmerkmale 423 f.

Verhältnis zu
- § 303 StGB 422, 424
- § 305 StGB 426

§ 305 StGB
Bauwerke 425
Qualifikation 425
Verhältnis zu
- § 303 StGB 426
- § 304 StGB 426
- § 306 StGB 426
zerstören 426

§ 305a StGB
Verhältnis zu
- § 303 StGB 427
Zerstörung wichtiger Arbeitsmittel 428 f.

§ 316a StGB
Angriff 362 f., 377
- Einsatz von Nötigungsmitteln 363
- List 363
- Täuschung 363
Ausnutzung der besonderen Verhältnisse **366 ff.**, 478
- Angriff auf den Mitfahrer 382
- Angriff vor Fahrtantritt 377
- verkehrsbedingtes Halten 373, 376
- Vereinzelung des Fahrers 368
zur Begehung eines Raubes 374
Deliktscharakter 360
Erfolgsqualifikation 383
Normzweck 359
Rechtsnatur 360
Rücktritt 379 ff.
Schutzgut 359
Systematik 359
Tatopfer 364
Verhältnis zu
- § 224 StGB 372, 374
- § 249 StGB **372**, 374
- § 252 StGB 372
- §§ 252, 22 f. StGB 372
- § 255 StGB 372
- §§ 255, 22 f. StGB 372
- §§ 250, 22 f. StGB 372
verkehrsbedingtes Halten 373, 376
Versuch 384

§ 323a StGB
Verhältnis zu § 142 StGB 1145